Postulierter Pragmatismus

Peter Lippelt

Postulierter Pragmatismus

Studien zur Theorie und Praxis evangelischer Predigt in der DDR (1949–1989)

EVANGELISCHE VERLAGSANSTALT
Leipzig

Peter Lippelt, Dr. theol., Jahrgang 1969, studierte Evangelische Theologie in Erfurt und Jena und ist jetzt als Pfarrer in der Altmark tätig. Mit der vorliegenden Arbeit wurde er 2013 an der Augustana Hochschule in Neuendettelsau promoviert.

Bibliographische Information der Deutschen Nationalbibliothek
Die Deutsche Nationalbibliothek verzeichnet diese Publikation in der Deutschen Nationalbibliographie; detaillierte bibliographische Daten sind im Internet über http://dnb.dnb.de abrufbar.

Das Buch wurde auf alterungsbeständigem Papier gedruckt.

Cover: Zacharias Bähring, Leipzig
Satz: Beatrice Dittmann, Magdeburg
Druck und Binden: Hubert & Co., Göttingen

ISBN 978-3-374-03895-4
www.eva-leipzig.de

VORBEMERKUNGEN

Durch ein Graduierten-Stipendium der Friedrich-Schiller-Universität Jena und des Thüringer Landes wurde die vorliegende Arbeit entscheidend gefördert.

Der ausschlaggebende Beweggrund für die Beschäftigung mit der Thematik der Evangelischen Predigt in der DDR wurde bereits im Zuge einer Diplomarbeit zum Ersten Theologischen Examen gegeben. Dabei trat eine solche Menge an fundierten Quellen und Materialien hervor, dass ich durch die Motivation von Prof. Dr. Klaus Raschzok zu einer Weiterarbeit angehalten wurde.

Das bereits vorliegende Material und die zusammengetragenen Quellen sollten im weiteren Verlauf des Arbeitsprozesses durch verschiedene Interviews mit Zeitzeugen und die Recherchen in Archiven und Bibliotheken ergänzt werden. Insbesondere den Zeitzeugen, die mir sowohl Zeit als auch Offenheit entgegen gebracht haben, möchte ich an dieser Stelle danken. Ebenso danke ich den Mitarbeiterinnen und Mitarbeitern der Archive und Bibliotheken. Dazu gehörten das Landeskirchliche Archiv in Eisenach, das Archiv der Kirchenprovinz in Magdeburg, die Bibliothek des Evangelischen Ministeriums im Augustinerkloster in Erfurt und die vielen kleineren Archive diverser Kirchengemeinden.

Die gesamte Arbeit ist in der neuen Rechtschreibung verfasst. Die zitierten Quellen und Dokumente sind in der jeweiligen Form der alten Rechtschreibung übernommen und im Textverlauf durch ein besonders Druckbild hervorgehoben. Der Dokumentenanhang enthält die zitierten Predigten und ist lediglich ein kleiner Ausschnitt des tatsächlich betrachteten Materials.

Prof. Wolfgang Grünberg (Hamburg) danke ich für sein unterstützendes Votum bei der Bewerbung für das Graduierten-Stipendium und für die Mühe des kritischen Zweitgutachtens.

In besonderer Weise danke ich Prof. Dr. Klaus Raschzok für die intensive und kollegiale Begleitung der Promotion über den gesamten Zeitraum als Doktorvater. Ohne sein motivierendes und kritisches Eingreifen und seine Hinweise zur Bearbeitung der Fülle des angesammelten Materials hätte diese Arbeit nicht vollendet werden können.

Ebenso danke ich dem Kirchenkreis Stendal und der Evangelischen Landeskirche in Mitteldeutschland für die finanzielle Hilfe bei der Drucklegung.

Für die Mühen des Lektorats und die Erstellung des Layouts danke ich herzlich Albrecht Franke und Beatrice Dittmann.

Lüderitz 2014 Peter Lippelt

Inhalt

I Einleitung

I.1 Ziel, Methodik, Thesen

Die Fragestellung, ob und wenn ja, welche spezifischen Formen der Predigt in den evangelischen Kirchen der DDR ausgebildet wurden, ist der zentrale Gegenstand dieser Studien zur Predigtpraxis in der DDR in den Jahren von 1949 bis 1989.[1] Es ist zu prüfen, inwieweit eine eigenständige Predigttheorie innerhalb der Praktischen Theologie in der DDR im Sinne einer Kontextualität entwickelt wurde oder ob es lediglich zur Adaption einer gesamtdeutschen homiletischen Tradition in eine vorgegebene politische Situation gekommen ist.

Die evangelischen Kirchen in der DDR und damit die Predigerinnen und Prediger und die Predigthörer befanden sich innerhalb ihres historisch-biographischen Kontextes in einer vorgegebenen Situation, an der zunächst erst einmal nichts geändert, aber auf die reagiert werden konnte. Wenn es in dieser Untersuchung um die evangelische Predigt in der DDR gehen soll, so ist eine Auseinandersetzung mit der Geschichte des Landes, der Menschen und der Kirchen und ihrer Situation unumgänglich. Sie bildet das Umfeld bzw. den historisch-biographischen Kontext und zugleich den erforderlichen hermeneutischen Schlüssel für eine mögliche Deutung der Predigtpraxis in der DDR. An vielen Stellen muss aus Verständnisgründen auf diesen Deutungshorizont zurückgegriffen werden. Die Konstellation von vorgelebter, erlebter, nacherzählter und interpretierter Geschichte beinhaltet stets die Gefahr der subjektiven Auslegung und Deutung. Aus diesem Grund sind möglichst viele originale Dokumente in die Arbeit eingeflossen, d.h., wo Dokumente und originale Materialien zur Verfügung standen, sollen diese auch zur Sprache kommen. Die mit Zeitzeugen geführten Gespräche sind als Erfahrungen und Erlebnisse Einzelner in die Recherchen eingegangen, z.B. bei den Fragen

---

[1] Damit ist zugleich eine erste Einschränkung bezüglich des zu untersuchenden Materials gegeben, nämlich die konfessionelle. Diese Einschränkung bezieht sich sowohl auf das »Predigtmaterial« als auch auf die Betrachtungen der theoretischen Grundlegung in der Literatur. Es geht um die evangelische Predigt, um die evangelische Homiletik und schließlich um die Predigtpraxis in den evangelischen Kirchen der DDR. Eine solche Einschränkung ist notwendig, weil z.B. auch in den katholischen Kirchen eine reflektierte und bewusste Predigtpraxis stattfand, der jedoch in dieser Arbeit nicht nachgegangen werden soll.

der Sozialstruktur, der allgemeinen und konkreten Situationsbeschreibung oder bei der Beschreibung der Predigtpraxis. Die Rolle der Zeitzeugen wird besonders dann wichtig, wenn es um die Beschreibung von schwer fassbaren Phänomenen, Mentalitäten, Empfindungen, Einschätzungen usw. geht, die kaum überprüfbar sind, aber eine eigene und die erlebte Wirklichkeit widerspiegeln.

Die evangelische Predigt in der DDR im Raum der Kirchen bildet eine einzigartige Erscheinung in einem totalitären Staatssystem. Alternativ konnten in einem überschaubaren Rahmen und in einem bestimmten Personenkreis weitgehend eine freie Meinung und bewusste Lebensalternativen usw. unter Berücksichtigung der spezifischen Aufgaben einer evangelischen Predigt aufrecht erhalten werden. In der kirchlichen Verkündigung, und speziell in der Predigt, schien es den Beteiligten möglich zu sein, flexibel auf die jeweilige Situation der Menschen in der DDR in ihrer besonderen Lage zu reagieren. Von daher legt es das vorliegende Predigtmaterial nahe, die Entwicklung der Verhältnisse zwischen dem Staat DDR und den Kirchen an bestimmten Schlüsselthemen transparent zu machen.

Durch die Auswertung ausgewählter Predigtbeispiele im Verhältnis zu bestimmten historischen Erscheinungen und Entwicklungen soll überprüft werden, inwieweit die evangelische Predigt auf diese besonderen Schlüsselthemen, Zustände und Ereignisse reagiert hat. Dabei soll es nicht um eine Geschichte der Predigt in der DDR, sondern um den Versuch einer Nachzeichnung einer erfolgten Predigtpraxis unter bestimmten, homiletischen Fragestellungen gehen. Die unmittelbare Situation, der Lebensraum, der homiletische Rahmen usw. stehen bei dieser Untersuchung in einem dichten Verhältnis zur Predigtpraxis. Jan Hermelink[2] weist in seiner Arbeit nach, dass sich *Situation* innerhalb der homiletischen Theoriebildung als ein theologischer Programm-Begriff darstellt. Dabei hat er jedoch den DDR-spezifischen Kontext nicht ausdrücklich im Blick. Dass diese Überlegung auch, wenn nicht sogar in einem sehr starken Maße, auf die Predigten der DDR anzuwenden ist, soll an unterschiedlichen Beispielen aus der Predigtpraxis gezeigt werden.

Bei der Bearbeitung der Thematik und der damit verbundenen Ankopplung an historische Erscheinungen und Ereignisse soll es um allgemeine Tendenzen und gemeinderelevante Ereignisse gehen. Die komplexe innerkirchliche Strukturbildung während der Zeit der Kirchen in der DDR kann nicht primär bedacht oder ausführlich dargestellt werden. Dieses eigenständige Thema obliegt den Kirchenhistorikern. Bestimmte bzw. besondere Ereignisse innerhalb der Zeitgeschichte zwischen 1949 und 1989 (wie z.B. die Gründung des Bundes der Evangelischen Kirchen in der DDR oder der Herbst 1989)

---

[2] J. HERMELINK: Die *homiletische* Situation, Göttingen 1992.

bedürfen einer gesonderten Betrachtung und können nur sehr knapp angezeigt werden. Ähnlich verhält es sich bei Einzelthemen, wie etwa Diakonie, Kultur usw. Es muss eine Konzentration auf die für diese Arbeit als relevant empfundene Themen und daher eine Auswahl für die Darstellung genügen. Letztendlich soll es um die Beschreibung und das Nachzeichnen eines Teilgebietes pastoralen Handelns gehen.

Im zweiten Kapitel *Der historische Kontext* soll daher lediglich ein kurzer, aber notwendiger Abriss historischer Erscheinungen stattfinden. Dabei sollen weder die kirchliche Zeitgeschichte korrigiert noch ausführlich historische Problemfelder diskutiert werden. Vergleichsweise trifft dies auch für die knappe Darstellung der Sozialstruktur zu.

Das dritte Kapitel Die *Evangelische Predigtlehre in der DDR* gewährt einen ebenfalls notwendigen Überblick über die Entwicklungen, Tendenzen und Fragestellungen usw. hinsichtlich der homiletischen Forschung in der DDR. Die Darstellung und Auswahl der Beiträge und Arbeiten wurde auch hier auf das als relevant verstandene Material beschränkt. In beiden Kapiteln ist keine Vollständigkeit angestrebt; vielmehr tragen sowohl das historische wie auch das theoretische Kapitel Überblickscharakter.

Kapitel vier *Die Predigtpraxis* bietet typische und signifikante Beobachtungen. Es soll der Versuch gemacht werden, die Zeitbedingtheit des untersuchten Materials, also der Predigten selbst, einzufangen. Dieses Predigtmaterial hatte seine bestimmte Zeit und seinen konkreten Ort, stellt aber keinen zeitlosen Besitz an z.B. Wahrheit dar. Den Autoren der verwendeten und untersuchten Predigten gebührt ein hoher Respekt. Die Arbeit möchte keine Beurteilung der Leistungen oder der Qualität der Predigerinnen und Prediger, des Predigtmaterials oder der Predigtpraxis sein, sondern versucht lediglich, ein bestimmtes Phänomen darzustellen und eine Beschreibung der spezifischen Art von Predigtpraxis aufzuzeigen, die konkret zeitgebunden ist. Es handelt sich dabei um kein überzeitliches Phänomen, sondern um eine konkret zeitlich und lokal eingrenzbare Erscheinung. Personen und sogar historische Einzelerscheinungen sind weitgehend bewusst ausgeblendet. Im Mittelpunkt der Untersuchung stehen die phänomenologische Beschreibung und die Beobachtung der Predigtpraxis.

Die gesamte Arbeit ist nicht bestrebt, eine vollständige empirische Aufzeichnung zu sein. Sie ist zwar in sämtlichen Teilen authentisch, aber nicht mit ausdrücklich statistischer Aussagekraft. Sie bietet allein Signifikantes.

Dass das, was sich in der DDR innerhalb der Predigtpraxis abgezeichnet hat, nichts Besonderes war, ist vielleicht im Vergleich einer abstrakten Homiletik richtig. In der verantwortlichen Arbeit der Predigerinnen und Prediger in der DDR, der äußeren wie inneren Situation, ist und bleibt die Predigtpraxis in der DDR durchaus etwas Außergewöhnliches bzw. Einmaliges, auch wenn diese Predigtpraxis bestimmten immanenten und allgemeinen homiletischen Gesetzen unterworfen ist. Hier ist nicht die Frage zu stellen, was allgemeingültig in der Homiletik und ihrer Praxis war, sondern – wenn überhaupt – wie diese allgemeingültigen, homiletischen Gesetzmäßigkeiten (wie z.B. Aktualität, Öffentlichkeit, Situationsbezogenheit usw.) in der Predigtpraxis umgesetzt werden konnten. Wenn in dieser Arbeit nach der evangelischen Predigt in der DDR gefragt wird, so muss selbstverständlich zunächst festgehalten werden, dass es *die* Predigt als gesonderte, einmalige, atypische Erscheinung nicht gibt und gar nicht geben kann, weil Predigt – als Verkündigungsauftrag der Kirche – stets allgemeingültige, konstative und deutungsbestimmende Elemente enthält. Wohl gibt es aber *signifikante Elemente*, die dazu führen, von einer eigenständigen Predigt*praxis* in der DDR zu sprechen. Das Interesse an dieser Thematik liegt an einer Wertschätzung dieser unwiederbringbaren Erscheinung; sie ist damit typisch, d.h. einmalig. Von daher bietet sich zunächst auch kein Vergleich mit homiletischen Ereignissen anderer gesellschaftlicher Kulturkreise (z.B. BRD) an.[3] Es geht um eine Spurensicherung, die Erfassung eines Phänomens. Das Typische ist hierbei das Besondere bzw. Signifikante.

Ebenso geht es nicht um die Auseinandersetzung mit Fragen von Opposition und Anpassung in einer Kirche in einem gesonderten gesellschaftlichen Kontext, sondern um die Darstellung ausgewählter Grundzüge. Eine ausführliche Auseinandersetzung bei der Darstellung oder Interpretation der Geschichte der Kirchen, der Predigtpraxis oder des Wesens der DDR kann und soll nicht gegeben werden. Bei diesen Fragen möchte ich auf die Soziologie, Politologie und Kirchengeschichte verweisen. Die aufgezeigten Tendenzen und Entwicklungen können nur verdeutlicht, hervorgehoben und angesprochen werden. Von daher muss innerhalb der Gesamtdarstellung auf bereits vorhandene Literatur und Spezialgebiete verwiesen werden.

Die homiletische Praxis in den evangelischen Kirchen der DDR wurde m.E. durch theologisch verantwortete Überlegungen und konkrete strukturelle Ansätze getragen. Die dabei entstandenen praktizierbaren Konzepte orientieren sich an konkreten Handlungsfeldern und sind in theoretischen Äußerungen reflektiert. Die homiletische Theoriebildung in der DDR stellte sich an vielen Stellen als stark praxisorientiert dar, die Predigtpraxis selbst trägt weithin Züge eines Bekenntniskampfes mit unterschiedlichen Ergebnissen.

---

[3] In diesem Zusammenhang möchte ich auch die Beschäftigung mit herausragenden und beispielhaften Theologen sehen, wie etwa die Bedeutung von Ernst Lange, der z.B. selbstverständlich durch seine kontextbezogene Verkündigung auch von Predigerinnen und Predigern in der DDR wahrgenommen wurde, aber in einen komplett anderen pastoralen und gesellschaftlichen Kontext hineingesprochen hat.

Die vorliegende Arbeit möchte einen Beitrag zur aktuellen Diskussion der evangelischen Predigt leisten und zugleich einen bislang wenig beachteten Aspekt in der Geschichte der Homiletik in der zweiten Hälfte des vergangenen Jahrhunderts beleuchten. Die Predigt der evangelischen Kirche stellt die wichtigste verbale Äußerung in der Verkündigung einer in der reformatorischen Tradition verankerten Kirche dar. Gerade deshalb ist es notwendig, sich mit diesem unbearbeiteten und in die heutige Predigtpraxis der neuen Bundesländer kontinuierlich hineinwirkendem Phänomen der Homiletik zu beschäftigen. Es soll im Folgenden versucht werden, die Predigt in der DDR als kirchliches Angebot zu beschreiben, das vom Evangelium her mit der Situation, wie sie in einem atheistischen Staat vorzufinden war, umzugehen hatte.

Im Laufe der Bearbeitung des gesamten Themas stellten sich folgende Überlegungen und Thesen ein, die die Arbeit begleiteten und eine ständige Rückfrage und Korrektur einforderten: Die evangelische Predigt in der DDR stellte ein wichtiges Artikulationsverfahren der Kirche als bewusste Alternative zu staatlicher Agitation und Propaganda dar. Predigt wies auf bestimmte Situationen hin und versuchte, durch Beobachtung dem Gemeindeglied Problemkreise aufzudecken und Hilfestellung für den Umgang mit diesen Problemen im Alltag der DDR-Gesellschaft zu geben. Dabei sollte die Predigt durch ihre bedingungslose Bindung an das »Wort Gottes« ohne Hinterfragung als eine Alternative zur sozialistischen Maxime verstanden werden. Einer der wichtigsten Leitgedanken ist die Vorstellung, dass man als Kirche wie als Prediger dem einzelnen Christen als Mensch verpflichtet war und Gottes Wort als Wort an den Menschen richtete.

Die evangelische Predigt in der DDR wurde als monologisch geführte Seelsorge und Wegweisung verstanden. Bewusst wurde vom Evangelium her durch Predigten ein Angebot gemacht, mit der vorzufindenden Situation – als Christ in einem atheistischen Staat zu leben – umzugehen. Dabei lag die Aufgabe der Predigt darin, den Hörern einen gangbaren Weg aufzuzeigen, der es ihnen ermöglichen sollte, die Anfechtungen im täglichen Lebensvollzug zu bestehen.

I.2 Überblick über den Forschungsstand

Nach wie vor gibt es eine Vielzahl abgeschlossener, laufender oder geplanter Forschungsvorhaben zur DDR-Geschichte. Dabei bewegen sich die Forschungsfelder auf zahlreichen Fachgebieten und Themenbereichen, wie beispielsweise Politische Geschichte, Staatssicherheit, Polizei und Militär, Wirtschaftsgeschichte, Bildungs- und Erziehungswissenschaften usw. Eine

Darstellung zur Problematik der evangelischen Predigt in der DDR liegt bisher in dieser Form nicht vor. Die bereits veröffentlichten und angefertigten Arbeiten zur Thematik beschäftigen sich mit ausgewählten Erscheinungen der Homiletik und besonderen Formen der Verkündigung und konzentrieren sich dabei auf Ausschnitte einer Gesamthomiletik in der DDR. So z.B. zum Thema der politischen Predigt am Ende der DDR[4] oder Parusiepredigt[5] aus der Zeit und aus dem Bereich der DDR.

Weiterhin wurde eine Reihe von Arbeiten über die Geschichte der Kirchen in der DDR veröffentlicht, angrenzende historische Arbeiten zur Rolle der Kirchen innerhalb der Problembewältigung SED-Staat und ihre Funktion bei der gesellschaftlichen Umwälzung ab 1989 sowie die sich ergebenden Konsequenzen. Betrachtet man jedoch aus historischer und theologischer Sicht den Stellenwert der Predigt in der Geschichte der protestantischen Kirchen, so ist eine Darstellung dieses Themenbereiches noch nicht erschöpfend erfolgt und ergänzend zu den gegenwärtigen Fragestellungen innerhalb der Teilgebiete der Praktischen Theologie und der Kirchengeschichte notwendig.

Detlef Pollack[6] hat eine konkrete Betrachtung zur innerkirchlichen Situation der DDR-Kirchen aus kirchensoziologischer Sicht vorgelegt. Er geht dabei von einer Analyse der Sozialstruktur der DDR aus und beschreibt den Wandel der gesellschaftlichen Stellung der evangelischen Kirche anhand ihrer vierzigjährigen Geschichte. Seine Absicht besteht darin, die Veränderungen innerhalb der Theologie, der kirchlichen Organisationsstruktur und das jeweilige Verhältnis der evangelischen Kirche in der DDR zur Öffentlichkeit transparent zu machen und einen Erklärungsversuch anzubieten. Er kommt zu dem kritischen Vorwurf, dass die evangelische Kirche in der DDR immer wieder versucht habe, ihrer speziellen Situation einen theologischen Sinn abzugewinnen. Damit hätte sie versucht, Mittel zur Bewältigung der gesellschaftlichen Wirklichkeit der DDR anzubieten. Damit ist nach Detlef Pollack die Theologie zur Funktion der Situation erhoben worden.

Siegfried Sunnus fragt in seiner Arbeit nach der Wandlung von Gemeindeleitung, pastoralem Auftrag und speziell der Konfirmandenarbeit innerhalb der DDR-Geschichte. Er ist vorwiegend an der Fragestellung interessiert, inwieweit die Erfahrungen aus der DDR-Zeit heute nutzbar gemacht werden können.[7] Damit steht Siegfried Sunnus stellvertretend für das Anliegen vieler Theologinnen und Theologen der ehemaligen DDR.

---

[4] K.-H. KANDLER: Situationsbezogene Verkündigung, Leipzig 1996.

[5] G. KRAUSE: Parusiepredigt aus dem Bereich der Evangelischen Landeskirche der DDR. Eine homiletische Untersuchung zu Mt 24, 2007.

[6] D. POLLACK: Kirche in der Organisationsgesellschaft, Stuttgart usw. 1994.

[7] S. SUNNUS: Nähe zu den Kirchenfernen. Gemeindeleitung, pastoraler Auftrag und Konfirmandenarbeit zwischen Getto und Volkskirche, Gütersloh 1994.

Eine intensive Studie zu diesem Themenkreis von Friedemann Stengel[8] beschäftigt sich ausführlich mit den Theologischen Fakultäten in der DDR. Diese Arbeit beschreibt in eindrücklicher Weise den Einfluss der SED-Politik speziell in Bezug auf Entwicklung, Struktur und Ziel innerhalb der Theologischen Fakultäten an den Universitäten der DDR bis zur Hochschulreform 1970/71 und legt dabei interessante Hintergründe frei.

Die Arbeit zur Verkündigung von Karl-Hermann Kandler[9] beschäftigt sich speziell und ausführlich mit der Problematik der Situationsbezogenheit der Predigten in den Jahren 1989/90, also mit der Predigtpraxis innerhalb des gesellschaftlichen Wandels in der DDR. Hier liegt eine Untersuchung vor, die sich vergleichsweise mit dem vorliegenden Themenkreis beschäftigt, allerdings außerhalb des zeitlichen Rahmens dieser Arbeit. Karl-Hermann Kandler gibt im Rahmen seiner Arbeit auf dem Hintergrund der Erfahrungen mit der Predigtpraxis der Jahre 1989/90 außerordentlich hilfreiche Auskünfte zur methodischen Vorgehensweise. Ähnliches gilt für die Arbeit von Gudrun Krause[10], die sich allerdings mit einer besonderen und sehr speziellen Form von Verkündigung beschäftigt und sich darüber hinaus auf einen ausgewählten Personenkreis beschränkt.

Als Ergänzung zu den mit Zeitzeugen aus dem Raum der Kirchen der DDR geführten Gesprächen – auch zu deren Befragungen – kann die Veröffentlichung von Hagen Findeis und Detlef Pollack[11] angesehen werden, in der verschiedene Persönlichkeiten und Repräsentanten zum Weg der evangelischen Kirche in der DDR Auskunft geben.

Erste Einsichten zum Situationsbegriff und zur Situationsbezogenheit der Predigten konnten verschiedene Arbeiten, einschlägige Monographien und Aufsätze geben, die sich hauptsächlich mit kontextuellen Fragen beschäftigen.[12]

---

[8] F. STENGEL: Die Theologischen Fakultäten in der DDR, Leipzig 1998.

[9] K.-H. KANDLER: Situationsbezogene Verkündigung, Leipzig 1996.

[10] G. KRAUSE: Parusiepredigt aus dem Bereich der Evangelischen Landeskirche der DDR. Eine homiletische Untersuchung zu Mt 24, 2007.

[11] H. FINDEIS u. D. POLLACK (Hg.): Selbstbewahrung oder Selbstverlust, Berlin 1999.

[12] Zu diesen Arbeiten, Monographien und Aufsätzen gehören: Sorget nicht, was ihr reden werdet: Kirche und Staat in Leipzig im Spiegel kirchlicher Gesprächsprotokolle (1977-89), Dokumentation, hrsg. von C. KAUFMANN/D. MUNDUS/K. NOWAK, Leipzig 1993, D. LINKE: »Streicheln, bis der Maulkorb fertig ist«: Die DDR-Kirche zwischen Kanzel und Konspiration, Berlin 1993, Einheit und Kontext: Praktisch-theologische Theoriebildung und Lehre im gesellschaftlichen Umfeld, hrsg. von J. HENKYS/B. WEYEL – Studien zur Theologie, Bd. 14, Würzburg 1996, J. HERMELINK: Die homiletische Situation: Zur jüngeren Geschichte eines Predigtproblems – Arbeiten zur Pastoraltheologie, Bd. 24, Göttingen 1992, D. POLLACK: Kirche in der Organisationsgesellschaft: Zum Wandel der gesellschaftlichen Lage der evangelischen Kirchen in der

Ein wichtiger Grund dafür, dass so wenige reflektierende Veröffentlichungen zur speziellen homiletischen Situation innerhalb der DDR innerhalb der Jahre 1949 bis 1989 vorliegen, ist wohl auch auf die Eigentümlichkeit der Presse- und Meinungsfreiheit in der DDR zurückzuführen.[13] Allerdings gab es einige wichtige Überlegungen zu kirchlichen Praxisfeldern. Dazu gehören die Aufsätze von Renate de Haas und Holger Herfurth.[14] Ingeborg Beckers Arbeit über die Geschichte der Jugendarbeit der evangelischen Kirchen in der DDR liefert ausführliche Beobachtungen für die Jahre 1945 bis 1975 unter dem gesonderten Gesichtspunkt der Jugendarbeit.[15]

Die benannten Aufsätze und Arbeiten behandeln fast ausschließlich äußere und organisatorische Problemfelder, weniger konkret inhaltliche Belastungen und Schwierigkeiten. Konkrete Aussagen zu homiletischen Fragestellungen fehlen nahezu durchgängig. Eine Auseinandersetzung mit dieser Thematik vollzog sich vielmehr im Raum der Kirchen selbst und dort vor allem in (gehaltenen) Predigten, die zum Teil schriftlich erhalten sind und das Grundlagenmaterial für die vorliegende Untersuchung bilden.

DDR, Stuttgart, Berlin, Köln 1994, A. SCHÖNHERR: Gratwanderung: Gedanken über den Weg des BEK in der DDR, Leipzig 1992.

[13] Vgl. dazu: E. SPIELHAGEN: So durften wir glauben zu kämpfen [...] Erfahrungen mit DDR-Medien, 1993, H. NIEMANN: Meinungsforschung in der DDR, Berlin 1993, BRÄUER/C. VOLLNHALS: ›In der DDR gibt es keine Zensur‹, Leipzig 1995.

[14] R. DE HAAS: Erfahrungen in Landgemeinden, in: ZdZ 9-1988, 219–221, H. HERFURTH: Kirchliche Mitarbeiter auf dem Land, in: ZdZ 9-1988.

[15] I. BECKER: Zur Geschichte der Jugendarbeit der evangelischen Kirche in der DDR, hektographiertes Material, 1975 (?).

I.3 Zur Gesamtkonzeption der Arbeit

Die Studien zur evangelischen Predigt in der DDR folgen in ihrer Gesamtgliederung einem relativ klassischen Aufbau, der zunächst die geschichtlichen Hintergründe aufdeckt, die theoretischen Grundzüge darstellt und eine (Praxis-) Überprüfung an konkretem Material versucht. Zugleich ist dieser Gliederungsansatz auch der Versuch, sich mittels dreier Wege bzw. Schwerpunkte dem Phänomen *Evangelische Predigt* in der DDR zu nähern:
1. vom *Kontext*/der *Situation* her, 2. von der *Theoriebildung* und 3. mithilfe von *Praxisbeispielen.*

Um das spezifische Profil evangelischer Predigt in der DDR herauszuarbeiten, musste ein sehr umfangreiches Material gesichtet und begutachtet werden. Schnell stellte sich heraus, dass zum Verständnis einer Predigtpraxis die Kenntnis des unmittelbaren Kontextes notwendig ist. Oder anders gesagt: Der spezifische Kontext der DDR hat das zentrale Organ evangelischen Selbstverständnisses, nämlich die Predigt, in signifikanter Weise geprägt. Gleichwohl ist evangelische Predigt nicht einfach vom gesellschaftlichen Kontext aus definierbar und in ihrer politischen Funktionalität sinnvoll zu erfassen. Vielmehr ist gerade in dem Kontext der DDR-Geschichte erkennbar geworden, dass sich die Predigttradition zunehmend gewandelt hat. Es wurde zunächst versucht, die Kontextualität – das Verhältnis von Situation und Predigt – an inhaltlichen Schwerpunkten und Wendepunkten gesellschaftlicher Entwicklungen in der DDR fest zu machen, auf die die Predigtpraxis der Kirche de facto bezogen war.

Zu diesen inhaltlichen Schwerpunkten oder Schlüsselthemen, die gesellschaftlich von Relevanz waren und welche die Kirchen, aber eben auch die Systemträger der DDR herausforderten, gehören beispielsweise Themen wie die Gründung der Landwirtschaftlichen Produktionsgenossenschaften (LPG), Fragen der Agitation gegen die Kirchen und gegen das christliche Bekenntnis, die Rolle der Kirchen in der Gesellschaft, das Verhältnis von Staat und Kirche, die Verantwortung des Christen in der Gesellschaft, die Friedensbewegung in der DDR, die ökologische Verantwortung, Ausreise aus der DDR usw. Kontextualität stellte sich nicht als Einbahnstraße heraus. Es gab eine Wechselwirkung zwischen Kontext und Predigtpraxis und umgekehrt. Das Profil der DDR-Predigten ist also gemäß der hier festgestellten Wechselwirkungen und Ausrichtungen inhaltlich zu erarbeiten und nicht nur strukturell zu erfassen. In diesem Sinne kann man sagen, dass die Kirchen und ihre Predigtpraxis sowohl formal in ihrer Redezivilisation und Redekultur als auch inhaltlich vom Kontext beeinflusst wurden. Das heißt aber auch, dass dieser Kontext ein wichtiger Verstehensschlüssel ist und andererseits die Predigtpraxis einen Rückschluss auf die Situation ermöglicht.

In diesem zweiten Schritt wurden Arbeiten zur Homiletik genauer betrachtet, und zwar unter folgenden Fragestellungen: Gibt es eine Homiletik-Tradition in der DDR, die dazu beigetragen haben könnte, praxisprägend zu fungieren? Wie sah das theoretische Fundament der Predigtpraxis aus? Gab es konzeptionelle Ansätze zu einer eigenen Predigtlehre und wie sah ihre Entwicklung aus? Insbesondere kleinere Arbeiten, kurze Aufsätze und Vorträge zeigten, dass in der DDR intensiv homiletisch nachgedacht wurde. Die Form der Veröffentlichung dieses Materials für den innerkirchlichen Dienstgebrauch bestand in Hektographien – lichtempfindlich und in relativ kleiner Zahl. Auffällig war dabei, dass weniger theoretisch gearbeitet wurde, sondern stärker praxisorientiert, z.B. unter folgenden Fragestellungen: Was ist unter homiletischer Krise unter der Situation der DDR zu verstehen? Wo liegen die Ursachen? Welcher Ausweg ist möglich?

Die homiletische Krise, die den Kern der Krise der kirchlichen Berufe ausmacht, wird charakterisiert als ein Kommunikationsproblem. Die Parameter für die empfundene Krise und das Kommunikationsproblem in der Predigt wird bestimmt als Text und Situation: Redender und Hörender. Der charakteristische Zug der Predigten wird hauptsächlich an ihrem praktischen und praktikablen Vollzug deutlich. Es gab freilich eine theoretische Reflektion, die weniger in groß angelegten Konzepten, sondern vielmehr in jenen kleineren Einzeldarstellungen und Fragen herausgearbeitet wurde.

Der dritte Schritt innerhalb dieser Arbeit zur Predigtpraxis beschäftigt sich mit konkreten Predigtbeispielen. Die zwei großen Komplexe *Kontextbeobachtung* und *Theoriebildende Ereignisse* bilden den Hintergrund für die konkrete Materialbeobachtung. Aus der Masse und Fülle des Materials wurden einige Predigten herausgelöst und einer intensiven Beobachtung unterzogen. Dabei handelt es sich um wirklich gehaltene Predigten, teilweise in Form von Lesepredigten. Für diese konkreten Predigtbeispiele gilt, dass sie als dominierende Referenzträger und als repräsentatives Quellenmaterial beispielhaft angeführt werden können. Es soll bei den verwendeten Materialbeispielen eine Bezugnahme zur konkreten Situation bzw. eine Einordnung in den Kontext möglich sein. Als Referenzträger sollen die ausgewählten Predigten eine Typisierung bestimmter Merkmale bzw. die Erfassung signifikanter Beobachtungen ermöglichen. Dabei stand begleitend die Frage nach der homiletisch-hermeneutischen bzw. praktisch-theologischen Verarbeitung von Text und Situation.

Noch einmal muss betont werden, dass die vorliegende Untersuchung keine Predigtgeschichte der DDR sein will, sondern einen Beitrag zu einer Geschichte der Predigtpraxis liefern möchte. Es ist gleichsam eine Spurensicherung kirchlicher Praxis in der ehemaligen DDR, in der es weiterhin darum geht, mit Hilfe exemplarischer Beobachtungen an Predigtbeispielen eine

Rekonstruktion der durch die Predigt geschaffenen Wirklichkeit zu ermöglichen und die ausgewerteten Predigten als Realitätsausschnitt zu deuten. Die genauer untersuchten Predigtbeispiele stehen repräsentativ und versuchen, Typisches bzw. Signifikantes plastisch zu machen. Dabei ist natürlich nicht mehr die originale Predigtatmosphäre zugänglich zu machen. Dennoch lassen sich hilfreiche Rückschlüsse auf die Praxis und die implizierte Theorie zur Predigt der DDR ableiten. Die betrachteten Beispiele setzen sich aus den Lesepredigten einzelner Landeskirchen, hauptsächlich aus der Kirchenprovinz Sachsen, und Predigten aus privaten Sammlungen zusammen.

II Der historische Kontext

II.1 Zur Geschichte der DDR aus kirchlicher Perspektive

II.1.1 Vorbemerkungen

Die Geschichte der ehemaligen DDR, ihre Entwicklung und die Rolle der Kirchen in diesem Zusammenhang ist in den letzten Jahren in zahlreichen Publikationen reflektiert und zu einem eigenen Thema innerhalb der Geschichtsschreibung erhoben worden. Es soll im Folgenden eine historische Einordnung verschiedener normativer Sachverhalte aus kirchlicher Perspektive erfolgen, wobei es sich um eine Auswahl von historischen Ereignissen handelt, die im späteren Verlauf als homiletisch-hermeneutischer Schlüssel und zur Kontextrückbindung zur Verfügung stehen sollen und einen Deutungshorizont zur Einordnung homiletischer Beobachtungen darstellen. Die in den späteren Kapiteln erforderlichen Praxisrückbindungen beziehen sich auf diesen Deutungshorizont bzw. auf den dargestellten historischen Kontext.

Der Schwerpunkt innerhalb dieser Beobachtungen liegt auf den Jahren zwischen 1949 und 1989 und gewährleistet eine relative historische Rahmung. Die gesonderte Situation in der Umbruchszeit (1989/90) erfordert eine eigene Bearbeitung und Betrachtung, wie zum Beispiel die Arbeit von Karl-Hermann Kandler deutlich zeigt.[16]

Die Geschichte der ehemaligen DDR soll unter der Fragestellung der Verkündigung periodisiert bzw. es soll eine Kontextbeschreibung unter homiletischen Gesichtspunkten vorgestellt werden. Mit der angebotenen Periodisierung soll kein eigenständiger Beitrag zur gegenwärtig diskutierten Zeitgeschichtsforschung erbracht werden. Das vorliegende Kapitel möchte lediglich den historischen Hintergrund darstellen, der für eine Betrachtung der Verkündigung in der DDR notwendig erscheint und eine Aufhellung zeitgeschichtlicher Entwicklungen als Grundlage zum Verständnis einer zu vermutenden Predigtpraxis anbieten will. Es wird versucht, an bestimmten Fixpunkten eine praktikable Periodisierung anzubieten, um eventuelle Zusammenhänge evident zu machen. Gleichzeitig fungiert die hier angebotene Aufteilung der Geschichte der DDR als Grundlage für die an späterer Stelle angebotene Kategorisierung der vermuteten Predigtpraxis in einzelne

---

[16] K.-H. Kandler: Situationsbezogene Verkündigung, Leipzig 1996.

Phasen. Innerhalb dieser angestrebten zeitgeschichtlichen Aufteilung unter zumeist homiletischen Perspektiven kommt es zu Schwerpunktsetzungen, die es durchaus zulassen, dass bestimmte historisch-zeitgeschichtliche Ereignisse weniger ausführlich betrachtet oder ganz ausgeblendet werden.

II.1.2 Die Nachkriegszeit – 1945 bis zur ersten Verfassung der DDR

> »Die letzte Entscheidungsschlacht des zweiten Weltkrieges in Europa endete am 2. Mai 1945 mit der Kapitulation der Reste der faschistischen Truppen in Berlin. Als auf dem schwer zerstörten Reichstagsgebäude die rote Fahne des Sieges gehißt wurde, waren der faschistische Staat und seine Armee in völliger Auflösung begriffen. Am 8. Mai 1945 mussten die Vertreter des Oberkommandos der Wehrmacht in Berlin-Karlshorst die Urkunde über die bedingungslose Kapitulation unterzeichnen.«[17]

Mit diesem Satz beginnt Heinz Heitzer seine 1979 geschriebene DDR-Geschichte. Das Bild von der auf dem Reichstag gehissten roten Fahne, mit der Bildunterschrift *Die Befreiung* wurde zum prägenden Ereignis einer beginnenden Geschichtsdeutung, die eine neue Generation hervorbringen sollte. Die Situation der evangelischen Kirchen in der neuen Besatzungszone gestaltete sich etwas unheroischer. Sie wurde in der nationalsozialistischen Zeit fast vollständig aus dem öffentlichen Leben gedrängt und in ihrer Gesamtheit massiv geschwächt. Was von Seiten der Nationalsozialisten nicht für politische Zwecke nutzbar gemacht werden konnte, wurde aus dem Gesellschaftlich-Alltäglichen verbannt. Unmittelbar nach Kriegsende fanden sich nicht nur die Kirchen in einem absoluten Chaos wieder, sondern ganz Deutschland – in fast allen Bereichen – musste mit einer chaotischen, von Zerstörung geprägten und Hilflosigkeit ausstrahlenden Situation fertig werden. Die Pfarrer und kirchlichen Mitarbeiterinnen und Mitarbeiter, die gesamte deutsche Kirche, wurden mit einer Fülle von Aufgaben und Verantwortungsbereichen konfrontiert, für die sie eigentlich nicht ausgerüstet waren. Die Aufgabenpalette reichte von der notwendigen Seelsorge bis hin zu Verhandlungen mit den Besatzungsmächten auf gesellschaftlicher und übergesellschaftlicher Ebene in vielerlei Gestalt.[18] Den Kirchen kam eine gewisse Sonderstellung auch in Bezug auf gesellschaftliche Fragen zu:

> »Allein die Kirchen hielten ihre Gottesdienste und Amtshandlungen und hatten, je ernster die Lage zu Kriegsende hin geworden war, auch vermehrten Zuspruch gefunden. Sie waren das einzige, woran man sich halten konnte, und so wurden sie denn auch bevorzugtes Beratungsorgan der Besatzungsmächte bei deren

[17] H. Heitzer: DDR Geschichtlicher Überblick, Berlin 1979, 12.

[18] Vgl. dazu: K. Herbert: Kirche zwischen Aufbruch und Tradition, Stuttgart 1989, 13ff.

> Suche nach geeigneten und unbelasteten Persönlichkeiten für den ersten Wiederaufbau kommunaler und regionaler Verwaltungen.«[19]

Diese, sich aus der Situation ergebende Notwendigkeit der Handlung und Haltung von Seiten der Besatzungsregierung in der Sowjetischen Besatzungszone (SBZ), ermöglichte es, die Kirchen in einer Art Verhandlungsposition bzw. als Interessenvertreter der Bevölkerung zu sehen, die sie auszufüllen und gegenüber offiziellen Stellen souverän zu vertreten hatte. Dabei war innerhalb der kirchlichen Strukturen dringend eine Neuorientierung und Neuorganisation nötig, insbesondere, um sich von den Prägungen aus nationalsozialistischer Zeit abzusetzen und zu erholen. Sehr bald organisierten sich die Kirchen in der Evangelische Kirche in Deutschland (EKD), deren Grundordnung im April 1948[20] in Eisenach verabschiedet wurde.

Diese Umstrukturierung der Evangelischen Kirche in Deutschland blieb nicht ohne Auseinandersetzungen innerhalb der eigenen Reihen. Einerseits ging es mehr um innerkirchliche Strukturfragen[21], andererseits spielte aber auch die territoriale Be- und Abgrenzung eine gewichtige Rolle:

> »Wir befinden uns in der EKD in einer Verlegenheit. Noch niemand hat ein Bild der EKD, wie sie werden soll, überzeugend vor uns hinstellen können. Die EKD hängt nun einmal mit Deutschland zusammen. Aber was ist Deutschland? Seine Grenzen nach außen und innen stehen noch nicht fest. Vier Zonengrenzen zerteilen das Land. Und wenn auch als allgemeine Überzeugung gelten kann, daß Landesgrenzen nicht notwendig Kirchengrenzen sein müssen – und wenn wir heute sogar Gelegenheit haben zu lernen, daß auch die Grenzen zu auswärtigen Staaten für die Kirche nicht entscheidend sind -, so muß man doch jedenfalls wissen, was werden wir, um die EKD zu ordnen. Solange wir in Unkenntnis darüber sind, wie die staatlichen Grenzen laufen und wie hoch sie sind, sollten wir die Kirchengrenzen noch nicht definitiv behandeln.«[22]

---

[19] Ebd., 15.

[20] Zur »Vorläufigen Ordnung der Evangelischen Kirche in Deutschland« und deren weitere Entwicklung vgl.: Amtsblatt der Evangelischen Kirche in Deutschland, Anhang zum Jahrgang 1947, vom 25.02.1948, 177ff. Zum Entwurf und Beschluss der Grundordnung: Amtsblatt der Evangelischen Kirche in Deutschland, 1. Jg. 1947, Nr. 5, 118; 2. Jg. 1948, Nr. 1, 2ff ; Heft 5/6, 109ff.

[21] Vgl. dazu u.a.: G. Besier, E. Lessing: Die Geschichte der Evangelischen Kirche der Union (Bd. 3), Leipzig 1999. H. Brunotte: Die Evangelische Kirche in Deutschland, Gütersloh 1964.

[22] Amtsblatt der Evangelischen Kirche in Deutschland, 1. Jg. 1947, Nr. 6, Sp. 25.

Die Kirchen der sogenannten Ostgebiete (d.h. östlich der Oder und der Neiße) wurden in den folgenden Jahren immer wieder zum Gegenstand von Diskussion und Beratung. Allgemein anerkanntes Ziel bei der Bildung der EKD war die Überwindung der Landeskirchen-Struktur, wobei man »nicht einfach dort wieder anknüpfen [wollte], wo die Entwicklung in der Katastrophe von 1933 abbrach«[23]. Es sollte eine einheitliche geistliche Leitung unter Berücksichtigung der verschiedenartigen und unterschiedlich geprägten Gliedkirchen erreicht werden. Trotz kritischer Bemerkungen galt als kleinster gemeinsamer Nenner die gemeinsam abgegebene Barmer Theologische Erklärung.[24]

»Die Zeit der antifaschistisch-demokratischen Umwälzung brachte in der sowjetischen Besatzungszone enorme wirtschaftliche und politische Veränderungen mit sich.«[25] Eines der wichtigsten Ereignisse war die Schaffung der Sozialistischen Einheitspartei Deutschlands (SED) aus der Kommunistischen Partei Deutschlands (KPD) und der Sozialdemokratischen Partei Deutschlands (SPD). Bis zur Gründung der Deutschen Demokratischen Republik (DDR) 1949 festigte die Sozialistische Einheitspartei Deutschlands durch gezielte Personalpolitik ihren Machtbereich[26]. Das selbst benannte Ziel der SED war der Weg zum Sozialismus, eine Aufgabe der deutschen Arbeiterklasse als »Wegbereiter unseres ganzen Volkes in eine bessere Zukunft«[27]. Das Wort *Sozialismus* wurde dabei zu einem prophetischen Schlagwort durchaus religiöser Dimension:

> »Der Sozialismus ist mehr als eine Lohnbewegung, mehr als eine ökonomische Lehre, mehr als eine Weltanschauung; er beinhaltet ein soziales Ideal; er will eine Gesellschaftsordnung schaffen, in der endlich einmal der Mensch – gut sein kann. Aber der Weg dieser Zukunftshoffnung ist nicht mit guten Vorsätzen gepflastert, sondern mit organisatorischen Maßnahmen.«[28]

Die allgemein- und gesellschaftspolitischen Maßnahmen orientierten sich immer stärker am Vorbild und an der Zielstellung der Sowjetunion[29] und ihrer

---

[23] Ebd., Sp. 25.

[24] Zur Diskussion um das »Stuttgarter Schuldbekenntnis« und das »Darmstädter Wort« vgl. HANS PROLINGHEUER: Wir sind in die Irre gegangen, Köln 1987.

[25] R.F. GOECKEL: Die evangelische Kirche und die DDR, Leipzig 1995.

[26] Vgl. dazu: H. WEBER: Geschichte der DDR, München 1999, 37ff.

[27] H. HOFFMANN: Der Weg zum Sozialismus, Weimar 1946, 5.

[28] Ebd., 23.

[29] Dazu muss bemerkt werden, dass auf dem Vereinigungsparteitag der Thüringer Landesverbände der SPD und KPD am 7. April 1946 in Gotha festgestellt wurde: »Unser Weg, der deutsche Weg zum Sozialismus, wird in manchem anders verlaufen als der des russischen Volkes und der anderer Völker [...] Schließlich und endlich darf

führenden Ideologie, wobei »der grandiose Aufstieg, den die Union der Sozialistischen Sowjet-Republiken seit dem Zusammenbruch des Zarismus unter schwierigsten Verhältnissen vollzogen hat, [...] der unwiderlegbare Beweis dafür ist [...], daß keine Macht der Erde die Arbeiterklasse an der Lösung ihrer welt- und menschheitsgeschichtlichen Aufgabe zu hindern vermag«.[30]

Es kam in Bezug auf die Kirchenpolitik folgerichtig zu Auseinandersetzungen. Die Regierenden in der SBZ gingen von den Verhältnissen und Maßgaben in ihrer Heimat aus. Die versuchte kongruente Übertragung funktionierte nicht. So berichtete das Amtsblatt der EKD 1947 über Not und Verheißung der evangelischen Kirche im Osten Folgendes:

> »Zu Beginn der Besetzung haben sich bei uns mancherlei Schwierigkeiten ereignet, die von niemand abgestritten werden. Gottesdienste konnten überall gehalten werden, zum Teil wurden sie durch die Besatzungsmacht geradezu angeregt. Aber es kam vor, daß alles kirchliche Leben außer den Gottesdiensten verboten wurde, daß die schriftliche Einreichung von Predigten gefordert wurde, daß kirchliche Ausbildungsstätten, die den Namen ›Schule‹ trugen, geschlossen wurden, daß Jugendveranstaltungen nicht stattfinden durften oder daß kirchliche Pressearbeit eingestellt werden mußte. Die Ursache für diese Maßnahmen lag zum Teil darin, daß man, genau wie bei anderen Besatzungsmächten, naturgemäß von den heimatlichen Verhältnissen ausging. Die Kirche Rußlands hat zu keiner Zeit eigentliche Jugendarbeit getrieben, die Predigt nimmt dort eine ganz andere Stellung ein, alles, was Schule heißt, untersteht dem Staat, krankenpflegerische Arbeit der russischen Klöster ist unbekannt. So mußten Mißverständnisse entstehen, und so entstehen auch weiter Mißverständnisse.«[31]

Durch intensive Verhandlungen mit der Besatzungsmacht wurden zunächst größere Schwierigkeiten weitläufig abgemildert.

In Bezug auf die Verkündigung wehrten sich die Kirchen beispielsweise mit aller Macht und mit Erfolg dagegen, dass Predigten *vor* den Gottesdiensten schriftlich an offizielle (nicht kirchliche) Stellen eingereicht werden sollten, um sie auf ideologische Tragfähigkeit bzw. politisch-gesellschaftliche Einmischungsversuche zu überprüfen. So äußerte sich der Bischof von Berlin, Otto Dibelius, in einem Schreiben an die Superintendenten der Mark

---

die deutsche Arbeiterklasse wohl damit rechnen, in der Sowjet-Union einen großen helfenden Freund zu besitzen, der nichts dagegen einzuwenden haben wird, wenn wir versuchen, in Deutschland Wege zum Sozialismus einzuschlagen.« H. Hoffmann: Der Weg zum Sozialismus, Weimar 1946, 6–7. Über die Rolle der Stalinismus in der DDR vgl. u.a.: W. Weber: DDR-40 Jahre Stalinismus, Essen 1992.

[30] Ebd., 5.

[31] Amtsblatt der Evangelischen Kirche in Deutschland, 1.Jg. 1947, Nr. 12/13, Sp. 77.

Brandenburg zu diesem Problem und begründete *theologisch* die Unmöglichkeit einer solchen Predigtzensur:

> »Die Predigt des evangelischen Geistlichen ist Verkündigung des Evangeliums. Das Evangelium aber ist die Botschaft Gottes an die Menschen. Diese Botschaft kann nicht abgeändert, abgeschwächt oder einer Auswahl und Begrenzung unterworfen werden. Dementsprechend darf der Geistliche, nachdem ihm durch die Ordination Recht und Pflicht zuteil geworden ist, das Evangelium zu verkündigen, von keiner menschlichen Instanz bevormundet werden. [...] Es ist ihm daher nicht gestattet, irgendwelchen menschlichen Instanzen einen Einfluß auf seine Predigt zuzugestehen. Nicht einmal seine geistlichen Oberen haben das Recht, eine Vorzensur über seine Predigt zu üben [...] Noch viel weniger darf der Staat auf die Predigt des Geistlichen Einfluß nehmen. Er mag einen Pfarrer, der sich in seiner Predigt gegen Staatsgesetze vergangen hat, hinterher zur Rechenschaft ziehen, aber er darf nicht verlangen, daß die Predigten vorher einer militärischen oder politischen Stelle vorgelegt werden.«[32]

Aufgrund dieser theologischen Deutung und Klärung des Sachverhaltes um die evangelische Predigt war den offiziellen Stellen der SBZ die Möglichkeit einer Durchführung von Predigtzensur auf dem angestrebten Niveau genommen. Sie gingen von dieser Art der Kontrolle der Verkündigung der Kirchen ab und versuchten es in dieser Form auch in der gesamten DDR-Zeit (mit sehr wenigen Ausnahmen, z.B. bei Rundfunk- und Fernsehübertragungen) nicht wieder.

Zur Neuorientierung gehörte auch die verwaltungstechnische Ordnung der Länder. Bald nach Kriegsende gaben sich die Länder der SBZ Verfassungen, in denen »grundlegende Bestimmungen über die Religion und über die Rechtsstellung der Religionsgemeinschaften«[33] verankert wurden. Die einzelnen Landesregierungen orientierten sich bei diesen Verfassungen stark an der Weimarer Verfassung vom 11.08.1919.

Eine grundsätzliche Notwendigkeit der Auseinandersetzung mit der sich ausprägenden Ideologisierung, die sich nach 1949 in starkem Maße zu einem Problem entwickelte, wurde von Seiten der Kirchen noch nicht gesehen. Ein Hirtenbrief an die Gemeinden zum Osterfest 1949 zeigt beispielhaft, in welcher Form und aus welcher Motivation heraus die sich abzeichnende Entwicklung ausgeblendet wurde:

---

[32] Zitiert nach: G. Heidtmann (Hg.): Kirche im Kampf der Zeit, Berlin ²1954, 301.

[33] Vgl. dazu mit einzelnen Formulierungsbeispielen: Amtsblatt der Evangelischen Kirche in Deutschland, 1. Jg. 1947, Nr. 1, 5ff.

> »Weil Ostern eine Tatsache ist, haben wir es nicht nötig, in den Weltanschauungskämpfen unserer Tage eine sogenannte ›christliche Weltanschauung‹ zu verteidigen. Es geht in unserer Verkündigung und unserem Glauben nicht um Ideen oder Anschauungen, sondern um Gottes Taten [...]
> Deshalb können wir in Freiheit und Gelassenheit, ohne ängstliche Abwehr und Verteidigung, im Kampf der Ideen das Suchen nach Wahrheit und den Sehnsuchtsruf nach Freiheit vernehmen [...] Wir brauchen um die Sache Gottes nicht besorgt zu sein [...]«[34]

Eine bewusste Sensibilität wurde jedoch in den folgenden Jahren mehr und mehr ausgebildet. Die sich abzeichnende Entwicklung brachte die Notwendigkeit mit sich, immer deutlichere Worterklärungen von Seiten der Kirchen zur politischen Situation und Verhaltensweisen der Regierenden den Kirchen gegenüber zu machen. Beispielsweise gab es klare Positionierungen einzelner Vertreter der Kirchenleitung gegenüber dem Phänomen Kommunismus. Der nicht unumstrittene Bischof Otto Dibelius sagte bereits 1945, »daß der Kommunismus nach den Gewalttaten der russischen Truppen in Deutschland keine Chance mehr habe«[35]. Dieser klar formulierte Antikommunismus, der auch von einem Großteil des Kirchenvolkes geteilt wurde, führte zwangsläufig in zunehmendem Maße zu Konfrontationen mit den Regierenden der SBZ.[36]

Doch ging es in den Anfangsjahren nach Kriegsende in der SBZ nicht um eine grundsätzliche Entkirchlichung oder um einen Kampf gegen die Kirche. Hilfreich ist in diesem Zusammenhang der Hinweis auf das politische Programm der CDU (Ost) mit dem Titel *Christlicher Sozialismus*[37]. Dieses Programm stieß bei der 1946 gegründeten Sozialistischen Einheitspartei Deutschlands (SED) auf scharfe Ablehnung. Aus den Reihen der CDU (Ost) wurde nämlich proklamiert, dass weder eine christliche Überzeugung und Haltung im Widerspruch zu einem Bekenntnis zum Sozialismus stehe, noch die Mitgliedschaft zu einer marxistischen Partei. Je mehr sich allerdings der Machtbereich der SED ausbreitete, ideologische Ziele klar formuliert wurden und ihre Stellung sich stärkte, desto hartnäckiger wurde die zu Beginn marginal scheinende Kirchenpolitik von Seiten der gesamten Kirche ernst genommen.[38]

---

[34] Hirtenbrief an die Gemeinde zum Osterfest 1949, o. O.u.J., Privatarchiv.

[35] C. VOLLNHALS: Evangelische Kirche und Entnazifizierung, München 1989, 19.

[36] In diesem Zusammenhang ist auch die gesamte Kirchenpolitik bis 1949 zu verstehen.

[37] Von der SED auf der SED-Kulturkonferenz vom 28. Januar 1947 verworfen bzw. abgelehnt.

[38] Zur Ausbreitung des Machtbereichs der SED und ihrer Entwicklung vgl.: H. WEBER: Geschichte der DDR, München 1999, 25ff.

Nach der Beobachtung von Wolfgang Thumser gab es bereits seit 1946 zunehmend restriktive Verhaltensweisen gegenüber den Kirchen. Doch blieben sie eher vereinzelt und unorganisiert und wurden bis in die 50er Jahre noch auf offizieller Ebene ausgetragen. Es bestand durchaus die Absicht von Seiten der Sowjetischen Militäradministration in Deutschland (SMAD), die Kirchen für ihre politischen Vorgänge zu funktionalisieren. Diese Funktionalisierung breitete sich in fast allen Lebensbereichen aus. Sie nahm nach 1949 in erheblichem Maß zu.

> »Durch Bespitzelung, Denunziantentum und auf administrativem Wege wurde versucht, die kirchliche Arbeit einzudämmen. Damit einher gingen immer deutlichere Versuche der SMAD, die Kirchen politisch zu instrumentalisieren, d.h. sie und ihre Amtsträger in den Propagandaapparat zu integrieren und zur öffentlichen Unterstützung politischer Maßnahmen zu gewinnen.«[39]

Mit diesen Maßnahmen standen sie jedoch im Widerspruch zu den Verfassungen der Länder der SBZ, in denen es u.a. ausdrücklich heißt:

> »Der Mißbrauch der Kirche und der Religionsausübung zu parteipolitischen Zwecken ist verboten.« - »Die kirchlichen Einrichtungen und Handlungen dürfen nicht für politische Zwecke mißbraucht werden.« - »Der Mißbrauch kirchlicher Einrichtungen für parteipolitische Zwecke ist verboten.«[40]

Ein weiterer Ausdruck des Versuches dieser Einbeziehung der Kirchen in politische Maßnahmen kann mit dem Begriff des »Zentralismus« umschrieben werden.

In Bezug auf das Staat-Kirchen-Verhältnis verloren die Kirchen nach und nach ihre politische Handlungs- und Interessenvertreterfunktion, wie sie kurz nach Kriegsende von Seiten der SBZ-Regierung eingeräumt worden war. Mit aller Macht sollte versucht werden, die Kirchen an den Rand des politischen Lebens zu drängen. Zwar blieben sie weiterhin Verhandlungspartner und Interessenvertreter, jedoch von Seiten der Regierenden nur für eine bestimmte Gruppe der Bevölkerung und in einem abgesteckten Rahmen.

---

[39] W. Thumser: Kirche im Sozialismus, Tübingen 1996, 25.

[40] Amtsblatt der EKD Nr. 1/1947, 4.

II.1.3 Von der Gründung bis zur Grenzbefestigung – 1949 bis 1961

Erste Erfahrungen 1949 bis 1953

Mit dem Jahr 1949 geschieht innerhalb der DDR-Geschichte eine Zäsur, die in zweierlei Hinsicht von Bedeutung ist: Zunächst wurde am 07. Oktober 1949 die Deutsche Demokratische Republik gegründet. Außerdem hatte die SED ihre Machtstruktur soweit gefestigt, dass sie ein mehr oder weniger von ihr gelenktes Herrschaftssystem aufbauen konnte.

Die neue Regierung der DDR beginnt eine von ihr bewusst gelenkte, subtile Kirchenpolitik zu führen, mit der Absicht einer Beseitigung, zumindest Eingliederung der Kirchen in die parteipolitischen Vorgänge. Dieser Prozess begann zwar bereits in den Jahren vor der Gründung der DDR, jedoch mit dem Unterschied, dass der Verhandlungspartner eine vorläufige Besatzungsmacht war, deren Ziele sich auf grundlegende Strukturbildungen in Sinne einer allgemeinen und äußeren Ordnung zu beschränken schien. Zum Pfingstfest des Jahres 1949 richtete der Berliner Bischof einen Hirtenbrief an die Gemeinden in Berlin und Brandenburg, der einen kleinen Einblick in die Veränderungen der Situation kurz vor der Gründung der DDR erlaubt. In diesem Hirtenbrief heißt es:

> »In den vier Jahren, die jetzt hinter uns liegen, haben sich alle deutschen Kirchenleitungen Zurückhaltung auferlegt. Das hatte darin seinen Grund, daß unser öffentliches Leben bisher unter der alleinigen Herrschaft und Verantwortung der Besatzungsmächte stand [...]
> Nunmehr aber wird die Verantwortung für das, was in Deutschland geschieht, mehr und mehr wieder auf deutsche Schultern gelegt. Deutsche Staatsgewalt ist wieder im Werden. Damit ist für unsere Kirche die Stunde gekommen, zu reden, wo sie bisher hat schweigen müssen [...]
> Gegenwärtig bedrückt uns mehr als alles andere die Sorge, daß das Staatsgebilde, das um uns her entsteht, so viel von den Zügen zeigt, denen in der nationalsozialistischen Zeit unser Widerstand um Gottes willen gegolten hat: Gewalt, die über alles Recht hinweggeht, innere Unwahrhaftigkeit und Feindschaft gegen das christliche Evangelium [...]
> Die Leitung der Evangelischen Kirche bezeugt offen und gern, daß sie für manche ihrer Anliegen bei leitenden politischen Stellen des Ostens Verständnis und Entgegenkommen gefunden hat. Sie kann nur hoffen, daß es dabei auch in Zukunft bleibt. Sie hat sich auch immer verpflichtet gefühlt, den Gerüchten entgegenzutreten, als gebe es im Osten unseres Vaterlandes so etwas wie eine organisierte Christenverfolgung. Aber daß in zahllosen Dörfern und Städten dem kirchlichen Leben durch Maßnahmen der politischen Gewalt aller mögliche Abbruch geschieht, ist eine Tatsache. Nur zweierlei sei erwähnt: immer wieder werden

> die arbeitsfähigen Dorfbewohner, oft auch die Fabrikarbeiter in der Stadt, am Sonntag zur Arbeit kommandiert; die Jugend muß am Sonntag vormittag zu Vorführungen oder zu Arbeiten antreten, obwohl dies alles genau so gut an einem Wochentag erledigt werden könnte. Der Gottesdienst der Gemeinde wird auf diese Weise zwar nicht verboten, aber praktisch unmöglich gemacht [...]«[41]

Die provozierten Konflikte werden zunächst vielerorts auf unterer Ebene ausgetragen. Zusicherungen, Lösungsansätze usw., die per Regierungserlass verabschiedet werden, bleiben oft in der mittleren Verwaltungsebene stecken. So kommt es immer wieder zu Diskrepanzen, die ursächlich auf Informationsmangel oder Informationsfehler zurückgeführt werden konnten, um versuchsweise die Kirchen handlungsunfähig zu machen.

Die Sozialistische Einheitspartei Deutschlands (SED) hatte durch geschickte Partei- und Personalpolitik schon bald die komplette ideologische und politische Führung übernommen, auch wenn mit der Gründung der Deutschen Demokratischen Republik am 07. Oktober 1949 letztendlich die Sowjetunion ihren Machteinfluss stärkte.[42] So wurde zwar die Sowjetische Militäradministration in Deutschland (SMAD) aufgelöst, aber die Sowjetische Kontrollkommission (SKK) - als Nachfolgeinstitution - eingesetzt. Die Politik der Sowjetunion und ihrer Partei unter Führung Josef Stalins blieb Maßstab und Vorbild für die Aktionen in der DDR. Der politische Vorbildcharakter der KPdSU wirkte sich auch auf die Kirchenpolitik aus. In den Anfangsjahren der Sowjetunion (1917 bis in die 30er Jahre) kam es dort zu einer brutalen und rücksichtslosen Kirchenverfolgung. Der Grund für diese Verfolgung lag im Ausschließlichkeitsanspruch des propagierten Marxismus-Leninismus, d.h. auf der Ebene einer ideologischen Dimension. Dabei sah die Sowjetunion ihr Ziel in der kompletten Auflösung der Kirchen und des christlichen Glaubens. Die politische Führung musste jedoch die Erfahrung machen, dass ihre Bemühungen nicht fruchteten. Statt die Kirchen auszulöschen und den *rückschrittlichen* Glauben zu beseitigen, schuf sie Märtyrer der Kirche bzw. des Glaubens. Die Kirchen in der Sowjetunion überlebten die strengen Maßnahmen. Die Regierung war gezwungen, ihren brutalen Kurs zu ändern.

Die Ausgangssituation in der SBZ/DDR war eine etwas andere: In Deutschland hatten die Kirchen durch den Nationalsozialismus bereits ihre Erfahrungen mit einem antikirchlichen System gemacht. Zwar hatte in den Anfangsjahren die Regierung der frühen DDR das Fernziel, die Kirchen allmählich aufzuweichen, ihren Einfluss zu verringern und schließlich die Kirchen zu beseitigen und den *unwissenschaftlichen* christlichen Glauben durch

---

[41] G. HEIDTMANN: Kirche im Kampf der Zeit, Berlin ²1954, 109ff.

[42] Zum Gesamtproblem und Entwicklung bei der Gründung der DDR vgl.: H.WEBER, Geschichte der DDR, München 1999, 123ff.

einen wissenschaftlichen Kommunismus zu ersetzen, doch sollte dieser Weg mit einer veränderten Methodik eingeschlagen werden. »Die SED-Regierung hoffte, ohne Verzicht auf gelegentliche Schockaktionen, das Kirchenvolk langsam der Kirche entfremden zu können.«[43] Das angewendete Mittel war dabei nicht im eigentlichen Sinne die Beseitigung der Kirchen, sondern die Entfremdung von ihr. Um ihre Ziele zu erreichen, bediente sich die SED-Regierung durchaus brutaler Gewalt und verachtungswürdiger Methoden. Sie versuchte, ihr Machtpotential konsequent durch geschickt organisierte Propaganda auf unterer und mittlerer Ebene auszuüben. Bestimmt wurden diese Aktionen von einem aus marxistisch-leninistischer Tradition gewonnenen Kirchenbild, wonach die Kirchen ein Relikt der bürgerlichen Gesellschaft war.

Mit der neuen Verfassung, die ebenfalls am 07. Oktober 1949 verabschiedet wurde, garantierte die neue Regierung formal eine gewisse Rechtlichkeit und Sicherheit der Religion und Religionsgemeinschaften. Dabei schien diese erste Verfassungsreform relativ differenziert zu sein: durch Benennung verschiedener Punkte, konkrete Auslegbarkeit und klare Formulierung – zumal sie sich selbst als in demokratischer Tradition stehend verstand. So heißt es im Vorwort:

> »Die Verfassung ist das Grundgesetz jeder Staats- und Gesellschaftsordnung; sie bildet die rechtliche Grundlage für das Leben des gesamten Volkes. Was liegt also näher, als daß sich das Volk selbst die Grundlage der Staatsordnung schafft, in der es leben will. Dieses demokratische Prinzip der Selbstbestimmung des Volkes ist bei der Schaffung der Verfassung der Deutschen Demokratischen Republik in so hohem Maße verwirklicht worden, wie es bisher in der Geschichte der Völker nur selten geschehen ist.«[44]

Der Drang zur »Einmaligkeit in der Geschichte« wurde zu einem charakteristischen Zug der politischen Äußerungen innerhalb der DDR und ihrer Regierung und verstärkte den absolutistischen Beigeschmack der immanenten Ideologisierung.

Die mit der Verfassung zugesicherten Rechte mussten immer wieder eingeklagt werden. Nicht selten wurden die Grundsätze gebrochen, anders interpretiert oder übergangen, je nach notwendiger Auslegung. Es kam zu starken Diskrepanzen gerade auf mittlerer und unterer Ebene, d.h. im Arbeitsradius von Bezirks- und Kreisebenen, mit Räten der Stadt und des Kreises (Kommunalpolitik). Dieses waren auch die parteipolitischen und Regierungsebenen,

---

[43] F. G. Hermann: Der Kampf gegen Religion und Kirche in der SBZ, Stuttgart 1966, 13.
[44] Verfassung der DDR (1949), 5.

zu denen die einzelnen Gemeinden Kontakte hatten, bei Auseinandersetzungen verhandelten, wo sie ihre Probleme darstellten mussten.

Wurde mit der Verfassung von 1949 ein tolerantes Verhältnis demonstriert, so war doch bereits in den Jahren 1948/49 eine klare Linie auf ideologischem Gebiet mit der Wandlung der SED zur *Partei neuen Typus* (d.h. nach sowjetischem Vorbild) programmiert und festgelegt. Zentraler Inhalt dieser Neustrukturierung war die Umgestaltung der SED nach dem Vorbild der KPdSU zur stalinistischen Partei. Die Ideologie des Marxismus-Leninismus sollte auf alle Lebens- und Gesellschaftsbereiche übertragen werden. Als wissenschaftliche Grundlage sollte die Philosophie eines konsequenten Marxismus-Leninismus dienen. In allen Bereichen der Partei, der Staatsleitung und der Landes- und kommunalpolitischen Ebenen kam es zu Säuberungsaktionen, Ausschlüssen und Verfolgungen. Diese Methode wurde bereits, um politische und ideologische Ziele zu erreichen, in der KPdSU erfolgreich angewendet. Auch wenn von Seiten des jungen Staates stets von Vorläufigkeit und provisorischer Regierung gesprochen wurde, zeigen die Bemühungen und die Akribie um die Staatsgründung, dass man sich regierungsmäßig und staatspolitisch auf einen langen Zeitraum einrichtete.

Wenn Hermann Weber schreibt: »Die Gründung der DDR war ein deutliches Signal wachsender Spannungen und des Ost-West-Konfliktes.«[45], so muss ergänzt werden: Auch das kirchliche Leben – besonders auf der Ebene der einzelnen Gemeinden – wurde in großem Maße belastet. Es kam zu einer Zuspitzung der Auseinandersetzungen zwischen dem Staat und den Kirchen an konkreten Punkten. Beide Seiten gingen zunächst von einer dissolvierenden und disparaten Entwicklung aus, wobei das Disparate – wenn auch mit einzelnen Zugeständnissen – bis zum Ende der DDR erhalten blieb. Die antikirchliche und antichristliche Propaganda, z.B. in Schulen, am Arbeitsplatz, in Parteien und Massenorganisationen, durch Gottesdienststörungen usw., nahm in den folgenden Jahren erheblich zu. Diese beschränkten Konflikte in den ersten Jahren der DDR sind trotz ihrer Massivität und teilweisen Brutalität sowie Hartnäckigkeit als ein erstes und ernstes Abstecken der gegenseitigen Grenzen bzw. Handlungsspielräume zu verstehen. Die Kirchen sollten, trotz ihres in der Verfassung verankerten Grundrechts auf Stellungnahme »zu den Lebensfragen des Volkes von ihrem Standpunkt aus«[46], massiv an den Rand der Gesellschaft gedrängt werden. Offiziell allerdings wurde von staatspolitischer Seite ein tolerantes Verhältnis zu den Kirchen demonstriert. In den Beschlüssen und Dokumenten des III.Parteitages der SED aus dem Jahre 1950, der die Formierung der SED zu einer *Partei neuen Typus* fortsetzte, heißt es:

---

[45] H. Weber: Geschichte der DDR, München 1999, 125.

[46] Verfassung der DDR, 1949, Artikel 41.

> »Die Verfassung der Deutschen Demokratischen Republik gewährt allen Bürgern völlige Gewissensfreiheit und freie Ausübung ihrer weltanschaulichen Bekenntnisse. Sie gewährt der Kirche die volle Freiheit in der Durchführung ihrer konfessionellen Aufgaben. Diese Bestimmungen der Verfassung werden von allen staatlichen Organen der Republik strengstens eingehalten.«[47]

Diese Aussagen des Parteitages standen konträr zur praktizierten Wirklichkeit. So heißt es z.B. in einem Brief an den Landesbischof Mitzenheim vom 22. April 1950 von einem betroffenen Gemeindeglied:

> »Hochverehrter Herr Landesbischof!
> Indem ich für Ihre Rückäußerung zu meinem Schreiben vom 25.3. d.J. herzlich danke, teile ich Ihnen zur Sache noch folgendes mit:
> Ich habe mittlerweile einen weiteren Beweis dafür erhalten, daß hinter den Anlässen zu dem Parteiverfahren gegen mich meine christliche Einstellung als treibende Kraft wirksam ist, dies aber im Ausschlußantrag (aus leicht zu vermutenden Gründen) verschwiegen wird.
> Der hiesige Vorsitzende des Ortsausschusses der Nationalen Front äußerte bei seinem Besuch eines Angestellten, den er für die Übernahme eines Amtes warb, unter Hinweis auf mich, es vertrüge sich doch nicht mit der Weltanschauung eines Marxisten, in der Kirche mitzuarbeiten, wie ich es täte. Auch die Neubauern wurden von dem genannten Ortsausschußvorsitzenden getadelt. Sie hätten – so fügte mein Gewährsmann, der zuverlässig ist, hinzu – nach jenes Herrn Meinung versagt; sie, die doch ihr Land eigentlich der SED verdanken, verschanzten sich nur zu oft (oder zu sehr) hinter ihrer christlichen Anschauung«[48].

Nicht nur in den Beschlüssen und Dokumenten der Parteitage der SED fällt auf, dass in offiziellen Verlautbarungen und anderen öffentlichen Äußerungen in Bezug auf die angestrebte Kirchenpolitik zwischen der Verfassung und der darin enthaltenen Rechte auf Glaubens- und Gewissensfreiheit und eine überwiegende Mehrheit der Kirchgänger, die sich für die Politik der SED aussprachen, einerseits, und einer Gruppe von reaktionären Kirchenführern andererseits unterschieden wurde. Eine solche Unterscheidung von progressiven und reaktionären Christen begegnet in der gesamten Kirchenpolitik der SED und ist Ausdruck einer beabsichtigten Polarisierungspolitik. Gezielt und geschickt beschritt die SED einen Weg der Differenzierung und Auslese. Mithilfe dieser Art des politischen Diktats versuchte sie, die Kirchen innerlich zu schädigen und zu unterwandern. Ziel dieser Differenzierungspolitik der SED war es, »einen Keil zwischen die kirchliche Basis und die

---

[47] Dokumente der Sozialistischen Einheitspartei Deutschlands, Bd. III, Berlin 1952, 102.
[48] Archiv Eisenach A 866/Bd. 1.

Kirchenleitung zu treiben. In der Frühphase äußerte sich diese Politik vornehmlich in repressiven Maßnahmen gegen einzelne Personen, um sie zum Kirchenaustritt zu veranlassen, oder gegen Pfarrer, um ihre politische Passivität zu erzwingen.«[49] Dabei wurde stets versucht einen äußeren Schein der Toleranz und Akzeptanz zu wahren. In einer streng vertraulichen Weisung aus dem Jahr 1950 heißt es zum Beispiel in Bezug auf die Kirchenmitgliedschaft im Bereich der Volkspolizei:

> »Die im Zusammenhang mit den Austritten der Genossen Hpm. [Hauptmann, d.Vf.] [...] aus der evangelischen Kirche zusammenhängenden Vorkommnisse geben Anlass zu folgender für die nächste Zukunft verbindlichen Weisung.
> Die Kommandeure sind persönlich verantwortlich, dass künftig die Kirchenaustritte nicht massenhaft erfolgen. So sehr im politischen Bekenntnis die Spontanität durchaus erwünscht ist, darf in religiösen Belangen keinesfalls der Eindruck einer gelenkten oder gar befohlenen Massnahme der höheren Partei- und Staatsstellen entstehen [...]
> Es ist selbstverständlich, dass eine kirchliche Bindung eines Volkspolizisten, vor allem eines Offiziers, mit dem Gedankengut des fortschrittlichen Sozialismus unvereinbar ist. Hier aber, insbesondere vor den Wahlen, plump über das Ziel zu schiessen, ist gleichzusetzen mit einer Schädigung der Interessen unserer Republik.
> Es wird daher nochmals folgendes festgestellt: Im Prinzip sind Kirchenaustritte von Genossen der Volkspolizei nach wie vor erwünscht, ja sogar geboten; die Spontanität ist jedoch auf alle Fälle zu unterlassen. Deshalb ist jeder Kommandeur für eine kluge und unauffällige Lenkung der Kirchenaustritte persönlich verantwortlich. Es wird den einzelnen Genossen der Volkspolizei zur Pflicht gemacht, in den diesbezüglichen Erklärungen den Kirchenbehörden gegenüber zu betonen, dass der Austritt aus rein persönlichen Erwägungen und nach eigenem Entschluss erfolgt ist.«[50]

Andererseits fordert die Regierung der DDR die Kirchen auf, auf gesellschaftlicher Ebene aktiver am politischen Leben teilzunehmen. Sie kritisierte die Intoleranz der reaktionären Kirchenführung, Pfarrer in ihren politischen Rechten zu beschneiden. So wird auf dem III. Parteitag der SED gesprochen:

> »Die reaktionären Kirchenführer erheben dagegen Einspruch, daß sich Pfarrer der nationalen Front des demokratischen Deutschland anschließen, sie gehen gegen diese Pfarrer disziplinarisch vor. Sie haben aber gar nichts dagegen, wenn

[49] R. F. Goeckel: Thesen zu Kontinuität und Wandel in der Kirchenpolitik der SED, in: C. Vollnhals (Hg.): Die Kirchenpolitik von SED und Staatssicherheit, Berlin ²1997, 38.
[50] Streng vertraulicher Bericht, A 866/Bd. 1.

> Pfarrer die Kanzel zu reaktionärer Propaganda mißbrauchen. Sie sind also nicht gegen die politische Betätigung der Pfarrer überhaupt, sondern nur gegen die fortschrittliche, demokratische Betätigung der Pfarrer. Sie wollen auch hier einen politischen Gewissenszwang ausüben, die fortschrittlichen Pfarrer der staatsbürgerlichen Freiheiten berauben, die ihnen durch die Verfassung ausdrücklich garantiert sind [...]
> Die reaktionären Vorstöße dieser Kirchenführer sind dadurch erleichtert worden, daß die Partei und alle demokratischen Kräfte bisher der Arbeit unter den Kirchenanhängern nicht genügend Beachtung geschenkt haben und nicht genügend getan wurde, um die demokratischen Kräfte in der Kirche, besonders die fortschrittlichen Pfarrer, tatkräftig zu unterstützen. Die reaktionären Vorstöße haben zahlreiche Pfarrer empört, die dadurch in einen Gewissenskonflikt zwischen ihrer Amtspflicht und ihrem nationalen Pflichtbewußtsein gebracht wurden [...]
> Diese Pfarrer gilt es zu unterstützen und eine breite Protestbewegung innerhalb der Kirche selbst zu entfalten, damit die Kirchenanhänger und die Geistlichen frei ihre nationalen Pflichten erfüllen und ihre staatsbürgerlichen Rechte ausüben können.«[51]

Dabei bedeutet der Vorwurf, Pfarrer missbrauchten die Kanzel zu reaktionärer Propaganda so viel, dass sich die Predigt nicht in der gewünschten Form für diese Differenzierungspolitik missbrauchen ließ und sich die Pfarrerinnen und Pfarrer grundsätzlich an die Richtlinien ihrer Kirchen hielten.[52] Die von der SED anvisierte Spaltung innerhalb der Kirchen blieb aus. Trotzdem

---

[51] Dokumente der Sozialistischen Einheitspartei Deutschlands, Bd. III, Berlin 1952, 103f.

[52] So weist der Landeskirchenrat der Kirche Anhalts in einem Rundschreiben auf die politische Verantwortung der Pfarrer hin: »Wir weisen die Pfarrer und Pfarrverwalter unserer Landeskirche darauf hin, daß die in den bisherigen Verlautbarungen und Entschließungen der EkiD ausgesprochenen Grundsätze hinsichtlich der Beteiligung der Kirche am politischen Leben auch weiterhin in Geltung sind. Bei aller Freiheit des Christen, seiner politischen Verantwortung gemäß zu handeln, hat der Pfarrer darauf zu achten, daß er im öffentlichen Leben auch in seiner politischen Betätigung nicht zuerst als Privatperson, sondern als Vertreter der Kirche angesehen und behandelt wird. Da der Kirche von ihrem Herrn der einzigartige Auftrag geworden ist, dem Menschen schlechthin, ungeachtet seiner politischen Bindung, das Evangelium zu bringen, und da sie zur rechten Erfüllung dieses Dienstes politisch ungebunden sein muß, hat der Pfarrer sich zurückzuhalten, wo es ihn zu aktiver Beteiligung an politischen Parteien oder Organisationen drängt oder wo er dazu aufgefordert wird [...] Wir erwarten von ihm, daß er die zwischen Staat und Kirche bestehende Trennung seinerseits in einer klaren, sauberen Abgrenzung des ihm befohlenen Amtes von einem

versuchte sie immer wieder, einen solchen Konflikt in den Reihen der Kirchen und ihrer Mitarbeiter zu entfachen. Die Bezeichnung »fortschrittliche Pfarrer« wird im Laufe dieser Spaltungsversuche fast zu einem *terminus technicus* und bezeichnet Pfarrerinnen und Pfarrer, die der Politik der SED eher offen begegneten.

In Bezug auf die Gemeinden blieb der Versuch, die Kirchen zu einem Unort zu machen, jedoch bis zum Ende der DDR ein ernstzunehmendes Thema. Einen gewissen Höhepunkt erreichten die Auseinandersetzungen zwischen Staat und Kirchen 1952 mit der zweiten Parteikonferenz der SED und den dann folgenden offenen Repressionen gegen die Kirchen. Treffend beschreibt Rudolf Mau die entstandene Situation:

> »Der Beschluß der 2. Parteikonferenz im Juli 1952 über den ›Aufbau des Sozialismus‹ nach sowjetischem Vorbild löste neben rigorosen Maßnahmen in vielen Lebensbereichen auch einen auf breiter Front geführten Kirchenkampf aus. Die Parole ›Aufbau des Sozialismus‹ brach jedes Recht.«[53]

Die ideologischen Maßnahmen der SED-Regierung setzten an empfindlichen Punkten an. So kam es in dieser politischen Phase nicht nur zur Unterbrechung des Religionsunterrichts in den Schulen, sondern auch zu Erschwernissen der gesamten kirchlichen Arbeit, bis hin zu Beschlagnahmungen kirchlicher Heime und Anstalten sowie zur Inhaftierung einzelner Pfarrer und kirchlicher Mitarbeiterinnen und Mitarbeitern. Durch die Verordnung über die Anmeldepflicht von Veranstaltungen vom 29. März 1951 wurde die Öffentlichkeitsarbeit in erheblichem Maße gestört. Die Gottesdienste blieben davon weitgehend unbehelligt. Sie wurden vielerorts auf subtilere Art und Weise gestört.[54] Staatlicherseits wurde versucht, die gesellschaftlichen und ideologischen Ideen teilweise in aggressiver Art und Weise umzusetzen und zu stabilisieren. Einer der Schwerpunkte war dabei die intolerante und antichristliche Propaganda innerhalb des Bildungssystems.

Die Situation, in der sich die Kirchen befanden, wurde von ihr als interimistische charakterisiert, wobei es dabei kein bewusstes Einlassen von Seiten der Kirchen auf diese spezifische Situation gab. Unter dem Bild der Wegfindung wurde versucht, die Lage der Kirchen zu beschreiben. Die Ernsthaftigkeit der allgemeinen Lage wurde erkannt. Im April 1953 kam es zu einer Kundgebung der lutherischen Bischöfe anlässlich einer Tagung der Generalsynode, in der

---

ihm nicht befohlenen politischen Auftrag respektiert [...]« G. Heidtmann: Kirche im Kampf der Zeit, Berlin ^{2}1954, 117.

[53] R. Mau: Eingebunden in den Realsozialismus ?, Göttingen 1994, 40f.

[54] Beispielsweise durch parallel angesetzte Veranstaltungen, Gottesdienststörungen unterschiedlicher Art, Arbeitseinsätze, Kartoffelkäfersammelaktionen usw.

u.a. gegen die Einschränkung der Glaubens- und Gewissensfreiheit protestiert wurde. Darin heißt es:

> »Der Druck, der in Glaubens- und Gewissensfragen auf Glieder der evangelischen Kirche innerhalb der Deutschen Demokratischen Republik ausgeübt wird, droht untragbar zu werden.«[55]

Der auch von Seiten der DDR-Regierung erwogene Gedanke einer deutschen Wiedervereinigung implizierte den Gedanken einer Vorläufigkeit. Diese Situationsbeschreibung führte zu der von Robert F. Goeckel gemachten Beobachtung:

> »Die Kirchen übten einfach Zurückhaltung, nicht etwa aus politischer Neutralität, sondern aus der weitverbreiteten Überzeugung heraus, dass die DDR ein Provisorium sei und durch ein liberales, demokratisches wiedervereinigtes Deutschland ersetzt werden würde.«[56]

Bei diesem Schwerpunkt der ideologischen Auseinandersetzung und Konsolidierung eines sich als atheistisch und sozialistisch verstehenden Staates bestimmte auch weiterhin die Sowjetunion die Richtung der Kirchenpolitik in der DDR. Dieses gilt auch für die offenen Angriffe auf kirchliche Bereiche. Wenn hier der Eindruck entsteht, die Kirchen hätten ihre Aufgabe hauptsächlich in einer Art »Schadensbegrenzung« gesehen, so stimmt dieser Eindruck mit den Beobachtungen zu diesen Jahren durchaus überein. Das aktive Handeln lässt weitgehend dem Parieren und Reagieren den Vortritt.

Das Verhältnis zwischen Staat und Kirchen drohte u.a. wegen der *Jungen Gemeinden* zu eskalieren. Wenn es überhaupt möglich ist, einen Zeitpunkt für den Beginn dieser Auseinandersetzungen festzulegen, so kann die Behinderung des Kirchentages der *Jungen Gemeinde* in Lübbenau vom 14. Juni 1952 genannt werden. Damit kommt es zu ersten offenen Angriffen gegen die Kirchen auf dem Gebiet der Jugendarbeit. Den Boden für die weiteren Aktivitäten bereitete eine Rede Walter Ulbrichts auf der zweiten Parteikonferenz der SED vom 9.07. bis zum 12.7.1952. Unter der Überschrift »Über den Kampf gegen die Sabotage- und Schädlingstätigkeit der Feinde« wird ein allgemeines Bild der Bedrohung der DDR aufgebaut. Die Passagen der Rede Walter Ulbrichts zu diesem Thema lesen sich heute wie eine Einleitung zu einem Agenten-Roman, damals freilich stellten sie – sicher in übertriebener Dimension – die geglaubte Wirklichkeit dar. So heißt es u.a.:

---

[55] G. Heidtmann: Kirche im Kampf der Zeit, Berlin ^{2}1954, 336.

[56] R. F. Goeckel: Die evangelische Kirche und die DDR, Leipzig 1995, 66.

> »Mit der gesteigerten Kriegsvorbereitung verstärken der amerikanische Imperialismus und seine Bonner Vasallen ihre Spionage-, Sabotage-, Diversions-, Zersetzungs- und Schädlingstätigkeit im Gebiet der Deutschen Demokratischen Republik von Tag zu Tag [...] Leiter dieser Verbrecherorganisation ist der SPD-Funktionär Ernst Tillich, der schon seit langen Jahren für den westlichen Geheimdienst tätig ist. Sein Onkel, Professor Paul Tillich, wohnt noch heute in New York City, Claremont Avenue 99.
> Unter der Leitung von Tillich wird mit Sprengstoff, Giften, Säuren, Brandsätzen usw. im Gebiet der Deutschen Demokratischen Republik gearbeitet. Mit den Sprengkörpern werden von den bezahlten Agenten der Hildebrandt-Tillich-Gruppe Anschläge auf Brücken an verkehrsreichen Autostraßen und Eisenbahnstrecken, auf Kanäle und Schleusen organisiert [...]
> Wer für den Frieden ist, muß überall mithelfen, die Spionage- und Sabotageagenturen der imperialistischen Kriegstreiber und ihre Helfershelfer zu entlarven [...]«[57]

Dazu kamen verschiedene Artikel in den Tageszeitungen, allen voran die »Junge Welt« (Tageszeitschrift der FDJ). Die Vorwürfe gegen die *Junge Gemeinde* ließen sich genau in das aufgebaute Bild einfügen. Der Vorwurf lautete: Sie sei eine illegale Organisation, die im Auftrag der USA Spionage- und Sabotageaktionen unter dem Mantel der Kirche organisierte und durchführe, eine Tarnorganisation für Kriegshetze usw. im Auftrag der USA. Der Aufbau eines absoluten Feindbildes wird für die Art der Führung des Kalten Krieges typisch.

Im August 1952 kommt es auf einer außerordentlichen Provinzialsynode der Evangelischen Kirche von Berlin-Brandenburg u.a. zu einer Entschließung zur Stellung der *Jungen Gemeinde*, die stellvertretend für eine Stellungnahme aller Landeskirchen angesehen werden kann. In dieser Entschließung heißt es:

> »Die Synode bezeugt, daß die Junge Gemeinde keine Organisation ist, sondern die Jugend der Gemeinde. Wer die Junge Gemeinde antastet, tastet die Kirche an.«[58]

Ähnlich äußern sich andere Landeskirchen zur Haltung gegenüber der *Jungen Gemeinde*, z.B. die Pommersche Landessynode (13. November 1952):

> »Die Junge Gemeinde darf gewiß sein, daß sich die Kirche jederzeit schützend vor die Junge Gemeinde stellen wird, weil die Antastung der Jungen Gemeinde einen Angriff auf die Kirche darstellt.«[59]

---

57 W. Ulbricht: Die gegenwärtige Lage und die neuen Aufgaben der Sozialistischen Einheitspartei Deutschlands, Berlin 1952, 58–61.

58 G. Heidtmann: Kirche im Kampf, Berlin ^{2}1954, 324–325.

59 Ebd., 326.

Innerhalb der Auseinandersetzung mit der *Jungen Gemeinde* kam es nicht nur zu verbalen Vorwürfen. Oberschüler wurden von den Schulen verwiesen, verhört oder erst gar nicht zur Oberschule[60] zugelassen. Bei sogenannten Diskussionen kam es zu Verhören und erzwungenen Stellungnahmen oder Verleumdungen und sogar zu einzelnen Verhaftungen von Pfarrern und kirchlichen Mitarbeitern, zu Exmatrikulationen an den Universitäten und Entlassungen von Lehrlingen aus den Betrieben und Pädagogen aus dem Schuldienst. Immer wieder beteuern die Kirchen, dass die *Junge Gemeinde* als Kreis innerhalb der Gemeinde unmittelbar zur Kirche gehöre und keine eigenständige und anmeldepflichtige Organisation sei.

Die ernsthaften Eskalationen innerhalb der Beziehungen zwischen dem Staat und den Kirchen werden an vielen Stellen und von mehreren Seiten als Notzeit der Kirche wahrgenommen. So heißt es in einem Schreiben von Bischof Müller (Kirchenprovinz Sachsen) an die Gemeinden vom 17. März 1953:

> »Als Euer Bischof, dessen Aufgabe es nach der Grundordnung unserer Kirche ist, für die Gemeinden ›mahnend und warnend das Zeugnis des Evangeliums in allen entscheidenden Fragen des öffentlichen Lebens‹ abzulegen, spreche ich zu Euch in ernster Stunde.
> Ich halte es für notwendig, unseren Gemeinden zu sagen, daß heute wieder Notzeit der Kirche ist. Unsere Junge Gemeinde, auf die wir mit besonderer Freude schauen, wird in aller Öffentlichkeit angegriffen, als wenn sie eine illegale staatsfeindliche Organisation ist [...] Führer der Jugendarbeit wie Studentenpfarrer Hamel und Landeswart Diakon Hoffmann werden in Haft gehalten. Darüber hinaus wird neuerdings in allen Teilen unserer Kirche eine große Unruhe in das kirchliche Leben hineingebracht [...]
> Zu allen diesen Behinderungen kommt die schwere Existenznot, die zahlreiche Glieder unserer Gemeinden besonders auf dem Lande, aber auch in der Stadt in den Kreisen des gewerblichen Mittelstandes auf das schwerste bedroht und die dazu geführt hat, daß eine große Zahl unter dem lastenden äußeren und inneren Druck ihre Rettung nur darin sieht, ihre Scholle und ihren Betrieb im Stich zu lassen und zu fliehen [...]
> Ich sage das alles nicht, um anzuklagen. Das kann ich schon deshalb nicht, weil ich weiß, daß seit dem Kreuze des Herrn das Leiden der gottgewollte Zustand seiner Gemeinde ist. Soweit es nötig ist, die Innehaltung der der Kirche in der Verfassung der Deutschen Demokratischen Republik gewährleisteten Rechte und der bestehenden Gesetze zu fordern, sagen wir das den verantwortlichen Stellen unmittelbar [...]«[61]

---

[60] Damals einzige gymnasiale Schulform als Berechtigung zu einem Hochschulzugang.
[61] G. Heidtmann: Kirche im Kampf, Berlin ^{2}1954, 333f.

Bischof Müller fiel den staatlichen Stellen bereits 1950 auf Grund eines geplanten Hirtenbriefes zu Ostern auf. In diesem Hirtenbrief an die Gemeinden ging es um die Kritik an der allgemeinen Entwicklung in der DDR und speziell um die Einheitsliste für die geplante Wahl.[62]

Das Verhältnis zwischen Staat und Kirchen in der DDR verschlechterte sich in einem solchen Maße, dass der Rat der EKD 1953 die Situation der einzelnen Christen als schwere Gewissensnot charakterisiert und sich mit folgenden Worten am 11. Mai 1953 an alle evangelischen Gemeinden wandte:

> »Im Osten unseres Vaterlandes wird seit langem auf allen Lebensgebieten, namentlich in der neuen materialistischen Bekenntnisschule, die materialistische Weltanschauung mit Mitteln des Zwanges vorangetrieben. Dadurch sind die evangelischen Christen in schwere Gewissensnot gekommen. Jetzt ist die Feindseligkeit gegen den christlichen Glauben offen ausgebrochen [...]
> Wir wissen, daß unserem Volk nichts anderes helfen kann als eben dies Evangelium, das mit solcher Bitterkeit bekämpft wird. Hier allein ist die innere Freiheit, die den Menschen zum Menschen macht [...]«[63]

Damit ist gleichzeitig das Hauptkampffeld der Auseinandersetzungen bezeichnet: die Schulen und die Jugend. Diese Konfrontationen verlangten zur Klärung der Situation nach einem Grundsatzgespräch zwischen den Vertretern beider Seiten. Der Impuls für ein solches Grundsatzgespräch zwischen Vertretern der Kirchen der DDR und dem Ministerpräsidenten Otto Grotewohl zur Normalisierung der Beziehungen zwischen Staat und Kirchen kam aus der Sowjetunion und zeigt erneut die Einflussnahme der Sowjetunion auf die Entwicklung der Situation in der DDR. Dieses Gespräch fand am 10. Juni 1953 – drei Monate nach Stalins Tod – statt. Zentraler Gegenstand und Ziel der Besprechung war die Wiederherstellung eines normalen, d.h. akzeptablen Zustandes zwischen Staat und Kirche.[64] Eingeleitet wurde die Besprechung durch Ministerpräsident Grotewohl, worauf Bischof Dibelius nochmals auf die Geschlossenheit der Kirche in der Abwehr der Angriffe hinwies.

---

[62] Vgl. dazu auch: G. Besier: Der SED-Staat und die Kirche, Berlin 1995, 69.

[63] G. Heidtmann: Kirche im Kampf, Berlin ^{2}1954, 351.

[64] Begonnen wurde dieses Gespräch mit der Darstellung der entsprechenden Probleme durch die Vertreter der Kirchen: Bischof Müller - Beschwerden der Inneren Mission; Landesbischof Beste – Verhaftungen und Verurteilungen von Pfarrern und kirchlichen Mitarbeiterinnen und Mitarbeitern; Generalsuperintendent Krummacher – Behinderung des kirchlichen Lebens allgemein; Bischof Mitzenheim – Junge Gemeinde und Studentengemeinde.

Bischof Mitzenheim führte zur Frage der *Jungen Gemeinde* – laut einem Bericht über das gemeinsame Gespräch – folgendes aus:

> »Es seien im Laufe der Auseinandersetzungen in den letzten Wochen im Gebiet der Deutschen Demokratischen Republik an die 3000 Schüler von der Schule entlassen oder nicht zur Oberschule zugelassen worden, ferner seien Lehrlinge wegen ihrer Teilnahme an der Jungen Gemeinde aus den Betrieben entlassen und auch Lehrer wegen ihres Eintretens für die Junge Gemeinde ihres Amtes enthoben worden [...]
> Zur Jungen Gemeinde gehörten alle konfirmierten Jugendlichen. Ich wies darauf hin, daß dieser Dienst der Kirche an ihrer Jugend in der Jungen Gemeinde in voller Öffentlichkeit mit Wissen des Staates seit Jahren getan werde [...]
> Vor allem aber fühlten wir uns dadurch beschwert, daß man, wenn man gegen die Jugendarbeit der Kirche Einwendungen zu machen habe, sich nicht an die verantwortlichen Männer gewendet habe, sondern die Jugend bedrohe und quäle, die Jugend, die abhängig und wehrlos sei.«[65]

Weiter klagt Bischof Mitzenheim die bereits in der Verfassung ausgewiesene Glaubens- und Gewissensfreiheit ein, indem er bemerkt,

> »[...] daß kein christlicher Schüler und kein christlicher Student zu einer Zustimmung zur marxistisch-atheistischen Weltanschauung gezwungen werden dürfe, daß der Grundsatz der Toleranz besonders für die Schulen und für die Hochschulen gelte.«[66]

Von Seiten der Regierung wurde so geantwortet, dass zunächst jegliche Vorwürfe zurückgewiesen und bestritten wurden. So hielt Bischof Mitzenheim in seinem Bericht fest:

> »Der Ministerpräsident erklärte, die Junge Gemeinde sei keine Verbrecherorganisation. So etwas sei von Seiten der Regierung niemals ausgesprochen worden. Wenn dies in der Hitze von anderer Seite geschehen sei, so seien das Leute, für die die Regierung nicht verantwortlich sei. Die Regierung habe solche Äußerungen sofort als groben Verstoß gerügt und Änderungen gefordert. An die politischen Organe sei die Anweisung ergangen, daß gegen die Junge Gemeinde und gegen Einrichtungen der Kirche keinerlei weitere Maßnahmen zu ergreifen seien [...] Weder für die Zulassung zur Oberschule noch für die Beschäftigung als Lehrkraft an der Schule sei die Zustimmung zur marxistischen Weltanschauung

---

[65] Bericht Mitzenheim A 866/Bd. 3.

[66] Ebd.

Voraussetzung. Weder von den Schülern noch von den Lehrern werde erwartet, daß sie Marxisten würden.«[67]

Diese starke Differenz zwischen den wirklichen Geschehnissen und den Verlautbarungen der Regierung entwickelte sich zu einem charakteristischen Zug der gesamten gesellschaftlichen und kirchlichen Politik der DDR-Regierung. In Bezug auf die Problematik der Verhaftungen von Pfarrern und kirchlichen Mitarbeiterinnen und Mitarbeitern, die von Landesbischof Beste angesprochen wurden, äußerte die Regierung:

»Was die Verhaftungen und Verurteilungen betreffen, so ergehe die Anordnung, daß alle erfolgten Urteile sofort zu überprüfen sind, besonders in Bezug auf das Strafmaß mit dem Ziel, eine große Linderung herbeizuführen und Ungerechtigkeit auszuräumen. Dies gelte nicht nur für die verhafteten und verurteilten Pfarrer und übrigen Diener der Kirche, sondern allgemein«[68].

Abschließend wurden die Aufgaben und die Rolle der Kirchen in der DDR unter Berufung auf ihre von der Verfassung zugestandenen Rechte von Seiten der Regierung beschrieben:

»Die Kirche veranstaltet keine politischen Aktionen, aber sie übt Akte der Barmherzigkeit. Das hat sie in den zurückliegenden Jahren immer wieder als Anwalt der Bedrängten und Mund der Stummen getan [...]
Die Vertreter der Kirchen erklären, auf rechtswidrige Eingriffe und Einwirkung in das wirtschaftliche und politische Leben zu verzichten, so ist das so zu verstehen, daß das verfassungsmäßige Recht der Kirche zu den Lebensfragen des Volkes von ihrem Standpunkt aus Stellung zu nehmen, erhalten bleibt.«[69]

Die Ergebnisse des Grundsatzgespräches wurden in einem Kommuniqué, welches vom Presseamt beim Ministerpräsidenten herausgegeben wurde, festgehalten.[70] Frühzeitig wurde dieses Gespräch und dessen Ergebnisse vom Rat der EKD bereits am 12. Juni 1953 als »Umschwung, der in der Lage der evangelischen Kirchen im Osten unseres Vaterlandes eingetreten ist«[71] bezeichnet. Die mit dem Gespräch vom 10./11. Juni 1953 vorgebrachten Lösungsansätze, die eine allgemeine Normalisierung in das Verhältnis zwi-

---

[67] Ebd.

[68] Ebd.

[69] Ebd.

[70] Abgedruckt wurde dieses Kommuniqué u.a. in verschiedenen Tageszeitungen und im Amtsblatt der EKD, Heft 9/1953, 246f.

[71] G. Heidtmann: Kirche im Kampf, Berlin ^{2}1954, 357f.

schen DDR-Staat und den Kirchen herbeiführen sollten, wurden durch die Unruhen in der Arbeiterschaft vom 16./17. Juni allerdings gestört. Allgemein lässt sich die Situation an der Basis folgendermaßen beschreiben: Die Gemeinden waren durch die Ereignisse und die harten Auseinandersetzungen eingeschüchtert und vorsichtiger geworden.

Vom »Neuen Kurs« bis zur »Mauer« 1961

Die von staatlicher Seite gemachten Versprechungen zur Verbesserung des Verhältnisses von Staat und Kirche mussten ständig eingeklagt werden. Einschränkungen innerhalb der Problematik über die Anmeldungspflicht von Veranstaltungen oder in Bezug auf die kirchliche Pressearbeit wurden auf kirchlicher Seite als Tendenz zu einer weiterhin aggressiven Kirchenpolitik gedeutet. Diese Gefahr der unmittelbar erlebten politischen Linie wurde darin gesehen, »daß ein militanter Atheismus, wie er jetzt in Presseäußerungen der Sowjetunion sich wieder rege, auch in unser Staatsgebiet hereinwirken könne«.[72] Dass diese Bedenken nicht ohne Grund geäußert wurden, ergab sich aus den Erfahrungen der vorangegangenen Jahre.

Die von Landesbischof Mitzenheim gemachte Bemerkung, »daß die evangelische Kirche eine antireligiöse Propaganda nicht fürchte, daß sie aber, wenn dazu staatliche Mittel und Einrichtungen mißbraucht würden, Einspruch einlegen müsse«[73], spiegelt die Verhandlungsbasis jener Zeit wider. Diese Einspruchsmöglichkeiten mussten tatsächlich immer wieder deutlich formuliert werden, auch wenn (oder gerade deshalb, weil) die Kirchen ihre Einflusspunkte verloren, aus der Öffentlichkeit zurückgedrängt, beschnitten und vertröstet wurden. So wurde das Thema Kirche immer wieder auf die Tagesordnung innerhalb der politischen, gesellschaftlichen und ideologischen Diskussion gehoben.

Dass den Gemeinden und Kirchenmitgliedern von Seiten der Kirchenleitungen teilweise zu viel zugemutet wurde, ist aus heutiger Sicht leicht zu pauschalisieren. Die Vertreter der Kirchen verstanden sich nach wie vor als Sprecher des Kirchenvolkes und diese Vertreterposition wurde in der erneuten Verschärfung des Kurses gegen die Kirchen erheblich belastet und auf die Probe gestellt. Verstärkt wurden die Auseinandersetzungen durch bewusste oder unbewusste Missverständnisse oder Auslegungsfragen.

Ebenfalls betroffen war die Thematik durch die »Staatsleistungen« und die damit zusammenhängenden Probleme der Finanzen. So heißt es in einer vertraulichen Aufzeichnung einer Besprechung zwischen Otto Nuschke und Vertretern der Kirchen vom 10. September 1954:

---

[72] Archiv Eisenach – A 866/Bd. 4.

[73] Ebd.

»Landesbischof D.Mitzenheim überreicht das Schreiben vom 10. September 1954 betr. Staatsleistungen und weist besonders darauf hin, daß es ein Irrtum sei, wenn die Staatsleistungen an die Kirche als freiwillige hingestellt würde. Aus §45 der Verfassung ergäbe sich klar, daß diese Verpflichtung als zu Recht bestehend anerkannt sei. Der heutige Staat habe dadurch neues Recht geschaffen [...] Wir müßten auf unserer rechtlich begründeten Forderung auf volle Zahlung der Staatsleistungen bestehen [...]
Ministerpräsident Nuschke geht in seiner Entgegnung davon aus, daß der Preußische Staat nicht mehr bestehe und von daher für die Deutsche Demokratische Republik überhaupt keine Verpflichtung mehr herzuleiten sei. Nach offizieller Meinung würden bis zur finanziellen Auseinandersetzung nach Artikel 45 der Verfassung ›Zuschüsse‹ gezahlt. Hinsichtlich der Höhe und der Dauer ergäbe sich aus Artikel 45 keine rechtliche Verpflichtung.«[74]

Insgesamt wird bei dieser Besprechung vom September 1954 eine Atmosphäre von partnerschaftlichem Miteinander vermittelt, dessen wahrer Charakter jedoch bei den umstrittenen Fragen (z.B. Staatsleistung und Volkskammerwahlen) deutlich wird.

Die erwähnten Problemkreise berührten die konkreten Gemeinden zunächst nur marginal. Konkreter und unmittelbar spürbarer wurde es für die Gemeindeglieder bei der Frage der Jugend, d.h. konkret bei der Problematik der Jugendweihe und Konfirmation.

1950 war die Jugendweihe – zur Überwindung veralteter Traditionen – in der jungen DDR auf parteilichem Wege untersagt worden. Begründet wurde dieser Schritt mit dem loyalen Verhältnis zwischen dem Staat DDR und den Kirchen. Die Partei führe keinen Kulturkampf, so hieß es, darum werde es keine Jugendweihe geben.

Stefan Heymann erläuterte in einem Leitartikel einer Schweriner Tageszeitung diesen Schritt der Parteiführung u.a. folgendermaßen:

»Mag schon mit dem Auflösen der Jugendweihe manche alte Gewohnheit beseitigt werden und mag das vielleicht auch manchen Genossen schwerfallen. Demgegenüber steht die klare politische Erkenntnis, daß heute die Jugendweihe keine Berechtigung mehr habe. Das ist die richtige Anwendung der Grundsätze des Marxismus-Leninismus auf die heutige konkrete Situation. Dieser Beschluß wird es uns wesentlich erleichtern, die führende Rolle der Arbeiterklasse im Kampf unseres ganzen Volkes um Frieden, Einheit und Fortschritt zu verwirklichen.«[75]

---

[74] Ebd.

[75] S. Heymann, Artikel in der »Schweriner Landeszeitung« vom 6.4.1950, zitiert nach: H.-G.Koch: Neue Erde, Stuttgart 1963, 56f.

1954/55 wird die Jugendweihe jedoch wieder zum Gegenstand der Diskussion und zum Thema der Auseinandersetzung mit den Kirchen.

> »Der Kommunismus hat für seine antireligiöse Zielsetzung als beste Möglichkeit die Jugendweihe ausgesucht. Sie wurde offenbar durch den Leitartikel der ›Prawda‹ vom 24. Juli 1954 angeregt, der nach Stalins Tod und offensichtlich auf Veranlassung Chruschtschows den militanten Antitheismus, der seit etwa 1943 geruht hatte, neu entfacht hat. Die SED hat aus diesem Prawda-Artikel nur zu gern Sätze aufgegriffen, die einen Grund zur Wiedereinführung der Jugendweihe abgeben konnten«[76].

Diese Angriffe gegen die Kirchen, speziell gegen die Konfirmation, nennt Wolfgang Thumser einschätzend *Änderung der Taktik der Kirchenpolitik der SED.*[77] Der nun eingeschlagene »Neue Kurs« im Umgang mit den Kirchen zeichnete sich durch eine politisch gut durchdachte und aggressive Taktik aus, die die Kirchen an ihrer Basis traf. Richteten sich die Aggressionen bis 1953 direkt gegen kirchliche Lebensäußerungen (z.B. Junge Gemeinde), so versuchte der Staat es nun durch das Schaffen gesellschaftlicher Umstände. Das Ringen um die Jugend in der Auseinandersetzung zwischen der Konfirmation und Jugendweihe wurde in den folgenden Jahren einer der einschneidenden Konfliktpunkte zwischen den Kirchen und dem Staat in Bezug auf das praktizierte Gemeindeleben. Der tief verwurzelten volkskirchlichen Tradition der Konfirmation wurde mit der Jugendweihe eine politische und geschichtliche zweite Tradition zur Seite gestellt. Unterstützt wurde die Propagierung der Jugendweihe mit basiswirksamen Aktionen auf niedrigem Niveau. Sowohl auf die Jugendlichen als auch auf die Eltern wurde von staatlicher Seite massiver Druck ausgeübt und die Entscheidung für die Jugendweihe zur Bekenntnisfrage zum Sozialismus erhoben.[78]

Den Kirchen bzw. den einzelnen Gemeindepfarrern und Mitarbeiterinnen fehlte eine tatsächliche und handhabbare Hilfestellung oder Orientierung von ihren Landeskirchen. Die Entscheidungen für oder gegen eine eventuell verbaute Zukunft konnte den Eltern und den Jugendlichen keiner abnehmen. Die Reaktion der Kirchen war zunächst pure Konfrontation. Lösungsmodelle mussten dringend gesucht und erst allmählich entwickelt werden.

---

[76] F.-G. Hermann: Der Kampf gegen Religion und Kirche in der Sowjetischen Besatzungszone Deutschlands, Stuttgart 1966, 63.

[77] Vgl. W. Thumser: Kirche im Sozialismus, Tübingen 1996, 28.

[78] Dabei bediente sich der Jugendweiheausschuss ausgefeilter Propaganda, wenn zum Beispiel mit Plakaten durch Ortschaften gezogen wurde, auf denen zu lesen war: »78% unserer Klasse gehen zur Jugendweihe« usw.

»›Die Kirche‹, das waren sowohl die Leitungsorgane der Kirche, die Bischöfe und Synoden, als auch – und das darf nicht übersehen oder umgedeutet werden – weithin die Gemeinden in großer Zahl. Gemeindekreise und Gemeindekirchenräte, die Jungen Gemeinden und viele einzelne Christen sahen sich mit ihrem Bekenntnis herausgefordert, ahnten aber noch nicht, daß sie sich damit auf einen Machtkampf eingelassen hatten.«[79]

Durch den äußeren Druck war man auf innerkirchlicher Seite veranlasst, sich eingehend und intensiv mit der Frage der Konfirmation zu beschäftigen (aus kirchengeschichtlicher, systematisch-theologischer und psychologischer Sicht). Die Jugendweihe an sich, wie auch die vorbereitenden Jugendstunden wurden als Verstoß gegen das erste Gebot verstanden: Jugendweihe und Konfirmation sind daher unvereinbar.

In einem Rundbrief (Februar 1955) des Landesbischofs Mitzenheim heißt es zur Thematik Jugendweihe einschätzend:

»Die Hüllen fallen. Im Rundschreiben Nr. 4 des Zentralen Ausschusses für Jugendweihe vom 3.2.55 an die Bezirks- und Kreisausschüsse zum Weitergeben an die Ortsausschüsse ist nicht nur wieder vom Kampf für die Jugendweihe die Rede, sondern es wird offiziell vom ›Gegenangriff gewisser kirchlicher Kreise‹ gesprochen. Damit gibt der Zentrale Ausschuß zu, daß die Jugendweiheaktion ein Angriff auf die Kirche und ihre Jugend ist. Das klar zu erkennen, ist wichtig: es handelt sich um den zweiten Angriff des Marxismus auf die christliche Jugend. Die Kirche ist angegriffen und steht in Abwehr [...]«[80]

Die Auseinandersetzungen um die Konfirmation und Jugendweihe wird zu einem Macht- und Bekenntniskampf, auf den die Gemeinden nicht vorbereitet, nicht gewillt und nicht ausgerüstet waren. In einem weiteren Rundbrief vom März 1955 heißt es:

»Die Auseinandersetzungen über die Frage: Konfirmation oder Jugendweihe scheinen ihren Höhepunkt überschritten zu haben. Die Gegenseite hat offenbar eingesehen, daß die evangelischen Eltern und Kinder fest zur Konfirmation stehen. Es kommt nur ganz selten vor, daß der eine oder andere Konfirmand sich zur Jugendweihe ummeldet [...]
In einem der Flugblätter wurde Bezug genommen auf einen sächsischen Pfarrer Schulze, der in der Presse erklärt haben soll, er würde auch die Kinder konfirmieren, die zur Jugendweihe gegangen seien. Hierzu ist zu sagen, daß der Pfarrer

---

[79] I. Becker: Zur Geschichte der Jugendarbeit der Evangelischen Kirche in der DDR, o.O. 1975 (?), 100.

[80] Zitiert nach: Th. Björkman: Ein Lebensraum für die Kirche, Lund 1991, 114.

Schulze nicht im Dienst der sächsischen Kirche steht. Wir haben im Gebiet der DDR etwa 5-6000 evangelische Pfarrer. Es ist mir kein einziger bekannt, der so uneinsichtig wäre, wie es dieser Pfarrer Schulze zu sein scheint. Was ist das für eine Aufbauschung, die vom Evangelium her unbegründbare Meinung eines einzelnen Pfarrers zum Inhalt eines Flugblattes zu machen!«[81]

Aus Ingeborg Beckers Arbeit[82] lässt sich folgende Übersicht erstellen, die zeigt, in welchem Maße sich der Zulauf zur Jugendweihe steigerte und sich die vorgegriffene Besänftigung als Fehleinschätzung herausstellte:

Zulauf zur Jugendweihe in Prozent zwischen 1955 und 1975

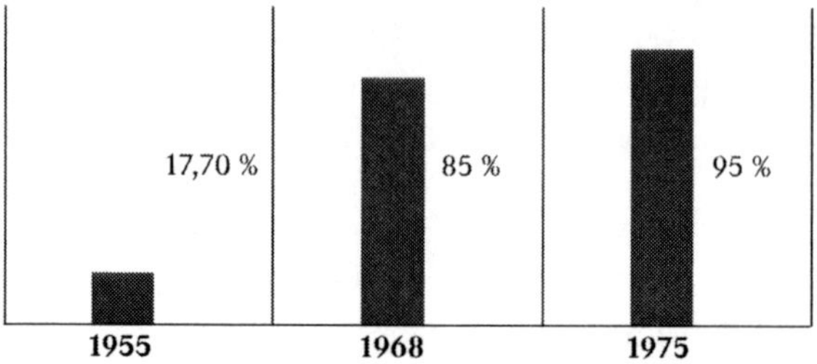

(Angaben nach I. Becker: Geschichte der Jugendarbeit der Evangelischen Kirche in der DDR, S. 100)

Mit steigender Tendenz bei der Teilnahme an der Jugendweihe ist parallel ein Rücklauf der Zahlen der Jugendlichen zu beobachten, die in den Gemeinden an der Konfirmation teilnehmen.[83]

Immer häufiger gab es insbesondere in ländlichen Gebieten Gemeinden, in denen einzelner Pfarrer, kirchliche Mitarbeiter und Mitarbeiterinnen und Gemeindekirchenräte bezüglich der Frage nach Konfirmation *und* Jugendweihe eigene und freie Entscheidungen trafen. Es entwickelten sich nicht wenige Sonderhandlungen und eine weitläufige Uneinheitlichkeit bei der Behandlung und Umsetzung in dieser Problematik. Den Kampf um die Auseinandersetzung mit der Jugendweihe und der Konfirmation haben die Kirchen letztendlich verloren. Mit der Einführung des »Einheitlichen sozialistischen Bildungssystems« (1965) wird die Jugendweihe unmittelbarer Bestandteil der sozialistischen Bewusstseinsentwicklung und somit eine wichtige Äußerung innerhalb des sozialistischen Erziehungsbereiches mit dem Ziel der *allseitig gebildeten sozialistischen Persönlichkeit.*

Von der Einführung der Jugendweihe (1954/55) bis zur Ausführung des sogenannten Konfirmierenden Handelns der christlichen Gemeinde als konkrete

---

[81] Ebd., 124.

[82] I. Becker: Zur Geschichte der Jugendarbeit der Evangelischen Kirche in der DDR

[83] Vgl. dazu: D. Pollack: Kirche in der Organisationsgesellschaft, 514.

Reaktion der Kirchen war es ein langer Weg. An der Problematik der Jugendweihe wird deutlich, dass das kategorische Ziel einer Bekenntnisgemeinde das allgemeine Kirchenvolk in starkem Maße überforderte. In der Stellungnahme des Ausschusses für Theologie vom Februar 1973 und des Facharbeitskreises Konfirmation heißt es in diesem Zusammenhang:

> »Im Bewußtsein der Bevölkerung herrscht heute weithin ein undifferenziertes Verständnis vor: Jugendweihe ist der feierliche, aber ideologisch unverbindliche Abschied von der Kindheit, die Aufnahme der Jugendlichen als eigenständige Partner in die Gesellschaft. Sie wird darum mit großen gesellschaftlichen und familiären Feiern begangen.«[84]

Die hauptsächliche Causa innerhalb der Debatte um Jugendweihe und Konfirmation wird von Thumser folgendermaßen zusammenfassend beschrieben:

> »Die Problematik, der man sich nun gegenübersah [...] bestand in dem Gegensatz der beiden Prinzipien: a. Unvereinbarkeit von Konfirmation und Jugendweihe; b. Getaufte Kinder können durch die Jugendweihe nicht aus der Kirche ausgeschlossen werden.«[85]

Es musste eine Lösung aus dieser Misere, deren Schizophrenie in späteren Jahren von der Mehrheit der Gemeindeglieder als normal empfunden wurde, gesucht werden: das Konfirmierende Handeln.[86]

1960 verfasste die Synode der Evangelischen Kirche der Kirchenprovinz Sachsen folgenden Beschluss zur Neuordnung der Konfirmation:

> »Die als Kinder Getauften sollen den in der Taufe ergangenen Zuspruch und Anspruch des dreieinigen Gottes verstehen lernen, zugleich zur Teilnahme am Abendmahl zugerüstet und in das Leben der Gemeinde eingeführt werden. Das ist konfirmierendes Handeln der Kirche, welches vornehmlich durch Unterweisung im Wort in Unterricht und Predigt geschieht.
> Für alle ungetauften Kinder dient die Unterweisung als Vorbereitung auf Taufe, Abendmahl und Leben in der Gemeinde [...]

---

[84] Das konfirmierende Handeln der christlichen Gemeinde angesichts der Jugendweihe. Stellungnahme des Ausschusses für Theologie vom 1. Februar 1973 und Arbeitsergebnis des Facharbeitskreises Konfirmation, zitiert nach: Zwischen Anpassung und Verweigerung, hrsg. von Chr. Demke/M. Falkenau/H. Zeddies, 97.

[85] W. Thumser: Kirche im Sozialismus. Tübingen 1996, 29

[86] Vgl. dazu u.a.: E. Schwerin: Das konfirmierende Handeln der Gemeinde, in: ChL 1973, 163–167.

> Darum muß zu einem freien Zugang zum Abendmahl Raum bleiben. Zu dem Zweck setzt die praktische Ordnung eine Zeitspanne, nach der die Meldung zum Abendmahl frühestens erfolgen kann [...] [3/4 bis 1 Jahr, d.Vf.]. Der zeitliche Abstand zwischen Unterrichtsabschluß [...] [gemeint ist eine abschließende Katechese in Form einer Prüfung, d.Vf.] und Erst-Abendmahl fordert die um so intensivere seelsorgerliche Bemühung, die Unterwiesenen einzuladen, sich im Hören auf das Wort und im Bleiben in der Gemeinde einzuüben [...]
> Diese Zeit der freien Einübung in das Gemeindeleben bewahrt die Kinder, die nicht zur Jugendweihe gegangen sind, in der Liebe (sie werden sich nicht besser dünken denn ihre Brüder). Sie ruft die, die trotz aller Warnung zur Jugendweihe gingen, unter die Wahrheit; denn im Bleiben unter dem Wort können sie Weg und Ziel ihres Lebens als Getaufte erkennen und bejahren [bejahen, d.Vf.].«[87]

Durch die zeitliche Verschiebung von einem Dreivierteljahr bis zu einem Jahr nach dem Abschluss des Konfirmandenunterrichts war zwar das Problem der Jugendweihe nicht gelöst, es konnte jedoch die unmittelbare Auseinandersetzung umgangen werden. In einem gesonderten Punkt zur Frage der Jugendweihe äußerte die Synode:

> »Den Eltern, die in der Sorge um ihre Existenz bzw. das Fortkommen ihrer Kinder diese zur Jugendweihe schicken, nachher aber bekunden, daß sie weiterhin Glieder der versammelten Gemeinde sein werden, dürfen wir die Hilfe nicht schuldig bleiben, ihre Situation richtig zu erkennen und ihr Vertrauen auf Gott zu setzten.«[88]

Es ist an dieser Stelle zu bemerken, dass die Folgen gerade dieser Auseinandersetzung um volkskirchliche Traditionen bis hinein in die Gegenwart zu beobachten sind. Das Heranwachsen einer Generation, die mit »Kirche« keinerlei Verbindung mehr hat (weder positiv noch negativ), und der damit im Zusammenhang stehende Traditionsabbruch entfremdet und erschwert in nicht zu unterschätzendem Maße einen Neuzugang in die Kirchen, Gemeinden, Glaubensgemeinschaften und den christlichen Glauben.

Doch blieb die Frage um Jugendweihe und Konfirmation nicht das einzige Problem dieser Jahre, denn bereits am »14. März 1954 fasste das Politbüro der SED einen folgenreichen Beschluss zur Neukonzeption der Kirchenpolitik mit zahlreichen, gegen die Kirchen gerichteten Maßnahmen. Zu der offenen Repression kam nun die verdeckte. Die Kirchen sollten mit

---

[87] Bericht über die erste und zweite Tagung der dritten Synode der Kirchenprovinz Sachsen vom 19. bis 22. März 1960 in Halle und vom 25. bis 29. Juni 1960 in Magdeburg, Privatarchiv.

[88] Ebd.

Hilfe des Ministeriums für Staatssicherheit unterwandert und SED-loyale Christen und Theologen im Rahmen einer Differenzierungsstrategie gefördert werden. Wichtigstes Element war aber eine kompensatorische Religionsbekämpfung.«[89] Zu dieser kompensatorischen Religionsbekämpfung gehörte die ideologische Ausrichtung der Schulbildung[90] genauso wie die Aufweichung weiterer kirchlich-religiöser Sitten und Bräuche.

1959 gab der Landeskirchenrat der Evangelisch-Lutherischen Kirche in Thüringen eine Handreichung zu den Fragen der »Weihehandlungen« heraus. In diesem Material nimmt der Landeskirchenrat Stellung zu den praktizierten Weihehandlungen des Staates und gibt klärende und hilfreiche Hinweise zur rechten Anwendung und Auslegung der Lebensordnung. In vier Thesen werden grundsätzliche Argumente zu den »Ersatzriten« und zur kirchlichen Arbeit benannt:

> »Die Kirche erhebt keinen Monopolanspruch auf die Ausgestaltung von Familienfeiern. Auch jede andere menschliche Gemeinschaft, sei sie politisch oder weltanschaulicher Art, hat die Möglichkeit, auf die ihr gemäße Weise Feiern an bedeutsamen Lebensabschnitten durchzuführen.«[91]

Dabei wird der grundlegende Unterschied der jeweiligen Feier benannt, wobei die von den Kirchen vollzogenen Handlungen als auf einer völlig anderen Ebene liegend verstanden werden.

> »Sie sind keine Weihehandlungen, auch nicht Familienfeiern, so sehr sie das im Bewußtsein der volkskirchlichen Gemeinde geworden sein mögen, sondern stellen den Menschen unter das Handeln des Gottes, der sich in Jesus Christus kundgetan hat.«[92]

Da jedoch die aus propagandistischen Zwecken herausgegebenen Schriften, u.a. vom Zentralen Ausschuss für Jugendweihe, als offene Kampfansage gewertet werden mussten, warnt »die Kirche, ihre Gemeindeglieder vor der Teilnahme an solchen Feiern«.[93]

---

[89] E. Neubert: Christenverfolgung in der DDR, http://www.humanismus.de/hvd/diesseits/artikel/120/neubert.htm (14.08.2000).

[90] Und alles, was damit im Zusammenhang stand, wie z.B. die FDJ oder die Pionierorganisation und weitere außerunterrichtliche Aktionen (z.B. so genannte Arbeitsgemeinschaften).

[91] Material XXV »Sozialistische Feiern« des Landeskirchenrates der Evangelisch-Lutherischen Kirche in Thüringen 1959, Privatarchiv.

[92] Ebd.

[93] Zur Problematik der Jugendweihe verweist die Handreichung auf frühere Anweisungen der Landeskirche mit dem Hinweis: »Ausführungen über die Konfirmation

»Mehr noch als alle offenen repressiven Maßnahmen wirkte die ›lautlose‹ Christenverfolgung. Der latente Druck und dauernde kleinliche Benachteiligung auf bekennende Christen führte dazu, dass religiöses Engagement angstbesetzt war. Die fast vollständige Verdrängung der Christen aus allen wichtigen gesellschaftlichen Bereichen, dem Bildungswesen und der Wissenschaft, dem öffentlichen Dienst und den Medien, dem Militär, Kultur und Wirtschaft entzog dem Christentum wichtige gesellschaftliche Multiplikatoren.«[94]

In dieser so beschriebenen Situation ist es nicht verwunderlich, dass es auch unter den bekennenden und somit bedrängten Christen zu einer enormen Fluchtwelle kam.

Seit der Gründung der DDR 1949 sind immer wieder solche großen Fluchtwellen aus dem Osten Deutschlands in die Bundesrepublik zu beobachten.

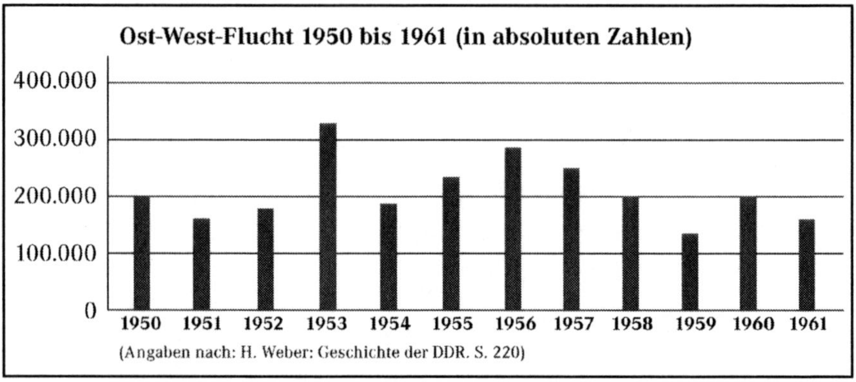

Allein diese rein statistische Darstellung markiert die Höhepunkte der Ost-West-Flucht: 1953, 1955-1957 und noch einmal 1960. In den jeweiligen Jahren lassen sich neben zahlreichen innenpolitischen Maßnahmen der DDR-Regierung auch kirchenpolitische Schwerpunkte erkennen.

Da sich die Welle der Ost-West-Flüchtlinge neben Spezialisten, Ärzten und der sogenannten Intelligenz zu einem großen Teil aus arbeitsfähigen jungen Menschen zusammensetzte, war die Gefahr eines Ausblutens der DDR durchaus zu einem ernsten Problem für die Staatsleitung geworden. Die Folgen wurden Anfang der 70er Jahre deutlich.

---

erübrigen sich angesichts der geltenden Thüringer Ordnung.« (Vgl. dazu: Amtsblatt der EKD, Jg. 1959, 58ff)

[94] Ehrhart Neubert »Christenverfolgung in der DDR«. http://www.humanismus.de/hvd/diesseits/artikel/120/neubert.htm (14.08.2000).

Ehrhart Neubert stellt fest, dass es sich bei den Flüchtlingen ebenfalls um »besonders viele bedrängte Christen«[95] handelte, was wahrscheinlich auf die jeweilige soziologische Integration zurückzuführen ist. Es war nur konsequent, dass sich die Kirchen in der DDR zu dieser Problematik mit Nachdrücklichkeit in Predigten, Verlautbarungen und auf Synoden äußerten und eine klare Stellung bezogen. So heißt es im Wort der Synode der Evangelischen Kirche der Union vom November 1960 an die Gemeinden der DDR:

> »Wir danken Gott, dass wir in beiden Teilen unseres Landes unter seiner Herrschaft stehen. Er hat uns in vielen Nöten immer wieder geholfen. Wir danken unserem Herrn, dass er so viele Menschen bereit gemacht hat, in der Deutschen Demokratischen Republik zu bleiben an dem Ort, an den er sie gestellt hat. Wir sehen aber auch mit Sorge, wie viele die Deutsche Demokratische Republik verlassen haben oder nur widerwillig in ihr bleiben. Wir kennen die bedrängenden Gründe für dieses Weggehen und nehmen sie so ernst, dass wir uns deswegen an die Regierung der Deutschen Demokratischen Republik gewandt haben.«[96]

Jeweils mit einem vorangestellten Bibelwort begründet dieses Wort der Synode die Notwendigkeit, in der DDR als Christ zu bleiben. Die Äußerungen zeigen, in welcher Art und Weise die Kirchen in der überkommenen Situation mit einem solchen Problem umgingen und argumentierten, nämlich biblisch-theologisch. So heißt es innerhalb der Ausführungen u.a.:

> »Der Herr spricht: ›Fürchte dich nicht! Ich bin der Erste und Letzte und der Lebendige. Ich war tot, und siehe, ich bin lebendig von Ewigkeit zu Ewigkeit und habe die Schlüssel der Hölle und des Todes.‹
> Auch in der Deutschen Demokratischen Republik stehen alle Menschen, die Mächtigen und die Ohnmächtigen, in der Hand des Auferstandenen, der seine Siegesgewalt an allen offenbaren will, die ihm trauen. Wer sich durch Menschengewalt oder durch Furcht vor Menschen, durch eigene Wünsche oder Sorgen von dem lebendigen Gott wegdrängen lässt, sehe zu, dass er nicht ins Verderben gehe [...]
> Auch in der Deutschen Demokratischen Republik, wo in der Kirche so vieles zerbricht, schenkt uns der Herr die Gemeinschaft von Brüdern und Schwestern, die miteinander beten, sich gegenseitig helfen und zusammen Gott preisen. Wer diese Gemeinschaft im Namen Jesu Christi gering achtet, sie nicht täglich sucht, oder gar verlässt, behält ein leeres Herz und bleibt allein [...]
> Auch in der Deutschen Demokratischen Republik hat Gott einem jeden von uns an seinen Arbeitsplatz Menschen zur Seite gestellt, denen wir dienen sollen, und

---

[95] Ebd.

[96] Wort der Synode der Evangelischen Kirche der Union vom November 1960 an die Gemeinden in der DDR (Privatarchiv).

> an die wir gebunden sind. Wer dagegen in die Sorge um sich selbst und seine Familie versinkt und darum ohne Rücksicht über seine Mitmenschen hinweggeht oder sie verlässt, verleugnet die Liebe [...]«[97]

Gezielt spricht die Synode bestimmte gesellschaftliche Gruppen an: Pfarrer, Katecheten und kirchliche Amtsträger, Ärzte, Lehrer, Dozenten, Professoren, Bauern und Landarbeiter, Eltern und Kinder. Abschließend ermahnt die Synode diejenigen, die sich mit dem Gedanken der Flucht beschäftigen:

> »Bedenkt, dass andere durch euer Weggehen in Versuchung kommen, an Christus und seiner Gemeinde irre zu werden. Wenn irgend möglich, sucht zuvor die brüderliche Aussprache und stellt euch dem Rat, der Mahnung und der Warnung der Brüder im Glauben.«[98]

Der Vorwurf, die Kirchen in der DDR hätten ihrerseits im Nachhinein biblisch-theologisch reflektiert, kann in diesem Zusammenhang mit aller Entschiedenheit zurückgewiesen werden. Gerade in Anbetracht der Fluchtproblematik haben sich die Kirchen nicht auf »die Vermittlung von Trost, Friedfertigkeit und Hoffnung«[99] beschränkt, sondern sich klar für ein Bleiben in der DDR ausgesprochen und es von jedem Glied der Gemeinde erwartet. Gleichzeitig bildeten die Kirchen die einzige Plattform, auf der ein Gespräch, eine Mahnung, Beratung und eine offene Beschäftigung mit dieser Misere möglich war.

Außenpolitisch bemühte sich die Regierung der DDR um internationale Anerkennung und Souveränität. Diese Bemühungen hatten durchaus einen starken Einfluss auf innenpolitische Maßnahmen, die sich später auch unter Erich Honecker in verschiedenen Formen manifestierten. Sie sollten die DDR nach außen als einen loyalen, demokratischen und offenen Staat repräsentieren.[100]

Die 50er Jahre waren für die Weichenstellungen innerhalb des Weges der Kirchen in der DDR und für die gesamte Kirchenpolitik von großer Bedeutung. Einerseits gab es Mitte der 50er Jahre entscheidende Ereignisse, die jeweils den eigenen Weg beider deutscher Staaten markierten[101], andererseits wurde die

---

[97] Ebd.

[98] Ebd.

[99] D. Pollack: Kirche in der Organisationsgesellschaft, Stuttgart 1994, 180.

[100] Zu der inneren und äußeren Konsolidierung gehörten u.a. die Unterzeichnung des Warschauer Vertrages am 14. Mai 1955, die Bestätigung der vollen Souveränität der DDR durch die Sowjetunion am 20. September 1955, aber auch der folgende Bau der Staatsgrenze am 13. August 1961.

[101] Eintritt der BRD in die NATO, Wiedereinführung der allgemeinen Wehrpflicht, neben dem Abkommen der Sowjetunion mit der DDR über die Anerkennung ihrer

Frage nach der Einheit beider deutscher Staaten immer wieder auf die politischen Fahnen geschrieben und auf Parteizusammenkünften thematisiert. »Vor dem Hintergrund der Integration der beiden deutschen Teilstaaten in einander feindlich gegenüberstehende Militärbündnisse wurde die Einheit der 1948 gegründeten EKD immer mehr zu einer Belastung des Verhältnisses von Staat und Kirche in der DDR.«[102] Dazu trat im Zusammenhang mit dem Militärseelsorgevertrag zwischen der EKD und der Bundeswehr (1957) ein immer schärferes polemisches Vorgehen gegen Otto Dibelius. In einer Schrift von Hermann Scheler heißt es, bezugnehmend auf die Synode der EKD vom März 1957 in Spandau, zur Person Dibelius u.a.:

> »Der Vorsitzende des Rates der Evangelischen Kirche in Deutschland, Dr. Dibelius, entwickelte in seinem Bericht das politische Programm der evangelischen Kirche. Die Grundlinie dieses Programms ist die Forderung nach erhöhter Aktivität der evangelischen Kirche im Interesse der westdeutschen Atomkriegspolitik und der Bonner Machtbestrebungen im Ausland. Zu diesem Zweck unterstützt Dr. Dibelius den Aufbau der NATO-Armee, versucht er den Einfluß der evangelischen Kirche auf die deutsche Arbeiterklasse im reaktionären Sinne zu verstärken und fordert er die Veränderung der politischen Machtverhältnisse in der Deutschen Demokratischen Republik, das heißt die Beseitigung der ersten Arbeiter- und Bauernmacht in Deutschland [...]
> Im weiteren Verlauf der Rede bereitet Dibelius die Synode der Evangelischen Kirche auf die aktive Unterstützung der Bonner Eroberungspolitik vor [...]
> Dr. Dibelius fordert also offen, daß die Evangelische Kirche in Deutschland die ›Stellen der Bundesrepublik‹ in ihren außenpolitischen Maßnahmen unterstützen muß. Damit steht Dibelius offen auf der Seite der Feinde des deutschen Volkes, die nicht nur wirtschaftlich ihren internationalen Einfluß geltend machen, sondern auch schon militärische Ausgangspositionen schaffen für eine neue Unterdrückung der Völker durch den deutschen Militarismus, [...]«[103]

Der Militärseelsorgevertrag wurde als Parteinahme der EKD für den westdeutschen Staat und seine Politik gedeutet. Eine Unterscheidung zwischen EKD-Ost und EKD-West ist bei den Ausführungen nicht zu erkennen. Das war auch schwierig, denn im November 1957 erklärte der Rat der EKD ausdrücklich die unteilbare Einheit der Evangelischen Kirche in Deutschland

---

Souveränität und dem Beitritt zum Warschauer Vertrag, die Schaffung der NVA (1956). Vgl. dazu auch: G. MERKEL/W. WÜNSCH: Die Nationale Volksarmee der DDR – Legitimation und Auftrag, Berlin 1996.

[102] W. THUMSER: Kirche im Sozialismus, Tübingen 1996.

[103] H. SCHELER: Die Stellung des Marxismus-Leninismus zur Religion, Berlin 1957. 33–34.

und die »unauflösliche Gemeinschaft des Glaubens, der Verantwortung und der Fürbitte« [104] aller ihrer Gliedkirchen.

Demzufolge heißt es im offiziellen Bericht des Zentralkomitees der SED an den V. Parteitag 1958:

> »Die Politik gegenüber den Kirchen und Religionsgemeinschaften wurde in den letzten Jahren dadurch kompliziert, daß sich der katholische Klerus immer mehr zu einer wichtigen Stütze des militaristisch-klerikalen Obrigkeitsstaates in Westdeutschland entwickelte. Auch der reaktionäre Flügel in der evangelischen Kirchenhierarchie hat sich enger mit der Politik der Adenauer-Regierung verflochten [...]
> Die evangelische Kirche dokumentierte ihre einseitige Bindung an den Adenauer-Staat durch den Abschluß des Vertrages über die Militärseelsorge in der westdeutschen NATO-Armee und schuf so eine Militärkirche in Westdeutschland [...]
> Die Politik unserer Partei war und ist darauf gerichtet, diese gegen die Lebensinteressen des gesamten deutschen Volkes gerichteten Bestrebungen der NATO-Anhänger in den Kirchenleitungen zu entlarven, ihre Konzeption der Schaffung einer gesamtdeutschen NATO-Kirche zu zerschlagen und den kirchlich gebundenen Kreisen der Bevölkerung noch beharrlicher die Perspektiven unserer sozialistischen Entwicklung zu erläutern.«[105]

Die Formulierungen des V. Parteitages der SED gleichen einer radikalen Kampfansage und einer im Nachhinein erfolgenden Legitimation aller bisherigen Maßnahmen im Interesse des gesamten deutschen Volkes. Unter Benennung der Konfliktpunkte (Politik der Regierung, sozialistischer Aufbau, Volksbildung und Erziehung der Jugend) versucht der Bericht an den V. Parteitag gleichzeitig ein positives Bild vom Verhältnis von DDR-Regierung und DDR-Kirchenleitung zu beschreiben.

> »Beharrlich und konsequent hat unsere Regierung nachgewiesen, daß die Kirchen in der Deutschen Demokratischen Republik alle Möglichkeiten haben, ihre Tätigkeit im Rahmen der für alle geltenden Gesetze ungestört auszuüben.«[106]

Das Ziel dieser politischen Propaganda war es, »die Kirchen zu einer grundsätzlichen Loyalitätserklärung gegenüber dem DDR-Staat zu zwingen«.[107]

---

[104] Erklärung des Rates der Evangelischen Kirche in Deutschland zur Einheit der EKD vom 8. November 1957, in: Amtsblatt der EKD, Jg. 1957/Heft 12, 347.

[105] Zu einigen Fragen der Kirchenpolitik. Bericht des ZK der SED an den V. Parteitag. Zitiert nach: H.-G. Koch: Neue Erde ohne Himmel, Stuttgart 1963, 235f.

[106] Ebd., 237.

[107] M. Judt: DDR-Geschichte in Dokumenten, Berlin 1997, 367.

Dazu bediente sich die Regierung ganz unterschiedlicher Maßnahmen, wie z.B. des sogenannten Lange-Erlasses (1958) des Volksbildungsministers Fritz Lange, der die Sicherung von Ordnung und Stetigkeit im Erziehungs- und Bildungsprozess der Schulen garantieren sollte. Diese Anordnung Langes machte die christliche Unterweisung in den Schulen praktisch nicht mehr ausführbar.[108] Auch dieses Auflösen der verfassungsmäßigen Rechte (Artikel 44 der Verfassung der DDR) wird vom V. Parteitag begründet, indem geäußert wird:

> »Die Verbreitung religiöser Lehren ist nicht Sache des Staates und seiner Einrichtungen. Die Ausübung religiöser Kulte und das Studium der damit verbundenen Lehren ist eine private Angelegenheit kirchlich gebundener Menschen, die sich ausschließlich im Rahmen der Kirche vollzieht.«[109]

Damit verstieß die Regierung der DDR eindeutig gegen ihre eigene Verfassung aus dem Jahre 1949, in der die Erteilung des Religionsunterrichts in den Räumen der Schulen ausdrücklich zugesagt wird.

Die Aushöhlung der verfassungsmäßigen Rechte, das Drängen auf eine Loyalitätserklärung, der Versuch der Spaltung der EKD etc. setzten sich weiter fort. In Anbetracht dieser Lage und Entwicklung waren die Kirchen in der DDR immer stärker mit der ihr eigenen und gegebenen Situation und der sich anbahnenden Isolationsgefahr (innerhalb der DDR und innerhalb der gesamten EKD) beschäftigt.

Wortführend hat sich gerade zu Beginn der Überlegungen zur speziell eigenen Lage der DDR-Kirchen u.a. Günter Jacob mit seinem Vortrag »Der Raum für das Evangelium in Ost und West« (1956) hervorgetan. Jacob kennzeichnet mit seiner Ausgangsthese vom »Ende des konstantinischen Zeitalters« die Lage des gegenwärtigen Christseins.

Auch Heinrich Grüber beschäftigt sich ausführlich mit der besonderen Situation in der DDR in seinem Vortrag »Kirche und Staat – Leben in fruchtbaren Spannungen«, den er 1956 in Erfurt gehalten hat. Zu dieser Zeit war Grüber noch Bevollmächtigter der EKD bei der Regierung der DDR. In seinem Vortrag geht er zunächst von der Frage nach einem neuen Selbstverständnis der Kirche aus, in dem die offensichtlichen Spannungen zwischen Staat und Kirchen zu fruchtbaren Spannungen werden könnten.

> »Nachdem die Dschungelform des Kalten Krieges in der weiten Welt abgebaut wurde, ist es auch nötig, dass wir in dem Raume, in dem wir leben, in der

---

108 Vgl. ausführlich zur Thematik um die Christenlehre in der DDR: H. Aldebert: Christenlehre in der DDR, Hamburg 1990.

109 Dokumente der Sozialistischen Einheitspartei Deutschlands, Bd. 7, Berlin 1961, 291.

Deutschen Demokratischen Republik, zu neuen Formen des Zusammenlebens, das heißt zu einer fruchtbaren und kooperativen Koexistenz kommen.«[110]

Der Wille zu einer kooperativen Koexistenz zwischen Staat und Kirche, die Gesprächsbereitschaft mit der Regierung der DDR, ist einer der Hauptunterschiede zwischen Debelius (Ratsvorsitzender der EKD) und Grüber, welcher auch die grundverschiedenen Richtungen in der EKD in beiden deutschen Teilstaaten bezeichnet. Die grundsätzliche Bejahung und Akzeptanz der DDR als realistische Wirklichkeit resultiert bei Grüber aus der Überzeugung, dass es für die ersehnte Koexistenz nur eine Alternative gebe, und die heiße Krieg.

»Wir müssen, wenn wir zu einer fruchtbaren und ehrlichen Zusammenarbeit beziehungsweise auch Auseinandersetzung kommen wollen, zu einem neuen Verständnis dessen gelangen, was Kirche und was Staat bedeutet.«[111]

In den weiteren Ausführungen geht Grüber zunächst auf das Referat von Jacob ein, analysiert die These vom Ende des konstantinischen Zeitalters und versucht, daraus praktikable Konsequenzen zu ziehen. Er stellt fest, dass es zunächst notwendig sei, »daß die Begriffe von Kirche und Christentum, die manche Funktionäre des Staates und der Partei auf der mittleren und unteren Linie noch haben, überwunden werden«[112] müssten. Dass die Vorstellungen und die Darstellungen von Kirche immer noch an veralteten und verklärten Bildern festhielten, zeigt die zu Propaganda-Zwecken veröffentlichte Schrift von Hermann Scheler »Die Stellung des Marxismus-Leninismus zur Religion«[113], in der von Jenseitsvertröstung, falschen Vorstellungen von der Natur, Verblendung, Wunschdenken, Herrschaftsmittel der Religion, Verleumdung der Wissenschaften usw. die Rede ist. Die Kirchen müssen – so Grüber – gegen solche Vorstellungen vorgehen und an vielen Orten Aufklärungsarbeit leisten. Dabei ist zu bedenken, dass die führenden Männer in Staat und Partei durchaus von der gewaltigen Wandlung, die sich in der Kirche vollzieht, wissen. Gleichzeitig muss als Voraussetzung für eine Koexistenz auch eine Wandlung bei den kirchlichen Mitarbeitern erkennbar werden. Denn:

»Ebenso tragisch wie die Unfähigkeit mancher Organe in Staat und Partei, die nicht die Wandlung ihrer Kirche begreifen können und begreifen wollen, ist die Unfähigkeit mancher Pfarrer, die es nicht verstehen, daß sich nicht nur in der

---

[110] H. GRÜBER: Kirche und Staat – Leben in fruchtbaren Spannungen, in: Bevollmächtigt zum Brückenbau, Leipzig 1991, 304.

[111] Ebd., 304.

[112] Ebd., 304.

[113] H. SCHELER: Die Stellung des Marxismus-Leninismus zur Religion, Berlin 1957.

Deutschen Demokratischen Republik, sondern auch in der gesamten Weltsituation etwas ändert [...] Die Neuorientierung in Kirche und Staat kann nicht darin offenkundig werden, daß beide nun einen Absolutätsanspruch erheben, sondern sie vermag allein darin zu bestehen, daß man sowohl um eine gemeinsame Verpflichtung gegenüber den gemeinsam anvertrauten Menschen weiß als auch um die gemeinsame Verpflichtung in der Schuld, die es gemeinsam vor der ganzen Welt abzutragen gilt.«[114]

Grüber spricht sich offen gegen eine freie Kirche in einem freien Staat aus, weil sich darin ein Ideal widerspiegele, welches nicht realisierbar sei. Die Kirche befände sich in einer Übergangssituation, in der sie den Staat brauche. Aus diesem Abhängigkeitsverhältnis ergibt sich eine gewisse Ambivalenz:

»Wir brauchen die Kirchensteuern und leiden unter den Erschwerungen, die uns jetzt bei der Erziehung gemacht werden. Wir kommen ohne die Fakultäten an den Universitäten nicht aus. Wir müssen es auch dankbar begrüßen, daß unsere Theologiestudenten ausreichend Stipendium bekommen [...] Abgesehen von allen anderen Möglichkeiten, die uns gegeben sind: Zuschüsse für Bauten, Mitarbeit beim Rundfunk, Bereitstellung von Papier und dergleichen mehr. Auf der anderen Seite muß aber auch der Staat sich klar darüber sein, daß die Kirche sich nie zu einem verlängerten Arm parteipolitischer Maßnahmen machen lassen darf.«[115]

Abschließend ermahnt Grüber zum Vertrauen in seinen Verhandlungspartner, was eine klare und fruchtbare Auseinandersetzung überhaupt erst möglich macht. Es soll vermieden werden, staatliche Stellen und ihre Verhandlungsmuster zu kopieren.

»Das Leben in Spannungen setzt eben voraus, daß man das Verbindende und gemeinsam Verpflichtende stärker betont als das Trennende und Unterscheidende. Damit ist nicht gesagt, daß die Unterschiede nivelliert und bagatellisiert werden sollen. Die Auseinandersetzungen zwischen Staat und Kirche, die zu allen Zeiten waren, müssen in Formen geführt werden, die beider Teile würdig sind, und müssen frei sein von jedem Pharisäismus.«[116]

Zwei Jahre später, im Mai 1958, wird im Zusammenhang mit dem Militärseelsorgevertrag der EKD die Tätigkeit des EKD-Bevollmächtigten in der DDR von Seiten der DDR-Regierung beendet und Heinrich Grüber bekommt Einreiseverbot in die DDR.

---

114 H. Grüber: Kirche und Staat-Leben in fruchtbaren Spannungen, in: Bevollmächtigt zum Brückenbau, Leipzig 1991, 305f.

115 Ebd., 306f.

116 Ebd., 310.

Die Abhandlungen beider Theologen, G.Jacob und H.Grüber, bezeichnen den Anfang einer bewussten – auch theologischen – Auseinandersetzung mit der gesellschaftlichen Lage der Kirchen in der DDR. Sie wurde immer mehr unter dem Druck der gesellschaftlichen Entwicklung notwendig.

Die innerdeutsche Frage wurde zwar weiterhin auf den Parteizusammenkünften der SED betrachtet, jedoch zeigte sich in den 50er Jahren immer deutlicher, dass eine kurzfristige Lösung unrealistisch war. Auch diese Tatsache machte die bewusste theologische Reflexion der gesellschaftlichen und kirchlichen Situation immer notwendiger. Dabei beschäftigte sich dieses Nachdenken weniger mit der Frage, wie man gegen diese gesellschaftliche Entwicklung opponieren kann, als vielmehr, welche Aufgaben als Kirche in der DDR sich daraus ergeben sollten. Es ist damit bereits eine gewisse innere Ablösung von der Gesamtheit der EKD zu beobachten, die dann 1969 auch mit einer äußeren, organisatorischen Trennung vollzogen worden.

Detlef Pollack charakterisiert die Stellung, in der sich die Kirchen zu jener Zeit befanden, folgendermaßen:

> »Die Kirche wurde nach wie vor als Verhandlungspartner nicht ernst genommen. Sie blieb aus der organisierten Gesellschaft ausgeschlossen, auch wenn man ihr öffentlich Integrationsangebote unterbreitete. Die Kirche war gegenüber dieser Doppelpolitik von gleichzeitiger Ausgrenzung und Einbeziehung weitgehend machtlos.«[117]

Dass die Kirche dennoch als zumindest »soziologische Größe« wahrgenommen wurde, begründet sich aus den mehrfach geführten Gesprächen zwischen Staat und Kirche. Der allgemeine Druck, aber auch Einzelmaßnahmen gaben Grund genug für diese Gespräche, deren Ergebnis letztendlich eine gemeinsame Erklärung in Form eines Kommuniqués war. Gleichzeitig versuchte die Regierung der DDR eine äußere Toleranz zu repräsentieren. Dieses Vorgehen gehörte zu der erwähnten Doppelpolitik, zumal das gemeinsame Kommuniqué nur wenige Tage nach dem V. Parteitag veröffentlicht wurde. Von Seiten des Staates wurde es als die erstrebte Loyalitätserklärung gewertet. Wenn die Kirche auch aus der organisierten Gesellschaft ausgeschlossen war, so blieb sie dennoch ein unbequemer Faktor innerhalb des politischen Systems.

Das Kommuniqué vom 21. Juli 1958 war das Ergebnis langer Verhandlungen und Gespräche, bei denen mehrere Beschwernisse vorgebracht wurden. Der Erlass des Ministers für Volksbildung Lange sowie Formulierungen des V. Parteitages wurden u.a. von Seiten der Kirche als Verstoß gegen die Verfassung und die verfassungsmäßigen Rechte benannt. Als Grund für die gemeinsamen

---

[117] D. Pollack: Kirche in der Organisationsgesellschaft, Berlin 1994, 159.

Gespräche wurde die Beseitigung von »störenden Faktoren in den Beziehungen zwischen den staatlichen Organen und den Leitungen der evangelischen Kirchen«[118] angegeben.

Der Vorwurf des Verfassungsbruches wurde zurückgenommen, der Militärseelsorgevertrag wurde ausführlich diskutiert und als Ergebnisse dieser Beratungen wurden u.a. folgende Punkte verabschiedet: 1. Die Kirchen in der DDR sind nicht an den abgeschlossenen Militärseelsorgevertrag gebunden. Dieser hat für die Kirchen in der DDR keine Gültigkeit. 2. Die Kirchen in der DDR stimmen grundsätzlich mit den Friedensbestrebungen der Regierung überein. 3. Der Vorwurf des Verfassungsbruchs wird nicht aufrecht erhalten und die Regierung der DDR erklärt die volle Glaubens- und Gewissensfreiheit.
4. Zur Anordnung des Ministers für Volksbildung wird eine Überprüfung zugesagt.
Die für die Regierung bedeutungsvolle Formulierung der gemeinsamen Erklärung wird in den folgenden Jahren immer wieder zitiert:

> »Ihrem Glauben entsprechend erfüllen die Christen ihre staatsbürgerlichen Pflichten auf der Grundlage der Gesetzlichkeit. Sie respektieren die Entwicklung zum Sozialismus und tragen zum friedlichen Aufbau des Volkslebens bei.«[119]

Die Inhalte der gemeinsamen Erklärung, die vom Presseamt der Regierung der DDR veröffentlicht wurden, entsprechen der Tendenz, bewusst mit der sozialistischen Umgebung bzw. Situation umzugehen.

Ende der 50er und Anfang der 60er Jahre kam es insbesondere in den ländlichen Gebieten zu einer massiven Auseinandersetzung. Die Kollektivierung der Landwirtschaft in Landwirtschaftliche Produktionsgenossenschaften (LPG) wurde zu einem ernsten Thema. Bei der Betrachtung der Ereignisse und der Entwicklung in der ländlichen Bevölkerung ist diese Thematik von einer gewissen Ambivalenz gekennzeichnet. Einerseits brachte die Organisation in LPG einzelnen Bauern und Familien große Erleichterung, andererseits verursachte dieselbe Maßnahme viel Leid und führte zu einer Fluchtwelle auf dem Land.

> »Generell ist der Prozeß der Gründung von LPG in den Jahren 1952 bis 1960 vielschichtig, so daß es nicht gerechtfertigt ist, pauschal von einer Zwangskollektivierung zu sprechen. Es gab freiwillige Entscheidungen von überzeugten

---

[118] Vgl.: Mitteilung des Presseamtes bei der Regierung der DDR vom 21. Juni 1958 – Kommuniqué, in: Nach-Denken, 111.

[119] Mitteilung des Presseamtes bei der Regierung der DDR vom 21. Juni 1958 – Kommuniqué, in: Nach-Denken, 111.

SED-Mitgliedern unter den Bauern sowie von Mitgliedern der *Demokratischen Bauernpartei Deutschlands* (DBD), vor allem bei Neubauern.«[120]

Trotz dieser beschwichtigenden Darstellung von Hans Luft zur Kollektivierung der Landwirtschaft gab es durchaus erhebliche Schwierigkeiten. Gerade 1960 – zum Abschluss der Kollektivierung – traten sogenannte Werber auf, die als »Erpresserkolonnen« von der Bevölkerung wahrgenommen wurden, weil sie zum Eintritt in die LPG zwangen. Es gab z.B. Bauern, die vor der Flucht und Aufgabe ihrer Existenz den Gottesdienst besuchten und danach ihre Gesangbücher zurückließen als symbolische Äußerung ihres inneren Konflikts.

Über die Situation um die Kollektivierung der Landwirtschaft berichtet Dr. W.-D.Heinemann exemplarisch aus der Sicht eines Gemeindepfarrers Folgendes:

»Das Frühjahr 1960 konfrontierte die bäuerliche Bevölkerung unseres Dorfes mit einer massiven Werbung für das ›vollgenossenschaftliche Dorf‹. Durch den Großeinsatz von Parteifunktionären aus den Betrieben, der Verwaltung und dem Staatssicherheitsdienst sollten die bisher selbständigen Bauern für die Gründung einer LPG (Landwirtschaftlichen Produktionsgenossenschaft) geworben werden. Diese Werbung ging auch nicht am Pfarrhaus vorüber und es wurde der Versuch unternommen, mich als Vorspann für diese angeordnete Staatsaktion zu gewinnen. Als Gegenleistung wurde mir materielle und finanzielle Unterstützung für die geplante Kirchenrenovierung zugesichert. Auf diese plumpe Bestechungsofferte reagierte ich sehr spontan: stand auf, öffnete die Tür des Amtszimmers und bat die Herren, das Haus unverzüglich zu verlassen.
Die Werbung in den Bauernhäusern erfolgte mit ›Zuckerbrot und Peitsche‹: mit dem Versprechen eines geregelten 8-Stunden-Tages, einer Entlohnung analog des Industriearbeiters, eines Urlaubsanspruches in den Heimen des FDGB sowie einer gesicherten Altersversorgung. Bei Verweigerung des Beitritts sollten die selbständigen Bauern das Recht auf staatliche Stützung der Aufkaufpreise für landwirtschaftliche Produkte, die technische Hilfe durch die MTS (Maschinen- und Traktorenstation) und das Recht auf eine gesicherte Altersversorgung verlieren [...]

Nach wochenlangem politischen Druck waren die meisten Bauern am Ende ihrer Widerstandskraft und unterschrieben das Formular zum ›freiwilligen Beitritt‹ in die LPG. Am Sonntag Judica, 3.April, war die festliche Proklamation

[120] H. Luft: Agrargenossenschaften gestern, heute und morgen, Berlin 1998, 11. In dieser Veröffentlichung geht H. Luft sehr ausführlich auf die Umgestaltung in der Landwirtschaft und die entstandenen Probleme ein.

des vollgenossenschaftlichen Dorfes. Der Gottesdienst war an diesem Sonntag außergewöhnlich gut besucht. Ich predigte über Psalm 73, 23–26. Am Nachmittag war der Festakt im Wirtshaus, zu dem wohl die Arbeiterschaft aus den Patenbetrieben abkommandiert war, die Rohrer Bauern aber fehlten [...]«[121]

Die gesonderte Situation der Menschen auf dem Land wurde bereits früh zu einem eigenen Problemfeld und wurde durch eine Arbeitsgemeinschaft für dorfkirchliche Fragen aufgegriffen.

»Den Anstoß dazu gab die Beobachtung, daß die Dörfer infolge der seelischen Auswirkungen der agrarpolitischen Maßnahmen nach dem Zusammenbruch heute viel stärker von der Gefahr des Nihilismus bedroht sind als die Städte; gelingt es der Kirche nicht, mit ihrer Verkündigung dieser Gefahr zu begegnen, steht zu befürchten, daß sich ihr die ländliche Bevölkerung im 20. Jahrhundert ebenso entfremdet wie die städtische Arbeiterschaft im 19. Jahrhundert [...]«[122]

1961 galt die Kollektivierung der Landwirtschaft als abgeschlossen. Die Arbeit der Arbeitsgemeinschaft für dorfkirchliche Fragen setzte sich indes weiterhin fort und bildete somit eine geeignete Plattform für die Probleme und Fragen der Mehrzahl der christlichen Gemeinden.

Die Notwendigkeit der Auseinandersetzung mit der eigenen Situation der Kirchen in der DDR bestätigte sich 1961 ebenso wie die Langwierigkeit bei der Lösung der innerdeutschen Frage. Mit dem Bau der Staatsgrenze am 13. August 1961 geschah ein gewaltiger Einschnitt in die Möglichkeit der gemeinsamen Arbeit der EKD. Diese Situation stand im vollen Interesse der Regierung der DDR, die etwas später erklärte:

»›Die DDR betrachtet die in der DDR beheimateten Gliedkirchen der EKD als aus der EKD ausgeklammert‹ und ließ damit deutlich die Absicht des Regimes erkennen, die EKD zu spalten. Die Kirchenpolitik des SBZ-Regimes gipfelte in dem am 8.7.1961 durch den Polizeipräsidenten des Sowjetsektors ›im Interesse der Gewährung von Ruhe und Ordnung und zur Sicherung des Friedens‹ ausgesprochenen Verbot des Deutschen Evangelischen Kirchentages für den Bereich von Ost-Berlin und (seit dem 13.8.1961) in der Behinderung der leitenden Kirchenmänner beider Konfessionen, ihre Dienstpflichten auf der anderen Seite der Demarkationslinie auszuüben.«[123]

---

121 Lebenserinnerungen Dr. W.-D. Heinemann, Pfarrer i.R. (Privatarchiv).

122 Aus der Handreichung für dorfkirchliche Arbeit vom März 1951, Archiv Eisenach – 796/Bd.1.

123 F.-G. Hermann: Der Kampf gegen Religion und Kirche in der Sowjetischen Besatzungszone Deutschlands, 1966, 17.

In dem Bestreben der DDR-Regierung, die Einheit der Kirchen in Deutschland zu trennen, wurde Kurt Scharf – dem Verweser im bischöflichen Amt der Evangelischen Kirche Berlin-Brandenburg und Vorsitzendem des Rates der EKD – die Einreise in die DDR verboten.

Die Abriegelung der DDR wurde langfristig und im Geheimen geplant. Noch am 15. Juni 1961, auf einer Presseerklärung, versicherte Walter Ulbricht auf die Frage eines Journalisten:

> »Ich verstehe Ihre Frage so, daß es in Westdeutschland Menschen gibt, die wünschen, daß wir die Bauarbeiter der Hauptstadt der DDR dazu mobilisieren, eine Mauer aufzurichten. Mir ist nicht bekannt, daß eine solche Absicht besteht. Die Bauarbeiter unserer Hauptstadt beschäftigen sich hauptsächlich mit Wohnungsbau, und ihre Arbeitskraft wird dafür voll eingesetzt. Niemand hat die Absicht, eine Mauer zu errichten!«[124]

Ulbricht hatte jedoch schon seit geraumer Zeit die Absicht, den Weg nach Westberlin abriegeln zu lassen. Auch an dieser Stelle wird der Einfluss der Sowjetunion deutlich, die unter Mitwirkung der Vertreter des Warschauer Vertrages im August 1961 dem Drängen Ulbrichts nachgegeben und dem Mauerbau zugestimmt hat.[125]
Heinz Heitzer beschrieb die Situation um die Sicherungsmaßnahmen vom 13. August 1961 aus der offiziellen Sicht der DDR-Regierung folgendermaßen:

> »Besonders aggressiv traten die herrschenden Kreise in der BRD auf, die zu den wichtigsten Verbündeten der USA avanciert waren. Sie hielten unvermindert an dem Ziel fest, die DDR zu annektieren und den imperialistischen Machtbereich nach Osten auszudehnen. Gestützt auf ihr bedeutendes ökonomisches Potential und ihr zunehmendes Gewicht in der NATO, nahmen sie Kurs darauf, dieses Ziel in kurzer Frist zu erreichen [...]
> Um den ›Tag X‹, den Tag des Sturzes der Arbeiter- und Bauern-Macht, vorzubereiten, eskalierten die Monopole und die Regierung der BRD den Wirtschaftskrieg gegen die DDR [...]
> Mit der offen verkündeten Absicht, die DDR ›auszubluten‹, wurde die Abwerbung von DDR-Bürgern, vor allem von Spezialisten und jungen Menschen, wesentlich intensiviert, [...] Unter Ausnutzung der offenen Grenzen der DDR spielte dabei Westberlin die Rolle einer ›Menschenschleuse‹ [...]
> In der Nacht vom 12. und 13. August 1961 wurden die beschlossenen Maßnahmen schnell, präzis und für die imperialistischen Geheimdienste völlig überraschend durchgeführt [...]

---

[124] Zitiert nach: M. Judt: DDR-Geschichte in Dokumenten, Berlin 1997, 550.
[125] Vgl. dazu: H. Weber: Geschichte der DDR, München 1999, 221.

> Die Sicherungsmaßnahmen vom 13.August 1961 waren eine gemeinsame politische Aktion der Staaten des Warschauer Vertrages, die die aggressiven imperialistischen Kräfte in der BRD und in anderen NATO-Staaten zügelte und den Frieden in Europa rettete.«[126]

Diese offizielle Darstellung bestimmte auf lange Zeit die Sichtweise auf den 13. August 1961. Sie hielt Einzug in die Schulbücher und wurde offizielle Lehrmeinung. Es wird deutlich, dass weder die Schuld noch die Ursachen bei eigenem Fehlverhalten gesucht und dass die Durchführung der »Sicherungsmaßnahme« als Gemeinschaftsentscheidung herausgestellt wird. Mit diesem Akt der Sicherung im Sinne des »Friedens Europas« war die Bevölkerung der DDR eingesperrt.

Damit bestätigte sich auch für die Kirchen erneut die Notwendigkeit, sich organisatorisch von der gesamtdeutschen EKD zu trennen, war doch mit der Eingrenzung eine gemeinsame Arbeit erheblich erschwert, wenn nicht sogar unmöglich gemacht worden.

In den folgenden Jahren verfestigte sich der Standpunkt, dass gerade mit der Schließung der Grenzen eine relativ stabile Situation gegeben und die DDR keine vorübergehende Situation war, sondern etwas darstellte, mit dem bewusst gerechnet werden musste auf lange, sogar unübersehbare Zeit. Andererseits blieben die Kirchen eine erhebliche soziologische Größe, mit der auch der Staat DDR umzugehen lernen musste.

Alle von der EKD gemachten Äußerungen zur Zusammengehörigkeit beider Kirchen konnten seit der Grenzbefestigung weitgehend nur noch Bekenntnischarakter haben, weil sie in der Praxis nur bedingt ausführbar waren. Trotzdem hielt man an der »besonderen Gemeinschaft der ganzen evangelischen Christen in Deutschland«[127] fest. In der Arbeit der Ortsgemeinden gestaltete sich diese Gemeinschaft anfänglich schwer, später wurde sie an persönliche Begegnungen (z.B. Partnergemeinden) gebunden.

Die Kirchen in der DDR mussten mit dem Zustand der Trennung fertig werden. Grundsätzliche Einsichten führten zu der Frage: Wie helfen wir den Menschen, mit der Situation »DDR« sinnvoll umzugehen? Eine Auswanderung war nicht mehr möglich und nicht gewollt. Die Befestigung der Grenzen und die sich daraus ergebenen Folgen unterstrichen und verdeutlichten noch einmal die grundsätzlich unterschiedliche Lage der Kirchen in der DDR gegenüber der Bundesrepublik, deren Arbeit sich nun ganz auf die eignene Situation einstellen musste. Sie war dabei auf sich selbst gestellt und konnte vorläufig kaum mit Hilfe von außerhalb des Gebietes der DDR rechnen.

---

[126] H. Heitzer: DDR.Geschichtlicher Überblick, Berlin 1979, 142–147.

[127] Artikel 4.4. der Ordnung des Bundes der Evangelischen Kirchen in der DDR, in: Nach-Denken, Hannover 1995.

II.1.4 Versuch der »Normalisierung« und die »Kirche im Sozialismus«

Die Situation der »Abgrenzung« und die Gründung des Bundes der Evangelischen Kirchen in der DDR 1969

Peter Borowsky eröffnet seinen Aufsatz zur Situationsbeschreibung der DDR in den sechziger Jahren folgendermaßen:

> »Der Bau der Berliner Mauer am 13. August 1961 markierte den tiefsten Einschnitt in der Geschichte der DDR. Die Mauer zementierte die Verhältnisse in Deutschland im wahrsten Sinne des Wortes: die Spaltung der Nation in zwei Staaten. Sie symbolisierte und besiegelte die Unfreiheit in der DDR. Die Mauer verhinderte die weitere Abwanderung qualifizierter Arbeitskräfte nach West-Berlin und in die Bundesrepublik. Sie war daher auch eine wesentliche Voraussetzung für den wirtschaftlichen Aufschwung und die Steigerung des Lebensstandards, die nun ebenfalls in der DDR einsetzten.«[128]

Die befestigte Staatsgrenze machte noch einmal in aller Klarheit deutlich, dass in überschaubarer Zeit eine Wiedervereinigung beider Teile Deutschlands nicht zu erwarten war und dass sich die Bevölkerung in der DDR im System des »real existierenden Sozialismus« so gut wie möglich einrichten musste. Es folgte eine Zeit der relativen Anpassung an die gegebene Situation. In den folgenden Jahren versuchte die Regierung der DDR in Bezug auf ihre Kirchenpolitik durch verschiedene Aktionen immer stärker die Einheit der EKD in ihrer Gesamtheit aufzulösen bzw. unmöglich zu machen.

> »Da die SED sich gegen jedes gesamtdeutsche Bewusstsein wandte (nach ihrer Ansicht gab es keine deutsche Wissenschaft mehr, keine deutsche Literatur usw.), musste sie erneut in einen Konflikt mit der Institution geraten, die als eine der letzten gesamtdeutschen Brücken galt, mit der Evangelischen Kirche. Die Kirche war durchaus bereit, den Anspruch des DDR-Staates gegenüber seinen Bürgern anzuerkennen, sie wollte sich aber nicht von ihren gesamtdeutschen Anliegen abbringen lassen.«[129]

Die Erklärung des Presseamtes beim Ministerpräsidenten vom 11. Januar 1961 über die Ablehnung des evangelischen Kirchentages auf dem Gebiet Ost-Berlins und das Verbot einer gesamtdeutschen Synode (31. Januar 1961) gehören unmittelbar zu diesen Absichten.

---

[128] P. Borowsky: Die DDR in den sechziger Jahren, in: Informationen zur politischen Bildung, Heft 258, 1. Quartal 1998, 22.

[129] H. Weber: Geschichte der DDR, München 1999, 253.

Die Staatsführung der DDR lenkte ihre Bemühungen auf eine aggressiv integrative Kirchenpolitik, die sich durch die Betonung allgemeiner, gemeinsamer, humanistischer Ziele und das Übergehen konträrer Inhalte auszeichnete. Diese Politik der Selektion, die sich wiederholt u.a. durch die Auswahl geeigneter Gesprächspartner erwies, versuchte auch zu diesem Zeitpunkt nach außen ein loyales Verhältnis zu repräsentieren.

> »Statt offenen Kirchenkampfes wurden die Christen eingeladen, in der gesellschaftlichen Konsequenz ihres Glaubens am Aufbau des Sozialismus mitzuarbeiten [...] Auch die Kirchen sollten also als Teil der nunmehr nicht mehr durch Klassengegensätze ›sozialistische Menschengemeinschaft‹ begriffenen Gesellschaft angesehen w[e]rden. Die Homogenität der Gesellschaft aber sollte in der gemeinsamen Arbeit auf ein gemeinsames Ziel hin bestehen. Wo die kirchliche Wirklichkeit dieser Theorie nicht entsprach, setzte die Propaganda ein.«[130]

Forciertes Ziel der SED war seit einigen Jahren, die Christinnen und Christen (die »Gläubigen«) so weit wie nur möglich in das politische System der DDR zu integrieren. Um diesen Weg zu beschreiten, bediente sich die Regierung ganz unterschiedlicher Mittel und Methoden. Dazu gehörte die Förderung der Gründung des Bundes evangelischer Pfarrer in der DDR (1958) unter der Schirmherrschaft der SED. Mit Hilfe dieses Bundes evangelischer Pfarrer in der DDR sollte versucht werden, durch Zusammenschluss und Organisation einer christlichen Vereinigung staatsfreundlicher bzw. der sozialistischen Ideologie föderativ eingestellter Pfarrer und Pfarrerinnen sowie Theologen und Theologinnen, dem Staat ein Machtinstrument gegen die Kirchenleitung in die Hand zu geben und somit Einfluss auf bestimmte Entscheidungen der Kirche und der Kirchenleitung nehmen zu können. Die Resonanz und die erhoffte Einflussnahme blieben weitgehend aus und der Bund evangelischer Pfarrer in der DDR löste sich 1974 lautlos auf.[131]

Bereits vor der Befestigung der Staatsgrenzen bildeten sich in den Kirchen der DDR notwendige und eigene Strukturen, die auf die besondere

---

[130] W. Thumser: Kirche im Sozialismus, Tübingen 1996, 35.

[131] Eine groß angelegte Parteinahme und Instrumentalisierung der Kirchen sowie der Christen und Christinnen war von einer gesamtdeutschen Kirche kaum zu erwarten. Die Trennung der DDR-Kirchen von der gesamtdeutschen EKD war beabsichtigt und wurde daher intensiv versucht. Die spätere Gründung des Bundes evangelischer Kirchen in der DDR (BEK) wurde auf dem Hintergrund dieser beschriebenen Absichten und Zielstellungen nötig, aber mit Sicherheit durch diese Art von Kirchenpolitik der SED nicht inszeniert, auch wenn von dieser Politik ein erheblicher Druck ausgeübt wurde. Vgl. dazu: Diskussionsbeitrag von A.Noack, in: Der Bund der Evangelischen Kirchen in der DDR, 8. Werkstattgespräch vom 10. Juni 1999, Berlin 1999, 35f.

Situation der Kirchen in der DDR abgestimmt waren (z.B. die Ostdeutsche Bischofskonferenz oder Kirchliche Ostkonferenz, ab 1962 Konferenz der Kirchenleitungen). Nach 1961 setzte sich dieser Prozess spezieller kirchlicher Institutionalisierung und Strukturierung in Form von Ausschüssen, Arbeitskreisen etc. fort. Albrecht Schönherr schreibt:

> »Seit 1958 der Bevollmächtigte bei der DDR-Regierung, Propst Heinrich Grüber, nicht mehr empfangen wurde, erkannte der Staat keine Organe der Evangelischen Kirche in Deutschland mehr als Verhandlungspartner an. Er suchte sich seine Gesprächspartner selber aus.« [132]

Die acht Landeskirchen in der DDR befanden sich faktisch in dem Zustand, dass es keinen zentralen Kontakt zur Regierung gab. Die 1962 gegründete Konferenz der Kirchenleitungen in der DDR (KKL) war offiziell als Verhandlungspartner nicht anerkannt.

Die gesamtdeutsche Arbeit der Evangelischen Kirche in Deutschland wurde faktisch unmöglich gemacht. Kontakte, Informationsaustausch und allgemeine Kommunikation zwischen den Kirchen auf dem Gebiet der DDR und der BRD gestalteten sich immer schwieriger. Die Synoden konnten letztendlich nur noch getrennt tagen. Trotzdem beschloss die Synode im April 1967 in Fürstenwalde (Ost-Synode), an der Einheit der gesamtdeutschen EKD festzuhalten. In seinem Tätigkeitsbericht vor der Synode in Fürstenwalde formuliert der Vorsitzende der Konferenz der Kirchenleitung Bischof Friedrich-Wilhelm Krummacher diesen Standpunkt folgendermaßen:

> »Wir stehen in einer heute mehr noch als früher praktizierten Gemeinschaft der evangelischen Christen in Deutschland [...]
> All dieses ist aber auf die Dauer nur möglich, wenn man beieinander bleibt und einander nicht losläßt [...]
> Darum ist es heute nicht mehr eine pragmatische Frage, die man so oder so lösen kann, sondern eine Frage des Glaubensgehorsams, ob wir an der Einheit und Gemeinschaft der Evangelischen Kirche in Deutschland festhalten oder nicht. Wenn wir uns trennen würden, so täten wir das ja lediglich aus säkularen Gründen und aus keinem einzigen tragenden geistlichen oder kirchlichen Grund [...]
> Von maßgebender politischer Seite ist öffentlich mehrmals erklärt worden, die institutionelle Gemeinschaft einer Evangelischen Kirche in Deutschland bestehe bereits nicht mehr. Zur Begründung hat man angeführt, daß aus politisch-moralischen Gründen die Kirchen und die Christen in der Deutschen Demokratischen Republik nicht mehr in einem Atemzug mit den Kirchen und den Christen in der Bundesrepublik Deutschland genannt werden können.

[132] A. Schönherr: [...]aber die Zeit war nicht verloren, Berlin 1993, 245.

Darauf erwidern wir: wenn Christen, die Glieder am Leib des Einen Herrn sind und als Glieder einer Kirche zusammengehören, nicht mehr zusammen in einem Atemzug genannt werden dürfen, dann geht es damit nicht mehr um eine institutionelle Frage, sondern um die Gemeinschaft im Glauben an den Einen Herrn. «[133]

Durch Regionalisierungsgesetze auf Landeskirchenebene sollten die verschiedenen organisatorischen Schwierigkeiten kompensiert werden. Nach und nach mussten die Strukturen der EKD der neuen Situation in der DDR angepasst werden und wurden damit sogleich aufgeweicht. Erschwerend zur Struktur- und Organisationsanpassung trat 1968 eine neue Verfassung der DDR, die die rechtlichen Grundlagen der Kirchen auf ein Minimum beschränkte. Es musste von Seiten der Kirchen in der DDR auf irgendeine Weise reagiert werden. So kam es letztendlich 1969 zur Gründung des Bundes der Evangelischen Kirchen in der DDR (BEK). Diese Gründung hatte nichts mit einer Erwartung oder gar einer Vorgabe von Partei- oder Staatsführung zu tun.[134]

Albrecht Schönherr, wohl einer der Initiatoren bei der Gründung des BEK, benennt einen der Hauptgründe für diesen Schritt und formuliert dazu:

»1969 bildete sich der Bund der Evangelischen Kirchen und schied aus der organisatorischen Einheit der Evangelischen Kirchen in Deutschland aus. Das war nicht nur ein Erfolg staatlicher Pression, obwohl diese damals den Prozeß beschleunigte. Die Kirchen in beiden Teilen Deutschlands bekannten sich zu ihrer besonderen Gemeinschaft und haben dies auch auf allen Ebenen durchgehalten und sie beständig gestärkt. Der entscheidende Grund für die organisatorische Trennung war der konkrete seelsorgerliche Auftrag, der den Gemeinden galt, die in einer von der Bundesrepublik grundverschiedenen Gesellschaftsordnung zu leben hatten.«[135]

---

[133] F.-W. Krummacher: Tätigkeitsbericht vor der Synode in Fürstenwalde, 1.–7. April 1967, zitiert nach: W. Thumser: Kirche im Sozialismus, Dissertation, Dokumentation, Frankfurt a.M. 1994, 23.

[134] K. Rossberg überschreibt das Kapitel zur Gründung des Bundes der Evangelischen Kirchen in der DDR provokativ mit: »Der Geheimdienst gründet einen Kirchenbund«. Auch wenn die Darstellungen schlüssig scheinen, so führt doch die Annahme, dass auf Initiative des MfS der BEK gegründet wurde auf einen falschen Weg. Die äußeren Umstände, die die Staatsführung der DDR geschaffen hat, legen die Vermutung einer von Staatswegen geplanten Gründung nahe, vergessen jedoch, dass der Beschluss zur Gründung des BEK allein aus den Kirchen kam. Vgl. dazu: K. Rossberg: Das Kreuz mit dem Kreuz, Berlin 1996.

[135] A. Schönherr: Gesprochen zur Zeit und zur Unzeit, Berlin 1995, 239.

Auch wenn die SED und Staatsführung der DDR in starkem Maße die Situation herbeigeführt haben, in der es schließlich zur Gründung des Bundes der Evangelischen Kirchen in der DDR gekommen ist, sind die Motive und konkreten Ideen zu diesem Schritt in den eigenen Reihen und in der Verantwortlichkeit der Kirchen selbst zu suchen.[136] Noch einmal Schönherr, der die Atmosphäre um die Gründung und die grundsätzlichen Meinungen dazu folgendermaßen beschreibt:

> »Allgemein herrschte Klarheit darüber, daß es zu einer viel größeren Selbständigkeit der Kirchen in der DDR kommen müsse; unterschiedlich waren die Zielvorstellungen: Für die einen sollten die DDR-Kirchen in einer losen ›Notgemeinschaft‹ miteinander sein, die lediglich dem äußeren Druck Rechnung tragen würde. Die anderen wollten einen Bund, in dem die acht Landeskirchen der DDR, die unter gleichen Bedingungen ihr Zeugnis und ihren Dienst zu verrichten hatten, zu einer engeren Kirchengemeinschaft finden sollten.«[137]

Bis zum Februar 1970 wurde der Bund der Evangelischen Kirchen als offizieller Verhandlungspartner und Vertreter der Landeskirchen in der DDR von der Regierung nicht anerkannt. Besonders empfindlich reagierte die Staatsführung auf den 4. Artikel der Ordnung des Bundes der Evangelischen Kirchen vom 10. Juni 1969, in dem von der »besonderen Gemeinschaft der ganzen evangelischen Christenheit in Deutschland«[138] gesprochen wurde.

> »Hinsichtlich der Einheit der Kirche war damit deutlicher und konsequenter zwischen der Einheit im Glauben und in der organisatorischen Gestalt der Kirche differenziert worden.«[139]

Der prozentuale Anteil der Christen im Verhältnis zur Gesamtbevölkerung sank seit 1949 permanent.[140] Trotzdem blieben die Kirchen für die SED ein Problem: in ihren Zielsetzungen, Idealen und in ihrer politisch-ideologisch störenden, anfragenden, womöglich gar gefährdenden Größe. Spätestens jetzt wurde staatlicherseits deutlich, dass man den Kirchen keine eigenständige

---

[136] Weitere Motive und Überlegungen in: Nach-Denken. Zum Weg des Bundes der Evangelischen Kirchen in der DDR, Hannover 1995.

[137] A. Schönherr: [...] aber die Zeit war nicht verloren, Berlin 1993, 249f.

[138] Ordnung des Bundes der Evangelischen Kirchen in der Deutschen Demokratischen Republik vom 10. Juni 1969 – Bundesordnung, u.a. in: Nach-Denken. Zum Weg des Bundes der Evangelischen Kirchen in der DDR, Hannover 1995, 144ff.

[139] W. Thumser: Kirche im Sozialismus, Tübingen 1996, 65.

[140] Vgl. dazu: D. Pollack: Kirche in der Organisationsgesellschaft, Stuttgart 1994.

gesellschaftliche Kraft zubilligen und sie aus der gesellschaftlichen Wirklichkeit verdrängen wollte.

Die Kirchen als Kultgemeinden war bereits in einem Referat auf der dritten Parteikonferenz der SED von Otto Grotewohl thematisiert worden, in dem es hieß:

> »In unserem Arbeiter- und Bauernstaat genießen die Bürger volle Glaubens- und Gewissensfreiheit. Unser Arbeiter- und Bauernstaat stellt die ungestörte Religionsausübung unter seinen besonderen Schutz. Die Anhänger der Kirche genießen alle staatsbürgerlichen Rechte. Die Kirche selbst wird in der Pflege der Kulthandlungen in der Kirche in nichts begrenzt. Der Staat mischt sich in die inneren Angelegenheiten der Kirche ebensowenig ein wie in die inneren Angelegenheiten anderer Vereinigungen.«[141]

Erneut und deutlicher drückte es Walter Ulbricht bei einer programmatischen Erklärung vor der Volkskammer am 4. Oktober 1960 aus:

> »Die Angehörigen der evangelischen Kirche, der katholischen Kirche sowie der Jüdischen Gemeinde haben in unserer Deutschen Demokratischen Republik die Möglichkeit, in der Kirche beziehungsweise Synagoge ihre religiösen Anliegen zu pflegen [...]
> Das Christentum und die humanistischen Ziele des Sozialismus sind keine Gegensätze. Nur ist das Christentum, einst als Religion der Armen und des Friedens begründet, seit Jahrhunderten von der herrschenden Klasse mißbraucht worden. Heute wird es in Westdeutschland von den Kräften des Militarismus, diesmal für die menschenfeindliche Atomrüstungspolitik, mißbraucht. Die alte Sehnsucht der christlich gesinnten Bevölkerung, die sich in der Botschaft: ›Friede auf Erden und den Menschen ein Wohlgefallen‹ äußert, kann ihre Erfüllung nur durch die Verwirklichung der hohen Ideen des Humanismus und Sozialismus finden.«[142]

In Wirklichkeit gelang es der Staatsführung in starkem Maße für einen großen Teil der Bevölkerung der DDR, die Kirchen zu einem Unort zu machen. Aus grundsätzlicher politisch-ideologischer Sicht wurde unter Glauben Rückständigkeit und Wissenschaftsfeindlichkeit verstanden: Glaube und Kirche

---

[141] O. GROTEWOHL: Die Rolle der Arbeiter- und Bauernmacht in der Deutschen Demokratischen Republik, Referat auf der 3. Parteikonferenz der SED 24. bis 30. März 1956, Berlin 1956, 33.

[142] W. ULBRICHT: Programmatische Erklärung des Vorsitzenden des Staatsrates der DDR vor der Volkskammer am 4. Oktober 1960, zitiert nach: W. THUMSER: Kirche im Sozialismus, Dissertation, Dokumentation, Frankfurt a.M. 1994, 16f.

gehören nach dieser Überzeugung zur überlebten, zum Untergang verurteilten und zu beseitigenden bürgerlichen Gesellschaftsformation. Mit der entwickelten sozialistischen Gesellschaft sollte diese Rückständigkeit nach und nach überwunden werden. So erläutert ein Wörterbuch den Begriff Religion folgendermaßen:

> »Religion: Form des gesellschaftlichen Bewußtseins mit Weltanschauungscharakter. Gesamtheit von Anschauungen, Emotionen und Kulthandlungen, deren Wesen in einer phantastisch verzerrten, illusionären Widerspiegelung der Natur und der Gesellschaft im Bewußtsein der Menschen besteht.«[143]

Diese Urteile, Meinungen, Überzeugungen und Ansichten über Religion begegneten in öffentlichen Einrichtungen und Institutionen permanent und wurden zum Bildungsinhalt erhoben. Die Gründe für Kirchenaustritte sind zu einem großen Teil vor diesem Hintergrund zu verstehen. So zum Beispiel bei Fragen der Karriere und des beruflichen Aufstiegs, wie folgender Ausschnitt eines Briefes illustrieren soll:

> »Hochwürdiger Herr Landesbischof!
> Nachdem in den letzten Jahren in meiner Gemeinde in 3 Fällen junge Männer, die Angehörige der Volksarmee waren, bei ihrer Kommandierung zu einem Offizierslehrgang zum Kirchenaustritt veranlaßt worden waren, muß ich Ihnen heute einen noch krasseren Fall von Nötigung zum Kirchenaustritt unterbreiten. Vor Weihnachten trat zu meiner Überraschung eine ganz junge Ehefrau, die aus einer kirchlichen Familie stammt, aus der Kirche aus. Jetzt teilte mir ihre Mutter mit, daß ihre Tochter wieder eintreten wolle. Auf die Frage, warum sie denn dann überhaupt erst ausgetreten sei, antwortete sie mir, daß der Ehemann ihrer Tochter, der Angehöriger der Transportpolizei ist, befördert worden sei und dazu den Kirchenaustritt seiner Ehefrau habe vorlegen müssen. Er selbst war schon vor 2 Jahren ausgetreten, obwohl er sich kurz zuvor hatte kirchlich trauen lassen und auch das Kind getauft worden war [...]«[144]

Solche Art von Nötigungen zum Kirchenaustritt blieben während der gesamten DDR-Zeit keine Seltenheit und können in allen Landeskirchen beobachtet werden. Die Mitgliedschaft in der Kirche, ja die bloße Existenz der Kirchen machte sie zur unterdrückten Gegeninstanz gegenüber der Ideologie des Staates.

---

[143] Kleines politisches Wörterbuch, Berlin 19834, 809. Vgl. dazu auch u. a.: Kleines Wörterbuch der marxistisch-leninistischen Philosophie, Stichwort: »Religion«, Berlin 1974.
[144] Brief an den Landesbischof von Thüringen vom 10. 05. 1961 – Archiv Eisenach A 866/6.

Nach wie vor blieb der Bereich der Bildung und Erziehung ein Tabu-Thema bei der Auseinandersetzung zwischen Staat und Kirchen. Gerade hier wurde die Agitation und Propaganda eines atheistischen Staates besonders gegenständlich und einflussreich. Dem Bildungs- und Erziehungsideal in den Schulen konnte sich kaum jemand entziehen. Auf Kritik im Bereich von Bildung und Erziehung reagierte die Staatsführung der DDR besonders empfindlich. Rigoros wurde bei den Lehrern und Erziehern auf politische Korrektheit und ideologische Integrität geachtet. In diesem Zusammenhang muss auch auf die spätere Auseinandersetzung um die Einführung des Wehrkundeunterrichts in den Schulen hingewiesen werden. Hauptziel und vereinigende Absicht aller größeren gesellschaftlichen Organisationen (FDJ, GST, Pionierorganisation, DTSB usw.), der Bildungsträger (Schulen und sonstige Erziehungseinrichtungen), der SED und der Blockparteien war der Versuch der Gleichschaltung politisch-ideologischen Denkens und die Korrektur des ideologischen Selbstbildnisses der Gesellschaft und des Staates der DDR. Parallel dazu wurden eine solide Allgemeinbildung, die Betreuung der Kinder und Jugendlichen und die damit einhergehende Entlastung der Familien angestrebt. Der Ausbau der kostenlosen Nutzung von Kinderkrippen und Kindergärten ist hierbei nur ein Beispiel. Dabei unterlag das gesamte Bildungs- und Erziehungswesen einer zentralen Steuerung.

Im Februar 1965 wurde das Gesetz über das einheitliche sozialistische Bildungssystem mit dem Ziel einer allseitig und harmonisch entwickelten sozialistischen Persönlichkeit verabschiedet. Inhaltlich kann die konkrete Zielsetzung dieses wichtigen und prägenden Gesetzes für die Volksbildung in der DDR wie folgt zusammengefasst werden: Einheit von allseitiger Bildung und Erziehung, Formung zur sozialistischen Persönlichkeit auf der Grundlage des marxistisch-leninistischen Menschenbildes, Vermittlung von wissenschaftlichen Kenntnissen, Bildungsinhalten, Herausbildung von allseitigen Fähigkeiten und Fertigkeiten, einer sozialistischen Weltanschauung und Moral. Mit dem Bildungsgesetz vom Februar 1965 wurde allen Bürgern der DDR das gleiche Recht (und die Pflicht) auf Bildung garantiert. Bildungsinhalte und Unterrichtsziele legte das für die gesamte DDR gültige Lehrplanwerk fest. Besondere Aufmerksamkeit wurde auf die polytechnische und naturwissenschaftliche Bildung und die Vertiefung der ideologischen Erziehung gerichtet. »Anhand der ab 1964 obligatorischen Lehrpläne für den Staatsbürgerunterricht in den Klassen 9 bis 12 waren die Schüler systematisch mit dem Marxismus-Leninismus vertraut zu machen.«[145] Bei Fragen zur kommunistischen Erziehung, Theoriebildung und Methodik orientierte man sich zu einem großen Teil an sowjetischen Mustern und Literatur. Die

---

[145] H. Weber: Geschichte der DDR, München 1999, 244.

Richtung und Absichten bei der Theoriebildung der Erziehung wurde dabei deutlich benannt:

> »Die Aneignung der marxistisch-leninistischen Weltanschauung durch die heranwachsende Generation, die Herausbildung kommunistischer Überzeugungen und Verhaltensweisen, die Erziehung zu sozialistischem Patriotismus und proletarischem Internationalismus sind fundamentale Aufgaben der kommunistischen Erziehung.«[146]

Das hier formulierte Erziehungsideal und -ziel, welches von sowjetischen Autoren für die sowjetische Erziehungstheorie formuliert wurde, galt in gleichem Maße auch für die Schulen in der DDR. Sie waren Inhalte und Schwerpunkte innerhalb der Ausbildung von Lehrern und Erziehern an Fach- und Hochschulen. Neben der ideologischen Fixierung des Erziehungsideals im Bereich der Bildung und Erziehung gestaltete sich das Bildungswesen der DDR durchaus sehr sozial. In einer Selbstdarstellung heißt es unter Einbeziehung des gesamten Bildungs- und Erziehungssystems – vom Kindergarten bis zur Hochschulausbildung – folgendermaßen:

> »Alle Kinder erhalten Milchgetränke und eine warme Mittagsmahlzeit. Der Besuch des Kindergartens ist kostenlos. Die Eltern tragen 0,35 Mark täglich für die Kinderspeisung bei. Alle Eltern, die es wünschen, haben die Möglichkeit, für ihr Kind einen Platz im Kindergarten zu erhalten [...]
> Der Besuch der Oberschule ist kostenlos. Die überwiegende Mehrheit der Schüler nimmt an der Schulspeisung teil (täglich 0,55 Mark). Schüler aus kinderreichen Familien erhalten die Mittagsmahlzeit kostenlos [...]
> Dies gilt auch für die Gestaltung der Studien- und Lebensbedingungen der Studenten, die einen erfolgreichen Ablauf der Ausbildung unterstützen. So ist das Direktstudium gebührenfrei. Alle Direktstudenten erhalten ein Grundstipendium. Diese nicht rückzahlbare Studienbeihilfe kann durch weitere, differenzierten sozialen Aspekten genügende Zuschläge (z.B. bei Studentinnen mit Kindern) und leistungsabhängige Beiträge ergänzt werden.
> Die soziale Sicherstellung während der Ausbildung ist garantiert unter anderem durch die gebührenlose Nutzung aller hochschuleigenen Einrichtungen, die beitragsfreie Sozialversicherung und kostenlose ärztliche Betreuung, durch niedrige Preise in den Mensen und geringe Mieten für Plätze in Internaten, in denen etwa 70 Prozent aller Direktstudenten leben.
> Entsprechend dem in der Verfassung verbrieften Recht auf Arbeit wird auch der künftige berufliche Einsatz der Studenten langfristig vorbereitet. In der Regel werden bereits im letzten Studienjahr Arbeitsverträge mit Betrieben und

---

[146] Zur Theorie und Methodik der kommunistischen Erziehung, Berlin 1982, 9.

Einrichtungen vereinbart, die den Absolventen den Übergang in eine ihrer Qualifikation entsprechende berufliche Tätigkeit sichern.« [147]

Zweifellos handelt es sich bei diesen beschriebenen Maßnahmen innerhalb der Bildung und Erziehung vom sozialen Standpunkt aus um eine beispiellose und ideale Errungenschaft.

Im September 1967 kam es zur allgemeinen Einführung der 5-Tage-Woche im Arbeitsprozess, wobei einige gesetzliche Feiertage wegfielen (Ostermontag, 8. Mai - Tag der Befreiung, Himmelfahrt, Buß- und Bettag). Mit der Erhöhung der Freizeit wollte sich die Staatsführung näher beschäftigen: Freizeitgestaltung gerichtet auf gesellschaftliche Aktivierung. »Der Wunsch des einzelnen nach eigener freier Gestaltung seiner Freizeit behauptete sich trotz aller Einflussnahme von Partei und Massenorganisationen, das Freizeitverhalten war so vielfältig wie in anderen Ländern auch.«[148] Die gewollte Lenkung der Freizeitgestaltung blieb weitgehend aus.

Nach der Grenzbefestigung und dem Ausbau des Ministeriums für Staatssicherheit wurde 1962 die allgemeine Wehrpflicht in der DDR eingeführt. »Da die Sowjetunion mehrfach den militärischen Schutz der DDR garantiert hatte, kamen der Armee nicht zuletzt innenpolitische Aufgaben zu: Sie war ein Machtinstrument der Führung.«[149] Von Seiten der Kirchen gab es auf die Einführung der allgemeinen Wehrpflicht ganz unterschiedliche Äußerungen und Reaktionen. Die im Rundbrief Nr. 72 veröffentlichte Stellungnahme des Thüringer Landesbischofs Mitzenheim stellt eine extreme, aber für die Führung der DDR positiv bewertete Meinung dar. In diesem Rundbrief heißt es:

»Die Problematik des Wehrdienstes ist uns bekannt. In unserer gegenwärtigen Situation aber hilft der jungen Generation nur eine einfache klare Weisung aus der Mitte der Schrift [...]
Unsere Jugend neigt dazu, Worte aus der Bibel isoliert für ihre Haltung rigoristisch anzuwenden, etwa das 5. Gebot oder eine Weisung aus der Bergpredigt [...] Aber die gefallene Welt kann nicht mit der Bergpredigt regiert werden. Nach Gottes Erhaltungswillen ist dazu die weltliche Obrigkeit, die Staatsgewalt, eingesetzt die sich nicht in Glaubensfragen mischen darf, aber von ihm das Mandat hat, für Frieden und Ordnung zu sorgen, u. U. mit Gewalt[...] Die Behauptung, es sei Christen grundsätzlich nicht möglich, Wehrdienst zu tun, kann aus Schrift und Bekenntnis nicht begründet werden. Nirgends im Neuen Testament wird zum Ausscheiden aus dem Soldatendienst aufgefordert.

[147] Die DDR stellt sich vor, Berlin/Dresden 1981, 203–211.

[148] H. Weber: Geschichte der DDR, München 1999, 245.

[149] Ebd., 240.

> Die Kirche kann dem Staat nicht das Recht bestreiten, zum Schutze der Bevölkerung seine Bürger an der Waffe auszubilden und zum Wehrdienst heranzuziehen. Es gehört auch nicht zum Auftrag der Kirche, die Frage zu beantworten, ob Streitkräfte zur Verteidigung notwendig und ratsam sind und auf welche Weise und in welchem Umfang eine Streitkraft aufgestellt wird. Diese Entscheidung hat der Staat zu treffen. [...] Was hat die Kirche in dieser Situation zu tun? Die Kirche segnet keine Waffen und mahnt ohne Unterlaß zum Frieden [...]
> Als Kirche im Volk und fürs Volk stärkt sie durch ihren Dienst am Wort die Gemeinden im Glauben und weist sie darauf hin, daß das Leben der Christen in jeder Lebenslage und in allen Verhältnissen Dienst für den Nächsten sein soll, den sie im Vertrauen auf Gottes Gnade tun[...] Die Kirche fordert, daß Christen auch in Uniform ihres Glaubens leben und den Dienst ihrer Kirche in Anspruch nehmen können [...] Es gibt Menschen, die aus religiösen Gründen absolute Pazifisten sind. Wir achten ihre Entscheidung. Sie bleiben unsere Brüder. Sie stehen uns nahe, auch wenn die Lehre der Kirche für ihre Entscheidung zur absoluten Gewaltlosigkeit keine Argumente zur Verfügung stellen kann. Die Kirche kann sie auch vor den Folgen, die der Staat für Gehorsamsverweigerung gegen seine Gesetze androht, nicht schützen. Sie wird aber für sie eintreten und um angemessene Berücksichtigung ihrer Gewissensnot bitten. Solche Fürsprache ist ein Akt der Barmherzigkeit, wie ihn die Kirche ohne Ansehen der Person und ohne politische Hintergründe tut. Wollen Sie bitte, liebe Amtsbrüder, im seelsorgerlichen Gespräch darauf hinweisen, daß Kriegsdienstverweigerung keinesfalls eine Selbstrechtfertigung oder eine höhere Christlichkeit bedeutet. Wir sind und bleiben simul peccatores simul justificati. Das Zeichen für eine wirkliche Gewissensentscheidung ist die Bereitschaft, dafür auch zu leiden [...]«[150]

Besonders schwierig schien die Einführung der allgemeinen Wehrpflicht - abgesehen vom Inhalt und der Ansicht des zitierten Rundbriefes – für diejenigen zu sein, die einen Dienst in der Nationalen Volksarmee (NVA) mit der Waffe oder auch aus politischer Opposition ablehnen wollten, weil dafür zunächst keinerlei legale Regelungen vorgesehen waren. Neben der Problematik um des Fahneneides, gab es auch keine Möglichkeit für eine Militärseelsorge oder die Seelsorge an Soldaten.

> »Der möglichst restlosen Entchristlichung der wehrpflichtigen Männer und Frauen in der SBZ entspricht die möglichst vollständige Atheisierung aller Armeeangehörigen, die durch Massen- und Einzeleinwirkungen (Vorträge, Schulungen, Massenmedien, Literatur) erreicht werden soll. [...] Damit war die Frage der

---

[150] Zitiert nach: Th. Björkman: Ein Lebensraum für die Kirche. Die Rundbriefe von Landesbischof D. Mitzenheim 1945–1970, Lund 1991, 275–277.

Kriegsdienstverweigerung aus Gewissensgründen auch im Raum der Deutschen Demokratischen Republik für die Kirche akut geworden.«[151]

Der Kampf um die militärische Ausbildung innerhalb der Nationalen Volksarmee erstreckte sich mindestens bis 1964. Im September 1964 ermöglichte der Verteidigungsrat der DDR den waffenlosen Militärdienst (Bausoldaten), der allerdings keinen Ersatzdienst, sondern nur einen eingeschränkten Dienst, d.h. ohne Waffe, darstellte. Die Entscheidung für einen waffenlosen Militärdienst wurde erheblich erschwert, da mit dieser Entscheidung oftmals die Möglichkeit für den Besuch der Erweiterten Oberschule (EOS) und ein zukünftiges Studium verbaut und aussichtslos wurde.[152] Anlaufpunkt für junge Menschen, die in Bezug auf den Wehrdienst eine echte Anfechtung sahen oder die den aktiven Wehrdienst in der NVA grundsätzlich ablehnten, blieben in den meisten Fällen nur die Pfarrhäuser oder einzelne kirchliche Mitarbeiter. Nicht nur innerhalb der Gemeinden, Kirchenkreise, kirchlichen Gemeinschaften usw. sprach es sich schnell herum, welche Pfarrer bzw. Pfarrerinnen oder kirchliche Mitarbeiter bei diesen speziellen Problemen hilfreich zur Seite standen, sondern auch das Ministerium für Staatssicherheit wurde auf sie aufmerksam und zeigte »starkes Interesse«.

Am 6. April 1968 verabschiedete der Staatsrat der DDR unter dem Vorsitz Walter Ulbrichts eine neue Verfassung, die am 9. April 1968 in Kraft trat.

Trotz vorheriger Volksbefragungen, Diskussionen, Stellungnahmen usw. treten die beschnittenen und vereinfachten, teilweise unkonkreten Rechte der Kirchen und Glaubensgemeinschaften im Vergleich zu der längst als ausgehöhlt geltenden Verfassung von 1949 deutlich hervor.

Im Jahre 1968 gab es einen weiteren Höhepunkt der gesellschaftlichen Entwicklung, deren Anfänge bereit in den 60er Jahren zu suchen sind: 1968 kam es in der ČSSR zum sogenannten Prager Frühling. Diese Ereignisse hatten ihre Auswirkungen auch auf die DDR-Bevölkerung und Kirchen in der DDR, zumal die Unruhen vom 17./18. Juni 1953 in Berlin gedanklich noch präsent waren.

»Vor allem aber war die SED besonders lautstark bei der agitatorischen Hetze gegen die Reformversuche in der Tschechoslowakei dabei. Dies führte zum Widerspruch in der Bevölkerung der DDR und auch in der SED selbst. Gerade viele jüngere

---

[151] F.-G. Hermann: Der Kampf gegen Religion und Kirche in der Sowjetischen Besatzungszone Deutschlands, Stuttgart 1966, 79.

[152] Vgl. zum Thema Bausoldaten: F. Dorgerloh: Geschichte der evangelischen Jugendarbeit. Teil 1: Junge Gemeinde in der DDR, Hannover 1999, 137–140.

Menschen machten keinen Hehl aus ihrer Sympathie für die demokratischen Reformen, und es gab Proteste kleinerer Gruppen und von Einzelpersonen.«[153]

In einem Exkurs sollen die Ereignisse in der ČSSR grob skizziert werden:

Exkurs: Der »Prager Frühling« in der ČSSR 1968 [154]
Das kommunistische System war in der Tschechoslowakischen Republik in den 60er Jahren bereits solide ausgebaut. Die Kollektivierung der Landwirtschaft und die Verstaatlichung von Fabriken, kleineren Betrieben und Handwerkseinrichtungen waren abgeschlossen. Im Sommer 1960 stimmte das Parlament einem neuen Grundgesetz zu, in dem die Tschechische Republik in die Tschechische Sozialistische Republik (ČSSR) umbenannt wurde.

Diese Umwandlung innerhalb des Landes wurde von einer permanenten Propaganda getragen. Ähnlich wie in der DDR wurde von einer vielversprechenden und strahlenden Zukunft im Geiste des Marxismus-Leninismus gesprochen. Die Mehrheit der Bevölkerung schenkte der erfreulichen Zukunftsprognose ihr Vertrauen.

Jedoch stagnierte die ökonomische Entwicklung Mitte der 60er Jahre. Es traten nach und nach immer häufiger Mängel ganz unterschiedlicher Art auf: Wohnraummangel, mal keine Waschmittel, mal kein Klopapier, keine Südfrüchte, wenig Fleisch, kein Schinken, mal keine Gardinen, dann wieder keine Lesebücher für die zweite Klasse usw. – die Dinge, die man für selbstverständlich hielt, wurden auf einmal problematisch. Lange Wartelisten für bestimmte Produkte wurden prägend: Škoda-Auto, Baumaterial, aber auch für den Urlaub im benachbarten Ungarn.

Der Glaube an die prognostizierte Zukunft ließ nach – je jünger die Menschen, desto weniger hielt sich die Zuversicht auf die großartige Zukunft, je höher die Bildung, desto skeptischer waren die Absolventen. Es entwickelte sich eine ausgeprägte Unzufriedenheit an den bestehenden Zuständen. Zu der materiellen Frustration gesellte sich schnell auch eine politische Enttäuschung.

Ähnlich wie in der DDR stand auch die ČSSR unter dem Diktat der Sowjetunion und ihrer Ideologie und Parteiführung. Sie galt als das große Vorbild in der staatlichen und politischen Führung.

Die politische Führung der ČSSR hatte sich bisher noch relativ homogen gestaltet. Aber die äußeren Entwicklungen und der innere Rechtfertigungszwang führten dazu, dass sich diese Homogenität in der Parteiführung aufzulösen begann.

---

[153] H. Weber: Geschichte der DDR, Berlin 1999, 264.

[154] Vgl. dazu: E. Neubert: Geschichte der Opposition in der DDR 1949–1989, Berlin ²1998, 163–168.

»Vor allem unter jüngeren Parteimitgliedern und unter kommunistischen Intellektuellen in Ungarn, Polen, der DDR und der Tschechoslowakei begann es zu gären. Wenn es möglich war, daß die von ihnen immer als Vorbild betrachtete sowjetische Partei von einem Verbrecher wie Stalin geführt wurde, konnte keine Parteiführung mehr für sich Unfehlbarkeit in Anspruch nehmen. Folglich wurden Forderungen nach einer freien Diskussion unter Kommunisten, nach mehr Freiheit in Wissenschaft, Kunst und Literatur immer lauter. Damit sollten weder das sozialistische System noch die Parteiherrschaft in Frage gestellt werden – ganz im Gegenteil: Durch die Abkehr von den ideologisch falschen stalinistischen Methoden und die Rückkehr zum wahren Marxismus-Leninismus sollte wieder der Weg zum eigentlichen Sozialismus beschritten werden. Am Prinzip der ›Diktatur des Proletariats‹ wurde kaum gerüttelt, nur die Methoden sollten andere, humanere sein.«[155]

Völlig unerwartet, aber nicht ohne Grund, kam es schließlich im September 1967 zu einem Aufbegehren.

Im September 1967 tagten die Schriftsteller der ČSSR in Prag. In der Rede Ludvik Vaculiks wurden die Mängel im Land klar formuliert und das provozierte eine heftige Diskussion. Die Absicht dieser Rede war nicht die Erzeugung von Unruhen, sondern eine Verbesserung der allgemeinen Lage durch Benennen der konkreten Situation. Diese Rede wurde durch die Zeitung *Literárni noviny* im ganzen Land verbreitet. Der Grund für die Veröffentlichung der Rede Vaculiks ist nicht klar nachvollziehbar, zumal eine Unterbindung durchaus möglich gewesen wäre.

Im November 1967 demonstrierten anlässlich der Studententage in Prag zahlreiche Studierende. Die Gründe für diese Demonstrationen lagen im Mangel an Plätzen in Studentenheimen, mehreren Stromausfällen in der Studentenstadt Prag und der Tatsache, dass bereits wochenlang unter den Studenten die Vaculik-Rede diskutiert wurde.

Für die breite Mehrheit der Bevölkerung waren jedoch die unendlichen Diskussionen und die Unruhen in der Studentenschaft unverständlich. Die Erinnerungen eines Zeitzeugen verdeutlichen diese Spannungen innerhalb der tschechischen Bevölkerung:

»Für Weihnachten 1967 kam ich für gut 14 Tage nach Hause, in unser winziges Dorf. Wie immer, abends los in die Kneipe, wo ich meine ehemaligen Mitschüler traf. Alle waren gegen die Studenten und die Intellektuellen (Schriftsteller, Filmemacher usw.). Im Vergleich mit der Universitätsstadt war ich dort wie in einer anderen Welt [...] In unserem Dorf (auch von meinen Eltern) habe ich wiederholt gehört: Die Künstler und Studenten haben es zu gut, die wissen nicht mehr, was sie verlangen [...] wir müssen um 5 Uhr früh aufstehen und schwer arbeiten, die

[155] R. Veser: Der Prager Frühling 1968, Erfurt 1998, 7.

> pennen bis 9–10 Uhr und doch sind sie immer noch unzufrieden usw. Obwohl ich die Mängel und die Unzufriedenheit erwähnt habe, an dieser Stelle wage ich zu sagen, dass im Herbst 1967 das so genannte Volk gegen die Intellektuellen und gegen die Studenten war.«[156]

Im Januar 1968 wurden die Ämter des Präsidenten und des Parteivorsitzenden voneinander getrennt – Antonin Novotny blieb Präsident, Alexander Dubček wurde Parteivorsitzender der KPČ. Dubček erklärte ein neues Parteiprogramm, den Sozialismus mit menschlichem Gesicht, und innerhalb der Partei begannen heftige Machtkämpfe. Für Dubček war das Ziel der nun einsetzenden Entwicklung immer der Sozialismus gewesen – allerdings auf humanerer Ebene. Diese angestrebte Genese geriet jedoch, insbesondere auf Initiative der Studentenschaft und der Intellektuellen, in die Gefahr, das sozialistische Lager zu verlassen. Allein die Möglichkeit eines solchen Weges konnte von der Sowjetunion nicht zugelassen werden.

> »Um die Reformer aus dem politischen Leben der ČSSR zu verdrängen, betrieb die sowjetische Parteiführung eine gezielte Spaltung der Parteiführung der KPČ. Für Breschnew war es nicht schwer, einzelne Politiker auszugrenzen und anderen unter mehr Einfluß zu lassen, da sich unter den neuen Umständen nur noch derjenige zum Machtzentrum zählen konnte, der von ihm zu Gesprächen über die weitere Entwicklung gebeten wurde.«[157]

Am 21. August 1968 entsandten fünf Nachbarländer ihre Armeen zur *internationalen* Hilfe in die ČSSR. Obwohl die Mehrheit der Bevölkerung gegen diesen militärischen Einsatz war, konnte durch diese Machtpräsenz eine relative Normalisierung der Situation erreicht werden. In diesem Zeitraum verließen über 200.000 Menschen das Land. Die Notwendigkeit der militärischen Präsenz, besonders der Armee der Sowjetunion, machte deutlich, wie gefährdet die so geartete sozialistische Idee – nicht nur in der ČSSR – war und wie ohnmächtig die Parteiführung dieser Situation gegenüberstand.

Am 19. Januar 1969 fanden die Auseinandersetzungen um den Prager Frühling durch den öffentlichen Selbstmord des Studenten Jan Palach auf dem Prager Wenzelsplatz ihren Höhepunkt. Hauptsächlich die Studentenschaft reagierte mit Gedenkmärschen und Demonstration, die von der Polizei blutig niedergeschlagen wurden.

Die Ereignisse des Sommers 1968 in Prag, in denen mit aller Deutlichkeit die Macht des Sozialismus nach sowjetischem Muster demonstriert wurde,

---

[156] Gedächtnisprotokoll eines Gesprächs mit Dr. Klement Hartinger.

[157] R. Veser: Der Prager Frühling 1968, 109.

haben ihre Auswirkungen auch auf die Kirchenpolitik der DDR gehabt.[158] Eine offizielle Stellungnahme zu den Geschehnissen in der ČSSR sollte den Kirchen in der DDR untersagt werden. Es ist wiederum ein deutliches Signal dafür, dass die Kirchen aus dem öffentlichen Leben verdrängt werden sollten. Thumser erkennt zu Recht in diesem Zusammenhang in der akzentuierten Politik gegenüber den Kirchen eine Gleichschaltungsstrategie, die maßgeblich von der CDU getragen wurde. Im Mittelpunkt dieser Politik standen die immer wieder herausgehobenen gemeinsamen humanen Ziele von Christen und Nichtchristen.

In der Zusammenschau der Ereignisse zwischen 1961 und 1969 kann gesagt werden, dass durch die Konsolidierung der DDR-Regierung nach der Grenzbefestigung die antikirchliche Politik, die ideologische Überzeugungsarbeit in eigener Sache und der weitere Ausbau einer partei- und ideologiebezogenen Staatsmacht deutlich hervortreten.

> »Der Mauerbau 1961, der die Gesamtbevölkerung schockierte und zu Gefangenen der SED machte, schien die bis dahin immer noch gehegte Hoffnung auf eine Überwindung der deutschen Teilung endgültig zu zerschlagen. Die Kirche hatte sich von nun an so, wie es bis dahin noch nicht der Fall gewesen war, auf die Existenzbedingung ›DDR‹ einzustellen.«[159]

Die Entwicklung bis zum Staat-Kirchen-Gespräch 1978

Die Kirchen, genauer Theologen und Theologinnen und einzelne Christen in der DDR haben bereits vor den 60er Jahren damit begonnen, ihre Situation in einem sozialistischen Staat sachlich und theologisch zu reflektieren. Diese Überlegungen hatten jedoch noch nicht eine solche starke Auswirkung auf organisatorische Strukturen und standen noch nicht unter einem solchen öffentlichen Druck, wie es nach der Grenzbefestigung seit 1961 der Fall war. Es bestand Handlungsbedarf!

> »Mit der Gründung des Kirchenbundes und dem damit zusammenhängenden Beginn eines Prozesses der kirchlichen Standortfindung in der Gesellschaft der DDR waren die Voraussetzungen dafür gegeben, die Kirchenpolitik wieder auf ihr tatsächliches Gegenüber auszurichten. Der erste Schritt hierzu mußte die förmliche Anerkennung des Kirchenbundes durch die Regierung sein.«[160]

Ein Schritt in diese Richtung wurde von staatlicher Seite erst 1971 getan. Die Differenzierungspolitik in Bezug auf die Gesprächspartner blieb bestehen.

---

[158] Vgl. u.a.: W. Thumser: Kirche im Sozialismus, Tübingen 1996.

[159] R. Mau: Eingebunden in den Realsozialismus?, Göttingen 1994, 88.

[160] W. Thumser: Kirche im Sozialismus, Tübingen 1996, 38.

Die Gründe für die erst späte offiziöse Anerkennung des Bundes durch die Regierung, ist wohl in bestimmten Formulierungen der Grundordnung des Bundes der Evangelischen Kirchen, aber auch in innenpolitischen Absichten der Regierung der DDR zu suchen – bleibt jedoch letztendlich spekulativ. Mit der Gründung des Bundes der Evangelischen Kirchen erklärten die Kirchen in der DDR ihre Selbständigkeit. So heißt es in der offiziellen Erklärung des BEK vom 14. September 1969:

> »Nachdem die Organe des Bundes der Evangelischen Kirchen in der Deutschen Demokratischen Republik gebildet sind und der Bund die Verantwortung für die Gemeinschaft der acht Gliedkirchen in der Deutschen Demokratischen Republik übernommen hat, stellen wir fest, daß unsere Funktion und unsere Tätigkeit als Mitglieder des Rates der Evangelischen Kirche in Deutschland beendet sind.«[161]

Die erste Bundessynode vom10. bis zum 14. September 1969 in Potsdam prägte bereits markante Formulierungen und Zielstellungen. Sie unterstrich noch einmal deutlich die Notwendigkeit der Gründung und die damit verbundene Möglichkeit der situationsbezogenen Arbeit des Bundes. So heißt es im Beschluss der Synode in Potsdam zum Bericht der Konferenz der Kirchenleitungen in der DDR:

> »In dem Bericht der Konferenz sieht die Synode einen guten Versuch, den Standort des Bundes zu bestimmen. Wir sind dankbar für die Art, in der der Bericht das Bemühen um theologische Grundlegung mit nüchterner Sach- und Situationsbezogenheit verbunden hat. Wir bejahen die im Bericht gegebene Auftragsbestimmung für den Bund der Evangelischen Kirchen in der DDR, die mit den Stichworten
> Umkehr zu Gott
> Hinwendung zum Nächsten
> Verzicht auf Privilegien
> gekennzeichnet wird. Der Bund wird sich als eine Zeugnis- und Dienstgemeinschaft von Kirchen in der sozialistischen Gesellschaft der DDR bewähren müssen.«[162]

Diese Grundlegung ist Standortbestimmung und Programm des Bundes zugleich. Die Kirchen in der DDR mussten nun ihre Selbständigkeit beweisen und konnten sich auf die Situation »DDR« ganz einstellen.[163]

---

[161] Kundgebungen, Bd. 1, 12.

[162] Ebd., 17.

[163] So schreibt F. Dorgerloh dazu: »Mit der Verselbständigung der Kirchen im Raum der DDR wurde die bis dahin in den Vordergrund gerückte Aufgabe der Kirchen, eine

Auf der Gemeinde-Ebene wurde die Arbeit erschwert durch eine neue Veranstaltungsordnung, die eine Anmeldepflicht aller Veranstaltungen bei der örtlichen Dienststelle der Deutschen Volkspolizei vorsah. Von dieser Anmeldung sind u.a. Veranstaltungen ausgenommen, die von politischen Organisationen und staatlichen Organen durchgeführt werden, d.h. grundsätzlich alles, was im Interesse der eigenen Regierung stand. Weiterhin:

> »Veranstaltungen der bei zuständigen staatlichen Organ gemeldeten Kirchen- und Religionsgemeinschaften, die religiöse Handlungen oder dienstliche Zusammenkünfte der im hauptamtlichen Dienst der Kirchen und Religionsgemeinschaften ständig genutzten Räumen stattfinden. Als religiöse Handlungen im Sinne dieser Verordnung gelten Gottesdienste, Messen, Metten, Vespern, Abendmahlsfeiern, Bibelstunden, Andacht, Beichten, Christenlehre, die Vorbereitung und Durchführung von Konfirmationen, Kommunion und Firmung sowie Exerzitien, Taufen und Trauungen.«[164]

Bemerkenswert scheint an dieser Stelle u.a. das Fehlen von Trauerfeiern und Veranstaltungen der Jungen Gemeinde zu sein. Auch Veranstaltungen, die im Freien stattfanden (eben z.B. Trauerfeiern, Osternacht, Gemeindefeste usw.) benötigten eine gesonderte Erlaubnis.[165]
Eine solche Art von Unterbindung freizügiger Gemeindearbeit ist auch in früheren Jahren durch Gesetzgebungen zu beobachten. Das unverkennbare Ziel solcher Verordnungen und Disziplinierungsmaßnahmen lag in der Beschränkung der kirchlichen Arbeit auf kultische Betätigung.
In dem Rechenschaftsbericht der Kirchenleitung vom 03. /04. Dezember 1971 wird deutlich, inwieweit diese Veranstaltungsordnung in den Gemeinden wahrgenommen wurde:

---

letzte Klammer zwischen Ost und West zu sein, relativiert. Man konzentrierte sich im Bund der Evangelischen Kirchen in der DDR auf das, was es in der sozialistischen Gesellschaft für die Kirchen zu tun gab.«, in: F. Dorgerloh: Geschichte der evangelischen Jugendarbeit, Hannover 1999, 159.
Ob die Kirchen in der DDR diese Klammer nun gänzlich aufgaben, ist m. E. fragwürdig. Auf alle Fälle setzt nun ein Prozess der stärkeren Differenzierung und Konzentration auf die eigene Sache ein, ein bewusstes Eingehen auf die konkrete Situation. Darin liegt m. E. – bei aller Notwendigkeit – der große Vorteil der Verselbständigung der Kirchen in der DDR bei der Gründung des Bundes.

[164] Verordnung über die Durchführung von Veranstaltungen vom 26. November 1970 (Auszug). Zitiert nach: Kundgebungen, Bd. 1, 41f.

[165] Vgl.: Verordnung über die Durchführung von Veranstaltungen vom 26. November 1970 (Auszug). Zitiert nach: Kundgebungen, Bd. 1, 41f. – § 4 der Veranstaltungsordnung.

»In unseren Gemeinden besteht die Sorge, die neue Veranstaltungsordnung könnte das verfassungsmäßige Recht, sich einem religiösen Glauben zu bekennen und religiöse Handlungen auszuüben, besonders hinsichtlich neuer Formen des Zusammenkommens (Zeugnis-, Dienst- und Lebensgemeinschaft) erheblich einengen. Mit unserer Kirchenleitung hoffen wir auf eine Vereinbarung erträglicher Auslegung und Handhabung dieser Verordnung.«[166]

Trotz vorkommender Strafandrohung und Strafbescheiden gegen einzelne Pfarrer und Mitarbeitern, die sich nicht an diese Veranstaltungsordnung hielten, lenkten die Behörden bei Verhandlungen und persönlichen Gesprächen (z.B. beim Rat des Kreises, Rat des Bezirkes usw.) häufig ein.

Im Juni 1971 bedenkt der Themenausschuss der Synode das Thema »Kirche für andere – Zeugnis und Dienst der Gemeinde«, um einer ungenauen Auslegung und Deutung bei der Wahrnehmung der zukünftigen Aufgaben der Kirchen in der DDR entgegen zu wirken. Dabei wendet sich der Themenausschuss gegen eine einfache »Rezeption geschichtlich gewordener Formeln« bzw. gegen das »voraussetzungslose Einschwenken auf die ›Situation‹« in der DDR.[167] Es geht bei dieser Kritik weniger um die Situationsbezogenheit an sich, sondern vielmehr um die vereinfachte »Neuformulierung in einer ›modernen‹ Sprache ohne die Substanz des Evangeliums« genügend zu bedenken. Weiterhin wendet sich der Sachbericht gegen eine »an den Ideologien der Zeit« orientierte Verkündigung.[168]

Die Bedingungen, die eine sozialistische Umwelt für die Kirchen schuf, nämlich sie in ihrer gesellschaftlichen Relevanz, Rolle und Funktion in Frage zu stellen, waren gegenwärtig und wurden im weiteren Verlauf der Ausführungen des Arbeitskreises deutlich benannt, änderten jedoch nichts an der Aufgabenstellung des Bundes:

»Die Zeugnis- und Dienstgemeinschaft des Bundes erhält dadurch ihr Gesicht, daß ihr die Aufgabe gestellt ist, das Evangelium in einer sozialistischen Umwelt zu verkündigen und zu leben.«[169]

Die Partei- und Staatsführung der DDR versuchte, einen neuen Stil innerhalb ihrer Arbeit zu etablieren. In ihrem Selbstbewusstsein wurde sie durch die in

[166] Vorschlag des Berichtsausschusses zum Rechenschaftsbericht der Kirchenleitung, Drucksache 32/71 – Magdeburg 23.12.71, Privatarchiv. (Aufzählung in der Veranstaltungsordnung sind keine Beispiele, sondern benennen tatsächlich die ausgewählten Veranstaltungen.)

[167] Kundgebungen, Bd. 1, 45.

[168] Ebd., 45.

[169] Kundgebungen, Bd. 1, 46.

diesen Jahren exponierte wirtschaftliche Rolle innerhalb der Staatengemeinschaft gestärkt.

> »Damit erhob die SED Ende der sechziger Jahre ihrerseits einen Führungsanspruch gegenüber anderen kommunistischen Parteien. Die DDR sollte zum Vorbild für Industrieländer werden, womit sie sich deutlich von der früheren völligen Anpassung an das sowjetische Modell löste.«[170]

Mithilfe ideologischer Propaganda, dem Aufstellen von ideologischen durchtränkten Thesen (z.B. von der sozialistischen Menschengemeinschaft) usw. wurde versucht, die innere Ordnung im Lande aufrecht zu erhalten. Die seit 1967 trotzdem auftretenden wirtschaftlichen Schwierigkeiten und Engpässe zeigten jedoch deutlich, dass mit einer entsprechenden Ideologie nicht alle Aufgaben gelöst werden konnten. Ein großer Mangel trat bei der Bereitstellung notwendiger Arbeitskräfte auf. Die Fluchtwellen der zurückliegenden Jahrzehnte und der Rückgang der Geburtenrate[171] machten sich markant bemerkbar. Der Mangel an Arbeitskräften war so groß, dass auch in offiziellen Darstellungen darauf eingegangen werden musste.

> »In der zweiten Hälfte der sechziger Jahre hatte die DDR die schlechteste Arbeitskräftebilanz unter allen vergleichbaren Industrieländern. Das waren Folgen der Weltwirtschaftskrise in den dreißiger Jahren, des zweiten Weltkrieges und der massenhaften direkten und indirekten Abwerbung von Arbeitskräften in den fünfziger Jahren.«[172]

Die Staatsführung versuchte, diesen Schwierigkeiten durch Organisationsstrukturen entgegen zu wirken. Reproduktion und Automatisierung bildeten dabei in der Industrie die Schwerpunkte. Die noch vorhandenen privaten Betriebe, Betriebe mit staatlicher Beteiligung und industriell produzierende Produktionsgenossenschaften des Handwerks (PGH) gingen in staatliches Eigentum über.

Im Mai 1971 kam es zum Führungswechsel an der SED-Spitze. Erich Honecker wurde zum Ersten Sekretär des Zentralkomitees der SED berufen. Die entsprechende Entscheidung zu diesem Wechsel wurde in Moskau getroffen. Der angestrebte Selbständigkeitskurs der DDR unter Walter Ulbricht lag nicht im hegemonialen Interesse der Sowjetunion. Scheinbar verlor die sowjetische Regierung das Vertrauen zu Ulbricht und seinen politischen Zielen.[173]

---

[170] H. Weber: Geschichte der DDR, München 1999, 267.

[171] Vgl. dazu: Statistisches Jahrbuch der DDR. 1968, Berlin 1968, 34.

[172] H.Heitzer: DDR-Geschichtlicher Überblick, Berlin 1979, 169.

[173] Vgl. dazu: H. Weber: Geschichte der DDR, München 1999, 274f.

Offiziell wurden die Ursachen des Wechsels an der Spitze der Regierung der DDR bagatellisiert. Der Rücktritt wurde mit einer persönlichen Entscheidung Ulbrichts in Zusammenhang gebracht:

> »Die 16. Tagung entsprach der Bitte Walter Ulbrichts, ihn aus Altersgründen von seiner Funktion als Erster Sekretär des ZK der SED zu entbinden, und wählte ihn in Anerkennung seiner Verdienste zum Vorsitzenden der SED. Entsprechend einem Vorschlag des Politbüros, den Walter Ulbricht dem Plenum unterbreitete, wählte die 16. Tagung Erich Honecker zum Ersten Sekretär des Zentralkomitees der SED.«[174]

In Wirklichkeit handelte es sich um einen politischen Machtkampf, der über die weitere Zukunft der DDR entscheiden sollte und in dem es eigentlich um die Vormachtstellung der Sowjetunion und ihre unbedingte Anerkennung ging.

> »Unter ihrem neuen Ersten Sekretär (seit 1976 Generalsekretär) Erich Honecker wurde von der SED sowohl die Führungsrolle der UdSSR als auch das sowjetische Modell wieder als absolut verbindlich anerkannt.«[175]

Die Erfahrungen aus der ČSSR waren noch deutlich zu verspüren. Der Arbeitsstil der DDR-Regierung wurde unter Honecker sachlicher, straffer, kontrollierter, auch flexibler, aber unter Beibehaltung der Vormachtstellung der SED. Außenpolitisch gab es Schritte zur Normalisierung zwischen der BRD und der DDR: Telefonleitungen zwischen BRD und DDR, Verträge zum Verkehr und Postwesen, den Grundlagenvertrag usw. Auch innerhalb der Kirchenpolitik schwenkte die SED-Regierung ein. »Auf der Legitimationsebene bedeutet die neue Kirchenpolitik die Abkehr von der ausdrücklichen Atheismuspropaganda und der unmittelbaren Bekämpfung der Religion als Überrest der Ausbeutergesellschaft.«[176] Zwar wurde der traditionelle marxistisch-leninistische Kirchenbegriff nicht aufgegeben, Kirche galt weiterhin als ein aufgebbares Relikt, welches in der entwickelten sozialistischen Gesellschaft von selbst verschwinden sollte, aber ihr wurde, »nachdem sie ihre grundsätzliche Orientierung auf die gesellschaftlich-politische Wirklichkeit der DDR ausgesprochen hatte, ein legitimer Platz in der Gesellschaft nicht mehr streitig gemacht.«177 Die Kirche als Institution musste nun eine grundsätzliche

---

[174] H. Heitzer: DDR-Geschichtlicher Überblick, Berlin 1979, 210-211. Vgl. dazu auch: E. Honecker: Aus meinem Leben, Berlin 1989, 241.

[175] H. Weber: Geschichte der DDR, München 1999, 275.

[176] E. Kuhrt: Wider die Militarisierung der Gesellschaft, Melle 1984, 54.

[177] W. Thumser: Kirche im Sozialismus, Tübingen 1996, 43. Relevant wird diese Feststellung allerdings in ihrer vollen Tragweite erst mit dem gemeinsamen Gespräch im

Anfeindung nicht mehr befürchten, sie konnte als legale Größe in der Gesellschaft – auch ohne explizite Anerkennung – bestehen.

Im Frühjahr 1971 kam es zu einem Gespräch zwischen Hans Seigewasser (seit 1960 Staatssekretär für Kirchenfragen), der den Bund der Evangelischen Kirchen zuvor rigoros abgelehnt hatte, und dem Vorstand des Bundes. Albrecht Schönherr hielt zu Beginn des Zusammentreffens einen einleitenden Vortrag, in dem bereits wichtige Punkte angesprochen und Standpunkte zur Lage der Kirchen klar dargestellt wurden. In gebührender Sachlichkeit äußerte sich Schönherr zur Rollenzuweisung der Kirchen in der DDR als Kultgemeinschaft. Bezugnehmend auf die 6. These der Barmer Theologischen Erklärung formulierte er:

> »Alle Kirchen, wo sie auch sind, leben von dem Auftrag des Herrn. Der Herr weist sie an die Menschen, die in ihren Familien und Nachbarschaften, Betrieben und Interessengruppen, in ihrer Gesellschaftsordnung, in ihrem Staatswesen leben. Die Kirchen haben die Pflicht und das Recht, ihren Dienst so zu ordnen, wie er nach ihrer Erkenntnis unter den jeweiligen Verhältnissen am besten getan werden kann.«[178]

In Bezug auf die Rolle der Kirchen in der sozialistischen Gesellschaft sagte Schönherr:

> »Die acht Landeskirchen haben sich zum Bund der Evangelischen Kirchen in der DDR zusammengeschlossen. Sie nehmen diese Aussage ernst. Für sie ist die DDR der Staat, in dem sie Zeugnis und Dienst, zu dem ihr Herr sie gerufen hat, auszuüben haben. Das Barmer Bekenntnis redet in These 5 von der Würde des Staates, die nach christlichem Glauben auf göttlicher Anordnung beruht, von der Verantwortung der Regierenden und Regierten und von den Versuchungen für Staat und Kirche, die denen drohen, wenn diese ihren besonderen Auftrag überschreiten. Es ist kein billiger Opportunismus, sondern innere Verpflichtung des Christen, wenn er der Stadt und des Staates Bestes wünscht, für sie betet und seine Verantwortung handelnd wahrnimmt. Die Kirche wird sich darum allen Versuchen widersetzen, diesen Staat zu diskriminieren, und wünscht ihm, daß er auch rechtlich den Platz in der Völkerwelt einnehmen möge, der ihm die volle

---

März 1978.

[178] Ansprache des Vorsitzenden der Konferenz der Evangelischen Kirchenleitungen, Bischof D. Schönherr beim Empfang des Vorstandes des BEK in der DDR durch den Staatssekretär für Kirchenfragen der DDR (vom 24. Febr. 1971), in: Kundgebungen, Bd. 1, 30.

> Mitarbeit an den Problemen des Weltganzen, besonders im Rahmen der UNO und ihrer Gliederungen ermöglicht.«[179]

Schönherrs Sätze sprechen von Aktionen und nicht von passiver Teilnahme am Leben der Gesellschaft. Gleichzeitig erinnern sie an Pflichten des Staates, die weit über die Möglichkeiten einer einzelnen Regierung hinaus weisen.[180] Diese deutliche Akzentuierung der Positionen und Einstellungen der Kirchen gegenüber dem Staat DDR machte die theologische und kirchenpolitische Linie des Bundes deutlich: die Beseitigung der Konfrontation und die damit verbundene Schaffung eines Lebensraumes, in dem die Kirchen praktizieren konnten. Diskutiert wurde diese so formulierte Positionierung in vielen weiteren Dokumenten und besonders stark in Bezug auf die Formel »Kirche im Sozialismus«. Sie entwickelte sich aus einer Formulierung des Berichts der Konferenz der Kirchenleitung im Juni 1971 in Eisenach. In diesem Bericht heißt es u.a.:

> »Zeugnis und Dienst der Kirchen des Bundes der Evangelischen Kirchen in der sozialistischen Gesellschaft der Deutschen Demokratischen Republik vollzieht sich in der sozialistischen Gesellschaft der Deutschen Demokratischen Republik. Die Kirchen des Bundes sehen in der Deutschen Demokratischen Republik ihren Staat und meinen es ernst damit. Die Kirchen haben sich die Aufgabe gesetzt, den Christen zu helfen, den Platz in ihrem Staat zu finden, an dem sie ihre Mitverantwortung in der Weise wahrnehmen können, zu der sie Zeugnis und Dienst des Evangeliums verpflichtet [...] Eine Zeugnis- und Dienstgemeinschaft von Kirchen in der Deutschen Demokratischen Republik wird ihren Ort genau zu bedenken haben: *In* dieser so geprägten Gesellschaft, nicht *neben* ihr, nicht *gegen* sie. Sie wird die Freiheit ihres Zeugnisses und Dienstes bewahren müssen.«[181]

Aus dieser Verhältnisbestimmung zu Staat und Gesellschaft wurde im Bericht der Konferenz der Evangelischen Kirchenleitungen vor der Synode in Schwerin im Mai 1973 die bis in die neuere Zeit stark diskutierte Formel[182] und gleichzeitig eine Begriffserläuterung und -differenzierung :

---

[179] Ebd., 31–32.

[180] 1966 beantragte die DDR die Aufnahme in die UNO und stand damit unmittelbar auch unter der Beobachtung der Weltöffentlichkeit. 1973 wurden beide deutsche Staaten Mitglied der UNO.

[181] Kirchen als Lerngemeinschaft, Berlin 1981, 172.

[182] Zur weiteren und ausführlichen Diskussion um die Formel »Kirche im Sozialismus« vgl. die inhaltsreiche und differenzierte Arbeit von W. Thumser: Kirche im Sozialismus, Tübingen 1996, 65 ff. Hier findet sich auch eine Vermutung über die beiden Zitate. Meines Erachtens handelt es sich hier nicht um eine falsche Zitierweise,

»›Wir wollen nicht Kirche *neben*, nicht *gegen*, sondern *im* Sozialismus sein‹. Diese Formel ist von unserem staatlichen Partner zustimmend aufgenommen und noch dahin präzisiert worden, daß es ›eine Sozialisierung der christlichen Lehre bisher nicht gegeben hat und auch in Zukunft nicht geben werde‹ (Paul Verner). Das bedeutet doch wohl auch, daß es eine ›sozialistische Kirche‹, eine ›sozialistische Theologie‹ oder ähnliches nicht geben kann.«[183]

Albrecht Schönherr geht innerhalb seiner Ausführungen noch einen Schritt weiter und benennt die tätige Teilnahme der Christen an den gesellschaftlichen Vorgängen konkret als »Gottesdienst des ganzen Lebens, nicht lediglich als Abwicklung eines gewiss ehrwürdigen, aber – da vom weltlichen Leben isoliert – sterilen Kultes«[184]. Damit drängt er die Rolle, die den Kirchen vom Staat gerne zugewiesen werden sollte, massiv zurück und fordert die Rechte ein, die mit dem weggefallenen § 41 der Verfassung von 1949 nicht mehr gesetzlich gesichert waren, nämlich das Recht, zu den Lebensfragen des Volkes Stellung zu nehmen. Er geht dabei insbesondere auf die Funktion der Laien ein, von deren Engagement die Gemeindearbeit lebe und sich mit den »biblisch begründeten Traditionen der reformatorischen Kirchen«[185] verbunden fühle. Mit dem Gespräch zwischen dem Staatssekretär für Kirchenfragen und dem Vorstand des Bundes wurde der Bund der Evangelischen Kirchen in der DDR von staatlicher Stelle offiziell anerkannt, ohne dass es je zu einer expliziten Zustimmung zur Gründung gekommen ist. Allein die Tatsache der Akzeptanz als Verhandlung- bzw. Gesprächspartner zeichnet diesen Akt als Anerkennung aus. Im selben Jahre verabschiedete die Volkskammer das Gesetz über den Schwangerschaftsabbruch; es »war 1972 den DDR-Frauen als Frauentagsgeschenk dargebracht worden, woher es kam, das wußte niemand so genau«[186]. Die Konferenz der Kirchenleitungen der DDR reagierte mit einem »Wort an die Gemeinden« und versuchte so, eine Orientierungshilfe zu geben. In dem Bericht an die Bundessynode heißt es zu dieser Thematik:

---

sondern um eine bewusste Pointierung. Es ist lediglich eine schlüssige Ausformulierung des Begriffs »Gesellschaft«.

[183] Kirchen als Lerngemeinschaft, Berlin 1981, 185.

[184] Ansprache des Vorsitzenden der Konferenz der Evangelischen Kirchenleitungen, Bischof D. Schönherr, in: Kundgebungen, Bd. 1, 31.

[185] Ebd., 34.

[186] Ende der Selbstverständlichkeit? Die Abschaffung des §218 in der DDR, Berlin 1992, 9. Zu fragen ist an dieser Stelle auch nach dem Zusammenhang der Beschlüsse des VIII. Parteitages der SED 1971 und seinem sozialpolitischen Programm und der Rolle der Frauen in der DDR allgemein.

»Die praktische Auswirkung der neuen Regelung auf die gesellschaftliche Wirklichkeit der DDR lassen sich natürlich nach wenigen Monaten nicht überblicken [...] Die Konferenz kann sich dem Wort der Bischöfe nur anschließen und noch einmal bekräftigen, daß Christen von der gesetzlich gegebenen Möglichkeit des Schwangerschaftsabbruchs keinen Gebrauch machen mögen.«[187]

Im Juni/Juli 1972 trat die Synode des Bundes zu ihrer vierten Tagung in Dresden zusammen. Selbstkritisch schätzte die Konferenz der Kirchenleitungen ihre bisherige Arbeit als Zeugnis- und Dienstgemeinschaft in Bezug auf die Gemeinden als noch nicht gelungen ein.

»Bei all ihrer Offenheit will Kirche aber auch im Sozialismus Kirche bleiben, eine Gemeinschaft von Christen in einer sozialistischen Umwelt, Christen, die ihres Glaubens leben und ihrem Herrn nachfolgen und so ihren Weg finden zum Besten ihres Volkes. Das bedeutet aber, daß Kirche ihren Gehorsam nicht teilen kann.«[188]

Mit dem selbstkritischen Bericht der Konferenz der Kirchenleitung und dem grundlegenden theologischen Referat »Christus befreit - darum Kirche für andere« von Heino Falcke hatte die vierte Tagung der Synode ihre beiden Schwerpunkte gesetzt. Das Hauptreferat von Heino Falcke bewegte die Gemüter beider Seiten: Sowohl in kirchlichen Kreisen als auch auf Regierungsebene wurde über den Inhalt kräftigt diskutiert – in ganz unterschiedlicher Lesart. Ausgehend vom Begriff der Befreiung beantwortet Falcke die sich entsprechend dem Thema der Synode gegebene Fragestellung, was »Kirche möglich mache, für andere dazusein«: »Weil Christus sie befreit, darum kann Kirche für andere dasein.«[189] Er differenziert diese Antwort anhand dreier Schritte:
(1.) Befreiung des Menschen durch Christus, (2.) Befreiung der Kirche zum Dienst, (3.) Kirche im Dienst der Befreiung.[190] Das Evangelium will in diesem Zusammenhang ausdrücklich als Befreiungsbotschaft verstanden werden. Aus der Befreiung Christi zur Mündigkeit leitet Falcke gesellschaftliche Konsequenzen ab:

»Weil Gott seine Autorität dazu einsetzte, Autor unserer Freiheit und Mündigkeit zu sein, wird sich alle Autorität in Familie, Kirche und Gesellschaft daran

---

[187] Kundgebungen, Bd. 1, 78–79.

[188] Ebd., 77.

[189] H. Falcke: Mit Gott Schritt halten, Berlin 1986, 12.

[190] Ebd., 12.

> messen lassen müssen, ob sie Autorschaft von Freiheit ist und zur Mündigkeit hilft.«[191]

Diese Benennung von Autorität entsprach genausowenig der gelehrten Gesellschaftstheorie, die die Lehre vom Sozialismus/Kommunismus als allein selig machende vertrat, wie der Feststellung, dass es »auch in der sozialistischen Gesellschaft unbehebbares Leiden, quälende Sinnfragen, Selbstentfremdung und Schmerz des Todes«[192] gab.

> »Die Erwartung unseres Staates an die Christen lautet freilich anders. So kann man hören, unbeschadet seiner religiösen Überzeugung solle sich der Christ in seinem gesellschaftlichen Engagement ganz von der sozialistischen Gesellschaftslehre und Geschichtsschau leiten lassen. Zwar kann der Christ aus seinem Glauben Gesinnungsimpulse mitbringen, inhaltlich normativ für sein gesellschaftliches Handeln aber soll allein der Sozialismus sein. Zumal er ja die ursprünglichen christlichen Ideale verwirkliche und also von sich aus vollziehe, was ein Christ gesellschaftlich berechtigter Weise wollen kann. Die religiöse Betätigung hat im privaten Freizeitbereich Raum und Recht. In der Gesellschaft aber und für ihre Aufgaben wird das Evangelium abgelöst, gleichsam in den Ruhestand versetzt, emeritiert. Dem können wir ganz schlicht darum nicht zustimmen, weil der Herr Christus nicht im Gehen, sondern im Kommen ist, und sein Wort gerade in der Gesellschaft befreiende und orientierende Kraft erweisen will.«[193]

Diese klare Benennung der von offizieller Seite angewendeten Taktik, die zu einem Großteil von der CDU initialisiert (praktiziert), aber auch aus den eigenen Reihen der Kirchen kam, spiegelt den gesellschaftlichen Umgang mit dem gläubigen Bürger im sozialistischen Staat DDR wider. In diesem Zusammenhang wendet sich Falcke gegen eine falsch verstandene Zwei-Reiche-Lehre, wie sie z.B. vom Thüringer Landesbischof vertreten wurde. Der Selbstanspruch des Sozialismus, alle Selbstentfremdung und Knechtschaft abzuschaffen und das Reich der Freiheit zu bringen, kann von ihm nicht erfüllt werden, wenn die Verheißungen des Neuen Testaments ernst genommen werden. In diesem Bewusstsein ruft Falcke zur tätigen Teilnahme auf:

---

191 Ebd., 15.

192 Ebd., 17.

193 Ebd., 23.

> »So werden sich Christen überall engagieren, wo es gilt, die sozialistische Gesellschaft als gerechtere Form des Zusammenlebens aufzubauen und in ihren Wirtschafts- und Gesellschaftsstrukturen dem Menschen zu dienen.«[194]

Trotz Verweis auf Kreuz und Auferstehung Christi greift Falcke auf die allgemeinen humanistischen Züge, die er zunächst nicht als verbindlich hinterfragt, zurück und formuliert:

> »Eben weil wir dem Sozialismus das Reich der Freiheit nicht abfordern müssen, treiben uns solche Erfahrungen nicht in die billige Totalkritik, die Ideal und Wirklichkeit des Sozialismus vergleicht und sich zynisch distanziert. Unter der Verheißung Christi werden wir unsere Gesellschaft nicht loslassen mit der engagierten Hoffnung eines verbesserlichen Sozialismus.«[195]

Obwohl an dieser Stelle eine deutliche Grundzustimmung zur Idee des Sozialismus ausgesprochen wird, gemeinsam mit einer durchaus konstruktiv gemeinten Kritik, wird dieser Passus des Hauptreferats vor der Synode zum Gegenstand einer scharfen Reaktion der SED-Führung, als Provokation gegen die Gesellschaft und gegen den Sozialismus verstanden. Alles, was gesellschaftlich in der DDR und im Sinne der Staatsführung geschah, war a priori gut und gegen jegliche – zumal von den Kirchen kommende – Kritik autark. Die Rede vom verbesserlichen Sozialismus klang in den Ohren der Verantwortlichen auf Staats- und Regierungsebene zu sehr nach der in Prag niedergeschlagenen Parole vom Sozialismus mit menschlichem Antlitz und musste zu Konfrontation und Missstimmung führen.

Auch auf der Synode selbst wurde das Hauptreferat heftig diskutiert und kommentiert. Nach Heinz Blauert lag der Grund für das Missverstehen des Referates von Falcke, für die Auseinandersetzungen und Diskussionen darum nicht in den spitzfindigen gesellschaftlichen Bemerkungen, sondern vielmehr in der fehlverstandenen und ausgeführten Situationsanalyse:

> »Diese Kontroverse sowie die Mißverständnisse, gegen die Falcke sich abgrenzen mußte, zeigen, daß ein wesentlicher Differenzpunkt die Situationsanalyse betraf.«[196]

---

[194] Ebd., 24.

[195] Ebd., 24.

[196] H. Blauert: Der Auftrag bleibt: Kirche für andere, in: ZdZ 11/1972, 407.

Der Bericht der Kirchenleitung brachte zusätzlich eine konkrete Darstellung und Auswertung der Situation der Kirchen, mit starkem und selbstkritischem Ton.[197]

Mit dem Stichwort »Mündigkeit« wird eine Bewegung innerhalb der Kirchen der DDR signalisiert, die sich vornehmlich mit Fragen der Gemeindeleitung[198] und verschiedenen Gemeindekonzeptionen beschäftigt. Die Herausbildung einer mündigen Gemeinde, die insbesondere durch eine ausgeprägte Laienarbeit gekennzeichnet sein soll, bildet dabei den Schwerpunkt.[199]

Auch Fragen der Konfirmation beschäftigen die Synoden nachhaltig. Es soll der Versuch gemacht werden, zu einer neuen Einheitlichkeit bei der Ausführung der Konfirmation zu gelangen. Ähnlich wie bei der Frage der Volksbildung reagierte der Bund auf die Unsicherheiten, die unmittelbar in den Gemeinden spürbar wurden:

> »Eine gleiche Unsicherheit beschäftigt die Gemeinden seit mehr als anderthalb Jahrzehnten in Bezug auf die Konfirmation. Auch hier wir[d] der Versuch gemacht, zu einheitlicherem Verständnis und Vorgehen zu kommen. Den Landeskirchen liegt eine Ausarbeitung des Ausschusses für Theologie vor. Sie sollen sich bis zum Herbst zu einer geplanten Aufgliederung des konfirmierenden Handelns der Kirche äußern. Es muß wenigstens der Versuch gemacht werden, einen Teil der bestehenden Diskrepanzen innerhalb des Bundes abzubauen.«[200]

Die Konfirmationspraxis entsprach nicht mehr der Situation der Gemeinden und die Kirchen waren gezwungen, ihre Aufgaben bei der Bildung und Erziehung der Heranwachsenden neu zu bedenken. Aus diesem Grund gab der Facharbeitskreis Konfirmation der Konferenz der Kirchenleitung 1975 Leitsätze zum konfirmierenden Handeln als Diskussions- und Orientierungsgrundlage heraus. Darin wird festgehalten, dass der Konfirmandenunterricht 2 bis 3 Jahre zu betragen habe und an ihm getaufte und ungetaufte Jugendliche teilnehmen könnten. Weiterhin sollten die Jugendlichen mehr in die Gottesdienste einbezogen, zusammen mit ihnen Rüstzeiten abgehalten und besondere Gemeindeveranstaltungen organisiert werden (z.B. themenbezogene Nachmittage). Die zu konfirmierenden Jugendlichen sollen damit

---

[197] Vgl. dazu: H. Blauert: Der Auftrag bleibt: Kirche für andere, in: ZdZ 11/1972, 408–409. Weiterhin: Kundgebungen, Bd. 1, 72ff. Auch wenn an dieser Stelle die Auswirkungen einer Zensur bedacht wird, hätte zumindest ein Hinweis auf die gesellschaftliche Kritik Falckes nicht fehlen dürfen.

[198] Vgl. dazu zum Beispiel: M. Ziegler: Partnerschaftliche Leitung, in: ZdZ 1/1973, 8 ff.

[199] Die Bundessynode im Mai 1977 in Görlitz bemüht sich ausschließlich um dieses Thema.

[200] Kundgebungen, Bd. 1, 80.

in den Alltag der Gemeinde hineingenommen werden und Einblicke erhalten, ohne ihnen die vorgeprägten Normen und Erwartungen aufzuerlegen. Der abschließende Konfirmandengottesdienst – von den Heranwachsenden selbst organisiert und gestaltet – »ruft die Jugendlichen an der Schwelle des Erwachsenenalters zum Zeugnis und Dienst in der Gemeinde und in der Gesellschaft«[201]. Auch hier geht es um die Umsetzung der gestellten Aufgabe des Bundes: die Verschränkung von Gemeindeleben und gesellschaftlicher Wirklichkeit. In der Anlage der Leitsätze heißt es deshalb ausdrücklich:

> »Konfirmierendes Handeln der christlichen Gemeinde muß jeweils auch der gesellschaftlichen Situation Rechnung tragen. Es hat zu berücksichtigen, in welcher Weise Kinder und Jugendliche im jeweiligen Stadium der gesellschaftlichen Entwicklung beansprucht und auch geprägt werden.«

In einer folgenden Situationsbeschreibung benennt der Facharbeitskreis die konkreten Nötigungen und Beschwernisse, die sich im Zusammenhang und in der Auseinandersetzung zwischen Konfirmation und Jugendweihe darstellen und die deshalb das neue Bedenken des konfirmierenden Handelns notwendig machen.[202] Die vierte Tagung der Synode 1972 in Dresden brachte in ihrer Gesamtheit starke Kritik und eine erste und ernste kirchenpolitische Auseinandersetzung unter Honecker mit sich. Ein Jahr später äußerte sich Bischof Werner Krusche in seinem Vortrag vor der Synode der Evangelischen Kirche der Kirchenprovinz Sachsen (KPS) zur kirchlichen Situation und beschrieb sie als Diaspora-Situation.

> »Es ist wichtig, daß wir versuchen, die Diaspora-Situation, in die wir immer stärker hineinkommen, möglichst genau in den Blick zu bekommen. Wenn wir von einer Kirche in der Diaspora sprechen, haben wir zumeist nur die ganz allgemeine Vorstellung von einer Kirche in einer Umgebung, in der sie als Minderheit und ohne Privilegien leben muß und in der ihre Tätigkeit nicht als wichtig für die Allgemeinheit angesehen wird.«[203]

---

[201] Ebd., 133.

[202] Die Aufgaben, die beim konfirmierenden Handeln auftreten, erstrecken sich auf ganz unterschiedlicher Ebene. So u.a. in der Befähigung zur »eigenständigen Auseinandersetzung« beim Erleben gesellschaftlicher, situationsbezogener Spannungen (im Erziehungs- und Lernprozess, in der gesellschaftlichen Wirklichkeit, im Elternhaus, im Freundeskreis usw.). In »situationsgerechter und dem Alter angemessener Weise« soll den Jugendlichen das Evangelium bezeugt werden, um sie »zu klaren Entscheidungen und zu unerschrockenem Bekenntnis mit Wort und Handlung« (Kundgebungen, Bd. 1, 136) zu führen.

[203] W. Krusche: Verheißung und Verantwortung, Berlin 1990, 95.

Krusche geht innerhalb seiner Ausführungen auch auf die Rolle der Kirchen in bzw. neben der Gesellschaft ein und greift damit auf den Gedankengang der Synode von 1972 zurück, wenn er daran erinnert,

> »[...] daß unsere Kirche als Minderheit besonders stark den Totalanspruch der in unserer Gesellschaft herrschenden Ideologie empfindet. Die von den Vertretern des Marxismus erklärte Unmöglichkeit einer ideologischen Koexistenz meint nicht nur die - auch in der Bibel ausgesprochene - Unmöglichkeit, daß ein und derselbe Mensch zwei Herren dienen, also zwei gegensätzliche Totalbestimmungen seines Lebens anerkennen kann, sondern gemeint ist damit, daß in unserer Gesellschaft die wissenschaftliche Weltanschauung des Marxismus-Leninismus und der in vor- (oder un-) wissenschaftlichen Vorstellungen begründete christliche Glaube nicht als gleichberechtigte Größen angesehen werden können, was praktisch Kooperation nicht ausschließt.«[204]

Die Minderheitssituation wurde in den Gemeinden durchaus wahrgenommen. Dem totalitären Anspruch der gesellschaftlichen Wirklichkeit begegneten die einzelnen Christen tagtäglich in den Schulen, an Ausbildungs- und Arbeitsplätzen. Trotz dieser täglichen Erfahrungen rief Krusche dazu auf, die eigenen Chancen der Minderheitssituation wahrzunehmen und »Diaspora als sinnvolle Situation« anzusehen.[205]

Massive und gewaltsame Maßnahmen gegen einzelne Christen oder gar ganze Gemeinden gab es zwar nicht mehr bzw. bildeten die Ausnahme, aber die ideologisch-propagandistische Auseinandersetzung hielt an.

1974 wurde ein neues Jugendgesetz von der Volkskammer verabschiedet. Während die vorangegangenen Jugendgesetze große Aufmerksamkeit auf gesellschaftliche Integration und die Einbeziehung in den Aufbau einer sozialistischen Gesellschaft gelegt hatten, konzentrierte sich das neue Jugendgesetz ganz auf die ideologische Erziehung und die erhöhte Wehrbereitschaft der jungen Menschen. So heißt es im § 1 (Abschnitt I: »Die Entwicklung der Jugend zu sozialistischen Persönlichkeiten«) folgendermaßen:

---

[204] Ebd., 96. W. Krusche lässt an dieser Stelle einige Sätze aus dem Originalvortrag aus und weist mit einer Fußnote darauf hin: »Hier habe ich Sätze ausgelassen, die in dem Vortrag im Jahre 1973 gesagt werden konnten und mußten, die aber inzwischen so nicht mehr zutreffen, etwa der Satz: ›In den großen Neubaugebieten bekommt die Kirche keinen Raum, so daß sich ihre Arbeit nicht entfalten kann.‹« 1973 trafen diese Bemerkungen jedoch zu und müssen im Zusammenhang mit dem Vortrag bedacht werden.

[205] Vgl. dazu: W. Krusche: Verheißung und Verantwortung, Berlin 1990, 98.

> »Vorrangige Aufgabe bei der Gestaltung der entwickelten sozialistischen Gesellschaft ist es, alle jungen Menschen zu Staatsbürgern zu erziehen, die den Ideen des Sozialismus treu ergeben sind, als Patrioten und Internationalisten denken und handeln, den Sozialismus stärken und gegen alle Feinde zuverlässig schützen [...] Ihr Streben, sich den Marxismus-Leninismus, die wissenschaftliche Weltanschauung der Arbeiterklasse, anzueignen und sich offensiv mit der imperialistischen Ideologie auseinanderzusetzen, wird allseitig gefördert.«[206]

Und im § 24 (Abschnitt IV: »Das Recht und die Ehrenpflicht der Jugend zum Schutz des Sozialismus«) heißt es:

> »Die Verteidigung des sozialistischen Vaterlandes und der sozialistischen Staatengemeinschaft ist Recht und Ehrenpflicht aller Jugendlichen. Aufgabe der Jugend ist es, wehrpolitische Bildung, vormilitärische Kenntnisse und Fertigkeiten zu erwerben sowie in der Nationalen Volksarmee und den anderen Organen der Landesverteidigung zu dienen.«[207]

Das Jugendgesetz deckte faktisch alle Bereiche des Lebens rechtlich ab. Es war dabei ausnahmslos auf die Arbeit der Massenorganisationen (vor allem der FDJ) ausgerichtet. So kommt es in § 22 in Bezug auf die Bildung und Erziehung der Studenten zu folgendem Passus:

> »Die Zulassung zum Studium erfolgt nach den erforderlichen fachlichen und gesellschaftlichen Leistungen in Übereinstimmung mit den Bedürfnissen der sozialistischen Gesellschaft und unter Berücksichtigung der sozialen Struktur der Bevölkerung.
> *Die Leitungen der Freien Deutschen Jugend sind berechtigt, über die Zulassung zum Studium mitzuentscheiden* [Hervorhebung d.Vf.].«[208]

Diese kuriose Mischung von verfassungsmäßig gesichertem gleichen Recht auf Bildung für alle Bürger[209] und die Votums-Möglichkeit der FDJ[210] ließ eine staatlich gesicherte Selektion zu. Das Thema der Bildungs- und Erziehungsaufgabe an Kindern und Jugendlichen wird nach wie vor zum Streit- und Kritikpunkt in der Auseinandersetzung zwischen Staat und Kirchen. Von Seiten der Regierung der DDR war man nicht bereit, in Bezug auf dieses Thema irgendwie

---

[206] Jugendgesetz der DDR, in: Verfassung der DDR und Jugendgesetz, Berlin 19817, 51–52.

[207] Ebd., 71.

[208] Ebd., 67.

[209] Artikel 25 der Verfassung der DDR.

[210] Als parteipolitische Jugendorganisation.

zu verhandeln oder Kompromisse einzugehen; hier lag das Hauptpotential der ideologischen Arbeit und der Einflussnahme auf die Heranwachsenden und die Schaltstelle der Ausübung politischer Macht und ideologischen Drucks auf Schüler, Jugendliche, Studenten und auch auf die Eltern. Der Staat bestand auf seiner Monopolstellung als Bildungs- und Erziehungsträger, auch wenn vor Ort der jeweilige Pädagoge in einem gewissen Umfang über einzelne Maßnahmen bestimmen konnte.

Immer häufiger gab es Berichte und Nachrichten über Benachteiligungen christlicher Eltern und Schüler. An einigen Stellen wird sogar von offener Diskriminierung gesprochen. Hauptproblemfeld scheint dabei die Bewilligung des Zugangs zur Erweiterten Oberschule (EOS) zu sein und die damit verbundene Zulassung zu einem Studium. Der Bischofskonvent stellte deshalb zum Jahresende 1971 in einem Schreiben zur Lage der Volksbildung fest:

> »Es werden neue Fälle bekannt; andere sind bereinigt worden. In jedem Fall entsteht eine Atmosphäre der Einschüchterung und des Mißtrauens, die jedenfalls nicht geeignet ist, eine vertrauensvolle Zusammenarbeit zwischen Marxisten und Christen zu fördern.«[211]

Dass es sich bei den Auseinandersetzungen um die Volksbildung nicht etwa um ein vorübergehendes Problem handelte, wird auf den weiteren Synodaltagungen deutlich. In den Berichten tauchte dieses Thema immer wieder einmal auf. Wichtig ist in diesem Zusammenhang eine Bemerkung zu den so genannten Bausoldaten im Bericht der KKL aus dem Jahr 1972, in dem es heißt:

> »An allen staatlichen Hoch- und Fachschulen besteht – gegenüber dem Vorjahr unverändert – keine Möglichkeit zum Studium für Bausoldaten, die ihren Wehrdienst abgeleistet haben.«[212]

Die staatliche Führung der DDR legte großen Wert auf die allgemeine Erhöhung des Lebensstandards. Das auf dem VIII.Parteitag beschlossene großräumige sozialpolitische Programm, insbesondere in Bezug auf das Wohnungsbauprogramm, wurde fortgesetzt, so dass Mitte der 70er Jahre eine gewisse Anhebung des Lebensniveaus in der Bevölkerung zu beobachten ist. Es gab z.B. offiziell keine Arbeitslosen und eine stabile Preislage für die Grundnahrungsmittel. Bereits 1971 stellte der VIII.Parteitag ein umfassendes Wohnungsbauprogramm vor, das die Notlage auf dem Wohnungsmarkt bis 1990 (!) zu

---

[211] Kundgebungen, Bd. 1, 65.

[212] Ebd., 81.

einer Lösung führen sollte. Die Wohnungsfrage wurde zum sozialen Problem ernannt und die Zeitungen füllten sich mit Erfolgsmeldungen.

> »Das Baugeschehen wollte auf der Schwelle zu einem neuen Jahrzehnt weniger originell als vielmehr gesellschaftlich relevant sein und machte nun erneut den Wohnungsbau zum erklärten Schwerpunkt.«[213]

Nach und nach entstanden groß angelegte Neubaugebiete an der Peripherie der Städte und »[d]as Neubauprogramm an den Stadträndern kollidiert [...] mit der Erhaltung der zurückbleibenden Altstädte.«[214]

Außenpolitisch kämpfte die DDR weiterhin um internationale Kontakte und Anerkennung. Der bereits 1966 gestellte Antrag auf Mitgliedschaft der UNO wurde 1973 erfüllt und beide deutsche Staaten traten der UNO bei. Mit dem 1972 unterzeichneten Grundlagenvertrag zwischen der DDR und der BRD eröffneten sich für die DDR-Außenpolitik Erfolge in Form der internationalen staatlichen Anerkennung und dem Aufbau diplomatischer Beziehungen. Ausschlaggebend war die gegenseitige Anerkennung der Staatlichkeit im Grundlagenvertrag im Artikel 6:

> »Die [BRD] und die [DDR] gehen von dem Grundsatz aus, daß die Hoheitsgewalt jedes der beiden Staaten sich auf sein Staatsgebiet beschränkt. Sie respektieren die Unabhängigkeit und Selbständigkeit jedes der beiden Staaten in seinen inneren und äußeren Angelegenheiten.«[215]

Als eigenständiger Staat beteiligte sich die DDR an der Konferenz über Sicherheit und Zusammenarbeit in Europa (KSZE) in Helsinki 1975 und unterzeichnete die Schlussakte, deren politische Brisanz sich insbesondere im so genannten »Korb 3« ergab. In diesem »Korb 3« der KSZE-Schlussakte ist die Rede von freiem Austausch von Menschen, Informationen und Meinungen.

> »Die mit der KSZE-Schlußakte beginnenden innenpolitischen Auswirkungen auf die DDR waren beträchtlich. Mehr und mehr Bürger forderten nun unter ausdrücklicher Berufung auf das Helsinki-Dokument die Einhaltung der Zusagen, und eine stetig wachsende Zahl stellte Anträge für die Ausreise in die Bundesrepublik.«[216]

---

[213] Architekturführer Thüringen, Weimar 2000, 25.

[214] Ebd., 26.

[215] Zitiert nach: M. Judt (Hg.): DDR-Geschichte in Dokumenten, Berlin 1997, 517.

[216] H. Weber: Geschichte der DDR, München 1999, 293.

Dabei waren die genauen Inhalte dieser Schlussakte oft dem Einzelnen gar nicht bekannt.

Erneut wurde die Frage des Verlassens der DDR zu einem diskutierten Punkt auch innerhalb der Kirchen und zu einem zusätzlichen Problem, denn häufig waren wiederum Pfarrer und Pfarrerinnen die einzige Anlaufstelle, die in dieser Sache Auskünfte geben konnten. Da die Antragstellung auf Übersiedlung in die BRD von den staatlichen Behörden wie eine Straftat behandelt wurde, suchten die Betroffenen bei kirchlichen Stellen und in den Pfarrhäusern nach Hilfe und Unterstützung als einziger legaler Stelle der Beratung. Zugleich kam den Pfarrer und Pfarrerinnen eine besondere seelsorgerliche Aufgabe zu. Ausführlich beschäftigte sich die Synode der Kirchenprovinz Sachsen 1977 mit dieser Thematik und äußerte sich deutlich zu diesem Problem. Die Situation der Betroffenen wird dabei im Rechenschaftsbericht der Synode klar beschrieben:

> »In den letzten Monaten ist von offizieller Seite vielfach das Stellen von Übersiedlungsanträgen als ›rechtswidrig‹ bezeichnet worden. Damit ist eine Sprachregelung geschaffen worden, die das Gefühl von Rechtsunsicherheit und Bedrohung verbreitet. Menschen, die solche Anträge gestellt haben, sind in ihren Betrieben isoliert und disqualifiziert worden; manche Arbeitsverträge wurden aufgehoben. Wer die Ablehnung seines Antrages nicht hinnimmt, sondern internationale Gremien über seine Situation informiert, hat offensichtlich mit strafrechtlichen Folgen zu rechnen. Die Auskünfte, die uns leitende Vertreter der staatlichen Organe gegeben haben, divergieren, weil eben nicht der Übersiedlungsantrag selbst ›rechtswidrig‹ ist, auch die Berufung auf Normen des Völkerrechts nicht ungerechtfertigt ist, sondern höchstens weitere Schritte der Antragsteller Konflikte mit sich bringen. Durch solche Unklarheit und rigorose Praxis werden aber Verbitterungen geschaffen, die unheilbar werden.«[217]

Die grundsätzliche Haltung der Kirchenleitungen zu diesem Thema war seit Ende der 50er Jahren der Aufruf zum Bleiben in der DDR. Die offensichtliche Divergenz zwischen der tätigen Hilfe einzelner Pfarrer und Pfarrerinnen, dem seelsorgerlichen Auftrag in Einzelfällen und der offiziellen (grundsätzlichen) Meinung der Kirchenleitungen führte streckenweise zu innerkirchlichen Konflikten. Auch hier äußert sich die Synode der Kirchenprovinz mit einer erstaunlichen Klarheit:

> »Die Kirchenleitung ist mehrfach von Gemeindegliedern, die in die Bundesrepublik übersiedeln wollen, um Beistand gebeten worden. Wir stehen hier vor einer

[217] Rechenschaftsbericht der 3. Tagung der VIII. Synode der Kirchenprovinz Sachsen 1977, 20, Privatarchiv.

> grundsätzlichen Frage, die viele in unseren Gemeinden beschäftigt. Die Kirchenleitung war genötigt, dazu Stellung zu nehmen, obwohl sie nicht Vermittlungsinstanz in derartigen Fragen sein kann. Sie hat sich nicht generell für die Genehmigung von Übersiedlungsanträgen einsetzen können. Die Kirchenleitung kann nicht davon absehen, daß sie sich selbst bei Freigabeanträgen kirchlicher Mitarbeiter von der Einsicht hat leiten lassen, von Gott her die DDR als den Ort anzunehmen, an dem wir das Evangelium bezeugen sollen.«[218]

In den Gemeinden mussten einzelne Pfarrer und Pfarrerinnen jedoch aus ihrer seelsorgerlichen Beauftragung heraus den Problemen um Übersiedlung in die BRD konkret begegnen und versuchten, aktive Hilfe zu leisten.

In den 70er Jahren bildete sich im Raum der Kirchen immer stärker eine oppositionelle Bewegung und trat an die Öffentlichkeit. Zwar gab es systemimmanente Kritik seit der Gründung der DDR in fast allen Bereichen, »[d]och nennenswerte kritische Potentiale gab es Mitte der siebziger Jahre fast ausschließlich in den Kirchen«[219]. Dazu gehörten u. a. oppositionelle Gruppen, Menschenrechtsgruppen und immer stärker Umweltgruppen, die sich an der so genannten Basis bildeten und im Raum und unter dem Dach der Kirchen agierten. Als politisch oppositionell kann dabei jegliche Thematik verstanden werden, die in ihren Äußerungen und Handlungen von der offiziellen Beschäftigung und Beantwortung mit gesellschaftlicher Wirklichkeit abwich. Selbst die sich nach und nach entwickelnden charismatischen Bewegungen, die deutlich Mangelerscheinungen innerhalb der Gesellschaft anzeigten, wurden von staatlichen Stellen als politisch potenziert verstanden. Auch wenn diese christliche Lebenspraxis fraglich ist, zog sie doch – wenigstens für einen gewissen Lebensabschnitt – zahlreiche, gerade junge Menschen an. Eine solche geistliche Bewegung, die sich oftmals außerhalb des kirchlichen Alltags entwickelte und an vielen Orten zusätzlich zu innergemeindlichen Konflikten führte, signalisiert deutlich, inwieweit sich gerade die Jugend vom propagierten Ideal einer sozialistischen Gesellschaft distanzierte und in eine Art Fluchtbewegung integrierte. »Diese religiöse Subkultur war eine Flucht in die Innerlichkeit und eine Absage an den ideologisch-politischen Anspruch.«[220]

Am 18. August 1976 kam es zur öffentlichen Selbstverbrennung des Pfarrers Oskar Brüsewitz[221] in Zeitz. Dieser Akt des politischen Protestes erschütterte

---

[218] Ebd.

[219] E. Neubert: Geschichte der Opposition in der DDR 1949-1989, Berlin ²1998, 225.

[220] Ebd., 287. Vgl. dazu weiterhin ebd., 287–289.

[221] Zur Person vgl.: H. Schultze/A. Kurschat (Hg.): »Ihr Ende schaut an [...]«, Leipzig 2006.

die Gemüter in den Kirchen und erregte in besonderem Maße die Staatsführung der DDR. Oskar Brüsewitz, gelernter Schuhmacher und theologisch nachhaltig durch eine charismatische Frömmigkeit geprägt, fiel bereits in seiner Heimatgemeinde durch verschiedene politische Aktionen auf. Von 1965 bis 1969 studierte er an der Evangelischen Predigerschule in Erfurt und bekam im Anschluss an seine Ausbildung als Pfarrer die Gemeinde in Rippicha zugewiesen. »Von Anfang an versuchte er, die Gemeindearbeit zu öffnen und politischen Ausgrenzungen entgegenzuwirken.«[222] Die Selbstverbrennung verstand sich aus der Selbstinterpretation eines Briefes an die Pfarrbrüder und den folgenden Reaktionen und Deutungen als politische Aktion. »Der Protest, den Oskar Brüsewitz mit seinem Flammentod in das Land hinausgeschrien hatte, ließ sich nicht auf ein einzelnes Thema begrenzen.«[223] Die Reaktionen und Deutungsversuche zum Fall Brüsewitz, vom Protest gegen die Bildungspolitik in der DDR bis hin zum Protest für Religionsfreiheit, waren auf alle Fälle zwiespältig. Auf kirchlicher Seite wurde die Ohnmacht deutlich – auf staatlicher Seite reagierte man äußerst hektisch und in Sorge, die Selbstverbrennung könne als Propaganda gegen die DDR ausgeschlachtet werden.

> »Die Wirkung trat schon wenige Stunden nach dem Ereignis in Zeitz ein. Die Informationen kamen sofort an das ZK der SED und von dort aus an den Ministerratsvorsitzenden Stoph. Eine gewaltige Maschinerie von MfS, staatlichen Stellen und der SED wurde auf allen Ebenen von Zeitz bis Berlin in Gang gesetzt.«[224]

Wenige Tage nach dem Vorfall in Zeitz richtet sich die Kirchenleitung der Kirchenprovinz Sachsen mit einem Wort an die Gemeinden. Darin heißt es:

> »Wir wissen, daß Bruder Brüsewitz sich in seinem Dienst als Zeuge Gottes verstand, auch mit manchen ungewöhnlichen Aktionen. Selbst mit dieser Tat wollte er auf Gott als den Herrn über unsere Welt hinweisen. Er war getrieben von der Sorge, daß unsere Kirche in ihrem Zeugnis zu unentschlossen sei. Wir können der Tat unseres Bruders nicht zustimmen [...]
> Wir bedauern, daß Äußerungen verantwortlicher Mitarbeiter des Kirchenkreises Zeitz und der Kirchenleitung sinnentstellt veröffentlicht worden sind. Jeden Versuch, das Geschehen in Zeitz zur Propaganda gegen die Deutsche Demokratische Republik zu benutzen, weisen wir zurück.«[225]

---

[222] Ebd., 276.

[223] Das Signal von Zeitz, Leipzig 1993, 16. Hier finden sich auch eine Vielzahl von Dokumenten und Reaktionen zur Selbstverbrennung Oskar Brüsewitz'.

[224] E. Neubert: Geschichte der Opposition in der DDR 1949-1989, Berlin ²1998, 277.

[225] Wort der Kirchenleitung der KPS an die Gemeinden vom 21. August 1976, in: Kundgebungen, Bd. 1, 167.

In einem Brief an die Gemeinden in der DDR vom 11. September 1976, dessen Verlautbarung die Staatsführung gern verhindert hätte, wurde die Betroffenheit und Ratlosigkeit der Kirchenleitung deutlich. Erneut wird eine Kluft zwischen der Kirchenleitung und den Gemeinden erkennbar und zum Gegenstand der Beratung auf der Synode der Kirchenprovinz 1977 erhoben. Neben dem Mangel an ausreichender Information stellte die Synode in ihrem Rechenschaftsbericht ein Missverständnis der Arbeit zwischen Kirchenleitung und Pfarrerschaft heraus:

> »Arbeit der Kirchenleitung geschieht in einem anderen Beziehungsgefüge, als die Arbeit in Gemeinden und Kirchenkreisen. Sie gilt aber nicht einer anderen Sache. Sie hat keine andere Konzeption.«[226]

Die Kirchenleitung der KPS versuchte, durch konkrete Kontakte die Situationen vor Ort in den Gemeinden besser zu verstehen und so die Diskrepanz zwischen Leitung und Gemeinde aufzuheben.

> »Dabei geht es um mehr als Information: Verständigung will Verständnis wecken. Denn wo man voneinander nicht mehr genügend weiß, kann sich sonst Mißtrauen einnisten. Die Kirchenleitung ist bemüht, möglichst vielfältigen Kontakt zur Gemeindearbeit zu halten.«[227]

Bei der Auseinandersetzung und dem Ringen um Verständnis zwischen Kirchenleitungen und Gemeinden tritt die Rolle der Laien in der Gemeinde immer mehr in den Vordergrund. Die Bundessynode in Görlitz 1977 thematisiert dieses Problem als »Börse der Möglichkeiten« und veröffentlichte im Anschluss an die Synode die Ergebnisse.[228] Hierin werden alle Möglichkeiten der Arbeit von Laien in der Gemeinde ausführlich betrachtet und eine hilfreiche Handreichung herausgegeben.

Ebenfalls von intensiver Öffentlichkeitswirkung geprägt und ähnlich zwiespältig diskutiert wie der Vorfall in Zeitz wurde die Ausbürgerung von Wolf Biermann Ende 1976. Diese Ausbürgerung eines Künstlers, der sich mit Nachdruck für ein Bleiben in der DDR aussprach, rief eine enorme Reaktion und starke Proteste hervor. Es wurde erstmalig die tiefe Kluft zwischen der Regierung und Vertretern der Intelligenz nach 1961 deutlich.[229] »Biermann

---

[226] Rechenschaftsbericht der Kirchenleitung auf der 3. Tagung der VIII. Synode der Kirchenprovinz Sachsen, 1, Privatarchiv.

[227] Ebd.

[228] Der Laie in Gemeinde und Kirche, Berlin 1979.

[229] Vgl. dazu: E. Neubert: Geschichte der Opposition in der DDR 1949-1989, Berlin ²1998, 224-230. Die sogenannte Biermannaffäre steht nur stellvertretend für die

hatte schon länger flüchtige Kontakte zu kirchlichen Kreisen und war mehrfach eingeladen worden, in Kirchen zu singen. Anfänglich hatte er starke ideologische Vorbehalte gegenüber den Kirchen.«[230] Er selbst ging von einem kommunistischen Selbstverständnis aus, was seiner systemimmanenten Kritik eine Legitimation verlieh, deren sich die Staatsführung durch Isolierungspolitik und Zersetzungsmaßnahmen zu wehren suchte. Die Kirchen boten ihm, unabhängig von seinem bewussten Atheismus, eine Plattform und Auftrittsmöglichkeit. »Erstmals nahm der Liedermacher 1976 eine solche Einladung an und trat nach elfjährigem Berufsverbot am 11. September 1976 anläßlich eines kirchlichen Jugendtages in der Nikolaikirche in Prenzlau auf.«[231]

Die Ereignisse um Oskar Brüsewitz und Wolf Biermann brachten erneut Spannungen in das Verhältnis zwischen den Kirchen und dem Staat.

> »Die Selbstverbrennung Oskar Brüsewitz' und die Ausbürgerung Wolf Biermanns waren Vorgänge mit hoher symbolischer Kraft, die das internationale Ansehen der DDR nachhaltig geschädigt und im Inneren die Initialzündung für eine Oppositionsbewegung gebildet hatten, die, in unterschiedlicher Gestalt, Anlaß zu permanenter Beunruhigung der stets um die kollektive Uniformierung der Gesinnung innerhalb der Bevölkerung bemühten Partei gegeben hat.«[232]

Ein Grundsatzgespräch zwischen der Staatsführung und dem Bund wurde als unerlässlich angesehen und zum 6. März 1978 berufen. Ziel dieses Grundsatzgesprächs sollte ein Versuch der Normalisierung des Verhältnisses zwischen Staat und Kirchen sein.

II.1.5 Die Folgen – 1978 bis 1989

Infolge der sich ausbreitenden Spannungen zwischen Staatsführung und Kirchen in der DDR wurde von Seiten der Kirchen nach einem zitierfähigen Paradigma bei der Auseinandersetzung und Verhandlung mit staatlichen Stellen gesucht. Übliche Praxis war es, dass die Verantwortlichen des jeweiligen Kirchenkreises direkt bei etwaigen Vorfällen mit den staatlichen Vertretern und Stellen auf Kreis- bzw. Bezirksebene verhandelten. Bei der Begegnung auf dieser mittleren und unteren Ebene waren zitierbare Grundsätze und Vereinbarungen erforderlich, die kleinere Unstimmigkeiten legitim ausräumen

---

repressive Kulturpolitik der DDR, insbesondere unter E.Honecker. Andere betroffene Künstler waren u.a. Reiner Kunze, Sarah Kirsch, Erich Loest, Holger Biege, Veronika Fischer, Manfred Krug und Armin Müller-Stahl.

[230] Ebd., 225.

[231] Ebd., 225.

[232] W. Thumser: Kirche im Sozialismus, Tübingen 1996, 48.

konnten und staatliche Stellen zu Handlungen veranlassten (wie z.B. Fragen der Veranstaltungsverordnung, Plakate usw.).

Das Gespräch zwischen Erich Honecker und Vertretern des Bundes bzw. der Kirchenleitung vom 6. März 1978[233] sollte ein solches zitierfähiges Material für beide Seiten liefern. Es war seit der Gründung des Bundes das erste gemeinsame Gespräch auf dieser Ebene. In seiner Durchführung hatte es zunächst rein kirchenpolitische Konsequenzen und Initialisierungseffekte, die in den Gemeinden zum größten Teil nicht direkt spürbar wurden, ohne eigentliche juristische Auswirkungen. Jedoch lieferte das Gespräch einige offiziöse Möglichkeiten und Interpretamente.[234]

> »Die Ergebnisse des ›Gipfeltreffens‹ – die als Vereinbarung über eine ›friedliche Koexistenz‹ charakterisiert werden können – verstanden beide Seiten als modus vivendi. Eine Rechtsgrundlage hatten die verbesserten Staat-Kirche-Beziehungen allerdings auch jetzt nicht, statt dessen stieg die Zahl informeller bis offizieller Gespräche auf allen Ebenen stark an.«[235]

Von übergreifender Bedeutung war allerdings die faktisch staatliche Anerkennung der gesellschaftlichen Relevanz der Kirchen in der DDR, die vermutlich aus der Befürchtung einer breiten Oppositionsbewegung in kirchlichen Kreisen resultierte. Weiterhin setzte eine nicht neue, aber von einer anderen Schwerpunktsetzung geprägte Interpretation der Begrifflichkeit Kirche im Sozialismus ein.[236] Die wichtigsten Ergebnisse und Inhalte des gemeinsamen Gespräches vom 6. März 1978 wurden in einer Stellungnahme der KKL als Schnellinformation[237] den Gemeinden in die Hand gegeben. Zum Grund des Gespräches heißt es dort:

---

[233] Vgl. dazu: W. Krusche: 6. März 1978-1988 ein Lernweg, hektographiertes Material, hrg. vom BEK, o.O, o. J. (Privatarchiv).

[234] So meinen G. Besier und St. Wolf zum Gespräch vom 6. März 1978: »Darüber, ob sich die Situation der Gläubigen in der DDR infolge dieser kirchenpolitischen Rahmenvereinbarung essentiell wirklich besserte, blieb im Raum der Kirche umstritten.« G. Besier/St. Wolf: Pfarrer, Christen und Katholiken, Neukirchen-Vluyn 1991, 34.

[235] K. Schroeder: Der SED-Staat, München 2000, 481.

[236] Diese, von Seiten des Staates inzinierte Interpretation, sprach an manchen Stellen sogar von einer Bündnispolitik, die über die Grenzen der DDR hinaus zu weisen vermöge. Vergleiche dazu die Ergebnisse zum Lutherjahr 1983 und die Wandlung des Luther-Bildes in der DDR.

[237] Diese Schnellinformation wurde auch am 07.03.1978 in wichtigen Ausschnitten im »Neuen Deutschland« veröffentlicht.

»Tragender Beweggrund für das Gespräch war die Überzeugung, daß es notwendig sei, die wiederholt gegebene Zusicherung der Gleichberechtigung aller Bürger und ihrer klaren Perspektive für eine allseitige Entfaltung zu verwirklichen, und zwar auf allen Ebenen bis hin zur Basis, und durch Offenlegen von Problemen ein größeres Maß an Durchschaubarkeit von Entscheidungen zu gewinnen.«[238]

Die konkrete Situation der Gemeinden wurden durch den viel zitierten Satz Schönherrs bestimmt:

»Das Verhältnis von Staat und Kirche ist so gut, wie es der einzelne christliche Bürger in seiner gesellschaftlichen Situation vor Ort erfährt.«[239]

Auf der untersten Ebene der Kirchen in der DDR änderte sich kaum etwas. Was auf kirchenleitender Ebene zwischen Staat und Kirchen in der DDR verhandelt wurde, drang oftmals nicht bis an die Basis der Gemeinden. Der Druck und die Nötigungen gegenüber einzelnen bekennenden Christinnen und Christen, Pfarrerinnen und Pfarrern, Mitarbeiterinnen und Mitarbeitern hielt an. Auch wenn das offizielle Vorgehen und massive Auseinandersetzungen nachließen, äußerte sich die Einstellung des Staates in vielen kleinen Schikanen.

Das gemeinsame Gespräch wurde durch die Einführung des Unterrichtsfaches »Sozialistische Wehrerziehung«[240] überschattet. Als Reaktion stellten die Kirchen bald darauf ein Gegenprogramm auf, was in der Folgezeit zu verschiedenen Disputen zwischen Staat und Kirchen, Eltern und staatlichen Stellen, Pfarrer und Behörden führte: Erziehung zum Frieden.
Die Arbeit des Ministeriums für Staatssicherheit (MfS) wurde verstärkt.

»Auch nach dem Grundsatzgespräch vom März 1978 behielt das MfS gegenüber den Kirchen ein hohes Maß an misstrauischer Wachsamkeit bei und achtete in der eigenen Behörde auf strenge Ausgrenzung kirchlich beeinflusster Personen. Weiterhin wurde in den Kaderakten hauptamtlicher Mitarbeiter vermerkt: ›Keine Kirchen- und Sektentätigkeit‹. Gleichzeitig galt es als ›kaderpolitisch zu beachtender Punkt‹, wenn die Schwiegereltern Kirchgänger waren. Nicht einmal die HA XX/4 [Hauptabteilung Sicherung des gesellschaftlichen Überbaus, Abt. 4 Sicherung der Kirchenpolitik, d.Vf.] durfte einen Theologen als Mitarbeiter beschäftigen.«[241]

---

238 Kundgebungen, Bd. 1, 240.

239 Ebd., 241.

240 Das Unterrichtsfach beschreibt eine vormilitärische Erziehung innerhalb der Schule.

241 G. Besier/S. Wolf: Pfarrer, Christen und Katholiken, Neukirchen-Vluyn 1991, 34.

Allgemeine Aktivitäten, Veranstaltungen verschiedenster Art, aber auch Gottesdienste wurden vom Ministerium für Staatssicherheit aufmerksam beäugt. Nach dem Grundsatz der Einteilung kirchlicher Mitarbeiter und Vertreter in progressive und reaktionäre Kräfte, wurden eine Vielzahl von Pfarrer und Pfarrerinnen kontrolliert, abgehört und ihre Arbeit und Aktivitäten überwacht. »Mitunter nahm die Bearbeitung der Kirchen durch das MfS und die durchaus ernsthafte Behandlung von nur vagen Gerüchten und Übertreibungen geradezu groteske Züge an.«[242] Die Arbeit der Staatssicherheit verstärkte sich in den folgenden Jahren um ein Vielfaches und das Netz von Inoffiziellen Mitarbeitern (IM) wurde enger gespannt.

Der damalige Gemeindepfarrer Hans-Jochen Borchert berichtet aus seiner pfarramtlichen Tätigkeit über seine Erfahrungen mit der Staatssicherheit Folgendes:

> »Die Aufpasser umgaben mich im Gottesdienst. 1981 wurde ich zum Rat des Kreises bestellt wegen bestimmter Predigtäußerungen. Die Aufpasser meldeten, daß im Schaukasten vor meinem Pfarrhaus etwas von Brüsewitz (Selbstverbrennung eines Pfarres 1976) zu lesen war und dann von der ›Erziehung zum Frieden‹ und von ›Jugendfragen‹. Es gab Verhandlungen, Androhungen.«[243]

Ein wichtiges Ergebnis des Staat-Kirchen-Gesprächs war die Möglichkeit, in den Neubaugebieten an den Stadträndern neue Gemeindehäuser bzw. Kleinkirchen zu errichten.

> »Staatlicherseits wurden bauliche Probleme immer wieder als politische Instrumente missbraucht. Wenn den staatlichen Organen eine kirchliche Aktivität nicht in die sozialistische Konzeption passte, so wurden bevorzugt bauliche Probleme vorgeschoben, um politische Ziele durchzusetzen.«[244]

So wurden z.B. bestimmte Gebäude oder Räume (insbesondere Jugendräume und Rüstzeitenheime) auf Grund baulicher oder hygienischer Vorbehalte und Bedenken gesperrt, wobei staatliche Gebäude oftmals nicht besser aussahen. An ein Neubauen kirchlicher Gebäude war gar nicht zu denken. Erst als wirtschaftliche Desolate erkennbar wurden, Devisenmängel sich deutlich in der Wirtschaft der DDR auswirkten und »die Partei- und Staatsführung der DDR den Wert der D-Mark entdeckt hatte«[245], kam es allmählich zu

---

[242] Ebd., 35.

[243] H.-J. Borchert: Wir Menschen nach der Wende, Haldensleben 1993, 116.

[244] G. Pasch: Erhaltung und Restaurierung von Kirchen in der DDR, in: Herbergen der Christenheit 1996, 193.

[245] Ebd., 202.

Bauerlaubnissen[246]. »Dies wurde dann besonders in der zweiten Etappe des Sonderbauprogramms, dem Neubauprogramm ab etwa 1980 deutlich, als erstmalig in der DDR planmäßig Kirchen und Kirchgemeindezentren für städtische Neubaugebiete geplant und gebaut werden durften.«[247] Doch waren diese kleinen Schritte, wie z.B. Neubauten und Repräsentanzmöglichkeiten, immer wieder durch harte Rückschläge begleitet.[248] Die alltägliche Gemeindearbeit – angefangen bei Gottesdiensten bis zu verschiedensten Gemeindeaktivitäten – blieben nach wie vor schwer und gingen nur mühsam vorwärts. Sogenannte Basisgruppen und Initiativen entdeckten die Kirchen immer stärker als Freiraum und Plattform ihrer Arbeit. In der Frage der Erziehung zum Frieden und in der Auseinandersetzung um das Unterrichtsfach »Sozialistische Wehrerziehung«, was insbesondere wieder den Bildungssektor betraf, ließ sich der Staat auf keinerlei ernsthafte Gespräche ein. Aus den Erfahrungen der Kämpfe um die Jugendweihe und Konfirmation verzichteten die Kirchen auf eine harte Auseinandersetzung, die von den Eltern und Gemeinden nicht getragen werden konnte. Zwar riefen sie zum Bekenntnis auf, aber dieser Aufruf war kein konsequentes Verlangen und keine Entscheidungsforderung mehr, wie etwa bei der Frage der Jugendweihe in den 50er Jahren.

Ein großer Teil der Jugend organisierte sich in den verschiedensten Interessengruppen (von Umwelt- und Friedensgruppen mit offensiver oppositioneller Absicht bis hin zur lethargisch-frommen Vereinigungen).

Die Kirchenleitungen und der Bund versuchten mit ihren Möglichkeiten praktikable Lösungen für die Kirchen, Gemeinden und Christen in der DDR zu finden. Ein *Postulierter Pragmatismus*, der an der Basis der Gemeinden nicht immer auf Verständnis traf, trat deutlicher hervor. Vor diesem Hintergrund sind wohl auch die Äußerungen und Diskussionen auf kirchlicher Seite bezüglich der entstehenden Gruppen unter dem Dach der Kirchen zu verstehen. Sie traten mit unterschiedlichen Aktivitäten auf, stellen aber keinen organisierten sozialen Zusammenhang dar, sondern gründeten sich aus »einer Vielzahl von Einzelaktionen [...], dem ein steuerndes Zentrum und auch eine Führungsgestalt fehlte«[249]. Durch die gemeinsame Konzentration auf *ein*

---

[246] Ein großer Teil der Finanzierungen kam aus westdeutschen Mitteln und brachten dem Staat zusätzliche Divisen.

[247] G. PASCH: Erhaltung und Restaurierung von Kirchen in der DDR, in: Herbergen der Christenheit 1996, 203.

[248] So brannte ein neu errichtetes Gemeindezentrum in Haldensleben kurze Zeit nach Fertigstellung auf ungeklärte Weise aus; die polizeilichen Untersuchungen ergaben keine Erfolge bei der Täterermittlung. Verschiedene Sabotagetaten während der Sanierungsarbeiten an der St. Marienkirche in Haldensleben wurden nie aufgeklärt. Vgl. dazu: H.-J. BORCHERT: Wir Menschen nach der Wende, Haldensleben 1993, 117.

[249] D. POLLACK: Kirche in der Organisationsgesellschaft, Stuttgart 1994, 303.

Thema und das gemeinsame, grundsätzliche Ziel bei der Friedensthematik einigte diese gemeinsame Basis die vielen Kleingruppen, die im Laufe der Jahre an Mitstreitern zunahmen. »Getragen aber wurde der friedenspolitische Zusammenhang nicht von einzelnen Persönlichkeiten, sondern von der evangelischen Kirche« und sie »bot die Infrastruktur für die Durchführung der Einzelaktionen [...]«[250] Auch in diesem Zusammenhang bildeten die Kirchen nicht nur den Freiraum, sondern wurden Vermittlungsinstanz, Dolmetscher und Sprachrohr, ohne sich selbst offiziell als Gesamtheit auf die oppositionelle Seite zu schlagen. Der Staat versuchte, den Handlungsspielraum der Kirchen durch die freie Handhabung von Reisegenehmigungen, Bauerlaubnissen, Druckgenehmigungen oder Genehmigungen von Veranstaltungen u.ä. einzuengen. Dabei entwickelte sich bei Pfarrer und Pfarrerinnen und kirchlichen Mitarbeitern eine ausgeklügelte und geschickte Kreativität beim Umgang mit Genehmigungsverfahren, mit deren Hilfe einige Schwierigkeiten umgangen werden konnten. Die Bannung der Gefahren eines sich neu entwickelnden Konfliktpotentials, bei dem die Gemeinden die Geschädigten sein könnten, resultieren aus den Erfahrungen der vergangenen Jahre und stehen konträr zu dem Konzept eines *Postulierten Pragmatismus*, dem die Kirche im Sozialismus entsprechen wollte. Sehr deutlich wird diese Konzeption, also die Frage nach der Nützlichkeit eines repräsentativen Auftretens mit gleichzeitig breiter Ermöglichung eines Handlungsspielraumes o.Ä., zum Beispiel bei Bischof Mitzenheim und seiner Kirchen-Staat-Politik.

> »Die SED registrierte die Kontakte mit Bischof Mitzenheim als ›eine bedeutende Weiterentwicklung marxistisch-leninistischer Bündnispolitik‹ [...] Seine wiederholten Erklärungen zum Verhältnis von Staat und Kirche zeigen, dass es ihm vor allem darum zu tun war, auch unter den mit der SED-Herrschaft gegebenen Bedingungen einen Lebensraum für die Kirche zu sichern. Eine kirchliche Kritik an diesen Bedingungen selbst schien ihm aufgrund eines obrigkeitlichen Staatsverständnisses und der Trennung von Staat und Kirche nicht in Betracht zu kommen.«[251]

Aber auch Formulierungen aus den Berichten der Kirchenleitungen vor der Bundessynode, wie z.B. auf der Synode von Greifswald vom September 1984, machen jenen *Postulierten Pragmatismus* deutlich, der nicht allein auf politische und gesellschaftliche Ereignissen zu reagieren versuchte, sondern gerade in Anbetracht der gesellschaftlichen Umstände in vielen Bereichen nach einer Praktizierbarkeit von Kirche fragte, nach der Schaffung und Erhaltung eines Lebensraumes von Kirche und Christsein. Den Zersetzungs- und

---

[250] Ebd., 303–304.

[251] R. Mau: Eingebunden in den Realsozialismus?, Göttingen 1994, 148.

Aufspaltungsmethoden des Staatsapparats standen eine gesprächswillige und nach Konfliktlösungen suchende Kirchenleitung, engagierte kirchliche Mitarbeitende, Christen und Christinnen, Gruppen mit klaren Zielen usw. gegenüber und eine gewisse biblisch begründete Hartnäckigkeit. Das Prinzip des Staates *divide et impera* verursachte zwar zusätzliche, innerkirchliche Spannungen, brachte aber nicht den gewünschten Erfolg.

Das Agieren auf kirchlicher Seite beschränkte sich nicht nur auf die hauptamtlichen Mitarbeitenden und Pfarrer, sondern griff auf die ehrenamtlich Engagierten über. Die Rolle der Laien in Gemeinden und Kirchen – sicher auch aus Mangel an hauptamtlich Mitarbeitenden, aber auch aus der Konzeption von Kirche als Lerngemeinschaft und der Konfliktbewältigung zwischen Kirchenleitung und Basis heraus – wurde immer wieder und neu bedacht. Dabei reichten die Überlegungen von der Rolle und Funktion der Laien im Gottesdienst bis hin zu Fragen der Leitungsverantwortung innerhalb der Gemeinden und der Landeskirchen.[252]

Erstaunliche Zugeständnisse machte der Staat in Bezug auf das Luther-Jubiläum. 1980 konstituierte sich das Martin-Luther-Komitee der DDR[253] unter der Schirmherrschaft Erich Honeckers zur Vorbereitung der Martin-Luther-Ehrung 1983. Bereits Ende 1978 hatte sich das kirchliche Luther-Komitee gebildet. Es stellte sich als Aufgabe, »daß die Kirchen in einer besonderen und eigenständigen Weise dem Wirken Martin Luthers als Reformator der Kirche verpflichtet sind«[254] und begründeten daraus eine korrektive Mitarbeit und vorsichtige Zusammenarbeit mit dem staatlichen Ausschuss. Beide Seiten distanzierten sich in Bezug auf die Luther-Ehrung und den anstehenden Vorbereitungen sowie bei den durchgeführten Veranstaltungen vorsichtig voneinander; die gemeinsamen Berührungspunkte waren eher selten. »So kam es, daß die DDR im November 1982 ziemlich verspätet 1983 das Karl-Marx-Jahr ausrief, obgleich sie zur selben Zeit versuchte, die UNESCO davon zu überzeugen, 1983 zum Lutherjahr zu erklären.«[255] Trotz der Tatsache der verschobenen Akzente beider Komitees, versuchte der SED-Staat auch die latente Zusammenarbeit für sich in Anspruch zu nehmen. Er interpretierte die unterschiedlichen Vorbereitungen und Veranstaltungen als Errungenschaften einer Bündnispolitik

---

[252] Als Beispiel für die Vielfalt der Überlegungen und Rollenzuweisung der Laien in den evangelischen Kirchen soll die Synode »Der Laie in Gemeinde und Kirche« in Görlitz, vom 13. bis 17. Mai 1977 dienen.

[253] Vgl. dazu: Martin Luther und unsere Zeit. Konstituierung des Martin-Luther-Komitees der DDR am 13. Juni 1980 in Berlin, Berlin 1980.

[254] Kundgebungen, Bd. 1, 344f.

[255] R.F. Goeckel: Die evangelische Kirche und die DDR, Leipzig 1995, 281.

zwischen Staat und Kirchen und wies somit die bis dahin gestaltete Kirchenpolitik als erfolgreich aus.

> »Die Luther-Ehrung erbrachte den Nachweis, daß die Kirche als Kirche *im* Sozialismus viele Entwicklungsmöglichkeiten hat. Damit wurde ein wichtiger Beitrag zur Bündnispolitik im nationalen wie im internationalen Rahmen geleistet. Das durch die Jubiläumsveranstaltungen geförderte Bewußtsein der Gläubigen, in der DDR eine geistige, politische und kirchliche Heimat gefunden zu haben sowie die dadurch bereicherte Erfahrung der Marxisten, daß ein aus christlichen Motiven entspringendes Engagement für Sozialismus und Frieden den gemeinsamen objektiven Lebensinteressen dient, wirkte sich fruchtbar auf die Konsolidierung der sozialistischen deutschen Nation aus.«[256]

Die neue Sicherheits- und Aufrüstungspolitik des Kalten Krieges, die Spannungen zwischen den Großmächten und die außenpolitische Stellung der DDR spielen eine wichtige Rolle bei der Aufwertung des offiziellen staatlichen Lutherbildes – national und international. Ein Bild der Harmonie und des Verständnisses sollte mit der Luther-Ehrung vermittelt und verbunden werden.

> »Bei diesen Veranstaltungen [insbesondere auf der Wartburg und in Eisleben; d.Vf.] kam durch die Anwesenheit führender Vertreter der Weltkirchenvereinigungen auch ein internationaler Aspekt der Bündnispolitik zum Tragen. Die Aneignung des Erbes von Luther in der DDR erwies sich für die Gäste aus dem Ausland als lehrreich dafür, welche Chancen der Sozialismus Gläubigen eröffnet, wodurch die Motivation von Mitgliedern verschiedenster Religionsgemeinschaften in kapitalistischen Ländern und in der dritten Welt gestärkt werden konnte, sich für den Kampf um den Frieden und für den gesellschaftlichen Fortschritt im Sinne der historischen Mission der Arbeiterklasse zu engagieren.«[257]

Die wahren Motive und Chancen gegenüber – gerade jungen – Christen und Christinnen, kirchlich engagierten Laien und Mitarbeitenden im Bestreben um Frieden und Menschenrechte in der DDR zeigte die Staatsführung wenige Jahre vorher bei ihrer Reaktion auf die erste Friedensdekade der Evangelischen Kirchen (1980), die unter der Losung »Frieden schaffen ohne Waffen« stattfand oder im Zusammenhang mit der Friedensdekade im November 1981 und der darauf folgenden staatlichen Kampagne und das scharfe Vorgehen gegen den Aufnäher »Schwerter zu Pflugscharen« oder den Ereignissen um Pfarrer Rainer Eppelmann u.v.a. Die staatlich geführte Friedensinitiative

---

[256] Die SED und das kulturelle Erbe, Berlin 1986, 516.

[257] Ebd., 517.

schrieb sich auf ihre Fahnen: »Der Friede muß verteidigt werden – der Friede muß bewaffnet sein!« und baute ein Feindbild weiter auf.

Mit der Luther-Ehrung stellte sich die Regierung oberflächlich in einem gänzlich veränderten Licht dar und schuf sich im bewussten Umgang mit dem Kulturerbe ein Aushängeschild für politische und gesellschaftliche Akzeptanz.

> »Am Beispiel Martin Luthers wollten Wissenschaftler und Politiker deutlich machen, daß sie sich anders als noch in den fünfziger und sechziger Jahren [...] nunmehr in der Verpflichtung sahen, die gesamte deutsche Geschichte als Objekt historischer Forschung zu betrachten [...]«[258]

Diese historische Forschung im Sinne der marxistisch-leninistischen Geschichtsauffassung diente dem Staatsapparat und der SED als Legitimationsbasis ihrer politisch-ideologischen Herrschaft und als Erweis der Gesetzmäßigkeit der gesellschaftlichen Entwicklung. Gleichzeitig wurde das Erbe der Arbeiterklasse stets als Politikum und im Laufe der Zeit auch als wirtschaftlicher Faktor angesehen.[259] Die SED hatte bereits frühzeitig erkannt, dass sich ein Kulturerbe kirchlicher Tradition sehr wohl für innen- und außenpolitische Zwecke ausnutzen ließ. Aus diesem Grund bemühte sie sich u.a., kirchengeschichtliche Persönlichkeiten in das »sozialistische Kulturerbe« aufzunehmen und zu interpretieren. »Das Regime revidierte nicht nur sein negatives Lutherbild, sondern es unterstützte auch die kirchlichen Feierlichkeiten auf eine einmalige Art und Weise.«[260] Diese Sinneswandlung zur Person Luthers konnte die SED nicht unkommentiert stehen lassen. In Bezug auf das Erbe und die Ehrungen zum 500. Geburtstag des Reformators heißt es ausführlich:

> »In der Historiographie der revolutionären deutschen Arbeiterbewegung spielte Luther [...] stets eine Rolle, und in der DDR gab es von Anfang an die verschiedenartigsten Bemühungen um diese bedeutende Gestalt der nationalen und internationalen Geschichte und Kulturgeschichte. Zu den herausragenden Ereignissen gehörte das Reformationsjubiläum des 450. Jahrestages des Thesenanschlages 1966/1967. Schon zu dieser Zeit verstand die SED die Würdigung der Reformation und ihres Protagonisten Martin Luthers nicht allein als eine Sache der Kirche und der christlichen Bürger der DDR. In den Verpflichtungen gegenüber diesen humanistischen Traditionen wußte sich die Partei in Übereinstimmung mit den besten Vertretern aller Klassen und Schichten. Ohne die theologische

---

[258] H. DÄHN/J. HEISE: Luther und die DDR, Berlin 1996, 12.

[259] Vgl. dazu: G. PASCH: Erhaltung und Restaurierung von Kirchen in der DDR, in: Herbergen der Christenheit 1996, 190–208. Hier speziell auf bauliches Kulturerbe ausgerichtet.

[260] R.F. GOECKEL: Die evangelische Kirche in der DDR, Leipzig 1995, 279.

> Bedeutung auszuklammern, lag der Schwerpunkt im Verständnis des Erbes Luthers zu dieser Zeit allerdings noch völlig im Bereich der gesellschaftlichen Entwicklung, also außerhalb der Theologie im engen Sinne.«[261]

Nach dieser scheinbar wertfreien, kontinuierlichen und übereinstimmenden Darstellung der Geschichtsrezeption heißt es weiter:

> »All diese Positionen, die Resultate der kontinuierlichen Auseinandersetzung mit dem Erbe der frühbürgerlichen Revolution auf dem Boden des marxistisch-leninistischen Traditionsverständnisses sind, stellen wichtige Ausgangspositionen für die Sicht auf das Erbe Martin Luthers in den achtziger Jahren dar. Sie beweisen zugleich die Unhaltbarkeit der Behauptungen von einer ›Wende‹ im Lutherbild der DDR. Vielmehr waren sie Ausdruck der dialektischen Einheit von Kontinuität und Diskontinuität im Verhältnis zu dieser historischen Persönlichkeit.«[262]

Die Änderung des Lutherbildes und die scheinbar entstandenen diskontinuierlichen Elemente bei der Interpretation wurde in einer kritischen Beschäftigung mit der Geschichte begründet:

> »[...] die seit den Jubiläen der sechziger und siebziger Jahre vergangene Zeit der Gestaltung der entwickelten sozialistischen Gesellschaft und der Konsolidierung der sozialistischen deutschen Nation unter den Bedingungen schärfster internationaler Klassenauseinandersetzung zu einem vertieften Verständnis der Geschichte geführt hat, zu einer genauen Bestimmung des historischen Rahmens für die Wirkungsmöglichkeiten historischer Persönlichkeiten, zu deren Wertung objektiv nach den Maßstäben ihrer Zeit, gemäß ihrer historischen Funktion bei der Durchsetzung des gesellschaftlichen Fortschritts in ihrer Epoche«[263].

In diesem neu entwickelten Luther-Bild stand die *revolutionäre Kraft* des Reformators im Mittelpunkt, die letztendlich die »erste bürgerliche Revolution vollbracht hat« und darin bestand Luthers »entscheidende ideologische Leistung«, die eine Würdigung Luthers – im Sinne der SED – berechtigte.[264]

> »Luther beteiligte sich exemplarisch an der Herausbildung bürgerlicher Klassen-Positionen. Und die bürgerliche Revolution war im 16. Jahrhundert die historische Aufgabe.«[265]

---

[261] Die SED und das kulturelle Erbe, Berlin 1986, 512.

[262] Ebd., 513.

[263] Ebd., 513.

[264] Vgl. dazu: ebd., 514.

[265] Die SED und das kulturelle Erbe, Berlin 1986, 515.

Neben der Aufwertung eines allgemeinen Luther-Bildes legte die SED besonderen Wert auf Luthers Interpretation des Verhältnisses zu Staat und Obrigkeit und die lutherische Arbeitsethik.[266] Beides sollte wiederum zur Stärkung der sozialistischen Gesellschaft in der DDR genutzt werden. Insgesamt wurde aus dem Kirchenmann und Reformator ein Wegbereiter der frühbürgerlichen Revolution, der sich gegen die feudalen Verhältnisse wandte und die Klassenkämpfe der frühbürgerlichen Revolution bedingte, die Formierung der oppositionellen Kräfte förderte sowie von Vorbildwirkung für den Aufbau des Sozialismus in der DDR sein sollte.[267]

Im Zuge des Lutherjahres gab es einige Erleichterungen und Verbesserungen für die kirchliche Arbeit: Möglichkeiten für Rundfunk- und Fernsehsendungen, Organisation und Durchführung von Kirchentagen[268] usw.

1980/81 kam es in Polen zu ersten ernsthaften gesellschaftlichen Konflikten, die von der DDR-Regierung äußerst kritisch beobachtet wurden. Nach den weiteren Entwicklungen in Polen versuchte die Partei- und Staatsführung der DDR verlegen, Erklärungsmodelle zu finden. Seit dem Beginn dieser politisch-gesellschaftlichen Veränderung reagierte die Staats- und Parteiführung sehr empfindlich auf gesellschaftliche Kritik. Insbesondere das Ministerium für Staatssicherheit hatte dafür zu sorgen, dass die Aktivitäten in Polen nicht in das Gebiet der DDR importiert oder dort adaptiert wurden. So heißt es in einem Material für eine Dienstbesprechung innerhalb des Ministeriums (1981):

> »Wir müssen in diesem Zusammenhang z.B. auch beachten, daß manche glauben, durch die konterrevolutionären Ereignbisse in der VR Polen Oberwasser zu bekommen, sich aus Polen Materialien beschaffen, sich mit dortigen konterrevolutionären Kräften solidarisieren, um bei uns Diskussionen in diesem Sinne entfachen zu können. Das alles gilt es, mit größter Konsequenz zu unterbinden.«[269]

---

[266] R. F. Goeckel meint dazu: »Der Staat versuchte auch, einige traditionell lutherische Werte in der politischen Kultur hervorzuheben. So versuchte er z.B., Luthers Achtung dem Staat gegenüber dahingehend auszunutzen, in der Bevölkerung um eine größere Unterstützung für das Regime zu werben. Da die Arbeitsproduktivität in der DDR im allgemeinen zu wünschen übrigließ, versuchte der Staat u.a., diese mit Hilfe der lutherischen Arbeitsethik zu stimulieren.« R.F. Goeckel: Die evangelische Kirchen und die DDR, Leipzig 1995, 281.

[267] Vgl. dazu: S. Bräuer: Martin Luther in marxistischer Sicht von 1945 bis zum Beginn der achtziger Jahre, Berlin 1983, 23.

[268] Vgl. dazu besonders für die Kirchentage: Vertrauen wagen. Kirchentage im Lutherjahr 1983, o. O. 1984 (?).

[269] Aus dem Grundlagenmaterial für eine Dienstbesprechung, zitiert nach: G. Besier/S. Wolf (Hg.): Pfarrer, Christen und Katholiken, Neukirchen-Vluyn 1991, Dok. 62, 312.

Die erkennbaren Probleme und Defizite in der Gesellschaft und Wirtschaft lösten jedoch allmählich auch in der DDR heftige Diskussionen in der Bevölkerung aus, die allerdings hauptsächlich im privaten Bereich geführt wurden. Die Ausnahme bildeten die Initiativen und Basisgruppen, die jedoch bei der Mehrheit der Bevölkerung auf Kritik, Ablehnung und Missverstehen stießen. So offen geäußerte Kritik – vor allem von Jugendlichen und in den Reihen der Kirchen – wurde als wenig hilfreich aufgefasst, obwohl parallel dazu die Ereignisse im polnischen Nachbarland interessiert, gespannt und teilweise zustimmend, aber abwartend verfolgt wurden.

Nach 1983 kommt es zu kleineren Einbrüchen in der Friedensbewegung der DDR[270] und im Anschluss an die »Verwirklichung des Nachrüstungsbeschlusses der NATO [...] verlor die Friedensfrage etwas an Bedeutung«[271]. Auch wenn sie nach wie vor ein zentrales Thema blieb, gewannen umweltpolitische und sozialkritische Fragen stark an Relevanz. An dieser Stelle wird die Brisanz der Arbeit der Basisgruppen deutlich. Offiziell gab es in der DDR keine Umweltprobleme. Der wachsenden ökologischen Krise wurde stets die Volkswirtschaft und der Versuch der Steigerung der Wirtschaft vorangestellt.

> »Offiziell gab es in der DDR keine sterbenden Wälder, keine verseuchten Gewässer oder Böden. Doch für viele DDR-Bürger wurde immer sichtbarer, daß der SED-Staat die eigene Umwelt-Gesetzgebung nicht einhielt. Der Reaktorunfall am 26. April 1986 im sowjetischen Tschernobyl und die Bagatellisierung dieser atomaren Katastrophe durch die DDR-Behörden brachte für die staatsunabhängigen Umweltgruppen einen Aufschwung und großen Zulauf.«[272]

Die entstandenen Gruppen traten durch verschiedene Aktionen in die Öffentlichkeit und machten auf sich aufmerksam. »Zunehmend wurden die Inhalte der Aktionen dieser Bürger politischer. Denn mehr und mehr war ihnen klargeworden, dass die ökologische Krise der DDR auch eine systembedingte Krise war.«[273] An den Stellen, wo sich die Kirchen überfordert oder ohnmächtig fühlten, zogen sie sich zurück, ohne aber wirklich ihre Funktion als Schutzraum aufzugeben. Teilweise kam es zu bitteren Enttäuschungen gegenüber einzelnen kirchlichen Mitarbeitenden oder gegenüber den Kirchenleitungen.

---

[270] Die Krise der Friedensbewegung unterscheidet sich erheblich von der in der BRD schon durch die anders geartete gesellschaftliche Situation, des Kritik-Ansatzes, der Organisation und Mitglieder. Sie blieb nach wie vor Bestandteil der systemimmanenten Kritik bis 1989.

[271] D. Pollack: Kirche in der Organisationsgesellschaft, Stuttgart 1994, 312.

[272] J. Schönfelder: Mit Gott gegen Gülle, Rudolstadt und Jena 2000, 28.

[273] Ebd., 29.

Seit Mitte der 70er Jahren wurde auf kirchenleitender Ebene diskutiert, was an der Basis der Gemeinden deutlich erlebt wurde: Diaspora-Situation, allgemeine desolate Gemeindestrukturen und Minderheitssituation. Die Kirchenleitungen waren in den folgenden Jahren zunächst – auch wo sie nichts sagen konnten oder wollten – bemüht, einen Konsens zu schaffen. Auseinandersetzungen gab es immer weniger in Bezug auf die (globalen) Ziele der Initiativen und Basisgruppen, sondern um die Fragen der konkreten Aktionen. Es ging bei den Zielsetzungen grundsätzlich nicht um die Abschaffung der DDR oder des Sozialismus, die Kritik verstand sich immer als systemimmanent. »Der Konflikt zwischen Kirche und Gruppen war insofern [...] ein Streit um das zulässige bzw. erforderliche Maß an Pragmatismus.«[274] Dieser Konflikt resultiert – nach Detlef Pollack – aus der unterschiedlichen Perspektive der gesellschaftlichen Wirklichkeit und aus einem gegebenen Milieu-Unterschied, der sich gerade in Bezug auf die Gemeinden bemerkbar machte.[275] Die Kirchenleitung schwieg aber nicht einfach zu den Themen Frieden, Menschenrechte und Umwelt, sondern versuchte, einen übergemeindlichen Dialog zu schaffen. In diesem Zusammenhang gehören auch die seit 1987 stattfindenden Ökumenischen Versammlungen für Gerechtigkeit, Frieden und Bewahrung der Schöpfung. Ein Arbeitspapier, als Ergebnis der Ökumenischen Versammlung, sollte zur Diskussion in den Gemeinden anregen und zur bewussten Auseinandersetzung mit ihrer Situation beitragen. Dieses Arbeitspapier spricht unterschiedliche Themen an, darunter auch »Mehr Gerechtigkeit in der DDR – unsere Aufgabe, unsere Erwartung«, in dem eine realistische und für die Umstände recht deutliche Einschätzung der Situation in der DDR erfolgte.

> »Die gesellschaftliche Wirklichkeit wird oft als undurchschaubar erlebt. Das fördert Nischenexistenz und Aussteigermentalität [...] Es gibt aber Probleme, die das gesellschaftliche Zusammenleben zusätzlich belasten [...] Die dadurch gegebene Spannung zwischen Regierenden und Regierten verhindert den inneren Frieden, beeinträchtigt aber auch den Hausfrieden im gemeinsamen europäischen Haus.«[276]

Nach der Identifizierung einiger Problemkreise, wie z.B. die auferlegte gesellschaftliche Tätigkeit, erwartete Funktionen und Mitgliedschaft in den Massenorganisationen, Zwänge zur Mitgliedschaft in der Pionierorganisation und der FDJ, Jugendweihe und Wehrerziehung (Wehrkundeunterricht), benennt der Text klare Defizite in der Gesellschaft:

---

274 D. Pollack: Kirche in der Organisationsgesellschaft, Stuttgart 1994, 316.

275 Vgl. dazu: Ebd., 316-318.

276 Gerechtigkeit-Frieden-Bewahrung der Schöpfung, Leipzig 1990, 58.

> »Es fehlt in der DDR weiterhin an Ehrlichkeit und Wahrhaftigkeit. Weil vom Bürger erwartet wird, daß er sagt, was man hören will, hat er sich daran gewöhnt, etwas anderes zu sagen, als er denkt, und anders zu handeln, als es seinen Überzeugungen entspricht. Es fehlt in der DDR die volle Rechtssicherheit [...] Jugendliche werden gesellschaftlich und staatlich gefördert. Wenn sie aber durch besondere Ausdrucksformen, zu denken, zu sprechen und sich zu kleiden, auffallen, werden sie oft als störend betrachtet, mitunter sogar kriminalisiert [...] Frauen sind in der DDR gesetzlich gleichberechtigt. Aber in von Männern geprägten Strukturen können sie sich nicht genügend entfalten und ihren Einfluß zuwenig geltend machen [...] Aus den Belastungen der beruflichen und gesellschaftlichen Existenz suchen viele Zuflucht im privaten Bereich des Lebens [...]«[277]

Weiterhin wurden Themen wie waffenloser Wehrdienst, allgemeine Probleme von Gerechtigkeit, Demokratie, Freiheit, Umweltschutz usw. angesprochen und offen formuliert. Bereits auf der dritten Tagung der 5. Synode des Bundes im September 1987 in Görlitz wurde ein Beschluss zum Bekennen in der Friedensfrage verabschiedet. Die Kirche setze, so heißt es:

> »sich für gewaltfreie Förderung und Sicherung des Friedens ein. Jeder Christ, der vor die Frage des Wehrdienstes gestellt ist, muß prüfen, ob seine Entwicklung mit dem Evangelium des Friedens zu vereinbaren ist [...]
> Die Kirche sieht in der Entscheidung von Christen, den Waffendienst oder den Wehrdienst überhaupt zu verweigern, einen Ausdruck des Glaubensgehorsams, der auf dem Weg des Friedens führt.«[278]

Der Beschluss der Synode nennt in einem dritten Teil konkrete (beispielhafte) Schritte und fordert auch hier die Gemeinden zu einer bewussten Auseinandersetzung auf. Auf diese offene Kritik Ende der 80er Jahre reagierte die Staatsführung der DDR noch einmal mit einer Verschärfung ihrer Kirchenpolitik und versuchte damit krampfhaft, Ordnung in das entstehende Chaos zu bringen, was letztlich ohne Erfolg blieb. In den von den Kirchen teilweise in den vergangenen Jahren scharf kritisierten Aktionen und Initiativen erkannten »immer mehr Theologen und Pfarrer, daß von den Gruppen genuin christliche Themen angesprochen wurden und daß ihr politisches Engagement durchaus Bezüge zu den Inhalten des Evangeliums aufwies. Insbesondere der sogenannte ›Konziliare Prozeß‹ zeigte vielen Gemeindegliedern und Pfarrern den engen Zusammenhang zwischen dem christlichen Glauben und den politischen Anliegen der Gruppen.«[279] So ergab es sich, dass

[277] Ebd., 59.

[278] Beschluss der Synode in Görlitz, September 1987, Privatarchiv.

[279] D. Pollack: Kirche in der Organisationsgesellschaft, Stuttgart 1994, 350.

gegen Ende der 80er Jahre verhältnismäßig viele Gemeindegruppen auch über politisch-gesellschaftliche Probleme nachdachten, Umweltfragen nachgingen und Menschenrechtsfragen besprachen. Die einzelnen Basisgruppen, Umwelt- und Friedensgruppen sprachen tabuisierte Themen an, deckten Vertuschungen und falsche Informationen auf und boten gleichzeitig alternative Wege und Lösungensmodelle an. Die Motivation auf die biblische Begründung der Bewahrung der Schöpfung, die Rechte der Menschen usw. spielte bei vielen Gruppen eine entscheidende Rolle. Das Ministerium für Staatssicherheit und die Sicherheitsorgane der DDR reagierten mit konsequenter Härte, unterschiedlichen Kontroll- und Zersetzungsmechanismen.

Die Kirchen gaben nicht nur den institutionellen Rahmen und eine Plattform zur freien Kommunikation, für offene Dialoge und Gesprächsforen, sondern gewährten auch geistige und geistliche Hilfe und Beistand. Sie bildeten damit eine »Unterbrechung der inneren Systemgeschlossenheit«[280], die immer stärker zu einer »Ventilfunktion« avancierte. Die Ereignisse in Polen konnten von Staat und Gesellschaft in der DDR noch kompensiert werden. Mit der Amtsübernahme Michail Gorbatschows in der Sowjetunion und der Einleitung der demokratischen Bewegung unter dem Ruf nach Glasnost und Perestroika war eine Bagatellisierung der Veränderungen, die aus dem eigenen sozialistischen Lager kamen, nicht mehr tragbar. Die Versuche, sich von der sowjetischen Politik und der neuen politischen Richtung abzuwenden, etwa durch das Verbot der Zeitschrift »Sputnik«, blieben erfolglos, da der gewachsene Einfluss der Sowjet-Regierung viel zu groß war. Hinzu kam Ende der 80er Jahre eine gewaltige Fluchtbewegung von DDR-Bürgern über Botschaften und Grenzen sozialistischer Nachbarländer und eine allgemeine, deutlich spürbare wirtschaftliche Krise, die einen generellen Unwillen in der Bevölkerung der DDR zur Folge hatte.

Die sich aus den Umwelt- und Friedensgruppen ergebenden Proteste und Aktionen wurden zu einer breiten, von einer Vielzahl der Bevölkerung getragenen Protestbewegung. Nicht die gemeinsamen Ziele der Masse der Protestierenden, auch nicht eine gemeinsame Organisation der Führung der Aktionen, sondern eine gemeinsame Richtung, nämlich *gegen* die Gesellschaft- und Staatsführung der DDR einigte die Massen, die im Herbst 1989 auf die Straßen gingen. Zum Ende des Jahres 1989 kam den Kirchen eine besondere Aufgabe zu, die die Staatsführung nicht mehr bewältigen konnte: Aufrechterhaltung von Ordnung und Sicherheit durch den permanenten Appell an die Friedfertigkeit und die Suche nach Dialog und Gespräch.

---

[280] W. THUMSER: Kirche im Sozialismus, Tübingen 1996, 54.

II.2 Zur Sozialstruktur in der DDR

Sozialstruktur wird an dieser Stelle verstanden als Reflexion der Situation innerhalb der Gesellschaft der DDR in der Gesamtheit ihrer wirtschaftlich-ökonomischen, politischen und organisatorischen Struktur. Aus diesem Grund ist es zunächst notwendig, über den Begriff der Situation nachzudenken. Dieses soll im Hinblick homiletischer Gegebenheiten, Besonderheiten und Relevanzen kurz geschehen, ohne auf die eigentlich religionssoziologischen Fragestellungen tiefer eingehen zu wollen. Die Bezugsgröße ist die sozialistische Gesellschaft der DDR, die den relativ abgegrenzten Lebensraum der Menschen in der DDR darstellt. Sie bildet zugleich das Gesamtumfeld, in dem sich das zu untersuchende Predigtgeschehen vollzieht und bildet somit das homiletische Umfeld. Die Kirchen sind durch ihre bloße Existenz als unmittelbarer Bestandteil dieser gesellschaftlichen Struktur zu betrachten. Sie wurden an bestimmten Stellen der Geschichte der DDR als Regulativ und Gradmesser der gesellschaftlichen Entwicklung verstanden.

> »Wenn nach marxistischem Verständnis Religion ein Ausdruck gesellschaftlicher Entfremdung ist und mit der Errichtung des Sozialismus alle Formen der Entfremdung gesellschaftlich überwunden sind – wie der Anspruch lautete –, dann bedeutet das, dass der gesellschaftliche Bestand an Religion etwas über den Verwirklichungsgrad des Sozialismus aussagte. An der gesellschaftlichen Bedeutung von Religion und Kirche in der DDR konnte man dann erkennen, in welchem Maße die sozialistischen Ziele in der DDR realisiert waren oder noch immer Entfremdungszustände herrschten. Schon die einfachste religionssoziologische oder kirchenstatistische Aussage, zum Beispiel über die Mitgliedschaftsentwicklung in den Kirchen, besaß daher eine hohe politische Brisanz.«[281]

Die Arbeit von Adam Weyer, Stephan Wippermann und Monika Lins[282], die sich intensiv mit dem Verhältnis von Arbeiterschaft und Kirchen beschäftigt, macht deutlich, wie notwendig die Betrachtung der Sozialstruktur der DDR ist. Die mit einer zahlreichen Dokumentenrecherche belegte These, dass die Kirchen in der DDR wenig Interesse an der Situation der Arbeiterschaft zeigten und »die Volkskirche in der DDR in letzter Konsequenz aus eigenem Antrieb das sogenannte Bildungsbürgertum als ihre Zielgruppe«[283] angesehen hat, lässt zahlreiche Fragen in Bezug auf das gesamte geistliche Handeln der Kirchen innerhalb der Struktur der gesellschaftlichen Wirklichkeit offen.

---

[281] D. Pollack: Kirche in der Organisationsgesellschaft, Stuttgart 1994, 19.

[282] A. Weyer/S. Wippermann/M. Lins: »Ordentlich und fleißig arbeiten!«, Duisburg 1994.

[283] Ebd., 173.

An dieser Stelle ist deutlich zu unterscheiden zwischen den Verlautbarungen einer Landeskirche und dem konkreten pastoralen Handeln in den einzelnen Gemeinden. Tatsächlich beschränkt sich diese Feststellung, nämlich dass die evangelische Kirche in ihrem Dienst bewusst und konkret einer ausgewählten Zielgruppe vorbehalten war, zum großen Teil auf Äußerungen der Kirchenleitungen und des Bundes der Evangelischen Kirchen der DDR. Zu beachten ist, in welchem Maße die so verstandene Kirche überhaupt direkten Zugang zu einer sozialen Größe wie etwa der Arbeiterschaft hatte und wie im Gegensatz dazu die konkreten Möglichkeiten in den Ortsgemeinden, insbesondere in den ländlichen Gebieten aussah. Grundsätzlich ist zu fragen, ob der damit in einem Zusammenhang gebrachte Begriff »Volkskirche« auf die Situation in der DDR überhaupt anwendbar oder ob nicht besser von volkskirchenlichen Strukturen zu sprechen ist.[284] Die sicherlich pointierte These dieser differenzierten Analyse einer Erscheinungsform innerhalb der sozialen Strukturierung der DDR-Gesellschaft im Verhältnis zu den Kirchen und ihrem Handeln stellt einen Eckpunkt bei der Betrachtung der gesamten Arbeit der evangelischen Kirchen in der DDR dar, dem jedoch andere gegenüber gestellt werden müssen, um ein relativ reales Bild zu erzielen.

> »Die evangelischen Kirchen in der DDR, die sich selbst als Lerngemeinschaft bezeichnen, schenken der staatlich vorangetriebenen Angleichung von Stadt und Land durch die Industrialisierung der Landwirtschaft (Einrichtung der LPG) und den Bau riesiger industrieller Produktionsstätten und der damit verbundenen Schaffung der Neustädte vor allem auf der Leitungsebene zuwenig Beachtung für ihre eigene Geschichte. Die veränderten Lebensbedingungen der überwiegend von ProduktionsarbeiterInnen und ihren Familien bewohnten Neustädte dringen zu langsam und dann auch nur von der Gemeindeebene her in das Bewußtsein der Amtskirche ein.«[285]

---

[284] Die Frage nach den sozialen Gruppierung innerhalb der jeweiligen Gemeinden muss gestellt werden, ebenso die Frage, ob es tatsächlich eine geschlossene soziale Größe, wie etwa die Arbeiterklasse, in der gesamten Zeit der DDR gegeben hat. Beides kann aber hier nicht weiter verfolgt werden. Zu vermuten ist, dass in ländlichen Gebieten noch eine relativ geschlossene soziale Schichtung begegnete, eine Kongruenz zwischen politischer Gemeinde und kirchlicher Gemeinde noch relativ gegeben war (z.B. bei Kasualien), die sich jedoch mit der zunehmenden Industrialisierung der Landwirtschaft verschob. Volkskirchliche Strukturen haben sich vermutlich aus traditioneller Bindung stärker in ländlichen Gemeinden erhalten. Die Konstellation in den städtischen Gemeinden sah sicherlich differenzierter aus.

[285] A. WEYER/S. WIPPERMANN/M. LINS: »Ordentlich und fleißig arbeiten!«, Duisburg 1994, 107.

Die Situation der Predigthörer, die in einem engen Verhältnis zur Sozialstruktur steht, sah in den einzelnen Ortsgemeinden ganz unterschiedlich aus. Dabei muss grundsätzlich bedacht werden, was unter Situation bezüglich praktisch-theologischer Erwägungen überhaupt zu verstehen ist, bevor es zu einer Betrachtung der das Umfeld bestimmenden Sozialstruktur kommen kann.[286]

II.2.1 Bemerkungen zum Begriff der Situation

Innerhalb einer Gesellschaft oder eines Gesellschaftssystems ist es nur möglich, abstrakt bzw. mit einer abstrakten Unbestimmtheit zu beschreiben, was mit Situation gemeint ist. Erfahrungen und Erlebnisse Einzelner erlauben es jedoch, repräsentativ auf die Situation von Gruppen, des Staates, von institutionellen Einrichtungen wie Kirchen, Ausbildungseinrichtungen, der Kunst und Kultur oder von wissenschaftlichen Entwicklungen und Ökonomie usw. zu schließen. Es ist dabei möglich, zwischen einer äußeren und inneren Situation zu unterscheiden, wobei die äußere Situation vom gesamten Umfeld einer Gesellschaft (d.h. hier Sozialstruktur) und die innere Situation (individuelle Erfahrungen und Erlebnisse[287]) von der persönlichen Reflexion und Reaktion bestimmt wird. Eine Situation bewusst zu machen bzw. der Versuch ihrer Erfassung, bildet den Ausgangspunkt, um darauf zu reagieren oder einzuwirken. Im Bezug auf die Kirchen in der DDR wurde dieses Erfassen der Situation an vielen Stellen immer wieder durch theologische Reflektion versucht.[288] Das faktische Ergreifen bzw. Begreifen einer bestimmten Situation

---

[286] Grundlegende Äußerungen zur Gesellschaft in der DDR: Vgl. D. Pollack: Kirche in der Organisationsgesellschaft, Stuttgart 1994, 38–77.

[287] Hierzu wären die biographischen Notizen heranzuziehen u.a: A. Schönherr: [...] aber die Zeit war nicht verloren, Berlin 1993; H. Grüber: Bevollmächtigt zum Brückenbau, (hrsg. von J. Hildenrandt), Leipzig 1991; J. Jänicke: Ich konnte dabeisein, Berlin ²1986; K. Scharf: Widerstehen und Versöhnen, Stuttgart ²1988; H.-J. Tschiche: »Nun machen Sie man, Pastorche!«, Halle 1999; W. Leich: Wechselnde Horizonte, Wuppertal und Zürich 1992; R. Steinlein: Die gottlosen Jahre, Berlin 1993.

[288] Vgl. dazu Aufsätze aus »Die Zeichen der Zeit«, zum Beispiel: F. W. Krummacher: Zum Verhältnis von Staat und Kirche in der DDR, ZdZ 1953, 310 ff.; P. Albrecht: Kirche und Gesellschaft, ZdZ 1965, 99ff. ; D. v. Oppen: Die Isolierung des Pfarrers von der Gesellschaft, ZdZ 1965, 87 ff. ; G. Jacob: Christen ohne Privilegien – Möglichkeiten des Christseins in der DDR, ZdZ 1967, 409ff.; G. Jacob: Die Zukunft der Kirche in der Welt des Jahres 1985, ZdZ 1967, 441ff.; W. Krusche: Zwanzig Jahre evangelische Kirche im sozialistischen Staat, ZdZ 1969, 361ff.; I. Braecklein: 25 Jahre DDR, ZdZ 1974, 361ff.; W. Scheidacker: 30 Jahre Kirche in der DDR – Erwartungen vor 30 Jahren und Erfüllungen, ZdZ 1979, 361ff.; aber auch Berichte auf den Synoden.

als Daseins-Situation (Lebensraum, Wirklichkeit, Realität usw.) stellt sich als hilfreich heraus.

> »Fragt man zunächst nach einem möglichst *allgemeinen Begriff* von ›Wirklichkeit‹ oder ›Realität‹, so faßt Herms die erkenntnistheoretische Debatte der Neuzeit in der These zusammen, daß der Status alles Seienden ›konkret als die Verfassung des *erkennbar* Seienden zu denken‹ ist, so daß Wirklichkeit ihrer Struktur nach als Erfahrungswirklichkeit bestimmt werden muß [...].«[289]

So kann Situation, wie sie hier mit dem Begriff »Wirklichkeit« bzw. »Erfahrungswirklichkeit« wiedergegeben wird, als konkrete Umwelt beschrieben werden, in der sich bestimmte Lebensprozesse vollziehen.

Die Erfassung einer konkreten Situation kann verschieden aussehen und wird von daher unterschiedlich begriffen und bestimmt: Das Individuum, als gesellschaftliche Größe, lebt in bestimmten wirtschaftlichen, sozialen, politischen, kulturellen Gegebenheiten, von denen bereits eine bestimmte Realität abhängig ist, wenn auch nicht schon allein durch das Vorhandensein dieser Gegebenheiten.[290] »Jede konkrete Situation ist dann von einer Vielzahl von Dimensionen bestimmt, in der die Wirklichkeit dem einzelnen gegenübertritt und von ihm begriffen und ›verantwortet‹ werden muß.«[291] Das Bewusstsein bzw. die Möglichkeit eines bewussten Ergreifens – in Situationen und von bestimmten Situationen – ist u.a. dann davon abhängig, inwieweit ein Wissen über diese Realitäten oder inwieweit Informationen überhaupt zur Verfügung stehen: Wirkliches Begreifen und Erfassen ist somit informationsabhängig! In Bezug auf die Relevanz dieser gesellschaftlichen Realitäten für die Kirchen und das theologische Denken schreibt Gottfried Kretzschmar (1975):

> »Es herrscht weithin Klarheit darüber, daß die gesellschaftlichen Realitäten, die eine Epoche charakterisieren, nicht nur einen zufälligen und neutralen Rahmen für den bleibenden Auftrag der Kirche darstellen, sondern vielmehr einen theologisch legitimen Einfluß auf ihn ausüben. Der Auftrag hat seinen Grund im Handeln Gottes unter den Bedingungen der Relativität menschlicher Geschichte [...]

---

[289] J. Hermelink: Die homiletische Situation, Göttingen 1992, 19.

[290] Zum Beispiel bei der Frage einer bestimmten religiösen Sozialisation in der Familie oder einem entsprechenden Kontext. Die Herausbildung einer Generation, die mit »Kirche« keinen Kontakt mehr und somit keine Rezeptionsmöglichkeiten bezüglich überlieferter Tradionskomplexe hat, entwickelt eine immense Schwellenangst. Für diese Generation wird Kirche automatisch zu einem Un-Ort (in der gesellschaftlicher Wirklichkeit).

[291] J. Hermelink: Die homiletische Situation, Göttingen 1992, 19–20.

> Gesellschaftliche Realitäten zu ignorieren hieße, Gottes Handeln hier und heute mißachten und kirchliches Tun erschweren oder gar unmöglich machen.«[292]

Das Kennen, das Erfassen der eigenen Situation ist ein Weg, um im Bewusstsein die Weite der Möglichkeiten einer Reaktion zu öffnen. Die Gefahr, das Ganze aus den Augen zu verlieren, verringert sich, wenn eine konkrete Situation zu einer kollektiven Erfahrung wird bzw. gemeinsame und bestimmende Bezugspunkte gefunden werden können, wenn die Gesamtsituation zur Einzelsituation, das gesellschaftliche Sein zum Bestimmungsaspekt des individuellen Seins wird. In welcher Art und Weise der Mensch in einer Situation aufgeht und sich entwickelt, hängt davon ab, wie er dabei situationsbedingt den Realitäten begegnet.

Die propagierte singuläre Grundstruktur der DDR lässt bestimmte allgemeingültige Bezugspunkte für die Betrachtung der Situation erkennen. Diese Bezugspunkte erstrecken sich auf dem Gebiet der materiellen Ebene (z.B. Lohn- und Gehaltsniveau), der intellektuellen Ebene (z.B. Allgemeinbildende Polytechnische Oberschule, einheitlicher Lehrplan), der Informationsebene (z.B. der Konsum von West-Fernsehen), der gemeinsamen Themenbereiche (z.B. Staat, Parteiapparat, der Reisefreiheit, der Defizite bei der Beschaffung von Konsumgütern, des Lebensstandards usw.) und Beobachtungen zum allgemeinen Wortschatz. Für die Situation in der DDR kann in diesem Zusammenhang zunächst von einer relativ uniformierten Lebensweise oder einer Normierung der Lebensart unter gesellschaftlichen Bedingungen gesprochen werden. Ziel war ein gemeinsames, kollektives Schicksal in einer bestimmten, mit dem Staat DDR umrissenen, und einer atheistisch verstandenen Ideologie, geprägt vom Marxismus-Leninismus umschriebenen Lebenswelt. Überwacht und gesteuert, wurde dieses Ziel von *einer* Partei, der Sozialistischen Einheitspartei Deutschlands (SED) und ihren Organen, die zugleich den größten Teil des Staatsapparates ausmachten.

Wenn das Gesagte für die Individuen einer Gesellschaft zutrifft, so muss es auch für den Prediger bzw. die Predigerin, als Mitglied dieser Lebensgemeinschaft zutreffen. Für ihn/sie und für seinen/ihren besonderen Auftrag, nämlich Predigt und Verkündigung, ist die Situation unter homiletischen Aspekten, die homiletische Situation, von besonderer Bedeutung.

> »Unter homiletischer Situation soll diejenige Situation des Hörers bzw. der Hörergruppe verstanden werden, durch die sich die Kirche, eingedenk ihres Auftrags,

---

[292] G. Kretzschmar: Die Kirche in ihrer sozialen Gestalt, in: Handbuch der Praktischen Theologie, Bd. 1, 1975, 73.

zur Predigt, das heißt zu einem konkreten, dieser Situation entsprechenden Predigtakt, herausgefordert sieht«[293]

Die homiletische Situation, die zwar von der Real-Situation beeinflusst, aber nicht geformt wird, betraf in der DDR-Wirklichkeit nicht die Massen, sondern eine kleine Gruppe (Gemeinde, Predigthörer, Gottesdienstbesucher, Prediger usw.) und ist als Predigtsituation im konkreten Gemeindegottesdienst von mehreren Faktoren bestimmt: gesellschaftliche Situation, kirchliche Situation, Gemeindesituation, Situation des einzelnen Predigers/ der einzelnen Predigerin, des Hörers/der Hörein usw. Hinzu kommt die erwähnte Informationsabhängigkeit.

Die Gemeindesituation, die detailliert nur an konkreten Gemeinden mit ihren Gebäuden, den handelnden Personen und den Mitgliedern der Gemeindeleitung und der einzelnen Gemeindeglieder usw. unmittelbar charakterisiert werden kann, ist wiederum von der gesellschaftlichen und (gesamt-) kirchlichen Situation abhängig.[294]

Durch die Darstellung des historisch-biographischen Kontextes ist bereits in Grundzügen die gesellschaftliche und die kirchliche Situation beschrieben, wobei die Situation der Kirchen in der DDR an vielen Stellen als Verhältnisbestimmung zwischen Staat und Kirche begriffen wurde.

»Für das Verhältnis von Staat und Kirche ist deutlich: Dieser sozialistische Staat ist eine rein weltliche Institution und will nichts anderes sein. Die Kirche ist in keiner Weise gebeten, die Existenz der DDR zu begründen, zu rechtfertigen oder zu empfehlen. Alleinige Richtschnur für die Verwaltung und den weiteren Aufbau des Staates sind Kenntnisse über die Entwicklung in Natur und Gesellschaft, wie sie vor allem die marxistisch-leninistischen Theoretiker herausgearbeitet haben. Weil dieser Staat sich von vornherein zu einer immanenten Zweckbestimmung bekennt, unterscheidet er sich zugleich vom Auftrag und Anliegen der Kirche. Andererseits sind die Landeskirchen durch die Entmachtung und Enteignung der in der Vergangenheit herrschenden Klassen aus der Verflechtung mit staatlichen Einrichtungen ein für allemal entlassen.«[295]

---

[293] E. Lange/P. Krusche/D. Rössler (Hg.): Zur Theorie und Praxis der Predigtarbeit, Stuttgart/Berlin 1968, 22; zitiert nach: J. Hermelink: Die homiletische Situation, Göttingen 1992, 11.

[294] Als Beispiel für eine solche detaillierte Beschäftigung mit einer konkreten Gemeinde bzw. mit einem konkreten Kirchenkreis (als abgrenzbarer Raum) vgl.: H.-J. Heinze: Die kirchliche Situation im Evangelischen Kirchenkreis Erfurt (Kirchenprovinz Sachsen) vor und nach 1990, Diplomarbeit an der FSU-Jena, Erfurt 1998.

[295] G. Kretzschmar: Die Kirche in ihrer sozialen Gestalt, in: Handbuch der Praktischen Theologie, Bd. 1, Berlin 1975, 76.

Die Situation des Predigers ist bereits in Konturen dadurch umrissen, dass er Teil der Gesellschaft und der Gemeinde, wie auch der Kirche als Institution ist. Sie wird jeweils durch den Multiplikator individueller Einsichten, Entwicklungen und Erfahrungen zusätzlich bestimmt. Der Prediger nimmt als bestimmender Faktor im Vollzug der Predigt eine gesonderte Stellung ein, die sich von dem zunächst grundsätzlich als monologisch zu bestimmenden Charakter der Predigt ableiten lässt, auch wenn sie als dialogische Rede gedacht wird. Innerhalb dieser Situation des Predigers kommt es im Verlauf der pastoralen Predigtarbeit zur *Homiletischen Situation* im bereits genannten Sinne. Dass am Ende der 50er bzw. 60er Jahre eine Entwicklung bezüglich des thematischen Eingehens und der theoretischen Reflektion der homiletischen, d.h. Predigtsituation zu beobachten ist, hängt vermutlich in starkem Maße mit einem Generationswechseln in der Predigerlandschaft zusammen. Nach Jan Hermelink war es Ernst Lange, der »1968 den Bezug der Predigt auf ihre Hörerinnen und Hörer in ungewöhnlicher Weise thematisiert«[296] hat. Der »Begriff der homiletischen Situation, der nicht zu Unrecht als Inbegriff von Langes homiletischem Anliegen gilt, insistiert auf der Besonderheit der jeweiligen Situation, in der Predigt sich vollzieht«[297].

In der Darstellung um die Debatte mit der *Homiletischen Situation* erscheint diese in der Arbeit von Jan Hermelink als eine Auseinandersetzung in der homiletischen Debatte neuerer Zeit. Darin wird *Homiletische Situation* als ein Akt und eine Bezugsgröße innerhalb der Predigtvorbereitung für den pastoralen Predigtvollzug verstanden. Von Bedeutung ist die konkrete Situation der Predigthörer, die von Ernst Lange »wieder auf die homiletische Tagesordnung gesetzt« wurde.

> »Denn die Art und Weise, in der die Wirklichkeit der Hörerinnen und Hörer die Predigtarbeit bestimmt, ist nicht nur Gegenstand theoretischer Auseinandersetzungen in der homiletischen Lehre, sondern ist im Grunde für jeden ›konkreten Predigtakt‹ neu zu reflektieren.«[298]

Deutlich, und von Hermelink beabsichtigt, treten sich zwei scheinbar gegensätzliche Perspektiven um die Auseinandersetzung und Debatte der homiletischen Situation gegenüber: die primär dogmatische und praktische

---

[296] J. Hermelink: Die homiletische Situation, Göttingen 1992, 11.

[297] Ebd., 11 Vgl. dazu Ernst Langes konzeptionellen Ansatz in: M. Bröking-Bortfeldt: Kreuz der Wirklichkeit und Horizonte der Hoffnung, Stuttgart 2004, 30 ff.

[298] Ebd., 13. Vgl. dazu auch: W. Steck: Das homiletische Verfahren, Göttingen 1974. Das dort bei der Auseinandersetzung mit dem Problem »Die Praxis der ›Modernen Predigt‹« beschriebene trifft in gewissem Umfang auch für die DDR-Situation zu. (70ff).

Perspektive. Jeweils an ausgewählten Repräsentanten werden diese Positionen und ihre Vor- und Nachteile verdeutlicht.[299]

Die Situation – verstanden als Lebensumfeld, Wirklichkeit usw. –, in der DDR unterlag selbstverständlich einer Entwicklung und ständigen Veränderung. Grundsätzlich war jedoch das, was Hermann-Josef Röhrig innerhalb der Thematik zur Diaspora-Situation der Kirche zu sagen hatte, relativ stabil:

> »Mit dem Ende des 2. Weltkrieges und dessen Folgeerscheinungen entstehen völlig anders geartete Minderheitssituationen von evangelischer Kirche [...] Auf dem Gebiet der DDR entsteht aufgrund einer atheistisch orientierten Umwelt eine ›weltanschauliche‹ oder ›ideologische Diaspora‹. Diese ist eng verbunden mit der ›säkularen Diaspora‹; sie entsteht, weil und wenn Christen unter einer Mehrheit von nichtpraktizierenden, nichtglaubenden und betont sich atheistisch gebenden Menschen leben [...] Speziell in dieser Situation ist aber das Faktum der Diasporawerdung einer ganzen Kirche als recht gravierend einzuschätzen. So gesehen gibt es in den Landeskirchen auf dem Gebiet der DDR nicht mehr einzelne Diasporagebiete, sondern die Landeskirchen einzeln und zusammengenommen werden zur Diaspora.«[300]

Aus dieser Minderheits-Situation der Kirchen in der DDR ergaben sich bestimmende Faktoren, die für den Vollzug der praktischen Predigtarbeit von Bedeutung waren. Zunächst ist in diesem Zusammenhang die relative Abgeschlossenheit der DDR-Gesellschaft, in der sich die Gemeinden vorgefunden haben, zu nennen, und die nicht erst mit der Befestigung der Grenzen von 1961 begann. Sie kann umschrieben werden als eine gettoisierte Gemeinde, die eine (eigene) notwendige Predigtpraxis mit einem klaren Gegenüber hervorgebracht hat. Pointiert tritt diese Erscheinung allerdings nach 1961 und 1969, mit der Gründung des Bundes, deutlich hervor. Diese Minderheits- oder Diaspora-Situation wird von Johannes Hempel als »missionarische Grundsituation« begriffen, »in der die meisten Menschen vom Evangelium nichts (mehr) ›wissen‹«[301]. Zugespitzt formuliert Hempel weiter: »Die Relevanz der Situation für alle Verkündigung ist sehr groß, größer gewiß, als wir zu sehen gewöhnt sind [...]«[302] – und meint damit die konkrete und spezifische Situation in der DDR.[303]

---

[299] Vgl. dazu: J. Hermelink: Die homiletische Situation, Göttingen 1992, 31ff.

[300] H.-J. Röhrig: Diaspora-Kirche in der Minderheit, Leipzig 1991, 231.

[301] J. Hempel: Elementare Verkündigung, ZdZ 1/1970, 1.

[302] Ebd., 2.

[303] Theoretische Arbeiten, wie z.B. bei H.-D. Bastian: Theologie der Frage, oder H.-E. Bahr: Verkündigung als Information, (jeweils nicht in der DDR verlegt), erweisen sich nach J. Hempel »mit ihrer pointierten Ermutigung zum homiletischen Verzicht auf thetisches Reden der Gemeinde zugunsten des sich selbst befragenden bzw. sich befragen

Die Person des Pfarrers/Pfarrerin (und des Predigers, der Predigerin) in seiner/ihrer exponierten Rolle stellt im homiletischen Prozess, innerhalb der Diaspora-Situation und in Bezug auf die konkrete homiletische Situation einen bedeutenden Faktor dar. Er/sie genießt zum einen eine relative Freiheit in einem diktatorisch bestimmten Staat durch seine/ihre Verpflichtung zum Amt. Damit verbunden ist allerdings eine Verantwortung im Umgang mit dem »Wort«, da die Predigt weitläufig die einzige Möglichkeit darstellt, in der Öffentlichkeit unzensiert zu reden, sich an die Öffentlichkeit zu wenden.[304] Seine/ihre Handlungen und Äußerungen bestimmten die Meinungen über die Kirche und andererseits symbolisierte er/sie das Handeln der gesamten Kirchen vor Ort (mit). Dabei lassen sich durchaus traditionell verankerte Auffassungen zum Pfarrerbild beobachten. Der Pfarrer bzw. die Pfarrerin, als Vertreter der Kirche und der Gemeinde vor Ort, war grundsätzlich erst einmal eine Vertrauensperson und hatte als solcher einen gewissen Vertrauensvorschuss. Diese Grundeinstellung eröffnete die Möglichkeit, Menschen *in* der und *durch* die Predigt etwas zu sagen oder sie zu begleiten, auch außerhalb des eigentlichen Gemeindebereichs. Dr. Heinemann beschreibt sein Arbeitsfeld als Pfarrer in einer ländlichen Gemeinde folgendermaßen:

> »An erster Stelle versuchte ich als Prediger und Seelsorger, engen Kontakt mit der Bevölkerung herzustellen. Dazu waren Hausbesuche nötig, die wir Pfarrersleute gemeinsam ausübten. Besuche an den Krankenbetten in den Häusern des Dorfes und in den Kliniken der Nachbarstädte Suhl und Meinigen, Besuche bei Geburtstagskindern und Jubilaren. Dazu gehörte das offene Haus, das nicht nur als Versammlungsstätte der Gemeindekreise galt, sondern als Ort der Zuflucht und der Hilfe für jeden einzelnen Bürger, der Telefon oder Auto benötigte, den Schreiber von Briefen und Eingaben an Behörden, den Rechtsbeistand bei Testamenten und Erbfolgefragen.«[305]

---

lassenden Verfahrens, aus dem Gesichtsfeld ›unserer‹ Situation so stark soziologisch (das heißt hier durch die andere gesellschaftliche Wirklichkeit) geprägt, daß die entscheidenden Aussagen für uns schlechterdings (wegen unserer andersartigen gesellschaftlichen Wirklichkeit!) unpraktikabel sind«. (J. Hempel: Elementare Verkündigung, ZdZ 1/1970, 2 (Fußnote 5). Diese Bemerkung zur Anwendbarkeit praktisch-theologischer Studien, die unter veränderten gesellschaftlichen Entwicklungen stattfanden, signalisieren deutlich die Notwendigkeit eigener, situationsbedingter, d.h. von der Situation in der DDR ausgehender, Überlegungen. Sie sind weiterhin deutliche Hinweise auf eine eigene, notwendige praktisch-theologische Arbeit in der DDR.

[304] Inwieweit diese Möglichkeit genutzt wurde, was in diesem Zusammenhang *Öffentlichkeit* bedeutet und in welcher Verantwortung der jeweilige Prediger bzw. Pfarrer stand, muss im Weiteren hinterfragt werden.

[305] Lebenserinnerungen Dr. W.-D. Heinemann, Pfarrer i.R., Privatarchiv.

Diese Tätigkeitsbeschreibung, die teilweise über den Aufgabenbereich eines (normalen) Pfarramtes hinausgeht, ist ein allgemein zu beobachtendes Bild im Umgang mit der Bevölkerung (bewusst nicht nur Gemeindeglieder). Natürlich hing dieses Pfarrbild am persönlichen Engagement einzelner Persönlichkeiten. Vielfach kam es zu wechselseitigen Beziehungen[306] und vor allem zu Einsichten in die unmittelbare Situation der Bevölkerung, die ihren Niederschlag in der Analyse der homiletischen Situation fand.

Prägend für die Hörersituation war eine gewisse entwickelte Empfindsamkeit in Bezug auf die Gewohnheiten des Hörens von leisen Tönen, Andeutungen, Bildern usw. Die Hörfähigkeit der Predigtrezipienten war oft geschärft für Beispielhandlungen und Anspielungen. Bei der Betrachtung der Situation, der Wirklichkeit der Hörersituation, und der Bestimmung der homiletischen Situation kam es weniger auf eine allgemeine Analyse an, sondern auf die Beantwortung der Praktikabilität für die tatsächliche Gemeinde und die realen Predigthörer: ein postulierter Pragmatismus, der konkrete Hilfeleistung zu geben vermochte, z.B. konkrete, handlungsorientierte Seelsorge in der Predigt. Dieser *Postulierte Pragmatismus* tritt bereits bei der Beschreibung des historisch-biographischen Kontextes in Erscheinung und kann hier ebenfalls beobachtet werden. Die allgemeine Situation wurde als individuelle Situation erfasst, wobei ein konkretes Gegenüber in der Predigt realisiert wurde: Prediger und Hörer haben zunehmend eine einheitliche Front gebildet. Weiterhin ist m.E. ein bewusst oder unbewusst vollzogener Wandel bei der Deutung biblischer Texte zu beobachten, der die konkrete Situation auf biblische Texte transformierte.

In seinem Aufsatz »Die Relevanz der Situation für die Frage der kirchlichen Ämter« geht Johannes Hempel erneut auf die Bedeutung der Situation für die Verkündigung ein. Ausgehend von Überlegungen zum Hirtenamt der Kirche und einem allgemeinen Amtsverständnis, kommt er zu dem Schluss, dass:

> »[d]er Streit um ›das Amt‹ bzw. die ›Ämter‹ [...] ein dezidiert biblischer Streit zu sein« scheint, »der mit biblischen Waffen allein nicht auszutragen ist, sondern auf das Problem des ›Vorverständnisses‹ verweist«[307].
>
> »Wir können statt von ›Vorverständnis‹ auch von der ›Geschichtlichkeit des Menschen‹, von seinem Bestimmtsein durch kulturelle, soziale, politische Faktoren

---

306 Solche wechselseitigen Beziehungen traten deutlich bei der Mobilisierung und Aktivierung von Laien hervor. Besonders hilfreich aber gestalteten sich diese Beziehungen außerhalb des unmittelbaren kirchlichen Raumes, beispielsweise bei der Beschaffung von Baumaterialien usw. bei Kirchensanierungen.

307 J. Hempel: Die Relevanz der Situation für die Frage der kirchlichen Ämter, ZdZ 7-8/1972, 246.

> sprechen, die offenbar auch Exegeten und Dogmatiker in ihren Forschungsintentionen betreffen.«[308]

Daraufhin stellt Hempel die Frage nach der Relevanz der Situation und leitet verschiedene homiletische Aspekte für die Verkündigung ab. Der Situation kommen in Bezug auf die Schriftauslegung folgende Funktionen zu: aktivierende bzw. stimulierende; selektierende und akzentuierende; konkretisierende bzw. exemplifizierende; relativierende bzw. nivellierende; diagnostizierende und charakterisierende; prolongierende, prognostizierende Funktionen.[309] Diese funktionalisierenden Beobachtungen zur Bedeutung der Situation bleiben nicht ohne Nennung und Darstellung von Problemen. Für die selektierende und akzentuierende Funktion bedeutet das: »Ein Ausweg zwischen bleibender Schriftbindung und situationsgemäßer Neuformulierung kann hierbei normalerweise nur durch Neu-, durch Umakzentuierung einzelner Schriftaussagen im Ganzen des Aussagekomplexes eröffnet werden.«[310] Diese Umakzenturierung einzelner Schriftaussagen birgt jedoch die Gefahr einer übermäßigen Ausdeutung der Situation. Um eine Überbetonung der Situation zu vermeiden, formuliert Hempel: »Die Situation darf nicht zum hermeneutischen Sieb für biblisches Kerygma werden.«[311] Eine solche Einschränkung macht den schmalen Grad zwischen situationsloser Auslegung und überbetonter Situationsausdeutung deutlich. Konsequent und mit dem Ergebnis der Einheit von Situation und Tradition verfolgt Günter Krusche den Gedanken der Relevanz der Situation für die Verkündigung. Er versteht unter Situation im homiletischen Prozess Folgendes:

> »Wir definieren Situation als das Beziehungsgeflecht von Wirkungen und Wechselwirkungen, in dem sich der jeweilige Adressat der Botschaft des Evangeliums gerade befindet, gleichviel, ob es sich um ein Individuum, eine Gemeinde, eine Gruppe von Menschen oder ein gesellschaftliches System handelt. Wir verstehen Situation aber nicht statisch [...], sondern dynamisch, das heißt: im gesellschaftlichen Prozess befindlich, sofern sich in dem Beziehungsgeflecht Wirkungen und Wechselwirkungen verändern, beeinflussen, ja aufheben können, um durch neue ersetzt zu werden.«[312]

---

[308] Ebd., 246.

[309] Vgl. ebd., 247–249.

[310] Ebd., 248.

[311] Ebd., 249.

[312] G. Krusche: Die theologische Relevanz der Situation für die Verkündigung des Evangeliums, ZdZ 5/1972, 172.

Bezüglich der Predigtsituation konstatiert Krusche die Problematik der Relevanz der Situation als homiletische Schwierigkeit, wenn er meint, dass Situation (als Predigtsituation) keineswegs irrelevant für die Verkündigung sei. Er begründet das Problem damit, »daß weithin dogmatisch ›richtig‹ oder zumindest ›sachkundig‹ gepredigt werde, aber homiletisch wenig oder fast nichts ›ankommt‹«[313]. Da es sich bei der Verkündigung und Predigt um ein Kommunikationsgeschehen handele, »in dessen Verlauf eine ausgesandte Nachricht, die ›gute Botschaft‹ bei einem Empfänger ankommt«[314], sei die Aufgabe der Verkündigung die Vermittlung des Inhaltes durch die Sprache – in der Hauptsache jedenfalls. Das bedeute jedoch, »in den Sprachraum des jeweiligen Hörers« einzudringen. »Dieser Sprachraum ist durch die geschichtliche (bzw. gesellschaftliche) Situation geprägt.«[315] Der Hörer, der aktiv am Verstehensprozess der Verkündigung mitwirke, habe ebenfalls Einfluss auf diesen Kommunikationsakt. »So wird die Predigt abhängig von der Disposition des Hörers, der sie in Sinnzusammenhänge einordnet. Diese aber sind wiederum vermittelt durch sein Leben, die Gemeindesituation und die gesellschaftlichen Verhältnisse, in denen er lebt.«[316] Die Situation und ihre (theologische) Relevanz lasse sich dahingehend näher bestimmen, dass sie »nicht als *Norm* der Verkündigung, wohl aber als *Ort* der Verkündigung«[317] angesehen werde. Um jedoch das Sprach- bzw. Sprechgeschehen soweit wie möglich störungsfrei zu organisieren, sei es notwendig, dass die Sprache der Predigt »dem Sprachraum« entstammt, »der die Welt des Menschen [d.h. des Predigthörers, d.Vf.] aussagt«[318]. »Deshalb gehört Teilnahme am Leben der anderen zu den Voraussetzungen christlicher Verkündigung.«[319] Da G.Krusche von einem dynamischen Begriff der Situation ausgeht, muss auch die »Teilnahme am Leben« eine aktive[320] sein. Die Situation der Hörer bedürfe einer steten Neubetrachtung und Neubesinnung. »Dies erfordert Situationsanalyse als Pendant zur Textanalyse. Ohne Klärung der Situation des Hörers (seiner Bedürfnisse,

---

313 Ebd., 172.

314 Ebd., 172.

315 Ebd., 172.

316 Ebd., 172.

317 Ebd., 172.

318 Ebd., 172.

319 Ebd., 173.

320 Die aktive Teilnahme am Leben kann verschiedene Konturen aufweisen. Hier geht es im Prinzip auch um Fragen innerhalb der Kybernetik und um Konzeptionen des Gemeindeaufbaus, der Seelsorge usw. Sie berührt weiterhin die Problematik einer Flexibilität kirchlicher und gemeindlicher Arbeit, die mit einer definierten festen Volkskirche kaum gegeben ist.

seiner Erwartungen, seiner Probleme) kann das Evangelium nicht zugesprochen werden.«[321]
Insgesamt kann Krusche damit zur Relevanz der Situation für die Verkündigung sagen:

> »[...] daraus ergibt sich als ständige Aufgabe für die Verkündigung des Evangeliums: Permanente Situationsanalyse, Achthaben auf die tatsächliche Situation, Verstehen der Situation des Adressaten der Botschaft als Voraussetzung für das Verstehen der Botschaft.«[322]

Am deutlichsten wird die Absicht Krusches in der Formulierung bezüglich sozialethischer Äußerungen in der Verkündigung: »Sozialethische relevante Aussagen ohne konkreten Situationsbezug sind überhaupt nicht mehr möglich, es sei denn, man beschränkt sich auf allgemeine Sätze, Maximen und Normen.«[323] D.h. nichts anderes als: Will Predigt konkret sein, so bedarf es der Einbeziehung der konkreten Situation! »Die befreiende Kraft des Evangeliums kann nicht unabhängig von der Einsicht in die gegebene Situation ausgesagt und erkannt werden, wenn es konkret und hilfreich sein soll.«[324]

II.2.2 Zur homiletischen Relevanz ausgewählter Phänomene der Sozialstruktur

Das soziale Gefüge in der DDR war trotz politisch angestrebter Einheitlichkeit an vielen Stellen stark differenziert. Der Aufbau des Sozialismus als anvisiertes Ziel bestimmte zunächst die politische und soziale Entwicklung; die *entwickelte sozialistische Gesellschaft* (die den Übergang zum Kommunismus vorbereiten sollte) wurde in späteren Jahren durch Überlegungen ersetzt, die den Aufbau einer kommunistischen Gesellschaftsordnung propagierte und die noch existierenden gesellschaftlichen Unterschiede zur Auflösung bringen sollte. Auf den jeweiligen Parteitagen der SED und ihren Berichten sowie im »Neuen Deutschland«[325] wurden die Fortschritte auf diesem Entwicklungsweg immer wieder hervorgehoben, die mit der gesellschaftlichen Realität jedoch nur in den wenigsten Fällen übereinstimmten.

Die DDR definierte sich selbst als Klassengesellschaft mit sozialistischem Gesellschaftssystem, in der sich – wie im Sozialismus überhaupt – »noch zwei

---

[321] G. Krusche: Die theologische Relevanz der Situation für die Verkündigung des Evangeliums, ZdZ 5/1972, 173.

[322] Ebd., 173–174.

[323] Ebd., 175.

[324] Ebd., 175.

[325] Tageszeitung und Zentralorgan der SED (1949-89).

Klassen, die Arbeiterklasse und die Klasse der Genossenschaftsbauern sowie verschiedene soziale Schichten«[326] gegenüber stehen.

> »Diese Klassen und Schichten stehen jedoch nicht mehr in einem antagonistischen Verhältnis zueinander.«[327]
> »Die Arbeiterklasse und die Klasse der Genossenschaftsbauern haben gemeinsame Grundinteressen, denn sie sind mit dem ganzen Volk Besitzer der entscheidenden Produktionsmittel [...] Sie sind gemeinsam daran interessiert, den Sozialismus und Kommunismus aufzubauen [...]«[328]

Der Unterschied, der beide *Klassen* voneinander trennt, liegt lediglich in der Form des gesellschaftlichen Eigentums. Innerhalb der verschiedenen *Schichten* liegt das unterscheidende Merkmal im Verhältnis zu dem gesellschaftlichen Eigentum im Arbeitsprozess, sprich: im Verhältnis zu den Produktionsmitteln.

> »Mit dem Übergang zum Kommunismus wird sich das einheitliche gesellschaftliche Eigentum an den Produktionsmitteln durchsetzen. Damit werden die Klassen aufgehoben und eine Gesellschaft freier kommunistischer Menschen entsteht.«[329]

Diese Zukunftsperspektive setzt unmittelbar auf die ganzheitliche Erziehung des Menschen und damit auf die Beeinflussung seiner Persönlichkeitsentwicklung.

Die soziale *und* die wirtschaftlich-ökonomische Entwicklung in der DDR ist zunächst in unmittelbarem Zusammenhang zu verstehen. Grundsätzlich müssen bei der Betrachtung der Sozialstruktur in der DDR deshalb die Nachkriegs- und Anfangsjahre und die spätere Entwicklung des sich konsolidierenden DDR-Staates unterschieden werden. Einschneidende Ereignisse sind die Befestigung der Staatsgrenzen und die damit verbundene relativ konstante Abgrenzung des Gesellschaftssystems in der DDR, weiterhin der Wechsel in der Staatsführung und die staatliche Anerkennung der DDR durch die Bundesrepublik sowie die damit verbundenen außenpolitischen Maßnahmen der DDR-Regierung.

Die Sozialstrukturen in den Nachkriegs- und Anfangsjahren der DDR waren insbesondere durch die Flüchtlings- und Umsiedlerproblematik und von politischen Legitimationsaktionen[330] bestimmt, neben einer allgemeinen

[326] Kleines politisches Wörterbuch, Berlin 1983, 464.

[327] Ebd., 464.

[328] Meyers Jugendlexikon A–Z, Leipzig 1974, 353.

[329] Ebd., 353.

[330] Der Begriff *Legitimationsaktionen* umschreibt an dieser Stelle ein zweifaches: a) die Entnazifizierung in allen Bereichen der Gesellschaft und b) personalpolitische

Notlage. Durch den Befehl Nr. 2 der Sowjetischen Militäradministration über die Wiederzulassung politischer Parteien und Organisationen kam es zur Neuorganisation verschiedener Parteien und Gruppen, die sich in der Einheitsfront der antifaschistisch-demokratischen Parteien zusammenschlossen, zu der sich in den folgenden Jahren weitere Organisationen bekannten. Darunter auch der *Freie Deutsche Gewerkschaftsbund* (FDGB) als Dachorganisation jeglicher Arbeitnehmer.

> »Im Jahre 1945 standen sich SPD, KPD, CDU und LDP noch als vier formal gleichberechtigte Parteien gegenüber, die programmatisch, organisatorisch und personell die Tradition des deutschen Parteiensystems verkörperten. Bis 1950/52 war der Transformationsprozeß so weit fortgeschritten, daß die inzwischen stalinisierte Führungspartei SED die nunmehr existierenden vier übrigen Parteien CDU, LDP, NDPD und DBD bereits weitgehend dominierte. Damit war in der Praxis das Parteiensystem am Einparteiensystem der UdSSR ausgerichtet.«[331]

Die politisch-ideologische Vorherrschaft der SED wurde u.a. durch erhebliche »Säuberungsmaßnahmen«, durch die personalpolitische Ausnutzung der Entnazifizierung in Verwaltung, Justiz und Wirtschaft sowie durch erhebliche Unterstützung aus der Sowjetunion gesichert.

Innerhalb der personalpolitischen Strukturierung der einzelnen Landeskirchen nach 1945 kam es ebenfalls zu Überprüfungen der Geistlichen, Beamten und Angestellten.

> »Die Entnazifizierung, die insbesondere die Pfarrer betraf, ist von großer sozialgeschichtlicher Bedeutung für die weitere Entwicklung der Kirche und die Prägung des protestantischen Milieus in der DDR gewesen [...] Die Sowjetische Militäradministration (SMAD) akzeptierte – anders als etwa bei Lehrern – im Rahmen ihrer Politik, die auf Gewinnung der Kirchen für den Neuaufbau setzte, im allgemeinen das Prinzip der kircheninternen Reinigung.«[332]

Damit lag die politische Säuberung in den Händen der jeweiligen Landeskirchen. Bestimmt wurde die Vorgehensweise in dieser Problematik durch einzelne Gesetzgebungen, wie zum Beispiel mit der »Notverordnung der Evangelischen Kirchenleitung der Kirchenprovinz Sachsen betr. eine Überprüfung der Geistlichen und kirchlichen Beamten und Angestellten« vom 26. März 1947:

Maßnahmen innerhalb der Parteien.

[331] H. Weber (Hg.): Parteiensystem zwischen Demokratie und Volksdemokratie, Köln 1982, 13.

[332] C. Klessmann: Zur Sozialgeschichte des protestantischen Milieus in der DDR, in: Geschichte und Gesellschaft, 19/1993, 34.

> »Die Provinzialregierung Sachsen-Anhalts hat eine politische Überprüfung der Geistlichen, Kirchenbeamten und Angestellten nach der Direktive des Kontrollrates Nr. 24 und den dazu von ihr erlassenen Durchführungsbestimmungen angeordnet. Die Bildung der mit dieser Überprüfung zu beauftragenden Ausschüsse hat die Provinzialregierung der Kirche selbst übertragen und hat bei einer Aussprache, die zwischen ihrem Sachbearbeiter und Vertretern der Kirchenleitung über die Tragweite der vorgenannten Bestimmungen stattgefunden hat, erklärt, daß jeder Fall nach seiner Eigenart zu entscheiden ist [...]
> Die kirchlichen Ausschüsse sind in Ausübung ihres Amtes nur dieser Verordnung und ihrem in Gottes Wort gebundenen Gewissen unterworfen. Sie prüfen Belastungs- und Entlastungsgründe in freier Beweiswürdigung allein nach kirchlichen Gesichtspunkten, insbesondere dahin, inwieweit die Abkehr von den christusfeindlichen Äußerungen und Einflüssen des Nationalsozialismus glaubhaft dargetan und kirchliche Treue bewährt ist [...]
> Die Ausschüsse bestehen aus dem Vorsitzenden und fünf Gemeindegliedern. Von ihnen muß eines der CDU, eines der SED und eines der LDP angehören. Sie werden der Kirchenleitung durch den Propst im Einvernehmen mit ihren Parteien vorgeschlagen. Der Vorsitzende und die Mitglieder dürfen nicht der NSDAP und ihren Gliederungen angehört haben und dürfen keinerlei Funktion ausgeübt haben [...]«[333]

Die Durchführung der «Reinigungsaktionen« innerhalb der Kirchen von wesensfremden Einflüssen waren in Anbetracht des akuten Pfarrermangels äußerst diffizil. Einerseits mussten Möglichkeiten und Wege einer genauen Überprüfung und erforderliche Konsequenzen erarbeitet werden, anderseits ließ der akute Mangel an Personal keinen großen Spielraum zu.[334]
Der Problematik des Umsiedler- und Flüchtlingsstroms begegneten die Kirchen mit eigenen Möglichkeiten und Mitteln. Die Schwierigkeiten, auf die sie

---

333 ABL Nr. 2/1947, 34. Vgl. auch: Abl. Nr. 5/1947, 127.

334 C. Klessmann meint zu dieser Problematik: »Als generelle Tendenz läßt sich ein differenziertes, auf den individuellen Fall abgestelltes und insgesamt sehr moderates Verfahren konstatieren. Weder in Thüringen noch in Sachsen wurde eine automatische Entlassung von Pfarrern, die PGs [Parteigenossen, d.Vf.] gewesen waren, gefordert oder durchgesetzt [...] Auch ohne bereits präzise Zahlen zur Verfügung zu haben, läßt sich somit angesichts der moderaten Kirchenpolitik der SAMD in den ersten Nachkriegsjahren und der am thüringischen und sächsischen Beispiel ablesbaren innerkirchlichen Tendenz zur Milde davon ausgehen, daß es unter den Pfarrern eine sehr hohe personelle Kontinuität zwischen Drittem Reich und DDR gegeben hat.« – C. Klessmann: Zur Sozialgeschichte des protestantischen Milieus in der DDR, in: Geschichte und Gesellschaft, 19/1993, 34–35.

dabei stießen, verdeutlicht eine Mitteilung des Hilfswerkes der EKD aus dem Jahr 1947:

> »Die am 25.Juli 1947 in Berlin-Charlottenburg zu einer Arbeitsbesprechung versammelten Bevollmächtigten und Geschäftsführer des Hilfswerks der Evangelischen Kirchen in der Ostzone bringen dem Zentralbüro Stuttgart den herzlichen Dank zum Ausdruck für die umfassende Hilfe der letzten Monate, die den Anschluß an die neue Ernte erleichtert hat.
> Wir sehen aber mit ernster Sorge dem kommenden Winter entgegen, den körperlich geschwächten, seelisch entmutigte, ihrer Geldmittel fast entblößte und mit Kleidung und Feuerung unzulänglich ausgestattete Menschen, insbesondere die mehr und mehr in Verelendung geratenden Umsiedler mit Angst auf sich zukommen sehen. Wir bitten daher, die Hilfe auch für die Zukunft fortzusetzen und im Hinblick auf die in diesem Jahr noch zu erwartenden mehreren hunderttausend Umsiedler und Heimkehrer zu verstärken. Insbesondere gilt es, die in großer Zahl von jenseits der Oder und Neiße gekommenen alleinstehenden Mütter mit vielen Kindern und die nicht mehr arbeitsfähigen Alten mit Geldmitteln auszustatten und sie und weite Teile der Gesamtbevölkerung mit Lebensmitteln, Arzneien und Textilien zu unterstützen [...].«[335]

Diese mehr als Andeutungen lassen erkennen, in welchem Elend sich gerade die Zuwanderer und Vertriebenen befanden. Eines der wichtigen Ziele – neben der Versorgung mit dem Nötigsten – war die notwendige seelsorgerliche Betreuung der Evakuierten, Flüchtlinge und Umsiedler. Als dringende Voraussetzung dafür wurde zunächst die Registrierung notwendig, die auch als Voraussetzung für die Integration in die Gemeinden, für Wortverkündigung, Unterricht und kirchliche Amtshandlungen gesehen wurde.[336] Die kirchliche Betreuung der Umsiedler und Flüchtlinge oblag zunächst dem Evangelischen Hilfswerk, wobei die nötigen Mittel von den einzelnen Gemeinden bereitgestellt werden mussten. Es wurde von den einzelnen Gemeinden diesbezüglich erwartet, »daß die Pfarrämter und Kirchenvorstände den Umsiedlern ihrer Gemeinde [...] ihre besondere Aufmerksamkeit widmen, sich seelsorgerlich ihrer annehmen und ihnen auch äußerlich helfen, soweit das in ihren Kräften steht«.[337] Die Opferbereitschaft war enorm, trotz der eigenen Notlage. Die besondere Intention bei der pastoralen Betreuung der Umsiedler und deren Seelsorge lag darin, »die Umsiedler in die kirchliche Gemeinschaft ihrer Wohnsitzgemeinde so einzugliedern, daß sie das Bewußtsein, nur geduldet zu sein, so bald als möglich

[335] Abl. 3/1947, 59.
[336] Vgl. dazu: Abl. 6/1947, 150.
[337] Abl. 8/1948, 176.

verlieren«[338] sollten, d.h. keine Separierung, sondern Integration in die vorhandenen Gemeinden, in die sozialen Strukturen und damit die Möglichkeit eröffnen, die örtlichen Traditionslinien zu beeinflussen. Diese Betreuung und Führung verlangte nach besonderen personellen Maßnahmen, wie zum Beispiel der Bestellung eines Landesumsiedlerpfarrers, dessen Aufgabenbereiche sich u.a. auf organisatorische Maßnahmen, weiterbildende und zurüstende Aufgaben, Information und Kontakte zur Landesregierung erstreckten. Auch für die besondere Aufgabe der Wortverkündigung wurden bestimmte Maßnahmen entwickelt. So wird zur Abdeckung des Predigtdienstes für nicht deutschsprachige Vertriebene ein Runderlass[339] (1948) herausgegeben, in dem nach den Sprachkenntnissen der Geistlichen gefragt wurde.

Die wirtschaftliche und parallel laufende soziale Lage unterschied sich zunächst im gesamten Nachkriegsdeutschland kaum voneinander. Auf dem Gebiet der Sowjetischen Besatzungszone begann jedoch schon bald eine tiefgreifende politische und soziale Umwälzung spezifischen Charakters (Bodenreform, Enteignungen u.a.m.). Zur Strukturveränderung in der Wirtschaft kam es von Seiten der Sowjetischen Militäradministration in Deutschland (SMAD) durch Beschlagnahmung allen Eigentums des deutschen Staates, der NSDAP und ihrer Verbündeten. Bereits enteignete und besitzerlose Unternehmen wurden der Kontrolle der provisorischen Verwaltung der einzelnen Länder unterstellt. Die grundlegenden strukturellen Änderungen eines neuen politischen Organisationssystems in den 50er Jahren und die damit verbundene Veränderung der Eigentumsordnung brachten zugleich einen großen Wandlungsprozess innerhalb der Sozialstruktur mit sich. Das private Eigentum an Produktionsmitteln war spätestens Anfang der 60er Jahre zu einer gesellschaftlichen Marginalerscheinung geworden. Der damit zusammenhängenden sozialen Veränderung wurde häufig mit einer Westabwanderung begegnet. Bei der Besetzung der Schaltstellen der Macht in Wirtschaft und Verwaltung wurde zunächst die KPD, später die SED von der SMAD unterstützt, um damit eines der Ziele der Besatzungspolitik, die Sowjetisierung der Sowjetischen Besatzungszone, voran zu treiben.

Das Gebiet der SBZ bestand wirtschaftlich hauptsächlich aus verarbeitender Industrie. Da es kaum eine eigene verwertbare Rohstoffbasis gab, war diese Industrie größtenteils auf Fremdlieferungen angewiesen. Die Grundstoffindustrie war nur sehr gering entwickelt. Dazu kamen die Reparationsforderungen der Sowjetunion, die auf die Demontage von Industriebetrieben, Entnahmen aus der laufenden Produktion und auf die Nutzung eines Teils der vorhandenen Industriebetriebe als Sowjetische Aktiengesellschaften (SAG)

---

338 Ebd., 176.

339 RdErl. Nr. 134 vom 19. 08. 1948, Sprachkenntnisse der Geistlichen, in: Amtsblatt EKD 8/1948, 180.

herausliefen. Die Sowjetischen Aktiengesellschaften, die erst 1953 an die Verwaltung der DDR zurückgegeben wurden,[340] bestanden ursprünglich aus ca. 25 Großbetrieben. Sie hatten einen sehr starken Einfluss in einigen Industriezweigen und teilweise einen Produktionsjahreswert von über 30% der gesamten Industrieproduktion. Sie bildeten in ihrer Gesamtheit einen der größten Arbeitgeber innerhalb der Industriewirtschaft. Eine parteipolitische Schulung und ideologische Ausrichtung der Arbeiter wurde von Anfang an systematisch organisiert und durchgeführt.

Mit der Gründung der Deutschen Wirtschaftskommission (1947) war die Möglichkeit einer kurzfristigen Wirtschaftsplanung gegeben. Den Einstieg in die sozialistische Planwirtschaft bildete der erste Zweijahresplan für 1949/1950, in dessen Beschluss durch den Parteivorstand vom 30. Juni 1948 begründend zu lesen ist:

> »Eine gewaltige Aufgabe steht vor dem deutschen Volk und seinen demokratischen Organisationen. Es gilt, den wirtschaftlichen Ruin und die Not zu überwinden, die durch den Krieg und die Zerreißung Deutschlands hervorgerufen wurden. Deshalb ist die unabdingbare Aufgabe aller demokratischen Kräfte der Kampf um die Wiederherstellung der Einheit Deutschlands auf demokratischer Grundlage und damit die Wiederherstellung einer unabhängigen Friedenswirtschaft für ganz Deutschland.
> Die Spaltungsaktionen in Westdeutschland im Zusammenhang mit der Einbeziehung Deutschlands in den sogenannten Marshall-Plan, der uns der Möglichkeit beraubt, eine geeinte deutsche Wirtschaft, eine eigene gesamtdeutsche demokratische Regierung und einen Friedensvertrag für Deutschland zu erhalten, haben dahin geführt, daß die sowjetische Besatzungszone in der nächsten Zeit gezwungen sein wird, ihre Wirtschaft auf Grund eines eigenen Wirtschaftsplanes aufzubauen [...] Die Sozialistische Einheitspartei Deutschlands, die Vertreterin der deutschen Arbeiterklasse und des werktätigen Volkes, hat den nachstehenden Plan für die wirtschaftliche Entwicklung in der sowjetischen Besatzungszone aufgestellt [...]«[341]

An dieser Stelle wird neben der indoktrinären Rolle der SED, das Propaganda- und Argumentationsschema des politisch-ideologischen Ansatzes deutlich. In Bezug auf die sozialen und wirtschaftlichen Veränderungen in der Sowjetischen Besatzungszone äußert dieser Beschluss u.a.:

---

[340] Mit der Ausnahme der Wismut-AG (Uranabbau), und zwar aus militär-strategischen Gesichtspunkten.

[341] Der Zweijahresplan für 1949/1950, in: Dokumente der SED, Bd. 2, Berlin 1950, 20–21.

»In den drei Jahren nach der Kapitulation Deutschlands (Mai 1945 bis Mai 1948) gingen im Leben der sowjetischen Besatzungszone tiefgreifende soziale, wirtschaftliche und politische Veränderungen vor sich [...] Durch die Liquidierung der Herrschaft der Junker und Gutsherren auf dem Lande wurde die Lage der werktätigen Schichten der ländlichen Bevölkerung befestigt, und die Mittel- und Kleinbauern rückten an die erste Stelle.
Gemäß ihrer Lage im Dorf müssen die Mittel- und Kleinbauern die leitenden Stellungen in der Vereinigung der gegenseitigen Bauernhilfe, in den landwirtschaftlichen Genossenschaften und anderen landwirtschaftlichen Organen besetzen [...] Die sozialen, wirtschaftlichen und politischen Umgestaltungen in der sowjetischen Besatzungszone fanden auch ihren Niederschlag in der Reorganisation des Volksbildungs- und des Gesundheitswesens [...] Im Ergebnis dieser in den vergangenen drei Jahren in der sowjetischen Besatzungszone durchgeführten sozialen und wirtschaftlichen Umgestaltungen wurden die Monopolisten, Junker und Gutsherren entmachtet und die wichtigsten Hebel für die wirtschaftliche Weiterentwicklung in die Hände des Volkes genommen [...] Mit der Beseitigung dieser reaktionären und militaristischen Kräfte aus dem politischen und wirtschaftlichen Leben der sowjetischen Besatzungszone veränderten sich auch der Anteil und die Rolle der verschiedenen Bevölkerungsschichten. Auf Grund der Stellung der volkseigenen Betriebe und der demokratischen Umgestaltung auf dem politischen Gebiet rückten die Arbeiter und mit ihnen auch die Angestellten sowie die Geistesarbeiter in der Industrie und im Verkehrswesen der sowjetischen Besatzungszone Deutschlands als die Hauptkräfte in den Vordergrund.
Die Lage der Arbeiter in den Industriebetrieben, die in den Besitz des Volkes übergingen, änderte sich in entscheidender Weise [...] Die Arbeiter der volkseigenen Betriebe arbeiten heute für sich, im Interesse ihrer Familien, ihrer Kinder, im Interesse des eigenen Volkes [...] Die werktätige Bauernschaft, die zur Hauptkraft auf dem Lande geworden ist, geht Hand in Hand mit den Werktätigen der Stadt [...]«[342]

Dem einzelnen Arbeiter und Bauern wird die Möglichkeit einer Einflussnahme auf die gesellschaftliche Entwicklung suggeriert, die durch äußere – auch politisch-ideologische – Umstände gar nicht gegeben war.[343]

Die Entwicklung in der Landwirtschaft war bestimmt durch den dramatischen Ausfall der Viehbestände, die fehlenden Arbeitskräfte und landwirtschaftlichen Gerätschaften, abfallendes Getreideaufkommen und die

---

342 Ebd., 21–27.

343 Es muss an dieser Stelle bemerkt werden, dass die Beteiligung der Bevölkerung in den Anfangsjahren realistischer war als in späterer Zeit, insbesondere in der sogenannten Honecker-Ära. Faktisch ist diese Anteilnahme jedoch nicht in dem Maße geschehen, wie es propagiert wurde.

Bodenreform. Die Initiierung und die Ausprägungen der Landwirtschaftlichen Produktionsgenossenschaften (LPG) vermochten diesen Entwicklungsgang zunächst nur sehr schwer aufzuhalten und zu korrigieren. Die Entwicklung in der Landwirtschaft (u.a. die Organisationsänderung bei der Kollektivierung) brachte Anfang der 60er Jahre einen Versorgungsengpass bei wichtigen Lebensmitteln mit sich.

> »Sowohl der Rückgang der Hektarerträge wie der Viehbestände wirkte sich Anfang der 60er Jahre in Versorgungsschwierigkeiten der Bevölkerung aus. Nicht nur daß die vom V.Parteitag der SED 1958 beschlossene Hauptaufgabe, die Bundesrepublik im Pro-Kopf-Verbrauch wichtiger Lebensmittel und Industriewaren zu überholen, zur Makulatur wurde, es drohte sogar die Gefahr, die 1958 aufgehobenen Reste der Lebensmittelkarten rückgängig machen zu müssen.«[344]

Eine durchaus stabilere Situation brachte die Befestigung der Staatsgrenze der DDR Anfang der 60er Jahre. »Durch die Abriegelung der DDR nach außen, die mit der Errichtung der Berliner Mauer 1961 vollzogen wurde, ist die Entwicklung der DDR in eine neue Etappe eingetreten.«[345] Näher bestimmt wird diese neue Etappe durch die Ablösung der »revolutionären Transformation« von einer Konsolidierungspolitik, die dadurch charakterisiert wird, dass sie »sich vorrangig an den Systemzielen der ökonomischen Modernisierung und gesellschaftlichen Mobilisierung orientierte und im Konzept der ›wissenschaftlich-technischen Revolution‹ zum Ausdruck kam«[346]. Nach und nach wuchs eine Generation heran, die von Stefan Wolle treffend folgendermaßen beschrieben wird:

> »Genauso wie im Westen trat auch in der DDR eine neue Generation an. Krieg und Nachkriegszeit kannten sie nur noch aus Büchern und Filmen sowie aus den Erzählungen der Eltern und Lehrer. Als Kinder hatte man sie ununterbrochen mit hohen Idealen gefüttert. Eines Tages würden sie im Kommunismus leben.«[347]

Das Problem der Arbeitslosigkeit war in der SBZ (und auch später in der DDR) nicht gegeben. Die Arbeitskraftreserven waren faktisch alle ausgenutzt (ca. 85% der Personen im arbeitsfähigen Alter waren erwerbstätig; alle arbeitsfähigen männlichen Personen standen im Arbeitsprozess). Mit dem im

---

[344] H. Luft: Agrargenossenschaften gestern, heute und morgen, Hefte zur DDR-Geschichte (50), Berlin 1998, 16.

[345] R. Thomas: Aspekte des sozialen Wandels in der DDR, in: H. Timmermann (Hg.): Sozialstruktur und sozialer Wandel in der DDR, Saarbrücken-Scheidt ²1989, 31.

[346] Ebd., 31.

[347] S. Wolle: Die heile Welt der Diktatur, Bonn 1998, 28–29.

Arbeitsgesetzbuch der DDR vom 16.Juni 1977 garantierten Recht auf Arbeit[348] war auch eine Pflicht auf Arbeit verbunden, die theoretisch keine Arbeitslosigkeit zuließ und dementsprechend keine sozialen Lösungsmodelle diesbezüglich vorsah. Die Volkswirtschaft wies eher einen permanenten Arbeitskräftemangel auf. D.h. natürlich nicht, dass jeder in der DDR seinen Traumberuf ausübte. Akademiker und Hochschulabsolventen hatten es oft schwer, einen adäquaten Arbeitsplatz zu finden; es kam vor, dass sie nicht ihrer Qualifizierung gemäß eingesetzt wurden.

> »Dies führte zu merkwürdigen Disproportionen bei der Bezahlung. Produktionsarbeiter verdienten im selben Betrieb häufig mehr als Mitarbeiter mit Hoch- und Fachschulabschluß. Darunter litten sowohl Leistungsmotivation als auch Arbeitsdisziplin.«[349]

In diesen Zusammenhang gehört auch die Thematik der veränderten gesellschaftlichen Rolle der Frau, »die vor allem durch ihre weitgehende Integration in das Berufsleben gekennzeichnet ist«[350]. Bei der Aufteilung der Wirtschaftsbereiche an den Berufstätigen lässt sich zwischen 1950 und 1988 folgende Entwicklung beobachten[351]: Die Zahl der Berufstätigen, die anteilmäßig in der Industrie beschäftigt waren, steigert sich von 29,2% (1950) auf 37,4% (1988); im Bereich Handwerk fällt die Zahl von 8,3% auf 3,7%; in der Land- und Forstwirtschaft verringern sich die Beschäftigten zwischen 1950 und 1988 von 27,9% auf 10,8%; auf dem Gebiet der Bauwirtschaft bleiben die Beschäftigten zwischen 6,5% und 6,6%. D.h., dass gerade auch in der Landwirtschaft eine stark abfallende Tendenz zu verzeichnen ist. Diese Beobachtung ist sicherlich mit einer gewissen Landflucht in Verbindung zu bringen, einem starken Gefälle zwischen Stadt und Land, dem aus praktisch-theologischer Sicht entsprochen werden musste. Zum Ende des DDR-Staates lebten 23,2% der Gesamtbevölkerung in ländlichen Gemeinden und 76,8% in städtischem Gebiet, d.h. drei Viertel der Bevölkerung der DDR lebten 1988 in der Stadt oder im

[348] Vgl. dazu: Arbeitsgesetzbuch. Textausgabe: § 1, Abs. 2, Berlin 1988, 8.

[349] S. WOLLE: Die heile Welt der Diktatur, Bonn 1998, 228–229. – Die an dieser Stelle bei S. WOLLE ausgeführten Darstellungen zur Arbeitsmoral stimmen durchaus mit der damaligen Realität überein, jedoch gab es erhebliche Bemühungen gegen diese Tendenzen (Alkohol am Arbeitsplatz, Nichteinhaltung der Arbeitszeit, Arbeitsbummelei usw.) vorzugehen. Eine Verallgemeinerung würde zu ähnlichen verzerrten und polemisierenden Bildern führen wie etwa in der Publikation von: TH. ROETHE: Arbeiten wie bei Honecker, leben wie bei Kohl, Frankfurt a. M. 1999.

[350] R. THOMAS: Aspekte des sozialen Wandels in der DDR, in: H. TIMMERMANN (Hg.): Sozialstruktur und sozialer Wandel in der DDR, Saarbrücken-Scheidt ²1989, 40.

[351] Vgl. dazu: Statistisches Taschenbuch der DDR 1989, Berlin 1989, 35.

Stadtrandgebiet (Neubaugebiete). Diese Fluktuation hatte selbstverständlich Auswirkungen auf die Größe und Struktur der Kirchengemeinden, insbesondere der ländlichen, aber auch der städtischen Gemeindegliederzahlen[352].

Mitte der 60er Jahre kommt es zu einem Geburtenrückgang in der DDR. Die ohnehin schon schlechte Entwicklung bezüglich der Arbeitskraftverteilung erhielt dadurch einen heftigen Schlag. Ursachen für die Geburtenrückgänge können in verschiedenen sozialen Rahmenbedingungen gesucht werden. Zum einen ist eine Rezession bei Eheschließungen zu beobachten (die Scheidungsrate dagegen steigt), weiterhin die Neigung zu kleineren Haushalten.

> »Zu diesen Rahmenbedingungen gehören Faktoren wie der Zugang zu modernen Verhütungsmitteln (›Pillenknick‹), zunehmende weibliche Berufstätigkeit, Steigerung des Lebensstandards, Wohnverhältnisse etc., wobei die Relevanz der einzelnen Faktoren in der Bundesrepublik und der DDR unterschiedlich hervortritt.«[353]

Ein wichtiger Sachverhalt, der für die Bevölkerungsstruktur und -dichte der DDR nicht zu unterschätzen ist, ist die Bevölkerungsentwicklung, deren Auswirkungen insbesondere nach 1961 zu spüren sind. »Wäre nur die *natürliche* Bevölkerungsbewegung maßgebend, hätte die DDR-Bevölkerung um ca. 1 Million Menschen von 1950 bis 1984 zunehmen müssen [...], tatsächlich aber hat sie um 1,7 Millionen Menschen abgenommen.«[354] Die Ursachen für das Absinken der Bevölkerungszahl kann in Abwanderungsbewegungen (hauptsächlich bis 1961, d.h. Westabwanderung) gesehen werden. In diesem Zusammenhang werden drei Gründe benannt, die maßgeblich für diese Abwanderungen sind:

> »1. Viele Bürger der DDR waren von den gesellschaftlichen Umgestaltungen [...] direkt betroffen – wie etwa von Enteignungen – und nicht bereit, die negativen Auswirkungen dieser Veränderungen zu tragen [...] 2. Das planmäßige Ersticken jeder wirksamen politischen Opposition trieb viele aus dem Land [...] 3. Die bemerkenswerte positive wirtschaftliche Entwicklung, die sich in den fünfziger Jahren in der Bundesrepublik Deutschland vollzog, wirkte verlockend.«[355]

Neben dem enormen Schaden für die Volkswirtschaft reduzierte sich durch die Abwanderungsbewegung auch das Potential an sozialem Protest und politischem

---

[352] Zur Thematik vgl. auch: H. Heinze: Die kirchliche Situation im Evangelischen Kirchenkreis Erfurt, (Diplomarbeit), 1998.

[353] D. Voigt : Sozialstruktur der DDR, Darmstadt 1987, 44.

[354] Ebd., 44.

[355] D. Voigt : Sozialstruktur der DDR, Darmstadt 1987, 45.

Widerstand.[356] Die sozialpolitischen Maßnahmen der DDR-Regierung vermochten die schlechten Entwicklungstendenzen der Bevölkerungsstruktur nicht aufzuhalten. Besonders sind einschneidende Umgestaltungsprozesse in ländlichen Gebieten festzustellen, wo teilweise generationsübergreifende Strukturen, die es in der Stadt schon lange nicht mehr gegeben hat, kurzfristig abgebrochen und aufgelöst wurden.

> »Von dieser Entwicklung blieb die Kirchlichkeit der Menschen nicht verschont. Etwa ab 1964 konnte man zurückgehende Zahlen bei den Taufen, bei der Teilnahme am Konfirmandenunterricht und bei Trauungen feststellen.«[357]

Die gewachsenen Strukturen auf dem Dorf, die sich z.B. an der traditionellen Begleitung von familiärer Erziehung und öffentlichen Ereignissen zeigte, brachen genauso ab wie das Dorf als Lebenseinheit. Der familiäre Rhythmus und der Arbeitsrhythmus stimmten sich auf Organisationsformen der Städte (Schichtarbeit, Busverbindungen usw.) ein.

> »Viele im Dorf haben weder durch die Arbeit noch durch die Freizeit miteinander zu tun. Vereinzelung und Anonymität lassen die Kontakte in paar Funktionen zerfallen.«[358]

Dazu kam die Altersstruktur, die in der DDR zwischen 1950 und 1988 folgendermaßen aussah:

Altersstruktur der Gesamtbevölkerung der DDR 1950 – 1988 in %

	Kinder	Arbeitsfähiges Alter	Rentenalter
1950	22,1	64,1	13,8
1960	21,0	61,3	17,6
1970	22,6	57,9	19,5
1980	18,9	63,2	17,9
1988	19,0	65,0	16,0

(Angaben nach: Statistisches Taschenbuch der DDR, Berlin 1989, S.147)

---

356 Vgl. dazu: R. Thomas: Aspekte des sozialen Wandels in der DDR, in: H. Timmermann (Hg.): Sozialstruktur und sozialer Wandel in der DDR, Saarbrücken-Scheidt ²1989, 31. – Auch an dieser Stelle begegnen dieselben drei Gründe für die Abwanderung in die BRD: 1. von der gesellschaftlichen Umgestaltung Betroffene; 2. desillusionierte Menschen; 3. wirtschaftliches Wachstum in der BRD.

357 W. Seidel: Kirchliche Arbeit auf dem Lande, ZdZ 9/1988, 215.

358 R. de Haas: Erfahrungen in Landgemeinden, ZdZ 9/1988, 220.

Nach diesen DDR-eigenen Angaben war mehr als ein Drittel der Bevölkerung Rentner und gehörte damit zu der am stärksten benachteiligten sozialen Gruppe der Gesellschaft.

> »Der Durchschnitt aller Renten betrug 380,17 Mark, eine Summe, die trotz niedriger Mieten und gestützter Preise ein Leben am Rande des Elends bedeutete. An die viel teureren Industrieprodukte jeglicher Art einschließlich Kleidung und Schuhe war überhaupt nicht oder nur selten zu denken.«[359]

Positiv ist allerdings zu benennen, dass sich über die Hälfte der Bevölkerung im arbeitsfähigen Alter befand.

Die gesellschaftliche Entwicklung in der DDR gestaltete sich ganz nach dem Vorbild der Sowjetunion. Eigenständige Vereine und Organisationen gab es, mit Ausnahme kirchlicher Organisationen, in der DDR nicht. 1959 wurden alle Vereine und vereinsähnliche Organisationen in die Massenorganisationen integriert. Mithilfe dieser Massenorganisationen (Kulturbund, Gesellschaft für Sport und Technik, Freie Deutsche Jugend usw.) versuchte die SED, soziale Gruppen und Schichten entsprechend ihrer spezifischen Interessen und Bedürfnisse zu organisieren, zu kontrollieren und auch ideologisch auszurichten. Damit gab es faktisch keinen ideologisch freien Raum; selbst skurrile Beispiele, wie etwa der Rassekatzenverein (Sparte der Rassekatzenzüchter), der dem Verband der Kleingärtner, Siedler und Kleintierzüchter (VKSK) unterstellt war, musste parteipolitische Veranstaltungen und Propaganda stattfinden lassen (Wandzeitungen, Diskussionsrunden, Parteitagsauswertungen usw.), was zu einer grotesken Mischung von »Züchterinteressen« und Erfüllung von Parteitagsprogrammen führte.[360] »Nichts wäre falscher, als die Beziehungen zwischen der DDR und der Sowjetunion auf die politische und militärische Dominanz reduzieren zu wollen.«[361] Die Einflussnahme und der Vorbildcharakter vollzogen sich auf vielen Gebieten. Mit dem obligatorischen Sprachunterricht in russischer Sprache[362] in den Schulen war automatisch die Beschäftigung mit der Sowjetunion gegeben. Auch die Mitgliedschaft in der Gesellschaft für Deutsch-Sowjetische Freundschaft (DSF) wurde für viele Studenten und Lehrlinge verpflichtend. Ebenfalls innerhalb der Kulturpolitik bestimmte die Sowjetunion erheblich die Richtung der Entwicklung, sie sollte auf die kulturelle Allgemeinbildung einwirken. Nachdrücklich wurde das Werk von Nikolai Ostrowski »Wie der Stahl gehärtet wurde« und sein

---

[359] S. Wolle: Die heile Welt der Diktatur, Bonn 1998, 181.

[360] Vgl. dazu auch: Handbuch DDR, Köln 1975. Stichwort »Massenorganisation«.

[361] S. Wolle: Die heile Welt der Diktatur, Bonn 1998, 89.

[362] Russischunterricht war ab Klasse 5 verpflichtend für alle Schüler.

Romanheld Pawel Kortschagin stilisiert. Im Lehrbuch für den Literaturunterricht in den Klassen 8-10 heißt es dazu:

> »Viele hat die Lektüre des Werkes›Wie der Stahl gehärtet wurde‹ von Nikolai Ostrowki angespornt und ermutigt, sich am Lebensweg Pawel Kortschagins zu orientieren. Seine revolutionäre Einsatzbereitschaft wurde für Tausende Mitglieder der Freien Deutschen Jugend verpflichtendes Vorbild.«[363]

Dieses, durch den Romanhelden verkörperte Menschenbild, sollte bei den Jugendlichen zur Leitfigur und Ideal von Arbeitsmoral, Klassenkampf usw. werden, was jedoch nicht gelang und zu groteskem Alltagsgebrauch der charakterisierenden Romanfigur führte.

Auch auf dem Gebiet der Pädagogik und Psychologie orientierte man sich an Wissenschaftlern und Forschungsergebnissen der sowjetischen Wissenschaften. Die Fachliteratur für die Ausbildung von Unterstufenlehrern (Lehrer und Erzieher für das Grundschulalter) im Fach Pädagogik, Psychologie und Erziehungswissenschaft bestand fast ausschließlich aus Übersetzungen sowjetischer Fachliteratur.

Die militärische Präsenz wurde an den Wochenenden und Feiertagen für den Normalbürger erkennbar, wenn riesige Kolonnen von Panzern und Panzerspähwagen den Wochenendausflug auf ein Minimum an Geschwindigkeit reduzierten, eine Weiterfahrt für Stunden unmöglich machten oder wenn Kontrollposten der Roten Armee an den Straßenrändern und Kreuzungen das Mitleid der Bevölkerung weckten, weil sie schlicht vergessen worden waren.

Auf der anderen Seite bestimmte die unmittelbare Nähe zur BRD das Bild von der Welt. »Vom Anfang bis zum Ende der DDR gehörte die ständige Präsenz westlicher Medien zu den mentalitätsgeschichtlich prägenden Grundlagen des Staates [...] Während es der Staatsmacht gelang, das Eindringen von Druckerzeugnissen westlicher Herkunft fast vollständig zu unterbinden, konnte die DDR-Bevölkerung die elektronischen Medien ohne wesentliche Einschränkungen empfangen.«[364] Ausnahmen bildeten einige wenige Gebiete in der DDR, z.B. im Raum Dresden. Die Einflussnahme durch die westlichen Medien (auch der Werbung) für die Entwicklung und Prägung eines bestimmten Welt- und Westbildes ist nicht zu unterschätzen.

Trotz der ökonomischen Schwierigkeiten verbesserte sich die Lebenslage der Bevölkerung in zunehmendem Maße, vorwiegend im Bereich der Grundnahrungsmittel. Durch die anwachsende Kaufkraft der Bevölkerung kam es jedoch gerade bei Konsumgütern rasch zu Versorgungsengpässen, die bis zum Ende der DDR kaum kompensiert werden konnten. Große Probleme gab

---

[363] Lehrbuch für den Literaturunterricht in den Klassen 8–10, Berlin 1977, 203.

[364] S. Wolle: Die heile Welt der Diktatur, Bonn 1998, 69.

es bei der Versorgung der Bevölkerung mit Wohnraum. Die Wohnungspolitik der DDR beschränkte sich lange Zeit auf größere Städte und Industriegebiete. Während die Entwicklung in der Konsumgüterwirtschaft nur sehr langsam vorangetrieben werden konnte, beschritt man auf dem Gebiet der medizinischen Versorgung und der Kinderbetreuung neue und eigene Wege. Die Zusicherung einer unentgeltlichen und allgemein zugänglichen medizinischen und sozialen Betreuung wurde äußerst positiv registriert. Das betraf auch hier wiederum gerade die ländlichen Gebiete (Landambulatorien, Gemeindeschwesternstationen, Erntekindergärten usw.).

Eine Veränderung sollte nicht nur auf wirtschaftlichem und sozialem Gebiet erreicht werden, der Mensch als gesellschaftliche Größe selbst sollte einer grundsätzlichen Wandlung unterzogen werden. Erklärtes Ziel der Gesellschaft der DDR bzw. der Staatsführung war eine auf marxistische Gesellschaftstheorie begründete neue, sozialistische Persönlichkeit. Eine Studie zur Sozialstruktur der DDR formuliert 1987 dazu:

> »Das *Erziehungsziel* in der DDR ist die ›sozialistische Persönlichkeit‹, der der SED treu ergebene und angepaßte sozialistische Staatsbürger, dem die Arbeit erstes Lebensbedürfnis ist und dessen Interessen mit denen der Funktionäre übereinstimmen; dieser in das ›Staatsvolk‹ der DDR voll und möglichst reibungslos integrierte Staatsbürger soll sich außerdem besonders auszeichnen durch Disziplin, Parteilichkeit, Fleiß und Ordnung.«[365]

Ausdruck findet dieses Ziel u.a. im sozialistischen Menschenbild.[366] Charakterisiert wurde der sozialistische Mensch folgendermaßen:

> »Zu den Merkmalen der sozialistischen Persönlichkeit und ihren Wesenzügen gehören: die vom Verantwortungsbewußtsein gegenüber dem Kollektiv und der ganzen Gesellschaft geprägte Arbeitsmoral und Arbeitsdisziplin, der initiativreiche Einsatz aller schöpferischen Kräfte für das Wohl des Volkes und die Verwirklichung der internationalistischen, weltgeschichtlichen Mission der Arbeiterklasse, die aktive Aneignung der Schätze von Bildung und Kultur, die ständige Vervollkommnung des fachlichen Könnens, die tätige Anteilnahme an der Leitung und Planung des gesellschaftlichen Lebensprozesses.«[367]

---

[365] D. Voigt: Sozialstruktur der DDR, Darmstadt 1987, 59.

[366] Vgl. zum Thema: E. Faber u.a.: Das sozialistische Menschenbild, Leipzig 1967. – Hier findet sich eine ausführliche Darstellung und Sammlung von Aufsätzen zum sozialistischen Menschenbild in der DDR unter ganz unterschiedlichen Gesichtspunkten.

[367] Dialektischer und historischer Materialismus. Lehrbuch für das marxistisch-leninistische Grundlagenstudium, Berlin 1980, 449. – Für das »nicht-sozialistische« Menschenbild »ist der isolierte, anonymen Gewalten hilflos ausgesetzte Mensch oder der

Dem Bildungs- und Erziehungssystem wurde bei der Erfüllung dieser Aufgaben eine wichtige Rolle zugewiesen. Von daher ist es nicht verwunderlich, dass auf diesem Gebiet erhebliche ideologische Kämpfe ausgefochten wurden. Seit 1959 wurde in der DDR die zehnklassige allgemeinbildende polytechnische Oberschule (POS) als wichtigste und grundlegende Schulform eingeführt und 1965 als einheitliches Bildungssystem gesetzlich verankert (Gesetz über das einheitliche sozialistische Bildungssystem). Sie wurde zur konstitutiven Form für weiterführende Bildungsträger und für die berufliche Tätigkeit und Qualifikation. Auch hier lag das Monopol mit sehr wenigen Ausnahmen in staatlichen Händen.[368] Auf die Erziehung und ideologische Ausrichtung der Jugend, die eine neue Generation im Sinne des sozialistischen Menschenbildes zu begründen hatte, legte man besonderen Wert und reagierte überaus empfindlich gegenüber staatsfremder Einflussnahme.

> »Das *Hauptziel*, das es in der Jugendzeit zu erreichen gilt, ist die Entwicklung sozialistischen Bewußtseins und die optimale Integration in den kommunistischen Produktionsprozeß.«[369]

Die Definition einer Persönlichkeit durch den Arbeitsprozess bzw. durch sein Verhältnis zu den Produktivkräften sollte zum Maßstab werden und zu einer gewissen Staatstreue führen.

> »Die Parteiführung der DDR erkannte inzwischen, daß sozialistische Produktionsverhältnisse keineswegs einen neuen Menschentyp, sozialistische Persönlichkeiten, hervorbringen. Die Jugend ist in der DDR nicht ›sozialistischer‹ als ihre Vorgänger! Sehr früh schon (bereits vor 1963) versuchte die SED deshalb ihren Einfluß auf die Jugend mit den Mitteln der empirischen Soziologie und Sozialpsychologie zu aktivieren.«[370]

Der DDR-Staat bezeichnete sich selbst gern als Arbeiter- und Bauernstaat. Von diesem Standpunkt ausgehend, wurde gerade die soziale Herkunft aus der Arbeiterschaft – besonders in den Anfangsjahren – die maßgebliche Voraussetzung für die Zulassungen an Erweiterte Oberschulen (EOS) und

---

brutale, gewalttätige, auf seinen persönlichen Vorteil bedachte Individualist charakteristisch« (Sachwörterbuch für den Literaturunterricht, Berlin 1983, 116).

[368] Zu den Theologischen Fakultäten an den staatlichen Universitäten und deren Entwicklung vgl.: F. Stengel: Die Theologischen Fakultäten in der DDR, Leipzig 1998.

[369] D. Voigt: Sozialstruktur der DDR, Darmstadt 1987, 57.

[370] Ebd., 57.

Studienplätze[371]. An vielen Stellen kam es zu Diskriminierungen von Christen und Christinnen und den Kindern kirchlicher Mitarbeiterinnen und Mitarbeitern gerade im Bildungssystem.

> »Da im Zuge der konsequenten Durchsetzung kommunistischer Bildungsprinzipien in den fünfziger Jahren die Schonung von Kirche und Pfarrern endete und in harte Formen der Konfrontation einmündete, bekamen insbesondere Kinder von Pfarrern und kirchlichen Mitarbeitern immer größere Schwierigkeiten, wenn sie das Abitur ablegen oder die Universität besuchen wollten. Kircheninterne Ausbildungsgänge blieben unter diesen Umständen oft der einzige Ausweg aus der staatlichen Sackgasse, so daß hier der Anteil von Pfarrerskindern besonders hoch lag.«[372]

In den Schulen galt das Grundprinzip der wissenschaftlichen Bildung, d.h. atheistische, marxistisch-leninistische Weltanschauung und die ideologische Erziehung als Einheit. Als wissenschaftlich wurde nur das anerkannt, was sich mit der marxistisch-leninistischen Lehre und der Politik der SED in Übereinstimmung befand. Nach und nach entwickelte sich ein System der Erziehung und Bildung vom Kleinkindalter bis in das Erwachsenenalter (von der Kinderkrippe bis weit über die Berufsausbildung oder hochschulmäßige Ausbildung) hinaus. In das politisch-ideologische Bildungs- und Erziehungsprogramm gehören auch die bereits erwähnte gesellschaftliche und berufliche Entfaltung und die Rolle der Frau.[373]

Die ideologische Gleichschaltung sämtlicher Organisationen und Vereinigungen, die ständige Präsenz des sozialistischen Staates und der Parteipropaganda, die stetige künstliche Aktivierung zu gesellschaftlicher Verantwortung in allen Bereichen des Lebens brachte eine Normierung unter gesellschaftlichen Bedingungen mit sich. Das soziale Gefälle innerhalb des Lohn- und Gehaltsniveaus war nicht sehr groß; es war durchschnittlich kaum

---

[371] Es ist hierbei besonders an die Arbeiter- und Bauernfakultäten zu denken, die ihre Tätigkeit jedoch 1964 einstellten. Der Begriff *Arbeiter* und die Modalitäten der Zuordnung zur Arbeiterklasse wurden nach und nach stetig moderater.

[372] C. Klessmann: Zur Sozialgeschichte des protestantischen Milieus in der DDR, in: Geschichte und Gesellschaft, 19/1993, 35. Zu bemerken ist an dieser Stelle, dass als grundlegende Zugangsvoraussetzung zu jeglichen Ausbildungsstätten, auch derer in kirchlicher Trägerschaft, die POS von allen Kindern zu besuchen war.

[373] Zur Thematik der Rolle der Frau und des Geschlechterverhältnissen vgl.: K. Schäfgen: Die Verdopplung der Ungleichheit. Sozialstruktur und Geschlechterverhältnisse in der Bundesrepublik und in der DDR, Dissertation, Humboldt-Universität Berlin, Berlin 1998.

jemand zu reich oder zu arm.[374] Auf der intellektuellen Ebene war die Polytechnische Oberschule (POS) konstatierend, die ausgehend von einem allgemeingültigen, einheitlichen Lehrplan ein allgemeines Bildungsniveau sicherte. Ähnlich verhält es sich auf dem Gebiet der Information (z.B. Westfernsehen), der Wohnkultur, dem Defizit bei Konsumgütern, dem Verhältnis von Warenangebot und Kaufkraft usw. So etwas verursachte und förderte eine allgemeine Anpassung an die Gegebenheiten – einem unzeitgemäßen Tauschhandel ähnlich.

Einen weiteren wichtigen Bereich bei der Betrachtung der sozialen Struktur der DDR bildeten die Sprache und Kommunikation und die Betrachtung eventueller Besonderheiten oder Abweichungen gegenüber der Bundesrepublik.[375] Dass es eine gewisse Abhängigkeit von Sprachwissenschaft und Sprache und der jeweiligen politischen und ideologischen Situation gibt, kann kaum bestritten werden. Es gab in der DDR einige Besonderheiten im Umgang mit der Sprache, die auf diesem Hintergrund zu erfassen sind. So lassen sich z.B. Sprachschöpfungen wie *Mumienexpress* (Interzonenzüge DDR-BRD, vor allem von älteren Menschen benutzte Züge), *Vopo* (Volkspolizist), *Horch und Guck* (Staatssicherheit) u.ä. finden, die eine gewisse spöttische Kommentierung der DDR-Realität aufzeigen. Eine Vielzahl von Wörtern bzw. Bezeichnungen in der DDR wurden mit anderen Inhalten und Bedeutungsmustern belegt, z.B. der Begriff »Kader« bezeichnete in der DDR Führungskräfte in Produktion, Verwaltung und Partei und wird im Deutschen Wörterbuch[376] (BRD) mit »Rahmen«, »Stamm der Truppenabteilung« wiedergegeben, ein anderes Beispiel wäre der Begriff *Brigade.*

Stefan Wolle geht davon aus, dass der Unterschied zwischen der deutsch-deutschen Sprache weniger im allgemeinen Wortschatz begründet ist.

---

[374] So sah zum Beispiel das ungefähre Lohn- und Gehaltsniveau folgendermaßen aus:

Fachverkäuferin (Verkaufsstellenleiterin): 480,- bis 520,- Mark

Obermeister (Verkehrsbetriebe): ca. 1000,- Mark

Pförtner: ca. 800,- Mark

Kraftfahrer (Inland): ca. 1600,- Mark

Pfarrer: ca. 550,- Mark

Angaben ohne Zuschläge und Sonderprämien – orientiert an Beispielen aus dem Jahr 1989.

[375] Vgl. zu diesem Thema: H. D. Schlosser (Hg.): Kommunikationsbedingungen und Alltagssprache in der ehemaligen DDR, Frankfurt a.M. 1991, H. D. Schlosser: Die deutsche Sprache in der DDR zwischen Stalinismus und Demokratie, Köln ^{2}1998., J. Born/G. Stickel (Hg.): Deutsch als Verkehrssprache in Europa, Berlin 1993, K. Welke/ W. Sauer/H. Glück (Hg.): Die deutsche Sprache nach der Wende, Hildesheim 1992, B. Wolf: Sprache in der DDR, Berlin 2000.

[376] Deutsches Wörterbuch, München o.J.

> »Im ›Wörterbuch der deutschen Gegenwartssprache‹, das seit 1970 in der DDR erschien und dessen Herausgeber man unterstellen darf, daß sie die Differenzen eher betont als nivelliert haben, tragen lediglich 2500 Wörter die Markierung ›BRD‹ oder ›DDR‹. Meist sind sie zusätzlich als ›Neuwort‹, ›Neuprägung‹ oder ›Neubedeutung‹ gekennzeichnet.«[377]

Das ist im Verhältnis zum Wortschatz eines erwachsenen Menschen (zwischen 300000 und 500000 Wörtern) ca. ein Prozent. Trotz der scheinbaren geringfügigen Unterscheidung im Wortschatz muss beachtet werden, dass »Sprache – das wichtigste Kommunikationsmittel der Gesellschaft« ist. So findet sich in einem Lehrbuch zur Sprachwissenschaft folgende Bemerkung:

> »Die sprachlich-kommunikative Tätigkeit in der sozialistischen Gesellschaft ist kein Selbstzweck; sie ist eine gesellschaftliche Tätigkeit, die mit anderen gesellschaftlichen Tätigkeiten – der praktisch-gegenständlichen und der theoretisch-erkennenden Tätigkeit – aufs engste verbunden ist.«[378]

Gleichzeitig wurde Sprache in der DDR als politisches Instrumentarium (im Klassenkampf) verstanden, welches politisch charakterisiert werden und gesellschaftliche Bedeutung haben kann. Sie dient zur Herausbildung eines gesellschaftlichen Bewusstseins und ist bestimmt von der Parteilichkeit des Sprechers:

> »Die Parteilichkeit des Sprechers/Schreibers tritt vor allem in der Auswahl der Gedanken und in der Verwendung bestimmter sprachlicher Mittel (sprachlicher Zeichen) zur Wiedergabe der Gedanken in Erscheinung.«[379]

Und weiter:

> »Wenn in diesem Abschnitt die *Sprache als Mittel der Bewußtseinsbildung* betrachtet wird, dann kann man nicht an der Tatsache vorübergehen, daß die herrschende Klasse in der BRD die deutsche Sprache dazu verwendet, die Ideologie des Imperialismus zu verbreiten. Das heißt: Die deutsche Sprache wird dazu mißbraucht, die verschiedensten ›Theorien‹ zur Rechtfertigung des imperialistischen Herrschaftssystems und den Antikommunismus zu verbreiten.«[380]

---

[377] S. Wolle: Die heile Welt der Diktatur, Bonn 1998, 79.

[378] Sprache und Praxis, Leipzig [13]1985, 11.

[379] Ebd., 17.

[380] Ebd., 17.

Mithilfe der Sprache, so die Autoren des Lehrbuchs »Sprache und Praxis«, werden die Menschen »geistig manipuliert« und die Sprache wird in diesem Sinne »missbraucht«.[381]
Zum Wortschatz der DDR bemerkt Wolfgang Fleischer:

> »Es gibt kein besonderes ›DDR-Deutsch‹, wie von manchen – vor allem Gegnern unserer gesellschaftlichen Entwicklung – behauptet wird [...] Allerdings existiert die deutsche Sprache in der DDR auch nicht unberührt von den spezifischen Verhältnissen und vor allem von den damit verbundenen Benennungs- und Kommunikationsbedürfnissen sowie den spezifischen Bedingungen sprachlich-kommunikativer Tätigkeit. Sie befindet sich dadurch in einer spezifischen Situation und wird durch diese Situation geprägt.«[382]

Diese spezifische Situation ist im gesellschaftlichen Kontext zu suchen und bestimmt den Gebrauch der Sprache weniger inhaltlich als vielmehr kommunikationstechnisch.

> »Die neue Qualität der sozialistischen Gesellschaft beeinflußt die Normen kommunikativen Verhaltens, bringt neue kommunikative Bedürfnisse hervor, führt zu bevorzugten oder gemiedenen Kombinationen lexikalischer Einheiten in Satz und Text, weiter zu spezifischen Erscheinungen im Benennungssystem (Neubildung, Neubedeutung, Phraseologisierung, Entlehnung, Veralten).«[383]

Ein allerdings wesentlicher Unterschied in Sprache und Kommunikation besteht daher in einer gewissen lexemen Um- und Ausdeutung. Die *Kommunikationsstruktur* weist, wenn überhaupt, Abweichungen auf und äußerte sich: im genauen Zuhören, in der Verwendung von Andeutungen, Bildern, Zwischentönen, Metaphern, Übertragungen usw. Wolle charakterisiert diesen unterschiedlichen Gebrauch innerhalb der Kommunikationsstruktur folgendermaßen:

> »Während in der offenen, von Konkurrenz und Leistungsdruck geprägten Gesellschaft Sprache stärker Mittel der Selbstdarstellung ist und in der alten Bundesrepublik aufgewachsenen Zeitgenossen lauter, ungehemmter, rücksichtsloser reden, durch Fremdwortgebrauch ihr Bildungsniveau und ihre Weltläufigkeit zu betonen versuchen, beruht die Erziehung in der DDR eher auf Zurückhaltung. Ein vorschnelles Wort an der falschen Stelle konnte Ärger bringen. Gerade in den Schulen und Universitäten bestand die hohe Kunst der Anpassung darin,

---

381 Ebd., 17.

382 W. FLEISCHER: Wortschatz der deutschen Sprache in der DDR, Leipzig ^{2}1988, 29.

383 Ebd., 19–20.

> die Sprachregelungen der SED-Propaganda ›in eigenen Worten‹ wiederzugeben und nach Möglichkeit ›selbständige Überlegungen‹ anzufügen. Originalität und individueller Duktus gerieten schnell in verdächtige Nähe zur ideologischen Abweichung.«[384]

Die Alltagssprache und der alltägliche kommunikative Umgang sind von der Sprache der Gesellschaft (wie etwa in Parteitagsdokumenten, Rechenschaftsberichten, Planberichten, Zeitungen u.ä. zu finden ist) zu unterscheiden. Die Mehrheit der Bevölkerung war sich dieser Praxis bewusst und konnte damit umgehen. Sie führte zur »Kultivierung einer Kunst des genauen Zuhörens, die Gleichgesinnten das gegenseitige Erkennen erlaubte: Worte wogen insgesamt schwerer in der Situation geistiger Bevormundung«.[385] Insgesamt kann gesagt werden, dass die Rahmenbedingung der sozialen Struktur in der DDR eine relative Abgeschlossenheit bildete, die in einigen Bereichen eine Subkultur hervorbrachte, was eben auch die Sprache und Kommunikation betraf. Die Einflussnahme der Gesellschaft machte es erforderlich, klar einen privaten Bereich abzugrenzen. Die Schaffung einer Ersatzöffentlichkeit war durchaus als kompensatorischer Faktor akzeptiert, wenn auch nicht gewollt.[386] Innerhalb dieses privaten Bereiches sollte sich auch die Existenzbegründung christlicher Überzeugung und kirchlichen Lebens ansiedeln.

Mit all diesen genannten und aufgeführten Sachverhalten und Erscheinungen wurde der pastorale Dienst konfrontiert. Sie bildeten – zumindest einen großen Teil davon – die homiletischen Situationen im bereits genannten Sinn.

II.3 Gesellschaftliche Lage der evangelischen Kirchen in der DDR

Aus dem bisher Gesagten können vier Etappen der gesellschaftlichen Lage der evangelischen Kirchen deutlich gemacht werden, wobei die zeitliche Einordnung variieren kann.

Zunächst ist die unmittelbare Nachkriegszeit zu nennen, in der die Kirchen zu einer bestimmenden und orientierenden Größe wurden.

---

[384] S. Wolle: Die heile Welt der Diktatur, Bonn 1998, 81.

[385] Ebd., 81.

[386] Zu den Thematiken *Ersatzöffentlichkeit* und *Westfernsehen* vgl.: S. Wolle: Die heile Welt der Diktatur, Bonn 1998, 69ff.

»Trotz der starken Orientierung der Kommunisten auf den Gewinn der politischen Macht hatte die Kirche vor allem in der ersten Zeit nach dem Krieg nur relativ selten Grund, sich über Benachteiligungen seitens der SMAD oder KPD zu beklagen. Selbst als Spannungen und partielle Behinderungen auftraten, blieb das Verhältnis zu den politischen Machthabern überwiegend konstruktiv.«[387]

Diese Bestimmung verlor sich jedoch spätestens mit der Gründung der DDR 1949. Die nun folgende Zeit ist in erheblichem Maß von Auseinandersetzungen und Repressionen geprägt. Ob die Bezeichnung »Kirchenkampf« an dieser Stelle zutreffend ist, bleibt fraglich, auch wenn es an vielen Stellen vergleichbare Situationen zum Kirchenkampf der Bekennenden Kirche gab.[388] Innerhalb der sich verstärkenden Auseinandersetzungen in der sich neu organisierenden Gesellschaft befanden sich die Kirchen in der DDR im Verhältnis zu der Bevölkerung noch in einer gewissen Mehrheit. Das Bild der Kirchenmitglieder und des öffentlichen Wirkens war sehr stark und gestaltete sich positiv zu Gunsten der Kirchen. Der offene Kampf zwischen den Kirchen und der Staatsmacht der DDR begann endgültig nach 1949/50. Aus den latenten Konflikten entwickelten sich teilweise harte Auseinandersetzungen, bei denen die Kirchen nach und nach zurückgedrängt wurden. Zu diesen ersten harten Kämpfen gehörte die Auseinandersetzung um Konfirmation und Jugendweihe. Der angestrebte Ruf nach Bekenntnis in der Gemeinden verhallte im Leeren und die Christen und Christinnen wurden im starken Maße überfordert. Der volkskirchliche Bruch ist während der gesamten DDR-Zeit bei dieser Thematik am deutlichsten herausgetreten und nicht wieder verheilt. Die Ursachen für die verschärfte Situation der Kirchen lagen oftmals in der Verantwortung des Staates; die Kirchen waren um Eindämmung und Konfliktlösung bemüht. Als Ergebnis dieser Jahre kann eine gestiegene Austrittswelle konstatiert werden, die 1958 ihren Höhepunkt fand.[389] Auch nach dieser schweren Zeit blieb die evangelische Kirche die größte konfessionelle Organisation in der DDR.

Die nächste Etappe innerhalb der gesellschaftlichen Lage der Kirchen in der DDR bildete die Zeit nach der Grenzbefestigung von 1961. Durch die Abgeschlossenheit des gesellschaftlichen Systems und des Territoriums der DDR wurden die Kirchen zu einer Strukturveränderung gezwungen, der mit der Gründung des Bundes der Evangelischen Kirchen in der DDR 1969 entsprochen wurde. Die Konzentration und Orientierung auf die eigene Situation nahm zu, stand von nun an im unmittelbaren Mittelpunkt und bestimmte

---

[387] D. Pollack: Kirche in der Organisationsgesellschaft, Stuttgart 1994, 94.

[388] Ein unmittelbarer Vergleich zwischen der DDR und der nationalsozialistischen Zeit ist ausdrücklich nicht möglich und an dieser Stelle nachdrücklich zu verwerfen!

[389] Vgl. dazu: D. Pollack: Kirche in der Organisationsgesellschaft, Stuttgart 1994, 508.

das kirchliche Handeln in vielen Bereichen. Dabei wurden mitunter gänzlich verschiedene Wege beschritten, wie zum Beispiel ein unmittelbarer Vergleich der Landeskirche Thüringen und der Kirchenprovinz Sachsens zeigen würde.

Seit der Gründung der DDR wurde staatlicherseits versucht, die Kirchen aus der gesellschaftlichen Wirklichkeit und Wirkung heraus zu drängen, sie funktionabel zu machen, zu eliminieren oder zu neutralisieren. Das gelang letztendlich – trotz verminderter Bedeutung der Kirchen – bis zuletzt nicht. Die Kirchen bleiben stets eine gesellschaftliche und soziologische Größe; sie bildeten durch ihre Existenz den einzigen ideologisch freien Raum in der DDR. Diese Tatsache wurde nach der Gründung des BEK durch das Staat-Kirchengespräch vom 06. März 1978 faktisch, aber ungewollt anerkannt.

> »Allein durch ihre Existenz untergruben die Kirchen das ideologische Wahrheitsmonopol, forderten die Staatsmacht an ihrer empfindlichsten Stelle heraus und wurden damit, ob sie es wollten oder nicht, zur ›offenen Tür‹ in einer geschlossenen Gesellschaft, hinter der die Macht der SED nur sehr eingeschränkt galt.«[390]

Von exponierter Bedeutung war die gesellschaftliche Relevanz der evangelischen Kirchen Ende der 80er Jahre. Sie ermöglichte den Rahmen zur Schaffung einer wirksamen Opposition.

Von 1950 bis 1989 schrumpfte die Mitgliederzahl der evangelischen Kirchen in der DDR von 80,4% auf ca. 30% gegenüber der Gesamtbevölkerung zusammen.[391] Innerhalb zweier Generationen entwickelte sich ein Phänomen von Kirchenentfremdung, das darin zum Ausdruck kam, dass es zum Ende der DDR eine Generation gab, die von Kirche nichts mehr wusste und in keinerlei Form – weder positiv noch negativ – etwas mit ihr zu tun hatte. Wenn die Großeltern bereits aus der Kirche ausgetreten waren, die Eltern sich der kirchlichen Sozialisation entzogen, hatte dieses für nachkommende Generation die Konsequenz einer absoluten Entfremdung im Hinblick auf Kirche, Glauben und kirchliches Handeln. Die absinkenden Mitgliederzahlen und die sich verringernde Integrationsmöglichkeit der Kirchen in der DDR versuchte man durch die Begrifflichkeit der Diaspora- oder Minderheits-Situation zu fassen und ihnen entsprechend so zu begegnen. Insbesondere ländliche Gebiete waren von dieser Diaspora-Situation betroffen und gekennzeichnet.

---

[390] S. Wolle: Die heile Welt der Diktatur, Bonn 1998, 249.

[391] Vgl. dazu: Ebd., 247./D. Pollack: Kirche in der Organisationsgesellschaft, Stuttgart 1994, 507–515.

Zusammenfassend kann bezüglich der gesellschaftlichen Lage[392] der evangelischen Kirchen in der DDR gesagt werden: Die Kirchen machten innerhalb der gesellschaftlichen Entwicklung der DDR verschiedene Differenzierungsprozesse durch: von einer relativ starken Akzeptanz bis zu vollständigen Negierungsversuchen. Die Kirchen blieben während der gesamten DDR-Geschichte (1949 bis 1989/90) eine gesellschaftliche und soziologische Größe. Trotz abnehmender Mitgliederzahl ist die Gesamtrelevanz der Kirchen in der DDR nicht zu unterschätzen, auch wenn sie direkt nur einen geringen Teil der Bevölkerung erreichte oder betraf. Sie blieb auch eine politische Größe, da sie den einzigen ideologisch freien Raum darstellte, in dem eine einzigartige Möglichkeit der freien Meinungsäußerung und (öffentlichen) Rede gegeben war. An vielen Stellen waren die Kirchen Sprachrohr für Minderheiten, Andersdenkende, Opposition, Benachteiligte usw.

> »Die evangelischen Landeskirchen in der DDR, die sich außerhalb des offiziellen Systems und der Ideologie einer ziemlichen Selbständigkeit erfreuten, zeichneten für bedeutsame politische Veränderungen verantwortlich.«[393]

Immer wieder wurde versucht, gegen staatliche Maßnahmen und politische Richtungen Gegenprogramme aufzustellen und dem totalitären Anspruch der SED und ihrer Politik entgegenzuwirken und damit in der gesellschaftlichen Wirklichkeit der DDR stets präsent zu sein. Die auftretenden Misserfolge, Schwierigkeiten, die innerkirchlichen Missverständnisse, Entscheidungen, Maßnahmen und Gegenmaßnahmen entsprachen durchaus dem Prozess und dem Programm der »Kirche als Lerngemeinschaft«.

---

[392] Zur Ergänzung muss erwähnt werden, dass eine starke gesellschaftliche Relevanz der Kirchen allerdings auf dem an dieser Stelle nicht behandelten und erwähnten Bereich der Diakonie lag. Der Bereich der diakonischen Arbeit der Kirchen in der DDR wäre ein eigenständiges Thema und soll innerhalb dieser Arbeit nicht ausgeführt werden.

[393] R. F. GOECKEL: Die evangelische Kirche und die DDR, Leipzig 1995, 328.

III Die evangelische Predigtlehre in der DDR

III.1 Vorbemerkungen

Im folgenden Kapitel soll es um die Frage gehen, ob es in der DDR eine gesonderte Erscheinung einer typischen Predigt gab. Die evangelische Predigt ist von verschiedenen Elementen bestimmt. Darunter zählen allgemeingültige (rhetorische), aber auch deutungsbestimmende (homiletische, hermeneutische, kontextuale) Elemente, die in jeder Predigt in unterschiedlicher Prägung vorhanden sind und beobachtet werden können. Hebt man nun eine solche Beobachtung auf eine Metaebene, so steht letztendlich die Frage nach der zugrundeliegenden Predigtlehre, also die bestimmende Predigttheorie, dahinter. So muss die eingangs gestellte Frage nach einer typischen Predigt in der DDR umformuliert und korrigiert werden. Letztendlich wird es die Frage, ob es eine eigene Predigttheorie konzeptionell in der DDR gegeben hat. Dazu ist es notwendig, zunächst die predigttheoretischen Ansätze in groben Zügen zu skizzieren.

Erste Beobachtungen lassen erkennen, dass die theoretischen Grundlagen einer evangelischen Predigt gesamtdeutsch bis hinein in die 60er Jahre austauschbar waren, d.h. die Grundsätzlichkeiten theoretischer Ansätze unterscheiden sich prinzipiell weniger als in den folgenden Jahren. Pastoraltheologisch und homiletisch stand man in beiden deutschen Staaten vor ganz ähnlichen Problemen. So scheint es nicht verwunderlich zu sein, dass bestimmte Predigtliteratur[394] sowohl in der DDR als auch in der alten Bundesrepublik erscheinen konnte und genutzt wurde. Im Laufe der 60er Jahre und der damit einhergehenden Profilierung einer eigenständigen DDR (u.a. Grenzbefestigung) wurde ein Austausch immer schwieriger. Gründe dafür sind leicht in der kontextuell bestimmten Predigtlandschaft, aber auch in finanzieller Hinsicht zu suchen.

---

[394] Darunter sind grundsätzliche Arbeiten wie z.B.: Leonhardt Fendt, Grundriß der Praktischen Theologie; Otto Haendler, Die Predigt; A. D. Müller, Grundriß der Praktischen Theologie; Wolfgang Trillhaas, Evangelische Predigtlehre; Gustaf Wingren, Die Predigt.

Die Auseinandersetzung mit der Theorie und Praxis der Predigt wurde zwangsläufig situations- und kontextspezifischer und entwickelte sich grundsätzlich zu einer Betrachtung des je eigenen Binnensystems. Von daher kann durchaus die Frage gestellt werden, ob es in diesem Binnensystem auf dem Gebiet der DDR eine konzeptionell eigene Predigttheorie gegeben hat. Diese Spuren einer eigenen bzw. spezifischen und konzeptionellen Homiletik und Predigttheorie sind es dann auch, die m. E. einen Einfluss auf die überkommene und reflektierte Praxis genommen haben.

Kurz: Wenn es eine eigene bzw. typische Predigtpraxis in der DDR gegeben hat, so muss dieses Phänomen zumindest ansatzweise auch in den theoretischen Konzeptionen und Veröffentlichungen erkennbar sein.

Die betrachteten Arbeiten und Veröffentlichungen weisen eine gewisse Nähe zu einer traditionellen Homiletik auf, die nach ihrem praktischen Nutzen befragt und als Alltagshomiletik bezeichnet werden können. Diese charakteristischen Züge zeigen sich dann auch in der untersuchten und vermuteten[395] Predigtpraxis, nämlich als gewollter und beabsichtigter Pragmatismus.

Die folgenden Ausführungen beziehen sich auf ausgewählte Veröffentlichungen, die repräsentativ die theoriebildenden Konzeptionen der Homiletik in der DDR widerspiegeln. In Teilen handelt sich dabei um theoretische Reflektionen der eigenen pastoralen und homiletischen Arbeit, ein Bewusstwerden bzw. Bewusstmachen der eigenen Predigtpraxis.

Zunächst sollen die traditionellen Ansätze innerhalb der Homiletik skizziert und ausgewählte Lehrer der Homiletik (der Universitäten und kirchlichen Ausbildungsstätten) als Vermittler verschiedener Traditionslinien näher betrachtet werden, wobei ihre Äußerungen und Veröffentlichungen (in Auswahl) Gegenstand der Untersuchung sein sollen. Die Auswahl der betrachteten Arbeiten zur Homiletik unterlag dabei grundsätzlich zwei Kriterien: a) Wer waren die ersten Lehrstuhlinhaber an den Universitäten der DDR im Fachbereich Praktische Theologie[396] und b) wer von diesen Lehrern hat sich ausführlicher zur Homiletik geäußert und zu diesem Gebiet veröffentlicht? Im weiteren Verlauf kommen homiletische Einzelkonzeptionen und kleinere Veröffentlichungen in den Blick, bevor ein kurzer Abriss der Gemeinschaftswerke und Handbücher folgt.

Unberücksichtigt sollen an dieser Stelle Veröffentlichungen und Literatur bleiben, deren allgemeiner Zugang zum einen nicht immer vorausgesetzt werden konnte (z.B. Veröffentlichungen ausschließlich auf dem Gebiet der

---

[395] Die Predigtpraxis kann nur vermutet werden, da sie lediglich aus dem untersuchten und vorliegenden Predigtmaterial *rekonstruiert* werden kann.

[396] Vgl. dazu: F. STENGEL: Die Theologischen Fakultäten in der DDR, 1998.

Bundesrepublik) und zum anderen Arbeiten, die nicht unbedingt die Situation der DDR im Blick haben.[397]
Das Nachzeichnen ausgewählter Strukturen einer Predigtlehre in der DDR bildet eine Grundlage für die Beobachtungen an den Praxisbeispielen und den damit verbundenen Versuch einer Rekonstruktion. Es wird davon ausgegangen, dass die Arbeiten zur Homiletik bewusst die theoretische und theologische Verarbeitung des Kontextes und der konkreten homiletischen Situation widerspiegeln. Dabei orientierte sich die Homiletik der DDR stark an Autoritäten, die sich in reflektierter Weise auf dem Gebiet der Homiletik äußerten.

Wie bereits erwähnt, gab es bis in die 60er Jahre hinein einen stärkeren Austausch zur Homiletik innerhalb des gesamten deutschsprachigen Gebietes. Im Zuge der historischen Ereignisse innerhalb der 50er und 60er Jahre erwies sich ein solcher Austausch als immer schwieriger. Die ganz eigene Entwicklung in der DDR verlangte nach einer verantworteten Reflektion der eigenen Situation. Auch innerhalb der Theologie kam es stärker zu einer Entwicklung eines Binnensystems und bestimmter Fragestellungen, die der konkreten Situation gerecht werden wollten und neben der bewussten Reflektion auch als konkrete Hilfe im homiletischen Prozess gebraucht werden sollten.

III.2 Traditionelle Ansätze

III.2.1 Alfred Dedo Müller (1890-1972)

Mit der Reformation und der ihr folgenden Orthodoxie werden das Wesen und die Funktion der Predigt neu entdeckt. Die Grundvoraussetzung für eine Evangelische Predigt wird entwickelt, u.a. wird die Bindung an das Wort Gottes (sola scriptura) zu einem Schlagwort für ihre Beschreibung. Nicht allein die Berufung auf die Schrifttreue charakterisiert jene Zeit, die Predigt selbst rückt immer mehr in das Zentrum des gottesdienstlichen Geschehens.

Alfred Dedo Müller, der 1930 die Berufung zum Professor für Praktische Theologie an die Leipziger Universität, die spätere Karl-Marx-Universität Leipzig, erhielt, beschreibt die Entwicklung der evangelischen Predigt mit der ihr gegebenen »besondere[n] Aufmerksamkeit, die die Lehre von

---

[397] W. Trillhaas, G. Wingren usw. sind zwar in der DDR in Lizenz herausgegeben worden und bildeten durchaus eine Diskussionsgrundlage (zumal ich mich an verschiedenen Stellen auf diese Arbeiten beziehe), sollen aber trotzdem unberücksichtigt bleiben. Ähnliches gilt für die Arbeiten von H.-D. Bastian, E. Lange u.a. An gegebener Stelle wird auf diese Arbeiten jedoch verwiesen.

der Predigt in der theologischen Ausbildung der Reformationskirche von jeher gefunden hat«, als eine »in vielfacher Hinsicht verhängnisvolle[n] Entwicklung, die den Gottesdienst immer mehr auf die Predigt einschrumpfen ließ«.[398] Alfred Dedo Müller, der bei dieser Beschreibung der Entwicklung der Predigt seine damaligen Beobachtungen heranzog und den Verlust einer liturgischen Einheit von Gottesdienst und Predigt beklagte, zumindest das Problem einer fehlenden Praktischen Liturgie erkannte, spiegelt einen allgemeinen Bedarf an liturgischer Erneuerung jener Zeit wider, dem auch die Predigt sich unterziehen musste. Nach der von ihm gegebenen Beschreibung kommt der Predigt im Gottesdienst eine besondere und zentrale Verantwortung zu, die ganz im Sinne Luthers liegt, dessen »ganze Spannweite der Predigtauffassung [...] umschrieben [ist], wenn die Unmittelbarkeit des menschlichen Kontakts als ein unveräußerliches Wesensmerkmal der Predigt gesehen und vollzogen ist«.[399] Speziell bei Martin Luther geht es im Vollzug der Predigt um drei Dinge:

> »[E]s geht ihm um prophetisch unmittelbare Christusbezogenheit, theologischen Objektivismus und Realismus und menschliche Konkretheit«.[400]

Dieser reformatorische Ansatz des Predigtverständnisses setzt sich bei Alfred Dedo Müller fort, wenn er meint, dass »auch die Predigt [...] Fortsetzung des Lebens, Daseins und Wirkens‹« ist.[401]

> »Die praktische Aufgabe, die hier gestellt ist, kann jedenfalls nur gelöst werden, wenn sie in ihrem ganzen Umfang und ihrer ganzen Tiefe erkannt ist. Und das ist nur möglich, wenn die Predigt genau wie die Kirche überhaupt unter allen zu ihrem Wesen gehörigen Aspekten, wenn sie theologisch-christologisch, anthropologisch-kosmologisch und kirchlich-liturgisch gesehen wird.«[402]

Biographische Anmerkungen

Der aus dem Vogtland stammende Alfred Dedo Müller wurde am 12. Januar 1890 geboren. Nach der schulischen Ausbildung und dem Studium der Evangelischen Theologie trat er 1917 seine erste Stelle als Gemeindepfarrer an. 1930 wurde Müller zum Professor für Praktische Theologie an die Leipziger Universität berufen und übernahm das Amt des ersten Universitätspredigers und

---

398 A. D. MÜLLER: Grundriß der Praktischen Theologie, 1950, 159.

399 Ebd., 178.

400 Ebd., 178.

401 Ebd., 159.

402 Ebd., 159.

Direktors des Predigerkollegs St.Pauli. Bereits in den 1930er Jahren setzte sich Müller für eine psychologische Grundausbildung der Seelsorger ein.

Neben vielen anderen Veröffentlichungen erschien 1950 (1954 als Lizenzausgabe in der DDR) sein *Grundriß der Praktischen Theologie.* Dieser Aufriss der Praktischen Theologie »ist wie der spätere von Otto Haendler dem Selbstverständnis nach ein Entwurf im Kontext der Michaelsbruderschaft.«[403] Wie Otto Haendler, war auch Alfred Dedo Müller Mitglied der Michaelsbruderschaft und aktiv in der Berneuchener Bewegung, die ihn stärker beeinflusst hat, als seine Verbindungen zum religiösen Sozialismus. Ganz im Sinne der Berneuchener Bewegung war Müller auf zahlreichen Gebieten der Praktischen Theologie tätig: u.a. Psychologie und Seelsorge, moderne Literatur und Musik, Kirchenbau, Liturgik, geistliche Übungen.

In der DDR erschienen - neben einzelnen Aufsätzen - *Der Ausweg* (1953, Predigtband) und *Grundriß der Praktischen Theologie* (1954). Zu seinem 70.Geburtstag erschien die Festschrift *Reich Gottes und Wirklichkeit* (1961).

Im August 1972 verstarb Müller als Emeritus der Karl-Marx-Universität Leipzig im Alter von 82 Jahren.

Bibliographische Anmerkungen

Religiöser Realismus (1927), Religion und Alltag (1927), Du Erde höre! (1930), Verkündigung im Arbeitslager als Problem der Volksmission (1933), Gottes Hausgenossen (1933), Kampf um das Reich (1935), Ethik (1937), Luthers Katechismus und wir (1939), Musik als Problem lutherischer Gottesdienste (1947), Prometheus oder Christus? (1948), Grundriß der Praktischen Theologie (1950), Erkenntnisfunktion des Glaubens (1952), Auswege (Predigtband, 1953), Dämonische Wirklichkeit und Trinität (1963).

Alfred Dedo Müller: Grundriß der Praktischen Theologie (1950)

Alfred Dedo Müllers *Grundriß der Praktischen Theologie* von 1950[404] steht noch in der Tradition der großen praktisch-theologischen Konzeptionen (wie Martin Schian, Leonhard Fendt u.a.) seiner Zeit. Im dritten Teil seines Grundrisses, unter der Kapitelüberschrift »Die Verkündigung der Kirche (Homiletik)«, widmet er die Hälfte seiner Ausführungen der Geschichte der Predigt. Allein schon diese augenscheinliche Tendenz macht seine traditionelle Verankerung innerhalb der Überlegungen zur Predigt und die daraus folgenden Konsequenzen deutlich. Die historische Entwicklung der Predigt nimmt bei ihm eine konstruktive Stellung ein.

---

[403] C. GRETHLEIN/M. MEYER-BLANCK (Hg.): Geschichte der Praktischen Theologie, Leipzig 2000, 45.

[404] 1954 als Lizenzausgabe in der DDR erschienen.

Alfred Dedo Müller gliedert seinen Abschnitt zur Homiletik in:

1. Das Wesen der Predigt (Systematische Homiletik)
2. Geschichte der Predigt
3. Der Inhalt der Predigt (Materiale Homiletik)
4. Die Predigt als menschliche Aufgabe (Praktische Homiletik)

Die vorangestellte Dreiteilung in theologisch-christologisch, anthropologisch-kosmologisch und kirchlich-liturgisch durchzieht alle zwei theoretischen Kapitel, so dass ein erkennbares Schema entsteht. Dass dabei die Geschichte der Predigt nicht an den Anfang der Ausführungen gestellt ist, ist sicher kein Zufall. Sie bildet den Drehpunkt zwischen der theoretischen Auseinandersetzung und dem praktischen Vollzug (*Die Predigt als menschliche Aufgabe*). Der praktisch orientierte Teil stellt die logische Konsequenz der theoretischen Überlegungen dar. An den entsprechenden Stellen werden klare Bezugspunkte zum historischen Kapitel deutlich: die Christodynamik, die Einsichtigkeit und Konkretheit aus der Missionspredigt der apostolischen Zeit oder die Merkmale der Predigt in der Zeit der Aufklärung.

Zeit wird bei Müller zu einem homiletischen Begriff stilisiert. Er schreibt unter dem Thema *Der Mensch in der Predigt:*

> »Die Universalität des Gotteswortes verpflichtet zu universaler Anknüpfung. Das Problem der Zeitnähe, der Gegenwartsnähe der Predigt beantwortet sich von hier aus ganz von selbst. Es gibt keine zeitlose Predigt. Zeitnähe ist nötig, weil die Menschen, an die die Preditg [*sic*] sich wendet, weil die Gemeinden in der Zeit stehen. Das Verkündigungswort muß also in die Zeit hinein geschehen. Kein Zeitproblem darf dem Prediger fremd sein. Aber das ist etwas ganz anderes, als die Zeit zum Inhalt der Predigt zu machen. Der Prediger soll der Zeit, aber er soll nicht die Zeit predigen.«[405]

Diese so verstandene Zeitgemäßheit der Predigt äußert sich nach Alfred Dedo Müller in dreierlei Gestalt[406]:

a) Dem Hörer muss deutlich werden, dass die akuten Probleme und Fragen der Zeit Gott nicht fremd sind, dass der einzelne Christ mit seinen Problemen nicht allein gelassen wird.

b) Der Prediger muss Gottes unbedingtes Nein zur bloßen Zeitgemäßheit deutlich machen. Damit ist die »Verkürzung und Verfälschung« der Zukunfts- bzw. jeglicher Perspektiven gemeint, die dem Göttlichen weder Kraft noch Raum zugestehen.

---

[405] A. D. MÜLLER: Grundriß der Praktischen Theologie, 1950, 202.

[406] Vgl. dazu: Ebd., 202f.

c) Die dritte Aufgabe, die dem Prediger in diesem Zusammenhang auferlegt wird, nennt Müller *Zeiterfüllung*: »Alle Fragen der Zeit müssen im Zusammenhang mit dem Glaubens- und Gottesproblem gesehen werden.«[407]

In Bezug auf das Problem der Zeitnähe der Predigt kritisiert er:

> »Das allzu lange die Predigt sich um die Fragen der öffentlichen Lebensordnung, namentlich der Politik und der Sozialgestaltung, überhaupt nicht gekümmert und auch an so vielen Nöten des persönlichen, wie etwa des geschlechtlichen Lebens wortlos vorübergegangen ist, als gäbe es sie nicht, ist eine Folge menschlicher Blindheit, die mit dem Wesen der Kirche völlig unverträglich ist.«[408]

Diese neue Akzentuierung innerhalb der Predigtpraxis, die verbunden ist mit einer Rückbesinnung auf die reformatorische Kirche, ist durchaus üblich für den Beginn des 20.Jahrhunderts. Hierbei wird die Predigt als gottesdienstliche Rede definiert, die ihren Ort im Gemeindegottesdienst hat, von wo aus sie auch zu bestimmen ist. In ihr spricht Gott selbst in der Predigt zur Gemeinde.[409] Die so charakterisierte gottesdienstliche Rede wird dabei nicht als Missionsrede begriffen, sondern sie lebt und stirbt *mit der* Gemeinde im Gottesdienst und wird daher ausdrücklich als zeitgemäß verstanden. Damit wird die Predigt auch inhaltlich in ihrer Vielfalt an der gottesdienstlichen Gemeinde orientiert. »Den Inhalt der Predigt bildet das, was Gott der gottesdienstlich versammelten Gemeinde zu sagen hat.«[410] Zu den Grenzen dieses Inhaltes der Predigt gehört die Theologie, die reine Moral, die allgemeine Wohlfahrt, gehören allgemeine Lebensbeschreibungen und was nicht nur mit der reinen Gottesbotschaft in Zusammenhang zu bringen ist. Bei Müller geht die Zeitgemäßheit der Predigt über diesen Bestimmungsaspekt hinaus.

Neben der Zeitbezogenheit der Predigt, spielt das »Wort Gottes« als konstante Größe eine bedeutende Rolle. Gott wird der Gemeinde dadurch gegenwärtig, dass er heute in der Predigt durch sein Wort redet. »Denn das Wort ist die Art und Weise, in der personhaftes Sein sich ›äußert‹.«[411] Damit versteht Müller Verkündigung nicht nur als Vermittlung bzw. Mitteilung des Wortes Gottes, sondern als Wort Gottes selbst. Die in Christus vollzogene

[407] Ebd., 203.

[408] Ebd., 203.

[409] »Die evangelische Predigt ist die in zusammenhängender Rede durch das Mittel einer beauftragten Persönlichkeit erfolgende Verkündigung des Wortes Gottes an die gottesdienstlich versammelte Gemeinde.« So Martin Schian in: Grundriß der Praktischen Theologie, 1922, 216.

[410] Ebd., 220.

[411] A. D. Müller: Grundriß der Praktischen Theologie, 1950, 160.

Offenbarung wird in der Predigt lebendig, gegenwärtig und enthistorisiert. Der so verkündigte Gott »ist nicht bloß naturgesetzlich-dinghaft in den leeren Raum hinein wirkende Macht, sondern er ist persönlicher Geist, Gemeinschaft suchender, Antwort heischender, Verantwortung weckender Wille. Der Heilige, der deus absconditus, sucht ein hörendes Ohr. Gott sucht Gemeinschaft mit den Menschen.«[412]

Die sich in und durch die Predigt vollziehende Christusbezogenheit durch den »geheimnisvoll gegenwärtigen Logos«, »ohne den es keinen Zugang zum Vater, ohne den es auch heute keine echte Gotteserkenntnis gibt«[413], muss eine zentrale Absicht und Ziel der Predigt sein. Im Prediger, als »Fortsetzer« des prophetischen Charakters der Offenbarung in Christus, »geht das Urwort in die Gestalt menschlichen Bewußtseins und menschlicher Rede ein«[414].

> »Alle Prophetie aber erfüllt sich in Christus [...] So kann denn alle Predigt, alle Verkündigung von Gottes Wort nur Christuspredigt sein, insofern sie da[s] in Christus geschehene Offenbarungswort weiterzugeben und als das mit uns heute redende Wort Gottes hörbar zu machen hat. Eine unerhörte Aufgabe! Denn dies alles will ja nicht biblizistisch-dogmatisch, sondern es will aktuell-realistisch, personal, existenziell verstanden sein.«[415]

Der Person des Predigers kommt damit eine ganz besondere und verantwortungsvolle Aufgabe zu. Als Beauftragter der Gemeinde fungiert er als Zeuge und seine Predigt versteht sich als Zeugnis des Evangeliums. Oder, wie es Alfred Niebergall zur Charakterisierung der Predigt nach der Französischen Revolution bis zum Ersten Weltkrieg sagt: »Der Prediger versteht sich weitaus mehr als früher als ›Zeuge‹, nicht in dem Sinn des Pietismus, sondern als Bürge dessen, was er in seiner Predigt verkündet.«[416] Das darin enthaltene menschliche Faktum, soll aber nicht als Not, sondern »als eine Notwendigkeit, als ein legitimer theologischer Sachverhalt«[417] verstanden werden.

Daraus ergibt sich neben der theologisch-christologischen eine anthropologisch-kosmologische Notwendigkeit der Überlegungen. Der Prediger kann nur aus seiner Individualität an die Aufgabe, die ihm gestellt ist, herangehen. Seine Sprache ist es, die das Wort Gottes durch die Predigt menschliche Gestalt annehmen, es in Lebendigkeit agieren lässt.

---

[412] Ebd., 160.
[413] Ebd., 160.
[414] Ebd., 161.
[415] Ebd., 161.
[416] A. Niebergall: Die Geschichte der christlichen Predigt, 1955, in: Leiturgia, Bd. II, 337.
[417] A. D. Müller: Grundriß der Praktischen Theologie, 1950, 197.

Alfred Dedo Müller entwickelt aus diesem Zusammenhang ansatzweise eine Theologie der menschlichen Sprache, die auf drei Sachverhalte aufmerksam macht:

1. Der göttliche Ursprung der Sprache.
Aus der Argumentation der alttestamentlichen Schöpfungserzählung wird mit dem göttlichen Ursprung der Sprache die Gottebenbildlichkeit begründet. Durch die Sprache partizipiert der Mensch am göttlichen Geheimnis und an der Personalität Gottes. Die menschliche Sprache ist somit unmittelbares Zeichen für Gottesnähe und Gotteserfahrung.

2. Die Sprache als Zeichen des Abfalls, der Gottfremde.
Zugleich ist die menschliche Sprache aber auch »das teuflische Werkzeug der Lüge und des Hasses«[418]. Alfred Dedo Müller setzt die Überzeugung voraus, dass sich menschliches Dasein maßgeblich durch bzw. über Kommunikation definiert. In der existentiellen Bedeutung, die der Sprache somit zukommt, besagt diese Feststellung »das Zurücksinken des wahren Seins in die Wortlosigkeit«[419]. Die Gefahr, die sich aus der modernen gesellschaftlichen Entwicklung daraus ableiten lässt, charakterisiert sich durch die »wachsende Ausdrucksunfähigkeit des modernen Menschen für metaphysische, religiöse und intimere soziale Zusammenhänge«[420].

3. Die Wiedergeburt der Sprache.
Wird als Abfall der Sprache der Turm zu Babel zum zeichenhaften Symbol, so ist das Gegenstück dazu das Pfingstwunder der Apostelgeschichte. Die Wiedergeburt der menschlichen Sprache ereignet sich in der Predigt, in der Gott selbst in das menschliche Wort kommt und sein Wort Knechtsgestalt annimmt. Dieser Vorgang kann als permanente Wiederholung des Pfingstwunders gesehen werden. Das menschliche Wort wird Organ für Gottes Wort.

> »Dieses Organwerden menschlicher Rede ist allem bloß verstandesmäßigen oder willensmäßigen Anerkennen oder Fürwahrhalten versagt. Es setzt ein Auftun des Herzens, eine Hingabe des ganzen Menschen voraus.«[421]

Durch die Einbeziehung des ganzen Menschen[422] wird die so gebrauchte Sprache »ganz konkrete Sprache einer bestimmten Zeit, in die Gottes Urwort eingeht«[423]. Sie weist jedoch als menschliche Sprache gleichzeitig über

---

418 Ebd., 163.
419 Ebd., 163.
420 Ebd., 163.
421 Ebd., 164.
422 Vgl. auch: Ebd., 197.
423 Ebd., 165.

ihre Zeit hinaus, sie muss ihrer Universalität gerecht werden. »Die Sprache ist die Spiegelung des seelischen, geistigen, sozialen und politischen Gesamtschicksals.«[424] Kein Bereich der Sprache, auch die profansten Worte, entzieht sich dem göttlichen Urwort. Alle Wirklichkeitsbereiche unterliegen damit dem göttlichen Herrschaftsanspruch. Kein Bereich der menschlichen Existenz darf deshalb der Predigt entzogen werden.

> »Dahin gehören nicht nur die Fragen des inneren Lebens, sondern auch die Grundfragen der öffentlichen Lebensordnung, nicht nur die persönliche, sondern auch die geschichtlich-politische Existenz des Menschen.«[425]

Eine Auseinandersetzung mit der Bedeutung und Funktion der Sprache begegnet bereits in der Zeit der Aufklärung, die zum ersten Mal Fragen der modernen Predigt aufgeworfen hat. Die Aufklärung war bemüht, zeitgemäß zu verkündigen und erkannte den Druck der naturwissenschaftlich-geistigen Entwicklung. Das zu verkündigende Evangelium wurde auf seine Historizität und allgemeine Gültigkeit und Wahrheit hin befragt und überprüft. Sprachlich wurden die Predigten der Aufklärung bestimmt durch die klassische Epoche der deutschen Sprache und Dichtung (Goethe, Schiller, Herder). Es wurde der Frage nach einem ästhetischen Anspruch von Sprache, Ausdruck und Aufbau auch innerhalb der Verkündigung nachgegangen.[426]

Die von Müller entwickelte konzeptionelle Überlegung einer Theologie der Sprache setzt sich aus drei Aspekten zusammen: Schöpfung - Sündenfall - Wiedergeburt. Sie besteht aus einer Verknüpfung von göttlicher Zuwendung und menschlicher Abwendung. In der Predigt soll ein Zustand der Verbindung hergestellt werden. Diese Aufgabe, die dem Prediger zukommt und die für die anthropologische Charakterisierung der Predigt notwendig ist, macht eine weitere Notwendigkeit deutlich: den kirchlich-liturgischen Charakter der Predigt.

> »Die Predigt soll [...] eine Gestalt der Wahrheit sein - der Wahrheit, die in der Kirche Gestalt finden will«.[427]

Das von der Reformation vorgebrachte Konzept des Gottesdienstes macht die Predigt im Verhältnis von bekennendem Glauben (Credo) und dem erfahrbaren Glauben (Sakrament) zum Zeugnis des Glaubens. Zwar bleibt die

---

[424] Ebd., 165.

[425] Ebd., 165.

[426] Vgl. dazu: R. KOENIG: Deutsche Literaturgeschichte, 1897.

[427] A. D. MÜLLER: Grundriß der Praktischen Theologie, 1950, 165.

Verkündigung Zentrum des Gottesdienstes, ist jedoch organisch mit ihm in liturgischer Weise verbunden und nicht abgelöst.

> »Die Aufgabe der Predigt kann nur vom Sakrament und das Sakrament nur von der Predigt her richtig verstanden werden. Sie sind verschiedene, untrennbar zusammengehörige Formen des einen Mysteriums der Leibwerdung Christi, um das es in der Kirche überhaupt geht.«[428]

Der Person des Predigers kommt dabei wiederum eine bedeutende Funktion zu, die jedoch von Allzumenschlichem beeinflusst wird.

Im 3. Teil der homiletischen Ausführungen hebt Müller neben der Thematik *Die Heilige Schrift in der Predigt*[429] (in der es ausführlich um die Schriftgebundenheit der Predigt geht) und *Das Dogma der Predigt* (hier streift Müller kurz die Diskussion um das Verhältnis von Predigt und Dogma) ausführlich die Problematik *Der Mensch in der Predigt* hervor. Ausgehend von der Erläuterung zum Verhältnisses von Predigt und Dogmatik, konstatiert er, dass es notwendig ist »ausdrücklich von der legitimen Bedeutung zu reden, die der Mensch für die Predigt hat«[430]. Der Prediger als Mensch muss sich seiner Menschlichkeit bewusst sein. Er darf diesen Sachverhalt nicht nur als eine Not ansehen, sondern sie als Notwendigkeit begreifen (als legitimen theologischen Sachverhalt), denn:

> »Die Predigt ist nicht bloß korrekte Weitergabe der kirchlichen Lehre [...] Sie ist Wort Gottes in der verhüllenden Gestalt und Leibhaftigkeit menschlicher Rede. Und zwar nicht nur so, daß sie auch bewußte menschliche Leistung ist, sondern auch so, daß in sie neben den bewußten auch die unbewußten seelischen Gehalte eingehen.«[431]

Anders als die Überlegungen zur Predigt des sogenannten »Kulturprotestantismus«, bei der sich die Predigt u.a. der Psychologie zur Vermittlung ihres

---

[428] Ebd., 166f. Vgl. dazu auch: Ebd., 196. E. Hertzsch drückt die Bedeutung der Predigt im Gottesdienst so aus, dass sie den einen der beiden Höhepunkte des Gottesdienstes (neben dem Sakrament) bildet. – Vgl: E. HERTZSCH: Die Wirklichkeit der Kirche, Halle 1956, 93.

[429] Innerhalb dieser Thematik bedient sich A. D. Müller erneut der Dreiteilung christologisch/anthropologisch/kirchlich. Vgl. dazu: A. D. MÜLLER: Grundriß der Praktischen Theologie, 1950, 194–196.

[430] Ebd., 197.

[431] Ebd., 198.

Inhaltes und Zieles bedient[432], greift Müller Möglichkeiten der Psychologie (genauer: der modernen Strukturpsychologie) auf, um nach dem Prediger selbst zu fragen. Seiner Konzeption treu, weist er darauf hin: »So verdienstlich hier der Hinweis auf die Hilfe ist, die die Tiefenpsychologie bietet – realisierbar wird diese Hilfe erst im praktischen Vollzug der Hingabe an Gott.«[433]

Müller sieht die Bedeutung der Selbstfindung des Predigers für den Predigtprozess, will jedoch praktische Konsequenzen aus diesem Vorgang für den gesamten Predigtvollzug ziehen können. Bei seinen Ausführungen geht er auf den Ansatz Otto Haendlers[434] - nicht ohne Kritik – ein. Ebenso wie der Prediger, als der Redende, muss auch der Hörer, als der angeredete Mensch, innerhalb dieser Überlegungen mitbedacht werden. Er gehört ebenso zum legitimen Inhalt der Predigt.

> »Die Predigt richtet sich jedenfalls nicht an den leeren Raum, sondern an eine aus lauter Menschen der Gegenwart bestehende Gemeinde, von denen jeder einzelne wieder sein vollmenschliches Schicksal hat.«[435]

In der Kopplung von Prediger und hörender Gemeinde liegt auch die Lösung für die Fragen der Anknüpfung der Predigt, wobei der *empirische Mensch* nicht zum Inhalt der Predigt gemacht werden soll[436], und der bereits erörterten Zeitnähe des Predigtinhaltes.

> »Es geht hier also nicht nur um die ›Anknüpfung‹ in der Einleitung der Predigt, sondern um die durchgängige Übertragung der Verkündigung in die Sprache des Zustandes, in dem sich die Gemeinde befindet.«[437]

Alle exerzierten Probleme um die Predigt finden schließlich in einem 4. Teil »Die Predigt als menschliche Aufgabe« ihre konkrete Anwendung, wobei dieser konkret-praktische Abschnitt der Homiletik Alfred Dedo Müllers nicht zur bloßen Anleitung des *Predigtmachens* degradiert werden darf, sondern sich als Erkenntnisweg und Gestaltungsaufgabe innerhalb des Entstehungsprozesses der Predigt versteht. Die Predigt wird in diesem Prozess als Denkaufgabe verstanden, die unter historischen und rationalen Aufgaben über die Meditation zu einer konkret, der Gemeinde entsprechenden Predigt wird. Dies ist das Ziel der Predigtarbeit: Die Verbindung zwischen historischem,

---

432 Vgl. dazu: A. NIEBERGALL: Geschichte der christlichen Predigt, 1955, in: Leiturgia, 338.

433 A. D. MÜLLER: Grundriß der Praktischen Theologie, 1950, 199.

434 OTTO HAENDLER: Die Predigt, ²1949.

435 A. D. MÜLLER: Grundriß der Praktischen Theologie, 1950, 201.

436 Ebd., 202.

437 Ebd., 209.

offenbartem, grundlegendem Text und der heutigen Gemeinde: eine gemeindenahe Predigt. So schließt Müller seine Ausführungen:

> »In der Predigt dürfen also nicht nur, sondern müssen alle weltlichen Lebens- und Zeitfragen vorkommen – handle es sich um Fragen der persönlichen oder der öffentlichen Lebensgestaltung.«[438]

Bei Alfred Dedo Müller ist von daher durchaus von einem situationsbewussten Ansatz des Predigtverständnisses zu sprechen, der sich in einer »konkreten« oder auch »praktischen« Homiletik äußert.[439]

III.2.2 Otto Haendler (1890-1981)

Im 20. Jahrhundert begann sich auch die Theologie intensiv für die so genannten Humanwissenschaften zu interessieren. Der moderne Mensch mit seinen Sorgen und Nöten und in seiner Ganzheitlichkeit wurde zum Gegenstand des Nachdenkens auch in der homiletischen Forschung. In besonderem Maße setzte sich für eine Einführung der noch jungen Psychoanalyse bzw. Tiefenpsychologie und ihrer Anwendung auf die Teilgebiete der Praktischen Theologie Otto Haendler ein.

Zunächst übte die Psychologie vorwiegend auf dem Gebiet der Seelsorge ihren Einfluss aus. In welcher Größenordnung diese Annäherung an die Psychologie – insbesondere der Tiefenpsychologie – umstritten war, wird im 1922 herausgegebenen *Grundriß der Praktischen Theologie* von Martin Schian[440] deutlich, der die Psychoanalyse in dem Kapitel über die Seelsorge folgendermaßen beurteilt:

> »Neuerdings ist eine von dem Neurologen Sigmund Freud empfohlene Heilmethode auch für die Seelsorge benutzt worden; so von dem Züricher Pfarrer Oskar Pfister. Die Methode geht von der großen Bedeutung der Affekte im Seelenleben aus [...] Es kann keinem Zweifel unterliegen, daß krankhafte seelische Erscheinungen auf dem geschilderten Weg [z.B. Verdrängungen ins Unterbewußte u.Ä., d.Vf.] entstehen; auch kann die Aufdeckung der Ursachen sehr wohl heilsam wirken. Aber während so dem Grundgedanken der Psychoanalyse ein gewisses Recht zugesprochen werden muß, unterliegt die Art, wie sie geübt wird, nicht nur für die Seelsorge, aber ganz besonders für sie, allerernstesten Bedenken [...]

---

[438] Ebd., 209.

[439] In seiner 1937 veröffentlichten Arbeit zur Ethik spricht A. D. Müller von einer »konkreten Theologie«, die »nur als radikal-realistische Theologie möglich« ist. Auch innerhalb der Homiletik ist bei ihm von einer solchen »konkreten Theologie« zu sprechen. Vgl. dazu: A. D. Müller: Ethik, Berlin 1937 (u.a. Vorwort, VII).

[440] M. Schian: Grundriß der Praktischen Theologie, 1922.

Wir lernen aus der neuen Methode, um noch stärker gegenwärtig zu halten, daß für ernste Seelsorge die möglichst genaue Kenntnis der Psyche des Menschen notwendig ist; [...] Aber die Willkürlichkeiten und Phantastereien, die sich mit der Psychoanalytik verbinden, lehnen wir mit Entschiedenheit ab.«[441]

Was für die Seelsorge zutraf, das galt schon längst für die Homiletik und die homiletischen Fragestellungen. Die Anwendung und Nutzung der neuen psychoanalytischen oder tiefenpsychologischen Erkenntnisse auf die homiletischen Forschungen und Arbeiten sind für Martin Schian noch undenkbar. Otto Haendler hat diesen Schritt gewagt, der ihm mehr als notwendig erschien.

»In dem geistigen Geschehen der letzten Jahrzehnte hat die Tiefenpsychologie eine immer steigende Bedeutung gewonnen. Sie ist nicht nur zu einer selbständigen und wesentlichen Wissenschaft geworden, sondern auch zu einem immer wichtigeren, in vielem fundamentalen Faktor des seelischen Lebens. Wo sie einmal in ihrer Wirklichkeitsbedeutung erkannt ist, pflegt sie eine Stellung im Leben des Menschen zu erobern, die an zentraler Bedeutung der der Religion nahekommt, in vielen Fällen ihr gleichkommt oder an ihre Stelle tritt.
Eine gründliche Besinnung auf ihre Bedeutung ist deshalb für die Theologie wie für die Kirche unerläßlich.«[442]

Mit diesen Worten eröffnet Otto Haendler das Vorwort zu seiner Monographie *Die Predigt. Tiefenpsychologische Grundlagen und Grundfragen*[443].

Er, der wie Alfred Dedo Müller der Berneuchener Bewegung zuzurechnen ist und der Michaelsbruderschaft angehörte, versuchte mit seinem Werk, innerhalb der homiletischen Arbeit auf die moderne Situation des Menschen einzugehen und sprach sich für die »Anwendung der psychologischen Erkenntnisse« auf dem gesamten Gebiet »theologischer Arbeit und kirchlichen Wirkens« aus.[444] Er bricht dabei offenbar mit den Hauptlinien einer formzüchtigen Homiletik im Interesse einer Erfassung der Ganzheitlichkeit des Menschen im Gegenüber bzw. mitten in der Predigtarbeit.

»Predigtarbeit als Lebensarbeit umfaßt nicht nur den homiletischen Bereich und dessen Randgebiete, sondern den ganzen Bereich des Seins.«[445]

---

[441] Ebd., 289–290.

[442] O. Haendler: Die Predigt, ^{2}1949, VII.

[443] Eine ausführliche Besprechung zu diesem Werk und zur Person Otto Haendlers bei: C. Grethlein, M. Meyer-Blanck (Hg.): Geschichte der Praktischen Theologie, 2000.

[444] O. Haendler: Die Predigt, ^{2}1949, VII.

[445] Ebd., 320.

Von daher kommt dem Prediger, der den ganzen Bereich des Seins im Blick haben muss, eine besondere Aufmerksamkeit zu, und zwar nicht in seiner Funktion als Prediger, sondern infolge dieser Funktion. Seine menschliche Seite und sein Leben als Totalität sind von Bedeutung, sein biographischer und historischer Kontext.

> »Denn erstens hat jede objektive Frage der Predigt für den, der Predigt arbeitet, zugleich eine grundsätzliche und umfassende subjektive Seite. Zweitens ist der Prediger nicht nur ein Mensch, bei dem man gleichsam selbstverständlich Glauben voraussetzen und fordern kann, daß er christliche Persönlichkeit sei und alles, was damit nicht übereinstimmt, überwindet. Sondern der Prediger ist, so wie er ist, ein Mensch, der mit seiner ganzen Persönlichkeit, auch dem nicht überwundenen Unchristlichen, seine Predigt arbeitet. In diesem Sinne ist das Problem des Subjektes mit seiner lebendigen Geschichte nicht genügend berücksichtigt.«[446]

Das Erfassen des ganzen Bereichs des Seins fragt nach dem Schicksal des Predigers, nach seiner Schicksalsfähigkeit und nach der Ver- und Bearbeitung eines Gesamtschicksals. Der Prediger steht diesen Schicksalsbetrachtungen nicht als Beobachter gegenüber, sondern ist darin verflochten und soll aus dieser Situation heraus die Wirklichkeit Gottes verkündigen, ausleuchten und deuten.

> »Die Predigt ist die Selbstdarstellung des Predigers hinsichtlich seines Erlebens, auch dann, wenn er in Vollmacht und Fülle des Zeugnisses die geoffenbarte Wahrheit verkündigt. Auch die ›objektivste‹ Predigt verbirgt sein Erleben so wenig, wie man seine Handschrift verstellen kann, weil auch in der verstellten Handschrift die charakteristischen Züge erscheinen. Gesprochenes Wort ist Handschrift der Seele.«[447]

Mit Hilfe einer tiefenpsychologischen Explikation (im Sinne von C. G.Jung) will Haendler ermutigen, die Subjektivität und Individualität eines Predigers ernst zu nehmen und positiv zu nutzen und sie nicht zu verleugnen, weil es im Grunde gar nicht möglich ist.[448]

> »Ich bin verurteilt, so zu predigen, wie ich bin. Es kann nicht mehr, und es soll nicht weniger sein. Und zugleich: ich darf so predigen, wie ich bin. Es braucht nicht weniger zu sein, und es kann nicht mehr sein.«[449]

---

[446] Ebd., 18.

[447] Ebd., 91–92.

[448] Vgl. dazu: H. Urner: Gottes Wort und unsere Predigt, 1961, 84 ff.

[449] O. Haendler: Die Predigt, ^{2}1949, 274.

Objektive Wirklichkeit und subjektives (Geprägt-) Sein bestimmen, beeinflussen und relativieren sich gegenseitig. Beide Seiten können und sollen nicht unbeachtet bleiben.

Das Wesen der von Haendler verfasster Arbeit *Die Predigt* fasst Michael Meyer-Blanck folgendermaßen zusammen:

> »Das Buch gab im wesentlichen drei eher unzeitmäßige homiletische Impulse:
> - die Betonung der Subjektivität des Predigers gegen die einseitige Objektivität des Verkündigungsinhaltes und die damit verbundene Frage nach dem Verhältnis von Theologie und (komplexer) Psychologie
> - der Hinweis auf die Meditation als Schlüssel zur Predigt
> - die Rehabilitierung des Religionsbegriffs und das Plädoyer für eine Theologie vom 1.Glaubensartikel her.«[450]

Die Meditation als Methode bei der Erarbeitung und Erfassung eines (Predigt-) Textes spielt bei Haendler eine zentrale Rolle und begegnet in seinem *Grundriß der Praktischen Theologie* genauso wie die Beschäftigung mit der Subjektivität des Predigers. Ebenfalls lässt sich bei Otto Haendler ein starkes Interesse am Phänomen der Liturgie und an der Verhältnisbestimmung von Predigt und Liturgie finden.

Biographische und bibliographische Anmerkungen[451]
Otto Haendler wurde als Sohn des späteren Generalsuperintendenten für Berlin, Wilhelm Haendler, am 18. April 1890 in Löwenhagen (Ostpreußen) geboren. Nach Absolvieren des Studiums der Evangelischen Theologie von 1909 bis 1913 in Tübingen und Berlin wurde er 1914 zum Kriegsdienst eingezogen.

In der Zeit von 1917 bis 1927 nahm Otto Haendler hauptsächlich pfarramtliche Aufgaben an verschiedenen Predigtstätten war und promovierte 1925 in Berlin zum Thema *Die Christologie Franks. Kritische Untersuchung ihrer Thesen auf Grund ihrer Voraussetzungen.*

Mit dem Jahr 1927 begann er seine Lehrtätigkeit an der Greifswalder Theologischen Fakultät und habilitierte sich dort 1930 zum Thema *Die Idee der Kirche in der Predigt.*

Zwischen 1931 und 1935 war Haendler Direktor des Predigerseminars in Stettin, er trat 1932 der Michaelsbruderschaft bei, engagierte sich (insbesondere in Form von Meditationsanleitungen) in der Berneuchener Bewegung und ging 1935 – nachdem er durch die Deutschen Christen aus dem Amt gedrängt

---

450 C. GRETHLEIN, M. MEYER-BLANCK (Hg.): Geschichte der Praktischen Theologie, 2000, 406.

451 Vgl dazu: M. MEYER-BLANCK: Tiefenpsychologie und Strukturtheologie, in: C. GRETHLEIN, M. MEYER-BLANCK (Hg.): Geschichte der Praktischen Theologie, 2000.

worden war – vom Predigerseminar wiederum in das Pfarramt. Nebenbei war er bis 1945 als Privatdozent in Greifswald tätig.

Nach intensiver Beschäftigung mit der tiefenpsychologischen Arbeit C. G. Jungs erschien 1941 seine Predigtlehre *Die Predigt. Tiefenpsychologische Grundlagen und Grundfragen*.

Von 1945 bis 1951 nahm Haendler eine Lehrtätigkeit als Professor an der Universität in Greifswald wahr und hatte von 1951 bis zu seiner Emeritierung 1959 den Lehrstuhl für Praktische Theologie an der Humboldt-Universität in Berlin (Ost) inne. Während dieser Berliner Zeit entstand sein *Grundriß der Praktischen Theologie* (1957 – herausgegeben in Berlin-West), der durchaus durch die gesellschaftlichen Umstände in der DDR geprägt ist.
1967 gab Otto Haendler seine Lehrtätigkeit auf und verstarb 1981.

Veröffentlichungen (in Auswahl):
Die Predigt. Tiefenpsychologische Grundlagen und Grundfragen, 1941 (^{2}1948, ^{3}1960); Denken und Glauben, 1949; Christophorus: die Legende als Bild des Glaubensweges, 1951; Angst und Glauben, 1952; Petrus: Vom Überkommenen zum Überkommenden, 1953; Das Leib-Seele-Problem in theologischer Sicht, 1954; Grundriß der Praktischen Theologie, 1957; Die Glaubenskrise als psychologisches Strukturproblem, in: Die Leibhaftigkeit des Wortes, 1958; Zwischen Glaube und Unglaube, 1966; Zu C.G.Jungs ›Gesammelten Werken‹, in: Wege zum Menschen, 1967; Gottebenbildlichkeit und Weltbildkrise, in: Wort und Welt, 1968; Meditation als Lebenspraxis, 1977.

Otto Haendler: Grundriß der Praktischen Theologie (1957)
Die Predigtlehre[452] *Die Predigt. Tiefenpsychologische Grundlagen und Grundfragen* gehört unbestritten zu den wichtigsten Veröffentlichungen Otto Haendlers. »Hier wird ein ganzes Buch lang das propagiert und durchbuchstabiert, was die deutsche Homiletik erst in den 70er Jahren wiederentdecken sollte: Das Ich auf der Kanzel.«[453]

Ganz im Wirkungsbereich dieser Arbeit entstand 1957 der *Grundriß der Praktischen Theologie*, als Haendler den Lehrstuhl für Praktische Theologie an der Humboldt-Universität in Berlin (Ost) inne hatte. In erster Linie ist der Grundriss als Lehrbuch konzipiert. Längere Ausführungen zu speziellen Themen fallen zu Gunsten einer überblicksartigen Abhandlung weg

---

[452] O. Haendler bezeichnet seine Arbeit Die Predigt (1941, ^{2}1948, ^{3}1960) selbst als »meine Predigtlehre« und ordnet sie zwischen Wolfgang Trillhaas, Helmut Schreiner und Leonhard Fendt zeitlich (nicht inhaltlich!) ein. (O. Haendler: Grundriß der Praktischen Theologie, 1957, 269.)

[453] C. Grethlein, M. Meyer-Blanck: Geschichte der Praktischen Theologie, 2000, 406.

und an vielen Stellen kommt es zu Anlehnungen an frühere Veröffentlichungen.[454] Auffällig ist an dieser Arbeit die durch häufige Verwendung eines zweifachen[455] Strukturbegriffs bzw. das Element des Strukturprinzips tritt an vielen Stellen deutlich hervor. Die gesamte Praktische Theologie kann, von Haendler im §1 vorangestellt,

> »nicht nur als Theorie der kirchlichen Praxis definiert werden, sondern ist infolge der unlöslichen gegenseitigen Durchdringung der Praxis mit dem Gesamtsein der Kirche erweitert als Strukturtheologie der gegenwärtigen Kirche zu verstehen.«[456]

Der *Grundriß der Praktischen Theologie* steht ebenfalls in der Tradition der großen praktisch-theologischen Konzeptionen und ist auf die Praxis bzw. das kirchliche Handlungsfeld bezogen:

> »Was hier gesagt wird, fundiert auf drei Jahrzehnten pfarramtlicher Wirksamkeit in Stadt- und Landgemeinden und auf drei Jahrzehnten akademischer Tätigkeit.«[457]

Den historischen Kontext bilden die noch junge DDR und die ersten ernsten Auseinandersetzungen zwischen den Kirchen und dem Staat (Jugendweihe, Militärseelsorgevertrag der EKD, Otto Dibelius usw.). Die gesamten Äußerungen und Ausführungen sind durchaus auf diesem Hintergrund zu sehen, wenn man den theoretisch-praktischen Ansatz Haendlers vom Verhältnis von Objektivität und Subjektivität ernst nimmt. Mit einer Ausnahme gibt es im Grundriss jedoch keine expliziten politisch-situative Aussagen. Die Ausnahme findet sich innerhalb der Ausführungen in Bezug auf Das Wesen des Amtes. Hier heißt es:

> »Gerade dann wird die Kirche nicht nur pädagogisch gesehen besser verstanden, sondern auch ihrem Wesen nach tiefer erkannt, wenn sie in allen Richtungen bei der ihr auferlegten Begrenztheit zugleich ihre strukturellen Grenzen

[454] Vgl. dazu: Bibliographische Notizen.

[455] M. Meyer-Blanck erkennt in der Durchführung eine psychologische und eine ekklesiale Verwendung. Vgl.: Ch.Grethlein, M.Meyer-Blanck: Geschichte der Praktischen Theologie, 2000, 414.

[456] O. Haendler: Grundriß der Praktischen Theologie, 1957, 1. Die hier angedeutete Auseinandersetzung um die Rolle der Praktischen Theologie innerhalb der theologischen Wissenschaften erscheint ebenfalls bei E. Hertzsch - vgl. E. Hertzsch: Die Wirklichkeit der Kirche, 1956.

[457] O. Haendler: Grundriß der Praktischen Theologie, 1957, VII.

überschreitet, ihre Begrenztheit durchbricht, und zwar deshalb, weil die Wirklichkeit Gottes schlechterdings unbegrenzt in der Weite und Gestalt ihrer Offenbarung ist. Nur dann ist die Kirche wahrhaft kirchlich, wenn sie zugleich überkirchlich ist.«[458]

Deutlich schimmert die Diskussion zum Wirkungsbereich und Aufgabenbereich der Kirchen und des kirchlichen Handelns im Sozialismus der DDR durch. Haendler gibt an dieser Stelle eine klare Positionierung zur späteren, von der SED-Politik geforderten Einschränkung auf den Kultbereich bzw. der reinen kultischen Aufgabenerfüllung der Kirchen. Denn die Erfassung der Unbegrenztheit der Wirklichkeit Gottes weist über den rein kultischen Bereich hinaus, beispielsweise auf Fragen der gesellschaftlichen Wirklichkeit.

> »Nur dann verkündigt sie [die Kirche, d.Vf.] die biblische Offenbarung Gottes recht, wenn sie den lebendigen Gott verkündigt, der bis in die Heidenwelt und bis in den Säkularismus hinein sich kundtut. Diese Haltung ist die einzige Möglichkeit, die der ungeheuren Energie des Existenzialismus eine Aussicht bietet, den lebendigen Gott neu zu erfassen, und sie entspricht dem Evangelium und seiner Forderung. Sie ist auch die einzige Möglichkeit, die der an sich unorganischen Koppelung des Sozialismus mit der Gegnerschaft gegen die Kirchen und mit dem Atheismus zur Lösung zu helfen vermag. Auch das entspricht dem Evangelium und dem Auftrag der Kirche.«[459]

Im Gegensatz zur Predigtlehre *Die Predigt* (1941) handelt Otto Haendler in seinem *Grundriß der Praktischen Theologie* die Predigt, Homiletik und homiletische Fragestellungen relativ knapp ab. »In der *Homiletik* begegnet sachlich nichts Neues, nur wird anders als 1941 (Pr) [»Die Predigt«, d.Vf.] auch eine Geschichte von Predigt und Predigtlehre geboten«.[460] Dem Kapitel zur Homiletik ist der Abschnitt *Die Verkündigung der Kirche* vorangestellt. Nachfolgend finden sich die Kapitel zur Katechetik und Poimenik, die zusammen mit der Homiletik die Strukturelemente dieser kirchlichen Verkündigung bilden. »Eher im allgemeinen Rahmen der Praktischen Theologie um 1960 verbleibt das Buch mit dem Verkündigungsbegriff als integrierender Perspektive.«[461]

Ausgangspunkt für die dreiteilige Betrachtung zur Homiletik bildet *Die Predigt der Kirche* – als Hauptüberschrift über den gesamten homiletischen Artikel und zugleich als Programm der praktisch-theologischen Betrachtung. Der erste Abschnitt *Der Ort der Predigt* in der Struktur der Kirche interpretiert

---

[458] Ebd., 110–111.

[459] Ebd., 111.

[460] C. Grethlein, M. Meyer-Blanck: Geschichte der Praktischen Theologie, 2000, 419.

[461] Ebd., 417.

die Bedeutung der Predigt als gesamtkirchliches Ereignis. Innerhalb der §§ 26 und 27 kommt es zur Konkretisierung dieses Gedankens in der Bedeutung der *Predigt für Kirche und Welt* und in der Ausführung der *Predigt als kultisches Geschehen.*

In den *Prinzipien der Predigtgestaltung* (2.Abschnitt) befasst sich Otto Haendler im § 28 mit dem Verhältnis von Text und Predigt sowie mit dem menschlichen Problem im Predigtgeschehen, d.h. mit den Erwartungen der Predigthörer und den Auswirkungen der Predigt auf die Hörer (§ 29).

Im 3. Abschnitt geht es ihm um *Die Arbeit an der Predigt*, d.h. letztlich um konkrete handwerkliche Hilfestellung bei der Erarbeitung der Predigt (§ 30) und ihrer Gestaltung als schöpferisches Tun (§ 31).

Mit einem Appendix *(Geschichte der Predigt und der Predigtlehre)* endet das homiletische Kapitel der Ausführungen von Otto Haendler.
So gliedert sich das homiletische Kapitel folgendermaßen:

Die Predigt der Kirche (Homiletik)
- *1. Der Ort der Predigt in der Struktur der Kirche*
  - § 26. Die Bedeutung der Predigt für Kirche und Welt
  - § 27. Predigt als kultisches Geschehen
- *2. Die Prinzipien der Predigtgestaltung*
  - § 28. Forderung und Gabe des Textes an die Predigt
  - § 29. Die Predigt und die menschlichen Probleme
- *3. Die Arbeit an der Predigt*
  - § 30. Exegese und Meditation des Textes
  - § 31. Gestaltung der Predigt
  - § 32. Verkündigung im Gottesdienst
- *Zur Geschichte der Predigt*
- *Zur Geschichte der Homiletik*

Die Bestimmung der Predigt als Trägerin kultischen Charakters (§ 27) zeichnet sich für Otto Haendler konstativ aus. Dadurch wird die Predigt auch universal bzw. trägt universale Züge.

Die historischen Ausführungen innerhalb des 3.Abschnitts sind nicht – wie z.B. bei Müller – integrativer Bestandteil des homiletischen Kapitels, sondern als Ergänzung zu verstehen. Ein Verständnis dafür, was Predigt ist, ergibt sich aus dem bereits erwähnten Strukturprinzip. So wird Predigt von Otto Haendler definiert als: »Verkündigung der Wirklichkeit Gottes in erhellender Rede«.[462]
Gleich zu Beginn postuliert er die Relevanz der so verstandenen Predigt »für die Kirche wie für die Welt als Anruf an Christen und Nichtchristen, als

---

[462] O. HAENDLER: Grundriß der Praktischen Theologie, 1957, 243.

Vergegenwärtigung der Offenbarung im Heute und als Wegweisung für ein Leben in der Welt vor Gott«[463]. Der Ort der Predigt ist dabei die Struktur der Kirche (Abschnitt 1), denn »die evangelische Kirche wird von außen und innen her zuerst als die Kirche der Predigt gesehen, in dem Sinne, daß die Predigt als das eigentliche, wichtigste und wirksamste Element ihres Seins, als der Faktor, in dem sie eigentlich existiert, empfunden wird«[464]. Tatsächlich ist die Predigt jedoch nur ein Element in der Struktur der Kirche und die Bedeutung von Liturgie und Sakrament darf nicht vernachlässigt werden. »Richtig aber ist zweifellos die Erkenntnis, daß die Predigt konstruktives Element der Kirche ist.«[465] Dieses konstruktive Element präzisiert Haendler ausführlich am »kultischen Charakter«[466] der Predigt und im Verhältnis von Predigt und Liturgie, so dass er zu dem Schluss kommt:

> »Liturgie ohne Predigt ist Gottesdienst, und Predigt ohne Liturgie ist ebenfalls Gottesdienst. Denn in beiden sind die Beteiligten nicht unter sich, nicht nur in der Horizontalen vereinigt, sondern sie sind vor Gott, die Vertikale ist bestimmende Richtung ihres Zusammenseins.
> Somit ist die Tatsache, daß Predigt im Gottesdienst gehalten wird, nicht eine nachträgliche oder gewohnheitsmäßige oder sachlich zufällige Eingliederung, sondern Predigt und Liturgie sind beide Ausdruck desselben Geschehens [...] Liturgie ist Hingabe an die Gegenwart Gottes in geformter Gestalt des Wortes, Predigt ist Hingabe an die Gegenwart Gottes im Reden und Hören des freien Wortes.«[467]

Predigt, als »freie Rede [...], die der Prediger von seiner Gegenwart aus, aus seinen und seiner Kirche Beziehungen zur gegenwärtigen Welt heraus, und in Auseinandersetzung mit der Gegenwart [...], gestaltet«[468], ist in dreifacher Hinsicht »Verkündigung der Wirklichkeit«[469] Gottes:

---

[463] Ebd., 243.

[464] Ebd., 243.

[465] Ebd., 243.

[466] »Kultischer Charakter liegt bei einer Handlung dann vor, wenn die Handelnden nicht unter sich sind, sondern ihr Zusammensein und ihr Tun wesentlich bestimmt oder mitbestimmt ist dadurch, daß sie sich der Gegenwart Gottes bewußt sind oder sein wollen. Kultischer Charakter eines Tuns oder Geschehens hängt also nicht erst von seiner Form (Liturgie), sondern schon von seinem Inhalt ab [...]« (O. Haendler: Grundruß der Praktischen Theologie, 1957, 245) Von daher können auch profane Vorgänge kultischen Charakter tragen und aus einem Essen wird ein kultisches Essen, aus einer Rede wird eine Predigt, aus einer Versammlung wird ein Gottesdienst.

[467] O. Haendler: Grundriß der Praktischen Theologie, 1957, 245.

[468] Ebd., 243.

[469] Ebd., 244.

1. »*Predigt ist Anruf*« – und meint damit Christen wie Nichtchristen, die von der Wirklichkeit Gottes berührt werden können;
2. »*Predigt ist damit Vergegenwärtigung*« – und soll helfen, den Menschen (»bei gutem Willen«) zu befähigen, die Wirklichkeit Gottes verstehen und erfassen zu können; und damit ist
3. die »*Predigt zugleich Wegweisung*« – und will eine Möglichkeit der Lebensgestaltung vor Gott in der Welt zeigen können.

> »Mit dem allen ist die Predigt universal angesetzt sowohl hinsichtlich ihres Gehaltes von der Offenbarung her wie auch hinsichtlich der Aufgabe, die Auseinandersetzung mit der Gegenwart von der Offenbarung her zu führen.«[470]

Der Gehalt der Predigt bestimmt sich einmal durch die dreifache Richtung auf die Wirklichkeit Gottes und aus ihrem kultischen Charakter, d.h. »die Predigt ist Verkündigung [...] Sie ist also Zeugnis, nicht Beweis.«[471]

> »Der kultische Charakter stellt dann als schwerste Aufgabe die, daß das Positive das Negative in der Predigt überwiege [...] Alle Predigt, auch wo sie Kritik übt, muß letztlich nicht einreißen, sondern tragend sein.«[472]

Auch die Gestalt der Predigt lässt sich aus diesem Zusammenhang bestimmen und wird von Otto Haendler in drei Gruppen erfasst: als theologischer Gehalt, als anthropologische Sicht und homiletische Gestaltung. Hinzu kommt für die Gestaltung der Predigt »die psychologische Richtigkeit der Aussagen«.[473] Zum Verhältnis von Text und Predigt führt er aus:

> »Der Text ist [...] in erster Linie ganz einfach Grundlage für eine Konkretisierung der Predigt (was die Art der Textwahl weithin praktisch belegt).«[474]

Diese Grundlegung bildet jedoch der Einzeltext (Predigttext, Perikope) »erst in zweiter Linie«. Auf »die Heilige Schrift als ganze, und zwar auf sie als Ausdruck der Offenbarung« ist grundsätzlich jede Predigt »bezogen und

---

470 Ebd., 244–245.

471 Ebd., 246.

472 Ebd., 246.

473 Ebd., 255–256.

474 Ebd., 248. Bei E. Hertzsch wird der Predigtbegriff so erweitert, dass bereits die Lesungen integrativer Bestandteil des Predigtgeschehens sind, also mehr als »nur« Grundlage der Predigt. Die Zuordnung einer bestimmten Perikope oder eines bestimmten Textes steht bereits in einem engen Zusammenhang zur Aktualität einer Predigt. – Vgl.: E. HERTZSCH: Die Wirklichkeit der Kirche, 1956, 94f.

verpflichtet«.[475] Die Verpflichtung und Gewissheit grundsätzlich jeder Predigt, bezogen auf die ganze Schrift, d.h. die konkrete Schriftgebundenheit, macht einen weiteren Aspekt der Predigt anschaulich, insbesondere dann, wenn sie unter dem Gesichtspunkt des kultischen Charakters gesehen wird: Die Predigt ist nicht Sklavin eines Einzeltextes!

> »Für die innere Wahrhaftigkeit – vielleicht auch einfacher: Sachlichkeit – der Arbeit ist wichtig zu sehen, daß nicht immer erst durch den Text der Gegenstand der Predigt angepeilt wird. Es gibt vielmehr im Zusammenhang mit dem Leben der Kirche und mit dem Leben der Welt Gegenstände, die so intensiv sich aufdrängen, daß der Prediger de facto nicht das Thema nach dem Text, sondern den Text nach dem Thema wählt.«[476]

Daran zeigen sich bereits die menschlichen Probleme, die sich mit und in der Predigt auftun. Ob es sich nun um einen Einzeltext oder um eine bestimmte Situation (wobei die Anbindung an den Text hier auch vorliegt durch die grundsätzliche Orientierung an der ganzen Heiligen Schrift) o.Ä. handelt: Der »Prediger ist Mitte und Vermittler zwischen Text [...] und Gemeinde. Wie der Text seine sorgsame Beobachtung fordert, so nicht minder die Gemeinde.«[477] Die Predigt lebt und erhält ihre Lebendigkeit durch ihre menschliche Dimension.

> »Da Christen und Nichtchristen ›Menschen‹ im prägnanten Sinne sind, gehört zur Struktur der Kirche die vielfältige Erwartung der Predigthörer von ihrem einfach menschlichen Sein aus und die vielfältige Auswirkung der Predigt auf das einfache menschliche Empfinden. Beides stellt an die Predigt die Forderung, daß sie seelsorgerlich-sorgsam, menschlich-verstehend und herzlich sei.«[478]

Die Wahrnehmung der Gemeinde, die Beobachtung der konkreten Situation, das Erfassen der Gegebenheiten läuft kongruent zur Wahrnehmung und Erfassung der göttlichen Wahrheit.[479]

> »Alle, die unter der Kanzel sitzen, sind Menschen. Sie kommen mit menschlichen Erwartungen zur Predigt, und ihr menschliches Sein wirkt sich auf die Art der Annahme aus.«[480]

---

[475] O. Haendler: Grundriß der Praktischen Theologie, 1957, 247.

[476] Ebd., 248–249.

[477] Ebd., 249.

[478] Ebd., 249.

[479] Vgl. dazu: H. Urner: Gottes Wort und unsere Predigt, 1961, 137–142.

[480] O. Haendler: Grundriß der Praktischen Theologie, 1957, 250.

Wird diese menschliche Dimension der Predigt nicht ernst genommen, landet jede Bemühung im Leeren, verhallt ungehört; die Bedeutung und Aufgabe der Predigt wird nicht erfüllt. Von daher kann die Forderung nach einer seelsorgerlichen Predigt[481] verstanden werden.

> »Damit aber ist nun zugleich der ganze Bereich des Lebens selbst in die Predigt einbezogen, und erst dieses weitere Verständnis der Forderung ist das sie wirklich erfüllende. Denn nur wo der Mensch als ganzer Mensch angesprochen wird, ist er wirklich imstande, den Glauben in seinem ganzen Lebensbereich zu verwirklichen [...]
> Dazu kommt, daß der Mensch erst dann sich ganz und gern erschließt, wenn er das Vertrauen haben kann, daß alle Fragen, Nöte, Zweifel, Ängste, Wünsche und Hoffnungen seines Tageslebens dem Prediger vor Augen stehen, und daß er für sie alle bereit ist. Kirchliches Leben ist nicht ohne das private und ›rein menschliche‹ Leben derer, die das kirchliche Leben führen wollen und sollen.«[482]

Der Prediger als Person ist diesen umfassenden Forderungen verpflichtet in seelsorgerlicher Sorgsamkeit, deren Voraussetzung das menschliche Verstehen ist. Das menschliche Problem bezüglich der Predigt ruft also nach einer dreifachen Erwartung des Hörers: seelsorgerlicher Predigt, die von einem menschlichen Verstehen geprägt und durch Herzlichkeit getragen ist.

> »Wo der ganze Umkreis des Lebens bis in die Empfindungen hinein in die Predigt einbezogen wird, wo in ihr alle Melodien des Lebens mitklingen, da wird die tiefe, ernste, in unmittelbarer Verantwortung vor dem lebendigen Gott stehende Verkündigung mitgetragen oder doch erleichtert durch den dankbaren Gebrauch von Fähigkeiten und Möglichkeiten, die der zur Verkündigung rufende Herr der Welt den Predigern und den Hörern gegeben hat, weil das ganze Sein erfaßt wird und das ganze Sein geheiligt werden soll.«[483]

Für die Arbeit an der Predigt (3.Abs.) heißt dies: die Überbrückung der Distanz zwischen dem Text bzw. den Texten (aus einer vergangenen Zeit), dem Verständnis und die Vergegenwärtigung für die existierende Kirche. Die Methoden für diesen außergewöhnlichen Akt bieten die Exegese und die Meditation.

---

481 O. Haendler unterscheidet hier zwischen engerem und weiterem Verständnis von Seelsorge in der Predigt: Überwindung der nur dogmatischen Predigt und die Beantwortung der vom Hörer gestellten Fragen aus seinem Leben.
Vgl. dazu: E. HERTZSCH: Seelsorge und Predigt, in: Domine dirige me verbo tuo, 149-160.

482 O. HAENDLER: Grundriß der Praktischen Theologie, 1957, 250.

483 Ebd., 251-252.

Exegese bedeutet dabei das »historische verstehende Eindringen in den Text«[484]; *Meditation* ist »die, noch nicht auf die Predigt zugeschnittene, also ›zweckfreie‹, totale innere Bereitschaft für den Text«[485].

Für die Predigt als Verkündigung im Gottesdienst fordert Otto Haendler: »Die Arbeit an der Predigt muß frei sein von starren Prinzipien und individuelle Prägung tragen.«[486] Mit dieser Forderung nach individueller Prägung schließt sich der Kreis zu Otto Haendlers Predigtlehre *Die Predigt* (1941), in der er explizit auf das Subjekt des Predigers eingeht. Schließlich ist für die Predigt charakteristisch, dass sie »zuerst und zuletzt immer Zeugnis« [487] ist, und zwar das Zeugnis des Predigers:

> »Die Predigt soll zeigen, und war (Zeugnis!) aus der Überzeugung und Erfahrung des Predigers und der Gemeinde heraus, wie der lebendige Gott in seiner dreifachen Offenbarung in der Welt wirkt und Menschen in seine Gnade und in seinen Dienst ruft. Sie soll es einer Gegenwart zeigen, die aus verschiedenen Gründen und auf verschiedene Weise gegen diese Tatsache weithin blind oder kurzsichtig ist.«[488]

III.2.3 Erich Hertzsch (1902-1995)

Zu den Praktischen Theologen, die in den Anfangsjahren an den Universitäten der DDR wirkten und auf dem Gebiet der Praktischen Theologie, speziell der Homiletik, publizierten, gehört auch Erich Hertzsch. Er ist im Zusammenhang mit Alfred Dedo Müller und Otto Haendler nicht nur deshalb zu nennen, weil er zeitgleich an der Friedrich-Schiller-Universität in Jena den Lehrstuhl für Praktische Theologie inne hatte, sondern auch deshalb, weil er ebenfalls ein komplexes Werk zur Praktischen Theologie (zumindest konzeptionell) herausgegeben hat. Mit seinem Kompendium *Die Wirklichkeit der Kirche* (1956) ist er der dritte, der das komplexe Gebiet der Praktischen Theologie in einem Werk zu fassen versucht.

Im Gegensatz zu den bereits betrachteten Publikationen von Alfred Dedo Müller und Otto Haendler ist Erich Hertzsch ein Autor, der sein Werk in einem Verlag der DDR, ein Jahr vor Otto Haendlers Grundriß der Praktischen Theologie, herausgebracht hat. Auch wenn es kein explizit homiletisches Kapitel im Kompendium gibt, trifft es doch grundlegende Aussagen zur Predigt,

---

[484] Ebd., 252.

[485] Ebd., 1957, 253. Zur Methode der Meditation vgl. § 10 im *Grundriß der Praktischen Theologie.*

[486] Ebd., 257.

[487] Ebd., 258.

[488] Ebd., 258.

ihrer Funktion und Stellung im Gottesdienst und ist somit grundlegend für Erich Hertzschs homiletischen Ansatz.

Um seine homiletischen Überlegungen erfassen zu können, soll an dieser Stelle auf zwei seiner Veröffentlichungen eingegangen werden: *Die Wirklichkeit der Kirche. Kompendium der Praktischen Theologie*, 1. Teil: *Die Liturgie* (1956) und auf den Aufsatz *Predigt und Seelsorge*[489] (1961), der die fundamentalen Aussagen des Kompendiums noch einmal unterstreicht.

Biographische und bibliographische Anmerkungen

Erich Hertzsch wurde am 31.März 1902 in Unterbodnitz bei Kahla (Thüringen) geboren. Nach Abschluss des Gymnasiums in Rudolstadt 1921 studierte er Evangelische Theologie und Jura in Tübingen und Jena. 1924/25, nach seinem ersten theologischen Examen, begann er ein Werkstudium im Ruhrgebiet, wo er erste Kontakte zur Arbeiterbewegung knüpfte. Erich Hertzsch war nach seinem Vikariat in Leuthenberg (Thüringen) von 1926 bis 1929 als Pfarrer in Hartenroda, anschließend bis 1932 in Bucha tätig. 1931 trat er der SPD und dem Bund religiöser Sozialisten bei. Mit einer Arbeit über Karlstadt promovierte er 1932. Als Nachfolger von Ernst Fuchs nahm er von 1932 bis 1945 die Aufgaben eines Gemeindepfarrers in der Gemeinde Eisenach-West wahr. Nach 1946 trat er, bis zum Ausscheiden wegen der weltanschaulichen Intoleranz 1950, der Sozialistischen Einheitspartei Deutschlands (SED) bei und war ab 1946 Mitglied der SED-Fraktion des Thüringer Landtages. Gleichzeitig war Erich Hertzsch von 1945 bis 1947 Oberkirchenrat in der Thüringer Landeskirche und u.a. für die Entnazifizierung der Landeskirche zuständig. Während dieser Zeit kam es zu einem Eklat innerhalb der Auseinandersetzung um die Lutherinterpretation in den Mehring‹schen historischen Aufsätzen[490]. Erich Hertzsch muss hierbei während einer Diskussion der Studentenschaft in der Mensa der Friedrich-Schiller-Universität Jena am 12. Januar 1949 um diese Lutherinterpretation als überzeugter Lutheraner das Wort ergriffen und als Universitätsprofessor und (ehemaliger) Oberkirchenrat Stellung bezogen haben. In einem Brief des Landesbischofs Mitzenheim an einen sich beschwerenden Pfarrer heißt es dazu:

> »Er war wohl Oberkirchenrat der Evang.-Luth. Kirchen in Thüringen, hat aber keine Berechtigung, als Vertreter der Thüringer Kirche zu sprechen. Er steht als Universitätsprofessor im Dienst des Staates.«[491]

---

[489] E. HERTZSCH: Predigt und Seelsorge, in: Domine dirige me in verbo tuo, 1961.

[490] F. MEHRING: Deutsche Geschichte, Berlin 1947.

[491] Schreiben des Landesbischofs Mitzenheim vom 31. Januar, Archiv Eisenach, A 866 Bd. 1

Zum ordentlichen Professor wurde Erich Hertzsch 1947 berufen und ab März 1948 mit dem Lehrstuhl für Praktische Theologie beauftragt. Gleichzeitig wurde er 1. Vorsitzender des Wissenschaftlichen Beirats für die Theologischen Fakultäten beim Staatssekretariat für Hoch- und Fachschulwesen. Bereits 1946 war Hertzsch Mitbegründer und Mitglied des Beratenden Ausschusses der Christlichen Friedenskonferenz (CFK) in Prag, später Mitglied des Präsidiums des Friedensrates der DDR. 1962 wurde ihm der Vaterländische Verdienstorden in Silber verliehen, bevor er sich allmählich aus den politischen Ämtern zurückzog. 1969 wurde Professor Erich Hertzsch emeritierte und verstarb 1995.

Seine Forschungsschwerpunkte lagen insbesondere auf dem Gebiet der Liturgiewissenschaft, der Homiletik und Seelsorge. Während seiner Lehrtätigkeit als Praktischer Theologe an der Friedrich-Schiller-Universität in Jena setzte er sich besonders für die Aufnahme der psychologischen Wissenschaften und ihrer Forschungsergebnisse in der Seelsorge ein, soweit es die Möglichkeiten innerhalb des Lehrbetriebs erlaubten.

Veröffentlichungen in Auswahl
Zu seinen wichtigsten Publikationen gehören:
Karlstadt und seine Bedeutung für das Luthertum (1932, Promotionsschrift), Die Wirklichkeit der Kirche. Kompendium der Praktischen Theologie (1956), Evangelisches Brevier (1959) und zahlreiche Aufsätze, u.a. Predigt und Seelsorge in: Domine dirige me in verbo tuo, Festschrift für Landesbischof Mitzenheim (1961).

Erich Hertzsch: Die Wirklichkeit der Kirche (1956) und: Predigt und Seelsorge
Die Publikation *Die Wirklichkeit der Kirche* war als mehrteiliges Kompendium der Praktischen Theologie von Erich Hertzsch geplant, wobei nur der erste Teil (*Die Liturgie*) letztendlich herausgegeben wurde. Von daher gehört dieses so angelegte Werk durchaus in die Reihe der großen Konzeptionen der Praktischen Theologie nach 1945.
Den konkreten Zweck und die Aufgabe des Kompendiums formulierte Erich Hertzsch im Vorwort folgendermaßen:

> »Ein Kompendium hat in jeder Wissenschaft nur eine engbegrenzte Aufgabe: es kann und will die Vorlesung nicht ersetzen, aber es kann und will sie vorbereiten und das Nachschreiben des Gehörten erleichtern.«[492]

Als vor- und nachbereitendes, vorlesungsbegleitendes Repetierbuch für die Hand des Studenten erarbeitet, ist es unvermeidlich, »daß in einem Kompendium,

---

[492] E. HERTZSCH: Die Wirklichkeit der Kirche, 1956, Vorwort.

anders als in der Vorlesung, mancher prägnante Satz unbegründet und ungesichert bleiben muß«[493]. Ebenfalls bereits im Vorwort klärt Hertzsch für den Leser ab, welche Bedeutung der gesamten Praktischen Theologie im System der theologischen Wissenschaften zukommt.

> »Ich hoffe, daß mein Kompendium ein wenig dazu beiträgt, daß immer deutlicher wird: die Praktische Theologie ist nicht die Krone, sondern die Grundlage aller Theologie. Denn wenn es nicht die Kirche heute und hier gäbe, dann gäbe es keine Praktische Theologie, und wenn es keine Praktische Theologie gäbe, so könnten alle anderen theologischen Disziplinen nur ein antiquarisches, kein aktuelles und existentielles Interesse beanspruchen.«[494]

Diese praxisorientierende, aktualisierende Praktikabilität der Theologie obliegt der Praktischen Theologie. Von dieser Standortbestimmung aus ist die gesamte Konzeption des Kompendiums zu bestimmen und tritt an vielen Stellen deutlich hervor.

Die Struktur des Gesamtwerkes ist durch die klare Gliederung leicht nachvollziehbar. Nach einem Einführungskapitel, in dem es noch einmal um die Auseinandersetzung der Praktischen Theologie als Wissenschaft, einer kurzen Geschichte der Praktischen Theologie, deren Aufgabe, Methode und System geht, folgt der erste Teil: *Die Liturgie - Sinn der Liturgie, Gestalten, Aufbau der evangelischen Messe und Kleine Hymnologie.* Das letzte Kapitel des ersten Teils beschäftigt sich mit der Liturgie in Raum und Zeit.

Hertzschs Hauptinteresse liegt im ersten Teil seines Kompendiums bei der Bearbeitung und Befragung der Liturgie im Gottesdienst, der wie folgt charakterisiert wird:

> »Das ganze kirchliche Leben nimmt seine Kraft aus dem Gottesdienst der Gemeinde. *Der* Dienst, der der Kirche (und nur ihr!) aufgetragen ist, besteht darin, Gottes Wort zu verkündigen und die Sakramente zu verwalten. Alle anderen Aufgaben und Dienste der Kirche wurzeln in diesem Urauftrag, den der Herr der Kirche selbst seiner Gemeinde gegeben hat. Die bischöfliche Kirchenleitung und die theologische Forschung, die Unterweisung der Jugend und die Fürsorge für die leiblich und seelisch Notleidenden, die großen Kirchentage und die wegweisenden Aufrufe, dies alles ist nur möglich, wenn es vom Gottesdienst der Gemeinde Jesu Christi getragen wird. Sonst wird alles zum Afterdienst, zum Betrieb, zum Leerlauf.«[495]

---

[493] Ebd., Vorwort.

[494] Ebd., Vorwort,

[495] Ebd., 19.

Der Gottesdienst bekommt bei Hertzsch einen indikatorischen Charakter, der über den Zustand, die Lebendigkeit und den Wesenszug der Kirche Auskunft gibt: »Wer die Kirche kennenlernen will, muss deshalb zuerst den Gottesdienst besuchen und die Liturgie der Kirche studieren.«[496]

Innerhalb der so bestimmten Funktion des Gottesdienstes erhält die Predigt – neben dem Abendmahl – einen bedeutenden und bestimmenden Stellenwert. Sie ist einer »der beiden Höhepunkte der evangelischen Messe. Sie ist unentbehrlich. Sie ist konstitutiv für die ganze Liturgie.«[497]

Konkrete Aussagen zur Predigt selbst macht Hertzsch innerhalb seines dritten Kapitels: *Der Aufbau der evangelischen Messe*. Gleich zu Beginn hält er fest, dass die Predigt »zu den Urbestandteilen des christlichen Gottesdienstes«[498] gehört. Ihre Ursprünge hat sie im synagogalen Gottesdienst.

> »Die Predigt ist gekennzeichnet durch ihren Charakter als mündliches Wort, viva vox, und als das Wort eines bevollmächtigten Herolds Gottes, der nicht seine Meinung oder Überzeugung ausspricht, sondern einen Auftrag erfüllt.«[499]

Dieses bevollmächtigte, mündliche Wort ist unmittelbar gebunden an die Heilige Schrift, da das zu verkündigende Wort Gottes im »Zeitalter der leidenden und streitenden Kirche«[500] nicht mehr unmittelbar offenbart wird. Aus dieser notwendigen Rückbindung an die Heilige Schrift folgt nun eine überraschende und zugleich einleuchtende Begriffserklärung von Predigt:

> »Predigt ist Schriftlesung und Schriftauslegung, was nicht ausschließt, daß sie zugleich geistgewirktes Zeugnis sein soll und kann.«[501]

Innerhalb eines geschichtlichen Abrisses stellt Hertzsch diesen erweiterten Predigtbegriff ausführlich dar. Dabei wird deutlich, dass nicht die bloße Lesung allein schon Predigt im oben genannten Sinn ist. Erst die Aktualisierung der Heiligen Schrift lässt »diese erst zur praedicatio verbi divini werden«[502]. Diese Aktualisierung wird jedoch nicht erst mit der konkreten Auslegung, Deutung oder Situationsbezogenheit des Textes gewährleistet, sondern besteht bereits in der Zuordnung einer bestimmten Perikope zu einem bestimmten Tag. Von daher gehörten die Fragen der Perikopen- und Leseord-

---

[496] Ebd., 19.
[497] Ebd., 93.
[498] Ebd., 93.
[499] Ebd., 93.
[500] Ebd., 93.
[501] Ebd., 93–94.
[502] Ebd., 94.

nung »zu den wichtigsten und zugleich zu den schwierigsten Problemen der Liturgie und der Homiletik«[503]. Wie viel Wert Erich Hertzsch auf dieses Problem legte, zeigt sich an der ausführlichen historischen Abhandlung dieser Thematik.

Die Schriftauslegung bezeichnet das, was die eigentliche Predigt ausmacht. Das Miteinander von Schrifterklärung (explicatio) und Schriftanwendung (applicatio) macht diesen Bereich der Predigt in der evangelischen Messe aus. Beides ist unbedingt notwendig, »damit das, was ›damals und dort‹ geschehen ist, als ›heute und hier‹ geschehend begriffen wird«[504]

Das so verstandene Predigtgeschehen »macht die evangelische Kirche zur Kirche der Predigt«[505], wobei das liturgische Geschehen nicht vergessen werden darf. In einer kurzen Zusammenfassung greift Hertzsch die wichtigsten Punkte seines Predigtverständnisses noch einmal auf und konkretisiert dieses als ein Geschehen, welches nicht nur vom Prediger, sondern auch von der Gemeinde, vom Chor und vom Lektor getragen wird:

> »Die praedicatio verbi divini besteht aus den Schriftlesungen des Lektors und der Schriftauslegung des Predigers. Aber auch die Gesänge des Chores und die Lieder der Gemeinde, die zwischen den Lesungen und nach der Predigt gesungen werden, verkündigen das Evangelium, legen es aus und bezeugen es.«[506]

Die kleine Liturgie um die Predigt (Kanzelgruß und Kanzelsegen, Lied vor der Predigt) sind dabei weniger von Bedeutung. Jedoch signalisiert das Predigtlied (Lied nach der Predigt) deutlich, dass das Verkündigungsgeschehen von der gesamten Gemeinde getragen wird. Als konkrete Antwort der Gemeinde auf die Predigt gilt das Credo, welches nach der Predigt bzw. nach dem Predigtlied seinen Platz hat.

Von einem anderen Blickwinkel aus erläutert Hertzsch seine Predigtauffassung in seinem Aufsatz *Predigt und Seelsorge*[507] (1961?). Ausgangspunkt bildet hier die Erfahrung einer gewissen Predigtnot. Auch innerhalb dieses Aufsatzes behält die Predigt ihren konstitutiven Charakter im evangelischen Gottesdienst.

> »Denn der Anspruch, den die evangelische Kirche hinsichtlich ihrer Predigt erhebt, ist heute zwar ebenso hoch, wenn nicht höher, als er je gewesen ist; aber

[503] Ebd., 94.
[504] Ebd., 98.
[505] Ebd., 98.
[506] Ebd., 102.
[507] E. Hertzsch: Predigt und Seelsorge, in: Domine dirige me in verbo tuo, 149–160.

die geringe Wirkung der Predigt auf das Leben der Menschen und die damit zusammenhängende Interesselosigkeit erschreckend vieler ›Gemeindeglieder‹ für den sonntäglichen Predigtgottesdienst steht zu diesem Anspruch in einem besorgniserregenden Widerspruch: Die Theologen lehren, daß Gott selbst durch die Predigt der Kirche zu den Menschen redet; daß alle, die dieser Predigt Glauben schenken, durch die viva vox evangelii begnadet, errettet, erlöst werden; daß Christus durch die Predigt realpräsent wird; daß durch die Predigt der Heilige Geist verliehen, daß durch sie die Macht der Finsternis überwunden, der Satan besiegt und die Welt verwandelt wird. Aber wenn die Glocken rufen, dann finden sich selten mehr als zehn Prozent, in vielen, vielen Gemeinden nicht einmal zehn Prozent der Gemeindeglieder ein; und auch die Predigthörer, die aus Tradition oder Treue kommen, kritisieren die Predigt ihres Pastors häufig, und wenn es auch nur dadurch geschieht, daß sie während der Predigt unaufmerksam, gelangweilt, schläfrig sind und das Ende der Predigt herbeiwünschen; auch vielen Predigthörern erscheint die Predigt der Kirche nach Form und Inhalt überholt, weltfremd, phrasenhaft, inaktuell, existenziell unerheblich und wenig hilfreich für den modernen Menschen zu sein.«

Bedenkt man die von Erich Hertzsch herausgeschälte indikatorische Funktion des Gottesdienstes und die besonderen Rolle der Predigt innerhalb dieses Gottesdienstes, ist die gemachte Feststellung von beängstigender Urteilskraft über den gesamten Zustand der Gemeinden.

Die gebotenen Lösungsmodelle – wie historisch-kritische Methode, moderne Predigt, Theologie der Krisis, Verkündigung des Wortes, existentiale Interpretationen usw. – helfen über die Predigtnot nicht hinweg. So beschäftigt sich Erich Hertzsch, wohl als konkretes Beispiel, im Folgenden ausführlicher mit der »seelsorgerlichen« Predigt. Es wird deutlich, dass in diesem Ansatz nicht das seelsorgerliche Element einer jeglichen Predigt gemeint ist, sondern konkreter die seelsorgerlich-erweckliche Predigt im Sinne der neueren Erweckungsbewegungen: charismatisch, erwecklich, erbaulich.

Die Rolle des Predigthörers muss in der Predigtarbeit begriffen werden. »Es darf nicht über etwas geredet werden, sondern der Hörer muß persönlich angeredet werden!«[508] Jedoch ist diese Erkenntnis nicht ein neuer Weg. Die Aufgabe der Predigt, bei allem Bedenken der Persönlichkeit des Predigthörers, kann nicht sein, die entfremdeten Randsiedler zu erreichen. Die Verbindung von Seelsorge und Predigt ist es, die letztendlich die Krise überwinden hilft und Gemeinde schaffen kann:

»Es ist notwendig, zu erkennen, daß der moderne, säkularisierte Mensch in den weitaus meisten Fällen nicht durch die ›seelsorgerliche Predigt‹, sondern nur

[508] Ebd., 152.

durch Seelsorge und Predigt einen neuen Zugang zu dem finden kann, was die Kirche im Auftrag ihres Herrn zu geben vermag.«[509]

Die markante Unterscheidung von Seelsorge und Predigt wird von Erich Hertzsch an Beispielen illustriert. Seelsorge recht verstanden und behutsam angeboten, bereitet die Predigt und die Hörfähigkeit der Gemeinde vor.

> »Solche Seelsorge macht unsere der Kirche und ihrer Predigt entfremdeten, aber der Hilfe dringend bedürftigen Mitmenschen fähig, die kirchliche Predigt als Verkündigung des Evangeliums zu hören [...] Ebenso wird der, dessen Seele lange geistlich brach gelegen hat, kaum in der Lage sein, ohne seelsorgerliche Hilfe wieder aufnahmefähig zu werden für die Predigt der Kirche.«[510]

Aus dieser engen Verstrickung von Predigt und Seelsorge leitet Erich Hertzsch Schlussfolgerungen für eine kirchliche Unterweisung ab, die den Gemeindegliedern die gottesdienstliche Ordnung vertraut machen soll. Auch hier begegnet wieder eine komplexe Auffassung von dem, was mit Predigt und Verkündigung zu tun hat und zu erreichen ist. Was benötigt wird, ist »eine Predigt, die an die Seelsorge anknüpfen und auf ihr aufbauen« kann; »aber diese Predigt wird entscheidend dazu beitragen, daß die Predigthörer einen neuen Zugang zur Liturgie finden und durch lebendige, aktive Teilnahme an der Liturgie zu Gliedern der Gemeinde werden«[511].

III.3 HOMILETISCHE EINZELKONZEPTIONEN

III.3.1 Hans Urner: Gottes Wort und unsere Predigt (1961)

Hans Urner, der seit 1956 Lehrstuhlinhaber der Praktischen Theologie an der Martin-Luther-Universität in Halle war, beschäftigte sich innerhalb seines Faches insbesondere mit der Predigt und der Seelsorge. Seine homiletischen Überlegungen legte er in der Monografie *Gottes Wort und unsere Predigt* (1961) nieder. Friedrich Winter charakterisiert im *Handbuch der Praktischen Theologie* (1974) Hans Urners homiletischen Ansatz:

> »Neuerdings zeichnet sich eine Wendung zur wirklichkeitsnahen Arbeit ab [...] In der DDR sind historisch wichtige (A.D. Müller), praktische (A. Schönherr, G. Voigt)

[509] Ebd., 153.
[510] Ebd., 158.
[511] Ebd., 159.

und grundsätzlich ausgerichtete homiletische Äußerungen (G. Voigt, W. Trillhaas) gedruckt worden. Die Homiletik von Hans Urner trägt stark vermittelnde und ekklektische Züge.«[512]

Er hebt diese Arbeit damit besonders hervor bzw. er unterscheidet Urners Ansatz bewusst von den erwähnten Arbeiten. Seine homiletische Arbeit gehört zu den wichtigen homiletischen Konzeptionen in den Anfangsjahren der DDR, auch wenn ihr Ansatz und die Durchführung ein genaueres Hinsehen notwendig machen, um die eigentliche homiletische Grundstruktur zu extrahieren.

Hans Urner wurde am 21. Mai 1901 in Breslau geboren. Nach seiner Schulausbildung und dem Studium der Theologie übernahm er 1928 eine Pfarrstelle in Pantheau bei Haynau/Schlesien. Ab 1934 war er als Pfarrer am Paul-Gerhardt-Stift in Berlin tätig. Von 1952 an wurde er zur Wahrnehmung einer Professur und ab 1953 als Professor mit vollem Lehrauftrag an der Martin-Luther-Universität in Halle beauftragt. Seit 1956 war Hans Urner Lehrstuhlinhaber der Praktischen Theologie an Theologischen Fakultät der Martin-Luther-Universität in Halle bis zu seiner Emeritierung.
Bis zu seinem Tod 1986 lebte er in Berlin (West).

Neben zahlreichen Aufsätzen und Monographien in den verschiedensten theologischen Zeitschriften gehören zu seinen Veröffentlichungen:

Vom Sinn der sonntäglichen Liturgie (1950), Die außerbiblichen Lesungen im christlichen Gottesdienst (1952), Der Pietismus (1952), Gottes Wort und unsere Predigt (1961) u.a.

Urner argumentiert innerhalb seiner Monografie mit dem Titel »Das Wort Gottes und unsere Predigt« weitläufig theologisch-dogmatisch, weniger praktisch-theologisch, was diesem Werk einen systematisch-theologischen Schwerpunkt verleiht. Der eigentlich praktisch-theologische Charakter dieser Arbeit tritt an vielen Stellen in den Hintergrund. Im Gegensatz zu Otto Haendler oder Alfred Dedo Müller trägt es keinerlei »handwerkliche Züge« zur Predigtbetrachtung bzw. Predigtvorbereitung, sondern diskutiert vielmehr Grundsatzfragen, als dass es eine Hilfe zur Realisierung eines Predigtaktes gibt. Trotzdem gehört es zu den praktisch-theologischen – wenn nicht sogar homiletischen – Arbeiten, denn es gibt durchaus praktisch-theologische bzw. klar homiletische Antworten, die jedoch bewusst über rein Handwerkliches hinausgehen wollen.

»Es ist kein Zweifel: Sobald von der Predigt und vom Predigen die Rede ist, möchten wir am liebsten alle anderen Überlegungen beiseite lassen und einfach bei

[512] Handbuch der Praktischen Theologie, Bd. 2, Berlin 1974, 208.

> jener notvollen und verheißungsvollen Situation einsetzen, die Karl Barth in seinem berühmt gewordenen Vortrag vom 25. Juli 1922 auf dem Pfarrertag der Provinz Sachsen in Schulpforta so scharf ins Auge faßte: die gefährliche und ›groteske Situation des Sonntagmorgens‹, die damit ihren Gipfel erreicht, daß da einer die Bibel öffnet [...] Wir möchten in dieser nur doch wahrhaftig sehr praktischen Angelegenheit eine praktische, ganz und gar nur praktische Anleitung bekommen. Wer außerdem in die Lage versetzt ist, seinerseits etwas über die Predigt und das Predigen sagen oder schreiben zu sollen, wird nur zu geneigt sein, solche Wünsche willig und verständnisvoll aufzunehmen und nach Kräften zu erfüllen. Dabei wird allerseits Übereinstimmung herrschen, daß eine solche Anleitung nicht im rein Handwerklichen oder Technischen stecken bleiben darf.«[513]

In den Vorerwägungen werden Urners Absicht und sein Anliegen bereits deutlich herausgestellt: Es geht um eine Verhältnisbestimmung von dem Wort Gottes und der Predigt, wobei grundsätzlich zwei Fragen von Relevanz sind: 1. Woher kommt unsere Predigt? 2. Wohin richtet sich die Predigt?

> »Beides zusammen erst scheint uns das Wesen der Predigt hinreichend zu umschreiben [...]«[514]

Mit der angedeuteten Verhältnisbestimmung beabsichtigt Urner, dem Wesen der Predigt auf die Spur zu kommen. Das Wort Gottes, welches den Menschen in einer exklusiven Art und Weise anspricht »wie sonst nirgends«[515], soll Antwort auf die Frage nach diesem Wesen der Predigt geben, die wiederum unmittelbar mit der Frage nach dem Wort Gottes, d.h. der Heiligen Schrift selbst – als dem Gegenstand jeder Predigt – verbunden ist.

> »Wir wollen den mühsamen Weg wählen und uns an die Heilige Schrift selbst wenden, da unsere Predigt, um derentwillen wir die Frage nach dem Wort Gottes stellen, in ihr ihren Grund hat.«[516]

So eröffnet Hans Urner seine Monographie mit dem Kapitel *Das Gottes-Wort*, in dem er sich ausführlich und in notwendiger Breite mit der Betrachtung des Wortverständnisses bis Martin Luther beschäftigt. Die Feststellung des durchgängig biblischen Zeugnisses bildet dabei die Grundlage für die folgenden Kapitel.

---

[513] H. URNER: Gottes Wort und unsere Predigt, 1961, 7.

[514] Ebd., 9.

[515] Ebd., 10.

[516] Ebd., 14.

Der Prediger, als der besonders Verantwortete dem Wort Gottes gegenüber, steht im zweiten Kapitel *Das Predigt-Wort* im Mittelpunkt. In der Vermittlerfunktion ist seine (des Predigers) Rolle gegenüber der zuhörenden Gemeinde begründet: Es geht um die rechte Vergegenwärtigung des Wortes Gottes in der Predigt, wobei

> »(d)er Text [...] – als Gottes Wort! – den Verkündigungsgehalt schon in sich [trägt]. Der Prediger bringt ihn nicht erst an den Text heran, legt ihn nicht erst hinein [...] Aber die Predigt ist keinesfalls Auslegung plus Anwendung (Erzählung plus Moral) -, sondern Auslegung in Anwendung, Anwendung in Auslegung.« [517]

Bei aller Bejahung der Person und der Individualität des Predigers warnt Urner vor dem »Strom der eigenen Gedanken und Gefühle« des Predigers, die vom Eigentlichen der Verkündigung ablenken.[518] In der Auseinandersetzung um die Persönlichkeit des Predigers verweist er auf Otto Haendlers[519] Arbeit. Zum Verhältnis von Prediger und Predigt formuliert Hans Urner:

> »Die rechte Predigt hängt am Prediger. Das ist die landläufige Auffassung, von der wir uns alle nur schwer frei machen.
> In Wahrheit kommt die rechte Predigt allein von Gott, der sich in seinem Worte offenbart. Und darum hängt alles am Text und nicht am Prediger. Gott bringt den Text zum Reden und den Prediger wie die Gemeinde zum Hören. Nicht der Text in seiner buchstäblichen Gegebenheit ist das letztlich Entscheidende, aber der Text als Gottes Wort.«[520]

Innerhalb dieser Beschäftigung mit der Einzelperson des Predigers, der in erster Linie in einem »Hörverhältnis«[521] zum Wort Gottes steht, stellt sich die Gemeinde als hörende Gemeinde hinzu. Die besondere Wirkung des Wortes Gottes im Zusammenhang dieser hörenden und zugleich vermittelnden Funktion des Predigers – bei aller menschlichen Schwäche – liegt in der gemeindeschaffenden Kraft. Von daher charakterisiert Urner Predigt und Gemeinde wie folgt:

---

[517] Ebd., 74.

[518] Ebd., 75ff.

[519] O. Haendler: Die Predigt, ^{2}1949.

[520] H. Urner: Gottes Wort und unsere Predigt, 1961, 93.

[521] Vgl. Ebd., 94f. »Was er hört, soll er sagen, – nicht was er denkt, nicht was er erfahren hat.« (95) Damit wird letztendlich die Predigt charakterisiert als Hör-»erfahrung«, die der Prediger »nur« weiterzugeben hat.

»Die Predigt ist rechte Predigt nur als Gottes Wort, nicht als menschliche Rede, sie sei noch so erbaulich. Die Gemeinde ist nur rechte Gemeinde im Hören auf das Wort Gottes. Sie ist nie ›gegeben‹, sondern wird geschaffen – nicht von der Wortgewalt und Überzeugungskraft des Predigers, sondern allein von Gott, der in Seinem Wort gegenwärtig ist. Die Gemeinde ist also eigentlich das Ziel, das Gott im Auge hat, wenn er Prediger sendet, – aber nicht der Grund, der gegebene Grund, auf den sich ein Prediger stellen könnte.«[522]

Aus dieser Charakterisierung von Predigt und Gemeinde folgt die Aufgabe des Predigers:

»Der Prediger hat an den Menschen nicht eine ihr irdisches Dasein betreffende Aufgabe. Sein Auftrag wird allerdings mitten in diesem irdischen Leben ausgerichtet, in dem es Fabriken und Sportplätze gibt, aber dieser Auftrag kommt von Gottes Seite und zielt auf Gottes Tun und darum auf die Ewigkeit.«[523]

Trotz dieser auf das Jenseits verweisenden Aufgabe jeglicher Predigt mahnt Hans Urner doch, auf »das Naheliegende zu sehen«[524]. Um die Gemeinde nicht aus dem Blick zu verlieren, verweist er auf die Wissenschaften, die dem Prediger zur Seite stehen:

»Wenn irgendwo, dann haben die Gesellschaftswissenschaften im Geiste des Marxismus-Leninismus hier ihren Platz in der Theologie. Wenn die Menschen, zu denen der Prediger kommt, oft schon von Kindheit an in deren Grundbegriffen erzogen werden, hat er seinerseits um der Menschen willen davon Kenntnis zu nehmen. Er soll darum nicht seine Predigten mit diesen Begriffen durchsetzten und bei jeder passenden und unpassenden Gelegenheit zeigen, daß er sie richtig anzuwenden versteht und womöglich dagegen polemisieren kann. Er ist ja weder marxistischer noch kirchlicher Schulungsleiter, sondern Prediger des göttlichen Wortes.

Das Wort der Heiligen Schrift als Gottes Wort ist keine Belehrung, weder über das Leben in der sichtbaren Welt der Familie, der Arbeit, des Staates, noch über das Leben des Christen im Glauben und im Schauen. Es will weder die Vorgänge in der Umwelt noch im eigenen Herzen bewußt machen, erklären und deuten. Sogar die Absicht, durch Belehrung überzeugen zu wollen, kann den letzten Sinn des Predigtamtes nicht ausmachen [...] Nicht der Mensch als solcher ›interessiert‹

[522] Ebd., 96–97.
[523] Ebd., 98.
[524] Vgl.: Ebd., 98.

den Prediger, sondern der Mensch als der, den Gott durch Sein lebendiges Wort retten will.«[525]

Nach den Einzelbetrachtungen von Prediger und Gemeinde beschäftigt sich Urner insbesondere mit dem Verhältnis von Gottesdienst und Predigt.

In einem letzten Kapitel »Die Predigt-Arbeit« konkretisiert er das bereits ausgeführte Thema an konkreten Predigtereignissen: Sonntagspredigt, Weihnachtspredigt, Missionspredigt, aktuelle Predigt.

Die Schwierigkeiten und Gefahren einer situationsbezogenen Predigt werden an Urners Ausführungen zur aktuellen Predigt (S.137–142) deutlich. Sein Stichwort ist die Liebe und nicht die Situation, welche die Predigt vom Wort Gottes her zu bestimmen hat.

> »Die Bezugnahme auf das Zeitgeschehen in der Predigt kann letztlich nur in der Liebe begründet sein, mit der ich als Bote der ewigen Liebe neben meine Brüder und Schwestern als ein mit ihnen am Zeitgeschehen Beteiligter trete.«[526]

Die Aktualität einer Predigt ergibt sich nach Hans Urner nicht aus einer konkreten Bezugnahme zur gegenwärtigen Situation, sondern es ist, wenn überhaupt, nur »Gottes immer neue Aktualität gemeint, von der dann allerdings die Liebe herkommt, die uns zu einer gewissen menschlichen Aktualität verpflichtet«[527].

III.3.2 Albrecht Schönherr: Kleine Predigtlehre (1954)

Albrecht Schönherr wurde am 11.September 1911 in Katscher (Schlesien) geboren. Er studierte Theologie in Tübingen und Berlin und war als Pfarrer u.a. in Greifswald tätig. Später wurde er Superintendent im Kirchenkreis Brandenburg, Direktor des Predigerseminars in Brandenburg, Generalsuperintendent in Eberswalde (1962) und Vorsitzender der Konferenz der Evangelischen Kirchenleitung (1969-1981). Bis 1981 bekleidete Albrecht Schönherr das Amt des Bischofs der Evangelischen Kirche in Berlin-Brandenburg und starb im März 2009 in Potsdam.

Zu seinen Veröffentlichungen gehören u.a. Vorträge zu verschiedenen Themen, kirchengeschichtliche Betrachtungen, Predigten und Meditationen und Ausführungen zum Thema der Ehe und der Beichte:

Kleine Predigtlehre (1954), Rede, Herr, denn dein Knecht hört (1955), Kleine Vorschule für die Ehe (1956), Horizont und Mitte (Vorträge und Reden,

---

525 Ebd., 103.

526 Ebd., 140.

527 Ebd., 141.

1979), Zum Weg der evangelischen Kirchen in der DDR (1986), Gratwanderung (Biografische Notizen, 1992), Gesprochen zur Zeit und zur Unzeit (1995).

1954 erschien Albrecht Schönherrs knappe Schrift »Kleine Predigtlehre«, in der er eine praktische Anleitung zur Vorbereitung und Zielrichtung und zum Vollzug der Predigt gibt. Zielgruppe sind die Anfänger im Verkündigungsdienst (Vikare, junge Pfarrer), aber auch nichtakademische »Diener des Wortes« (Predigerschule, Laienausbildung).

> »Diese kleine Anleitung ist aus der Arbeit des Brandenburger Predigerseminars entstanden [...] Weil die Arbeit ganz auf die Praxis zielt, ist auf eine ausführliche systematische und historische Fundierung und auch auf polemische Auseinandersetzungen verzichtet worden.«[528]

Den Predigt-Begriff entwickelt Albrecht Schönherr deutlich von einer Wort-Gottes-Theologie her, wobei er ein konkretes Verhältnis zwischen dem Wort Gottes und dem Prediger zu definieren versucht. Provenienz der gesamten Betrachtung bildet in starkem Maße der Prediger mit seiner Person und in seiner individuellen Prägung. Er hat sich als Diener am Wort zu verstehen, dessen angestrengtes Hören auf den Text die Grundlage für eine gute Predigt bildet.

> »Hier ist nicht das Feld für eigenes Schöpfertum. Hier geht es nicht um ›Wirkung‹. Hier heißt es geduldig und nüchtern arbeiten.« [529]

Dabei bleibt der Prediger nüchterner Handwerker, der bei gewissenhafter Einhaltung bestimmter Schrittfolgen (entspricht der Gliederung) zu einer (guten) Predigt gelangt:

I. Vorerwägungen
II. Die Exegese
III. Die Erarbeitung der Predigt

Innerhalb der Vorerwägungen bzw. der ersten Begegnung mit dem Text geht es ausschließlich um das Hören oder Meditieren des zu predigenden Textes, um die individuelle Beziehung zum Text als reines Wahrnehmen in einem Zwiegespräch.

> »So wird diese erste Begegnung mit dem Text zum priesterlich-stellvertretenden Gespräch zwischen dem Herrn der Schrift und uns, durch deren Dienst hindurch Er selbst in dieser Seiner Gemeinde zu Wort kommen will.«[530]

---

[528] A. SCHÖNHERR: Kleine Predigtlehre, 1954, Vorwort.

[529] Ebd., 8.

[530] Ebd., 14.

In der *Exegese* soll es im Anschluss an diese erste (individuelle, freie) Begegnung um die wissenschaftliche Durcharbeitung gehen. Mithilfe der so genannten historisch-kritischen Methode[531] soll der Predigttext zum Verstehen kommen, Zusammenhänge und Textgestalt sollen deutlich werden usw.

In der Nacharbeit der Exegese soll es um die Klarheit dessen gehen, was die historisch-kritische Exegese herausgeschält hat und was der Prediger von daher seiner Gemeinde sagen will bzw. muss. Die Frage: »Auf welches praktische Ziel will der Text hinaus?«[532] soll dabei im Mittelpunkt stehen.

> »Wir sollten also damit rechnen, daß hinter den biblischen Texten normalerweise eine praktisch-seelsorgerliche Absicht steht, daß in ihnen das Feuer der Leidenschaft glüht, dem Bruder in einem ganz konkreten Sinn zur Nachfolge Jesu Christi zu helfen. Der Text ist nicht ein Felsbrocken, aus dem wir erst etwas praktisch Verwertbares formen müßten.«[533]

Im dritten Teil seiner Predigtlehre, innerhalb der Erarbeitung der Predigt, breitet Schönherr die »Seelsorgerliche Besinnung« an erster Stelle aus. Um sich gegen Missverständnisse zu wehren, geht er hierbei auf die Predigt der Zeit Schleiermachers kritisch ein, bei der »die Bedürfnisse der Gemeinde die Substanz der Predigt allzusehr bestimmten«[534]. Doch liegt die Gefahr der gegenwärtigen Predigtpraxis im ganzen Gegenteil dazu: der Vernachlässigung der Gemeinde. Von daher weist Schönherr nachdrücklich darauf hin:

> »Der Hörer gehört zum Geschehen der Predigt wesentlich hinzu.
> Damit soll nicht behauptet werden, daß die Predigt wie die Ellipse zwei Brennpunkte habe. Sie wird nur von ihrem einen und einzigen Subjekt, Christus, bestimmt. Aber dies Subjekt will durch unser Predigtwort bei der Gemeinde ankommen.«[535]

---

[531] Vgl. dazu auch: H. J. Genthe: Mit den Augen der Forschung, Berlin ³1986 (1976).

[532] A. Schönherr: Kleine Predigtlehre, Berlin 1954, 22.

[533] Ebd., 23.

[534] Ebd., 24.

[535] Ebd. Zu den Freiheiten und gleichzeitigen Pflichten eines Predigers gehört nach A. Schönherr auch seine »äußere« Unabhängigkeit. So schreibt er: »Das Er allein es ist, der uns in Pflicht nimmt, gibt unserer Predigt die Freiheit und Unabhängigkeit von den Wünschen und angeblichen Bedürfnissen der Gemeinde.« (25) Diese Aussage steht jedoch m.E. nicht im Widerspruch zum vorher Gesagten: der Hörer als unmittelbarer Bestandteil der Verkündigung – und damit die Situation der Gemeinde. Das hier angesprochene Problem bezieht sich vielmehr auf eine eventuelle äußere Manipulation des Predigers (vgl. dazu: Kapitel 2 dieser Arbeit).

Dass dabei die unmittelbare, gegenwärtige Situation der Gemeinde durchaus Gegenstand - nicht Bestimmungsobjekt! - der Predigt sein muss, konkretisiert Schönherr innerhalb der Beschreibung, was eine »gute Predigt« ausmacht:

> »Darum ist es das Kennzeichen einer guten Predigt, dass sie stark raum- und zeitgebunden ist. Es zeugt gerade für die Güte einer Predigt, wenn sie schnell veraltet.«[536]

Er beruft sich bei dieser Argumentationskette auf Luthers Predigtstil selbst, denn es muss »auch bei der Predigt um die konkreten Dinge unseres wirklichen Lebens und nicht um den blassen Schatten des ›homo religiosus‹«[537] gehen.

Es folgen einige Ausführungen »Zur Methode der Predigt«, wobei es um den allgemeinen Aufbau (Einleitung / Schluss, die Verwendung von Bildern usw.) geht, und um Äußerungen zur Handhabung des Predigtmanuskriptes (Verwendung von Fremdworten, Umgang mit einem Manuskript, Wahrhaftigkeit der Aussagen).

Nach diesen theoretischen Erläuterungen folgt in einem Anhang eine Zusammenstellung von Fragen, die bei der Vorbereitung einer Predigt nützlich sind und eine konkrete, praktische Anleitung zur Predigtvorbereitung geben. Damit ist die gesamte Monographie von Schönherr charakterisiert, nämlich eine *Kleine Predigtlehre*, die dem Prediger ein handwerkliches Instrumentarium in die Hände gibt.

III.3.3 Gottfried Voigt: Botschafter des Christus (1962)

> »Gottfried Voigts Name ist in unseren Kirchen und weit über sie hinaus ein Begriff. Er verbindet sich vor allem mit einem praktisch-theologischen Monumentalwerk, den ›Homiletischen Auslegungen‹ zu allen sechs Reihen der ›Ordnung der Predigttexte‹«.[538]

---

[536] Ebd., 26. Ausführlicher schreibt A. SCHÖNHERR: »Wer heute so predigt, wie man vor 20 oder gar 50 Jahren gepredigt haben könnte, verfehlt seine Aufgabe völlig. Und es gehört zu einer guten Predigt, daß sie ortgebunden ist. Wir können nicht einmal in drei Bauerngemeinden, also Gemeinden von sozial gleicher Struktur, an einem Sonntag über den gleichen Text die wörtlich gleiche Predigt halten. Denn kein Dorf ist dem anderen geistlich gleich. Wieviel mehr werden wir bei verschiedenartigen Gemeinden variieren müssen!« (26–27)

[537] Ebd., 27.

[538] J. ZIEMER: Gottfried Voigt, in: ZdZ 6/1989, 149.

So beginnt Jürgen Ziemer seine Betrachtungen zum Lebenswerk Gottfried Voigts anlässlich dessen 75. Geburtstages 1989. Mit Sicherheit gehört er zum »Urgestein« praktisch-homiletischer Arbeitshilfen in der DDR und darüber hinaus.

Gottfried Voigt wurde 1914 im sächsischen Heidenau geboren. Während seiner langjährigen Tätigkeit im Pfarramt in Leipzig und Zwickau, zwischen 1950 und 1966, wurde er als Studiendirektor von der Sächsischen Landeskirche an das Predigerseminar in Lückendorf, später an das Theologische Seminar in Leipzig (später Kirchliche Hochschule) berufen. Bereits 1962 nahm er eine Dozentur für Praktische Theologie am Theologischen Seminar Leipzig bis 1979 wahr und verstarb 2009 in Berlin.

Beachtenswert ist seine Arbeit, wie bereits von Ziemer angeführt, durch die homiletischen Auslegungen der Predigttexte geworden. Die einzelnen Bände (orientiert an der sechsreihigen Perikopenordnung) stehen jeweils unter einem bestimmten Thema, welches als »Richtschnur« bzw. Leitmotiv für die Auslegungshilfe und die theologische Besinnung grundlegend ist. Neben einem gleichbleibenden Aufbau (knappe philologische Exegese, theologische Besinnung, konkrete Anstöße für die Predigt) tritt deutlich die Bemühung einer *situativen* Erfassung der Gemeinde hervor.

1962 erschien eine Aufsatzsammlung unter dem Titel *Botschafter des Christus* als, wie es im Untertitel heißt, Beiträge zur Predigtlehre. Sie stellt eine Zusammenfassung ganz unterschiedlicher Aufsätze und Vorträge (teilweise unveröffentlicht) dar, die mit Hilfe einer Gliederung in ein thematisch orientiertes System gebracht werden.

Wie Schönherr zielt auch Voigt ganz auf die Praxis und den eigentlichen Predigtvollzug. Seine Absicht ist es, dem Prediger etwas in die Hände zu geben, das ihm bei der praktischen Umsetzung seiner Hauptaufgabe, nämlich einen biblischen Text in einer Gemeinde zu verkündigen, ermutigt und Orientierung gibt. Von daher sind die homiletischen Äußerungen und Überlegungen auch in der Aufsatzsammlung weniger komplex und allgemeingültig als vielmehr konkret an eine bestimmte Situation, ein Problemfeld gebunden – auf einen Sachverhalt unter einer bestimmten Fragestellung und dergleichen ausgerichtet.

Unter der Überschrift »Grundfragen« stehen die ersten vier Aufsätze, in denen es u.a. um das königliche Amt Christi, den Gottesdienst als Heilsgeschehen, die pura doctrina und um die lutherische Lehre von den Gnadenmitteln geht. Hierin sind grundsätzliche Überlegungen (auch) zur Predigt enthalten. So schreibt Voigt innerhalb der Auseinandersetzungen um die pura doctrina unter Berufung auf Wolfgang Trillhaas[539]:

---

[539] W. Trillhaas: Evangelische Predigtlehre, Berlin ^{3}1948.

»Denn Verkündigung des Evangeliums ist mehr als Lehre: Predigt ist ›ein Anrufen von Gott her, es ist Trösten, Mahnen, Warnen, zum Glauben Rufen‹. Aber Lehre ist eine unentbehrliche, ja sogar die grundlegende ›Dimension‹ aller Verkündigung. Denn daß wir Menschen zum Glauben rufen, das geschieht doch, wenn wir's richtig machen, nicht so, daß wir ihnen ein wenig gut zureden [...] sondern daß wir sie in Kenntnis setzten von etwas, was ihnen zugute geschehen ist!«[540]

Predigt hat an dieser Stelle weder eine streng vermittelnde noch eine stark überzeugende Aufgabe bzw. Funktion, sondern soll in Kenntnis setzen. Sie soll auf heilsgeschichtliche Fakten hinweisen und dadurch zu Glaubensentscheidungen auffordern, die soteriologischen Ursprungs sind. Damit wird Predigt gleichzeitig zu einer Lehrverkündigung mit dem Hinweis auf die Gottheit Christi in der Erlösungstat durch Kreuz und Auferstehung (Evangelium). Dies allerding nicht als reine Absicht, sondern aus reiner Notwendigkeit. Voigt zitiert in diesem Zusammenhang wiederum Trillhaas und weist darauf hin, dass der Lehrgehalt der Predigt diese von der reinen Rhetorik zu unterscheiden vermag, abgrenzend und schützend wirkt, ohne sich jedoch prinzipiell gegen die Rhetorik zu wenden.[541] Er wendet sich gleichzeitig gegen eine bloße und missverständliche Wort-Gottes-Theologie, indem er ausführt:

»Es gibt eine Theologie des Wortes, die es nicht wahrhaben will, daß Gott Fleisch wurde und Blut, daß er atmete, aß, trank, zürnte, weinte, die Fassung verlor - in allem wie wir.«[542]

Die Verkündigung muss menschlich bleiben – im Sinne einer verständlichen Sprache. Sie ist natürlich nicht Menschensache, sie ist und bleibt letztlich Gottes eigenes Werk.

»Ohne die Gewißheit, daß wir wirklich nicht ein menschliches, sondern ein göttliches Evangelium predigen, ohne die Gewißheit also, daß, wer uns hört, den Herrn selbst hört (Luk. 10,16) und daß dieser Herr tatsächlich einsteht für unsere Predigt, für die Absolution, für seine Sakramente, kann man *überhaupt nicht* predigen.«[543]

Dabei gibt es innerhalb der Schrift einen unverkennbaren perspektivischen Mittelpunkt: Christus. Wer diesen Mittelpunkt in seiner Verkündigung verliert,

---

540 G. Voigt: Botschafter des Christus, Berlin 1962, 26. Vgl.: W. Trillhaas: Evangelische Predigtlehre, Berlin ³1948, 110.

541 G. Voigt: Botschafter des Christus, Berlin 1962, 29.

542 Ebd., 29.

543 Ebd., 31.

muss sich bewusst sein, dass er ein anderes Evangelium predigt als das der Heiligen Schrift.

Die sich daraus ergebene Schlussfolgerung für die Verantwortlichkeit einer Predigt liegt nicht allein bei der Person des Predigers, sondern:

> »Hat einer das Amt der publica doctrina im Sinne von CA XIV, dann muß die gesamte Kirche auch die Verantwortung für seine Lehre und Verkündigung tragen können. Die Kirche ist nicht der Sprechsaal, in dem ein unverbindlicher Meinungstausch über religiöse Dinge gepflogen wird. Da können nicht Wahrheit und Irrtum in einer freundlichen Symbiose miteinander leben.«[544]

> Predigt ist ein Akt des Geschehens, welches eine beabsichtigte Zielstellung und konkrete Richtung hat: Sie zielt auf den Hörer, will ihm in lebendiger Anrede das Unfassbare verkündigen, sie soll dynamische Kräfte entwickeln, sie hat die Absicht zu aktivieren.

> »Eine Predigt ist kein Referat, das in einiger Ruhe und Gelassenheit Tatsachen und Deutungen und Thesen und Begründungen vor dem Hörer ausbreitet. Die Predigt ist selbst ein Geschehen; sie will etwas ausrichten, will Tatsachen schaffen!«[545]

Das kann sie nicht in völliger Beliebigkeit und Freiheit, sondern nur innerhalb ihrer eigenen Grenzen, will sie denn Predigt des Evangeliums sein.
Nach der Abhandlung der »Grundfragen« folgt als zweiter Abschnitt eine Betrachtung der »Sachfragen«, wobei es u.a. um die Predigt alttestamentlicher Texte – ein Grundanliegen Gottfried Voigts – und die Rechtfertigungspredigt geht. Konkret zur Aufgabe der Verkündigung in der sozialistischen Gesellschaft der DDR und der gegenwärtigen Situation der Gemeinden formuliert er am Ende des letzten Kapitels innerhalb der »Sachfragen« unter der Überschrift »Gottes unverrückbares Gebot im Wandel der geschichtlichen Situation«:

> »Unser Ergebnis mag manchem enttäuschend sein. Die gängige Anweisung für jede Lebenslage gibt uns die Bibel nicht. Wohl aber fordert sie uns auf, in ständigem Neudurchdenken unserer ethischen Aufgaben wach zu bleiben. Zweifellos ist von daher die neue gesellschaftliche Situation einschließlich der von ihr her sich ergebenden moralischen Inanspruchnahme eine dauernde ernst zu

---

[544] Ebd., 35. Die Kirchen sind von daher für die Verkündigungsinhalte ihrer Prediger verantwortlich, was problematisch im Zuge »angepasster« Pfarrerinnen und Pfarrer in der DDR und deren Beurteilung und Rückbindung an die Verantwortlichkeit der Kirchen wird. (Vgl. dazu: Kapitel 2).

[545] Ebd., 36.

nehmende Frage an unser Gewissen. Unseren christlichen Gehorsam haben wir immer gerade da zu leisten, wo wir stehen; in unserem Fall: in der sozialistischen Ordnung unseres Lebens. Wenn nicht alles täuscht, sind wir häufig auf überkommene moralische Grundsätze so sehr eingespielt, daß uns die sich wandelnde geschichtliche Situation als solche schon eine Störung und Gefährdung zu sein scheint. Wir können nur davor warnen, daß wir in solcher Haltung etwa den heute an uns ergehenden Ruf Gottes überhören möchten! Dies wäre die eine Gefahr. Und andererseits: Wir haben dann oft nicht die Einsicht und Kraft, in der Erkenntnis des Gebotes Gottes so kritisch zu sein, wie der Dienst der Christenheit an der Welt das verlangt (Röm. 12,2). In beiderlei Hinsicht gilt es etwas zu wagen. Gerade darin aber beweist sich das christliche Ethos.«[546]

Hier geht es nicht allein um eine Aufmunterung der Christen in der sozialistischen Gesellschaft – eindrücklich ist dabei die Formulierung: »sozialistische Ordnung unseres Lebens« – , sondern auch um eine gewisse Positionierung innerhalb der Verkündigung.

In einem letzten Abschnitt beschäftigt sich Voigt mit *Gestaltungsfragen,* so u.a. mit der Christuspredigt und der Zielstellung bzw. Absicht der Predigt. In den Ausführungen zu Die *Sprache der Predigt* macht er deutlich, dass es hierbei um mehr als die Problematik der äußeren Form einer Predigt oder deren eigentliches Sprachproblem geht. »Wer von der Sprache der Predigt redet, redet damit von der *sachlichen Aufgabe,* die dem Prediger gestellt ist.«[547]

Nach einer kurzen Kritik einer allgemeinen Vernachlässigung der Sprache bei der Beschäftigung innerhalb der Homiletik überhaupt streicht Gottfried Voigt den engen Zusammenhang von Gehalt und Gestalt der Verkündigung heraus.

Wie bereits erwähnt, geht es beim Predigtvollzug um einen dynamischen Prozess, wovon auch die Predigtsprache selbst betroffen sein muss.

> »Es geht bei der Anrede an den vom Wort Gottes gemeinten und gesuchten Menschen um eine Hinwendung zu eben diesem Menschen, bei der das, was er denkt und redet, hofft und fürchtet, besitzt und verliert, genießt und erleidet, mit bedacht und in das lebendige Geschehen einbezogen wird, dass sich bei der Predigt des Evangeliums abspielt.«[548]

Dieses so gedeutete Geschehen versteht sich als ganzheitliche Verständigung, die den Hörer in seiner Sprech-, Denk- und Erlebnisweise zu erfassen hat.

---

[546] Ebd., 112.

[547] Ebd., 127.

[548] Ebd., 127.

»Die Sprache der Predigt wird davon abhängig, ob wir – wie unser Herr – *lieben* können. Seine Kondeszendenz müßte uns von innen her nötigen, den anderen Menschen nicht nur aufzusuchen, sondern in der Solidarität des Mit-Denkens, Mit-Sorgens usw. soviel wie möglich ihm gleich zu werden. Was müßte das für unsere Predigtsprache bedeuten!«[549]

Gottfried Voigt warnt vor einer zu saloppen Sprache genauso wie vor einer verklärten und überladenen Bildersprache. Es geht um die Anrede nicht nur der daran gewöhnten Gemeinde, sondern auch um die Außenstehenden. Die Ablehnung bzw. Distanzierung der Massen von der gottesdienstlichen Predigt liegt eben im »wesentlichen Teil daran [...] daß wir ›binnenkirchlich‹, ghettohaft gepredigt haben, so daß der Fernstehende sich nicht gemeint wußte«[550]. Dies heißt allerdings nicht, dass sich die Rhetorik der Predigt einer vereinfachten Sprachkultur unterwerfen sollte. Die Predigt soll erkennen lassen, dass sie es mit »*dem* Menschen und eben der Welt zu tun« hat, die den Lebensbereich der Anzusprechenden ausmacht.[551]

Daneben ist in der Predigtvorbereitung die Frage des »Wieso?« des Predigtinhaltes von enormer Bedeutung, neben aller Äußerlichkeit.

»Ist dies begriffen, dann wird man sich auch nach der *richtigen* Anschaulichkeit unserer Predigt umschauen können und müssen. Sie liegt – das hat uns Alfred Dedo Müller immer wieder eingeschärft – in der unbedingt realistischen Haltung, die wir der Welt gegenüber einzunehmen haben; sie liegt in der unbedingt kritischen Schärfe, mit der das Wort Gottes - schärfer als irgendein zweischneidiges Schwert - die von Gott entfremdete und abgefallene und gegen ihn verkehrte Welt trifft; und sie liegt in dem Drängen auf unbedingte Konkretion, in der sich das Evangelium von Christus an uns verleiblichen und wirken will.«[552]

Als hilfreiches Mittel nennt Voigt die Meditation. Sie dient als »Weise der Aneignung«, die in das Zu-Predigende hinein hilft. Dabei geht er wiederholt auf die konkrete Situation des Hörers ein, wenn er schreibt:

»Das diakonische Eingehen auf den Predigthörer, seine Gedankenwelt, seinen Erfahrungsbereich, seine Sorgen, seine Pläne, seine Grenzen usw. verlangt - bei aller Festigkeit in der Sache (1.Kor. 15,58) – eine große innere Biegsamkeit in

---

[549] Ebd., 128.

[550] Ebd., 129.

[551] Ebd., 129f. Anders gesagt: »Ob Kirchenjargon oder Kasuaheli – in der Wirkung ist das einerlei.« (130) Der Prediger muss verständlich sein, seine Absicht klar; er darf sich allerdings auch nicht verstellen oder sprachlichen Übungen hingeben.

[552] Ebd., 131.

> der Art und Weise der Predigt[...] Unsere Predigten sollten den Hörer auf einen Erkenntnisweg führen, auf dem er tatsächlich Schritt für Schritt gehen und seinen eigenen Weg verfolgen kann.«[553]

Stellt Gemeinde bei Urner eher eine zu schaffende Größe dar, spielt sie bei Voigt eine stark konstatierende Rolle. Der Hörer stellt in der Predigt ein Gegenüber dar, ohne das der Predigtvollzug erheblich gestört wäre, seinen eigentlichen Sinn verlieren würde.

> »Predigt ist Dialog [...] Der Hörer kann nicht einmal zur Not weggedacht werden. Er gehört als der Adressat unbedingt ins Spiel. Ihm wird nicht nur etwas dargelegt, er wird *angeredet*.«[554]

Die Predigt ist auf eine Veränderung beim Hörer ausgerichtet – eben ein echtes dynamisches Geschehen – was in ihr deutlich werden muss und *ohne* Gemeinde Unsinn wäre. Die »Predigt muss etwas wollen« – so ausgedrückt in der Überschrift des letzten Kapitels der Aufsatzsammlung. Diese Zielstellung der Predigt liegt aber nicht bei der Person des Predigers allein oder bleibt bei der Situation des Hörers stehen, sondern es muss »geltend gemacht werden, daß der Text selbst immer etwas ›will‹ und daß dieses Wollen des Textes vom Prediger nicht nur wahrgenommen [...] sondern auch bei der Predigt kenntlich gemacht werden muß«[555]. Hier liegt die eigentliche Schwierigkeit der Arbeit des Predigers, denn es geht nicht einfach um eine Reproduktion des Textes.

> »*Heute* soll in dieser Gemeinde etwas passieren! Davon haben wir in der Predigt zu sprechen [...] Der Adressat ist ganz fest ins Auge gefaßt. Diese Menschen hier – sie habe ich anzusprechen. Die Situation, in der Gottes Wort sie anreden soll, ist nicht gleichgültig [...] Die Predigt hat also immer zu beachten, an wen sie etwas auszurichten hat; je nachdem, wo das Evangelium ›auftrifft‹, wird es seine besondere Gestalt und Zuspitzung zu bekommen haben.«[556]

Der Prediger muss den Ort der Predigt kennen, er muss die Situation, in die er hineinspricht, erfassen, so wird er zum Botschafter des Christus.

> »Kritisch gegenüber einer Reduktionshermeneutik (die er bei Rudolf Bultmann vermutet) wie auch gegenüber einem biblizistischen Hermeneutikverzicht, liegt ihm [G.Voigt, d.Vf.] daran, die biblischen Texte als ›verkündigenden Bericht‹ zu

---

553 Ebd., 133.

554 Ebd., 134.

555 Ebd., 139.

556 Ebd., 142.

> verstehen - also als Zeugnisse von Geschehenem, geprägt durch die kerygmatische Absicht. Sie heute neu und lebendig zum Klingen zu bringen, ist das eigentliche Ziel der exegetisch-homiletischen Arbeit Voigts.«[557]

Das unmittelbare Erfassen, Ausleuchten und sogar Deuten der gegebenen, konkreten Situation, vom Evangelium herkommend, ist integrativer Bestandteil der Arbeit eines Predigers.

III.3.4 Eckhard Altmann: Die Predigt als Kontaktgeschehen (1963)

Intensiv mit dem Sprachgeschehen der Predigt bzw. mit dem Sprechakt bei der Predigt beschäftigt sich Eckhard Altmann in seiner Monographie Die *Predigt als Kontaktgeschehen* (1963). Für ihn steht die Analyse des Predigtgeschehens selbst im Mittelpunkt notwendiger homiletischer Überlegungen. Den Grund dafür sieht Altmann darin, dass »die Predigt eigentlich nur im Augenblick des Vollzugs Verkündigung«[558] ist. Weder das geschriebene Manuskript, die Predigtvorbereitung usw., noch ihre Nachbereitung, Gespräche u.ä. sind Predigt im eigentlichen Sinne.

Eckhard Altmann wurde im Januar 1931 in Breslau (Schlesien) geboren. Er studierte evangelische Theologie an der Martin-Luther-Universität in Halle und war Assistent bei Hans Urner. Später war er als Dozent im Kirchlichen Fernunterricht und als Pfarrer in Aschersleben, Theißen und seit 1984 bis zu seinem Ruhestand in Halberstadt tätig.

Altmann versucht, das Geschehen während des Predigtvollzuges durch sprachwissenschaftliche Erläuterungen, Überlegungen und praktische Untersuchungsmethoden zu begreifen. Somit wird die gesamte Arbeit eine angewandte sprachwissenschaftliche Untersuchung mit der besonderen Konzentration auf das Predigtgeschehen. Er betrachtet dabei verschiedene praktisch-theologische Arbeiten[559] kritisch und befragt sie nach dem von ihm zu bearbeitenden Gegenstand: der sprachlichen Gestaltung. Nach einem knapp gehaltenen Einleitungskapitel (»Die Aufgabe«), in dem Altmann Auskunft über Aufgabenbeschränkung und Arbeitsmethoden gibt, und einem exponierten Kapitel zur sozialen Beziehung im Predigtgeschehen, folgen ausführliche sprachwissenschaftliches Betrachtungen, u.a. zu dem, was während der Predigt zwischen Prediger und Hörer geschieht. Das letzte Kapitel der Monographie beschäftigt sich schließlich mit den methodischen Grundsätzen zur sprachlichen Gestaltung der Predigt.

---

[557] J. Ziemer: Gottfried Voigt, in: ZdZ 6/89, 150.

[558] E. Altmann: Die Predigt als Kontaktgeschehen, 1963, 6.

[559] So u.a.: W. Trillhaas: Evangelische Predigtlehre, Berlin 1936 (41954); O. Haendler: Die Predigt, Berlin 1941 (^{3}1960); H.Schreiner: Die Verkündigung des Wortes Gottes, Schwerin 1936 (^{5}1949); H. R. Müller-Schwefe: Homiletik, Hamburg 1961–73.

Die Predigt ist lebendiges, jetzt gesprochenes Wort. Diese zunächst grundsätzliche Feststellung durchzieht die gesamte Arbeit. Predigt ist Rede und muss als solche Sprecher (Prediger) und Hörer (Gemeinde) zusammen sehen, in Beziehung setzen. Weiterhin ist die »grundsätzliche Zusammengehörigkeit von Predigt und Predigtmethode und die Verantwortung des Predigers für beide«[560] von exponierter Bedeutung. Dieses Problem sei, nach Eckhard Altmann, noch nicht hinreichend in den verschiedenen homiletischen Arbeiten besprochen worden. Ebenfalls fehle es an der »genauen Kenntnis der Bedingungen, unter denen das Hören der Predigt geschieht«[561]. Was ist nun in diesem Zusammenhang unter Sprache im eigentlichen Sinne zu verstehen?

> »Für unsere Fragestellung greifen wir zurück auf die Unterscheidung von gesprochener Sprache (parole) und Sprache im allgemeinen, vor allem der schriftlich fixierten Sprache (langue). Darum stellen wir das Sprechen als den aktuellen Teil der Sprache der Sprache als Ganzem polemisch gegenüber.«[562]

Um der gesprochenen Sprache bei der Untersuchung so nahe wie möglich zu kommen, bedient sich Eckhard Altmann der Auswertung von Tonbandaufnahmen. Der so konservierte Sprechakt dient als grundlegendes Untersuchungsmaterial. Zu den weiteren methodischen Maßnahmen schreibt er:

> »Das hier verwendete Material besteht aus den Predigtmanuskripten (Konzept), den Tonbandaufnahmen dazu und den silbengetreuen Abschriften davon (Realform). Es sind Predigten, die innerhalb homiletischer Seminare in zwei Jahren gehalten wurden. Die Prediger sind Studenten im 8. und 9. Semester, die an Tonbandaufnahmen gewöhnt sind. Mikrophon und Bandgerät sind für den Prediger unsichtbar angebracht. – Es handelt sich also nicht um Experimentalergebnisse im strengen Sinne, sondern um Beobachtungen an vorgegebenen Abläufen, die uns Anschauungsmaterial und Aussagen von den Vorgängen *beim Vollzug* der Predigt liefern. Strenggenommen ist die Predigt ja nur in diesem Status, in actu, eigentliche Predigt.«[563]

Benanntes Ziel des Verfahrens ist die Erfassung des Sprachgeschehens in der Predigt in allen ihren Entwicklungsphasen, insbesondere jedoch beim konkreten, gegenwärtigen, realen, (eigentlich) einmaligen Vollzug.

Unmittelbar zu Beginn des zweiten Kapitels (*Die sozialen Beziehungen im Predigtgeschehen*) kennzeichnet Altmann als Voraussetzung für das

---

[560] E. Altmann: Die Predigt als Kontaktgeschehen, Berlin 1963, 7.

[561] Ebd., 7.

[562] Ebd., 8.

[563] Ebd., 8.

Erfassen der konstatierten Wechselbeziehungen bei der Predigt, »Predigtgeschehen als ein Geschehen im sozialen Feld«[564]. Für den Gottesdienst beinhaltet dieses soziale Feld u.a. auch die Liturgie. Dass sich dieses soziale Feld innerhalb typischer Grenzen bewegt, erklärt sich aus dem unmittelbaren Ort des Geschehens: dem Gottesdienst mit seiner eigenen Gottesdienstordnung. Diese, im gewissen Sinne konstante Konstellation, übt ihren Einfluss nicht allein auf das soziale Feld aus.

> »Die liturgische Ordnung des Gottesdienstes ist nicht nur Rahmen für die Predigt, sondern prägt die Gestalt der Predigt mit. Die Predigt und damit das Prediger und Hörer umfassende Predigtgeschehen sind selbst liturgisch.«[565]

Innerhalb dieses liturgisch geprägten sozialen Feldes kommt es zu einem Kontaktgeschehen unter ganz unterschiedlichen Umständen und Bedingungen, im Grundsatz jedoch ist es stets kommunikativer Vorgang. Im weiteren Verlauf wird dieser Vorgang des sozialen Feldes im Allgemeinen und es werden seine konkreten Bedingungen näher erläutert (äußere Kontaktbedingungen, Kontaktpartner).

Das Herzstück Altmanns Arbeit bildet das dritte Kapitel »Das Sprachgeschehen der Predigt«. Hierin werden bestimmte und bestimmende sprachliche Gestaltungselemente entfaltet. Der erste Unterpunkt beleuchtet »Die produktive Leistung« beim Sprechgeschehen während der Predigt und stellt dabei den grundsätzlichen Unterschied zwischen Schreiben und Sprechen auf dem Hintergrund des vorher beschriebenen und bestimmten sozialen Feldes heraus:

> »Dem Denk- und Formulierungsprozeß des Schreibens bleiben die anregenden und hemmenden Kräfte des sozialen Feldes fern; der Schreiber lernt also nicht, die Hemmungen des sozialen Feldes zu überwinden und sich die anregenden Kräfte zunutze zu machen. – Hier liegen die entscheidenden aktualgenetischen Unterschiede beider Ausdrucksformen, die in der Natur des Schreibens und des Sprechens liegen und durch nichts geändert oder abgeschwächt werden können. Die Arten des Zustandekommens von Schreiben und Sprechen sind schlechterdings andere.«[566]

Innerhalb eines Predigtaktes lassen sich unterschiedliche Aspekte beobachten, die Altmann für eine Grundunterscheidung beider Formen der

[564] Ebd., 10.
[565] Ebd., 10.
[566] Ebd., 23.

Kommunikation, des Schreibens und des Sprechens heranzieht: Zeitaspekt, Formaspekt und Objektivierungsaspekt.

Von besonderem Interesse sind an dieser Stelle die Äußerungen zum Objektivierungsaspekt. Altmann versteht darunter einen Vorgang, der beim Sprechen, aber auch beim Schreiben, etwa eines Satzes, zum Zuge kommt. Die Intentionen eines Schreibers oder Sprechers, die in einem sprachlichen Akt (schriftlich oder mündlich) beabsichtigt sind, treten nach außen, werden sichtbar bzw. hörbar, und werden dabei in ganz bestimmten Formen realisiert. Doch geschieht dieser Vorgang beim Sprechen und beim Schreiben (als produktive Prozesse) völlig unterschiedlich. Es handelt sich dabei um die möglichen sinngebenden Impulse, Interpretamente, die bei diesen produktiven Prozessen beabsichtigt sind, d.h. die eigentliche Intention.

> »Denn die Schrift enthält keine Zeichen dafür, wie etwas gesprochen werden soll. Noch der Schreiber empfindet unmittelbar, wie es gemeint, gefühlt war. Sprechen wir bei der Niederschrift eines Briefes oder einer Predigt mehr oder weniger laut mit, so gestalten wir unsere Sache, ohne diese Schwierigkeit überhaupt zu empfinden, aus der Sinnunmittelbarkeit heraus, in der wir stehen.«[567]

Von daher gibt es bei der Reproduktion schriftlich fixierter Texte ein (notwendiges, unvermeidliches) Auseinanderfallen von ursprünglicher Bedeutung und Intention.[568]

Ein deutliches Votum für die (frei) gesprochene Predigt folgt in den Unterpunkten »Das Sprachprodukt« und »Die reproduktive Leistung«, wobei wiederholt auf spezielle soziale Situationen hingewiesen wird (Gemeindesituation, Gemeinschaft, Ausgangsbedingungen bei unterschiedlicher Hörerkonstellation). Die Vor- und Nachteile bei der reproduktiven Leistung, die teilweise durch die angewandte Methode und deren Möglichkeiten nicht erfasst werden konnten, werden im Kontext von Eckhard Altmann detailliert beschrieben: Abweichungen vom Konzept, geistige und psychische Vorgänge, sinngebende Interpretation wie Betonung, Akzente usw., Tempo, Indifferenzlage, Mimik und Gestik.

---

[567] Ebd., 26.

[568] Das hier angesprochene Phänomen weist auf ein Problem hin, welches bei der Beschäftigung mit schriftlich fixierten Predigten auftritt, unvermeidbar scheint und eine rekapitulative Untersuchung erschwert. Ich gehe trotzdem von der Möglichkeit einer solchen Untersuchung aus, das eben die beeinflussenden Vorgänge bei einem solchen Objektivierungsaspekt genauer betrachtet werden (z.B. die Situation). Mit der Möglichkeit eines (ursprünglichen) Bedeutungs- bzw. Interpretationsschwundes ist dabei zu rechnen – dies macht aber eine repräsentative Aussage nicht unmöglich.

Abschließend zu diesem Kapitel fasst er die Ergebnisse zusammen, um Ableitungen und Möglichkeiten für methodische Grundzüge bei der (sprachlichen) Gestaltung der Predigt geben zu können:

> »Die Verwechslung und Vermischung von schriftlicher und mündlicher Sprachgestaltung hat in der gegenwärtigen Homiletik das wörtlich ausgeführte Konzept zur verbindlichen Grundlage einer Rede, der Predigt, gemacht. Die Folge ist die weitgehende Unterbindung der unmittelbaren Kommunikation zwischen Hörer und Prediger. Der Prediger ist auf Grund seiner Sprechunterlage zu nachgestaltendem Sprechen gezwungen, ohne daß er die dafür erforderlichen Fertigkeiten mitbrächte. Gleichzeitig wird in der homiletischen Theorie eine unmittelbar-schöpferische Leistung von ihm verlangt, ohne daß er über die dazu nötige Vorbildung und die entsprechende Redeunterlage verfügte. Die so zustande kommende Predigt muß die Nachteile des mündlichen und des schriftlichen Ausdrucks übernehmen, ohne die jeweiligen Vorzüge nützen zu können: Wegen der Flüchtigkeit der akustischen Eindrücke geht vom Gehalt der Predigt das meiste verloren, und wegen der vom Aufsatz herstammenden Fülle und Dichte ertrinkt das Wesentliche in der Menge und dem Vielerlei des Gebotenen. – Die starke Möglichkeit des originalen schöpferischen Sprechens sind durch die Bindung an das Konzept und seine Reproduktion gelähmt, so daß die für das Verstehen lebenswichtigen Kontaktbezüge nicht oder doch nicht voll zur Wirkung kommen können.«[569]

Predigt ist wechselseitiges Kontaktgeschehen zwischen Prediger und Hörer, sie ist geprägt durch die liturgische Ordnung des Gottesdienstes, wo sie ihren Ort (Handlungsort) hat, und besitzt von daher einen liturgisch gebundenen Charakter. Sie ist eine Form der Rede-Sprache und differenziert sich maßgeblich durch unterschiedliche Bedingungen und Elemente von einer Schreib-Sprache: Die »geschriebene Predigt hat [...] einen Zug zum Abstrakten, d.h. speziell oft: zum Dogmatischen«.[570] Die Situation von Predigtvorbereitung und aktuellem Predigtgeschehen ist verschieden und grundsätzlich voneinander abzusetzen. Von ihrer inhaltlichen Bestimmung ist die Aufgabe der Predigt als Verkündigung des Wortes Gottes zu begreifen und erfährt von dieser Sachbestimmung auch Anweisungen ihrer Methodik, wobei an dieser Stelle der Methodik-Begriff erweitert werden muss und nicht als bloße Verfahrensweise begriffen wird:

> »Die theologische Definition der Predigt als ›Verkündigung des Wortes Gottes‹ muß also eben den Ausgangspunkt der Predigtmethodik abgeben. Wir richten

[569] E. Altmann: Die Predigt als Kontaktgeschehen, Berlin 1963, 60.

[570] Ebd., 23.

mit dieser Untersuchung unser Augenmerk vornehmlich auf die Frage des aktuellen Predigtgeschehens und die dabei auftretenden Gefahren. Dabei handelt es sich um Vorgänge im innersten Kern der Verkündigung und keineswegs nur um Technik, die hinterher zum vorgegebenen Inhalt der christlichen Botschaft hinzutritt.«[571]

Predigt ist dem Grundtyp der Redeform nach Überzeugungsrede. Der Zeuge, hier der Prediger, muss, um dem Zeugnischarakter der Verkündigung überhaupt gerecht werden zu können, aufs engste mit der Botschaft der Verkündigung verbunden sein. Dieses enge Bündnis zwischen Zeugnis und Zeuge macht die Bedingung der Überzeugungsrede aus.
Predigt ist Rede und ihre beste (äußere) Form ist die gesprochene Form.
So fordert Eckhard Altmann die freie Rede in der Predigt und definiert sie folgendermaßen:

»Die freie Rede in der Predigt ist die Form christlicher Verkündigung, bei der ein inhaltlich vorbereitetes und hörgerecht geordnetes Stück oder Thema der Heiligen Schrift unter voller Ausnützung der Kräfte des sozialen Feldes den Bedingungen des Raumes, der Zeit und der Gemeinde in freier Gestaltung angepaßt wird.«[572]

Die Abgrenzungen gegenüber anderen Formen des freien Sprechens liegen im Umfang, der Art und in der Gewissenhaftigkeit der erforderlichen Vorarbeit.

Der Prediger hat innerhalb seiner Verkündigung eine Aufgabe, letztendlich auch einen seelsorgerlichen Auftrag. Diesem Auftrag kann er nur gerecht werden, wenn er sich der Rolle des Hörers bewusst ist. Altmann fordert eine notwendige Kontaktaufnahme mit dem Hörer und mit dem bzw. im Predigtgeschehen.[573] Die Hemmschwelle für eine solche Kontaktaufnahme mit dem Hörer ist das Predigtmanuskript. Der Prediger hat aber »aus theologischer Verantwortung alles zu tun, was den Kontakt mit dem Predigthörer stärken kann«[574], was ihn unmittelbar in die Pflicht nimmt.

»Denn die menschlichen Beziehungen im sozialen Felde des Predigtgeschehens haben theologisches Gewicht. Der konkrete Sprachvollzug wird nur dann zum Kommunikationsmittel mit dem Ewigen – ubi et quando visum est Deo –, wenn die darin immer mitgesetzten mitmenschlichen Beziehungen voll zum Tragen kommen. Die Predigt wird nur dann zur Begegnung mit dem Wort Gottes, wenn

571 Ebd., 61.
572 Ebd., 73.
573 Vgl. ebd., 10.
574 Ebd., 76.

> es dabei auch zur vollen Begegnung zwischen den Menschen unter dem Wort, zwischen dem Prediger und dem Hörer kommt.«[575]

Nicht nur das Bewusstsein der Existenz eines sozialen Geflechts, sondern auch die genaue Kenntnis dieses sozialen Feldes ist für die Funktion des erwünschten Kontaktgeschehens notwendig.

Die Forderung Altmanns nach der Predigt als Kontaktgeschehen wird zu einer Forderung nach einer lebendigen und authentischen Predigt im Gottesdienst, welche die Realität des Hörers oder der Hörerin als den Adressaten der Verkündigung mit allem Ernst im Blick hat, d.h. nichts anderes als seine und ihre gegenwärtige Lage, die konkrete Situation, sein Menschsein in einem konkreten Umfeld. So wird letztendlich Predigt bei Eckhard Altmann zu einem Sprech- oder Sprachakt, der sich ganz unterschiedlichen Gesetzmäßigkeiten der Kommunikation stellen muss und darüber hinaus abhängig von einer liturgischen Form und der konkreten Situation der Hörergemeinde ist.

III.3.5 Johannes Hempel: Elementare Verkündigung (1970)

In der Forderung nach einer Elementaren Verkündigung entwickelt Johannes Hempel in seinem gleichnamigen Aufsatz576 eine praktisch-theologische Konzeption, die in die Diskussion »unserer Zeit und Umwelt« (1970) eingreifen will.

Der spätere Bischof und Vorsitzende der Konferenz der Evangelischen Kirchenleitung wurde 1929 in Zittau geboren. Er studierte zunächst Germanistik, Geschichte und Philosophie, später Theologie in Tübingen, Heidelberg, Berlin und Leipzig. Nach verschiedenen Pfarrstellen, der Tätigkeit als Studieninspektor und Studiendirektor am Leipziger Predigerkolleg, wurde er 1971 zum Landesbischof der Evangelisch-Lutherischen Landeskirche Sachsen als Nachfolger Gottfried Noths gewählt. Seit 1994 ist Johannes Hempel im Ruhestand und lebt in Dresden.

Neben verschiedenen Publikationen und Aufsätzen ist seine Monographie *Die Vergegenwärtigung des Wortes* (1973) zu nennen. Der Aufsatz *Elementare Verkündigung* erschien 1970 in der Monatszeitschrift *Die Zeichen der Zeit*.

Grundlage seines Aufsatzes bilden das eigene Hören (Beobachten) und Mitvollziehen (Gestalten) von Predigten u.a., also eine sachbezogene Situationsanalyse (bestimmt als Minderheitssituation), mit dem offensichtlichen Ziel einer praktikablen Ergebnissicherung innerhalb der Verkündigung. Dass es sich dabei um die Form der missionarischen Verkündigung handeln muss, begründet Hempel aus dieser Situationsanalyse heraus.

---

[575] Ebd., 76.

[576] J. Hempel: Elementare Verkündigung, in: ZdZ 1/1970, 1–6.

Im Laufe seines Aufsatzes wird »Situation« aus verschiedenen Perspektiven betrachtet und nach ihrer Relevanz für die Verkündigung befragt. Im Hintergrund der Darstellung von Hempel steht ein vorgegebener historisch-biographischer Kontext (die DDR), der nach einer zielgerichteten Praktikabilität fragt (Auskunftsfähigkeit, Verständlichkeit, Nützlichkeit). Diese Praktikabilität wird jedoch nur auf diesem vorgegebenen historisch-biographischen Kontext spezifisch. In einer Anmerkung weist Johannes Hempel nachdrücklich darauf hin und geht in diesem Zusammenhang von zwei theoriebildenden Arbeiten[577] aus:

> »Die beeindruckende Arbeit von H.-B. Bastian ›Theologie der Frage‹, München 1969, erweist sich [...] mit ihrer pointierten Ermutigung zum homiletischen Verzicht auf thetisches Reden der Gemeinde zugunsten des sich selbst befragenden, bzw. sich befragen lassenden Verfahrens, aus dem Gesichtsfeld ›unserer‹ Situation so stark soziologisch (das heißt hier durch die andere gesellschaftliche Wirklichkeit) geprägt, daß die entscheidenden Aussagen für uns schlechterdings (wegen unserer andersartigen gesellschaftlichen Wirklichkeit!) unpraktikabel sind«[578]

Bei der Arbeit von Hans-Eckehard Bahr[579] wird die Untauglichkeit der Anwendbarkeit auf die Situation in der DDR für Hempel bereits im Titel deutlich: » [...] hier wird die andere gesellschaftliche Axiomatik schon thematisch anschaubar«.[580] Hempel geht einer Grundsatzdiskussion über die Rolle der Situation im homiletischen Prozess aus dem Weg, indem er bemerkt, dass trotz geforderter Situationsbezogenheit Verkündigung immer »auf die Grundlagen des christlichen Glaubens gerichtet Verkündigung«[581] sein muss. Ausgangspunkt seiner Darstellung ist eine Art Zeugnisrede bzw. die Bezeugung des Glaubens vor einem anderen (der Prediger als Zeuge), was als Chance verstanden werden muss.

> »Diese Chance wahrnehmen, ist in unserer Zeit und Umwelt vermutlich nicht schwieriger als eh und je; sie stellt aber vor spezifische Schwierigkeiten.«[582]

---

577 H.-D. BASTIAN: Theologie der Frage, München ²1970, H.-E. BAHR: Verkündigung als Information, Hamburg 1968.

578 J. HEMPEL: Elementare Verkündigung, in: ZdZ 1/1970, Anmerkung 5, 2.

579 H.-E. BAHR: Verkündigung als Information, Hamburg 1968.

580 J. HEMPEL: Elementare Verkündigung, in: ZdZ 1/1970, Anmerkung 5, 2.

581 Ebd., 1.

582 Ebd., 1.

Gleich zu Beginn führt er die Bezeichnung *Elementare Verkündigung* als summarischen Begriff ein, der im weiteren Verlauf des Aufsatzes verschiedene Intentionen erfährt.

Zunächst wird *Elementare Verkündigung* inhaltlich – ausgehend von einer missionarischen Grundsituation, d.h. einer Situation, in der die Menschen vom Evangelium entfremdet sind – aufgefüllt. Eine Minderheitssituation ist eingetreten, die von erheblicher Unkenntnis über den Inhalt des Evangeliums getragen ist. Daraus folgt die Feststellung, dass christliche Verkündigung darauf Bezug nehmen und sich darauf einlassen muss, d.h. Verkündigung muss dementsprechend auch Wissensvermittlung sein.

> »In unserer Zeit kann Verkündigung des Evangeliums nicht mehr nur der Weiterführung der Christen, sondern muss vielmehr der Gewinnung von Nichtchristen dienen, bzw. der Befähigung der Christen zum ›Sachgespräch‹ mit Nichtchristen.«[583]

Daraus ergibt sich neben der missionarischen Grundsituation eine Zurüstungsfunktion christlicher Verkündigung. So formuliert Hempel: »Elementare Verkündigung bedeutet: auf die Grundlagen des christlichen Glaubens gerichtete Verkündigung«[584], wobei sich diese im Gefolge der biblischen Verkündigung vollzieht. Dabei muss es zu einer Korrelation zwischen Historisch-Traditionellem und Aktuell-Situationsbezogenem kommen. Beides kann nicht unbeachtet bleiben und voneinander unabhängig betrachtet werden. Die Abschwächung auf bloße Nützlichkeit der Verkündigung oder gar Anpassung an die jeweiligen Bedürfnisse der Situation werden konsequent abgelehnt. Trotz des Wissens um die Einflussnahme der konkreten Situation, kann Hempel schreiben, ohne dem bewussten Wahrnehmen der konkreten Gemeinde entgegenzutreten:

> »Die Relevanz der Situation für alle Verkündigung ist sehr groß, größer gewiß, als wir zu sehen gewöhnt sind; aber die Situation ist nicht der hermeneutische Schlüssel zum biblischen Kerygma.«[585]

Bezüglich der missionarischen Grundsituation und aller sachbezogener Auseinandersetzung zwischen Christen und Nichtchristen kann in der missionarischen Situation der Gemeinden in der DDR die biblische Verkündigung durch nichts ersetzt werden.

---

[583] Ebd., 1.

[584] Ebd., 1.

[585] Ebd., 2.

»Christliche oder humanistische Aktionen der Christen bzw. zwischen Christen und Nichtchristen können wiederum zwar notwendig und selbstverständlich sein, aber nicht die Verkündigung ersetzen.«[586]

Die vorzufindende und individuelle Situation, d.h. die Lebenswirklichkeit der einzelnen Christinnen und Christen wie der gesamten Kirchen in der DDR, wird dabei »in erster Linie als reflektierende Respektierung der in der DDR vorgegebenen Situation, in der wir Gottes (geglaubte) Führung annehmen«[587], verstanden. Jedoch bleibt sie unerschütterlich auf das Evangelium bezogen und muss es bleiben.
Nach einer begriffsbestimmenden Ausführung zu Gesetz und Evangelium konstatiert Hempel:

»Dort, wo biblische Texte, Zusammenhänge, Sachverhalte Gottes schenkendes Erbarmen, so oder so artikulieren, dort liegen die Schwerpunktaufgaben der Verkündigung in unserer Situation.«[588]

Auch an dieser Stelle steht die Frage nach dem Evangelium im Mittelpunkt:

»Daraus ergibt sich vor allem, daß paränetische Partien des christlichen Glaubens bzw. einzelner biblischer Abschnitte in der Verkündigung unserer Epoche nicht in den Vordergrund gerückt werden sollten.«[589]

Darin besteht allerdings auch die Schwierigkeit der Verkündigung, da ja gerade die Gebote Gottes plausibel erscheinen – insbesondere in der Auseinandersetzung um Glaubensaussagen. Die Degradierung zum pädagogischen Moralkodex und der Verlust des Propriums des christlichen Glaubens in der Verkündigung sind Folgen einer missverstandenen Wesentlichkeit für die Auslegung biblischer Texte.

Eine weitere Gefahr besteht in diesem Zusammenhang in den diagnostischen Passagen der Verkündigung und Bezeugung christlich-biblischer Aussagen:

»Unsere Predigten sind oft (Stichwort ›Abholen der Gemeinde‹) vorzüglich in der Einleitung; aber nachher, wenn wir ›zur Sache kommen‹, fällt die Spannungskurve ab. Diagnosen sind nicht überflüssig, aber für die Verkündigung des Evangeliums im Grunde natürlich unergiebig, zumal in einer missionarischen

---

[586] Ebd., 2.

[587] Ebd., 2.

[588] Ebd., 2.

[589] Ebd., 2.

Situation, weil da die Diagnosen nur zu leicht einen traurigen, gar anklagenden Unterton bekommen [...] Die Diagnose hat in christlicher Verkündigung ihren legitimen Ort *nach* der Evangeliumsentfaltung, sozusagen als ›I-Punkt‹ derselben.«[590]

Das bedeutet freilich nicht, dass die Diagnose oder Situationsanalyse im Vorfeld der Predigt und in der Predigtvorbereitung einen verringerten Stellenwert bekommt – ganz im Gegenteil. Jedoch sollte ihr auch den Vorarbeiten zu einer Predigt ein reflektierender Charakter zukommen. Als »i-Punkt« bildet die Bezugnahme auf die konkrete Situation eine (aktuelle) Konkretisierung des biblischen Inhalts. Darauf zielt die weitere Bestimmung der Elementare[n] *Verkündigung* Johannes Hempels ab:

»Elementare Verkündigung ist die Inhalte des Evangeliums *transformierende* Verkündigung.«[591]

Dieses transformierende Element – als Terminus technicus in Bezug auf Verkündigung – geht dabei über die reine Auslegung eines biblischen Textes oder die Aktualisierung eines Sachverhaltes hinaus.

»Er soll nämlich ausdrücken, daß Aktualisierung in unserer Epoche die Sache der Evangeliums-Aussagen selbst in die Aktualisierung einbezieht, ja sich auf die ›Transformation‹ derselben konzentrieren muß.«[592]

Damit wird Predigt als Form dieser transformierenden Verkündigung per se, wenn sie sich aus Evangelium hält, aktuelle Predigt, insbesondere in der mitgedachten Situation der DDR, da sie eine der propagierten Ideologie entgegengesetzte Tendenz vertritt. Bleibt der Prediger bei der bloßen Darstellung des biblischen Wortes, vollzieht er den Schritt der Transformation – wie auch immer – nicht, sondern entwickelt daraus eine »von der Rezitation biblischer Formulierungen unmittelbar zur *Bedeutung für uns* übergehende Predigt«, die wiederum eine »anachronistische, unverständliche Predigt«[593] ist.

Um die Predigt für die jeweilige Situation relevant zu gestalten, d.h. zu aktualisieren, bedarf es mehr, als nur die Sprache Kanaans zu überwinden und Beispielgeschichten anzufügen.

[590] Ebd., 3.

[591] Ebd., 3.

[592] Ebd., 4.

[593] Ebd., 3.

»Zeitgemäße Sprache, präzise Ausdrucksweise, plastische Bilder, schlagende Vergleiche, lebensnahe Beispielgeschichten haben und behalten selbstverständlich eine positive homiletische Funktion [...] Die ›gute Predigt‹ unserer Epoche entscheidet sich vorzugsweise an *einem* Punkt, am Mut, sich auf die Sache des Evangeliums zu konzentrieren, und die Paränese, die Diagnostik auf den gebührenden zweiten und dritten Platz zu verdrängen.«[594]

Eine weitere Charakterisierung erfährt die *Elementare Verkündigung* im Sinne Hempels durch die Beachtung geschichtlicher Kategorien. Ausgehend vom Stichwort »religionslose Interpretation« (Bonhoeffer)[595] wendet sich Johannes Hempel gegen eine metaphysische Auslegung in der Verkündigung. Den Grund dafür sieht er auf dem Hintergrund der angeführten missionarischen Grundsituation, dass nämlich »in unserer Zeit metaphysische Kategorien kaum noch verständlich zu machen sind«[596]. In Anbetracht der Argumentationsweise der marxistisch-leninistischen Religionskritik, die in der DDR spezifisch und effektiv in die Praxis umgesetzt wurde, die dem einzelnen Christen, der einzelnen Christin täglich begegnete, scheint diese Schlussfolgerung unbedingt stringent zu sein. Unter geschichtlicher Kategorie versteht Johannes Hempel das »Aufsuchen und Entfalten der Wirklichkeit des verkündigten Evangeliums innerhalb der menschlichen Geschichte, bzw. zwischenmenschlicher Beziehungen der einzelnen«[597].

Diese Rückbindung kann, wenn sie der Aktualisierung des Evangeliums nicht entgegenstehen will, nur aus der konkreten Vorfindlichkeit bzw. Lebenswirklichkeit abgeleitet werden. D.h. für eine Predigt, die dieser Konzeption gerecht werden will: Sie muss nach diesen geschichtlichen Kategorien in der konkreten Situation der Gemeinde fragen und suchen. Im Bewusstsein, dass Erfahrung eine wesentliche Größe in der Verkündigung darstellt, aber nicht bestimmend oder alleiniges Bestimmungselement ist, formuliert Hempel:

»Es geht um eine positive Stellung zur Relevanz der (empirischen) ›Erfahrung‹[598] des (der) Menschen, wie sie sich vom Glauben aus ergibt.«[599]

---

594 Ebd., 3.

595 Vgl. dazu u.a.: K. Raschzok: Schriftauslegung bei Dietrich Bonhoeffer, Waltrop 1995.

596 J. Hempel: Elementare Verkündigung, in: ZdZ 1/1970, 4.

597 Ebd., 4.

598 »Erfahrung« beschreibt hierbei eine religiöse Dimension, die durchaus die Tendenz zum Metaphysischen aufweisen kann. Hempel verweist – ausdrücklich gegen Schleiermacher, Seeberg und Frank – auf den Artikel: RGG³ »Erfahrung«, Abs. 4., obwohl dort der Begriff näher, aber nicht endgültig bestimmt ist.

599 J. Hempel: Elementare Verkündigung, in: ZdZ 1/1970, 4.

Aus der Dimension der Erfahrung der über-individuellen, zwischenmenschlichen Beziehung heraus, die den Raum möglicher Erfahrungen beschreibt, stellt Hempel die für die *Elementare Verkündigung* grundlegende Frage:

> »Wo kommt das Evangelium in erfahrbaren und erfahrenen zwischenmenschlichen Beziehungen vor, wo wäre sein Wirksamwerden dringend erforderlich, wie könnte es zur Wirksamkeit gebracht werden? Hier liegt das Konkretisierungsfeld geschichtsbezogener Entfaltung des Evangeliums.«[600]

In einem letzten Absatz bestimmt er *Elementare Verkündigung* – nun verstanden als elementare Evangeliumsverkündigung – nach ihrer Praktikabilität:

> »Die elementare Evangeliumsverkündigung zielt ab auf den Erweis der ›Verständlichkeit‹ und der ›Nützlichkeit‹ des Evangeliums.«[601]

Konstatierendes Element ist die allgemeine Ratlosigkeit dem Evangelium oder biblischen Inhalten gegenüber. Diese so bestimmte Situation, welche auch die Basis zur missionarischen Grundsituation ausmacht, kann nicht als schuldhafte Ablehnung beurteilt werden. Wiederum auf dem Hintergrund des historisch-biographischen Kontextes erscheint die Entfremdung vom christlichen Inhalt, vom Evangelium usw. als schlüssig und fordert eine »auf Verständlichmachen des Evangeliums bedachte Verkündigung«[602]. Solche Entfremdungserscheinungen begegnen durchaus auch in den eigenen Reihen der Gemeinde.

Die angesprochene und vorzufindende Ratlosigkeit gipfelt in zwei Interrogativpronomina: »Wieso?« und »Wozu?« Bei der Vermittlung und Beantwortung dieser beiden Fragen stößt der Glaubende natürlich an seine Grenzen, doch sind diese Grenzen – nach Johannes Hempel – noch nicht erreicht. Das Wahrnehmen und die Kenntnis ihrer Existenz ist wichtig, aber sie erübrigen nicht das Bemühen um die Verstehbarkeit des Geheimnisses Gottes:

> »Das Evangelium ist [...] nicht exklusiv factum mysteriosum, sondern hat durchaus seine einleuchtenden Seiten und Partien.«[603]

Es ist notwendig »nach der faktischen Relevanz des christlichen Glaubens für den konkreten Lebensvollzug«[604] zu fragen. Damit wird die Rückbindung an die konkrete Lebenswirklichkeit in einer dem Christ-Sein ablehnend

---

[600] Ebd., 5.

[601] Ebd., 5.

[602] Ebd., 5.

[603] Ebd., 5.

[604] Ebd., 5.

gegenüberstehenden, wenn nicht sogar feindlich gesinnten Gesellschaft notwendig. So gesehen, ist die Frage nach Verständlichkeit und Nützlichkeit die Forderung eines praktikablen Glaubens, der eine Lebens-, Daseins- und Handlungshilfe sein kann bzw. sein sollte. Diese Hilfeleistung vollzieht sich nicht als etwas Besonderes oder Außergewöhnliches, sondern im Alltäglichen der Verkündigung.

In der Anwendung auf den sonntäglichen Gemeindegottesdienst bedeutet das: Vollzug ist u.a. *in* der Gemeindepredigt und *in* der Gemeinde verankert. Die Voraussetzung einer missionarischen Grundsituation ist nicht die Forderung nach einem besonderen, missionierenden, gar in einer pietistisch-charismatischen Tradition stehenden Gottesdienst, sondern eine grundsätzliche, postulierte Konsequenz, die sich in jedem Gemeindegottesdienst vollziehen muss.

> »Deshalb lebt auf den Erweis der Verständlichkeit und der Nützlichkeit des Evangeliums gerichtete Verkündigung nicht in erster Linie vom Argument, sondern vom ›existentiellen Bericht‹ der Glaubenden vor den Nichtglaubenden, der sich aber vom mehr pietistisch geprägten Bekehrungszeugnis immerhin durch seine überindividuelle (statt individualistische) und auf empirische, geschichtliche Fakten (nicht ›innere‹) bezogene Ausrichtung unterscheidet. Anders: Elementare Verkündigung konkretisiert sich als ›reflektierender und meditierender Existenzbericht‹ des in der Gesellschaft lebenden Glaubenden, als der Konsequenz seines Ergriffenseins vom Evangelium.«[605]

III.3.6 Eberhard Winkler: Kommunikation und Verkündigung (1977)

Eberhard Winkler wurde 1933 in Königsberg geboren. Bevor er sein Studium der Theologie begann, schloss er eine Tischlerlehre ab. Nach seinem Examen war er als Gemeindepfarrer in Rostock und Halle tätig. 1966 nahm er einen Lehrauftrag als Dozent, 1969 eine Professur für Praktische Theologie an der Theologischen Fakultät der Martin-Luther-Universität Halle wahr. Neben seiner Lehrtätigkeit betreute Eberhard Winkler eine Dorfgemeinde in der Nähe von Halle ehrenamtlich. Er ist im Ruhestand und lebt in der Nähe von Halle.

Christian Grethlein und Michael Meyer-Blanck beschreiben Winklers Ansatz in Bezug auf sein Lehr- und Arbeitsbuch *Praktische Theologie elementar*[606] als »[s]tark an der Praxis und weniger an der Wissenschaftstheorie der PT [Praktischen Theologie, d.Vf.] interessiert [...]«[607]

Neben zahlreichen Aufsätzen veröffentlichte Eberhard Winkler folgende Arbeiten:

---

[605] Ebd., 6.

[606] E. WINKLER: Praktische Theologie elementar, Neukirchen-Vluyn 1997.

[607] C. GRETHLEIN/M. MEYER-BLANCK (Hg.): Geschichte der Praktischen Theologie, Leipzig 2000, 59.

Exegetische Methoden bei Meister Eckhart (1965), Die Leichenpredigt im deutschen Luthertum bis Spener (1967), Die Reformationspredigt (1967), Die Gemeinde und ihr Amt: historische, empirische, hermeneutische Aspekte (1973), Impulse Luthers für die heutige Gemeindepraxis (1973), Homiletische Erkenntnisse Luthers in der gegenwärtigen evangelischen Predigtlehre, in: Das lebendige Wort (1982).

Die Monographie *Kommunikation und Verkündigung* (1977) veröffentlichte Eberhard Winkler während seiner Lehrtätigkeit als Professor für Praktische Theologie an der Martin-Luther-Universität in Halle. Im Vorwort beschreibt er die Motivation und die Idee zum Thema und zu dieser Arbeit folgendermaßen:

> »Im April 1975 hatte ich einen Vortrag über das Thema ›Was geschieht in der Verkündigung?‹ zu halten. Dabei kam ich zu dem Ergebnis, daß der Praktische Theologe nicht mehr von Verkündigung reden kann, ohne ihre Voraussetzungen in den Bedingungen und Möglichkeiten von Kommunikation zu berücksichtigen [...] Außerdem hoffe ich, daß die angestrebte positive Zuordnung von Kommunikation und Verkündigung hier und da aus einer theologischen Sackgasse herausführen und eine Enttäuschung in der Praxis vermeiden helfen kann.«[608]

Bereits an dieser Stelle wird die von Grethlein und Meyer-Blanck angeführte Beobachtung der wissenschaftlichen Arbeitsweise Eberhard Winklers deutlich, denn »[d]er Ansatz bei der Kommunikation soll dazu helfen, den methodischen Aspekt in praktikabler Weise mit der theologischen Aufgabe zu verbinden«[609]. Die Suche nach praktikablen Möglichkeiten innerhalb kirchlicher Verkündigung durchzieht die gesamte Monographie, ohne jedoch auf das Aufnehmen wissenschaftstheoretischer Elemente verzichten zu wollen.

Im Einführungskapitel geht Winkler zunächst dem Gedanken nach, was eigentlich Verkündigung und Kommunikation umfasst. Hierbei bietet er eine einleuchtende Erläuterung, determiniert beide Begriffe fachspezifisch und fragt zugleich nach der Anwendung für den kirchlichen Sprachgebrauch. Diese grundlegende Klärung ist zunächst wichtig, weil »[d]ie mit ›Kommunikation‹ und ›Verkündigung‹ gemeinten Vorgänge [...] von entscheidender Bedeutung für Sinn und Wirkung des kirchlichen Handelns« sind.[610] Bevor Winkler jedoch intensiver darauf eingehen kann, stellt er deutlich heraus, dass Sprache und Kommunikation Klassencharakter – im Sinne einer ideologischen

---

[608] E. Winkler: Kommunikation und Verkündigung, Berlin 1977, 7.

[609] Ebd., 7.

[610] Ebd., 9.

Trägerschaft - besitzen.[611] Diese durchaus objektiv belegbare, politisch motivierte Feststellung führt zu einer grundsätzlichen Einschränkung.

> »Kritisch muß jedoch beurteilt werden, daß der Kommunikationsbegriff in der westdeutschen Literatur oft ideologisch überzogen wird.«[612]

Des Weiteren geht Eberhard Winkler ausführlicher auf die Möglichkeiten, Voraussetzungen und Zuordnungsgrößen der Kommunikation innerhalb »kirchlicher und gesellschaftlicher Probleme« ein und zeigt, was Kommunikation vermag und worin ihre Grenzen bestehen. Dabei soll der »Kommunikationsbegriff in erster Linie methodisch verstanden«[613] sein. Weiterhin werden von ihm einige Grundbegriffe der Kommunikation geklärt[614] und die (grundsätzliche) Beschränkung auf die interpersonale Kommunikation benannt. Sich auf Paul Watzlawick[615] berufend, führt Eberhard Winkler den Begriff der komplementären Kommunikation ein, der eine kommunikative Situation unter ungleichen Bedingungen (z.B. in einer Prüfungssituation oder aber bei einer Predigtsituation) beschreibt. Eine solche kommunikative Situation sei typisch für eine Kommunikation innerhalb der Kirche:

> »In der Kirche sind die Anteile der komplementären Kommunikation so hoch, daß die Gefahr einer einseitig komplementären Kommunikation besteht. Eine starr komplementäre Kommunikation ist dann gegeben, wenn die Ungleichheit der Partner fixiert und institutionalisiert wird und zugleich die Möglichkeit der Kompensation des Mangels an Wechselseitigkeit unterentwickelt bleibt. Einseitig komplementär ist die Kommunikation in der Predigt und im Gottesdienst.«[616]

---

611 Vgl. dazu: W. Fleischer: Wortschatz der deutschen Sprache in der DDR, Leipzig ²1988, 16–17 u.a.

612 E. Winkler: Kommunikation und Verkündigung, Berlin 1977, 9. Diese Feststellung bedeutet allerdings nicht, dass E. Winkler etwa bei der Betrachtung innerhalb seiner Monographie auf die westdeutsche Literatur verzichtet hat. Der hier kritisch gemachte Einwurf wäre ebenso auf die (wissenschaftliche) Situation der DDR-Literatur anzuwenden, konnte jedoch aus verschiedenen Gründen nicht angeführt werden. (Vgl. auch hierzu ausführlicher: W. Fleischer: Wortschatz der deutschen Sprache in der DDR, Leipzig 1988².)

613 Ebd., 10.

614 Ebd., 10f.

615 P. Watzlawick/J. H. Beavin/D. D. Jackson: Menschliche Kommunikation. Formen, Störungen, Paradoxien, Bern ²1972.

616 E. Winkler: Kommunikation und Verkündigung, Berlin 1977, 11.

Nach dieser grundlegenden Klärung von Kommunikation und fachspezifischen Begrifflichkeiten, folgt eine kurze, aber wichtige Betrachtung des Begriffs *Verkündigung*. Aus beiden Beobachtungen resultiert dann in logischer Konsequenz die weitere Gliederung der gesamten Monographie:

- Kommunikation und Verkündigung in der Predigt
- Kommunikation und Verkündigung in der Seelsorge
- Diakonie und Gottesdienst als Kommunikation und Verkündigung
- Kommunikation und Verkündigung in der kirchlichen Unterweisung
- Kommunikation und Verkündigung als Problem kirchlicher Leitung

Die im Vorwort formulierte Zielstellung, »den methodischen Aspekt in praktischer Weise« mit der Vielfältigkeit kirchlichen Handels zu verbinden, wird allein schon durch diese grobe Gliederung illustriert und durch die Weitläufigkeit der Beobachtungen zu Kommunikation und Verkündigung durch alle Bereiche kirchlicher Lebensäußerung wieder aufgenommen.

Entsprechend der Thematik der Untersuchung zur Predigtpraxis soll sich an dieser Stelle auf das Kapitel Kommunikation und Verkündigung in der Predigt konzentriert werden.

Im ersten Unterkapitel *Die Homiletik im Zeichen der Dialektischen Theologie* bemüht sich Eberhard Winkler um einen kurzen historischen Abriss zur Frage nach der Verkündigung im Zusammenhang mit Predigt anhand ausgewählter Vertreter. Warum er gerade bei der *Dialektischen Theologie* beginnt, wird im Verlauf der Darstellung selbst deutlich. Ausgehend von der Positionierung Eduard Thurneysens formuliert Winkler:

> »Das Motiv dieses Verkündigungsbegriffs ist streng theologisch: Der souveräne Gott soll bezeugt werden, der Gott, den keine Predigt ›in den Griff‹ kriegen‹ kann und der durch keine praktisch-theologische Methodik verfügbar wird.«[617]

Das Fehlen der Bemühung um »anthropologische Anknüpfung« stellt sich als fataler Mangel eines solchen Predigtansatzes heraus, was zu einer überspitzten, dogmatisch motivierten, methodischen Konsequenz führt. Abgeleitet von der Bestimmung Heinrich Vogels und Rudolf Bohrens schreibt Winkler als quasi zweite Phase der Entwicklung innerhalb der *Dialektischen Theologie*:

> »Statt Verkündigung und Predigt werden hier Predigt und Rede unterschieden. Das empirische Faktum ›Rede‹ wird durch den Geist zum pneumatischen Faktum ›Predigt‹«.[618]

[617] Ebd., 18.

[618] Ebd., 19.

Als nächsten Vertreter innerhalb der gestellten Frage führt Eberhard Winkler den deutschen evangelischen Systematiker Edmund Schlink auf, der die Kategorien *Gesetz und Evangelium* in die Diskussion einbringt. Auch hier stellt er ein Defizit fest, was zu weiteren Betrachtungen auffordert, wobei Kommunikation und Verkündigung den Kategorien *Gesetz und Evangelium* in negativer Weise gegenüber gestellt werden:

> »Kommunikation und Verkündigung entsprechen nicht den dogmatischen Kategorien Gesetz und Evangelium. Zwar kann es den Prediger stärken und entlasten, daß er das Heil ganz und gar in Gottes Hand weiß, aber diese Gewißheit beantwortet ihm doch nicht die Frage, wie er seinen Auftrag als Prediger am besten erfüllen kann.«[619]

Schließlich wird die Betrachtungsweise von Johannes Wolff aufgerufen und bezugnehmend auf seine *Anleitung zur Predigtmeditation* das Problem einer übermäßigen Verlagerung einer Anknüpfung und Einleitung innerhalb eines Predigtgeschehens angesprochen, was wiederum als Problem der Kommunikation verstanden sein will. So schreibt Eberhard Winkler kritisierend:

> »Die Hör- und Verstehbarkeit der Predigt, also das Problem der Kommunikation, gilt als Frage der Form und ist von sekundärem Interesse [...] Damit ist natürlich keine ›inhumane‹ Predigt gefordert, aber jeder Homiletik der Kampf angesagt, die den Erwartungs- und Verstehenshorizont der Hörer und damit die Kommunikationsbedingungen als ein Konstitutivum der Predigt ansieht.«[620]

Diese Feststellung bildet den Ausgangspunkt für die weiteren kritischen Überlegungen im Zusammenhang von Predigt und Kommunikation. Die Dialektische Theologie – so kann grob zusammengefasst werden – vermochte nach Eberhard Winkler den Sinnzusammenhang von Kommunikation und Verkündigung nicht zu erfassen. Der große Gewinn, nämlich ihre Besinnung auf das tatsächliche und unverfügbare Handeln Gottes, beschreibt zugleich auch die Problematik der Dialektischen Theologie in Bezug auf Verkündigung als kommunikativen Prozess.

Hans Schreiner und Gustaf Wingren werden in den dann folgenden Ausführungen als aus dieser engen Denkweise der Dialektischen Theologie ausbrechende Vertreter ausführlich betrachtet. Beiden ist gemeinsam, dass sie der Kommunikationsfähigkeit des Predigers eine breite Basis eröffnen. Das eigentliche Problem liegt hierbei in der *Entmachtung der Ohnmacht* des Gegenübers von göttlichem Handeln und menschlicher Möglichkeit in der Predigt. Diese

---

[619] Ebd., 20.

[620] Ebd., 21.

bewusste Überwindung – nicht Ignorierung! – führt Vom dogmatischen zum kommunikativen Predigtverständnis. Die Verlagerung des resultierenden Predigtansatzes verdeutlicht Eberhard Winkler wiederum an ausgewählten Vertretern (u.a. H.-O.Wölber, H.-R.Müller-Schwefe, E.Altmann, D.Rössler, E.Lange) und formuliert dahingehend:

> »Dogmatischer Anspruch und kontrollierbares Geschehen, Verheißung und Praktikabilität werden also möglichst exakt unterschieden. Es ergeben sich methodische Konsequenzen aus der Frage nach den Adressaten, nach der homiletischen Situation und damit nach dem ›Wie‹ der Predigt geklärt werden kann.«[621]

Die Erfassung beider Elemente, des Machbaren und des Nicht-Machbaren, des Verfügbaren und des Unverfügbaren, die Tatsache des Vorhandenseins von *Facienda* und *Credenda* befreien nicht von der verantwortlichen Bemühung des einzelnen Predigers. In Anknüpfung an Ernst Lange kann Winkler daher feststellen:

> »Der Prediger betritt die Kanzel - oder einen zur Kommunikation besser geeigneten Ort - nicht, weil er auf seine Kommunikationsfähigkeit vertraut, sondern weil er einen Auftrag vernommen hat und der Verheißung glaubt. Er hätte den Auftrag aber schlecht vernommen, wenn er nicht alles in seinen Kräften Stehende aufböte, um die Botschaft zu kommunizieren; und seine Kommunikation bliebe ein leeres Machwerk, wenn ihr die pneumatische Dimension fehlte.«[622]

Eberhard Winkler wendet sich sowohl gegen eine zu starke methodische Verengung wie auch gegen eine zu starke »Theologisierung« der Kommunikation innerhalb der Predigt und betrachtet in diesem Zusammenhang die Frage nach einer avancierten Kommunikation *und* Predigt. Das Gelingen oder Misslingen eines kommunikativen Geschehens hat unterschiedliche Ursachen. Doch muss ein Prediger alles für eine mögliche und funktionierende Kommunikation tun, denn:

> »Daß das Gelingen von Kommunikation in gewissen Grenzen erlernbar ist, gilt auch für die Predigt. Erlernbar ist ein Verständigungsakt, in dem der Hörer im wesentlichen zu erkennen vermag, worum es dem Prediger geht [...] Natürlich läßt sich keine scharfe Grenze zwischen dem methodisch anzustrebenden Kommunikationsgeschehen und dem nicht mehr verfügbaren, unplanbaren Handeln Gottes

[621] Ebd., 26.
[622] Ebd., 27.

ziehen [...] Die Pneumatologie ist aber kein Alibi für die Verantwortung hinsichtlich des Machbaren.«[623]

Da insbesondere der Hörer im Fadenkreuz dieser speziellen Form der Verkündigung ist und seine Voraussetzungen, bildet er in den folgenden Ausführungen den Mittelpunkt der Beobachtungen. Der Hörer respektive die Gemeinde selbst steht innerhalb des kommunikativen Systems – ähnlich wie der Prediger selbst – in einem »individuellen Bezugssytem« an der entscheidenden Schwelle zum Gelingen oder Misslingen einer Kommunikation; genauer: einer »Einbahnkommunikation der Predigt«.[624]

Dieses individuelle Bezugsfeld umfasst »die Gesamtheit der Kenntnisse und Erfahrungen, mit deren Hilfe wir uns jeweils neu orientieren und in die wir neue Informationen einordnen«[625]. Es umfasst sowohl emotionale wie auch rationale Faktoren und kann eigentlich nur durch genaue Beobachtungen und grundlegende Kenntnisse der Hörersituation erfasst werden, denn »das individuelle Bezugssystem ist [...] eng mit sozialen Beziehungen verflochten«[626]. Das Bemühen um eine relative Übereinstimmung im Bereich des allgemeinen und speziellen, individuellen und überindividuellen Bezugssystems sollte ein anzustrebendes Ziel binnen der Kommunikation in der Predigt – gerade auf Grund ihres einseitigen Charakters – darstellen:

> »Die Unterschiede in der kognitiven und emotionalen Assoziation erweisen sich in der Einbahnkommunikation der Predigt als besonders wirksam, weil diese keine unmittelbare Rückkopplung und damit auch Beseitigung von Mißverständnissen und Vorurteilen erlaubt. Die Intention des Predigers kann deshalb in der Rezeption der Predigt verkehrt werden, gerade in der Predigt, die doch angeblich der direkteste Modus von Verkündigung ist. Je besser allerdings die Bezugssysteme von Kommunikator und Rezipienten übereinstimmen, desto größer sind die Chancen für eine adäquate Aufnahme der Mitteilung.«[627]

Die Beachtung nonverbaler Signale darf nicht unberücksichtigt bleiben, da bestimmte unbewusste Störungen die gesamte Kommunikation erheblich schädigen. Für diese Kommunikationskenntnisse trägt in erster Linie der Prediger selbst die Verantwortung. Damit steht allerdings der Prediger in einer starken Belastungssituation, aus der er nur herauskommt, wenn er

---

[623] Ebd., 28.

[624] Ebd., 29.

[625] Ebd., 29.

[626] Ebd. Vgl. dazu auch: E. ALTMANN: Predigt als Kontaktgeschehen, Berlin 1963.

[627] E. WINKLER: Kommunikation und Verkündigung, Berlin 1977, 29.

sich seiner Zeugenschaft bewusst ist und eine ständige Rückbindung zu dem sucht, was er bezeugen will und soll.

> »So führt die zwischenmenschliche Kommunikation den Zeugen in die Kommunikation mit Gott, die sich im Gebet vollzieht. Das ist keine Mystifizierung der Kommunikation, sondern das entspricht der Spezifik jedes Kommunikationsprozesses, der auf Verkündigung angelegt ist. Es gehört zum Situationsbezug dieser Kommunikation, daß sie von einer kommunikationstheoretisch nicht verifizierbaren, transempirisch begründeten Voraussetzung ausgeht, nämlich vom Vertrauen auf das kreatorische Handeln Gottes, das auch aus unvollkommener Kommunikation wirksame Verkündigung entstehen lassen kann.«[628]

Dieses Problem führt automatisch zu der Frage *der Wirkung und damit zur Glaubwürdigkeit der Predigt als Kommunikationsproblem*. Grundlegend stellt Eberhard Winkler diesem Kapitel voran:

> »Jede Predigt will verbindliche Rede sein.«[629]

Will Predigt aber verbindlich sein, so muss sie zugleich glaubwürdige Rede sein. Die Komplexität der Glaubwürdigkeit bzw. Verbindlichkeit einer Predigt kann aber nur als zwischenmenschliches Beziehungsgeflecht ergriffen werden. Dabei ist zu bedenken, dass Hörer und Prediger durchaus unterschiedliche Voraussetzungen in den kommunikativen Prozess einbringen: Der Prediger ist ein Beauftragter in Wahrnehmung eines konkret bestimmbaren Amtes, an den bestimmte Erwartungen und Forderungen heran getragen werden und die jeweils durch die Persönlichkeit des Predigers näher (mit) bestimmt werden. Trotzdem – oder gerade deswegen – gilt:

> »Glaubwürdige Predigt ist also solche, die für den Prediger selbst ebenso gilt wie für seine Hörer. Das Problem der Glaubwürdigkeit entfällt, wenn Hörer und Prediger bereit sind, das gleiche für sich gelten zu lassen.«[630]

Mit Hilfe verschiedener Modelle[631] verdeutlicht Eberhard Winkler diese Problematik durch Benennung bestimmender Faktoren: *Glaubwürdigkeit* des Predigers (als Person), *Identifikation* von Aussage und Person, Rolle des Subjektiven, *Relevanz* der Situation, *Glaubwürdigkeit* als Prädikat von Kommunikation, *Bestimmung* eines gewissen Amtsverständnisses. Die hier

---

[628] Ebd., 31.

[629] Ebd., 32.

[630] Ebd., 32.

[631] Ebd., 33–39.

angeführten (scheinbar) äußeren Faktoren führen dann zu konkreten und praktikablen Konsequenzen, die Winkler wie folgt bestimmt:

Der kommunikative Aspekt befreit von einer sterilen Objektivität
Die Individualität und Einmaligkeit der Person des Zeugen treten in den Mittelpunkt der Betrachtung und sollen bewusst akzeptiert und innerhalb eines kommunikativen Prozesses brauchbar gemacht werden.

Der kommunikative Aspekt befreit zur Ehrlichkeit
Die genaue Kenntnis der Hörersituation und die Integration der eigenen Situation ermöglicht eine gleichgeschaltete Basis, auf der der Prediger seine (traditionell) eingespielte Rolle aufgeben kann. Er wird damit zum Mitglaubenden, Mitzweifelnden, Mitleidenden und Mithoffenden in seiner Zeugenschaft.

Der kommunikative Aspekt ermöglicht Unvollständigkeit
Zu der gleichgeschalteten Basis gesellt sich die Größe des wirklich Machbaren und das Verschwinden von Sollerfüllung, Qualität statt Quantität. Der Prediger soll sich in einer Reihe von Kommunikatoren sehen, so dass »der Kommunikator auch zum Rezipienten wird und umgekehrt«[632]. Dem autarken Hörer wird damit ein gewisser Freiraum von Selbstkommunikation oder Weiter-Kommunikation eröffnet. Der kommunikative Aspekt ist ein dynamischer Prozess, in dem es durchaus Rollenvertauschungen geben sollte.

Kommunikation führt die Erkenntnis voran
An dieser Stelle wird Kommunikation generell als »offen für neue Erkenntnisse«[633] bestimmt. Die Grenzen, an denen der Prediger unweigerlich stoßen wird, lähmen seine Haltung nicht, sondern »das Erkenntnisdefizit kann zu einer produktiven Fragehaltung führen«[634].

Der kommunikative Aspekt
Das bloße Vorhandensein dieser Tatsache macht deutlich, dass Kommunikation auch in anderen Bereichen (kirchlichen) Handels existent sein muss. Predigt kann und soll nicht Kommunikation vollständig und exklusiv erfüllen oder befriedigen. Sie sollte sich im »Kreislauf von objektiver Wahrheit und subjektiven Fragen und Erkennen«[635] sehen.

Ein formal erscheinender Gesichtspunkt
In dieser letzten Konsequenz verweist Eberhard Winkler auf den manuskriptlosen Ansatz bei Eckhard Altmann, denn interpersonale Kommunikation trägt den »Charakter der Anrede« und sollte »so frei wie möglich« sein.[636]

---

632 Ebd., 40.
633 Ebd., 41.
634 Ebd., 40.
635 Ebd., 41.
636 Ebd., 41.

> »Sicher wird die Predigt nicht durch eine bestimmte Methode der Vorbereitung und des Vortrags glaubwürdig. Weil aber Glaubwürdigkeit ein Prädikat von Kommunikation ist, dürfen wir die kommunikationshemmende Wirkung der unfreien Rede auch unter diesem Aspekt nicht übersehen.«[637]

Ausgangspunkt des gesamten zweiten Kapitels der Monographie Eberhard Winklers bildet unübersehbar eine Defizit- bzw. eine Krisen-Erfahrung, die nach einem neuen Ansatz, einer neuen Sichtweise oder einer neuen Besinnung innerhalb der Predigt und ihrer Praxis verlangt. Insgesamt wird diese Krisenerfahrung als eine Kommunikationsstörung empfunden, der durch genauere Kenntnisse der einzelnen (kommunikativen) Vorgänge begegnet werden soll. Der Kommunikation im Zusammenhang mit Predigt als Verkündigung kommt letztendlich ein befreiender Charakter zu, der zu einem bewussten Umgang mit dem Predigtgeschehen, dem Prediger selbst und der Hörerschaft aufruft.

III.3.7 Klaus-Peter Hertzsch: Ermutigung zur Predigt (1978)

Da, wo Eberhard Winklers Monographie aufhört, beim Hörer nämlich, setzt Klaus-Peter Hertzschs Aufsatz ein:

> »Wer Sonntag für Sonntag auf der Kanzel steht, weiß, wovon ich rede: Das bedrängendste Problem bei der Predigtvorbereitung ist zuletzt nicht der Text, sondern der Hörer.«[638]

Klaus-Peter Hertzsch wurde 1930 in Jena geboren. Er studierte bis 1957 Theologie und Germanistik in Jena und Zürich, bevor er von 1957 bis 1959 ein Vikariat in Cospeda (bei Jena) absolvierte und gleichzeitig Inspektor des Theologenkonvikts in Jena war.

1968 nahm er eine Dozentur und seit 1974 eine Professur für Praktische Theologie an der Friedrich-Schiller-Universität Jena auf. Den Lehrstuhl für Praktische Theologie behielt Klaus-Peter Hertzsch bis zu seiner Emeritierung inne. Eines seiner Hauptinteressen lag in der Erfassung der Beziehung zwischen Theologie, Sprachwissenschaft und Literatur.

Aus Anlass des Erscheinens des siebenten Jahrgangs der *Evangelischen Predigtmeditationen* wurde Klaus-Peter Hertzsch vom Redaktionskreis gebeten, eine Einführung grundsätzlicher Art für den Eröffnungsband des Jahrgangs 1978/79 zu schreiben: *Ermutigung zur Predigt*. Hierbei handelt es sich wohl um ein Konzept bzw. ein Plädoyer für einen narrativen Predigtansatz.

---

637 Ebd., 41.

638 K.-P. Hertzsch: Ermutigung zur Predigt, in: EPM 1978/79, Bd. 1, 1978, 7.

Wie bereits angeführt, stellt Klaus-Peter Hertzsch den Hörer als das eigentliche Problem bei der Predigtvorbereitung in den Mittelpunkt seiner Überlegungen. Die Herausforderungen des Predigttextes können durch eine solide Ausbildung des Predigers, Kommentare, Meditationen und durch vielfältige handwerkliche Fähigkeiten bewältigt werden. Der Hörer entzieht sich allerdings zunächst diesen Möglichkeiten der handwerklichen Fähigkeiten und Fertigkeiten. Er bleibt in gewisser Weise ein Unsicherheitsfaktor. Die drängendste Frage, die sich daher an den Prediger stellt, ist:

> »Wen interessiert das denn? Wird das, was ich zu sagen habe, dem Hörer wichtig sein?«[639]

Der Predigt (bzw. dem Prediger oder der Predigerin) wird damit eine eminente Verantwortung zuteil, die dafür Sorge zu tragen hat, dass der Predigthörer motiviert ist, zum Gottesdienst zu kommen. Der Gottesdienstbesuch wird in starkem Maße von der Predigt her bestimmt. Der Gottesdienstbesucher wird quasi eigentlich als Predigthörer bestimmt und charakterisiert, wenn Hertzsch schreibt:

> »Und wir denken daran, daß in vielen Gemeinden die treuen Predigthörer immer mehr durch gelegentliche, unregelmäßige Kirchgänger ersetzt werden: Wird ihnen meine Predigt wichtig genug sein, daß sie wieder und weiter kommen?«[640]

Damit wird die Predigt zu einem bestimmenden Element des Gottesdienstes; daher gehört ihr die ungeteilte Aufmerksamkeit.
Die im Angesicht der sich verkleinernden Schar der Predigthörer gemachte Defiziterfahrung bei der Predigtresonanz führt unmittelbar zu der Frage, wie wichtig die Predigt oder wie unwichtig sie ist und was man dafür oder dagegen unternehmen kann. Getragen von der Verantwortung der Predigt gegenüber der Hörerschaft ist die Frage nach der Verhältnisbestimmung von Aufwand und Nutzen durchaus berechtigt. Der Einwand, die Predigt zugunsten anderer Möglichkeiten kirchlichen Handelns aufzugeben, stellt sich zwar, wird jedoch unmittelbar verneint und die Bedeutung der Predigt erneut und auf eine weiträumigere Ebene gehoben:

> »Vielmehr wird alles, was wir sonst tun, die Predigt entscheidend ergänzen, nicht aber ersetzen können.«[641]

---

[639] Ebd., 7.
[640] Ebd., 7.
[641] Ebd., 7.

Mit dieser Situations- und Grundsatzanalyse endet der erste Teil des Aufsatzes:

> »Wir predigen in einer Welt, die sich nicht mehr christlich versteht; da braucht der Hörer eine Begründung, warum er diese alten Texte verstehen soll, und eine positive Erfahrung mit ihnen: Sie müssen sich ihm in der Predigt als nützlich und hilfreich erweisen.«[642]

Dieser Aufruf zu einem deutlichen Pragmatismus in der Predigt wird in den folgenden Abschnitten konsequent verfolgt. Bevor jedoch danach gefragt wird, in welcher Form die Praxisrelevanz realisierbar ist, warnt Klaus-Peter Hertzsch vor zwei Irrwegen, welche die Elemente Wirkungslosigkeit und Relevanz untereinander abwägen und als qualitätsbeschreibende Merkmale kennzeichnen.

Zunächst warnt er vor der Reduzierung des Evangeliums »auf eine einsichtige Ethik«[643]. Damit ist sicherlich keine grundsätzliche Negation intensiver und notwendiger Handlungsmuster gefordert. Jedoch sollten diese Handlungsmuster bzw. geforderten Handlungsanweisungen nicht aus einer falsch verstandenen Motivation entspringen und nicht auf einer elementaren Stufe stehen bleiben (Begründung einer Relevanz). Das große Dilemma liegt darin, dass aus den hilfreichen Handlungs*an*geboten zwingende Handlungs*ge*bote werden können.

> »Der Mensch wird mit seinen Problemen und den harten Imperativen allein gelassen, auf Selbsthilfe angewiesen. Das Evangelium wird Gesetz.«[644]

Der zweite Irrweg geht hervor unmittelbar aus der Defizit-Erfahrung der beschriebenen Ausgangssituation an. Die Gefahr liegt an dieser Stelle darin, dass die »Größe« der Hörergemeinde und die damit tendenziell drohende Nutzlosigkeit in der erlebten Minderheitssituation vorwiegend bestimmend ist und weniger das zu verkündigende Evangelium zum Motivationsschub der Predigt wird.

> »Daß ich mir die Predigt des Evangeliums wichtig und tröstlich sein lasse, wird eine Aufgabe für mich, eine Anstrengung, die sich lohnt, eine verdienstvolle Leistung. Das Evangelium wird wieder zum Gesetz.«[645]

---

642 Ebd., 8.

643 Ebd., 8.

644 Ebd., 8.

645 Ebd., 8.

Die Beobachtung der Wirkungslosigkeit der Predigt angesichts dieser beschriebenen (Irr-) Wege lässt kaum die Möglichkeit einer Begründung zur Notwendigkeit zu. Warum also doch predigen?

> »Es gibt aber doch auch immer Worte, Reden, gelegentlich auch Predigten, die uns anrühren und bewegen.«[646]

Die Ursachen für die scheinbaren oder tatsächlichen Qualitätsschwankungen in der Praxis oder im Vollzug der Predigt sieht Klaus-Peter Hertzsch darin, dass es »heute offenbar nicht so sehr um den Informationswert, sondern um den Gehalt unserer Predigt« geht, »der dem Hörer wichtig werden kann«[647]. Ein Ausweg aus dieser Misere ist, dass der Hörer sich in seiner situativen Wirklichkeit ergriffen, begriffen und angesprochen weiß. Ausgehend von allgemeinen Beobachtungen kommunikativen Handelns stellt sich die Predigt – und nur so ist es möglich, den Hörer und die Hörerin anzusprechen – dialogisch (in abstrakter Form) dar, wenn Hertzsch schreibt:

> »Wirkliches Hören ist schöpferisch: Der Angeredete gibt selbst etwas hinzu, tut mit, bringt etwas ein, während er lauschend und stumm dabei sitzt. Der Redende muß ihm nur die Möglichkeit dazu eröffnen.«[648]

Die Predigt trägt damit stets, verantwortet vom Prediger selbst, Dialogcharakter im Sinne einer bewusst-hörenden Interpretation.

Die angesprochenen Möglichkeiten (Ergreifen, Begreifen, Ansprechen) müssen vom Prediger bewusst mitgedacht werden: die Wiedererkennung der eigenen Wirklichkeit und die Assoziation des Hörers.

> »Predigt, die ihre Zuhörer bewegt und trifft, setzt sich also zusammen aus dem, was der Prediger allen sagt, und dem, was jeder Hörer bei sich hinzufügt.«[649]

Der Modellcharakter der Aussagen der Bibel läßt die Möglichkeiten der Wiedererkennung und Assoziation zu. Die Predigt (bzw. der Prediger oder die Predigerin) ist aufgefordert, in den biblischen Texten nach solchen Modellen der heutigen Situation zu suchen. Hertzsch schreibt dazu:

---

646 Ebd., 9.

647 Ebd., 9.

648 Ebd., 9.

649 Ebd., 9.

»Darum halte ich es für eine entscheidende Aufgabe der Predigt, daß sie im biblischen Text unsere lebendige, selbst erfahrene Wirklichkeit entdeckt und aufdeckt, daß sie es den Hörern ermöglicht, sich im Gesagten wiederzufinden.«[650]

Das Hineinnehmen des Hörers bzw. der Hörerin wird ermöglicht durch die Sprache – genauer: durch bildhafte, narrative Rede und aufgeworfene Fragen, die einen Dialog in Gang setzen.

»Dazu gehört, daß wir es wieder lernen, Wirklichkeit zu erzählen, so daß er selbst Erlebtes wiedererkennen, eine Problemstellung als Lebenssituation besser verstehen kann, unsere Geschichten empfindet als mögliche Geschichten für sich selbst.«[651]

Es ist die Aufforderung nach einem narrativen Predigtansatz[652], der über das Wiedererkennen zu einem Neuverstehen führt. Eine narrative Predigt ermöglicht in potenzierter Weise die geforderte Assoziation der Hörer und Hörerinnen, spricht sie in ihrer Situation an und motiviert zur Identifikation mit den biblischen Ereignissen.

»Es ist unsere Geschichte und ist unsere Situation, die hier zur Sprache kommt, und sie zeigt doch ein ganz anderes Gesicht: Denn sie wird hier durch fremde Erfahrungen ergänzt und also erweitert, sie gewinnt erkennbare Alternativen oder eine ungeahnte Fortsetzung, sie erscheint unter anderen Aspekten, in einem neuen Kontext, in einem größeren Horizont, sie erhält eine bisher ungekannte Zielangabe [...] So kann die Predigt mein Leben begleiten – auf Gemeinsamkeit mit anderem Leben hin öffnen; mein Leben klären – es in neuem Licht erscheinen lassen; mein Leben relativieren – es in die richtigen, die größeren Relationen einfügen und also entlasten.«[653]

In seinen abschließenden Konsequenzen fasst Hertzsch knapp zusammen, was zum Praktischen zu sagen ist. Dabei greift er die Erfahrungen aus dem vorangehend Gesagten auf und bündelt sie für eine Anwendung auf die Predigt-(vor)-bereitung.

Der exegetisch gewissenhaften Information geht zunächst die eigene Lebens- und Alltagserfahrung voraus. Aus der Zusammenschau von exegetischer Erarbeitung und lebendiger Erfahrung entwickelt sich sodann die homiletische Spannung aus Identifikation und Horizonteröffnung. Danach

---

[650] Ebd., 10.

[651] Ebd., 10.

[652] Vgl. dazu z.B.: H. Gröpler: Erzähl mir deine Geschichte, Berlin 1989, 9–15.

[653] K.-P. Hertzsch: Ermutigung zur Predigt, in: EPM 1978/79, Bd. 1, 1978, 11.

sollte ein (reales oder inszeniertes) Gespräch folgen. In einem letzten Schritt sollte der Prediger die Wirksamkeit, die Praktikabilität, die Betroffenheit und Zielgerichtetheit der Predigt an sich selbst überprüfen – kurz: Würde *ich* mir diese Predigt anhören und kann sie *mir* etwas sagen?

Auch bei Hertzsch tritt der Hörer in exponierter Weise in den Mittelpunkt der Überlegungen: der Hörer als unmittelbares Ziel der Predigt im eigentlichen Sinne, der *seine* Wirklichkeit durch erzählte biblische Wahrheiten wiedererkennt.

III.3.8 Kleinere Konzeptionen und Gedanken zur Predigt

Vorbemerkungen

Die folgenden Ausführungen beziehen sich entweder auf sehr kurze Überlegungen kirchlicher Mitarbeiter und/oder unveröffentlichte Gedanken und Vorträge homiletischen Charakters. Die hier dargebotenen Arbeiten bilden nur einen kleinen Ausschnitt aus der Fülle von eigenständigen Gedanken und homiletischer Überlegungen aus der Praxis kirchlicher Arbeit. Eine intensivere Suche würde sicherlich die Beispiele um ein Vielfaches vermehren können.

Das unveröffentlichte Material stammt zum größten Teil aus dem Fundus der jeweiligen Autoren, es sind Mitschriften, Archivalien oder Kopien. Es fehlen an manchen Stellen großzügige und tiefgreifende Erläuterungen genau so wie konkrete zeitliche Einordnungsmöglichkeiten, so dass eine unauffällige Darstellung genügen soll, ohne das Material überinterpretieren zu wollen. Allein die Kenntnisnahme solcher Überlegungen bildet bereits genügend Begründung ihrer Darbietung an dieser Stelle. Sie zeigt das unübersehbare Interesse (und auch die Notwendigkeit) am homiletischen Denken und Überlegen.

a) Die Gemeindegemäßheit und Anschaulichkeit der Predigt[654]

Die kurze Thesensammlung aus der Mitte bzw. vom Ende der 50er Jahre fordert die Gemeindegemäßheit und Anschaulichkeit einer Predigt. Sie wurde innerhalb der Diskussion um die Lage der Gemeinde in ländlichen und dörflichen Gegenden erarbeitet und ist innerhalb der homiletischen Aufgaben auf dem Lande zu sehen. Konkreter Auftrag der Verkündigung der Kirche muss es sein, nicht einen abstrakten *homo homileticus*, sondern den Menschen in seiner konkreten existentiellen Situation zu treffen. Die entwickelten thesenartigen Ausführungen basieren auf einer Krisenerfahrung, nämlich dem

[654] Die Gemeindegemäßheit und Anschaulichkeit der Predigt (hektographiertes Material), in: Akten des Landeskirchenrates über die Dorfkirchenarbeit, Archiv Eisenach A796/Bd.1.

Einbruch von Säkularisierung und Nihilismus, insbesondere in ländlichen Gegenden und in den Gemeinden auf den Dörfern. Verkündigung muss in Anbetracht solcher Erfahrungen um eine schlichte, klare und packende Disposition bemüht sein.
Predigt ist ein dialogisch gedachter Monolog, der sich als Zwiegespräch des Pfarrers mit einer konkreten Gemeinde abspielt. Von diesem Grundsatz ausgehend, bedarf es bei der Betrachtung des Predigtaktes immer auch der Beachtung (und Analyse) der vorfindlichen, konkreten Gemeinde.

> »Daraus ergibt sich die Forderung gemeindegemäßer Predigt, eine Forderung, die auch durch den *biblischen Befund* erhärtet wird.«

Gemeindegemäße Predigt bedeutet in diesem Zusammenhang:
I) seelsorgerliche Predigt
II) sozial- und strukturanalytische Predigt
III) alltagstaugliche Predigt

Anschaulichkeit gewinnt eine Predigt *durch* und *von* den zu predigenden Texten selbst. Dabei spielt das Verhältnis zwischen Text und Prediger eine entscheidende Rolle.

Die genaue Kenntnis der Gemeinde, des konkreten Kontextes und derProbleme der Gemeindeglieder ist Voraussetzung für die Anschaulichkeit und Gemeindegemäßheit.

> »Das aus Presse, Literatur, Film, Theater usw. gewonnene Anschaungsmaterial ist wertvoll, weil es uns ein Bild des Menschen von heute, wie er wirklich ist, vermittelt. Der Prediger muß sich aber dessen bewußt bleiben, daß sich diese in der Beschreibung der wirklichen Zustände unserer Zeit erschöpfen, aber keinen Weg zur Erlösung des Menschen aus diesen seinen Zuständlichkeiten weisen.«

Die Predigt wird somit eine Fortsetzung der Diagnose der konkreten und existentiellen Situation *und* ein Ausleuchten der Zukunft mit heilsgeschichtlichen Aussichten.

> «Erlösung ist uns nur geschenkt in dem Wort der Wahrheit, das zu verkündigen uns aufgetragen ist.«

Diagnose der Gegenwart ist diagnostische Vorarbeit der Predigt. Sie kann und darf sich aber darin nicht erschöpfen.

Anschaulich und gemeindegemäß bedeutet hier, die Wirklichkeit der Hörergemeinde wahrzunehmen und auf der Folie der biblischen Texte und

Zusagen auszudeuten. In diesem Sinne möchte Predigt eine Hilfe für das alltägliche Leben geben.

b) Werner Krusche: Thesen zur politischen Predigt[655]

Politische Predigt ist keine besondere »Spezies des Genus Predigt«[656]. So eröffnet Werner Krusche seine Thesen zur politischen Predigt und trifft damit zu Beginn seiner kurzen Ausführung eine Grundentscheidung: Jede Predigt ist politische Predigt, weil sie in die politische Erfahrungswelt der Hörer hineinvermittelt. Umgekehrt kann er aber auch formulieren, dass eine Predigt, die nicht politisch ist, eine verfehlte Predigt ist, weil sie die eben Wirklichkeit des Hörers verfehlt.

Werner Krusche, der lange Zeit Bischof der Evangelischen Kirche der Kirchenprovinz Sachsen (KPS) war, wurde im November 1917 in Lauter (Sachsen) geboren. Er begann 1943 sein Studium der evangelischen Theologie in Leipzig und setzte es nach Kriegsende in Bethel, Heidelberg, Göttingen und Basel fort. Anschließend war er wissenschaftlicher Assistent an der Universität in Heidelberg (Systematik).

1954 ging Werner Krusche in die DDR und war in Dresden als Pfarrer tätig. Später wurde er Studiendirektor des Predigerseminars in Lückendorf, Dozent für Systematische Theologie am Theologischen Seminar in Leipzig, und 1968 trat er die Nachfolge für Johannes Jänicke als Bischof der Evangelischen Kirche der Kirchenprovinz Sachsen an. Darüber hinaus war Werner Krusche Vorsitzender des Kirchenbundes der DDR und der Konferenz der Kirchenleitung. Sein Hauptinteresse lag auf dem Thema Kirche und Gesellschaft, Kirche in der Gesellschaft. 1983 ging er in den Ruhestand und verstarb im Juli 2009 in Magdeburg.

Die Verwendung der Vokabel *politisch* im Zusammenhang mit der Situation in der DDR assoziiert entweder eine oppositionelle Gegenströmung zum politischen System der DDR oder eben genau das Gegenteil: eine zwielichtige Verwischung bzw. opportune Mitläuferschaft. Die Kirche im Sozialismus und damit auch ihre Verkündigung standen immer in der Gefahr, sich den tatsächlichen politischen Gegebenheiten hinzugeben. Andererseits durfte die Verkündigung auch nicht zu einer schlicht politischen Rede verkümmern, weil sie sich eben explizit politisch geäußert hat.

Verkündigung, speziell die Predigt, verwirklichte sich auf dem Hintergrund eines politischen Systems und in einem Staat mit Absolutheitsanspruch. Diese äußere und innere Situation bildete den kleinsten gemeinsamen

---

[655] W. KRUSCHE: Thesen zur politischen Predigt (Vortragsmanuskript), o.J. (Privatarchiv).

[656] Im Gegensatz dazu: FRIEDRICH WINTZER: Die Predigt, in: Handbuch der Praktischen Theologie, Bd. 2, Berlin 1974. Er differenziert sehr bewusst die politische Predigt als eigene Erscheinungsform innerhalb der Verkündigung.

Nenner eines Gesamtkontextes. Dem verkündeten Heil einer kommunistischen Zukunft und Welt wurde in christlicher Verkündigung das Reich Gottes entgegengesetzt. Allein diese Tatsache machte eine jede Predigt zu einer politischen Predigt.

> »Wenn im Gottesdienst der Gemeinde ein vorgegebener Text so gepredigt wird, daß die in ihm enthaltenen Zusagen und Zumutungen Gottes, seine Verheißungen und seine Gebote, seine Gnade und sein Gericht in die politische Erfahrungswelt der Hörer hineinvermittelt, mit ihr ›versprochen‹ wird, so ist das ›politische Predigt‹.«

Werner Krusche unterscheidet zwischen politischer Predigt im »engen Sinne«, d.h. eine Predigt zu bestimmten (politischen) Anlässen, und der politischen Predigt, die sich an einen vorgegebenen Text (im Rahmen der Perikopenordnung) hält und dabei »den biblischen Umkehrruf aufnimmt, vor Irrwegen warnt, zur Schuldeinsicht verhilft, Schritte der Nachfolge aufzeigt und dazu Mut macht«. Predigt hat in diesem Sinn auch hier eine konkrete Absicht, die sowohl eine seelsorgerliche wie auch missionarische Dimension besitzt, aber auf jeden Fall etwas Konkretes, d.h. Praktikables bewirken will (Umkehr, Warnung, Hilfe, Ruf in die Nachfolge usw.). Dabei wird die anwesende Gemeinde nicht als Gemeinde, sondern als Bürger angesprochen, der sich, wie einst Paulus, auf sein Recht berufen kann und muss.

Politische Predigt bedarf keiner expliziten Motivation oder äußerer Veranlassung. Sie ist Notwendigkeit, wenn Kirche die Verkündigung des Evangeliums ernst nehmen will.

> »Recht und Notwendigkeit politischer Predigt sind begründet in der prophetischen Botschaft vom Reiche Gottes und seiner Gerechtigkeit und von Gottes Nein zur Sünde in ihrer individuellen und ihrer politischen Gestalt.«

Die Beauftragung vom Reich Gottes zu reden und die Rückbindung an eben diese Verheißung unterscheidet die politische Predigt von der politischen Rede oder Argumentation. In jeder Predigt und Verkündigung sind die Menschen zur Begegnung mit dem lebendigen Gott aufgerufen und dieses unterscheidet die politische Predigt von politischen Kommentaren und Stammtischreden.

Werner Krusche spricht sich mit Bezug auf die Barmer Theologische Erklärung und dem mit der Heiligen Schrift zu prüfenden Willen Gottes bewusst für das Politische auf der Kanzel aus. Allerdings warnt er auch vor Missbrauch. Predigt und Verkündigung überhaupt sind nicht der richtige Ort, um politische Sachfragen zu disputieren.

»Indessen gehört auf die Kanzel, ist also vom Prediger zu sagen, was ihm zweifelsfrei als Gottes Wille aufgegangen ist, was er also im Namen Gottes – haec dixit Dominus – zu sagen sich getraut und zu sagen sich verpflichtet weiß, – auch in der Form der Negation – des ›Nein ohne jedes Ja‹.«

Letztendlich darf der Inhalt auch der politischen Predigt nicht von einer äußeren Situation zu bestimmen sein, sondern allein aus der Beauftragung durch das Wort Gottes, d.h. aus der Heiligen Schrift. Gleichzeitig obliegt es dem Prediger bzw. der Predigerin zu verantworten, *was* und *wie* sie bzw. er etwas Politisches zur Sprache bringt. Aufgabe der Predigt ist es, nicht explizit politisch zu sein, sondern schrifttreu, theologisch und biblisch exakt zu sein und das Gesagte verantworten zu können gegenüber der Gemeinde und der Heiligen Schrift.

»In einer politisch überreizten Atmosphäre ist jede Predigt fast unvermeidbar dem Mißverständnis oder der Mißdeutung ausgesetzt. Auch wenn der Prediger dem nicht entgehen kann, wird er ihm nicht Vorschub leisten und z.B. auf den Gebrauch von besonderen Reizworten verzichten. – Die politische Predigt darf sich nicht abhängig machen von etwaigen Folgen, die sie dem Prediger einbringt. Wohl aber muß sie die Folgen bedenken, die sie dem Hörer einbringen kann.«

In einer letzten These bündelt Werner Krusche noch einmal die Gefahren einer politischen Verkündigung und appelliert dabei an das Gewissen, die Verantwortung und die Persönlichkeit des Predigers bzw. der Predigerin.

c) Hort Greim: Die Predigt. Nach den Erfahrungen der Werbepsychologen[657]

Horst Greim (1933-2008) war lange Zeit innerhalb der Thüringer Landeskirche für Medien und Öffentlichkeitsarbeit zuständig. Sein homiletisches Konzept stellte er u.a. während einer Lehrveranstaltung an der Evangelischen Predigerschule in Erfurt vor. Es ist zu bemerken, dass es in der DDR (zu dieser Zeit) kaum ausgeprägte Werbung in öffentlichen Medien gab. Wenn hier von Werbepsychologie die Rede ist, so handelt es sich um (zumeist) westdeutsche Erfahrungen.

Grundsätzlich konzentriert sich diese Konzeption auf den Hörer, seine Belastbarkeit, seine Fähigkeiten einen kommunikativen Prozess zu verfolgen. So eröffnet Horst Greim seine Überlegungen mit einem Postulat:

»Die ersten 3 Sätze müssen stimmen. An ihnen hängt das ganze Zuhören.«

---

[657] H. GREIM: Die Predigt. Nach den Erfahrungen der Werbepsychologen (hektographiertes Material), o.J. (Privatarchiv).

Die Abholung des Hörers – wie bereits bei den Thesen zur Verkündigung deutlich wurde – erhält ein übermäßiges Schwergewicht. Die Zustimmung zum Gesagten entscheidet über das gesamte Verkündigungsgeschehen. Predigt wird damit grundsätzlich zu einem positiven Geschehen.
Auffällig ist im Einleitungsbereich der Predigt innerhalb der dargestellten Übersicht die ausdrückliche Affirmation einer formalen Gliederung. Insgesamt liegt die Konzentration auf die Einleitungs- und Schlussbereiche der Predigt in einer gesetzmäßigen, handwerklich-anwendbaren Verlaufsbeschreibung (formale Homiletik), ohne jedoch auf das Eigentliche einer Predigt (inhaltliche Homiletik) einzugehen. Gefragt ist hier lediglich nach einer wirksamen Predigt; eine Praktikabilität, die jedoch im starken Maße den Hörer universell in den Blick nimmt.

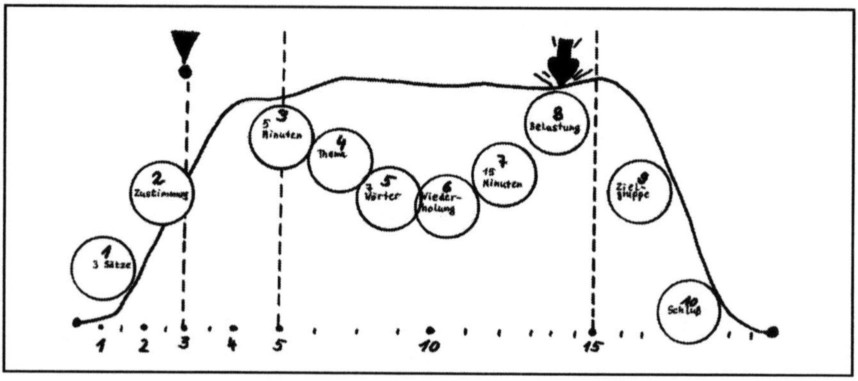

(Abb. nach Host Greim - Abzug vgl. Anhang)

Der formale Aufbau dieses konzeptionellen Ansatzes sieht folgendermaßen aus:
1. Die ersten 3 Sätze müssen stimmen. An ihnen hängt das ganze Zuhören.
2. Die innere Zustimmung muss in den ersten zwei Minuten erreicht werden.
3. Die entscheidenden Sätze müssen in den ersten 5 Minuten fallen.
4. Themenangabe und Angabe der Gliederung erleichtern das Zuhören.
5. Thema oder Leitspruch dürfen nicht mehr als 7 Wörter haben.
6. Thema oder Leitspruch sollten in der Predigt mehrfach genannt werden.
7. Die Höhe der inneren Beteiligung kann bis 15 Minuten konstant bleiben.
8. Bei konstanter Höhe der Linie ist eine relativ hohe Belastbarkeit möglich.
9. Zielgruppe der Gesamtpredigt oder einzelner Teile vorher festlegen.
10. Formulierungen des Anfangs erhöhen Merkfähigkeit und bereiten auf Schluss vor.

Gleichzeitig ist mit dieser formalen Beschreibung eines kompletten Predigtaktes eine Methode zur Predigtanalyse geliefert. Das Predigtgeschehen wird grundsätzlich als rein kommunikativer *Akt* behandelt und als solcher analysiert.

d) Ernst-Rüdiger Kiesow: Zwischen Text und Situation. Zur Entwicklung der homiletischen Krise[658]

Ernst-Rüdiger Kiesow (1926-2003) war zunächst als Assistent bei Otto Haendler in der Praktischen Theologe tätig. Später wurde er als Professor an die Rostocker Universität berufen.

Der auf einem Pastoralkolleg gehaltene Vortrag von Ernst-Rüdiger Kiesow mit dem Titel »Zwischen Text und Situation« erfüllt die Aufgabe einer Einführung in das Gesamtthema des Kollegs. Diesem Charakter bleibt der gesamte Vortrag treu und entfaltet sich in drei Abschnitten:

I. Darstellung oder Wirkung? Der homiletische Prinzipienstreit im 19. Jahrhundert

II. Warum Textpredigt? Die Homiletik Karl Barths und die Predigt im Kirchenkampf

III. Die veränderte Situation. Grundsätzliche Kritik an der Predigt

In seiner Gesamtheit bietet der Vortrag einen knappen historischen Überblick bei der Benennung grundsätzlicher Fragen und Problemstellungen der Praktischen Theologie seit David Friedrich Schleichermacher. Im letzten Abschnitt werden zusätzlich gegenwärtige Beobachtungen zur Entwicklung einer homiletischen Krise herausgestellt.

Grundsätzlich charakterisiert Kiesow die homiletische Entwicklung nach dem zweiten Weltkrieg folgendermaßen:

> »Nach dem 2. Weltkrieg ist es bei der Dominanz der Textpredigt geblieben, ja sie hat sich weiter verstärkt. Dazu trug der beachtliche Aufschwung der exegetisch-hermeneutischen Forschung nicht unwesentlich bei, natürlich in Wechselwirkung mit den Bedürfnissen der Predigtpraxis.«[659]

Der Exeget selbst – so Kiesow – wird zum Prediger. In der Predigtvorbereitung und in der Predigt selbst reflektiert der Prediger und die Predigerin das eigene systematisch-theologische Nachdenken, d.h., die Predigt stellt sich als Ergebnis einer wissenschaftlichen Auseinandersetzung mit dem Predigttext dar. An dieser Stelle greift Kiesows Kritik, denn:

---

[658] E.-R. Kiesow: Zwischen Text und Situation (Vortragsmanuskript), o.J. (Privatarchiv).

[659] Ebd., 9.

> »Keines der heutigen homiletischen Lehrbücher gibt ausführlich Auskunft über die Rolle der dogmatischen Besinnung und Entscheidungen beim Zustandekommen einer Predigt.«[660]

Trotz dieser bewusst themenbezogenen Interpretation blieb die Textpredigt weiterhin im Mittelpunkt der Predigtpraxis und der homiletischen Arbeit. Erst mit Otto Haendler tritt die Frage nach Sachthemen auch als Predigtgrundlage wieder in das Interesse homiletischen Denkens. Haendler habe sich – so Kiesow – »vorsichtiger ausgedrückt und gemeint, dass auch schon vor der Textwahl sich ein Sachthema aufdrängen könnte, zu dem man dann den geeigneten Text sucht«.[661]
Solche Überlegungen und Feststellungen scheinen angesichts heutiger Predigtpraxis und pastoralen Handelns wenig überraschend zu sein, doch revidiert sich diese Sichtweise von Sachthema contra Textpredigt, wenn man sich der untrennbaren »selbstverständliche[n] Beziehung zwischen der Predigt und einem Text«[662] bewusst ist.

Zwangsläufig drängt sich – wie bereits bei den vorangestellten Arbeiten – die Frage nach dem Hörer und der Hörerin und der Hörergemeinde auf. Innerhalb dieser Frage nach dem Bezugspunkt der Predigt entwickelt sich eine Herausforderung sowohl gegenüber dem Prediger und der Predigerin als auch gegenüber dem Text:

> »Immerhin müßte man m.E. zugleich dagegenfragen, ob deshalb wirklich jede einzelne Predigt ihren Text haben müsse und ob es nicht der Wirksamkeit und Situationstreue unserer Predigt zugutekäme, wenn sie beweglicher würde und auch mal ganz ohne Text ein Thema der Zeit oder der Gemeinde anpacken würde, wenn sie von der Situation aus dann vielleicht auf einen Text hinführen würde, statt immer nur den umgekehrten Weg zu gehen.«[663]

An geeigneter Stelle führt Ernst-Rüdiger Kiesow immer wieder die Situation der Kirchenkampfzeit vor Augen, die in gewisser Art als Gegenposition zur erfahrbaren und gegenwärtigen homiletischen Krise verstanden werden kann, in der von steriler Predigt und leeren Kirchen die Rede ist. Hinzu kommt eine gewisse Entfremdung bzw. ein qualitativer Abstand zur Situation der Gemeinde gegenüber dem biblischen Text und den biblischen Inhalten. Die Situation während der Zeit des Kirchenkampfes wird dagegen folgendermaßen beschrieben:

---

[660] Ebd., 9.
[661] Ebd., 9.
[662] Ebd., 9.
[663] Ebd., 10.

»Man kam wenigstens zur Predigt, wenn auch in unterschiedlichem Maße und aus mancherlei Motiven. Und dann erfuhr man dank der von Gott geschenkten Bewährungssituation die Autorität des Wortes Gottes und die Vollmacht des Predigers. Heute sind nicht nur die Zahlen der Kirchenbesucher kleiner, sondern auch die gutwilligen unter ihnen sind mit der Predigt unzufrieden, weil sie offenbar ihre Situation nicht mehr recht trifft. Ja, es gibt bekanntlich viele durchaus engagierte Christen in unseren Gemeinden, die sich der Predigt nicht mehr stellen, weil sie ihnen nichts sagt bzw. weil sie anscheinend auch ohne sie auskommen. Die regelmäßige gottesdienstliche Verkündigung gehört also nicht mehr zu ihrer Situation.«[664]

Kritisiert wird nicht an erster Stelle die Qualität der Predigt – ob sie gut oder schlecht an sich ist, ob sie theologisch richtig, textgebunden usw. ist – , es geht prinzipiell um die Zielrichtung, den Empfänger der Predigt, offenbar um ihre Wirkung auf den Hörer. Der Predigthörer steht im Mittelpunkt dieser Kritik, dem es scheinbar weniger um eine Textauslegung im herkömmlichen Sinne geht, sondern um eine situationsgemäße, seiner Situation zugedachte Verkündigung. Die starke Entfremdung gegenüber christlichen Inhalten führt somit unmittelbar zu der Frage nach einer »nichtreligiösen Interpretation« im Sinne Dietrich Bonhoeffers:

»Die Vision Bonhoeffers vom mündigen Menschen hat sich verwirklicht, ohne daß es unserer Predigt bisher entscheidend gelungen wäre, auch sein Programm der nichtreligiösen Interpretation homiletisch überzeugend zu realisieren.«[665]

Die geforderte situationsentsprechende Verkündigung ist keine Erfindung der Gegenwart:

»Die formgeschichtlichen und hermeneutischen Erkenntnisse der Theologie, aber auch die modernen Gesellschaftswissenschaften haben uns gelehrt, daß nicht nur die vergangene Verkündigung weitgehend von der Situation ihrer Autoren und Adressaten geprägt ist, sondern daß es für die gegenwärtige Predigt genauso gilt. Nicht bloß der Text allein, sondern die Situation des Predigers und der Gemeinde predigt mit!«[666]

Als grundsätzliches Problem für die Gegenwart und die gegenwärtig empfundene Krise der Predigt wird die »herkömmliche Vorstellung von Offenbarung

---

[664] Ebd., 10f.
[665] Ebd., 11.
[666] Ebd., 11.

als einem einseitigen, monologischen Akt Gottes«[667] herausgestellt. Diese Vorstellung muss modifiziert werden, denn Offenbarung hat also dialogische Struktur und diese fordert auch eine dialogische Predigt.

> »Man kann nun nicht mehr die Situation des Kerygma im Text und die heutige menschliche Situation dualistisch gegenüberstellen, wie es vielleicht in einer gewissen Weiterführung Barth'scher Theologie z.B. bei Jüngel zu lesen ist [...] Ist nicht die vorfindliche Situation, ist nicht die Welt auch von Gott geschaffen und kann man sie einfach als situationswidriges Gesetz disqualifizieren und dem Wort der Predigt entgegensetzen? Spricht nicht eben auch aus dem Gesetz der Welt Gott zu uns als Aufforderung zur Bewährung und Dankbarkeit, aber natürlich auch als Anlaß zum neuen Zeugnis von Gott?! Wir kommen immer grundsätzlich von dem ergangenen Wort der biblischen Botschaft her und von dem Zeugnis der Kirche vor uns, aber wir hätten kein eigenes, gegenwärtiges Zeugnis ohne die uns von Gott gegebene Situation.«[668]

Die so verstandene, von Gott gegebene Situation, in der sich die Christen in der DDR real befunden haben, führt jedoch nicht zum Fatalismus, sondern trägt für die Predigt weitreichende Konsequenzen.

Obwohl es eine mehr oder weniger gleichgeschaltete Grundsituation gesellschaftlicher und sozialer Natur in der DDR gab, sind doch die konkreten persönlichen Umstände grundsätzlich verschieden, differenziert und zugleich komplex. Im besonderen Maße trifft das auf die Beschreibung von Glaubensfragen zu. Auch diese Vorfindlichkeit verlangt nach Kommunikation und Dialog, die nach der Zeugniskraft von Text und Predigt fragt.

> »In unserer Zeit bedarf es schon deshalb aber erst wegen der oben dargelegten theologischen Situationswandlung des Gespräches mit der Gemeinde über, in und nach der Predigt. Denn eigentlich vermag nur die Gemeinde selbst zu sagen, wo die Verkündigung sie heute wirklich betrifft und betroffen macht, wo sie also die Autorität des Textes und die Vollmacht der Predigt erfährt.«[669]

Dazu ist es nach Ernst-Rüdiger Kiesow notwendig, die autoritären und monologischen Strukturen bisheriger Gottesdienst- und Predigtformen aufzugeben. Es geht dabei um die Abkehr von einem *passiven* Predigthören und um eine *aktive* Mitgestaltung.

---

[667] Ebd., 12.

[668] Ebd., 12f.

[669] Ebd., 13.

Ohne wirklich methodische und praktische Handlungsanweisungen für eine Durchführung dieses homiletischen Ansatzes geben zu können und zu wollen, formuliert Kiesow:

> »Die Gemeinde und die einzelnen in ihr bringen die jeweilige Situation mit in die Predigt ein, ohne daß deshalb die Autorität des Wortes der Bibel in Gefahr geraten müßte. Denn gerade durch das gemeinsame Bemühen um das situationsgerechte Verstehen und Verwirklichen wird der biblischen Botschaft das größte Vertrauen und der schuldige Respekt erwiesen.«[670]

In der Gesamtheit geht es Kiesow um ein grundsätzliches Bewusstmachen einer veränderten Lage und einer verwandelten Positionierung zwischen Prediger, Text und Gemeinde, wobei diese Triade gleichberechtigt, kommunikativ, dialogisch und bedingend nebeneinander stehen kann.

e) Hannes Urmoneit: Das dialogische Bezugsfeld der Predigt[671]
In seinem Vortrag – ebenfalls im Rahmen eines Pastoralkollegs gehalten – geht Hannes Urmoneit (1934 geboren, seit 1962 Pfarrer, später Propst in Magdeburg) den Fragen nach: Was ist unter homiletischer Krise zu verstehen; wo liegen die Ursachen; welcher Ausweg ist möglich?

Konstatierend charakterisiert er die Krise in der Homiletik, die den Kern der Krise der kirchlichen Berufe ausmacht, als ein Kommunikationsproblem. Dieses Kommunikationsproblem äußert sich in radikaler Weise in der Wirkungslosigkeit der Predigt. Mit Hilfe der Anführung einer beispielhaften Predigtkritik macht Urmoneit die Erfahrungen der Wirkungslosigkeit der Predigt deutlich. Es geht dabei weniger um einen »falschen Kanzelton« oder um »mehr oder weniger rhetorische[s] Geschick, sondern hier ist der Anspruch gemeint, in dem gepredigt wird«.[672] Der Hörer fühlt sich nicht gemeint, nicht getroffen; die Predigt bleibt somit wirkungslos.

Deutlich wird bereits zu Beginn des Vortrages die bereits bei Kiesow gemachte Beobachtung, dass der Ausgangspunkt für die Bearbeitung und Erfassung der Krise der Homiletik beim Hörer zu finden ist, beim Adressaten der Predigt. Er steht im Mittelpunkt, seine Situation und seine Belange ebenso, und darin manifestiert sich die beobachtete Krise:

---

[670] Ebd., 13f.

[671] H. URMONEIT: Das dialogische Bezugsfeld der Predigt (Vortragsmanuskript), o.J. (Privatarchiv).

[672] Ebd., 4.

»Aber das scheint ja heute die homiletische Krise zu sein, dass unsere Verkündigung keine Reaktion beim Hörer auslöst, weder eine negative noch eine positive [...]«[673]

Die Verantwortung für eine Wirksamkeit der Predigt liegt nicht allein beim Prediger:

»Selbstverständlich verfügt der Verkündiger nicht über die Wirksamkeit der Botschaft, der er dient. Aber er kommt, wie es scheint, mit seiner Verkündigung gar nicht erst bis an jenen Punkt, an dem sich Glauben und Unglauben entscheiden.«[674]

Demnach gibt es eine gewisse Teilverantwortung, ein Von-Bis-Spektrum, eine Variable, die vom Prediger getragen werden muss. Innerhalb dieser Parameter bewegt sich letztendlich die Frage nach den Gründen und nach dem Ausweg aus dieser erfahrbaren Krise. Diese Einflussgrößen werden bestimmt als: Text, Situation; Redender und Hörender.
Zu den Ursachen der Krise der Homiletik schreibt Hannes Urmoneit:

»Es wäre einiges zu nennen! Die veränderten gesellschaftlichen Verhältnisse, der weltanschauliche Pluralismus, das Ende des Konstantinischen Zeitalters, die fragwüdig gewordenen Strukturen der Kirche (Amt und Ordnung).«[675]

Nachdem die Gründe formal benannt und dezidiert auf die Begriffe *Text, Situation, Redender* (Prediger) und *Hörender* (Adressat) zusammengefasst sind, gibt Urmoneit eine erste Bestimmung dafür, was Predigt ist:

»Predigt formal verstanden heisst: Bemühung um Kommunikation.«[676]

Diese Bemühung um Kommunikation – was nichts anderes verlangt als Dialog – ist vom Redenden auf die Erzielung von Einverständnis beim Hörenden gerichtet, was jedoch im eigentlichen Sinne *unverfügbar* ist. Mit Ernst Lange kann Urmoneit den Inhalt dieser Kommunikationsbemühung als das Christusgeschehen der biblischen Überlieferung näher beschreiben, die den Hörer oder die Hörerin in seiner und ihrer relevanten Lebenssituation treffen soll.

---

[673] Ebd., 5.
[674] Ebd., 6.
[675] Ebd., 7.
[676] Ebd., 7.

> »Ob aber mit der Predigt (oder unter der Predigt) die lebensentscheidende Relevanz der Christusbotschaft vom Hörer für sich anerkannt wird, desgleichen angenommen, liegt nicht in der Hand des Predigers, ist unverfügbar!«[677]

Was allerdings verfügbar ist, ist der Bereich *bis* zu einer Entscheidungssituation bezüglich der inhaltlichen Aussagen der Predigt, d.h., »bis zu diesem Punkt, an dem die Betroffenheit zu einem Ja oder Nein führt, an dem der Hörer weiss, wozu er ja oder nein sagt, für die Verständigung bis zu diesem Punkt ist der Prediger, ist die predigende Kirche verantwortlich«[678].

Im Kern handelt es sich bei diesem »bis zu diesem Punkt« um die Frage nach der Verheißung und dem Auftrag der Predigt, was Urmoneit am Beispiel zweier Grundsatzerklärungen Karl Barths zu verdeutlichen versucht. Ähnlich wie bei Kiesow geht es an dieser Stelle um eine Auseinandersetzung mit der sogenannten Textpredigt im Barth'schen Stil (was auch immer darunter von beiden Autoren verstanden wird!).

> »Das Anliegen ist deutlich: Die Predigt soll vor schlechter Anpassung und falscher Bindung an die Situation bewahrt bleiben, und eine permanente Wahrung in dieser Sache wird die Kirche immer nötig haben!«[679]

Im weiteren Verlauf der Ausführungen übernimmt Urmoneit Aussagen Kiesows in Bezug auf die Rolle und das Mit-Predigen der Situation bzw. der Gemeinde. Text und Situation werden auch hier kommunikativ aufeinander bezogen.

> »Denn schliesslich ist es ja die Situation der verlorenen Menschen, die Gottes Gnade in Aktion treten lässt.«[680]

Der Prediger wird in seiner Rolle und Funktion ähnlich wie bei Kiesow bestimmt: Er ist Interpret und er ist Zeuge, denn er hat »den Text als für die gegenwärtige Situation sowohl gültig zu interpretieren als auch relevant zu bezeugen«[681].
Doch macht eine gültige Interpretation und eine relevante Bezeugung die Predigt bzw. Predigtaussage noch lange nicht für den Hörer wichtig.

---

677 Ebd., 7.
678 Ebd., 8.
679 Ebd., 11.
680 Ebd., 12.
681 Ebd., 13.

> »Der Mensch heute wählt seine Überzeugung nach dem Kriterium: bewährt sich das in meinem Leben?«[682]

Zu der Wirksamkeit einer Predigt tritt nun die Anwendbarkeit und Hilfsmöglichkeit, die Bewährung des Inhaltes in einer ganz bestimmten, individuellen Situation. Die Frage der Relevanz bzw. Wirksamkeit einer Predigt ist gleichzeitig eine Anfrage an ihre Praktikabilität. In diesem Zusammenhang folgt in den Ausführungen bei Hannes Urmoneit eine weitere Bestimmung dessen, was Predigt ist:

> »Predigt heisst also: ich rede mit dem Hörer über sein Leben.«[683]

Auch hierbei stimmt Urmoneit mit Kiesow überein, denn die spezifische Lebensproblematik der Hörer, der Adressaten einer Predigt, öffnet sich dem Prediger nur im Dialog mit sich selbst und mit dem Hörer. Urmoneit nennt diesen Dialog mit dem Hörer: »nicht nur eine Frage der Information, sondern der Partizipation, des wirklichen Interesses, des wirklichen Drin-Seins [...] So wird der Hörer in einem solchen Verkündigungsgeschehen Partner des Predigers.«[684]. Es kommt zu einer dritten Aussage, was Predigt ist:

> »Predigt heisst: ich soll mit dem Hörer über sein Leben reden.«[685]

Diese Dialogführung und Partnerschaft mit dem Hörer zielt auf drei Punkte, wobei der Hörer verstehen soll, dass die biblischen Aussagen und damit die Aussagen der Predigt mit *seiner* spezifischen Lebenssituation zu tun haben und haben wollen. Konkret bedenkt diese Einsicht, dass »Gott befreit und entlastet (Absolution), das Leben mit Verheißung und Zukunft erfüllt (Promissio) und zu einem neuen Leben in Liebe und Hoffnung erfüllt (Missio)«[686] wird.

---

[682] Ebd., 14.

[683] Ebd., 15.

[684] Ebd., 15f.

[685] Ebd., 17.

[686] Ebd., 17.

III.4 GEMEINSCHAFTSWERKE – PREDIGTLEHRE IN PRAKTISCH-THEOLOGISCHEN HANDBÜCHERN

III.4.1 Friedrich Winter: Die Predigt – in: Handbuch der Praktischen Theologie (1974)

In der Zeit von 1974 bis 1978 entstand das Handbuch der Praktischen Theologie als ein dreibändiges Gesamtwerk verschiedener Autoren. Hans-Hinrich Jenssen[687] stellt in der Festschrift für Peter C. Bloth eine ausführliche Beschreibung aus seiner Sicht zur Entstehungsgeschichte dieses kompakten Lehrbuches zur Verfügung. Er legt dar, wie es zu der Wahl der Autorenschaft und der Entwicklung innerhalb der Vorbereitung zu diesem Handbuch der Praktischen Theologie gekommen ist.[688]

Bereits 1967 mahnte Kiesow in seinem Bericht über das Studium der Praktischen Theologie[689] die Notwendigkeit eines geeigneten Lehrbuches an und dass »[e]in neuer Grundriß für das Gesamtgebiet fehlt; der Entwurf von Otto Haendler liegt schon wieder ein Jahrzehnt zurück und hat manche Problematik der Gegenwart noch nicht im Blick; das Buch von A. D. Müller ist vergriffen. Die Darstellungen einzelner Teilgebiete [...] sind unseren Studenten nicht zugänglich (und für Geschenksendungen oft zu teuer); sie sind auch für unsere Situation gar nicht immer geeignet [...]

Es wäre eine sinnvolle Aufgabe einer Tagung für Praktische Theologie, wenn die versammelten Fachleute darüber konkret berieten und zu praktischer Arbeitsteilung kämen, damit so etwas wie ein ›Handbuch der Praktischen Theologie' in einigen Jahren erschiene.«[690]

Die Gründe und Voraussetzungen für die Entstehung eines dreiteiligen Lehrbuches für die Praktische Theologie sind somit von Kiesow benannt: der Lehrbuchmangel insbesondere auf dem Gebiet der Praktischen Theologie.

---

[687] Professor (em.) für Praktische Theologie an der Humboldt-Universität Berlin (Ost). Zur Person Hans-Hinrich Jenssen vgl. auch die entsprechenden Kapitel bei F. STENGEL: Die Theologischen Fakultäten in der DDR als Problem der Kirchen- und Hochschulpolitik des SED-Staates bis zu ihrer Umwandlung in Sektionen 1970/71, Leipzig 1998.

[688] H.-H. JENSSEN: Kontext und Einheit im Entstehungsprozeß des Berliner Handbuches für Praktische Theologie, in: J. HENKYS/B. WEYEL (Hg.): Einheit und Kontext, Würzburg 1996, 187ff. Zu den schwierigen Umständen bei der Initialisierung des Handbuches vgl. auch: S. BRÄUER/C. VOLLNHALS (Hg.): »In der DDR gibt es keine Zensur«, Leipzig 1995, 50f.

[689] E.-R. KIESOW: Bericht über das Studium der Praktischen Theologie, in: ZdZ, 11/1967.

[690] Ebd., 429.

Weiterhin scheinen die dritte Hochschulreform[691], die allgemeine (gemilderte) Kirchenpolitik bzw. ihre Tendenz und die Person Jenssen als Mitinitiator und andere, als *fortschrittlich* von der SED-Regierung angesehene Autoren, positive Voraussetzungen für ein solches Lehrbuch zu sein.[692]

Vom Selbstverständnis her ist die Gesamtkonzeption des *Handbuches der Praktischen Theologie* ein Lehrbuch im klassischen Sinne. In einer 1977 erschienenen Rezension heißt es:

> »Es ist in der Tat ein Arbeitsbuch, das zunächst in die Hand des Studenten, aber auch des Gemeindepfarrers gehört. Sein Vorteil, aber auch seine Grenze ist, dass es hauptsächlich berichtet und darstellt und sich weniger mit den Problemen kritisch auseinandersetzt. Aber das kann man in der speziellen Literatur reichlich finden.«[693]

Weiterhin sieht sich das Handbuch eingebettet in die gesamttheologische Konzeption der Kirchen in der DDR, wenn es im Vorwort des ersten Bandes heißt:

> »Das Selbstverständnis unserer im Bund Evangelischer Kirchen in der DDR zusammengeschlossenen Kirchen als Zeugnis- und Dienstgemeinschaft in einer sozialistischen Gesellschaft wurde von uns als Ausgangspunkt aller Überlegungen gewählt.«[694]

Den Anfang der geplanten Trilogie machte der zweite Band, der bereits 1974 in der Evangelischen Verlagsanstalt Berlin (EVA) erschien und die Themenkreise *Der Gottesdienst/Die kirchlichen Handlungen/Die Predigt* abdeckte.

Friedrich Winter, damals Dozent am Sprachenkonvikt in Berlin, der letztendlich als Autor für den Artikel zum Thema *Die Predigt* im zweiten Band des Handbuches sowohl von der staatlichen und Verlagsseite, wie auch von der Autorenschaft selbst gewählt wurde, entfaltet in seinen Abhandlungen eine

---

[691] Innerhalb der 3. Hochschulreform (1965–71) wurden u.a. die »Theologischen Sektionen« gebildet, die zu einer Art »Einheitlichkeit von wissenschaftlicher Arbeit« führte. Vgl. zur Hochschulreform: F. STENGEL: Die Theologischen Fakultäten in der DDR als Problem der Kirchen- und Hochschulpolitik des SED-Staates bis zu ihrer Umwandlung in Sektionen 1970/71, Leipzig 1998.

[692] Vgl. ausführlicher: H.-H. JENSSEN: Kontext und Einheit im Entstehungsprozeß des Berliner Handbuches für Praktische Theologie, in: J. HENKYS/B. WEYEL (Hg.): Einheit und Kontext, Würzburg 1996, 187ff.

[693] GYULA GROÓ: Handbuch der Praktischen Theologie (Rezension), in: ThLZ 1/1977, Sp. 68.

[694] Handbuch der Praktischen Theologie, Bd. 1, Berlin 1975, 9.

individuelle Konzeption[695] zur Homiletik als Gesamtentwurf. Die peinlich durchgehaltene Gliederung des gesamten Artikels zeigt im Prinzip bereits die Schwierigkeit, mit denen sich Friedrich Winter konfrontiert sah: Die Unmöglichkeit, durch einen umfassenden Artikel zur Predigt innerhalb einer Gesamtdarstellung der Praktischen Theologie der Komplexität der Gesamt-Thematik zu entsprechen. Im Vorwort des ersten Bandes[696] des *Handbuches der Praktischen Theologie* heißt es dazu:

> »Ihnen allen [Studenten, Pfarrern, kirchlichen Mitarbeitern, d.Vf.] möchte es einen knappen, zuverlässigen, dem derzeitigen wissenschaftlichen Stand entsprechenden Überblick über die wesentlichen Gebiete der Praktischen Theologie vermitteln und Hilfen zur Bewältigung der Praxis bieten.«[697]

Dieser Anspruch vermittelt eine gewisse methodische Vollständigkeit und eine fachspezifische Universalität, die nicht erfüllt werden kann.

Allein die von der staatlichen Zensur auferlegten Begrenzungen in den Literatur- und Quellenangaben entspricht eben nicht den wissenschaftlichen Standards einer solchen Gesamtkonzeption. Ähnlich verhält es sich mit der auf die einerseits behaupteten, andererseits eingeklagten Situationsbezogenheit der einzelnen Artikel.[698] Gleichzeitig wird die eigentliche Absicht des Gesamtvorhabens des Handbuches, nämlich einen (neutralen) *Überblick* zu geben, insofern entsprochen, dass kaum Raum für größere Darstellungsversuche einer eigenen Theologie, Theorie oder theoriebildenden Homiletik bleibt.

Der umfassende Artikel zur Predigt gliedert sich in drei Abschnitte: *Einführung: Die Lehre von der kirchlichen Zeugnisrede – Grundlagen: Die*

---

[695] Ein anderes Konzept stellt sich im Handbuch der Predigt, Berlin 1990, dar.

[696] Handbuch der Praktischen Theologie, Bd. 1, Berlin 1975.

[697] Ebd., 9.

[698] Vgl. dazu: H.-H. Jenssen: Kontext und Einheit im Entstehungsprozeß des Berliner Handbuches für Praktische Theologie, in: J. Henkys/B. Weyel (Hg.): Einheit und Kontext, Würzburg 1996. »Unter dem Gesichtspunkt der Kontextualität interessieren nun aber natürlich neben den mehr äußeren, kirchen- und literaturpolitischen Entstehungsbedingungen hinsichtlich des Autorenkreises vor allem auch inhaltliche Aspekte des Situationsbezuges des HPTh(B). Da ist nun zunächst vor allem auf einen ausgesprochenen Widerspruch der politischen Rahmenbedingungen hinzuweisen, unter dem wir uns um eine seriöse Kontextualität unserer Aussagen bemühen konnten. Auf der einen Seite wurde uns von politischer Seite sowohl beim HPTh(B) als dann auch später beim Handbuch der Seelsorge (Berlin 1983, 41990) vorgeworfen, völlig ungenügend die konkrete Situation der DDR berücksichtigt zu haben [...]« (Ebd., 201).

Voraussetzungen kirchlicher Zeugnisrede – Praxis: Der Vollzug kirchlicher Zeugnisrede.
In den ersten Kapiteln geht es Friedrich Winter grundsätzlich um eine fachwissenschaftliche Auseinandersetzung interner praktisch-theologischer bzw. homiletischer Fragestellungen, die den Lehrbuchcharakter des gesamten Abschnittes zur Predigt deutlich unterstreicht. Rückblicke und Einblicke in vergangene Diskussionen und gegenwärtige Einsichten treten in den Vordergrund. Insbesondere gilt diese Beobachtung für die lang ausgeführte Begründung des Zusammenhangs von Predigt (als Zeugnisrede) und rhetorischen Anfragen. Darin verwickelt sind auch Fragestellungen bezüglich Zeugnisrede und Liturgie, Unterweisung und Schriftauslegung. Es werden sodann Grundlagen diskutiert und reflektiert.

Winter beginnt seine Ausführungen zunächst mit einer fachspezifischen Definition von Homiletik als »Lehre von der öffentlichen kirchlichen Zeugnisrede«[699] und kennzeichnet Homiletik als (Rede-) Lehre, die gattungsspezifisch als öffentlich mit eindeutiger kirchlicher Verortung und der ihr immanenten Funktion als Zeugnisrede verstanden werden muss.

> «Damit ist die Kirchlichkeit der Zeugnisrede dreifach bestimmt: Ort, Grund und Verantwortung sind ekklesiologisch verankert.«[700]

Mit dieser Begriffsaufklärung wird Winter der Gesamtkonzeption des Handbuches »im Hinblick auf das Selbstverständnis unserer evangelischen Kirche als Zeugnis- und Dienstgemeinschaft in einer sozialistischen Gesellschaft«[701] gerecht und entspricht sowohl der theologischen Grundsetzung der Kirchen der DDR, als auch der gegebenen äußeren Situation. Beachtenswert sind die unmittelbare Entsprechung eines theologischen Selbstverständnisses einer (ganzen) Kirche und das Selbstverständnis einer grundlegenden theologischen Aussage, in diesem Fall innerhalb einer homiletischen Konzeption.

Homiletische Prozesse sind ihrer Sache nach mindestens zweidimensional. Sie unterliegen zum einen einer bestimmten Methodik, andererseits sind sie ihrer Zeugnisschaft der Dimension des Heiligen Geistes unterlegen, die sich jeglicher Messbarkeit und Machbarkeit entzieht. Lediglich die methodisch fassbare Dimension lässt sich bewusst und aktiv wissenschaftlich reflektieren. Dafür schlägt Winter einen methodischen Dreischritt vor, der

---

[699] F. Winter: Die Predigt, in: Handbuch der Praktischen Theologie, Bd. 2, Berlin 1974, 203.

[700] Ebd., 205.

[701] Handbuch der Praktischen Theologie, Bd. 1, Berlin 1975, 9.

aus Analyse, Urteil und Projektion besteht.[702] Die von ihm dazu gegebenen Impulse stellen die gesamte Gliederung des Artikels noch einmal dar:

> »1. Der homiletische Vorgang ist ein Wortgeschehen [...]
> 2. Jeder homiletische Vorgang hat es mit einem bestimmten Stoff zu tun, einem zu vermittelnden Inhalt [...]
> 3. Der homiletische Vorgang ist personal bedingt [...]
> 4. Der homiletische Vorgang hat es mit einem jeweils verschiedenen Zeugnistyp zu tun, der besondere Merkmale besitzt [...]
> 5. Der homiletische Vorgang unterliegt einer letzten pneumatischen Wertung. Gott selbst verschafft sich in ihm Gehör.«[703]

Bevor Winter mit seinen Ausführungen zum homiletischen Vorgang, der bis zum letzten Kapitel stringent-terminologisch mit *Zeugnisrede* wiedergegeben wird, in einem zweiten Kapitel *Grundlagen* fortsetzt, geht er kurz auf die Geschichte der Homiletik ein und formuliert dabei:

> »Die derzeitige Forschungssituation verlangt nach einer praktischen, empirischen, historischen komplexen Arbeit, die die systematisch-theologischen Erkenntnisse und dogmatischen Grundlagen aller Verkündigungsarbeit nicht leichtfertig hinter sich lässt. Angesichts heutiger Wissenschafts- und Bildungsansprüche ist die unbewusst sich fortpflanzende homiletische Lehre von Kanzel zu Kanzel, vom Meister zum Schüler durch Fragmentenweitergabe klärenden systematischen und wissenschaftlichen Reflexionen zu unterwerfen.«[704]

Hier rechtfertigt Friedrich Winter innerhalb seines Kapitels im *Handbuch der Praktischen Theologie* die Notwendigkeit eines längst überfälligen fachwissenschaftlichen Lehrbuchs und begründet zugleich die nun folgenden grundlegenden Voraussetzung der kirchlichen Zeugnisrede.

Zunächst geschieht und versteht sich Zeugnisrede als öffentlich, »sofern jedermann Zugang zu ihr hat, ein Forum von Hörern zugegen ist und die Gemeinde diesen Redevorgang verantwortet«[705]. Tatsächlich öffentliche Rede ist eine Predigt, wenn jemand tatsächlich explizit hörend zugegen ist, d.h., alles, andere ist keine öffentliche Rede. Die allein gedachte Möglichkeit von Hörern ist ebenfalls kein Argument für Öffentlichkeit. Anders gesagt: Eine Predigt ist als öffentlich zu verstehen, wenn sie im Gegenüber zu einem

---

[702] Vgl. dazu: F. WINTER: Die Predigt, in: Handbuch der Praktischen Theologie, Bd. 2, Berlin 1974, 206.

[703] Ebd., 206f.

[704] Ebd., 208.

[705] Ebd., 210.

tatsächlichen Hörer bzw. einer Hörergemeinde vollzogen wird, d.h., eine Zeugnisrede benötigt um ihrer selbst willen einen Zeugen und einen Bezeugenden. Damit ist zwar die Tatsache der Existenz von Hörern als Voraussetzung der Predigt gegeben, aber weder etwas zur Qualität noch zur Quantität der Hörerschaft gesagt worden.[706] Die Merkmale für eine öffentliche Rede werden von Friedrich Winter dann wie folgt beschrieben:

> »Zwischen dem Kleingespräch und dem ungeordneten ›Multilog‹ existiert die Redeinstitution, die wir ›öffentliche Rede‹ nennen und die drei Merkmale hat: 1.Öffentliche Rede ist jedermann zugänglich und darum nicht intim. 2. Öffentliche Rede wird von bestimmten Gruppen oder einzelnen verantwortet und getragen, z.B. von einem Betrieb, einer Massenorganisation, einem Händler. 3. Öffentliche Rede bedarf institutioneller Gestalt, d.h. rechtlicher und sonstiger organisatorischer Lebensformen, bei deren Beachtung Menschen geordnet reden und hören können.«[707]

Der Prediger als Zeuge, in spiritueller, individueller und sozialer Hinsicht, bildet den Mittelpunkt der nun folgenden Überlegungen. Der Zeuge steht, so Friedrich Winter, zwischen seinem geistlichen Reden und der Welt. Konnotativ stellt sich als die Welt die unmittelbare Situation und Lebenswirklichkeit des Predigers heraus, sein historisch-biographischer Kontext.

> »Der Zeuge muss sich als Person in Zeiten der Ruhe klären. Das geht wiederum nicht ohne den Rückbezug auf das Wort, das ihm vor allem in der Schrift begegnet. Regelmäßiges Bibelstudium über die amtlichen Pflichten hinaus bereichert die Predigt. Zugleich kommt auf den Zeugen die Welt der Menschen mit ihren Plänen, Arbeiten, Leiden oder Vorzügen zu. Er muss sein Verhältnis zu ihnen klären. So bewegt sich die freie Meditation zwischen Person, Schrift und Mitmensch bzw. Adressat hin und her.«[708]

Friedrich Winter beschreibt an dieser Stelle tatsächlich eine Situation *all*täglichen pfarramtlichen Lebens, wenn er unterscheidet zwischen einem geistlich-meditativen Leben des Zeugen und »der Welt«. Er, der Zeuge, gehört zwar nicht *zu* dieser Welt, steht aber auch (als Mensch) nicht außerhalb. Gleichzeitig

---

[706] In Anbetracht der geringen Hörerzahlen, z.B. in ländlichen Gemeinden, ist die Frage nach Qualität und Quantität der Hörerschaft zumindest aus rhetorischen Gesichtspunkten erlaubt und muss konkretisiert werden; ob sie theologisch von Relevanz ist, sei dahingestellt.

[707] F. WINTER: Die Predigt, in: Handbuch der Praktischen Theologie, Bd. 2, Berlin 1974, 211.

[708] Ebd., 231.

kommt es bei Friedrich Winter zu einer Differenzierung zwischen der Wahrheit Gottes und der Wirklichkeit im Vorfeld des Verkündigungsprozesses. Dieser Differenz muss der wahrhafte Zeuge standhalten.

Hinter dieser Beschreibung steckt die Warnung an den Zeugen, vielleicht aus seiner gesonderten Situation heraus seine Politik schlagen zu wollen. Auch dieses ist eine Interpretation der Kirche im Sozialismus. Der Zeuge hat sich nicht aus den gesellschaftlichen Prozessen herauszuhalten, sondern ist beauftragt, bewusst und vom Evangelium eine geistliche Deutung anzubieten. Dabei hat er seinen Hörer bzw. seine Hörerin stets im *hermeneutischen Auge* zu behalten.

> »Das Evangelium wird zur frohen Botschaft, wenn es in die Geschichte der Menschen eingeht. Das bedeutet für die Predigt, wenn sie das Evangelium weitertragen will, dass sie situationsgebundene Aussagen macht. Personal und konkret gedacht, bedeutet das die Hörerzuwendung der Zeugnisrede.«[709]

Nachdem das Verhältnis von Zeugnisrede und Hörer betrachtet wurde, wendet sich Friedrich Winter der Frage der Ökumene zu und liefert einen Hinweis auf die Geschichte der Predigt. Er kommt darin zu der Feststellung:

> »Die evangelische Kirche ist keine Sakramentskirche im betonten Sinn des Wortes. Ihr bevorzugtes Merkmal wird die Predigt, auch ihr schöpferisches Wirkmittel, das bereits die Wende in der Reformation herbeiführen hilft.«[710]

Abschließend zu diesem historisch kurz gehaltenen Abschnitt formuliert er:

> »Mit der Neubelebung ›moderner‹ homiletischer Probleme macht sich in der letzten Generation auch eine stärkere Tendenz zur welt- und wirklichkeitsnahen Verkündigung bemerkbar. Zurückhaltung gegenüber einer plerophoren theologischen Aussage, Sachlichkeit, anthropologische und hermeneutische Differenzierung, weisheitliche und evangelische freie Züge sind ihr Vorteil. Gesetzlichkeit, theologische Verschwommenheit und explikative Subtilität, krampfhafte Modernität, Spracharmut, sachunkundige Beiträge zu großen und kleinen Problemen der Welt von heute sind ihr Nachteil. Die Reduzierung großer Predigtgemeinden, der Mangel an großen Predigern und der Säkularismus haben in der Diasporawandlung der Kirche zu einer Reduzierung des Einflusses der Sonntagspredigt und der Kasualrede geführt [...] Vermutlich wird unsere Generation in die Predigtgeschichte nicht als eine große Zeit der Verkündigung eingehen;

[709] Ebd., 233.
[710] Ebd., 240.

> aber die Zeit der dialogisch aufgelockerten und typologisch differenziert vollzogenen Zeugnisrede ist keinesfalls vorüber.«[711]

Mit dieser Charakterisierung leitet Winter zum Vollzug kirchlicher Zeugnisrede über und versucht dies in seiner Herangehensweise von fünf Seiten her: vom Gehalt, der Form, den Redetypen, der Beurteilung und letztendlich vom Herstellungsprozess.

Dass der Inhalt kirchlicher Zeugnisrede das Evangelium in der Geschichte ist, verpflichte zur Ansage des Evangeliums »allemal (Hebr 7,27) christologisch, soteriologisch und trinitarisch« für die »Geschichte des Menschen und des Kosmos«.[712]

> »Alles, d.h. die Geschichte, wie sie sich heute darstellt, ist in der Predigt unter das Licht des Evangeliums zu rücken.«[713]

In den weiteren Abschnitten konkretisiert Winter die Inhalte der Zeugnisrede und kommt zu einer Art »Dreischritt«, der sich wie folgt darstellt und diese Inhalte der Predigt folgendermaßen beschreibt:

I. Evangelium **in** der Geschichte ➩
II. Schriftgemäßheit **im** Vollzug ➩
III. (Schöpfungs-) Theologie
↓
Einzelne Kernbegriffe
(Reich Gottes, Taten Gottes, Heilstaten, Offenbarung, Kreuz und Auferstehung)

Zum Problem des Verhältnisses von Text und Situation formuliert er einerseits:

> »Man kann nicht das Leben bzw. die Situation an sich predigen, sondern nur das Leben bzw. die Situation vom Evangelium her deuten [...] Das aus dem Text herausleuchtende Evangelium, das der Zeuge gefunden hat, beleuchtet und deutet die Situation und macht sie zu einer Situation unter Gott.«[714]

Andererseits kann Winter aber auch schreiben:

---

[711] Ebd., 242.
[712] Ebd., 245.
[713] Ebd., 245.
[714] Ebd., 248f.

>»Es ist in evangelischer Freiheit möglich, auch ohne eine Situationsanalogie über einem Text das Evangelium zu bezeugen, ohne dem Text dabei untreu zu werden.«[715]

Beide Aussagen zum Verhältnis des konkreten Hörers und Zeugensituation und Text basieren auf seiner Überzeugung der unbedingten Schriftgemäßheit einer evangelischen Predigt. Sie kulminiert in der Aussage:

>»Was gepredigt wird, muss eine Übereinstimmung mit dem evangelischen Grundzeugnis, wie es die Schrift enthält, nachweisen können.«[716]

Die folgenden Ausführungen beschäftigen sich thematisch mit Fragen nach biblischen Textarten, Textgattungen, Perikope(nordnung), Kirchenjahr, bibeltextloser Verkündigung und Evangelium als Inhalt der Zeugnisrede, also mit einem breiten Spektrum des homiletischen Materials.
In einem neuen Abschnitt *Die Gestalt* (homiletische Formen) geht es Winter um die Verbindung von Inhalt und Form in der Predigt.

>»Alle homiletisch zu verantwortenden Reden verlangen einen klaren Gedankengang, den der Zeuge erarbeiten muss, wenn er sich nicht unreflektiert der niederen Homilie verschrieben hat. Zeugnisrede will zielbestimmt und übersichtlich wirken.«[717]

Für das Thema einer Zeugnisrede fordert er eine »hörernahe Hauptaussage« ein, die dem Textskopus aus der Exegese entnommen werden soll. In diese Hauptaussage hätte der Zeuge (Prediger/Predigerin) »seine Grundabsicht mit dem Hörer«[718] einzukleiden.

>»Wichtig ist dabei, dass auch wirklich der Hörer aufgesucht wird. Damit seine Situation im Thema zu Wort kommt. Darum darf die Umbettung weder in einem theologischen Kleinbürgerniveau noch in stets gleichen und trivialen Themen enden. Immer neu regen seelsorgerliche Offenheit und theologische Wachsamkeit zu gemeindenahen und -nötigen Themen an.«[719]

Mit ganz praktischen und ausführlichen Hinweisen zur Gliederung, wie der gedanklichen Klarheit, Anschaulichkeit, Kontaktaufnahme mit den Hörern

[715] Ebd., 249.
[716] Ebd., 247.
[717] Ebd., 265.
[718] Ebd., 265.
[719] Ebd., 265.

und dem Redeniveau einer Predigt, beendet Friedrich Winter diesen Abschnitt und leitet zu den Typen (homiletische Gattungen) der Zeugnisrede über.

Dass der Begriff der Zeugnisrede über die »normale Predigt« hinaus verstanden werden will, zeigt sich darin, welche Typen Friedrich Winter in dieser homiletischen Gattungsbeschreibung fassen möchte:
Typen unter der Grundfrage von Gesetz und Evangelium (Evangeliumspredigt, Gesetzespredigt, Moralpredigt, Straf- und Gerichtspredigt); Typen missionarischer und gemeindlicher Verkündigung (Missionarische Verkündigung, Sonntagspredigt, Bekanntmachungen, Andachtsrede, Bibelstunde, Gemeindevortrag, freie Festrede); Textbedingte Predigttypen; Kirchlich bedingte Predigttypen; Typen auf Grund unterschiedlicher Zeugen (z.B. Lektorenpredigten, Gruppenpredigten usw.); Typen auf Grund unterschiedlicher Kommunikation (Rundfunkpredigt, Lesepredigt[720]); Predigten unter dem Aspekt des Hörers (Lehrpredigt, Berufsspezifisches Zeugnis, Dorf- und Stadtpredigt, Generationspredigt, Freizeitverkündigung, Politische Predigt, Aktuelle Predigt). Dabei stellt die Sonntagspredigt die kontinuierlichste Form der Gemeindeverkündigung dar. Sie ist als solche »besonders stark liturgischen, temporalen und sakralen Bedingungen, Adressaten- und Stoffbindungen ausgesetzt, die primär traditionsveranlasst sind«[721]. Die Sonntagspredigt ist grundsätzlich »unentbehrlich, auch wenn sie ihre Zentralstellung im Gemeindeleben aufzugeben hat und theologisch als eine Redeveranstaltung der Gemeinde neben anderen anzusehen ist«[722]. Dies zeigt sich insbesondere in der Beiordnung der Sonntagspredigt zur Bekanntmachung, Bibelstunde und zum Gemeindevortrag.

Die *Politische Predigt* wird von Friedrich Winter grundsätzlich von den Typen unter der Grundfrage von Gesetz und Evangelium unterschieden.

> »Im Unterschied zur ›Moralpredigt‹ [...] nimmt die politische Predigt speziell zu Fragen des Lebens der Christen in Staat und Gesellschaft Stellung.«[723]

Man sollte doch annehmen, dass eine Predigt – sofern sie die Situation der HörerIn betrifft – stets auch Stellung zur existierenden Gesellschaft(sordnung) zu beziehen hat, ohne gleich explizit zu einer *Politischen Predigt* zu werden. Das Engagement der Christen in der Gesellschaft wird auch von Friedrich Winter motiviert. Er warnt allerdings vor einem zu starken Motivieren und »Deuten« gesellschaftlicher Erscheinungen in der Predigt, wenn er schreibt:

---

[720] Diese Abschnitte wurden bearbeitet von Heinz Wagner und Johannes Adler.

[721] F. Winter: Die Predigt, in: Handbuch der Praktischen Theologie, Bd. 2, Berlin 1974, 282.

[722] Ebd., 283.

[723] Ebd., 299.

»Daß von der Predigt politische Weisungen verbindlicher Art oder Gewissensordnungen ausgehen, wird in der Regel nicht der Fall sein; wo die Gemeinde durch Übereinkunft der Brüder bestimmte Haltungen politischer Art als mit dem Gebote Gottes unvereinbar ansieht, wird sich der einzelne diesem Verkündigungsanspruch nicht ohne klare theologische Gründe entziehen.«[724]

In den beiden letzten Abschnitten trifft Winter Aussagen zum Echo (homiletische Kritik) und zur Arbeit an der Zeugnisrede (homiletische Produktion). Auch hier werden wiederum klare praktische und praktikable Hilfestellungen, mit zum Teil ausführlichem Formularmuster und Arbeitsraster geboten.

III.4.2 Handbuch der Predigt (1990)

Das *Handbuch der Predigt* bildet eine Art Schlusspunkt (zeitlich und inhaltlich) der Homiletik und des homiletischen Nachdenkens in der DDR mit einer bereits inhaltlichen Brücke zu einer gesamtdeutschen Homiletik[725]. Das 1990

---

[724] Ebd., 300.

[725] Die Arbeit von W. ENGEMANN: Semiotische Homiletik, Tübingen 1993, sticht aus den genannten Arbeiten der Homiletik heraus. Er bearbeitet ein neues Feld homiletischer Forschung mit vergleichbar ungewöhnlicher Sekundärquelle (Literaturwissenschaft und Sprachwissenschaft). Die *Semiotische Homiletik* von Engemann bildet nicht nur von ihrem zeitlichen Entstehungsprozess her, sondern auch inhaltlich einen Übergang von einer DDR-eigenen zu einer (erneuten) gesamtdeutschen Homiletik. Sie eröffnet einen gesamtdeutschen Dialog auf dem Gebiet der Praktischen Theologie, speziell der Homiletik über Fragen der Semiotik und läutet damit eine neue Phase innerhalb der Diskussion sprach- und literaturwissenschaftlicher Fragestellungen im Bezug auf die Predigt ein bzw. bezeichnet in dieser Hinsicht eine neue Generation. Zwar ist sie auf dem Hintergrund der spezifischen und eigenen Situation der DDR entstanden, versucht jedoch, diesen Deutungshorizont gänzlich hinter sich zu lassen, ohne ihn zu verleugnen. Von daher gehört Engemanns *Semiotische Homiletik* nicht mehr zur engen Thematik dieser Arbeit, da das tatsächlich Praktikable und Anwendbare für die konkrete Situation der DDR fehlt und sie wirkungsgeschichtlich für das homiletische Überlegen und die homiletische Praxis in der DDR-homiletischen Diskussion keine Rolle mehr gespielt hat. – Ähnliches gilt auch für die veröffentlichte Dissertation Engemanns mit dem Titel Persönlichkeitsstruktur und Predigt. *Homiletik aus transaktionsanalytischer Sicht,* Evangelische Verlagsanstalt Berlin, 11989. Sie beinhaltet zwar enormes Denk- und Diskussionspotenzial, ist aber eben nicht (mehr) in gewünschter Weise in den Gebrauch gekommen. Engemannentwirft eine ungeheuer kompakte Methode, um die beteiligten Personen im Predigtprozess zu analysieren, bezieht dazu die Methode der Transaktionsanalyse ein und zeichnet ein vielschichtiges Bild der einzelnen Bedingungen, die einen Predigtakt beeinflussen. Doch stellt die Anwendbarkeit der beschriebenen Methode den Anwender vor hohe

entstandene Gemeinschaftswerk zum Thema Homiletik enthält je eigene, aufsatzartige Artikel zu Einzelfragen fachspezifischer Überlegungen. Die Autoren, zum überwiegenden Teil Hochschullehrer an homiletischen Lehrstühlen, gehen dabei teilweise erkennbar aufeinander ein, kommentieren und ergänzen sich gegenseitig. Das Handbuch der Predigt stellt keine Abhandlung der Thematik Predigt oder Predigtpraxis in der einen DDR-spezifischen und speziellen Situation dar oder hat diese allein im Blick, sondern will als Beitrag zur internationalen Diskussion innerhalb der Praktischen Theologie verstanden werden. Deutlich lässt sich ein Aufbrechen des Denkmusters »DDR-Situation« bzw. eine Erweiterung des DDR-Horizonts auf eine Homiletik als Wissenschaft von der Lehre und nicht von der Praxis erkennen.

Das Handbuch der Praktischen Theologie setzte noch die konkrete Wirklichkeit eines abgeschlossenen gesellschaftlichen Systems mit einer ihrer Rolle bewussten Kirche voraus und diskutierte problem- und praxisorientiert innerhalb praktisch-theologischer Überlegungen. Mit dem Aufbrechen der gesellschaftlichen Begrenztheit öffnete sich die Praktische Theologie sehr rasch der neuen Situation. Das Handbuch der Predigt zeigt dies deutlich und versteht sich als erweiterte Perspektive. Es eröffnet eine Metaebene innerhalb der Diskussions- und Blickweite auf dem Gebiet der Homiletik. Diese Tatsache lässt durchaus die Vermutung zu, dass es sich bei dieser Entwicklung um eine zweite empirische Wende innerhalb der DDR-Homiletik handeln könnte: der Ausbruch aus der Enge eines geschlossenen und begrenzten (Denk-)Systems, das durch eine geforderte Praxisnähe stark beeinflusst war.

Hürden: Er sollte zumindest ansatzweise mit der Transaktionsanalyse vertraut sein. Im Vorwort der zweiten Auflage (1992) beschreibt Engemann diese Schwierigkeit selbst so: »Als die vorliegende Studie im Oktober 1988 im damaligen Ministerium für Kultur besprochen worden war, mußte mir der Verlag ›im Interesse einer baldigen Erteilung der Druckgenehmigung‹ zwei Textänderungen nahebringen. Dahinter stand zum einen ›generelle Vorbehalte des Ministeriums gegenüber der Transaktionsanalyse‹ bzw. gegenüber dem Versuch, eine ›bürgerliche Kommunikationspsychologie‹ – ohne den engmaschigen Filter eines staatspolitischen Bewußtseins – in der DDR zu verbreiten; zum anderen wurden Vorbehalte ›gegenüber einem möglichen Anspruch des Manuskripts‹ geäußert, ›diese Theorie auch außerhalb des kirchlichen Raumes bekanntzumachen‹«. (W. Engemann, *Persönlichkeitsstruktur und Predigt*, Berlin [2]1992, 7.) Die hier angedeutete Schwierigkeit liegt eben darin begründet, dass der Zugang zu einer bürgerlichen Kommunikationspsychologie eher weniger möglich und eine Bedeutung für eine anwendbare Homiletik und deren breite Diskussion schlichtweg nicht gegeben war. Diese Tatsache erklärt auch, warum die Gedanken von Engemann und die Ergebnisse seiner transaktionsanalytischen Untersuchung keine Aufnahme in das Handbuch der Predigt (1990) gefunden haben.

Der Aufbau des Handbuches der Predigt stellt sich wie folgt dar:
- Einleitung (K.-P. Hertzsch)
- Reflektion und Theoretische Betrachtungen (Entwicklung einer Metaebene, Homiletik als Wissenschaft, Kapitel 2–12; Theoretisches Handwerkzeug)
- Vollzug der Predigt (Kapitel 13–15)
- Geschichte der Homiletik (Kapitel 16)

Innerhalb dieser Gliederung sticht das elfte Kapitel *Predigt und Fragen der Zeit* (A. Schönherr) heraus und bedenkt viel stärker und setzt spezieller die Situation der DDR (noch) voraus. Ebenso ist verwunderlich, dass im geschichtlichen Kapitel 16 (E. Winkler) die gesamte Entwicklung des homiletischen Nachdenkens in der DDR nicht bedacht oder zumindest beschrieben ist.

Der Klappentext der ersten Auflage des *Handbuches der Predigt* gibt sowohl eine Erklärung dafür, was Praktische Theologie sein will und beschreibt den grundsätzlichen Ansatz und die Absicht der vorliegenden Arbeit, nämlich in starkem Maße die Praxis:

> »Innerhalb der Praktischen Theologie ist die Homiletik die Lehre vom gegenwärtigen Predigtdienst der Kirche. In diesen Dienst will das Handbuch der Homiletik (oder eben der Predigt) umfassend einführen ...
> Das Buch wird in die Hand derer gehören, die bereits in der Praxis des Predigtdienstes stehen oder sich unmittelbar darauf vorbereiten. Hat Band 2 des ›Handbuchs der Praktischen Theologie‹ die Homiletik eher knapp entfaltet und damit eine erste Studienhilfe geboten, wird hier stärker aus der Praxis argumentiert und auf die Praxis orientiert.«

Diese beschriebene Methodik lässt sich in den einzelnen Artikeln weniger verifizieren, sondern spiegelt eher das zu überwindende, eingegrenzte Denkmodell der Situation in der DDR wider.

IV Die Predigtpraxis

IV.1 Erläuterung und Vorgehensweise der Untersuchungsmethoden

IV.1.1 Allgemeine Erläuterungen

Die evangelischen Predigten stellten eine wichtige Form der Lebensäußerung der Kirchen und ihrer Gemeinden in der DDR dar. Sie brachten in der ihr eigenen Formen das Evangelium in Beziehung zu konkreten Situationen und in Beziehung zu konkreten Personen bzw. Personenkreisen. Diese nicht unangreifbare These bildet eine konzeptionelle Grundentscheidung der vorliegenden Arbeit, die bereits an verschiedenen Stellen angedeutet wurde. Daher ist bei der Frage nach der evangelischen Predigt in der DDR und ihrem praktischen Vollzug zugleich die Frage nach der ihr eigenen Art und Weise, wie das Evangelium zur Sprache gebracht wurde, zu stellen. Um dieser Fragestellung nachzugehen, bedarf es bestimmten Materials, d.h. der Predigtbeispiele, an denen eine Untersuchung überhaupt erst einmal möglich ist und stattfinden kann. Die Begegnung mit der Fülle des Materials und der großen Menge der Predigtbeispiele forderte eine weitere Grundentscheidung bezüglich der Überschaubarkeit innerhalb des zu untersuchenden Zeitraums. Bevor es zur eigentlichen Erforschung der Predigten und zu Beobachtungen der darin mitgeteilten Predigtpraxis kommen konnte, musste das Material zunächst sondiert und eine repräsentative Auswahl getroffen werden. Weiterhin sollte grundsätzlich entschieden werden, welche rein formalen Bedingungen das als *repräsentativ* betrachtete und näher zu bestimmende Material zu erfüllen hatte, um es einer methodischen Untersuchung zuführen zu können.

Die *Zugänglichkeit des Materials* stand zunächst im Vordergrund. Allgemein veröffentlichtes Material aus diversen Verlagen, in Büchern und Zeitschriften, dessen Zugänglichkeit durch Bibliotheken einer breiten Öffentlichkeit gewährleistet ist, wurde in einem ersten Schritt beachtet. Weiterhin kam grundsätzlich Material in die nähere Betrachtung, welches in den verschiedenen Archiven abgelegt und aufgeführt wurde.[726] Jegliche weitere Materialbeispiele, die ebenfalls zur Betrachtung herangezogen werden konnten und

[726] Insbesondere kommen an dieser Stelle die Archive der evangelischen Landeskirchen infrage (vgl. dazu die Literatur- und Quellenangaben). Aufgrund der Vielfalt des zur Verfügung stehenden und archivierten Materials und der zugleich beobachteten Doppelung in den Archivbeständen konnte sehr bald eine Schwerpunktsetzung bei der Materialsichtung auf zwei konkrete Archive erfolgen: das Landeskirchenarchiv

als veröffentlicht verstanden sein sollen, sind im Anhang dieser Arbeit aufgeführt[727] bzw. mit genauer Quellenangabe vermerkt und damit grundsätzlich zugänglich gemacht.[728]

Dank der zahlreichen Kontakte des Verfassers zu Predigern und Predigerinnen, die während der Zeit der DDR in kirchlichen Diensten standen, und der Bereitschaft der Autoren, bestimmtes Material zur Verfügung zu stellen, welches nicht in gedruckter oder anders veröffentlichter Form vorliegt, konnte eine repräsentative Sammlung von *tatsächlich* gehaltenen Predigten ganz unterschiedlicher Verfasser (Predigerinnen und Prediger) und Art zusammengetragen und in die Untersuchung aufgenommen werden. Dieses Material stellte sich zunächst ebenfalls als überdurchschnittlich verwendbar und fruchtbar heraus, da lediglich die Zensur des Predigers und eine starke Unmittelbarkeit angenommen werden konnte.

Hinzu traten die Ergebnisse aus diversen Recherchen in kleinen Archiven (Gemeindearchive, kleinere Bibliotheksarchive) mit Einzelbeispielen, die jedoch nur am Rande und in Auswahl herangezogen wurden.

Bereits bei den ersten Untersuchungsschritten an den infrage kommenden Predigtbeispielen trat ein weiteres und notwendiges Kriterium hinzu, nämlich das der *tatsächlichen Verwendung* der Predigten in der Praxis, der Vollzug der gehaltenen Predigten bzw. wo dieser vermutet werden konnte. Nur dieses Predigtmaterial kam in die engere Wahl und wurde in die weitere Betrachtung zur Thematik einbezogen. Die sich anbietenden Meditationen (GPM und EPM, ZdZ u.a.[729]) und die Predigthilfen (z.B. von Gottfried Voigt) boten zwar Einblicke in bestimmte Denk- und Aussagerichtungen und sind durch ihre Art der Veröffentlichung uneingeschränkt zugänglich, stellten sich jedoch ebenso wenig effektiv für die vorliegende Untersuchung heraus wie die Lesepredigten aus der Reihe *Er ist unser Friede*[730]. Insbesondere die Predigten der zuletzt genannten Reihe, die speziell für den Lektorendienst herausgegeben wurden, bieten in ihrem Duktus bezüglich der Rückbindung

---

der Evangelisch-Lutherischen Landeskirche in Thüringen und das Archiv der Landeskirche der Kirchenprovinz Sachsen.

[727] Aufgrund der beabsichtigten Anonymisierung des Materials bleiben die Predigtbeispiele im Anhang ohne direkte Angabe der Autoren.

[728] Hierbei handelte es sich vorwiegend um Material aus privaten Archiven und Sammlungen.

[729] Diese Meditationsreihen erfüllten zwar die Maßgabe einer relativen Zugänglichkeit und Kontinuität, was ein relativ stringentes Material zu versprechen schien, blieben aber aus den folgenden Gründen weitgehend unberücksichtigt bzw. wurden nur am Rande betrachtet.

[730] Seit 1963 von der Evangelischen Verlagsanstalt Berlin (Ost) herausgegebene Lesepredigtreihe.

auf die Lebenswirklichkeit und Kontextualität nur sehr geringe Aussagekraft, womit ein drittes Auswahlkriterium beschrieben ist: die *Reflexivität* bezüglich der Lebenswirklichkeit in der Situation der DDR und die mögliche Kontextualität in den Predigtaussagen.

Eine Einschränkung anhand der gemachten Auswahlkriterien bei der Voruntersuchung durfte allerdings keine Einengung, sollte aber eine notwendige und sinnvolle Begrenzung angesichts der Fülle des Materials sein.

Bei den Lesepredigten[731], die von den einzelnen evangelischen Landeskirchen herausgegeben wurden, konnte ein Kompromiss gefunden werden. Zwar zeigen sie eine gewisse gattungsspezifische Verallgemeinerung innerhalb ihrer Beschreibung des Kontextes, sind jedoch letztendlich viel näher am »wirklichen« Impuls der Gemeinde und ihrer Situation und eröffnen einen Einblick in die konkrete Predigtpraxis der DDR. Ihre Autoren waren zum überwiegenden Teil Gemeindepfarrerinnen und Gemeindepfarrer mit einem Predigtauftrag und einer konkreten Gemeinde. Es ist im starken Maße davon auszugehen, dass die so veröffentlichten Predigten in einem ähnlichen Wortlaut von den einzelnen Autoren bzw. anderen Predigern tatsächlich gehalten wurden (unter Beachtung korrektiver und gattungsspezifischer Maßnahmen). Weiterhin stellte sich bei den Recherchen innerhalb der Archive der einzelnen evangelischen Landeskirchen heraus, dass dieses Material in zunehmendem Maße tatsächlich auch als Predigthilfe verwendet wurde, also nicht allein von (z.B.) beauftragten Lektoren. Die Verantwortung für die Herausgabe dieser Predigten lag in den Händen der jeweiligen Landeskirche. Die Rückbindung und Bezugnahme auf konkrete Situationen der Gemeinden ist bei den Lesepredigten, die von den einzelnen Landeskirchen verantwortet wurden, in starkem Maße möglich. Es ist davon auszugehen, dass diese Predigten tatsächlich verwendet und gehalten wurden. Die Aufnahme der Lesepredigten aus den Landeskirchen erlaubt eine relative Kontinuität innerhalb des gesamten Materials und eine gesicherte Zugänglichkeit durch die Sammlung in den einzelnen kirchlichen Archiven. Die Konzentration auf die Evangelisch-Lutherische Landeskirche in Thüringen und die Evangelische Kirche der Kirchenprovinz Sachsen stellt einen repräsentativen Ausschnitt aus dem Gesamtkontext der evangelischen Kirchen der DDR dar. Dieser gewählte Fokus ergab sich aus pragmatischen Gründen wegen der Menge und Wiederholung des zugänglichen Materials. Aufgrund der Gesamtsituation der evangelischen Kirchen der DDR lassen sich die Untersuchungsergebnisse ohne weiteres auf alle evangelischen Landeskirchen im Bereich des späteren Bundes der Evangelischen Kirchen in der DDR übertragen.

---

[731] Vgl. dazu den folgenden Gliederungspunkt 4.1.3. Bemerkungen zu den Lesepredigten – ein entwicklungsgeschichtlicher Versuch am Beispiel der Magdeburger Lesepredigten.

Um die Ergebnisse und Gedankengänge dieser Arbeit verifizierbar machen zu können, wird das gesamte untersuchte Material bzw. die Quellen, die in die konkreten Einzelbeobachtungen eingeflossen sind, zugänglich sein müssen. Das verwendete Material (insbesondere die Gemeindepredigten aus privaten Beständen) wird in einem Anhang veröffentlicht und *ist* somit zugänglich. Für die übrigen im Anhang abgelegten Predigten bzw. Predigtausschnitte gilt, dass sie als dominierende Referenzträger und als repräsentatives Quellenmaterial beispielhaft angeführt werden, um im Nachhinein die interpretativen Grundzüge nachvollziehbar machen zu können.

Das eigentliche Verfahren der Materialsichtung stellte ein weiteres Problem dar. Es musste eine effektive methodische Lösung gefunden werden, um sämtliches Material zumindest annähernd einer knappen Betrachtung zu unterwerfen und die Ergebnisse dieses Arbeitsschrittes auswertbar zu erfassen.

Tilman Walther-Sollich formuliert in Bezug auf veröffentlichte Predigten (d.h. durch einen Verlag herausgegebene):

> »Auf dem Hintergrund, daß die Verfasser/innen bzw. Herausgeber durch die Veröffentlichung von Predigten faktisch einen Beitrag zum öffentlichen kirchlich-theologischen Diskurs über die Predigtarbeit leisten, erscheint die Annahme berechtigt, daß solche Predigten derart zur Summe aller gehaltenen Predigten in Beziehung stehen, daß sie typische Probleme und Aspekte der Predigtarbeit ihrer Zeit in spezifischer Weise zur Sprache bringen. Darüber hinaus ist damit zu rechnen, daß veröffentlichte Predigten einen Multiplikatoreffekt haben, indem sie als eine Art ›Ideen-Pool‹ für die homiletische Arbeit in der Gemeinde genutzt werden können.«[732]

Das mag durchgängig für das Untersuchungsmaterial seiner Arbeit im vollen Maße zutreffen. Bei dem über einen Verlag veröffentlichten Material an Predigten möchte ich diese Beurteilung einschränken.[733] Als solches repräsentatives Material mit Multiplikatoreffekt kann an dieser Stelle das bereits angeführte, durch die evangelischen Landeskirchen veröffentlichte Material gelten, obwohl es durchaus auch repräsentatives Material aus verschiedenen Predigtsammlungen, d.h. durch einen Verlag veröffentlichte Predigten gibt.[734] Durch die starke ideologisch geprägte Zensur – die natürlich auch auf kirchlicher Seite mit*gedacht* wurde –, gab es doch in der pluralen und freiheitlichen Meinungs-

---

[732] T. Walther-Sollich: Festpraxis und Alltagserfahrung, Stuttgart 1997, 102.

[733] Die Ursachen für diese Einschränkung liegen im Umgang mit der staatlichen Bücherzensur begründet.

[734] Als Beispiel sei an dieser Stelle genannt: G. Jacob: Predigten in den Kirchen der DDR, Hamburg 1973. Weitere Beispiele finden sich im Literaturverzeichnis.

äußerung erhebliche Einschränkungen. Die Praxis der Zensur in Form der von den zuständigen staatlichen Stellen vorgenommenen Kontrolle und Überprüfung von Druckerzeugnissen jeglicher Art machte eigentlich jede Form von Kritik oder kritischen Anfragen gegenüber dem sozialistischen Staat und seiner Politik unmöglich. Ideologische Auseinandersetzungen und sämtliche Erscheinungen, die das angestrebte positive Image der DDR und der damit vertretenen Ideologie und Politik gefährden könnten, wurden weitgehend unterbunden. Kaum ein Bereich des öffentlichen Lebens konnte sich dieser rigorosen und ideologischen Kontrolle entziehen.[735]

Ebenso gilt dies für die Bemerkung und Qualifikation des von Tilmann Walther-Sollich benannten Materials, dass es die Möglichkeit einer Typisierung bzw. die Erfassung signifikanter Beobachtungen gibt, »die typische Probleme und Aspekte der Predigtarbeit [...] in spezifischer Weise zur Sprache bringen«[736]. Diesen qualifizierenden Erscheinungen sollte in den Predigtbeispielen nachgegangen werden.

Bei Predigten (ob nun in schriftlicher oder mündlicher Form) handelt es sich um Sprache im eigentlichen Sinn. Wie bei Sprache und sprachlichen Prozessen überhaupt gilt, ist auch die Predigt, als besondere Form von Sprache, von einem Prozess der Erkenntnisgewinnung und des Erkenntniszuwachses getragen. Dieser besondere Umgang mit Sprache beinhaltet in sich einen religiösen, geistig-kulturellen und durchaus auch erzieherisch-ideologischen und informativen Aspekt. Predigt ist in ihrer Vielfalt und konkreten Ausrichtung von einem sprachlich-kommunikativen Charakter geprägt und unterliegt von daher bestimmten sprachlich-kommunikativen Gesetzmäßigkeiten. Grundsätzlich muss sich Predigt verstehen als ein Produkt sprachlicher Äußerungen, es wird als solches rezipiert. Ein Prediger oder Hörer, ob nun als Produzent oder Rezipient, verwendet in seiner kommunikativen Tätigkeit bestimmte sprachliche Zeichen, die wiederum bestimmten (Verstehens- und Deutungs-) Gesetzmäßigkeiten unterliegen. Diese Gesetzmäßigkeiten führen zum Erfolg oder Misserfolg eines sprachlichen Vorgangs, also auch in der Predigt. Wichtigste Grundlage zum Verstehen eines sprachlichen Vorgangs sind die von ihm verwendeten sprachlichen Zeichen und die Übereinkunft bezüglich ihrer Bedeutungsinhalte.[737] Je deutlicher hier eine Übereinstimmung zwischen Produzent und Rezipient vorliegt, desto eindeutiger wird der kommunikative Vorgang.

---

[735] Ausführlich berichtet H.-H. Jenssen die Erschwernisse aufgrund der Zensurpraxis von Druckerzeugnissen bei der Entstehung des Handbuches der Praktischen Theologie, in: H.-H. Jenssen: Kontext und Einheit im Entstehungsprozeß des Berliner Handbuches für Praktische Theologie, in: J. Henkys/B. Weyel (Hgg.): Einheit und Kontext, Würzburg 1996, 187ff.

[736] T. Walther-Sollich: Festpraxis und Alltagserfahrung, Stuttgart 1997, 102.

[737] Vgl. dazu: W. Engemann: Semiotische Homiletik, Tübingen 1993; insbesondere 9ff.

Predigten als Referenzträger semantischer Aspekte stehen in Abhängigkeit ihrem eigenen produktiven Rahmen, d.h. in Abhängigkeit von der unmittelbaren Situation, in die sie *hinein*gesprochen werden. Deswegen müssen sie von sich aus eine Typisierung bzw. signifikante Beobachtungen zulassen können in Form bestimmter sprachlicher Zeichen und im Sinne ihrer semantischen Aspekte. Die Herauslösung solcher Aspekte funktioniert aber nur in der Einbettung und Betrachtung des unmittelbaren Kontextes, d.h. konkret der homiletischen Situation der Predigten in der DDR. Das zu untersuchende Predigtmaterial sollte zumindest ansatzweise eine solche Rückkopplung zur homiletischen Situation und zum unmittelbaren Kontext ermöglichen. Wie bedeutsam ein solches Feedback mit der Frage an die Lebenswirklichkeit der Hörer für die Predigtbetrachtung und Predigtanalyse ist, hebt Stefanie Wöhrle in ihrer Arbeit hervor, wenn sie im Vergleich zu diversen methodischen Predigtanalysen als Defizit festhält:

> »Wenn allerdings Predigt in die Lebenssituation des Hörers hineinsprechen und die jeweilige Situation des Hörers vor dem Hintergrund des Verkündigungsgegenstandes interpretieren soll, so dass für den Einzelnen greifbar wird, was sich durch die Predigt in seinem eigenen Leben ändern kann, ist es auch notwendig, dass die Predigtanalyse auf diese Aufgabe der Predigt eingeht. Es muss danach gefragt werden, welche Situation vorausgesetzt wird.«[738]

Eine thematisch orientierte Aufschlüsselung im strengen Sinne innerhalb des Kirchenjahres – wie etwa bei den Untersuchungen von Birgit Weyel oder Reiner Knieling[739] – war nicht beabsichtigt und vorgesehen. Ebenfalls ist in der Arbeit von Tilman Walther-Sollich[740] die Untersuchung stark themenzentriert im Sinne einer Fokussierung auf die Festtagspredigt. Die Einengung auf einen bestimmten Kontext im Sinne des Kirchenjahres in Bezug auf Beobachtungen der Predigtpraxis in der DDR wird in der vorliegenden Arbeit grundsätzlich vermieden, da die Predigtpraxis innerhalb des kirchlichen Alltags beobachtet werden sollte.

Karl-Hermann Kandler[741] betrachtet in seiner Untersuchung die situationsbezogene Verkündigung innerhalb der politischen »Wende« von 1989/90. Die Kürze des untersuchten Zeitraums wird dabei von einer ganz bestimmten, exponierten Situation getragen, die einen eigenen Predigtcharakter

---

738 S. Wöhrle: Predigtanalyse. Methodische Ansätze – homiletische Prämissen – didaktische Konsequenzen, Berlin 2006, 202.

739 B. Weyel: Ostern als Thema der Göttinger Predigtmeditationen, Göttingen 1999, R. Knieling: Predigtpraxis zwischen Credo und Erfahrung, Stuttgart 1999.

740 T. Walther-Sollich: Festpraxis und Alltagserfahrung, Stuttgart 1997.

741 K.-H. Kandler: Situationsbezogene Verkündigung, Leipzig 1996.

bzw. Duktus der Predigten herausgebildet zu haben scheint. In einem ersten Kapitel führt Karl-Hermann Kandler ausgewählte Sekundärquellen jüngerer Zeit ein, die er kritisch unter dem Stichwort »politische Predigt« untersucht. Die Dissertation von Christoph Körner[742], die zum Ende der DDR-Zeit dieses Feld der Predigt thematisiert, steht bei dieser kritischen Betrachtung am Anfang. Kandler kritisiert bei Christoph Körner insbesondere die Verwendung der Bezeichnung *politisch*: »Man kann wohl fragen, ob nicht der Begriff ›Kontextuelle Theologie‹ bzw. ›Kontextuelle Predigt‹ die von Körner gemeinte Sache besser trifft, da das Wort ›politisch‹ zumindest belastet und mehrdeutig ist.«[743] Was sich dahinter konkret verbirgt, wird in einer weiteren Einschätzung der Dissertation deutlich, wenn Kandler auf die Thematik *Friedenserziehung* eingeht und schreibt:

> »Hier zeigt sich wohl eine ›Kirche im Sozialismus‹, die zu einer ideologisch bestimmten, ›sozialistischen‹ Kirche geworden ist. Diese Haltung, die uns hier begegnet, versteht nicht mehr den ›Sozialismus‹ lediglich als gesellschaftliches Umfeld, in dem die Kirche lebt. Dies war gewiß nicht die mehrheitliche Meinung in den Kirchen der DDR, erst recht nicht in der sächsischen Landeskirche. Jedoch ist diese Meinung vertreten worden, wenn auch von einer ganz geringen Minderheit.«[744]

Mit der Arbeit von Christoph Körner ist kein verwendbarer Beitrag zur Frage einer kontextuellen Predigt verbunden, weil die Voraussetzung für diese Untersuchung auf einer involvierten Interpretation innerhalb der allgemeinen Situation der Meinungspräsenz der DDR fußt, nämlich der Annahme eines Konsenses bezüglich des Gegenstandes einer anzunehmenden politischen Predigt.

Ähnliches gilt für die Arbeit von Gudrun Krause[745] zum Thema der Parusiepredigt aus dem Bereich der Evangelischen Landeskirchen der DDR. Hier treten hauptsächlich Predigerpersönlichkeiten einer ganz spezifischen Theologie und Frömmigkeit und grundsätzlich zu Mt 24 in den Mittelpunkt der Untersuchung.

Die Vermutung von Karl-Hermann Kandler, dass es sich bei der theologischen Arbeit in der DDR um eine kontextuelle Theologie gehandelt haben könnte, scheint bezüglich des konstitutiven Verhältnisses von Kontext und

---

[742] C. Körner: Not und Notwendigkeit der politischen Predigt. Dissertation theol. Karl-Marx-Universität Leipzig 1989.

[743] K.-H. Kandler: Situationsbezogene Verkündigung, Leipzig 1996, 11.

[744] Ebd., 13.

[745] G. Krause: Parusiepredigt aus dem Bereich der Evangelischen Landeskirche der DDR. Eine homiletische Untersuchung zu Mt 24 mit qualitativen Fallbeispielen, Master of Theology at the University of South Africa, Januar 2007.

Predigt durchaus schlüssig. Dass gerade die Predigten um 1989/90 als exponiert politisch (evtl. weil brisant) beurteilt werden können, resultiert wohl einerseits aus der gesonderten und prägnanten Situation, die eben als exponiert politisch eingeschätzt werden kann, und andererseits daraus, dass während dieser Zeit wirklich bewusst politisch und über politische Themen gepredigt wurde. Festzuhalten ist, dass es einen konkreten, kontextuell bestimmten Unterschied zwischen der Predigt bzw. der Predigtpraxis *vor* und *während* der so genannten politischen Wende (1989/90) gab, was durch die konzentrierte Untersuchung von Kandler belegt wird. In starkem Maße ist die Unterscheidung zwischen der Situation der Jahre 1949 bis 1989 und der Ereignisse der Jahre 1989/90 in der Kompaktheit der historischen Situation zu suchen. Die vorliegende Arbeit möchte sich auf die Beobachtung der Predigtpraxis *vor* den politischen Umbrüchen von 1989/90 beschränken, auch wenn es sicherlich an einigen Stellen Parallelen gibt. Diese Parallelen lassen sich durchaus auch innerhalb der Untersuchung von Kandler benennen. Nachdem er auf die bereits erwähnten ausgewählten Sekundärquellen zurückgegriffen hat, gibt er eine detaillierte Beschreibung der konkreten Situation bzw. des Kontextes zum Ende der DDR. In einem weiteren Teil seiner Arbeit macht Kandler die aufgenommenen Themen innerhalb der Predigten zum Gegenstand seiner Untersuchung und fasst sie in drei große Komplexe zusammen. Dabei vermutet er einen Dreischritt in der Durchführung dieser Themen: 1. *Reizthemen der Zeit*, 2. *Christliche Antworten* und 3. *Ursprung der christlichen Antworten*.

Die in diesem Zusammenhang näher beschriebenen Themenkreise entsprechen in vielen Fällen den Predigtinhalten der Zeit *vor* 1989, denn selbstverständlich haben sich die so herausgestellten Inhalte nicht aus dem Augenblick der besonderen Situation entwickelt, sondern entsprechen stringent verschiedenen Ereignissen aus dem gesamten Kontext der DDR-Geschichte. Es ist möglich, thematisch Vergleichbares in früheren Predigten zu finden, so dass die von Kandler genannten Komplexe und Themen in Abwandlung auf die jeweilige Situation für die Untersuchung der Predigten aus dem Zeitraum von 1949 (bzw. 1945) bis 1989 nutzbar gemacht werden können.

Es war notwendig, eine stete Rückbindung an die reale Lebenswirklichkeit der gedachten Hörer und Gemeinden in der zu untersuchenden Zeit zu beachten. Diese kontinuierliche Rückbindung wird als historischer Kontext beschrieben. Zu diesem historischen Kontext zählen u.a. Ausschnitte aus der politisch-gesellschaftlichen und sozialstrukturellen Wirklichkeit. Außerdem wurde versucht, implizierte Themen aus dem untersuchten Predigtmaterial herauszulösen (politisch-gesellschaftliche, ideologische, theologische, kirchliche usw.), wo dies denn möglich war. Im engen Zusammenhang mit diesem Arbeitsschritt steht die Frage nach der homiletisch-hermeneutischen bzw. praktisch-theologischen Verarbeitung von Text und Situation.

Das zusammenfassende Urteil Karl-Hermann Kandlers bezüglich der Persönlichkeit des Predigers kann ebenfalls im Konsens aufgenommen werden:

> »Die Predigten nahmen zu den angeschnittenen Fragen Stellung, wobei Einseitigkeiten sicher auf die theologische und politische Einstellung des Predigers zurückzuführen sind.«[746]

Der vorliegenden Untersuchung liegt ein relativ breiter Querschnitt einer Predigtpraxis durch das unterschiedliche Predigtmaterial zugrunde. Die Persönlichkeit und die individuellen Züge einzelner Prediger treten damit in den Hintergrund. Dieses resultiert allerdings bereits aus der breiten Autorenschaft (z.B. innerhalb der Lesepredigten der evangelischen Landeskirchen), was im Zusammenhang mit dem übrigen Material eine relativ repräsentative Quellenbasis darstellt. Diese Repräsentativität wird aufgrund der Breite auch nicht durch die scheinbar knappe Auswahl des Umfangs der tatsächlich und genauer Untersuchten Predigten beeinträchtigt.

Im Hinblick auf die Themenwahl der Predigten von 1989/90 fällt Karl-Hermann Kandler in seiner Zusammenfassung auf:

> »Wichtige Themen des grauen Alltags der sozialistischen DDR [wurden] nicht oder kaum angesprochen wurden [sic!]. Lag das an der Gewöhnung, war das Billigung? So fällt auf, daß über die Abtreibung werdenden Lebens in dieser Zeit in den eingesehenen Predigten kaum gesprochen wurde [...] ebenso, daß die DDR-spezifische Sprache bzw. ein Schwarz-Weiß-Denken in manche Predigten eingedrungen ist.«[747]

Ob und in welcher Form sich frühere Predigten davon unterscheiden, sollte sich im Laufe der weiteren Untersuchung herausstellen.

Ähnlich wie bei der Untersuchung Karl-Hermann Kandlers sollte keine vergleichende Studie zu anderen homiletischen Orten (z.B. der Vergleich mit Predigten aus der BRD) erfolgen. Eine solche Studie könnte sich anschließen, ist aber nicht Gegenstand dieser Arbeit.

Zusammenfassend können für die Auswahl des untersuchten Materials folgende Punkte festgehalten werden und als Kriterium dienen:

1. Das untersuchte und angeführte Material muss zugänglich sein oder zugänglich gemacht werden (vgl. Anhang).

---

[746] K.-H. KANDLER: Situationsbezogene Verkündigung, Leipzig 1996, 86.

[747] Ebd., 86.

2. Bei den Predigtbeispielen soll es sich um tatsächlich gehaltene Predigten handeln bzw. muss der tatsächliche Vollzug in starkem Maße vermutet werden können.
3. Es muss bei dem verwendeten Material eine Bezugnahme zur konkreten Situation bzw. Lebenswirklichkeit möglich sein; eine gewisse Kontextualität soll erkennbar werden können.
4. Das verwendete Material soll bestimmte, aus dem Kontext der DDR unmittelbar hervortretende Themen und spezifische Situationen aufgreifen.
5. Es soll eine Typisierung bestimmter Merkmale bzw. die Erfassung signifikanter Beobachtungen möglich sein.
6. Eine stete Rückbindung an die beschriebene Kontextsituation ist notwendig. Implizierte Themen sollen, wo es möglich ist, herausgelöst und in den Zusammenhang der realen Lebenswirklichkeit gesetzt werden können.
7. Dabei steht begleitend die Frage nach der homiletisch-hermeneutischen bzw. praktisch-theologischen Verarbeitung von Text und Situation.

Die Ergebnissicherung der Untersuchungen und Beobachtungen wurden durch die konkreten und ausgewählten Predigtbeispiele aufgefangen.

IV.1.2 Bemerkungen zu den Lesepredigten – ein entwicklungsgeschichtlicher Versuch am Beispiel der »Magdeburger Lesepredigt«[748]

Die Lesepredigten der einzelnen evangelischen Landeskirchen, insbesondere der Evangelisch-Lutherischen Landeskirche in Thüringen und der Evangelischen Kirche der Kirchenprovinz Sachsen, stellten sich im Laufe der Untersuchung hinsichtlich der Auswahlkriterien des Untersuchungsmaterials als besonders effektiv und vielversprechend heraus. Sie bilden, neben den anderen benannten Predigtbeispielen, eine zentrale Quelle zur Beobachtung der Predigtpraxis in der DDR. Hauptsächlich wurden die Lesepredigten, die von den evangelischen Landeskirchen verantwortet und herausgegeben bzw. hektographisch vervielfältigt wurden, speziell für Lesegottesdienste in den Gemeinden der jeweiligen Landeskirche bereitgestellt.

Seine Wurzeln hat der Lesegottesdienst[749] bereits in der Reformationszeit. Martin Luther stellte beispielsweise seine Postillen Predigern mit geringer

[748] Die Bezeichnung »Magdeburger Lesepredigten« stammt aus einem Brief der Evangelischen Landeskirche Anhalts an die Landeskirche der Kirchenprovinz Sachsen und bezeichnet die von der Kirchenprovinz verantwortete Lesepredigt.

[749] Es soll jedoch an dieser Stelle nicht um die Beschreibung der Geschichte der Lesepredigten gehen, sondern um einen Versuch, das verwendete Untersuchungsmaterial an vorgefertigten Predigten für den Lektorendienst innerhalb der Predigtlandschaft der DDR und speziell am Beispiel der Kirchenprovinz Sachsen zu erfassen.

theologischer Bildung für evangelische Gottesdienste zur Verfügung, d.h. die Zielgruppe, für welche die Lesegottesdienste und Lesepredigten erarbeitet wurden, waren berufene Prediger und Pfarrer. Die Komponente des Ehrenamtes trat erst später hinzu.

Die Lesepredigten, die in der Verantwortung der Evangelischen Kirche der Kirchenprovinz Sachsen herausgebracht wurden, zeichnen sich durch eine gute Zugänglichkeit und Vielfalt des Autorenkreises aus. Dieses Material stellt einen breiten und repräsentativen Durchschnitt an Predigten mit großer Unmittelbarkeit dar, weil die Autoren der Lesepredigten selbst in einem konkreten pastoralen Dienst standen und diese Predigten für den Dienst in den Gemeinden anfertigten. Diese Predigten zeigen eine große Nähe zum tatsächlichen Zeitgeschehen. Hinzu kommt die eigene Verantwortlichkeit von Seiten der jeweiligen Landeskirchen. Diese Tatsache ermöglicht zugleich den Entwurf eines gesamtkirchlichen Bildes, d.h. die Lesepredigten, die im Auftrag der Landeskirchen zur Verfügung gestellt wurden, spiegeln in gewisser Weise die an der Basis der Gemeinden zu vertretende und theologisch reflektierte Stellungnahme der Landeskirchen zur konkreten Situation wider.

Die pastorale Betreuung der Gemeinden auf dem Gebiet der DDR stellte sich von Anfang an als äußerst schwierig dar. Es gab nicht nur Mangel an geeignetem Material, z.B. für die Vorbereitung der Predigten und die theologische Arbeit überhaupt, sondern es fehlten auch hauptamtliche Mitarbeiterinnen und Mitarbeiter, insbesondere im Verkündigungsdienst.

So klagten die Amtsinhaber vielfach über zu starke Belastungen und Überforderungen im Dienst. Die allgemeine Situation und die konkrete pfarramtliche Situation wurde als Notsituation empfunden, in der homiletische und theologische Arbeit nur schwer möglich war. In einem Brief eines Pfarrers aus dem Jahr 1948 an seine Kirchenleitung heißt es zu diesem Problem:

> »Es liegt mir am Herzen, Ihnen eine Amtssorge und Not vorzutragen [...] Am Sonntag n.Epiph. habe ich auch wieder über das alte Evangelium gepredigt, weil mir für eine völlig eigene neue Predigt die Zeit fehlte, die ich brauchte, um die erforderliche theologische Arbeit zu bewältigen, die mir bessere Hilfsmittel zum Text hätten erleichtern und zeitlich abkürzen können. Um Minderung dieses Mangels an Hilfe für die sonntäglichen Predigten bitte ich die Kirchenleitung.
> Zur Erläuterung der Dringlichkeit dieser Bitte nur ein Beispiel der Arbeitslast und der Zeit-Not: Ein Amtsbruder in der Nachbarschaft hatte innerhalb von 14 Tagen 34 Amtshandlungen einschließlich Gottesdienste. Derart bin ich nicht belastet, habe aber auch für die Vorbereitung der einzelnen Amtshandlungen

viel Zeit nötig und kann nicht nebeneinander zu vielerlei beginnen, weil mich der einzelne Fall zu intensiv und ganz in Anspruch nimmt [...]«[750]

Ein immer wiederkehrender Kritikpunkt war die unterschiedlich gehandhabte Perikopenordnung und das Fehlen einer einheitlichen Textordnung für die Predigt und damit auch für die Predigthilfsmittel. Verbunden damit war der Wunsch nach einer einheitlichen Perikopenordnung.

> »Deshalb kommt es mir wie ein Hohn vor, dass ich drei laufende Zeitschriften mit Predigten und Meditationen halte und eine jede behandelt einen anderen Text als den, über den ich planmässig zu predigen habe.«[751]

Zwar standen dem Prediger unterschiedliche Hilfsmittel zur Predigtvorbereitung zur Verfügung, wie Meditationen und Sammlungen von Predigtgedanken, doch waren sie entweder zu alt oder diese Veröffentlichungen bearbeiteten solche Texte, die in den Gemeinden gar nicht gepredigt wurden oder gepredigt werden sollten. Das Problem einer einheitlichen Perikopenordnung und die dazugehörigen konstruktiven Arbeiten erstreckten sich über einen längeren Zeitraum, bis endlich geeignete Lösungen vorgelegt werden konnten. Die Erarbeitung dieser neuen Textordnung und die Entwicklungen bei der Herausgabe der Lesepredigten laufen an vielen Stellen parallel. Die Autoren wurden stets angehalten, sich mit ihren Predigtentwürfen an die neue Perikopenordnung zu halten.

Das bis dahin vorhandene Material und die Predigthilfen bestanden hauptsächlich aus drei Meditationssammlungen: *Göttinger Predigtmeditationen*, Meditationen im *Amtsblatt der EKD* (später in den jeweiligen Amtsblättern der Landeskirchen) und den Meditationen in der Zeitschrift *Die Zeichen der Zeit*. Daneben wird immer wieder auf die Arbeit von Martin Doerne[752] und verschiedene Predigtsammlungen als Hilfsmittel verwiesen, später dann auf die Meditationsreihen von Gottfried Voigt. Alle diese Meditationen und Sammlungen von exegetischen und teilweise homiletischen Gedanken dienten – wenn sie denn verwendet wurden – dem Theologen bzw. hauptamtlichen Predigern als zusätzliche Hilfe für die Predigtvorbereitungen, die jedoch für die wirkliche Predigtpraxis noch zu bearbeiten waren.

---

[750] Aus einem Brief an die Kirchenleitung der Kirchenprovinz Sachsen vom 15. 01. 1948 – Archiv der Evangelischen Kirche der Kirchenprovinz Sachsen – Rep. A ^{Gen}/2187.

[751] Ebd.

[752] M. DOERNE: Er kommt auch noch heute, Berlin ^{3}1948. Weiterhin wurde verwiesen auf: M. DOERNE: Furcht ist nicht in der Liebe. EVA, Berlin 1947, J. BECKMANN: Ruf zum Gehorsam Bertelsmann, Gütersloh 1940.

»Dabei ist zu beachten, daß Predigtmeditationen im Grunde ›Kunstprodukte‹ darstellen. Sie zeichnen nicht einfach die gedankliche Bewegung nach, mit der sich ein Prediger auf seine Predigt zubewegt [...]
Die literarische Predigtmeditation zielt darauf, den Lesern bei ihrer Predigtvorbereitung behilflich zu sein.«[753]

Eine Situationszugewandtheit war von diesen Predigthilfsmitteln weniger zu erwarten. Ähnliches gilt für den Gebrauch von Predigtbänden, die jeweils einen Ausschnitt ihrer zeitlich und kontextuell zuzuordnenden Predigtpraxis darstellen. Für den Laien und Beauftragten für Lesegottesdienste beispielsweise gelten diese Hilfsmittel schlicht als unbrauchbar. Da aber der Einsatz von Lektoren zur Abdeckung der Gottesdienste dringend notwendig wurde, blieb nur die Vorbereitung geeigneter Predigten von Predigern im Pfarramt, deren pfarrdienstliche Arbeit somit zusätzlich belastet wurde. Diese Predigten, die relativ kurzfristig und zu Beginn noch nicht nach allgemeinen Vorgaben hektographiert ausgegeben wurden, liegen in geringerer Stückzahl vor. Zum Teil wurden diese Predigten noch von den Kirchenkreisen oder sogar von einzelnen Gemeinden bzw. Pfarrern und nur zum Teil von den Landeskirchen verantwortet.

Der Ruf nach geeigneten Lesepredigten in ausreichender Anzahl für die Lektorentätigkeit wurde immer lauter und fand schließlich auf jeweils landeskirchlicher Ebene Gehör. Bezüglich der Frage nach Koordination und Organisation stand bereits 1952 in der Kirchenprovinz Sachsen für die Magdeburger Lesepredigt ein Kreis von Autoren und Lesepredigten zur Verfügung. Zu diesem Autorenkreis von ca. 16 Personen gehörten u.a. Propst Verwiebe, Propst Jänicke, Propst Müller, Konsistorialrat Förster und weitere hauptamtlich Mitarbeitende der Kirchenprovinz aus dem aktiven Dienst. Formal wurde jeder Lesepredigt zusätzlich ein verkürzter liturgischer Ablauf mit Liedvorschlägen, Gebeten und Lesungen vorangestellt. Entsprechend ihrem Einsatz zur Durchführung von Laien- bzw. Lesegottesdiensten unter Leitung eines verantwortlichen und beauftragten Lektors konnten diese erarbeiteten Lesepredigten ohne weitere Bearbeitung für die Gottesdienste in Gebrauch genommen werden. Die konkreten Zielgruppen waren hauptsächlich ländliche Gemeinden, in denen aufgrund der personalen Situation nur eine äußerst geringe pastorale Betreuung stattfinden konnte.

Anfang der 60er Jahre entsprach die wöchentliche Anzahl der »Magdeburger Lesepredigt« 715 Exemplare, d.h. wöchentlich je mindestens 3 Seiten hektographiertes Material in Höhe von 715 »Auflagen«, die auch über die

---

[753] B. Weyel: Ostern als Thema der Göttinger Predigtmeditationen, Göttingen 1999, 17.

Landeskirchengrenzen hinaus verschickt wurden.[754] 1963 begann die Evangelische Verlagsanstalt mit der Herausgabe der Lesepredigtreihe *Er ist unser Friede* unter der Schriftleitung von Johannes Adler, ebenfalls zur Abdeckung der Lesegottesdienste in den Gemeinden.

Zum Verhältnis dieser beiden Lesepredigt-Reihen heißt es in einem Sitzungsprotokoll des Rates der Kirchenleitung der Kirchenprovinz Sachsen aus dem Jahre 1968:

> »Durch Pfarrer Heinz Staemmler wurde die Frage aufgeworfen, ob die Vervielfältigung von Lesepredigten in unserer Kirche mit jeweils 715 Exemplaren erforderlich sein. Direktor Adler hat angeboten, die Lesepredigten ›Er ist unser Friede‹ in erhöhter Auflage herauszubringen, damit sie für den Bedarf in unserer Kirche ausreicht. Seit langem wurde geltend gemacht, daß unsere Lesepredigten eine größere Unmittelbarkeit haben, zumal Rücksichten auf licenzierten Druck nicht erforderlich wäre. Es wird darauf hingewiesen, daß unsere Lesepredigten zum Teil auch ins Ausland versandt werden. Dankschreiben zeugen davon, daß sie im Ausland mit großer Dankbarkeit aufgenommen werden, eine Versendung der in Buchform herausgegebenen Lesepredigten ins Ausland könnte auf größere Schwierigkeiten stoßen.
> Der Rat beschließt, die Herausgabe der Lesepredigten in bisheriger Form weiterzuführen. Eine Besprechung im Propstkonvent über die Herausgabe der Lesepredigten und eine Zusammenfassung der Mitarbeiter wird ins Auge gefaßt.«[755]

Organisatorisch wurde innerhalb der Evangelischen Kirche der Kirchenprovinz[756] ein Redaktionskreis gebildet, der verschiedene und für geeignet befundene Autoren anschrieb und um eine freie Mitarbeit ersuchte. Selbst der damalige Bischof der Kirchenprovinz beteiligte sich an der Auswahl dieser Autoren. In einem Briefwechsel von OKR Mücksch und Bischof Krusche heißt es:

> »Ich habe im Urlaub eine Liste zusammengestellt, die so aussieht: unter 34 Verfassern erscheinen mir die Lesepredigten als brauchbar bzw. gut brauchbar von

---

754 Die Lesepredigten standen für Lektoren der Kirchenprovinz Sachsen und für die Evangelische Kirche Anhalts zur Verfügung. Ebenso gab es einen Austausch mit der Evangelischen Kirche in Berlin-Brandenburg und es wurden Exemplare regelmäßig in das Ausland verschickt (z.B. Argentinien).

755 Auszug aus einem Protokoll vom 04.12.1968 – Archiv der Evangelischen Kirche der Kirchenprovinz Sachsen – Rep. A ^{Gen}/1051.

756 Teilweise zeitversetzt wurde die Organisation der Herausgabe von Lesepredigtreihen und Redaktionskreisen in anderen Landeskirchen des Gebietes der DDR ebenso gehandhabt.

20 Brüdern, unter dem Rest sind einige weniger fraglich, einige andere nach meinem Urteil nicht brauchbar.
Ich bin bisher nicht dazu gekommen, meine früheren Notizen zusammenzustellen, hoffe aber Ihnen noch in diesem Monat meine Vorschläge machen zu können. In strittigen Fällen müßte man noch andere Brüder zur Beurteilung heranziehen, sofern sie sich dafür gewinnen lassen. Zu den anliegenden Predigten: sowohl die von Schönherr als auch von Hanse ist nur die Frage, ob die beiden das laufend durchhalten oder ob sie ebenso gut geeignete andere Brüder zur Verfügung haben.
Warum nehmen Sie nicht die Predigttexte die für diese Sonntage vorgesehen sind? Schließlich sind die Predigten mit 4 Seiten zu lang.«[757]

Da es scheinbar immer wieder zu organisatorischen und zeitlichen Schwierigkeiten bei der terminlichen Verfassung der Lesepredigten kam, wurden Überlegungen bezüglich eines festen Autorenkreises angestellt. Zu diesen organisatorischen Umgestaltungen gehörte es auch, dass lediglich ausgewählte Sonntage für Lesepredigten in Betracht kommen sollten, d.h. für die hohen kirchlichen Festtage (Weihnachten, Ostern, Pfingsten) je nur eine und für Epiphanias- und Trinitatiszeit je nur eine kleinere Zahl von Predigten. Der ausgewählte Autorenkreis sollte ungefähr 40 Mitarbeiter umfassen. Weiterhin sollte dieser Mitarbeiterkreis eine gesonderte Zurüstung erfahren. Die zu erarbeitenden Predigten orientierten sich an die vorgegebenen Textreihen und begrenzten sich in ihrem Umfang auf 2 Seiten, zuzüglich der liturgischen Teile. Die Auswahl der Autoren erfolgte anhand der bereits aus früheren Jahren bekannten Lesepredigten, die positiv aufgefallen waren.

Für die Anfertigung der jeweiligen Predigten wurde den Autoren eine zeitliche Spanne von ca. 6 bis 8 Wochen gegeben, die Texte wurden durch den erwähnten Redaktionskreis begutachtet und schließlich vervielfältigt und in die Hände der Lektoren bzw. der zuständigen Pfarrämter gegeben. Beanstandungen und redaktionelle Änderungen wurden stets mit den Autoren selbst besprochen.

Um einen kleinen Einblick in die Art und Weise der Beurteilung der dem Redaktionskreis vorgeschlagenen Predigten zu geben, sei an dieser Stelle ein Beispiel aus dem Jahre 1971 angeführt:

»Sie baten mich, Ihre Predigt zum 3.Advent kritisch zu lesen. Ich habe mich mit dem Text des Sendschreibens nach Philadelphia und Ihrer Lesepredigt genauer befaßt. Ich stimme mit Ihnen in der Exegese überein, daß die Sendschreiben auf dem Hintergrund der Auseinandersetzung von Kirche und Staat zu sehen

---

757 Aus einem Brief von OKR Mücksch an Bischof Dr. Krusche aus dem Jahr 1968 – Archiv der Evangelischen Kirche der Kirchenprovinz Sachsen – Rep. A ^{Gen}/1051.

sind. So haben Sie wohl den »Peiasmos« von V.10 gefaßt. Ich halte auch für gut, daß Sie auf die sonderbare Sekte in V.9 in der Predigt nicht eingegangen sind. Hilfreich ist für den Hörer der 3-malige ostinate Bezug auf die »kleine Kraft«. Es liegt nahe, die Gemeinde in Philadelphia mit der kleinen Kraft mit der Diasporakirche heute mit der kleinen Kraft zu vergleichen. Es ist gut, daß Sie im 2.Teil die Verheißung, die der kleinen Kraft gegeben ist, ausbreiten. In der Diktion würde ich einfachere, kürzere Sätze empfehlen. Der Hörer der Lesepredigt wird die Zuordnung verzweigter Haupt- und Nebensätze beim ersten Hören nicht erfassen. Kurze, aneinandergereihte Hauptsätze aber kommen immer an. Ich denke an den Stil von Feuchtwanger oder Heinrich Böll, der mir für die Lesepredigt geeignet erscheint. Demgegenüber halte ich den Stil von Thomas Mann für das Genus »Predigt« für wenig geeignet. Wie denken Sie? So habe ich an zwei Stellen mit Rücksicht auf eine leichtere Erfaßbarkeit die Syntax leicht geändert. Ich tat es, weil Sie mich ausdrücklich darum baten. Die Sachaussagen sind aber durch diese Formaländerung nicht betroffen. Im übrigen danke ich Ihnen für Ihre Predigt.«[758]

Innerhalb dieser kritischen Anmerkungen wird der deutliche Appell nach bestimmten »gattungsspezifischen« Diktionen deutlich. Grundsätzlich kann gesagt werden, dass die allgemeinen Regeln der Homiletik auch für die Lesepredigten geltend gemacht wurden:

»Die Ausarbeitung einer Lesepredigt unterscheidet sich nur wenig von der einer üblichen Sonntagspredigt [...] Nach einer sorgfältigen Exegese soll sich der Autor als Hörerkreis stets eine Dorfgemeinde vorstellen«.[759]

Denn: Insbesondere in ländlichen Gebieten sind die Lesegottesdienste zu verorten. In der zu erarbeitenden Lesepredigt sollte eine klare Gedankenführung und Durchsichtigkeit enthalten sein, wobei lediglich ein Grundgedanke oder sehr wenige Grundgedanken und Aussagen entfaltet werden sollten. Es ist bei der Lesepredigt darauf zu achten, dass bei einem einmaligen Hören die Absicht und der Predigtinhalt deutlich werden. Dabei sollte sich der Hörer schnell mit den Textinhalten identifizieren können oder sich im Geschehen der Predigt wiederfinden. Beispiele, Vergleiche und Bilder sind zur besseren Verdeutlichung heranzuziehen, ohne dass es zu einer Bilderschwemme kommt, die ebenfalls nicht durchschaubar für den Hörer wäre. Die Konzentration auf die wesentlichen Gedanken des Predigttextes und die Klarheit in Bezug auf die Hörer sind die positiven Kennzeichen einer gelungenen Lesepredigt. Besondere

---

[758] Brief von Dr. E. Schmidt an Pfr. E. Reusche, Erfurt, vom 18. November 1971 – Archiv der Evangelischen Kirche der Kirchenprovinz Sachsen – Rep. A ^{Gen}/1051.

[759] J. Adler: Lesepredigt, in: Handbuch der Praktischen Theologie, Bd. II, Berlin 1974, 295.

Vorkenntnisse der Hörer (Bücher, Bilder, Filme, Bibelkunde usw.) können nicht vorausgesetzt werden. Die Hörergemeinden der Lesegottesdienste und die Gemeinden der Autoren der Lesepredigten sind nicht identisch, d.h., es müssen allgemein gültige Paradigmen in die Predigtaussagen einfließen, um eine Identifikation des Lektors und seiner Gemeinde zur Predigt zu ermöglichen.

> »Vordringliche Aufgabe einer Lesepredigt ist der Zuspruch des Evangeliums und der Ruf zum Leben aus der Freude. Möglichkeiten einer Buß- und Gerichtspredigt sind hier begrenzt. Auch paraenetische Texten muß der Indikativ den Akzent tragen gegenüber dem Imperativ.«[760]

Die Lesepredigten zeichnen sich weitgehend durch kurze Aussagesätze mit vielen aktiven und wenigen passiven Formulierungen aus. Die Substantivierung von Infinitiven, die Häufung von Substativen und der Gebrauch von Fachtermini sollte vermieden werden.

Darüber hinaus sind in den schriftlich fixierten Lesepredigten oftmals Vortragshinweise enthalten: neue Gedanken bekommen neue Absätze, wichtige Gedanken werden unterstrichen, der Text wird gegliedert. Sperrungen, Großbuchstaben, Elementarisierung, Typisierung und Prägnanz tragen zu Übersichtlichkeit und leichtem Verständnis bei und charakterisieren die Lesepredigt.

Neben diese (meist) äußeren Anmerkungen trat eine inhaltliche Zensur. Seitens des Redaktionskreises und der einzelnen Autoren musste stets mitbedacht werden, dass die Inhalte der Lesepredigten nicht nur theologisch, sondern auch (gesellschaftlich) politisch von den Lektoren und den Gemeinden verantwortet werden mussten. Dadurch erhält die Lesepredigt insgesamt Nachteile, aber auch Vorteile gegenüber einer (spontan und emotional) gesprochenen Predigt.

Die *Nachteile* sind durch eine relativ eingeengte Wahl der Ausdrucksmittel, der sprachlich-rhetorischen Stilmöglichkeiten und das je veränderte soziale Umfeld beschrieben. Die Lesepredigt bleibt eine reproduktive Rede (bzw. Lesung) und muss in ihrem Vollzug zu einer produktiven Rede erst werden. Andererseits hat die Lesepredigt darin ihre *Vorteile*, dass sie von einem Multiplikationsfaktor (wöchentlich über 700 Exemplare), der methodischen Bewusstheit, in der sie geschrieben wurde, nämlich für eine spätere (Fremd-) Reproduktion, und der damit verbundenen Genauigkeit und Dichte in der Formulierung theologisch-biblischer und pastoraler Aussagen getragen ist.

---

[760] Bericht von der Tagung der Autoren der Lesepredigten vom 10. bis 12. April 1972 in Gnadau (23.3.72) – Archiv der Evangelischen Kirche der Kirchenprovinz Sachsen – Rep. A^{Gen}/1051.

Dass die Lesepredigten über den *eigentlichen* Gebrauch hinaus eine Funktion hatten, das beweist ein Autorenbrief aus dem Jahre 1969.

> »In der Anlage wird die gewünschte Lesepredigt vorgelegt. Leider ist es mir nicht gelungen, mich auf die geforderten zwei Schreibmaschinenseiten zu beschränken. Ich meinte, mich um der Sache willen nicht kürzer fassen zu können.
> Darf ich zu dem Umfang der Lesepredigt grundsätzlich dies bemerken. Die Gemeinden sind normalerweise von ihrem Pfarrer etwa 20-Minuten-Predigt gewohnt. Zwei Schreibmaschinenseiten Lesepredigt ergeben etwa 10-12 Minuten. Ohne daß die Bedeutung von Liturgie, Gebet und Lobgesang verkannt wird, liegt doch heute ein besonderes Gewicht auf der Predigt. Die Gemeinde braucht heute mehr Information und Lehre als früher. Eine so kurze Lesepredigt trägt zu deutlich den Charakter eines Notbehelfs (anstelle des fehlenden Pfarrers) und kann die wirkliche Aufgabe einer Predigt für die Gemeinde kaum erfüllen.
> Man sagt: Längere Predigten brauchten bedeutend mehr Abzugspapier. Nach meiner langjährigen Erfahrung im Wolmirstedter Kirchenkreis werden die Lesepredigten kaum von Lektoren benutzt, sondern wenn überhaupt – dann von den Pfarrern zur eigenen Predigtvorbereitung. Das aber ist wohl kaum der Sinn der Lesepredigten. Es wäre zu überlegen, ob außer den Gemeinden, die einigermaßen regelmäßig die Lesepredigt benutzen, noch etwa 3 oder 2 Lesepredigt-Exemplare an die Superintendentur gegeben werden. Wer etwas braucht, kann sie von dort beziehen. So würde viel Papier im Konsistorium gespart und frei werden für eine längere Lesepredigt.«[761]

Neben der Formulierung berechtigter Anfragen und Kritikpunkte bezeugt dieser Brief, dass die Lesepredigten auch als Hilfsmittel für andere Gemeindepredigten verwendet wurden, was die Vermutung eines *Multiplikationsfaktors* bestärkt.

Zur oben genannten Aufgabe der Lesepredigten als Evangeliumsvermittlung und Glaubenszurüstung tritt die Aufgabe der »Information und Lehre«. Bei näherer Betrachtung bestätigt sich diese Annahme: Der Predigt (und Lesepredigt) wird die grundsätzliche Aufgabe der Verkündigung, der Seelsorge, des Gemeindeaufbaus (Mission), der Glaubensstärkung usw. und gleichzeitig der Information und Aufklärung zugeschrieben. Ebenso galten die Lesepredigten als vorbildlich erarbeitete Predigten, die zur homiletischen Ausbildung herangezogen werden konnten. So fordert die Evangelische Predigerschule[762] 1975 in einem Brief an das Konsistorium Magdeburg:

---

[761] Brief eines Autors an das Konsistorium der KPS vom 17.07.1969 – Archiv der Evangelischen Kirche der Kirchenprovinz Sachsen – Rep. A^{Gen}/1051.

[762] Die Evangelische Predigerschule war eine kircheneigene Ausbildungsstätte, in der zuerst nur Männer und später auch Frauen nach einer abgeschlossenen

»Für den Unterricht im Fach ›Predigtlehre‹ an der Evgl. Predigerschule in Erfurt bitten wir für das kommende Wintersemester bis zum Februar 1976 um Zusendung von jeweils 5 weiteren Exemplaren (insgesamt also 6) der in Magdeburg abgezogenen Lesepredigten [...]«[763]

In der weiteren Entwicklung der Lesepredigten innerhalb der Evangelischen Kirche der Kirchenprovinz Sachsen wurde aufgrund von Papiermangel und im Zuge der intensiven Ausbildung von Lektoren immer häufiger auf die beigefügten liturgischen Vorschläge bei den hektographierten Lesepredigten verzichtet. Auf den Vorschlag für eine verkürzte Liturgie, die in den späteren Jahren nicht mehr jeder Lesepredigt beigefügt wurde, wurde nach und nach verzichtet. Letztendlich beschränkten sich die Angaben auf die Nennung des jeweiligen Sonntags, des Wochenpsalms, der Lesungen, des Wochen- und Predigtliedes. Formal bedeutete das: eine A4-Seite, beidseitig bedruckt.

Welchen Anforderungen die Anfertigung einer Lesepredigt weiterhin unterworfen war, zeigt der Ausschnitt für den Entwurf eines Rundbriefes mit der Bitte um Ausarbeitung einer Lesepredigt:

»Lieber Bruder/ Liebe Schwester!
Hiermit bitte ich Sie, eine Lesepredigt für den über bis spätestens zum anzufertigen und an meine Adresse zu senden. Ein Entwurf für die Liturgie braucht nicht angefertigt zu werden. Dagegen wird sehr herzlich um Vorschläge für das (oder zur Auswahl: die) *Lied*(er) *nach der Predigt* gebeten.
Sie wissen selbst, wie wichtig dieser Dienst für unsere Gemeinden ist. Er wird immer dringlicher, je weniger besetzte Pfarrstellen wir haben.
Einige technische Hinweise: die Predigt soll nicht mehr als zwei Schreibmaschinenseiten *zu insgesamt 100 Zeilen bei 60 Anschlägen pro Zeile* umfassen. Mehr ist für die Vervielfältigung nicht möglich. Bei der Einsendung längerer Texte bin ich leider zu Kürzungen genötigt. (Die Anschlagszahl pro Zeile ist auf den meisten Papierhaltebügeln angegeben!)
Hilfen für die Gestaltung der Lesepredigt finden Sie im Amtsblatt der Kirchenprovinz Sachsen 1972, Heft 5, 37f – besonders 38!

Berufsausbildung, also auf dem zweiten Bildungsweg, ohne Abitur evangelische Theologie mit dem Ziel eines hauptamtlichen Dienstes in einem Pfarramt studieren konnten. Pfr. Reusche, der 1971 mit der Redaktion der »Magdeburger Lesepredigten« beauftragt wurde, war zwischen 1950 und 1963 Rektor der Evangelischen Predigerschule.

[763] Brief des Rektorats der Evangelischen Predigerschule Erfurt an den Redaktionskreis der Lesepredigten in Magdeburg vom 10. 09. 1975 – Archiv der Evangelischen Kirche der Kirchenprovinz Sachsen – Rep. A^{Gen}/1051.

Denken Sie an einen möglichst einfachen Satzbau – und an die Vermeidung von Fremdworten. Am besten lesen Sie Ihren Text einmal *laut* einigen Zuhörern vor – oder lassen ihn sich von jemandem vorlesen. Sie merken dann selbst, was ›*les*‹ und merkbar ist – und was nicht.
Die Kirchenleitung ist Ihnen für Ihre Mühe dankbar, die Sie für die Kirchenprovinz Sachsen, für die Ev. Landeskirche Anhalt und für viele Gemeinden darüber hinaus tun.«[764]

In ihrer Gestalt lassen sich drei Etappen der Magdeburger Lesepredigt erkennen: In der ersten Form handelt es sich lediglich um eine Predigt, die oftmals 3 oder 4 Seiten umfasste, ohne besondere Hinweise zur Liturgie oder Gottesdienstgestaltung. Der Autorenkreis war noch relativ offen und klein. Eine feste Ordnung gab es noch nicht. Die Verantwortung lag zunächst bei den einzelnen Autoren oder Kirchenkreisen. Diese Lesepredigten wurden in geringer Stückzahl und unregelmäßig vervielfältigt.

Zu einem späteren Zeitpunkt entwickelte sich ein fester Redaktions- und Autorenkreis. Es wurden Richtlinien für die Erstellung einer Lesepredigt entworfen, die Stückzahl der Vervielfältigungen stieg. Die Verantwortung für die Qualität und die Inhalte der Predigten wurde von der Landeskirche bzw. von einem Redaktionskreis übernommen. Ebenso übernahm der Redaktionskreis die Organisation der Vervielfältigung und der Verteilung. In dieser zweiten Etappe gehen jeder Lesepredigt eine verkürzte Liturgie und (teilweise) Hinweise für die Gottesdienstgestaltung vorweg. Der Umfang der eigentlichen Predigten umfasst in den meisten Fällen nicht mehr als zwei Schreibmaschinenseiten. In beiden Entwicklungsstadien ist die Art der Vervielfältigung das Hektographieren, d.h., dass die Lesbarkeit und die Haltbarkeit des Materials begrenzt waren.

In der dritten Etappe fällt der liturgische Vorschlag grundsätzlich weg und das Material wurde gedruckt.

Die notwendige Konzentration auf die wesentlichen Predigtaussagen bei der Erarbeitung der Lesepredigten, der konkrete und bewusste Gemeindebezug, die Beachtung wesentlicher Paradigmen, die bewusste Eigenverantwortung der Herausgeber und die Verantwortung gegenüber der Lektorinnen und Lektoren, die Kontinuität der Erarbeitung und der implizite Multiplikationsfaktor charakterisieren dieses homiletische Material, das in besonderer und repräsentativer Weise einen Einblick in die Predigtpraxis der evangelischen Kirchen der DDR am Beispiel der Kirchenprovinz ermöglicht.

---

[764] Vorschlag des Redaktionskreises für den Entwurf eines Rundschreibens aus dem Jahr 1977 – Archiv der Evangelischen Kirche der Kirchenprovinz Sachsen – Rep. A^{Gen}/1051.

IV.1.3 Betrachtungen zu den ausgewählten Predigtbeispielen und der Entwicklung theoretischer Ansätze

Aus dem Gesamtmaterial an Predigtbeispielen und Quellen wurde zur weiteren Verarbeitung eine Auswahl getroffen. Die ausgewählten Predigtbeispiele bilden ein Paradigma der tatsächlichen Predigtpraxis der Kirchen in der DDR. Das damit beschriebene methodische Vorgehen ist ein induktives Verfahren, weil von herausgelösten Einzelfällen auf allgemeine, typische und signifikante Erscheinungen geschlossen werden soll.

Der erste Schritt bei der gewählten methodischen Untersuchung bestand in der offenen Sammlung verschiedenen Materials, verschiedener Daten, Informationen, Predigtbeispiele usw. Mit »offen« ist die erste Sichtung und Sammlung des Untersuchungsmaterials deshalb bezeichnet, weil es zunächst nicht um den Abgleich mit entwickelten Theorien und Thesen ging. Nach Udo Kelle und Susann Kluge[765] sollen »[t]heoretische Konzepte [...] den Daten vom Untersucher nicht aufgezwängt werden, sondern aus ihnen ›emergieren‹«.[766] Von daher war anfänglich das eigentliche Verfahren der Recherche tatsächlich vergleichbar mit einem »Tabula-rasa-Konzept« und in der Ergebnissetzung offen. Diese Vorgehensweise ist nach Udo Kelle und Susann Kluge zur Erkundung geeigneten Materials berechtigt, denn:

> »Die erste Phase des Forschungsprozesses, der Entdeckungszusammenhang, dient [...] zur spekulativen und kreativen Generierung von Hypothesen. Finden in dieser Phase empirische Untersuchungen statt, sind sie unsystematisch und dienen nur ›in mehr oder weniger impressionistischer Form der Exploration eines Problems‹. Systematische und methodisch kontrollierte Forschungsarbeit findet demnach erst in einer späteren Phase des Forschungsprozesses, im Begründungszusammenhang, statt.«[767]

Diese spätere Phase fand in der Sondierung und Auswahl konkreter Predigtbeispiele statt.

Die sich in dieser offenen Entdeckungsphase ergebenen Beobachtungen bilden den Ausgangspunkt für die sich anschließenden weiteren Recherchen und die Theorieentwicklung. Signifikante Erscheinungen, die es zu entdecken galt, verstehen sich nicht als bloße Zusammenfassung von Informationen, Daten und Auffälligkeiten, sondern wollen sich als Erklärungsfaktor der exemplarischen Beobachtungsergebnisse verstehen. Die Betrachtung des unmittelbaren historischen Kontextes und des praktisch-theologischen Umfeldes (homiletische Theorien) bilden dabei den theoretischen Horizontrahmen.

---

765 U. KELLE/S. KLUGE: Vom Einzelfall zum Typus, Opladen 1999.

766 Ebd., 16.

767 Ebd., 20.

Hinzu treten die Erfahrungen aus den im Vorfeld geführten Interviews mit Zeitzeugen, Predigerinnen und Predigern.[768]

> »Exemplarisch« bezeichnet hierbei die Restriktion des Gesamtmaterials auf eine Auswahl von repräsentativem Quellenmaterial, d.h. konkret, dass aus der Gesamtheit des zur Verfügung gestandenen Predigtmaterials zunächst eine Auswahl von ca. 250 Predigten getroffen wurde. Dieses sondierte Untersuchungsmaterial wurde weiterhin reduziert auf eine Anzahl von ca. 30 Modellpredigten, auf die im weiteren Verlauf der Untersuchung zurückgegriffen werden konnte.[769]

Nach der Sondierung des Untersuchungsmaterials sollte nun konkret nach dem Duktus der Beispielpredigten gefahndet werden. Es entstand eine erneute Fokussierung auf die signifikanten Erscheinungen: die Situation(en), den Text, die Predigtinhalte und die Aussagesubstanz. Bereits in einer frühen Phase fiel ein charakteristischer Zug innerhalb der Predigten auf, der an dieser Stelle als *Postulierter Pragmatismus* bezeichnet werden soll. Die Bedeutung und Wahrheit einer in der Predigt aufgegriffenen Aussage begründet sich danach durch ihre implizierte Nützlichkeit. Ebenso sind Verhaltens- und Handlungsanweisungen verschiedenster Art durch ihre Nützlichkeit und Praktikabilität getragen. Dabei kommt es weniger auf eine tatsächliche Begründung dieser Aussagen an. Sie werden vielmehr als gegebene Sachverhalte verstanden (postuliert), in die sich der Predigthörer verwickelt sieht. Der Pragmatismus will als Eröffnung und Akzeptanz vorgefundener Freiräume begriffen werden, die den Handlungs- und Verhaltensanweisungen eine Möglichkeit der Verwirklichung anbietet. Diese Beobachtung gilt allgemein für viele gesellschaftliche Situationen und für bestimmte Bereiche menschlicher Gemeinschaftspraxis in der DDR, aber auch für Bereiche der theologischen Ausbildung[770], z.B. innerhalb der Praktischen Theologie.

Zu diesem Pragmatismus gehört auch die Beobachtung, dass bestimmte theologische Arbeiten für die Situation in der DDR als unpraktikabel deklariert werden konnten. 1969 erschien Hans-Dieter Bastians Arbeit *Theologie*

---

[768] Parallel zu den Untersuchungen an den Predigtbeispielen und den Recherchen in den Archiven wurden Interviews mit diversen Zeitzeugen und Predigern geführt. Die Erfahrungen und Beobachtungen aus diesen Gesprächen sind in die Untersuchung eingeflossen, haben bestimmte Beobachtungen verstärkt und bestätigt oder auch entkräftet.

[769] Im Vergleich zur Gesamtheit der tatsächlich gehaltenen Predigten in der Verkündigungspraxis der DDR stellt die Anzahl der Modellpredigten nur einen äußerst distinguierten Ausschnitt dar, dient jedoch der repräsentativen und praktikablen Darstellung auffälliger und signifikanter Erscheinungen.

[770] Vgl. dazu: F.-H. Beyer: Theologiestudium und Gemeinde, Göttingen 1994.

der Frage.[771] Er entwickelt darin eine Idee zur Grundlegung einer theologischen Didaktik und zur Kommunikation der Kirche in der Gegenwart, so der Untertitel dieser Arbeit. Bastian formuliert:

> »Traditionell erörtert die Theologie zuerst ihre eigene Sache, etwa die Verkündigung, und setzt diese danach in einem zweiten Anlauf den Dimensionen der Praxis aus. Wir verfahren umgekehrt: zuerst erörtern wir das Handlungsfeld der Praxis, danach fragen wir nach ihren theologischen Dimensionen. Traditionell ist also die Praxis eine Dimension des Theologischen; für uns wäre das Theologische eine Dimension der Praxis.«[772]

Hans-Dieter Bastian beschreibt hier eine Wende innerhalb des homiletischen Denkens, die in der Predigtpraxis der evangelischen Kirchen in der DDR bereits praktiziert wurde. Das Handlungsfeld der Praxis bildet den unmittelbaren hermeneutischen Schlüssel, der die Predigttexte zu tatsächlich relevanten Aussagen christlichen Glaubens und praktizierbaren Handlungsanweisungen werden lässt. Mithilfe der Betrachtung zu einer theologischen Didaktik und der Struktur und Funktion der Frage und des Fragens, die in jeder menschlichen Kommunikation zu finden ist, formuliert Bastian in Bezug auf die Homiletik:

> »Im Sinne der homiletischen Didaktik ist eine Predigt dann ›gelungen‹, wenn sie den Hörern coram Deo zu der Frage stimuliert, die eine Gruppe unbedingt stellen muß, wenn sie in einer geschichtlichen Situation menschlich bleiben möchte. Wird diese Frage verfehlt, unterschlagen oder aus gewissen Gründen verdrängt, so verliert die Predigt ihren Gegenstand, wie ›textnah‹ sie sich auch ausgibt.«[773]

Trotz des situationsbezogenen Ansatzes Hans-Dieter Bastians wird er von Seiten der DDR-Homiletik als unpraktikabel für die eigene Predigtsituation verworfen.[774] Ähnliches gilt beispielsweise für den Ansatz von Ernst Lange, der zwar rezensiert, wurde aber nur marginal in die homiletische Diskussion eingeflossen ist. Die eigene, DDR-typische homiletische Situation und der spezifische homiletische Ort der Verkündigung forderte eigene Wege innerhalb des theoretischen und praktischen Ansatzes.

Es ist in starkem Maße zu vermuten, dass der *Postulierte Pragmatismus* in der Verkündigungspraxis der DDR dazu geführt hat, dass aus der Notwendigkeit der Situation regressiv zur eigenen Entwicklung reagiert wurde. Die

---

771 H.-D. Bastian: Theologie der Frage, München 1969 (^{2}1970).

772 Ebd., 13.

773 Ebd., 326f.

774 Vgl. dazu: J. Hempel: Elemtare Verkündigung, in: ZdZ 1/1970, Anmerkung 5, 2.

Predigten und der unmittelbare Kontext sind aufs engste miteinander verwoben, und zwar stets so, dass die Predigt reagierend auf die Erscheinungen der homiletischen Situation eingeht. Die besondere homiletische Situation fordert eigene theologisch-homiletische Überlegungen, die sowohl vom Kontext abhängig als auch vom Kontext bestimmt waren. So konnte der konkreten Textauslegung eine Kontextanalogie zur Seite gestellt werden, die dem biblischen Text eine entsprechende Situation und Wirklichkeit analog zuordnete. Die logische Argumentation im Predigtverlauf entsprach häufig einer weltanschaulichen bzw. ideologisch-apologetischen Argumentation, in deren Abfolge die biblischen Texte einen instrumentalisierenden Gebrauch aufweisen. Gleichzeitig bilden diese biblischen Texte einen anwendbaren Schutzraum. Die Predigt selbst wird zum Instrument und zur geistlichen Waffe innerhalb der Verteidigung christlicher Wahrheiten und weltanschaulicher Auseinandersetzungen. Der darin enthaltene »ideologische Kampf« auf der Kanzel ist verbunden mit dem Versuch einer versteckten oder offenen Aufklärung. Das Ziel dieser Aufklärung ist die mündige und bekennende Gemeinde. Diese Erscheinung der Predigtpraxis entspricht den Andeutungen einer »theologischen Didaktik«, welche die Christenheit in ihrer Existenz bestärkt und die Gemeinschaft als »wissende Gemeinschaft« auszeichnet. Der Transfer von biblischen Wahrheiten und Erfahrungen der Christenheit in den Alltag der Predigthörer erfolgt unmittelbar und elementar. Dabei kommt der Predigt immer weniger eine erschließende Aufgabe bei den Texten zu, sondern die Ausdeutung konkreter Situation und Kontexterscheinungen und die Anwendung einzelner biblischer Texte und Textelemente, die zugleich zu einem Leitbild der gesamten Kirche fokussieren können, treten in den Vordergrund. Die Texte wurden erschlossen in Spiegelung und Ausdeutung der konkreten homiletischen Situation und in der Transferleistung für den Alltag relevanter Aussagen.

In seinem Aufsatz *Zur Aufgabe der Predigt* beschreibt Werner Scheidacker das Verhältnis von Text und Hörergemeinde folgendermaßen:

> »Der Text hat keinen Eigenwert. Er ist nur von Bedeutung in seiner Beziehung auf den, dem er gesagt beziehungsweise geschrieben wird [...] Der Hörer in seiner Situation prägt den Text [...] Der Hörer ist nicht für den Text da, sondern der Text für den Hörer.«[775]

Die Radikalität dieser Aussage zum Verhältnis der Elemente *Text* und *Hörer* deckt sich mit den Beobachtungen an den Predigtbeispielen. Dabei steht der Hörer repräsentativ für eine bestimmte Gemeinschaft von Menschen *in* einer konkreten Situation. Da der Gesamtkontext der Situation der Kirchen und

[775] W. Scheidacker: Zur Aufgabe der Predigt, in: ZdZ 6/1975, 214.

Gemeinden in der DDR relativ homogen war, gab es ein klares Gegenüber von Kirchen und Staat. Diese Konstellation machte grundsätzlich die *besondere* homiletische Situation der Predigtpraxis in der DDR aus.

> »Nun wird behauptet: der biblische Text (und die seine Verkündigung vorbereitende Meditation) ziele auf Veränderung der Situation ab. Das ist zum Teil richtig. Aber zunächst ist auch hier wieder das Umgekehrte zu bedenken: Die Situation, je nachdem, ob sie bedrängend oder befreiend, glücklich oder unglücklich, aufregend oder einschläfernd ist, bestimmt oder verändert die Textaussage und deren Verkündigung. Denn in ihr muß es auf alle Fälle darum gehen, diese bestimmte Situation zu meistern, zu bewältigen, zu parieren, zu tolerieren und so weiter.«[776]

Erleichtert wurde das Verhältnis von Text und Situation dadurch, dass bestimmte biblische Traditionen ohne weiteres auf die gegenwärtige Situation angewendet, also transferiert werden konnten. Die beispielsweise immer wieder herangezogene Verfolgungssituation der frühen Christenheit entsprach der erlebten, gegenwärtigen Situation der Kirchen und Gemeinden im Kontext eines mit einem totalitären Anspruch behafteten Gesellschaftssystems.

> »Dabei darf freilich nicht außer acht gelassen werden, daß der Text nicht die Sache selbst ist. Er ist nur Medium. Ich habe nicht ihn zu predigen oder zu meditieren, sondern die Nachricht, die er vermittelt, den Zuspruch, den er aussagt, den Anspruch, den er erhebt.«[777]

Von daher steht der Text selbst gar nicht im Mittelpunkt der Predigt und Verkündigung, sondern seine intendierte Aussage. Sie ist in ein Verhältnis zur konkreten und gegenwärtigen Situation zu setzen, die wiederum die Situation des Hörers ausmacht. Der homiletische und hermeneutische Schlüssel ist dann letztendlich allein die Situation des Hörers. Der biblische Text wird dabei im Sinne einer Inanspruchnahme instrumentalisiert und in praktikabler Weise auf die konkrete Situation angewendet. Es lässt sich vermuten, dass der daraus resultierende *Postulierte Pragmatismus* bestimmte signifikante Erscheinungen hervorbringt, die innerhalb der Predigtpraxis zum Tragen kommen und in den Predigten wiederzufinden sind.

---

[776] Ebd., 215.

[777] Ebd., 215.

IV.2 BENENNUNG DER SIGNIFIKANTEN BEOBACHTUNGEN AN UNTERSUCHUNGSBEISPIELEN

IV.2.1 Vorbemerkungen

Die zusammenfassenden Bemerkungen zu den Lesepredigten am Beispiel der Magdeburger Lesepredigt und die Mutmaßungen innerhalb der Entwicklung der theoretischen Ansätze lassen annehmen, dass sich in den Predigtbeispielen verallgemeinerbare Merkmale bzw. signifikante Intentionen erkennen lassen. Dabei wird unter »signifikant« das in deutlicher Weise Erkennbare, Typische, Charakteristische und Kennzeichnende verstanden, welches sich in Bezug auf die Predigtpraxis in den Predigtbeispielen widerspiegelt. Die angeführten Predigtmodelle und Predigtzitate stellen Formulierungsbeispiele dar, die in unterschiedlicher Weise zu erweitern wären. Es wurden Predigtausschnitte und Formulierungen verwendet, die als repräsentative Beispiele die beobachteten signifikanten Erscheinungen unterschiedlicher Sachverhalte verdeutlichen sollen und so ein Gesamtbild der Predigtpraxis der Kirchen in der DDR entwerfen wollen. Damit verbunden ist die Würdigung der homiletischen Arbeit und des Erfassen des Typischen der Predigerinnen und Prediger jener Zeit.

Ganz allgemein lässt sich innerhalb des zu untersuchenden historisch abgesteckten Rahmens des Predigtvollzuges in der DDR und damit innerhalb der Veränderung der generellen und konkreten Situation, d.h. der allgemein gesellschaftlichen, kirchlichen und persönlichen Situation, eine Wandlung des Predigtduktus, des Umgangs mit dem biblischen Text, der Interpretationsvielfalt und der Art und Weise der konkreten Benennung bestimmter Konfliktfelder beobachten. Diese Wandlungen innerhalb der Predigtpraxis laufen oftmals stringent und parallel zu bestimmten gesellschaftlich-politischen Entwicklungen, die in diesem Falle nie rein weltlich zu verstehen sind, sondern in starkem Maße stets in kirchliche Belange eingreifen und hineinreichen. Dass sich diese politischen Entwicklungen auch in der Predigtarbeit niederschlagen, ergibt sich z.B. aus bestimmten »Themen«, die in den jeweiligen Predigten aufgegriffen werden. Allerdings muss hier auch bemerkt werden, dass diese Predigten eher schwerfällig und, besonders in den Anfangsjahren, auf bestimmte Ereignisse gar nicht reagieren. Diese Tatsache vermutete bereits Karl-Hermann Kandler in seiner Arbeit.[778] Eine der Ursachen für diese Erscheinung lässt sich mit dem Begriff der *Verantwortlichkeit* näher bezeichnen. Die Predigerin oder der Prediger hatte eine allgemeine Verantwortung mit dem zu tragen, was sie/ er in ihrer/ seiner Predigt gegenüber seiner Hörergemeinde sagte. Ebenso entwickelte sich im Laufe der

---

[778] K.-H. KANDLER: Situationsbezogene Verkündigung, Leipzig 1996.

Jahre und der gemachten Erfahrungen im Umgang mit der gesellschaftlichen Wirklichkeit eine Sensibilisierung für tabuisierte oder schwierige Themen, zu denen der Prediger bzw. die Predigerin eher schwieg.

Es ist eine grobe Einteilung in einzelne Phasen der Predigtpraxis in der DDR möglich, die als Überblickshilfe verstanden sein möchte, wobei die zeitliche Begrenzung keine absolute Abgrenzung bedeuten kann, da es bestimmte Kernzeiten und Randzeiten gibt, die durch die jeweilige Aktualität und Möglichkeit in der Predigtpraxis gekennzeichnet sind.[779] Insgesamt stellte sich die Einteilung in drei Phasen als hilfreich heraus, die sich in ihren Modalitäten an bestimmten historischen und gesamtgesellschaftlichen Ereignissen orientieren, d.h., der historische Kontext stellt auch an dieser Stelle eine hilfreiche Information dar.

Den jeweiligen Ausführungen zu den *Phasen der Predigtpraxis* geht die Beobachtung an einem konkreten Modellbeispiel der jeweiligen Phase voraus. Dabei können jedoch nicht alle signifikanten Erscheinungen einer Phase vorgeführt werden, da sich die Merkmale insgesamt aus mehreren Predigtbeispielen und Beobachtungen zusammensetzen. Die vorgeschalteten Modellbeispiele stellen lediglich eine als typisch zu bezeichnende Predigt aus der jeweiligen Phase der Predigtpraxis vor und illustrieren die Untersuchungsmethode.

Die Darstellung der Beobachtungen an den jeweiligen Modellpredigten folgt einem vorgegebenen Untersuchungsmuster in drei Schritten, die ihrerseits wiederum von einem konkreten Frageraster getragen sind.

In einem ersten Schritt geht es zunächst um formale Beobachtungen bei einer ersten Begegnung mit der Beispielpredigt. Dabei werden in der Gesamtdurchsicht die Auffälligkeiten festgehalten, und es wird der Versuch einer gattungsmäßigen (groben) Einordnung unternommen. Bei der detaillierten Untersuchung der Predigt geht es um den Versuch, eine Gliederung in Einleitung, Hauptteil und Schluss festzustellen und die beobachteten Auffälligkeiten möglichst zu konkretisieren. Mit Hilfe des erkundeten Kontextes[780] soll eine Rückbindung an die Predigtsituation und eine historische Einordnung erfolgen. Dabei treten die konkreten und angesprochenen Themen der Predigt hervor.

In einem zweiten Schritt werden die jeweiligen Teile der Predigt (Predigtanfang, Hauptteil und Schluss) genauer betrachtet und auf der Grundlage eines Fragenkatalogs näher untersucht: Hierbei geht es darum, wo die Predigt einsetzt, den Hörer in seiner Situation abholt und worin das Ziel und die Absicht der Predigteinleitung vermutlich liegen. Wie geht der Prediger

---

[779] Vgl. zu den jeweiligen Phasen des Predigtvollzuges bzw. der betrachteten Predigtpraxis auch Kapitel 2. Der historische Kontext.

[780] Grundlagen zur Kontextbeobachtung sind in Kapitel 2 dieser Arbeit zu finden.

bzw. die Predigerin im weiteren Verlauf der Predigt vor (Hauptteil)? Welche theologischen, hermeneutischen, homiletischen Aspekte kommen zum Tragen? Was hat der Prediger/die Predigerin zu sagen? Welche Hauptthemen – welches Thema überhaupt – werden angesprochen und in welcher »Sprache« spricht es die Predigt aus? Wie entfaltet die Predigt das Thema? Welche Argumentationsschritte sind erkennbar usw.? Was hat der Prediger/die Predigerin im Verlauf der Predigt erreicht (Predigtschluss)? Mit welcher Konsequenz schließt die Predigt?

In einem dritten und letzten Schritt erfolgt der Versuch einer Elementarisierung bzw. einer Typisierung anhand der bis dahin gemachten Beobachtungsergebnisse. Zur Entfaltung dieser Beobachtungsergebnisse werden weitere Predigtbeispiele herangezogen, die für die folgende Argumentation und zur Überprüfbarkeit einer repräsentativen Verallgemeinerung zitiert und in den Gesamtrahmen der Untersuchung eingeordnet werden. Dieser dritte Schritt deckt sich mit den Ausführungen zu den einzelnen Phasen der Predigtpraxis in der DDR und eröffnet zusammenhängend das Bild der signifikanten Erscheinungen.

IV.2.2 Erste Phase der Predigtpraxis

Modellpredigt der ersten Phase[781]

Bei dieser ersten Modellpredigt handelt es sich um eine Lesepredigt der Evangelischen Landeskirche der Kirchenprovinz Sachsen für einen Sonntag der Epiphaniaszeit aus dem Jahre 1959. Die Textgrundlage bildet die alttestamentliche Perikope aus dem Buch Maleachi (Mal 3, 13-20).

Das prophetische Buch Maleachi geht innerhalb der Predigtperikope dem Problem nach, ob die uralte Verheißung der Zuwendung Gottes noch Gültigkeit hat. Dabei stellt sie die Gerechtigkeit Gottes und Gottes handelndes Eingreifen theologisch in den Mittelpunkt. Das Thema des prophetischen Textes ist die alte Frage, ob sich Glaube und Frömmigkeit überhaupt noch lohnen angesichts geschichtlicher Ereignisse. Die vom Text angesprochenen Zweifel und die Zweifel des heutigen Menschen bilden für die Predigt bzw. für den Prediger und die Predigerinnen die unmittelbare Brücke zwischen dem biblischen Text und der gegenwärtigen Situation. Im Mittelteil der Predigt fallen Formulierungen auf, wie etwa: »Es kommt der Tag, da [...]«, »Tage des Gerichts«, »Opfer um des Glaubens willen«, »Gott hat einen Tag gesetzt« und »Tag der letzten Entscheidung«. Sie erinnern zunächst an prophetische Gerichtsrede überhaupt und stellen eine besondere Nähe zum Text des Propheten Maleachi her. Scheinbar spiegelt die Predigtperikope die unmittelbare und gegenwärtige Situation wider, so dass die Predigt stark am Text

---

[781] Als Beispielpredigt wurde die Predigt A4 – 1959 verwendet.

orientiert und am Text entlang gehalten werden kann. Gattungsmäßig ordne ich dieses Predigtmodell der textorientierten Heilspredigt mit einem stark eschatologischen Duktus zu.

Die ausgewählte Modellpredigt weist eine klare Gliederung in Predigteinleitung, Hauptteil und Schluss auf.

Die Predigteinleitung setzt mit Fragen ein, die eine Alltagserfahrung als Bedrängnis wiedergeben:

> »Hat es noch einen Sinn, Gott ernst zu nehmen? Hat es noch Sinn, Seine Gebote zu halten, besonders das erste? Was habe ich denn davon, wenn ich Ihm mehr gehorche als den Menschen? – nichts als Unannehmlichkeiten?«

Die Hörerschaft wird mit der Frage der Sinnhaltigkeit christlichen Glaubens konfrontiert, wie sie bereits vom Predigttext selbst vorgegeben ist. Die Beantwortung, die konsequent persönlich gehalten ist, erfolgt zunächst negativ mit Hilfe von hörerbezogenen Erfahrungen aus dem unmittelbaren Kontext.

> »Von einem Konflikt gerate ich in den anderen! Als rückständig muss ich mich verhöhnen, als Feind des Fortschritts anprangern lassen. Haben die es nicht leichter, die Gott und alles, was dazu gehört, über Bord werfen? Wer sich kein Gewissen draus macht, aus der Kirche auszutreten, hat der nicht die beste Garantie, seine Stelle zu behalten? Wer sein Kind zur Namensweihe bringt, wer es zur Jugendweihe lässt, wer es nicht zum kirchlichen Unterricht schickt, bahnt der ihm nicht den Weg ins Leben und sichert ihm die Lehrstelle oder den Platz auf der Oberschule?«

Die Benennung von konkreten Konfliktfeldern gibt den historischen Kontext dieses Predigtbeispiels wieder. Zwar ging der »offizielle« Druck gegenüber den Kirchen in Folge des Neuen Kurses, der seit 1953 die Auseinandersetzungen zwischen Staat und Kirchen bestimmte, und verschiedenen Staat-Kirchen-Gesprächen, zurück, trotzdem kommt es immer wieder zu grundsätzlichen Benachteiligungen und Bedrängnissen, z.B. bei der Frage der beruflichen Entwicklung, innerhalb des Bildungssystems etc. Die ideologischen Angriffe gegen das Christsein und gegen die Kirchen vollzogen sich auf vielfältiger Weise insbesondere in den mittleren Ebenen, in den Betrieben, Tageszeitungen und in Schulen. So heißt es z.B. in einem Aufruf eines sozialistischen Planbetriebes »Unsere großen Erfolge im täglichen Kampf um die Planerfüllung«:

> »Die Grundlage der Politik der SED ist die materialistische Weltanschauung! Dem gegenüber steht jedoch die überholte Jahrhunderte alte religiöse Weltanschauung!

> Ist hier nicht ein Widerspruch, wenn ein Teil unserer Belegschaft noch den alten bürgerlichen Ideologien anhängen?
> Viele sind aber nur Anhänger althergebrachter Traditionen, unaufgeklärt und zum Teil noch unwissend!
> Besonders von unseren Genossen und Wirtschaftsfunktionären müssen wir verlangen, daß sie bei sich Klarheit schaffen und diesen Widerspruch überwinden!«[782]

Die Charakterisierung des Christentums überhaupt und die Zugehörigkeit zu einer Kirche als bürgerlicher Ideologie beinhaltet die in der Predigteinleitung benannten Konflikte, die mit Schlagwörtern wie »rückständig« und »Feind des Fortschritts« versehen wurden. Die Begriffe *bürgerlich* und *bürgerliche Ideologie* wurden in der Propaganda der DDR stets synonym für die allgemeine Charakterisierung von Rückschrittlichkeit und veralteter Auffassung und damit für die Bezeichnung des Feindes der sozialistischen Gesellschaftsform und der materialistischen Weltanschauung gebraucht.

Diese agitatorischen Auseinandersetzungen zwischen dem Christentum und der staatlichen Ideologie in den Schulen und in den Betrieben stellten ein großes Problem dar, denn dieser Kampf vollzog sich an der Basis und in der mittleren Ebene des gesellschaftlichen Lebens. Sie machten den Alltag von Christinnen und Christen aus, dem man sich kaum oder gar nicht entziehen konnte. Das Ziel bestand darin, den Einfluss der Kirchen aus der alltäglichen gesellschaftlichen Wirklichkeit zurückzudrängen und die propagierte Ideologie als Leitbild des gesellschaftlichen und persönlichen Lebens zu entwickeln und zu festigen. Die evangelischen Kirchen hielten sich mit ihrer offiziellen Kritik zurück. Der erreichte Status quo und der durch den Neuen Kurs und die Staat-Kirchen-Gespräche erreichte Burgfrieden sollten nicht gefährdet werden. In den Predigten musste jedoch auf die unmittelbare Situation der Hörerinnen und Hörer eingegangen werden, war doch diese Form von Bedrängnis und Benachteiligung ihr Alltag und ihre Lebenswirklichkeit, in die hinein das Evangelium und Gottes Wort zur Sprache kommen sollten.
Die so in der Predigteinleitung formulierten Problemkreise, die Lebens- und Situationsfragen, werden durch die Konfrontation mit Gott auf eine Metaebene gehoben, welche die negativen Antworten stützt:

> »Und Gott schweigt dazu! Gott lässt das alles geschehen! Er lässt es tatsächlich geschehen, dass der Gottlose weiterkommt! Er greift nicht ein! Jedenfalls tut Er es nicht so, dass man sich darauf verlassen kann. Und auch was Krankheit und

---

[782] Abschrift eines veröffentlichten Aufrufes aus dem Jahre 1958 bezüglich der Propaganda für den Kirchenaustritt. Archiv der Evangelisch-Lutherischen Landeskirche in Thüringen, Akten des Landeskirchenrats – A 866/Bd. 5–6).

> Tod anbelangt, merkt man nicht, dass Gott einen Unterschied macht. Oft ist es geradezu so, dass auch in dieser Hinsicht die Gottlosen weniger zu leiden haben.«

Die Exposition der Predigt wird noch einmal verstärkt und mithilfe der Theodizee-Problematik zu theologischen Lebensfragen erhoben, die nun auf dieser Ebene beantwortet werden können. Die Überleitung zum Hauptteil der Predigt erfolgt durch eine Konkretisierung auf die Gemeinde:

> »Wie sehr diese Erkenntnis in den Herzen der Menschen Wurzeln geschlagen hat, zeigen die leeren Bänke vor und hinter uns. Wozu soll man noch von Gott hören, wenn man sich doch allein durchs Leben bringen muss? Wozu soll man noch auf Gott hören, wenn das Befolgen Seiner Gebote uns keinerlei Vor-, sondern nur Nachteile bringt? Wenn Gott doch nichts für uns tut, wozu sollen wir Ihn noch ernst nehmen?«

Die negative Beantwortung der Bedeutungsfrage nach dem Glauben wird fortgesetzt und mündet in die Aussage:

> »Es ist umsonst, dass man Gott dient.«

Bevor die Predigt zu ihrem Hauptteil kommt, verdeutlicht sie, wie gefährlich die angedeutete Argumentationslinie (Frage – Abwägung der Frage und Beispieluntersetzung – Schlussfolgerung) tatsächlich ist.
Mit dem Beginn des Hauptteils der Predigt erfährt diese eine drastische Wendung:

> »Das alles weiß Gott.«

Von der Intention einer argumentativen Überzeugungsrede wechselt die Sprache der Predigt in eine eschatologisch durchtränkte Heilsansage. Dabei geht es der Predigt bzw. dem Prediger/der Predigerin nicht um die Kritik der in der Einleitung benannten Situation, sondern um die Zusage:

> »Gott schweigt nicht zu dieser unserer Not.«

Und diese Not besteht konkret in Anfechtung, im Müde-Werden, im Zweifel und darin, Kompromisse zu schließen. Diese Notsituation bekommt im Zuge der Predigt eine theologische Qualifikation. Die Benachteiligungen und Bedrängnisse werden nicht zum Anlass offener Rebellion, sondern im Horizont des Evangeliums zu einer Art heilsgeschichtlicher Notwendigkeit.

»So gewiß Gott unser Zweifeln und Aufbegehren sieht, so gewiß sieht er auch unser Mühen, Ihm zu gehorchen. Es kann geschehen, dass das Kind die gewünschte Lehrstelle nicht bekommt, weil es die Jugendweihe ablehnte. Aber es kann gewiß nicht geschehen, dass Gott diese Treue vergisst. Es kann geschehen, dass der Mann seine Stelle verliert, weil er sich weigert, aus der Kirche auszutreten oder seine Kinder vom Christenlehreunterricht fortzunehmen. Aber niemals kann es geschehen, dass Gott diesen Gehorsam unbeachtet lässt. Im Augenblick ist das alles bitterschwer und manchmal mag es scheinen, als sei das Leben verpfuscht, als hätte man eine Torheit begangen. Irgendwie jedoch geht es weiter für das Kind und den Mann. Irgendwelche Wege tun sich auf.«

Die hier angebotene Hilfe in der Predigt zielt letztendlich auf ein Bekenntnis-Christentum, das geduldig die Ungerechtigkeit der Welt über sich ergehen lässt. Daraus spricht zugleich eine allgemeine Ohnmacht gegenüber der konkreten Lebenssituation, die sich offenbar gegen den Glauben und gegen das Christsein ausspricht. Es ist der Aufruf zum allgemeinen Martyrium gegen die Erscheinungen der Zeit, das seine Bedeutung erst durch das kommende Gericht erfährt.

»Es kommt der Tag, da die Wunde geheilt ist und man selbst das einst Geschehene gar nicht mehr so schwer nimmt. Bei Gott aber bleibt die Erinnerung an jenes Kämpfen und Siegen so frisch wie in der ersten Stunde. Und das Opfer um Seines Gebotes willen behält bei Gott das Gewicht, das es bei uns im Anfang hatte, in Ewigkeit. Er zeichnet es auf in jenem Buch, das wichtiger ist als alle Zeugnisse und Urkunden – im Buch des Lebens [...]
Ob es einen Sinn hat, mich ernst zu nehmen, wird nicht an dem offenbar, was ich jetzt mit euch tue, sondern was ich am Tage des Gerichts mit euch tun werde.«

Der grundsätzlichen Entscheidung, dass der Mensch – ob Christ oder Nichtchrist – vor Gott als Sünder steht, folgt noch einmal die Qualifizierung der um des Glaubens willen gegebenen Opfer: Bewährung in der Not und in Bedrängnissituationen als Bewährung im Glauben.

»Und nun sagt uns Gott: Ich will euch schonen. Ich will nicht ansehen, was Unrecht in eurem Leben war. Ich will nur ansehen, was ihr es euch habt kosten lassen, mich ernst zu nehmen und an mir festzuhalten in unerschütterlichem Vertrauen. Ihr sollt mein Eigentum sein, ihr, die ihr euch zu mir bekannt habt mit euren Worten und mit eurem Tun.«

Diese Glaubensbewährung erfährt nun eine klare christologische Einordnung. Der Kreuzestod Christi als Sühnetod ist der Garant dafür, »dass Er uns annehmen wird«.

> »Wie ernst Gott unsere Schuld nimmt, wie wenig Anspruch wir auf Lohn haben, das wird in der Todesstunde Christi offenbar. So sieht Gottes gerechtes Gericht aus. Aber weil Er dieses Gericht an Seinem Sohn vollzog und weil Er ihn am dritten Tage auferweckte, dürfen wir gewiß sein, dass Er uns annehmen wird, dass einmal alles gut wird.«

In der Schluss-Sequenz nimmt die Predigt noch einmal die Sinnfrage aus der Einleitung auf und löst den Predigtskopus, nämlich das Leiden um Gottes Willen, in zwei Suggestivfragen auf:

> »Ob es nicht doch einen Sinn hat, diesen Gott ernst zu nehmen, ernster als alles andere? Ob nicht doch ein zeitweiliger Nachteil um Gottes willen weit aufgewogen wird durch Sein ewiges Erbarmen an dem Tage, da die letzte und eigentliche Entscheidung fällt?«

Die Antwort wird vom Hörer bzw. von der Hörerin erwartet, nämlich ein Bekenntnis zu der beschriebenen Not und Leidenssituation als einzige und pragmatisch notwendige Möglichkeit als Christ mit dieser und in dieser Lebenssituation fertig zu werden.

Ausführungen zur ersten Phase der Predigtpraxis

Die erste Phase bilden die 50er und der Anfang der 60er Jahre. Der Duktus, die Intention und die Art und Weise der Predigten dieser Zeit zeichnet sich – soweit erkennbar – durch eine klare biblische Orientierung aus, die durch eine nicht näher zu bestimmende systematisch-theologische Fundierung gekennzeichnet zu sein scheint. Eine Konkretisierung der unmittelbaren Situation ist in weitem Maße durch eine korrekt bemühte systematisch-theologische Predigtsprache getragen. Diese Beobachtung deckt sich mit der Erkenntnis von Ernst-Rüdiger Kiesow, der eine intensive dogmatische Arbeit der Prediger nach dem Zweiten Weltkrieg konstatiert. Dabei gewinnt die Predigt jener Zeit einen stärker apokalyptisch geprägten Wesenszug mit einem Hang zur Straf- bzw. Gesetzespredigt oder einer stark eschatologischen Orientierung. Weiterhin sind die Predigten der 50er Jahre durch deutliche Formulierungen und Vergleiche gekennzeichnet, die eine Auseinandersetzung mit der propagierten Ideologie des noch jungen Staates DDR nicht scheuen. Die unmittelbare Verarbeitung und Anführung von Namen wie Karl Marx und die damit verbundene entwickelte politische Ideologie sowie Vergleiche mit Erscheinungen aus der nationalsozialistischen

Zeit bilden in dieser Zeit der Predigtpraxis keine Seltenheit. So heißt es in einer Predigt aus dem Jahre 1954:

»Das Ideal von Karl Marx war, wie er sagte, der Mensch, der Gott nichts und alles sich selbst zu verdanken habe. In der Nazizeit erklärte der Dichter Rudolf G. Binding: ›So ganz frei und ohne Gott zu leben, das ist das Wagnis und das eigentliche Geheimnis unserer Zeit.‹ Es ist immer dieselbe Platte. Es ist immer die Melodie, nach der wir alle marschieren [...]«[783]

Solche deutlichen Vergleiche und Kritiken lassen sich bei den Predigten der folgenden Jahre nicht oder nur sehr selten wiederfinden. Trotzdem bleiben die Predigten der 50er und 60er Jahre eher in einer allgemeingültigen Beschreibung und Beanstandung eines allgemeinen Zeitgeistes stehen, ohne grundsätzliche Erscheinungen der Gesellschaft und des unmittelbaren Kontextes zu kritisieren.

»Wir sind irdische Menschen. Der irdische Mensch schaut auf das Sichtbare [...] Das heißt also: Was vor uns liegt, was klar ist, was logisch ist, das gilt für uns zuerst [...]
Das sichtbare Leben hat nun einen Höhepunkt gefunden [...] Dies nennen wir heute mit dem philosophischen Ausdruck: Materialismus. Aber wir dürfen es gar nicht kritisieren, daß wir im Materialismus stehen, das ist einfach die Folge des Menschseins, wie es uns in dieser Zeit gegeben ist.«[784]

»Alles, was geschieht, geschieht dir zum Guten. Was immer sich da in der Weltgeschichte zuträgt oder in deiner Familie, in der Dorfgemeinde oder am Arbeitsplatz, in der Stadt: wir wissen, daß denen, die Gott lieben, alle Dinge zum Besten dienen [...]
Vielleicht muß unsere gottferne Welt ganz empfindliche Schläge seiner Zuchtrute einstecken. Wer Gott liebt, weiß von Jesus, daß er unser Vater ist [...]«[785]

Die Globalität der sozialistischen Gottesmacht, die das Weltgeschehen im unmittelbaren Kontext erleben lässt, ist immer wieder in den Predigteinleitungen thematisiert. Die Christengemeinde, die in dieses Weltgeschehen eingebunden ist, wird hierbei als die wissende Gemeinschaft verstanden, die sich im Anblick der Geschehnisse jedoch in Gottes Liebe geborgen zu fühlen hat. Die Ereignisse des Umfeldes werden dabei als notwendiges, von Gott gewolltes und strafendes Eingreifen verstanden.

---

[783] Predigt A2 - 1954.

[784] Predigt A5 - 1961.

[785] Predigt A1 - 1954.

Dem propagierten Menschenbild, in dem der Mensch alles aus eigener Kraft zu schaffen vermag, der auf dem Weg zu einer auf Wissenschaft und Technik gegründeten Weltordnung, einer neuen Gesellschaft ist, dem nichts verborgen oder unmöglich bleibt, wird in den Predigten an vielen Stellen der allein auf Gottes Gnade angewiesene Mensch entgegengestellt. Dieses konträre Menschenbild, das grundsätzlich schöpfungstheologisch hinterlegt und christologisch ausgedeutet ist, bleibt typisches Thema der gesamten Predigtpraxis der DDR.

> »Denen, die Gott lieben – wer kann das anders sein, als wir? Die Christen, die Gemeinde des Herrn!
> So sind wir schnell geneigt, zu sagen und uns zu freuen. Freuen sollen wir uns auch, aber nicht ohne zuvor uns von Paulus in aller Klarheit sagen zu lassen, daß wir uns solche Freude nicht durch unsere Glaubensanstrengung, durch Mühe und Treue verschaffen. Nein, Gott ist vor uns da. Sein Schenken steht vor unserem Tun [...]«[786]

In diesem Sinne ist die Gemeinde, wie auch jeder einzelne Christ zur Kreuznachfolge gerufen, und das im wirklichen Sinne des Wortes: als Sünder, abgefallener oder gefährdeter Christ, in der Grundstimmung der Demut und Buße. Dabei kommt es immer wieder zu einer Art »Christus-Identifikation«, die insbesondere das Leiden und den Leidensweg sowie das Opfer um Gottes Willen impliziert.

> »Darum gehen wir durch die Pforte des neuen Jahres auf das Kreuz zu. Es soll uns vor Augen stehen, wohl als ein erschreckendes Mahnmal, zugleich aber als Zeichen und Unterpfand einer beglückenden Wahrheit: Gott ist mit uns! [...]«[787]

> »Der Weg ist es, den wir mit ihm gehen wollen durch die Wochen des Kirchenjahres! Wir haben es nötig, diesen seinen Weg mitzugehen, nötig, wie das Allernötigste [...]
> Es geht um unser Leben! Denn er, sein Weg, sein Leben, sein Sterben, ist unser Leben [...]«[788]

Weiterhin liegt ein starker Tenor auf der Kritik der Glaubensmüdigkeit und auch der Vorwurf von geschwächter Zeugniskraft in den Gemeinden oder nicht »ernsthaft« betriebenem Christsein bzw. Christusnachfolge. Eine bewusste Glaubensentscheidung, die nach außen trägt und als »Qualitätsbeweis«

[786] Ebd.

[787] Ebd.

[788] Predigt A2 - 1954.

durchaus Benachteiligung, Verfolgung und Leiden mit sich bringt, wird gefordert. Dabei tragen diese Predigten oftmals stärker missionarische Züge.[789]

»Wie leben wir eigentlich? Ist nicht jeder unserer Tage von Anfang bis Ende angefüllt mit unserem Werk, und ist nicht der flüchtige Gedanke, den wir hier und da Gott schenken nur Bei-Werk? [...]«[790]

»Seht das Leben, das vor Gott gilt! Seht den Weg, auf dem er selbst sein Werk tut, das allein vor ihm gilt: den Weg von der Krippe ans Kreuz! Und auf diesem Wege dürfen wir dabei sein. Auf diesem Wege hat er uns bereits mitgenommen. Wir sind getauft! Das ruft unser Text heute in fast jedem Verse hinter uns her. Mit seinem festen, bestimmten Griff will uns dieses Gotteswort herumholen von den Wegen unserer Flucht hinweg von unserer Taufe [...]
Denn das heißt: ›Glaube‹. Nichts weiter als vor dem Bild des Gekreuzigten stehen und stehenbleiben und ihn nicht aus den Augen verlieren [...]«[791]

»Wir sind zum Glauben gerufen an Jesus Christus! Ach ja, da gehen bei vielen die Türen zu. Glaubensnot, das ist die Not unserer Zeit [...]«[792]

»Freilich, der Weg der wartenden Gemeinde ist der Weg des Leidens. Nichts anderes ist ihr verheißen. Je mehr aber die Weltenuhr sich der Stunde seiner Wiederkunft nähert, umso schwerer und dunkler wird der Weg der wartenden Gemeinde auf Erden [...]
Eine Zeit größter Bedrängnis, die in der Menschheitsgeschichte keine Parallelen hat, eine Flutwelle ärgster Christusfeindschaft wird sich über die Gemeinde auf Erden ergießen. Die widergöttlichen Mächte werden in einer bisher unbekannten und ungeahnten Weise auf den Plan treten und ihre brutale Macht und Gewalt an der Gemeinde ausüben, die Lästerung des heiligen Gottes wird furchtbar sein [...]
Das Toben der widergöttlichen Mächte, die Bedrängnisse, denen sie ausgesetzt ist, sind die untrüglichen Zeichen und Vorboten seines Kommens in Macht und Herrlichkeit [...]«[793]

---

[789] Friedrich Winter charakterisiert – in: Handbuch der Praktischen Theologie, Band II, Stichwort: Predigt – Missionarische Verkündigung u.a. folgendermaßen: »Die Volksmission [...] wollte getaufte Christen zur Taufe zurückführen, d.h. ihr verschwommenes Glaubensbewußtsein klären und zur aktiven Mitarbeit in der Gemeinde befreien.« F. Winter: Handbuch der Praktischen Theologie, Bd. II, Berlin 1974, 280.

[790] Predigt A2 - 1954.

[791] Ebd.

[792] Predigt A3 - 1958.

[793] Predigt A7 - 1957.

Die hier beschriebenen »widergöttlichen Mächte« spiegeln in konkreter Weise die schwierige Situation der Kirche insgesamt und der Christen wider, die im gesellschaftlichen Kontext der DDR begegneten. Die Charakterisierung und Qualifizierung jener Zeit als beginnende »Endzeit« stellt sich in den Predigten als sinnsuchende Interpretation dar, in der dem einzelnen Christen in eschatologischen Verweisen Hilfe angeboten werden soll.

> »Wenn Christen unter ihren Feinden und den Feinden des Glaubens leben, dann sollten sie eigentlich nicht sorgen und klagen, nicht zweifeln und verzagen, denn Christus heißt treu und wahrhaftig, das Wort Gottes hat sehr große Kraft, und am Ende wird es vor aller Welt offenbar, daß er allein Sieger ist. Wo Unrecht und Gewalttat ist, da wird er auch der Richter sein. Aber darum sollten sie Sorge tragen, mit Wachen und Beten, daß sie bereit sind; vor dem Richterstuhl Christi offenbar zu werden. Gewiß werden wir vor dem Richter schwer bestehen, wenn wir nicht treu bei ihm beharren, wo es schwerfällt.«[794]

Ebenfalls in den 50er Jahren und Anfang der 60er Jahre standen die Predigten unter dem Einfluss einer als notwendig empfundenen Auseinandersetzung mit wissenschaftlichen bzw. naturwissenschaftlichen Argumentationen und materialistischen Auffassungen. Diese Erscheinung findet sich jedoch im weiteren Verlauf der Predigtpraxis immer wieder und entspricht in spezifischer Form in umgekehrter Weise der Argumentationslinie materialistischer bzw. ideologischer Propaganda. Je stärker wissenschaftlich gegen Glauben in jeglicher Gestalt gesellschaftlich und ideologisch argumentiert wurde, desto dominierender waren auch die Auseinandersetzungen in den Predigten mit dieser Thematik. Diese, stärker argumentativ geprägten Predigten, kennzeichnen den Übergang zu einer neuen Phase der Predigtpraxis in der DDR.

IV.2.3 Zweite Phase der Predigtpraxis

Modellpredigt der zweiten Phase[795]
Als Modellpredigt für die zweite Phase innerhalb der Beschreibung der Predigtpraxis in der DDR wurde eine Gemeindepredigt aus dem Jahre 1972 gewählt. Sie wurde für den Sonntag Okuli erarbeitet und in einer Stadtgemeinde gehalten. Die Stellung des Predigttextes innerhalb des Kirchenjahres und der damit verbundene Kasus der Predigt sollen bei der Betrachtung weitgehend unberücksichtigt bleiben.

---

[794] Predigt A6 - 1960.

[795] Als Modellpredigt wurde Predigt B3 - 1972 verwendet.

Der intendierte Grundgedanke der Perikope (Off 5, 1-13) lässt sich formulieren als: Christlicher Glaube, der sich in der Zukunft erweisen muss. Diese Zukunft ist kein Zufall, sondern der Erweis einer rechten Haltung im Glauben angesichts jeglicher Bedrohung und Anfechtung – wie auch immer diese aussieht. Christus wird am Ende der Zeiten – also in dieser Zukunft – als Sieger und mit Macht auftreten. Seine Übernahme der Herrschaft über die Welt ist eine große (und längere) Aufgabe und gleichzeitig eine bedeutsame Herausforderung. Das Ziel ist die Befreiung der Welt, des ganzen Kosmos innerhalb eines vorbestimmten Heilsplans.

Aus homiletischer bzw. pastoraltheologischer Sicht ist die Frage bedeutsam, was der Hörer/die Hörerin bzw. jeder einzelne Christ zu diesem Handeln Gottes selbst beitragen kann. In diesem Zusammenhang bedeutet Glaube, dem gegenwärtigen Leben als Christ Sinn und Aufgabe zu geben. Der christliche Glaube will sich im Alltäglichen erweisen und darin tätig sein. Dabei zeichnet sich der aktive Glaube durch seine optimistische Zukunftshoffnung aus.

> »Wir fragen um so stärker nach dem, was kommen wird, je unklarer oder bedrängter die Gegenwart ist.«

Christen sind Menschen, die in der Geschichte mit wachen Augen leben. Sie lassen sich durch die Schrecken der Zeit(en) nicht lähmen, sondern schöpfen aus der Hoffnung, dass Gottes letzter Wille durch alle Bedrohung hindurch trägt, konkrete Glaubenskraft und den Mut, sich existenziellen Ungewissheiten zu stellen:

> »Das sind Fragen, die Christen insbesondere stellten und stellen, vor allem angesichts einer bedrohlichen Gegenwart.«

Im Hinblick auf das propagierte Weltbild des Sozialismus mit seinem Zukunftsziel eines Kommunismus stehen diese Überlegungen im Spannungsfeld alltäglicher Anfragen und Anfeindungen gegenüber christlichem Glauben und Leben. Dieses Spannungsfeld wird bereits im ausladenden Einleitungsteil der Beispielpredigt deutlich: Allgemeingültige, gesellschaftlich-agitatorische Sachinformation. Mit dem Stichwort *Prawda*[796] ist konnotativ bereits die Richtung der nun folgenden Argumentation beschrieben. Die Argumentationslinie führt über das Zitieren aus der Prawda, eine wissenschaftliche Abhandlung

---

[796] *Prawda* – politische Tageszeitung der KPdSU (Kommunistische Partei der Sowjetunion). Diese Tageszeitung erschien in der DDR und wurde regelmäßig als maßgebendes Polit-Barometer auch vom Neuen Deutschland (Tageszeitung der SED) herangezogen. Was in der *Prawda* zu lesen war, galt als politisch korrekt und offiziell zitierfähig.

über die Zukunft des (neuen) Christentums hin zum tatsächlichen Predigttext aus der Offenbarung des Johannes. Alle angeführten Texte werden zunächst schlicht nebeneinander gestellt und der offenen Interpretation durch den Hörer anheimgestellt.

> »In der ›Prawda‹ vom 14. 01. 72 stand ein Artikel [...] Ich zitiere [...] Soweit die ›Prawda‹ vom 14. Januar 1972. Viele von Ihnen kennen das Buch ›Der Wettlauf zum Jahre 2000 von Fritz Baade [...] Im Schlußteil seines Buches schreibt er: [...] Soweit Prof. Baade [...]
> Liebe Gemeinde! [...]«

Mit Günter Pilz und dem Zitat aus der Zeitschrift *Zeichen der Zeit* werden die eigene Lage und die damit verbundenen existentiellen Fragen verortet und in einen größeren, weltoffenen Kontext gestellt.

Den historischen Hintergrund der zweiten Phase der Predigtpraxis in der DDR bilden politisch-territoriale Veränderungen im Vollzug der Grenzschließung von 1961. Die Kirchen waren nun in einem stärkeren Maße gezwungen, ein eigenes Profil zu entwickeln und sich selbst zu definieren in ihrer ganz speziellen Situation als Kirche in der DDR. Die politische Zielrichtung der Regierung der DDR lag in einer aggressiv-integrativen Kirchenpolitik, wobei die Kirchen für die eigenen Zwecke instrumentalisiert werden sollten. Zwar gab es keine offizielle und offene Anti-Kirchenpolitik mehr, aber eine selektive Einbeziehung von kirchlichen Vertretern in machtpolitische Interessen des Staates sollte den Einfluss der Kirchen schwächen. Andererseits wurde auf dem Wege politischer Propaganda eine massive antikirchliche, atheistische Agitation geführt, die tiefe Einbrüche in noch vorhandene volkskirchliche Traditionen mit sich brachte.[797] Die Propaganda äußerte sich hauptsächlich in Repressalien und permanenter Einschüchterung, weniger allerdings in tatsächlichem Vorgehen gegen einzelne Christen aufgrund ihres geäußerten Glaubens. Der Glaube wurde grundsätzlich als private Sache, rückständig und wissenschaftsfeindlich definiert. Kirche wurde zu einem politischen und gesellschaftlichen Un-Ort degradiert.

Die dreifache Einstiegsphase nimmt die gegenwärtige Diskussion unter Berücksichtigung von agitatorischen Impulsen auf. Das Pro und Contra spiegelt dabei die alltäglichen Erfahrungen der Hörerinnen und Hörer wider, wobei die einzelnen Argumente mit (wichtigen) Referenzträgern besetzt sind.

---

[797] Neben den Angeboten kirchlicher Kasualien (Taufe, Konfirmation, Beerdigung) stand das Angebot Sozialistischer Feiern.

»Wir fragen alle nach der Zukunft: nach der politischen, wirtschaftlichen, persönlichen und eben auch kirchlichen Zukunft. Wir fragen um so stärker nach dem, was kommen wird, je unklarer oder bedrängter die Gegenwart ist.«

Die Charakterisierung der momentanen Situation als unklare oder bedrängende Gegenwart wird in einen historischen Kontext der alten Christenheit gestellt. Die Identifikation mit der Situation der Christen in frühkirchlicher Zeit erfolgt über den Gedanken der Bedrohung durch Verfolgung.

»So fragte damals (um 100) die Christenheit nach der Zukunft. So fragte der Seher Johannes, der einsam auf der Insel Patmos lebte. Er fragte nicht für sich, er fragte für die ganze Christenheit – angesichts der Bedrohung durch Verfolgung.«

Das Bedrohliche der Situation findet sich vor allem im Christentum ohne Zukunft, in der persönlichen Last, im Schicksal des einzelnen Christen, in der Sinnlosigkeit (christlichen Glaubens), in grundsätzlichen existenziellen Fragen zur Zukunft wieder.

Christus ist das Opfer, das sich für eine Zukunft hingegeben hat. Er ist das geschlachtete Lamm, der Knecht Gottes, Opfer für alle Menschen. Aber dadurch ist er der Sieger der Geschichte, der Machthaber mit Allmacht und Hoheit *in der* Ohnmacht und Niedrigkeit.

»Jesus ist Sieger – das ist ein Satz des Glaubens.«

Der theologische Gedanke ist nicht neu. Die angeführte Opfer- und Kreuzestheologie wird noch einmal bestärkt durch die Berufung auf Karl Barth und auf die nachvollziehbare Formel gebracht:

»Das Wort vom Kreuz ist immer beides: sich genügen lassen am Wort vom Kreuz – und bereit sein zur Kreuzesnachfolge[...] Er hat es uns ermöglicht, ihm zu folgen.«

Kreuzesnachfolge bedeutet dabei:

»Wir sind hineingenommen in den Sieg Jesu Christi, eben weil wir die Ohnmächtigen, Besiegten, mißtrauisch Beobachteten sind.«

Die Verfolgungs- und Bedrängungssituation, die jeder einzelne Christ innerhalb seines alltäglichen Kontextes erfährt, wird zum Qualitätsmerkmal wahrhaftiger und echter Christusnachfolge. Christsein in diesem Sinne bedeutet allerdings nicht Weltabgewandtheit oder Zurückgezogenheit, sondern die

Öffnung zur Welt hin. Gemeint ist eine Relevanz des Einmischens in die alltägliche Wirklichkeit.

> »Die Gemeinde Jesu Christi aber ist keine exklusive Schar, keine geschlossene Gesellschaft. Sie ist geöffnet zur Welt hin, in der Hoffnung und Erwartung, daß einmal alle Knie sich beugen und alle Zungen bekennen: Der Herr ist Jesus Christus (Phil 2,11).«

Die Predigt greift die allgemeine Ratlosigkeit, nämlich die Frage nach der gesellschaftlichen und politischen Zukunft, nach der wirtschaftlichen Entwicklung, nach der persönlichen Konstellation und eben auch der Rolle der Kirche und des Glaubens auf und setzt dieser Ratlosigkeit eine Gewissheit, eine Zukunft in die Gegenwart entgegen. Herr der Geschichte und Herr der Zukunft ist der von Gott selbst Bevollmächtigte, d.h. nicht die momentan erlebte Situation, sondern die hoffnungsvolle Zukunft, die sich nach vorn hin öffnet.

Ausführungen zur zweiten Phase der Predigtpraxis
Die 60er und 70er Jahre beschreiben eine weitere, zweite Phase innerhalb der Predigtpraxis in der besonderen Situation der DDR. Diese Entwicklung läuft parallel zur gesellschaftlichen und politisch-ideologischen Entfaltung. Die aggressiven, apokalyptischen Bilder werden von einem mutmachenden Zuspruch nach und nach ersetzt. Bleibende Überzeugung der folgenden Jahre lautete: »Gott ist nah – Gott ist da!« Die immer stärker werdende ideologische Auseinandersetzung um Christsein und Glauben verlangt auch der Predigt eine mehr auf das Diesseits bezogene, auf die unmittelbare seelsorgerische Betreuung orientierte Intention ab, die weniger zur Umkehr und Buße, als vielmehr zum Glaubensmut und auf Zuspruch gerichtet ist.

> »Schnell schleichen sich Zweifel ein, wenn Bedrängnis, Spott, Ablehnung, vielleicht gar Verfolgung übermächtig zu werden drohen. Das war damals so, das ist heute so [...] Darum mahnt der Apostel: widrige Umstände können zum Christsein gehören. Den Christen muß es nicht immer gut gehen. Christen, die es mit ihrem Glauben ernst genommen [haben], erfuhren dies zu allen Zeiten [...]
> Unser Predigtwort will uns Mut machen, trotz aller Schwierigkeiten an der Hoffnung auf Jesu Friedensreich festzuhalten [...] Verständlich wäre es, wenn das, was man uns antut, Rachegedanken in uns aufkommen läßt. Rache für Bedrängnis und Spott jeder Art steht uns aber nicht zu [...] Unsere Bitte an den Herrn sei, uns die Kraft und die Mittel zu geben, in unserer Zeit und Gesellschaft sein Werk zu tun, damit der Name Jesu Christi verherrlicht werde.«[798]

---

[798] Predigt B2 - 1974.

Die Argumentationslinien werden feiner und die biblische Sprache lässt einer rhetorisch geschärften Rede nach und nach den Vorzug, ohne selbstständig unbiblisch zu werden, d.h. die biblisch geprägte Sprache bleibt zwar stets im Vordergrund, jedoch wird sie argumentativ benutzt, um z.B. bestimmte gesellschaftliche Vorgänge benennen zu können, interpretative Parallelen aufzudecken, verwendbare Formulierungen erkennbar zu machen etc. Stark systematisch-theologisch geprägte Predigten bilden eher die Ausnahme und treten zurück. Methodisch lassen sich gewisse Ähnlichkeiten zu ideologischen Propagandareden erkennen, die geschickt in den Predigtvollzug eingearbeitet sind; die logische Argumentation im Predigtverlauf entspricht einer weltanschaulich-apologetischen Argumentation.

> »Ein grundlegender Satz der bei uns propagierten materialistischen Weltanschauung lautet: ›Die Welt ist erkennbar.‹ Wir kommen hinter alles. Wir entreißen der Natur ein Geheimnis nach dem anderen. Wo die Generation unserer Väter noch vor unerklärbaren Rätseln zu stehen schien, da haben wir längst Zusammenhänge entdeckt, Gesetzmäßigkeiten festgestellt [...]
> Gottes Geheimnis mit der Welt heißt Jesus Christus. Mit diesem Namen ist alles gesagt. Wer von diesem Namen nichts weiß oder nichts wissen will, der weiß nichts von der Welt, auch wenn er selber einen großen Namen hat [...]
> Es ist Gottes großes, wunderbares, nie zu begreifendes, nur in Staunen und Verwundern anzubetendes Geheimnis, daß er diese Welt, die nichts von ihm wissen will, sich nicht selber überläßt, daß er sie nicht dahingibt, sie nicht dem Chaos zutreiben läßt, sie nicht der Selbstzerstörung preisgibt [...]«[799]

Im Mittelpunkt steht der geschickte Umgang mit Sprache, der den biblischen Text etwas in den Hintergrund treten lässt, um einer situationsgerechten Predigt Platz zu machen: er wird zum Aufhänger, um ein praktizierbares Christsein verkündigen zu können. Die betrachteten Predigten haben vordergründig keine erschließende Aufgabe zu den Texten. Die Perikopen entsprechen mehr und mehr einer Situationsanalogie, d.h., es ist eine vollzogene Analogiesuche zu erkennen. Ein instrumentalisierender bzw. analytischer Gebrauch der biblischen Texte, der gleichzeitig als angewandter Schutzraum fungiert – denn es steht ja in der Bibel (!) – ist zu beobachten, der die gesamte Heilige Schrift in gewissen Maße zu instrumentalisieren scheint. Diese Beobachtung tritt besonders innerhalb weltanschaulicher Auseinandersetzungen in der Predigt hervor. Die Erscheinung eines ideologischen Kampfes auf der Kanzel, versteckte oder offene Aufklärung, Bestärkung der Existenz der Christen, des Glaubens etc., die Darstellung als wissende Gemeinschaft begegnet weiter auch in der dritten Phase der Predigtpraxis in der DDR.

---

[799] Predigt B1 - 1963.

»Haben wir Christen etwa keine Furcht? ›In der Welt von morgen wird die Christenheit eine verhältnismäßig ständig abnehmende Minderheit bilden‹, so urteilt ein bekannter Missionswissenschaftler. Hier die Entwicklung: im Jahre 1900 sind 34% der Weltbevölkerung ›Christen‹, 1955 sind es 31%, im Jahr 2000 wahrscheinlich nur 16%. Kennen wir das nicht im eigenen Land? Wie sieht es in vielen Dorfgemeinden aus, in den Großstädten, in den Betrieben und Schulen, in der Öffentlichkeit wie im Gottesdienst, in diesem Gottesdienst? Sind wir nicht wirklich nur eine ›kleine Herde‹? Ja, aber wie verstehen wir das? Wie sollen wir uns in der neuen Lage verhalten, überall in der Welt? Stellen wir uns den Aufgaben oder reagieren wir nur müde und traurig auf die Wandlungen der Zeit? [...]
Wir vergaßen fast, daß Glaube nach dem Wort der Bibel die wunderbare Ausnahme, das Geschenk Gottes ist.
›Fürchte dich nicht, du kleine Herde‹ – so kann nur der sprechen, der die Zeit, auch unsere Zeit, fest in seiner Hand hält [...] ›[...]Ich helfe dir‹ (Jesaja 41,1)! Gefragt – und ›gegeben‹ – wird hier also die Zuversicht, die in der Wende der Zeit Gott zutraut, daß Er zu Seinem Wort steht. ›Kleine Herde‹ – das bedeutet: Kirche als gewollte und bewußte Minderheit, eine Kirche unter dem Kreuz, eine Kirche, die kleinere Zahlen nicht zu fürchten braucht, weil sie ihrer Sendung gewiß wird. ›Kleine Herde‹ – das kann eine neue Qualität der Gemeinde bedeuten, daß in ihr einer den andern kennt und mit ihm leben will in wirklicher Bruderschaft. ›Kleine Herde‹ – das verlangt Glaubensmut, Auftragsgewißheit und Wissen um die Perspektive des Reiches. Es waren oft ›große‹ Zeiten der Kirche als sie ›klein‹ war und wurde [...]
Gerade als schöpferische, bewußte Minderheit haben wir einen Weltauftrag! [...] Es nimmt uns in tätige Teilhabe und stellt uns in die Teilnahme, auch die Teilnahme an den Leiden der Welt [...]«[800]

Situationsspezifische Erscheinungen konkreter Gemeindesituationen werden immer stärker von den Predigern aufgenommen und ebenfalls einer gründlichen Analyse und Interpretation unterzogen. Die Minderheitssituation, zu der später die Deutung der Diaspora-Situation[801] hinzugefügt wird, ist eine konkrete Reaktion auf die ständig kleiner werdende Zahl der Gemeindeglieder und Gottesdienstbesucher und wird häufig als neue Chance und als Gesundschrumpfung zu einer wahrhaftigen und auserwählten Kirche (der Zukunft) betrachtet. Ihr zur Seite wird die Urgemeinde als Idealbild gestellt, die als echte Gemeinde Gottes glorifiziert und auf die gegenwärtige Situation übertragen wird. Der Aufruf zum Bekenntnis wird zwar aufrecht erhalten

[800] Predigt B4 - 1968.

[801] Zur Problematik und Fragestellung der »Diaspora« vgl: H.-J. Röhrig: Diaspora – Kirche in der Minderheit, Leipzig 1991, E. Winkler: Gemeinde zwischen Volkskirche und Diaspora, Neukirchen 1998.

und weiterhin gefordert, gilt aber nicht mehr als Merkmal der Zugehörigkeit zur (wahren) Christengemeinde.

»Die heimlichen Zweifel, ob solche Erkenntnis auch ›stimmt‹, ob solch Wort auch für die Welt neben uns ›gilt‹, sind grundlos, weil Jesus Christus von Gott eben zum Herrn dieser Welt um uns herum eingesetzt ist. Die Enthüllung und Offenbarung dieser Herrschaft Jesu sind das einzige, was wir nicht haben, worauf wir noch warten. Nur darauf! Dies Warten allein darauf bewahrt uns mit unsern Erkenntnissen und Worten davor, in den Strudel anderer Hoffnungen oder Befürchtungen zu geraten. Unsere Tage werden durch das Warten auf den Tag Jesu Christi davor bewahrt, von den Anfechtungen der Verzagtheit oder des Leichtsinnes zernagt zu werden, so daß wir die Erkenntnis und Verkündigung von Gottes unwandelbarer Treue und Liebe ›unsträflich‹ in diese Welt tragen können – bis zu seinem Tage.«[802]

»Wir sind hineingenommen in den Sieg Jesu Christi, eben weil wir die Ohnmächtigen, Besiegten, mißtrauisch Beobachteten sind. Es fehlt nur noch die Enthüllung dessen, der jetzt als der verborgene Herr seine Gemeinde und das All regiert.«[803]

Aus der Christus-Identifikation wird der Bruder und der zur Seite stehende Christus, der um das Leid seiner Gemeinde weiß. Die wissende Gemeinde ist eine wartende Gemeinde, ohne nachdrückliche apokalyptische Beschreibung eines Weltgerichts, weil Christus eben schon – verhüllt – in dieser, seiner Welt am Werk ist.

IV.2.4 Dritte Phase der Predigtpraxis

Modellpredigt der dritten Phase[804]
Innerhalb der dritten Phase der Predigtpraxis in der DDR lässt sich ein Paradigmenwechsel beobachten. Die Evangelische Kirche in der DDR scheint im ihr vorgegebenen Kontext der gesellschaftlichen und staatlichen Wirklichkeit als Kirche im Sozialismus angekommen zu sein.

In der zu beobachtenden Predigtpraxis zeichnet sich ein Wechsel und Wandel in Mittel, Argumentation, Denk- und Weltmodell ab. Aus dieser nun scheinbar gefundenen Position als Kirche heraus konnte mit einem veränderten Duktus gepredigt werden.

---

[802] Predigt B5 - 1968.

[803] Predigt B3 - 1972.

[804] Als Modellpredigt wurde Predigt C5 - 1983 verwendet.

Als Modellpredigt für diese dritte Phase innerhalb der Systematik der Predigtpraxis in den evangelischen Kirchen der DDR soll eine Gemeindepredigt aus dem Jahre 1983 herangezogen werden. Es war das so genannte Lutherjahr, der Westberliner Regierende Bürgermeister Richard von Weizsäcker wurde in Berlin-Ost offiziell empfangen, die Themen *Frieden und Umwelt* waren aktuell und es gab eine neue Entspannungspolitik gegenüber den Kirchen. Das von Seiten der DDR-Regierung eingesetzte Lutherkomitee proklamierte eine gemeinsame Kirchen- und Weltgeschichte in der Person Martin Luthers.

Die Predigtperikope (Lk 16, 10-13) für die ausgewählte Modellpredigt ist in der geltenden Perikopenordnung[805] nicht vorgesehen und scheint eine bewusste Auswahl zu sein (Themenpredigt). Zeitlich lässt sich Lk 16, 10-13 als Predigttext eher an das Ende des Kirchenjahres positionieren.

Die Predigtperikope spricht von der Treue – im Geringen wie im Großen. Aus diesem Grundthema entwickelt der Prediger ein aktuelles Thema und die Frage nach dem Umgang mit dem eigenen Besitz.

> »Wer im Umgang mit seinem Besitz bei seinem Herrn Christus bleibt, der wird auch in Glaubensdingen bei Christus bleiben. Und wer im Umgang mit seinem Besitz Christus verleugnet, der wird auch in Glaubensdingen Christus verleugnen.«

Die Predigt beginnt mit einer klaren Exposition, in der das folgende Thema der Predigt ganz eindeutig benannt wird. Das am Anfang als harmlos bezeichnete Thema wird durch den besonderen Umgang mit dem Bibeltext und im Bezug auf den Kontext zum brisanten und politisch-gesellschaftskritischen Motiv (mit durchaus ethischen Zügen) und wird im weiteren Verlauf an konkreten Beispielen ausgedeutet. In einer ersten Ausführung aktualisiert die Predigt bzw. der Prediger das benannte (biblische) Thema, transformiert es in die für den Hörer gegenwärtige Zeit als erregendes Thema und stellt es in einen konkreten gesellschaftlichen und Lebenswirklichkeit bezogenen Kontext. Ein bestimmtes ethisches Handeln wird zur Dimension spezifisch christlichen Handelns und zum relevanten Maßstab wahrhaftiger Nachfolge.

> »Dieses Thema: ›Christus, der Herr, - und mein Besitz‹[806] ist in heutiger Zeit ein erregendes Thema! [...]

---

805 Perikopenordnung der EKD von 1978. Der gepredigte Text gehört allerdings zum Lesejahr C innerhalb der katholischen Gottesdienst- und Leseordnung für den 25. Sonntag im Jahreskreis als Evangelium.

806 Das Thema Besitz wird erst dadurch brisant, das in der gesellschaftlichen Wirklichkeit der DDR das Volks- und Kollektiveigentum vor den Privatbesitz gestellt wurde.

>›Mehr Besitz‹ – oder ›mehr produzieren!‹, dieser gleiche Ruf steht hinter der Wirtschaftspolitik der DDR [...]
>Je mehr wir reichen Völker haben wollen, um so mehr gefährden wir den Frieden [...]
>Und wir erleben, wie der praktische Materialismus der jungen Generation in die Sackgasse der Sinnlosigkeit führt.«

In wenigen Sätzen werden konkrete Konflikt- und Problemfelder und frühere Tabu-Themen benannt: Wirtschaftspolitik, Friedenspolitik, Erziehungspolitik (Kritik an der Erziehung zum praktischen Materialismus). Die intendierte Kritik an diesem gesellschaftlichen Kontext läuft allerdings parallel zu einer grundsätzlichen Bejahung und Akzeptanz der vorfindlichen Situation, bei gleichzeitig aufgezeigten Lösungsversuchen.

Ebenso gibt es eine deutliche Situationsbeschreibung, die aus der brisant-politischen Sicht ein missionarisches Aufleuchten macht. Kirche und Glauben stehen als Kasus für ein Gegenprogramm zur tatsächlichen Entwicklung und Wirklichkeit.

>»Bei dem marxistisch[en] Lösungsversuch werden alle Produktionsmittel volkseigen. Manch ungerechte Fehlentwicklungen im wirtschaftlichen Bereich sind dadurch korrigiert worden. Aber ein neues, verantwortliches Denken des Menschen gegenüber Arbeit, Geld, Besitz hat der Marxismus nicht erreichen können. Das zunehmende Locken mit dem materiellen Anreiz (Prämien) macht das Fehlen einer verantwortlichen Grundhaltung noch deutlicher.«

>»Genau das ist unsere heutige Situation:
>Der Mensch ändert sich nicht. Wissend, sehend geht er den falschen Weg. Darum läßt Gott den Anbruch seiner neuen Welt verkündigen. In diesem Gottesdienst möchte es geschehen, daß wir Altes hinter uns lassen und mit Christus das Neue, seine neue Welt wagen.«

Neben der Kritik und dem Aufzeigen tatsächlicher Fehlentwicklungen avanciert der Prediger immer mehr zum Experten: für wirtschaftliche, friedenspolitische, weltpolitische, umweltpolitische, moralische Fragen etc.. Das biblische Bild vom Menschen des Alten und Neuen Testaments als fehlerhaftem und uneinsichtigem Wesen steht gegen das propagierte sozialistische Menschenbild mit seiner einheitlichen Erziehung und dem Ziel einer entwickelten und ganzheitlichen Persönlichkeit.

Der zweite Hauptteil der Modellpredigt setzt bei der Frage nach den Folgen ein und wird damit konkret-praktisch. Aus der vorhergehenden

Politisierung und der vermeintlichen Aktualisierung des biblischen Textes werden nun konkrete Handlungsschritte dem Hörer vermittelt.

> »Wie werden wir reagieren? Wir können das eben Gehörte abtun als fromme Rederei. Dann bleibt alles beim Alten. – Wir können aber auch reagieren wie der kluge Haushalter [...] Er verheimlicht sich nichts, er täuscht sich nicht selber, sondern sehr sachlich und sehr zielbewußt reagiert er auf seine neue Situation. Ob wir Christen noch die Kraft haben werden, auf die neue Situation[807] zu reagieren?«

Christsein versteht sich als eine bewusste Lebensführung mit Außenwirkung und wird mit ganz praktischen Verhaltensweisen, unter dem Blickwinkel des konkreten biblischen Textes neu beleuchtet, definiert und als Gegenposition auf ein spezifisch christliches Fundament gestellt. Die eigentliche (zunächst politisch motivierte) Textpredigt wird auch an dieser Stelle zur konkreten Themenpredigt zu Fragen des Verhaltens in Alltagswirklichkeiten.

> »Allein Christus, der Herr, hat mir zu sagen, was ich mit meinem Besitz anfangen soll [...] Den anderen Umgang mit meinem Besitz müßte man mir anmerken [...] Christen können heute die revolutionärste Kraft sein [...]«

Ein Christ soll sich dabei nicht als Gegenspieler oder Kontrapunkt zu der gegebenen Situation und Lebenswirklichkeit verstehen, sondern als aktiver Gestalter im erlebten und wirklichen Kontext. Die in den vorangehenden Phasen oftmals zu beobachtende antonyme Denk- und Argumentationsweise bewegt sich in dieser dritten Phase der beobachteten Predigtpraxis latent zu einer konformen Auseinandersetzung in der Situation.

> »Es gibt keine christliche Wirtschaftslehre. Man kann nicht sagen, daß die sozialistische oder die kapitalistische Wirtschaftsform christlicher sei. Sondern in der jeweiligen Wirtschaftsform sollte das eben Notwendige verantwortlich vor Christus bedacht werden.«

Mit dem Hörer werden aus dem Text Wege und Lösungen gesucht, gefunden, angeboten und als praktische Lösung aufgezeigt. Nicht das »fatale« Abfinden mit der vorfindlichen Situation, sondern die Aktivierung der eigenen, aus dem Christsein resultierenden Kräfte werden abgefragt und gefordert.

---

807 Diese neue Situation ist die mit der Formel *Kirche im Sozialismus* beschriebene Situation.

> »Ich tue das auch, was ich durch Christus als richtig erkannt habe. Man möchte mir abspüren, daß ich konsequent bin. – Es ist auffällig, daß viele Nichtchristen heute genau so denken wie wir Christen [...]
> Was Christus uns heute in unserer Situation deutlich macht, ist allgemein logisch und einleuchtend, das einzig Vernünftige. Ebenso wie in der Friedensfrage der Atompazifismus das einzig Mögliche und logisch Einleuchtende ist. Nur: Wer tut es denn konsequent! – Diesen Mut, mit Christus das eben noch Ungewohnte doch zu tun, den sollte man uns abspüren. Ein Stück Ehrlichkeit, Vertrauenswürdigkeit!«

Trotz alledem gehören Christen zu den Andersdenkenden und sind von daher etwas herausgehobener aus der Wirklichkeit. Dieser Sonderstellung und dem damit verbundenen hohen Anspruch an das Christsein folgt allerdings auch eine besondere Verantwortung, die dem einzelnen Christen auferlegt wird. Dabei beschreibt das Christsein eine konkrete Alternative zur Kontextsituation und Lebenswirklichkeit.

> »Uns Christen ist ein tieferes Wissen um unsere heutige menschliche Situation gegeben. Wir könnten genauer unsere heutige Krise erkennen und entsprechende Konsequenzen ziehen [...]
> Jetzt sind wohl die Christen an der Reihe, die dämonische Kraft des Mehrhabenwollens zu erkennen, zur gerechten Verteilung der Güter in der Welt sich unter Opfern einzusetzen.
> Es ist immer wieder die gleiche Antwort: Die Gemeinde hört wohl, wie heute. Aber zu einem ersten praktischen Schritt in diese Richtung fehlt der Mut. Denn es wäre ein Wagnis mit Christus [...]
> Wir Christen haben heute diesen Auftrag für unsere Welt. Ich habe Angst, daß wir versagen und schuldig werden an unserer Welt!«

Nicht mehr allgemein, sondern ganz gezielt und sehr deutlich ruft der Glaube in dieser Welt den einzelnen Christen wie auch die ganze Gemeinde zu einer angemessenen Reaktion auf.

Ausführungen zur dritten Phase der Predigtpraxis

Mitte der 70er Jahre ist es möglich, innerhalb des Predigtvollzuges einen Paradigmenwechsel zu beobachten, der eine dritte Phase einleitet, die zeitlich etwa bis zum Ende der 80er Jahre angesetzt werden kann. Mit dem Beginn des politischen Umbruchs in der DDR entsteht eine ganz eigene Predigtsituation, die an dieser Stelle unberücksichtigt bleiben soll.[808]

---

[808] Vgl. dazu: K.-H. Kandler: Situationsbezogene Verkündigung, Leipzig 1996.

Zunächst muss festgestellt werden, dass der geschickte Umgang mit Sprache und dem Wort, eine geschärfte und feine Rhetorik erhalten bleibt und an vielen Stellen ausgebaut wird. Die sogenannte Alltagssprache übt in zunehmendem Maße stärkeren Einfluss auf die Sprache der Predigt aus, ohne jedoch überwiegend plagiatorisch zu wirken. Diese Beobachtung trifft zum einen auf die Wortwahl und insbesondere auf Sinn- und Sachzusammenhänge zu. Allgemeine Begriffe aus der politischen[809] Diskussion und Propaganda werden aufgegriffen und teilweise mit christlichen Inhalten neu gefüllt. Sowohl in den Predigteinleitungen als auch im gesamten Verlauf der Predigt kommt es zu Auseinandersetzungen mit atheistischen und politischen Themen und Fragen aus dem erlebten Kontext (Lebensalltag, Lebenswirklichkeit). Teilweise werden propagandistische Argumentationslinien aufgegriffen und verarbeitet und bewusst konträr nebeneinander gestellt.

»›Gestern ist vorüber, morgen ist noch nicht da, heute hilft der Herr‹. Es wäre ein glückliches Neues Jahr, wenn wir vom ersten Tage an so leben könnten. Aber wer kann so leben? Alles, was das Jahr 1973 bringen wird, ist eingeplant im Staat, in der Wirtschaft, auch in der Familie, auch in der Kirche. Die Termine liegen fest. Auf den Menschen kommt es an. Mit seiner Kraft wird er die geplanten Aufgaben bewältigen. Dabei machen wir eine Beobachtung an uns selbst und an Menschen in unserer Umgebung. Die *Absicherung* durch eine einkalkulierte Zukunft, das Wissen, es kommt alles auf mich an, gibt dem Menschen keine *Sicherheit*. Sondern er hat Angst vor Anforderungen oder Menschen. Zumeist aber ist es eine namenlose, undefinierbare Angst vor dem Leben überhaupt.«[810]

»1930 schrieb Erich Kästner am Schluß seines Gedichts ›Dem Revolutionär Jesus zum Geburtstag‹:
›Die Menschen wurden nicht gescheit.
am wenigsten die Christenheit,
trotz allem Händefalten.
Du hattest sie vergeblich lieb,
Du starbst umsonst. Und alles blieb
beim Alten.‹
Paulus schlägt im 5. Kapitel seines Briefes an die Römer ganz andere Töne an. Wer hat denn nun recht? Paulus? Erich Kästner?«[811]

809 Wenn hier von politischer Diskussion gesprochen wird, so wird stets die damit verbundene ideologische Komponente mitbedacht bzw. mitgedacht werden müssen.

810 Predigt C1 - 1973.

811 Predigt C2 - 1974.

»Ist das nicht manchmal zum Verzweifeln, wenn man das kleine Häuflein betrachtet, das sich heute hier versammelt hat, um Gottes Wort zu hören? [...] Ja – es sind immer kleinere Zahlen. Am 12.7. dieses Jahres waren drei große Veranstaltungen, die viele Leute anzogen: 1.) Jubiläumsrennen auf dem Sachsenring mit Motorrädern. Es kamen 150 000 Zuschauer. 2.) Flugschau auf dem Flugplatz Magdeburg. Es kamen 125 000 Zuschauer. 3.) Katholikentag in Dresden. Dort aber waren nur ein paar Tausend – wohl 10 oder 20 tausend Menschen, kaum 10 % der anderen beiden Veranstaltungen. Heute sind wohl nur 1-2 % der Dorfbevölkerung hier. Das soll privilegiert – auserwählt – sein? Kann man da nicht verzweifeln? – Ich sage entschieden: Nein! Das ist nicht zum Verzweifeln, sondern zum Freuen [...]«[812]

Theologische Probleme und Fragestellungen treten häufig in den Predigten hervor und werden in bestimmte globale Zusammenhänge gebracht; Sachbegriffe erhalten eine scheinbar neue bzw. akzentuierte Neu- und Umwertung. Zu diesen Begriffen, die teilweise zugleich prägendes Thema einer Predigt sein können, gehören: *Schöpfung, Frieden, Freiheit, Mitmenschlichkeit, Umgang mit Andersdenkenden, Toleranz, Glaubwürdigkeit* und *Präsenz, Glaubensmut* und *Glaubenstreue* etc.

Eine als notwendig erachtete politische Aufklärung, ideologische Auseinandersetzung, der Aufruf zur Zivilcourage, zu gesellschaftlicher Einmischung und Aktivierung begegnen in den Predigten – insbesondere in den späteren Jahren der dritten Phase – häufiger und prägnanter. Ebenso wird auf signifikante Erscheinungen des Kontextes gesellschaftlicher Wirklichkeiten deutlicher und flexibler reagiert, zuweilen wird auch interpretiert.

»Unsere Kirche gibt uns an diesem Sonntag ein Stichwort zum Nachdenken, das einige von uns wohl nur sehr zögernd aufnehmen werden. ›Ist es möglich, so viel an euch ist, so habt mit allen Menschen Frieden.‹ Einige werden dieses Stichwort ›Frieden‹ nicht deswegen zögernd aufnehmen, weil es uns nichts bedeutet, im Gegenteil, sondern wir haben Hemmungen, heute darüber wieder schon zu reden, weil wir fürchten, dass dieses für uns so wichtige Wort erhebliche Abnutzungserscheinungen aufweist. Wir lesen, wir reden, wir singen, wir beten, wir predigen so oft über Frieden, dass zu befürchten ist, dass dieser Begriff, der hoffentlich nicht nur Begriff ist und bleibt, dass dieser Begriff sich zu einer toten, blutleeren Formel entwickeln könnte.

Und wir nehmen das Stichwort auch deswegen zögernd auf, weil einige Nachdenkliche unter uns längst bemerkt haben, dass dieser Begriff auf der Welt keineswegs eindeutig ist. Wir haben es erlebt, dass Menschen meinten, etwas für den Frieden zu tun, und sie haben dadurch Unfrieden verstärkt. Wir haben erlebt, dass Leute

[812] Predigt (5. Mo 7, 6–12) - 1987.

das Wort ›Frieden‹ im Munde führen und dabei Unfriedliches tun können. Wir sind ein wenig ängstlich geworden gegenüber diesem Begriff [...]
Aber heute lasst uns über den Frieden innerhalb eures eigenen Einflussbereiches, nicht über Weltpolitik und Rüstungsspirale, sondern über den Frieden in dem Bereich, in dem ihr lebt und zwar auch dort nur über Fälle von Konflikten, bei denen es euch möglich ist, Frieden zu halten.«[813]

»Unsere Glaubensgewissheit bewahrt uns vor falscher Friedenserwartung. Das Wort Frieden ist heute missbraucht und geknechtet wie kein anderes. Menschen operieren damit nach eigenem Willen. Wir wollen uns an unseren Text klammern. Er sagt: Die Verbindung mit Jesus schafft Frieden! Frieden haben wir nicht in uns selbst. Da sind Unruhe und Selbstbehauptung die stärkeren Machtfaktoren. Frieden haben wir in Jesus.
Ich bin von Jesus angenommen, so, wie ich bin, das ist Frieden. Mit Jesus kann ich sagen: Ich bin nicht allein, der Vater ist bei mir, das ist Frieden.
Diese Gewissheit macht uns fähig zu neuem Denken und Handeln. Jesus hat es uns vorgelebt. Seine Worte, seine Taten, sein Umgang mit den Menschen sind ganz von der Gemeinschaft mit dem Vater bestimmt. Er hat Frieden und er stiftet Frieden.
Uns hat er mit hineingenommen in die Gemeinschaft mit dem Vater. Wir haben Frieden und wir können Frieden stiften. Wir wollen versuchen, seine Fußspuren zu folgen.
Nicht für sich selbst da sein, sondern für andere - gibt Frieden. Nicht der bequeme Weg, sondern Hingabe, Aufopferung - gibt Frieden. Vergebung und Versöhnung - gibt Frieden. Nicht Sorgen, sondern Beten - gibt Frieden.«[814]

»Wir saßen neulich in einem Kreis von jungen Eltern zusammen und sprachen von der Beteiligung unserer Kinder an sozialistischen Veranstaltungen[815]. Man meinte: Wir müssen Rücksicht nehmen auf die Nerven unserer Kinder, auf ihre Selbstsicherheit, auf die Berufsangst, auf das Gerede der Leute usw. Anstelle der vielen Gesichtspunkte möchte für uns das erste und entscheidende Motiv sein: Allein Christus, der Herr, weist mich ein!«[816]

Innerhalb der dritten Phase der beobachteten Predigtpraxis in der DDR ist zu fragen, ob es nicht an einigen Stellen zu einer eigenen bzw. eigenartigen

---

[813] Predigt C7 - 1984.

[814] Predigt C1 - 1973.

[815] Gemeint sind an dieser Stelle insbesondere organisierte Nachmittage der *Jungen Pioniere* oder der *Freien Deutschen Jugend* o. ä. im Rahmen außerschulischer Veranstaltungen, die im Grunde obligatorisch waren.

[816] Predigt C5 - 1983.

theologischen Besinnung unter dem Einfluss jener gesellschaftlichen Wirklichkeit der DDR gekommen ist, die eine situationsbezogene und reale Predigt zu dieser Zeit erst ermöglichte. Von dieser Plattform einer eigenen theologischen Ethik, einer biblisch-theologischen Interpretation o.Ä. aus der unmittelbaren Situation heraus wurde dann gepredigt mit dem Ziel einer lebbaren oder vertretbaren Handlungsanweisung. D.h. auch in dieser dritten Phase ist ein postulierter Pragmatismus als Grundlage und Motivationselement erkennbar bzw. vermutbar. Vielleicht sogar in einem viel stärkerem Maße als in den vorangegangenen Phasen der Predigtpraxis.

»*Wie werde ich mit der Bosheit des anderen Menschen fertig?*
Dazu will der Text uns einiges sagen. Wir kennen solche Augenblicke der Empörung: Ich verstehe den anderen nicht, ich schimpfe und verurteile ihn, rede mit anderen über ihn, habe das Gefühl, Recht zu haben. Mein ICH bläht sich stark auf, ich bekomme einen roten Kopf.
Wie werde ich dann mit der Bosheit des anderen Menschen fertig?
Bei Paulus fällt uns ein wohltuender Realismus auf. Er verschönert nichts. Er rechnet damit: Das Böse ist da, steckt in uns allen. Und wenn ich hundertmal zum Gottesdienst gegangen bin, es bleibt doch in mir. Der Erziehungsoptimismus unserer sozialistischen Schulen verdeckt diesen Ernst. Das Böse ist auch in unserer Gesellschaft, es steckt auch in unserer Gemeinde. Da hilft kein noch so frommer Selbstanstrich.
Wie werden wir mit der Bosheit in mir und im anderen Menschen fertig?
Drei Hinweise aus unserem Text wollen wir bedenken:
1. Haltet euch nicht selbst für klug.
2. Gebt Gott Raum!
3. Dient einander!«[817]

»Das Thema dieses Gottesdienstes heißt: Ich kann meinen Feind lieben [...]
Laßt das Böse ruhig links liegen. Beschäftige dich nicht mit den bösen Worten. Das Böse läuft sich dann von allein tot. Aber laß nicht den Menschen, der das Böse getan hat, links liegen! [...]
Ich möchte Ihnen zwei einfache Vorschläge für Ihren nächsten Konfliktfall machen:
1. Sich hinsetzen und nachdenken.
2. Mit Jesus in der Gemeinde das bessere Verhalten einüben [...]
Das war also der erste Vorschlag: Sich im Konfliktfall hinsetzen und nachdenken, bis der Teufelskreis des Bösen durch diese Liebe in mir durchbrochen ist.

[817] Predigt C6 - 1984.

Der andere Vorschlag: Mit Jesus in der Gemeinde das bessere Verhalten einüben. Es fällt uns Christen oft schwer, das als richtig Erkannte auch in die Tat umzusetzen [...]

Müßte man heute nicht gemeinsam mit der Gemeinde bedenken: Wie kann ich Konflikte lösen; wie kann ich meine Kinder gewaltfrei erziehen; wie stelle ich mir Zivilverteidigung ohne militärische Erziehung vor; wie kann ich einen persönlichen Friedensvertrag mit Christen in anderen Ländern schließen? Allein komme ich in solchen Fragen nicht weiter.«[818]

Zu der gepredigten Situation, die zum Ende der zweiten Phase deutlich zu erkennen ist, tritt nun die Situation des Hörers in einer neuen Qualität hinzu. Der Situationsbeschreibung, die sich als bedrohte Gegenwart, als Glaube im Kontext weltlicher Herausforderung darstellt, folgt nun die Überlegung einer angemessenen Reaktion aus biblisch-theologischer Motivation heraus.

»›Wovon wir reden, das ist dennoch Weisheit,‹ sagt Paulus. Erstaunlich, wie gerade in den letzten Jahren Politiker von dieser Weisheit Gottes gelernt haben. Ohne Jesu Gebot der Feindesliebe, der Anerkennung des Andersdenkenden[819], gibt es keinen Frieden. Das hat man bei Jesus lernen können. Und mancher muß rückschauend bekennen: Hätte ich am Sonntag doch mal Pause gemacht, ich wäre gesund geblieben! Hätte ich doch von Jesu vergebender Liebe für meine Ehe gelernt! Hätte ich doch meinen Kinder diesen Lebenssinn vorgelebt!

›Wovon wir reden, das ist dennoch Weisheit!‹

Sieh dir diesen Jesus an, meint unser Text: Dann hast du den Weg der göttlichen Weisheit vor Augen und kannst auf deine Weisheit verzichten.

Mut will uns der Text machen, uns der Weisheit Gottes anzuvertrauen [...]

Haben Sie einmal erlebt, wie Sie in einer Umgebung von andersdenkenden Leuten doch mal ein Wort zur Richtigstellung sagen mussten? Sie konnten nicht schweigen. Und Sie haben es mit Zittern herausgebracht. Und später erfahren Sie: Gott hatte einem das Ohr geöffnet. In meiner Schwachheit ist seine Kraft mächtig.820 – Sind das nicht Sternstunden in meinem Leben, solche Erfahrun-

---

[818] Predigt C8 - 1985.

[819] Die Begrifflichkeit »Andersdenkender« oder »andersdenkende Leute« wird in den späteren Jahren synonym für Christ – Nichtchrist, der Kirche zugewandt und von ihr abgewandt, verwendet. Auch wenn hier von »Andersdenkender« oder »andersdenkenden Leuten« die Rede ist, sind damit politisch bzw. ideologisch Andersdenkende gemeint – Freunde, Bekannte, Arbeitskollegen usw., die der Kirche und dem Glauben eher fern stehen.

[820] Im Originalskript der Vorlage für diese Lesepredigt heißt es an dieser Stelle: »Oder es kann auch mal gewesen sein, dass wir in einer Gruppe ganz anders denkender Leute uns getrieben fühlten, ein weiterhelfendes Wort von Christus zu sagen. Nur mit Zittern

gen: Es lohnt sich, hinzugehen zum anderen und Jesu Liebe weiterzugeben, vielleicht unter Nachteilen, aber durchzuhalten in der Kraft Jesu.«[821]

Viel stärker als in den früheren Phasen lässt sich beobachten, dass aus dieser *Situations*predigt immer häufiger eine Themenpredigt wird, wobei innerhalb bzw. parallel zu äußeren gesellschaftlichen Erscheinungen Themen wie eben Gerechtigkeit, Schöpfung und Umwelt, Lebensweise, Frieden etc. oder auch Sonntagsheiligung, Ehe und Erziehung durchschimmern. Zum größten Teil sind diese Themen politisch, zumindest jedoch gesellschaftlich motiviert. Der Predigttext wird dabei durchaus als Begründung und Fundus der benannten Bereiche herangezogen. Die Themenbereiche sind dabei trotzdem nicht aus der bloßen Situation extrahiert, sondern als Thema wird – um mit Friedrich Winter zu sprechen – Folgendes begriffen:

> »Es ist die (dem Textskopus entnommene, homiletisch verarbeitete) hörernah formulierte Hauptaussage einer Zeugnisrede.«[822]

Der Schwerpunkt liegt hier bei hörernah, nämlich bei unmittelbaren Lebenswirklichkeit, der Situation oder dem Kontext.

Eine weitere, bereits benannte und auffällige Thematik umfasst den Bereich *Glaubensschwachheit* bzw. *Glaubensgewissheit*, die immer wieder im Mittelpunkt der Predigten steht. Zu beachten ist dabei der häufige Umgang mit und der nahtlose Übergang von biblischer und gegenwärtig-realer Wirklichkeit, die Übertragung von der persönlichen zur biblische Ebene:

> »Wir haben unsere persönliche Entscheidung getroffen für den Glauben an Jesus Christus. Auch Petrus fühlte sich sicher und versagte, verleugnete. Die Stunden werden uns im neuen Jahr nicht erspart bleiben, in denen wir merken, dass wir mit unserer Glaubenssicherheit auf schwankenden Beinen stehen. Hier fehlt der Mut, im Alleingang die Füße auf den Weg des Glaubens zu setzen. Dort fehlt der Mut zum Wagnis, notwendige Schritte im Glauben zu verantworten.
> Wir sind verbunden in der Gemeinschaft mit anderen Gläubigen. Als Petrus in der Entscheidung steht, ist er allein. Als Jesus am Ende ist, haben ihn alle Jünger verlassen. Wenn die Stunde der Entscheidung kommt, werden wir auch allein sein. Die persönliche Entscheidung, die Verbundenheit in der Gemeinde geben unserem Glauben keine Sicherheit.

---

haben wir es herausgebracht. Und stellten später fest: Gott hat doch dabei etwas wachsen lassen. In der Schwachheit ist seine Kraft mächtig!« (Predigt C 9^{Original} - 1988).

821 Predigt C9 - 1988.

822 F. WINTER: Die Predigt, in: Handbuch der Praktischen Theologie, Bd. II, Berlin 1974, 265.

> Die Gewissheit unseres Glaubens ist allein die Gewissheit Jesu [...] Deshalb haben wir Mut! Deshalb sind wir stark, trotz der Angst! Nicht *wir* werden oder müssen die Welt überwinden. Aber *Jesus* hat die Welt überwunden. Das ist die Gewissheit unseres Glaubens.«[823]

Blieb bei den Predigten in den ersten Phasen oftmals eine gewisse missionarische Dimension offen, tritt nun an diese Stelle eine klare Adressatenschaft. Die Hörerschaft ist in vielen Fällen nicht mehr allgemein gefasst, sondern zielt bewusst auf den einzelnen Christen bzw. auf die Gemeinde, die sich als Gemeinschaft von Christen versteht. Es kommt zu einer Art Dreifachstruktur aus:

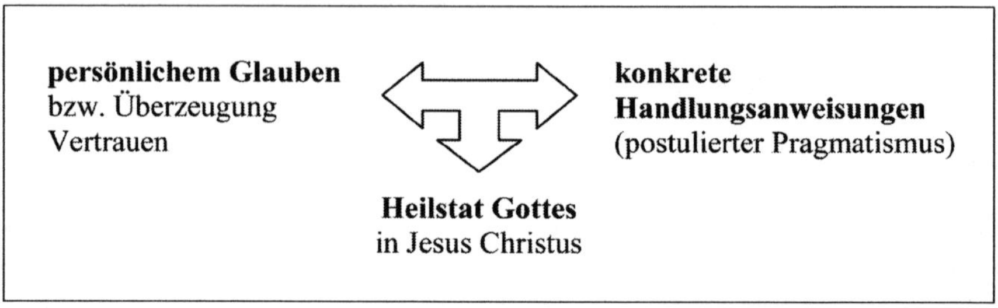

Die gleichsam erfolgende Beruhigung des christlichen Gewissens ist verbunden mit einem Appell zum (glaubenden) Vertrauen auf die Heilstat Gottes in Jesus Christus und einer konkreten, auf das Dieseits bezogene Handlungsanweisung. Aus dem Bruder Jesus wird der als Vorbild stehende Christus, der zugleich Interpretationsfaktor bestimmter Wahrheiten wird.

> »Solche Gewissheit bewahrt uns vor falscher Welteinschätzung. Unsere Welt ist Gottes Welt. Wir tragen für sie Verantwortung. Was in unseren Kräften steht, wollen wir für sie tun. Wir werden für sie beten. Wir wollen handeln, wo wir gebraucht werden. Wir müssen – erwünscht oder unerwünscht – für sie denken, uneigennützig, verantwortlich und kritisch. Unsere Welt ist von Gott geliebt. Es ist unsere vordringlichste Aufgabe, Zeichen der Liebe Gottes zu entzünden, wo es in der Welt dunkel ist. Wir werden dabei unerwünschte Helfer bleiben. Denn die Welt hat auch ihre andere, von Gott gelöste Seite. Sie will uns absolut vereinnahmen. Menschen wollen unsere letzte Instanz sein. Unsere letzte Instanz ist und bleibt aber allein der Herr. Damit werden wir bei unserem guten Willen in der Welt nicht anerkannt sein und in Bedrängnis geraten. Und trotz aller Bedrängnis werden wir weiter so denken und handeln. Denn wir sehen den Menschen heute gefährdet durch Terror und Diskriminierung bis hin zur Bedrohung des Lebens der ganzen Menschheit.«[824]

---

[823] Predigt C1 - 1973.

[824] Predigt C1 - 1973.

> »Jesus nimmt mich mit auf seinen Weg zu den Menschen, denen er helfen will. Er macht mir die Augen auf für den Jugendlichen, dem Liebe und Sinnerfüllung fehlen. Er nimmt mich mit zu dem einsamen Alten, öffnet mir das Gespräch mit dem Andersdenkenden.«[825]

Ebenso lassen sich klare Äußerungen bezüglich des Kirchenbildes beobachten.[826] So wird die Situation der Kirche in der DDR (im Sozialismus) auch hier zum Maßstab eines gelebten Christseins genommen. Der Weg der Kirche ist eben der Weg der Kirchen bzw. der Gemeinden in der DDR: Kirche als Diasporakirche, als Minderheit, als geschützter Raum, als bedrängte, als kämpfende Kirche und damit als wahre Kirche.

> »Sieh dir den Paulus an, deine Kirche, deine Gemeinde! So ist Gottes Weisheit unter uns. In unserer Schwachheit will er stark werden.
> Unsere Kirche ist eine Minderheit in unserem Land geworden. Stellt sie trotzdem eine Macht in unserer Gesellschaft dar? Die Kirche hat immer wieder lernen müssen, dass sie nur das Wort von der Liebe Christi für jedermann hat, dass sie keine Macht in unserer Gesellschaft zu beanspruchen hat, es sei denn, dass Christus in ›Erweisung des Geistes und der Kraft‹ seinem Wort Macht und Einfluß verleiht.[827] Wir Christen haben als ohnmächtige Diener nur das Wort. So will es Gottes Weisheit.
> Und er will, dass seine Diener mit diesem Wort aus dem Schutz ihrer Kirchemauern ausziehen und einwandern in die Welt, in den Alltag, in die ganz anders gearteten Gruppen. So wie Jesus zu den ganz Anderen gegangen ist, ihnen seine Liebe geschenkt hat, darunter Nachteile erlitt und doch durchgehalten hat.«828

---

825 Predigt C10 - 1989.

826 Vgl. dazu auch die Beobachtungen aus der Phase I und Phase II: Kirche als Ort der wartenden Gemeinde; als Ort der »Kleinen Herde«; Kirche als gewollte und bewusste Minderheit, die dadurch Qualität gewinnt; die ohnmächtige Kirche.

827 In der Bearbeitung als Lesepredigt steht an dieser Stelle: »Sieh dir deine Kirche an, wenn du Gottes Weisheit besser erkennen willst. Du wirst dort erkennen, dass unsere Kirche in unserer Gesellschaft ohne Macht sein muß. Sie hat nur das Wort Christi.« (Predigt C 9 - 1988).

828 Predigt C9[Original]-1988.

IV.3 Auswertung der methodischen Untersuchung

VI.3.1 Vorbemerkungen

Mit dem Beginn der Reorganisation auf dem Gebiet der ehemaligen DDR unmittelbar nach Kriegsende und des späteren Aufbaus eines neuen Gesellschaftssystems und dessen politischer Struktur, entwickelten sich auch bestimmte Vorgänge im Predigtvollzug. Die Erfahrungen aus der Kriegs- und unmittelbaren Nachkriegszeit, die allgemeine Notlage und der Wiederaufbau (materiell wie ideell) beeinflussten die homiletische Arbeit und die Predigtpraxis. Diese Predigten, die insbesondere auf die Erfahrungen des Kirchenkampfes zurückgreifen konnten und dieses auch taten, zeichnen sich weitgehend als Textpredigten aus829. Es wurde versucht, (bewusst) die gegenwärtige Zeitgeschichte vom Evangelium her zu deuten, die »christologische Mitte« des zu verkündigenden Textes zu suchen und das Unrechtsbewusstsein des Einzelnen und der Hörergemeinde insgesamt zu sensibilisieren. Hinzu trat, so Alfred Niebergall, ein gewisser politischer Charakter dieser Predigten.

> »Dies betrifft vor allem die Predigt unmittelbar nach dem Jahre 1945, als es gilt, mitten im Zusammenbruch eines bis dahin bestehenden Systems das Verhältnis des Christen zu Volk und Staat, zu seiner persönlichen Umwelt und der Völkerwelt zu ordnen. Über die schon immer bestehende seelsorgerliche Verantwortung und pädagogische Verpflichtung gegenüber der Gemeinde hinaus zeigen sich Ansätze dazu, daß die Predigt selbst an der Gestaltung der Verhältnisse realen Anteil nehmen und damit ein politisches Phänomen werden möchte.«[830]

Dieser Aktionismus, der einen solchen politischen Eifer und eine derartige Motivation hervorgebracht hatte, scheint sich jedoch zunächst sehr rasch wieder zu verlieren. Die Ursachen dafür sind sicherlich in dem Verlust der erhofften gesellschaftlichen Rolle der Kirchen zu suchen. In der Einleitung einer der ersten Ausgabe der *Göttinger Predigt-Meditation* nach 1945 spricht sich Wolfgang Trillhaas innerhalb seiner Überlegungen über die Zurüstung zur Predigt dafür aus, dass bei der Predigtvorbereitung an die Hörer zu denken ist und unterscheidet dabei zwischen Lage und Hörer an sich:

> »An den Hörer denken, ist deshalb etwas anderes als an die ›Lage‹ denken und für sie predigen. Sei es nun die ›kirchliche‹ Lage oder die politische oder die

---

[829] Vgl. dazu die Ausführungen bei A. Niebergall: Die Geschichte der christlichen Predigt, in: Leiturgia, Band 2, Kassel 1955.

[830] A. Niebergall: Die Geschichte der christlichen Predigt, in: Leiturgia, Band 2, Kassel 1955, 348.

wirtschaftliche, immer geht eine diese Lage bedenkende Predigt ins Impersonale. Nur soweit sich die Lage in der Existenz des Einzelnen spiegelt und kundgibt, ist sie wichtig. Die Predigt muß in jedem Falle ›per Du‹ gehen.«[831]

Diese Forderung Wolfgang Trillhaas‹ scheint sich zu erfüllen, betrachtet man das Predigtmaterial Ende der 40er und Anfang der 50er Jahre. Eine Reflektion der Situation erfolgt eher nach innen, d.h., es ist ein »Zug zur Verkirchlichung«832 zu erkennen. Innerhalb dieser Verkirchlichungstendenz entwickelt sich in den folgenden Jahren immer stärker eine persönliche Predigt, die zunächst den Hörer in seiner Schuldhaftigkeit und Entscheidungsfrage anspricht, aber auch seine konkrete (Not-) Lage aufzugreifen versucht. Diese (Not-) Lage wird als Glaubensnot im Allgemeinen und Konkreten charakterisiert.

Wie bereits dargestellt, lassen sich innerhalb der Predigtpraxis in der DDR drei Phasen herauslösen, die nicht stringent abgeschlossen sind, sondern überlappend in Erscheinung treten.

Die Überlegungen innerhalb der ersten Phase gehen davon aus, dass der Mensch mit der Annahme oder Ablehnung des ihm gepredigten Wortes zwischen der allgemeinen Situation des Menschen vor Gott steht, nämlich unter dem Vorzeichen von Gericht und Gnade. Als Verständnishilfe könnte das Gleichnis vom vierfachen Acker dienen. Jedoch geht die Verkündigung der Kirche nicht von einem abstrakten *homo homileticus* aus, sondern trifft den Menschen in seinem Heute und Hier. Darin besteht die Vollmacht des Evangeliums. Die Aufgabe der Verkündigung ist es, den Menschen in seiner konkreten existentiellen Situation zu treffen. Die seelsorgerliche, gewissenhafte Erforschung dieser Situation ist die erste Aufgabe, die der Kirche und damit dem Prediger selbst zu kommt. Hinzu tritt das sorgfältige theologische Durchdenken der Folgerungen. Das heißt, der Prediger ist zunächst Diagnostiker *und* Theologe. Mit dem Beginn einer neuen und veränderten Zeit ist somit auch eine radikale Neubesinnung und Umstellung der kirchlichen Arbeit erforderlich.[833] Der Prediger wird somit gleichsam zu einem politisch-gesellschaftlichen Analytiker, der ohne Kenntnisse der genaueren Zusammenhänge allgemeiner und spezieller, d.h. konkreter gesellschaftlicher Umstrukturierungen, kein vollwertiger Prediger sein kann. Diese Tendenz setzt sich bis zum Ende der DDR fort: Der Prediger bzw. die Predigerin

[831] GPM, Göttingen 1946, 6.

[832] Vgl. dazu die Ausführungen bei A. NIEBERGALL: Die Geschichte der christlichen Predigt, in: Leiturgia, Band 2, Kassel 1955, 348.

[833] Diese Erkenntnis trifft insbesondere auf ländliche Gebiete und auf dem Dorf zu, da gerade hier bedeutende strukturelle Veränderungen vorgenommen wurden.

bleibt ein genauer Beobachter gesellschaftlicher Vorgänge und kommentiert diese in bestimmter Form, z.B. in seiner bzw. ihrer Predigt.

Die *homiletische Situation* ist gekennzeichnet vom Einbruch einer starken und politisch gesteuerten Säkularisierung und eines gewissen (nicht politisch gesteuerten) Nihilismus. Diese Tendenz äußert sich in der wirtschaftlichen und politischen Entwicklung (stellvertretend sind zu nennen: differenzierte Planwirtschaft, Kollektivierung, Entprivatisierung etc.). Diesen Entwicklungen entzieht sich die biblische Welt. Die Rolle der Kirche, des Glaubens, des Pfarrers usw. wird auf einen privaten Impetus verwiesen, d.h., das Religiöse an sich wird systematisch privatisiert. Es entsteht somit eine Deformierung zwischen einem privaten (wie z.B. der Glaube) und einem kollektiven, allgemeinen Sektor.834 Noch bestanden – insbesondere auf dem Dorf – relativ einflussreiche kirchliche Bindungen in Bezug auf bestimmte Traditionen und Sitten (volkskirchliche Strukturen): Kindertaufe, Konfirmation, Trauung und Beerdigung. Der Kasualpredigt wird dementsprechend eine konsequent wichtige Aufgabe zugestanden. So heißt es in einer Denkschrift der EkiD von 1951:

> »Die christlichen Sitten dürfen daher nicht nur unter dem Gesichtspunkt der Kirchenzucht gesehen, sondern müssen auch als sakrale Bindungsmacht gegen säkulare Umwelteinflüsse gewertet werden.«[835]

Parallel zum beobachteten Glaubensschwund wird eine ethische Regression deklariert. Dieser Tendenz möchte sich auch die kirchliche Verkündigung entgegenstellen. Dazu bedarf es der Fähigkeit des Predigers, kennzeichnende Merkmale der Strukturwandlung zu registrieren, d.h. eben eine stete Situationsanalyse im oben genannten Sinne zu betreiben.

Dementsprechend kommt dem Prediger bzw. der Predigerin die homiletische Aufgabe zu, die im Wort der Schrift geschenkte Offenbarung in dreifacher Amtswirksamkeit zu verkündigen: pastoral, prophetisch und priesterlich. Dabei sind diese drei Wirkungsweisen des Predigtamtes oftmals aus einer Alleinposition heraus zu verwirklichen, d.h. Pfarrer und Predigerin werden zum »Alleinkämpfer« apostrophiert. Er bzw. sie muss die Ganzheit des homiletischen Auftrages vor bzw. in der Gemeinde bewältigen.

Der pastorale, seelsorgerliche Auftrag der Verkündigung gilt zunächst der im Gottesdienst versammelten Gemeinde, soll jedoch darüber in die

---

[834] Hier kristallisiert sich bereits die spätere Entwicklung von gesellschaftlicher (offizieller) Wirklichkeit und privat-individueller (inoffizieller) Wirklichkeit heraus.

[835] Situation und Auftrag der Verkündigung auf dem Dorfe. Denkschrift der EkiD, Berlin Februar 1951, in: Akten des Landeskirchenrates der Evangelisch-Lutherischen Kirche in Thüringen, A 796/ Bd. 1.

säkularisierte Welt hinein wirken.[836] Das seelsorgerliche Wort richtet sich dennoch als solches an die in ihrer menschlichen Existenz bedrohte Gemeinde. Es gibt einen kausalen Zusammenhang zwischen Pfarrer bzw. Predigerin und Gemeinde – beide sehen sich in ihrer Existenz bedroht. Aus dem daraus resultierenden Existenzinteresse zur Kirche (und umgekehrt) schützt der Prediger seine Gemeinde – und ähnlich die Gemeinde den Prediger bew. die Predigerin. Sollte dieses gegenseitige Existenzinteresse aus dem Gleichgewicht kommen, ist dasselbe in seiner Existenz bedroht. Jedoch ist die seelsorgerliche Verkündigung bemüht, sich fern zu halten von einem Sicherungsstreben innerhalb der (säkularen) Welt. Der Prediger muss zwar den erfahrbaren Umschichtungsprozess auf sein seelsorgerliches Gewissen nehmen und will konstatieren, was er als Recht und Unrecht, Ordnung und Unordnung etc. unter dem Wort von Gericht, Gnade und Vergebung empfindet und beobachtet und lässt es in seine/ihre Predigt einfließen. Das heißt allerdings nicht, dass er ein Bündnis mit der Welt und deren Menschen eingehen will und darf. Für die Verkündigung bedeutet es wiederum, dass sie sich allein vom Wort Gottes her zu bestimmen hat. Diese Forderung muss allerdings dem Rechnung tragen, dass das Evangelium nicht mehr die tragende Mitte in den Familien bildet und bei der Mehrheit seiner Hörer und selbst der sich zur Gemeinde zählenden Menschen keinerlei Hoffnung mehr auf das Wort Gottes besteht, was immer wieder in den Predigten angemahnt wird.

Der säkularisierte Mensch kapituliert in dreifacher Hinsicht:
a) vor sich selbst und seinem Besitz (d.h. auch vor seiner gesellschaftlichen Existenz bzw. aus ihr heraus) und opfert der Erhaltung wegen sein (religiöses) Gewissen und seine kirchliche Existenz;
b) vor der Welt und ihren Kräften (und zwar in ursächlichem Zusammenhang) und er traut diesen Kräften mehr zu als Gottes Wort, weil sie sich unmittelbar als stärker erweisen;
c) vor dem Schicksal, welches sich ihm in seinem Ablauf als nach weltlichen (materialistischen) Gesetzen unabwendbar darstellt.

Mit dieser dreifachen Kapitulation ist der angeführte Nihilismus umschrieben. Die Aufgabe der seelsorgerlichen Verkündigung besteht nun darin, den Menschen aus dieser kapitulativen Situation herauszurufen (postulierter Pragmatismus), d.h., eine handlungsanweisende missionarische Verkündigung anzustreben. Aus der dreifachen Kapitulation vor sich selbst bzw. seinem Besitz, der Welt und dem Schicksal muss der Mensch durch seelsorgerliche Verkündigung zur Kapitulation vor dem lebendigen Gott gebracht werden. So ist es stringent, wenn gefordert wird, dass die Gerichtspredigt niemanden

[836] Dieser Anspruch auf Wirkungsgeschichte entspricht dem öffentlichen Charakter der Predigt.

verschonen kann und darf.[837] Jedoch soll durch die Verkündigung des Gerichts die Liebe und Barmherzigkeit (Evangelium) hindurch in der Predigt »hörbar« sein und spürbar bezeugt werden. Die Predigt will am Ende zu klaren und unbedingten Antworten führen, und zwar in dem Sinne, dass der Mensch durch die Kapitulation vor Gott zu seiner bedingungslosen Gnade vordringt. Die so charakterisierte Verkündigung äußert sich in einer konsequent ethischen, d.h. handlungsanweisenden und damit praktikablen Predigt. Sie ist mit ihrem Bedeutungsschwerpunkt Ethik zugleich (oder gerade deshalb) prophetische Predigt und setzt sich mit Fehlverhalten auseinander und ruft konsequent zur Umkehr. Damit aber richtet sie sich an die eigenen, innerkirchlichen Reihen und ist somit aus sich selbst heraus weniger missionarisch und außenwirksam. Innerhalb ihrer ethischen Konsequenz ist diese Verkündigung der ersten Phase gesellschaftspolitische, sozialpolitische und kirchenkritische Predigt, ohne es im eigentlichen Sinne sein zu wollen (Motivationshintergrund).

Daraus resultiert der prophetische Auftrag der Verkündigung, zu dem nicht nur das Wächteramt, sondern in erster Linie die Verkündigung der eschatologischen Dinge zählt. Hierbei entsteht eine Atmosphäre der Spannung zwischen realer Wirklichkeit und verkündigter Situation, die als Kampf zwischen Glauben und Unglauben verstanden wird. Die Zerstörung des individuellen Menschenbildes durch Kollektivorganisation wird zunächst apokalyptisch, teilweise sogar apodiktisch gedeutet. Doch wird dieser scheinbar unabänderlichen, apodiktischen Entwicklung der nachvollziehbare Glauben bzw. Gottes Zusage und Zeugenschaft entgegengesetzt, denn: Gottes Pläne sind verborgen.

> »Es ist Gottes großes, wunderbares, nie zu begreifendes, nur in Staunen und Verwundern anzubetendes Geheimnis, daß er diese Welt, die nichts von ihm wissen will, sich nicht selber überlässt, daß er sie nicht dahingibt, sie nicht dem Chaos zutreiben läßt, sie nicht der Selbstzerstörung preisgibt [...]«[838]

Die prophetische Aufgabe der Verkündigung besteht darin, der Befangenheit weltlicher Berechnung der Zukunft diese verborgenen Pläne Gottes entgegen zusetzen.

---

[837] Vgl. die Ausführungen in: Situation und Auftrag der Verkündigung auf dem Dorfe. Denkschrift der EkiD, Berlin Februar 1951, in: Akten des Landeskirchenrates der Evangelisch-Lutherischen Kirche in Thüringen, A 796/Bd. 1.

[838] Predigt B1 - 1963.

»Dadurch aber ist klar, dass wir in der Verkündigung nicht auf die radikale Alternative ›Nihilismus und Eschatologie‹ gestellt sind. Die Kirche hat die Position der Zwischenzeit mit ihrer Verkündigung zu erfüllen.«[839]

Somit begegnet in der Predigt keine Jenseitsvertröstung, sondern eine Gegenwarts*bezeugung*.

Auch wenn die Analyse der vorfindlichen Situation als seelsorgerliche Voraussetzung für die Verkündigung erklärt wird, so ist sie zunächst nicht homiletischer Anknüpfungspunkt und ebenso wenig eigentlicher Gegenstand eschatologischer und prophetischer Verkündigung, sondern alleiniger Ausgangspunkt bleibt die Schrift und das Wort Gottes selbst. Daher versteht sich der priesterliche Auftrag der Verkündigung in der Verwirklichung einer doppelten Ordnung, die gleichzeitig als sicheres Fundament verstanden wird: die Ordnung des Kirchenjahres und die liturgisch-sakramentale Ordnung. Die besondere Aufmerksamkeit für die Ausbildung einer (allgemeinen) Perikopenordnung und die stärkere Einhaltung von Lesereihen verstehen sich auch aus dieser Konsequenz. Die Predigten an sich sind um eine schlichte, klare und packende Disposition bemüht.

Inhaltlich konnten durchaus biblische Bilder konkret auf die vorfindliche Situation transferiert werden und besaßen dabei eine unmittelbare Plausibilität. Das durch die Zeiten und Stürme der Geschichte »wandernde Volk«, die Christenheit in der Diaspora und in der Minderheitssituation blieben auch einem schlichten Geist nicht unverständlich, ebenso das grundsätzlich Andere dieser christlichen Minderheit.

IV.3.2 Betrachtungen zur Kontextualität, zu den Schlüsselthemen und homiletischen Situationen

Die intendierte Grundstimmung in den Predigten seit spätestens den 60er Jahren ist die Beschreibung und Konstatierung der Gemeinde bzw. des einzelnen Christen als gefährdet und bedroht in der Gegenwart, wobei die jeweils kollektiven und individuellen Umstände konkret charakterisiert werden als hilflos, angefochten und verfolgt. Die Situation der frühen Christenheit, zum Beispiel die Gemeinde zur Zeit der Abfassung der Johannes-Apokalypse, wird immer wieder als vergleichbar in ein Verhältnis zur gegenwärtigen Situation gesetzt.

»Es *ist nicht leicht* für die Christen, wenn sie immer wieder *erleben müssen*, dass *ihre Umwelt* ihnen und ihrem Glauben *feindlich ist*. Sie *werden* überall

[839] Situation und Auftrag der Verkündigung auf dem Dorfe. Denkschrift der EkiD, Berlin Februar 1951, in: Akten des Landeskirchenrates der Evangelisch-Lutherischen Kirche in Thüringen, A 796/Bd. 1.

> *zurückgedrängt.* Man lauert ihnen auf. Sie müssen schweigen, wo sie reden möchten. Einige sind verhaftet worden. Einige haben um ihres Glaubens willen das Leben lassen müssen. Sie *sind machtlos* und *wehrlos* [...] Viele *haben* Angst. Und dann *taucht* im Herzen der *Zweifel auf* oder gar die *Verzweiflung* [...]«[840]

Die Beschreibungen der Situation der verfolgten Gemeinde im ersten nachchristlichen Jahrhundert ist nicht nur aus homiletischen Aspekten[841] im Präsens gehalten, sondern ist zugleich eine bewusste Adaption, um die eigene und gegenwärtige Situation unter dem Schutzmantel des biblischen Textes beschreiben zu können. Eben aus diesem Grund ist eine niederschwellige Identifikation mit der (biblischen) Situation möglich. Unterstützt wird diese Konnotation [842] durch weitere Formulierungen, wie etwa:

> »*So war es,* als Johannes, der Gefangene, auf der Insel Pathmos dies niederschrieb. *So war es* danach noch oft, und *so wird es* noch oft sein [...] Die Verfolgung der Gemeinde *hatte begonnen,* und es war kein Zweifel, es *würde* noch schlimmer *werden.*«[843]

> »Wenn *wir* Christen in unserem Land das *inzwischen gewohnt sind,* dass wir es nicht leicht haben und dass uns mehr die untergeordneten Berufe zugewiesen werden, *so ist das* heute also *nicht anders* als in der ersten Christenheit.

---

[840] Predigt A6 - 1960 (Hervorhebung d. Vf.).

[841] Texterschließung, Deutung, Transfer, Niederschwelligkeit usw.

[842] Der hier angesprochene Vorgang innerhalb eines kommunikativen Prozesses orientiert sich dabei an der »Semiotischen Triade«, wie sie W. Engemann in seiner *Semiotischen Homiletik* darbietet. Die Übereinstimmung von Signifikant und Signifikat lässt diese in der Predigt praktizierte Möglichkeit der bewussten Ausdeutung eines Inhaltes in Form einer Engführung erst zu. Nur wenn der Predigthörer aus seinem Kontext überhaupt Parallelen zur angedeuteten Situation findet, ihm Wiederentdeckungsmöglichkeiten geboten werden, haben diese Andeutungen und Feinheiten in der Predigt überhaupt einen Sinn. Das setzt dementsprechend voraus, dass der Hörer die in der Predigt beschriebene Wirklichkeit als seine Wirklichkeit begreift und annimmt, weil er sie eben so erlebt. Der damit gewonnene *gemeinsame* Verstehens- oder Interpretationshorizont wirkt dabei von vornherein als positiver Motivationsschub beim Predigthörer und eine vorprogrammierte Zustimmung – oder Ablehnung – und zwar in einem gemeinschaftlichen Sinn. Der kleinste gemeinsame Nenner, nämlich der unmittelbare Kontext, bekommt eine explizit homiletische und hermeneutische Gewichtung. Vgl. dazu: W. Engemann: Semiotische Homiletik, Tübingen 1993.

[843] Predigt A6 - 1960.

– Möchten wir das in der großen inneren Freiheit tun, die zu jedem Dienst gehört, und nicht mit Murren.«[844]

Mit solchen Formulierungen sollte die Gemeinde und sollte der konkrete Hörer in der ganz persönlichen Situation getroffen, aus seinem individuellen Kontext abgeholt werden. Voraussetzung dafür war, dass solche Entwürfe auch eine gewisse Allgemeingültigkeit aufzeigen konnten. Eine Sympathisierung zwischen Prediger und Hörer konnte nur dann erreicht werden, wenn der kleinste gemeinsame Nenner in der Kommunikationsformel der Predigt von beiden Kommunikationspartnern anerkannt sein würde. Dieser kleinste gemeinsame Nenner, der gemeinsame Bezugspunkt und hermeneutische Schlüssel war der historisch-biographische Kontext, die Situation in der DDR. Diese Grundaussage der bedrängten Gegenwart der Gemeinde durchzieht die Predigtpraxis in der DDR bis zu ihrem Ende.

Das Motiv der bedrohlichen, bedrängten und gefährlichen Gegenwart ist ein häufiges und sehr oft tragendes Thema, es stellt sich zumindest fast durchgängig als Ausgangspunkt für weitere hermeneutische Aktivitäten innerhalb der Predigtpraxis heraus. Dabei ist sie, die Gemeinde nämlich, eine unmittelbar in Anspruch genommene, beauftragte und engagierte Gemeinschaft:

»Wir fragen alle nach der Zukunft [...] Wir fragen um so stärker nach dem, was kommen wird, je unklarer oder bedrängter die Gegenwart ist [...] Das sind Fragen, die Christen insbesondere stellten und stellen, vor allem angesichts einer bedrohlichen Gegenwart.«[845]

Auffällig häufig begegnen bei einer solchen Situationsangleichung die Formulierungen »angesichts einer bedrohlichen Gegenwart« oder »in dieser/ unserer bedrängten Gegenwart«, »die Bedrängnis«, »die Verlegenheit« etc., die sowohl für die konkrete Situation und Befindlichkeit als auch für die Zeit der ersten christlichen Generation tituliert werden kann. Später treten die Motive der »Situation der Minderheit« und »Diaspora« hinzu, die nicht minder bedrohlich erscheinen, jedoch auch über eine solche Bedrohung846 hinausweisen können.

Die Predigten bleiben allerdings nicht bei der bloßen Beschreibung und Konstatierung der bedrängenden bzw. bedrohlichen Situation stehen, sondern folgern daraus (teilweise) konkrete Handlungs- und Verhaltensanweisungen – oft im ethischen Stil und als Aktionismus. Fundiert werden diese

[844] Predigt C6 - 1984.

[845] Predigt B3 - 1972.

[846] Unter Bedrohung wird in diesem Fall eine existenzielle und ebenso eine ideelle Gefährdung verstanden, d.h. Bedrohung hat eine Doppelfunktion.

Handlungsanweisungen in der Vergegenwärtigung Gottes, der Präsenz des Christus, die uns hier und jetzt in seinem lebendigen Wort zugewandt ist und darüber hinaus durch sein präjudizierendes Handeln am Kreuz und mit ihm: Sein Leiden und Sterben und die Überwindung dieser Bedrohung, ebenso die Gewissheit der Parusie als Gericht und Machtausgleich.

Neben diese vorbildhafte und orientierungsgebende Heilstat treten die Erfahrungen der jungen und bedrohten Kirche Jesu Christi, die sich in einer ähnlich bedrohlichen Situation befand und diese überwand.

> »Die Verfolgung der Gemeinde hatte begonnen, und es war kein Zweifel, es würde noch schlimmer werden. Aber Christus hat seine Gemeinde nicht im Stich gelassen [...] Damit ist allen Gemeinden zu allen Zeiten wirklich geholfen.«[847]

Das daraus resultierende Handeln und Verhalten, der Aktionismus in der gegenwärtigen Situation, beinhaltet stets gemeindekonstatierende Elemente. Wie bereits erwähnt, wird die Gemeinde in »Anspruch« genommen als beauftragte und engagierte Gemeinschaft. Das Selbstverständnis der Evangelischen Kirchen in der DDR seit Anfang der 70er Jahre als Zeugnis- und Dienstgemeinschaft spiegelt sich auch als stimmiges Programm in den Predigten wider.

Die von Christus selbst nicht verlassene Gemeinschaft der Christen darf ihren Herrn nicht aus den Augen verlieren, d.h., sie hat sich als Gemeinde und Kirche auf ihre immanenten Aufgaben zu konzentrieren. Dadurch kann sie Trübsal und Bedrängnis überwinden. Signifikant sind Formulierungen wie:

> »*Ist aber* der Blick auf Christus klar, *dann kann* mach auch mitten in der Verfolgung, Angst und Verzweiflung *dennoch* getrost und zuversichtlich sein.«[848]

> »Lob und Anbetung *halten* die Zukunft Gottes *fest*. Sie *verhindern*, dass Christus uns aus den Augen kommt. Sie *bringen* Zukunft in die Gegenwart, die sich damit nach vorn hin öffnet.«[849]

> »*Ihr seid* in eurer Angst *getragen* von seiner Kraft, *umfangen* von seinem Frieden. Jesus ist bei euch, *ihr seid* stark! Jesus ist bei euch, *ihr könnt* getrost in der Welt leben! Jesus ist bei euch, *ihr könnt* Frieden haben und Frieden weitergeben. Diese Gewissheit *bewahrt* uns vor falscher Glaubenssicherheit.«[850]

---

[847] Predigt A6 - 1960.

[848] Predigt A6 - 1960 (Hervorhebung d. Vf.).

[849] Predigt B3 - 1972 (Hervorhebung. d. Vf.).

[850] Predigt C1 - 1973 (Hervorhebung d. Vf.).

»Seht auf diesen Jesus Christus, den Gekreuzigten und Auferstandenen, dort auf dem Altar. Nicht gleich für jedermann erkennbar, was da eigentlich für uns geschehen ist; eine verborgene, heimliche Weisheit. Nur wer sich vor seinem Gott beugt, der empfängt das Neue, in dem erweist sich die ganz andere Kraft. Etwas ganz anderes als menschliche Klugheit.«[851]

Wobei Christus nicht irgendwo, etwa außerhalb der Gemeinde oder Kirche zu finden ist, sondern unmittelbarer Stifter und Erhalter, ja selbst zur »Kirche« werden kann. Die Abwendung von der Gemeinschaft ist somit gleichbedeutend mit der Abkehr von Christus, sozusagen »exterritoriales Gebiet«.

»Natürlich geht die Sache der Gemeinde an manchen Orten zurück. Viele sind nicht so fest im Glauben, dass sie den Druck und die Unsicherheit ertragen können. Viele haben Angst. Und dann taucht im Herzen der Zweifel auf oder gar die Verzweifelung. Man weiß nicht, wie es weitergehen soll. Schließlich löst man sich von der Gemeinde, um seine Ruhe zu haben. Das heißt aber, man löst sich von Christus.«[852]

»Wir, Kirchengemeinden von 1970 haben auch Zukunft, sofern wir vom ›Gescherre‹ dessen sind, dem allein die Zukunft gehört. Unsere Zusammenkünfte könnten zu Modellen werden, zum wirksamen Zeugnis für unsere Umwelt. Aber nicht aus eigener Kraft, sondern im Vertrauen auf die Zusage Jesu: ›Ihr werdet die Kraft des Heiligen Geistes empfangen und werdet meine Zeugen sein‹!«[853]

Die konkrete Aufgabe des einzelnen Christen wird umschrieben als ein aktives Eingreifen in die Vorgänge seines historisch-biographischen Kontextes, ein Einmischen in die gegenwärtige Situation. Mit diesen biblisch motivierten Handlungsanweisungen ist gleichzeitig ein Sich-Entgegen-Stellen zum Normalen verbunden, ein eben anderes Handeln und Reagieren auf die Erscheinungen in der gesellschaftlichen Wirklichkeit als es die Umwelt, der Andersdenkende[854], die große Masse etc. tun. Diese Handlungsaufforderungen tragen in starkem Maße Bekenntnis- und Vorbildcharakter mit klar beschreibbaren Zielen, nämlich als Christ bewusst am Geschehen der Welt teilzunehmen, sich aus dem Schutzraum der Kirche hinaus in die gesellschaftliche Realität zu begeben und auf den Nächsten – am Arbeitsplatz, im Volkseigenem Betrieb oder in der Polytechnischen Oberschule – zuzugehen,

---

[851] Predigt C9 - 1988.

[852] Predigt A6 - 1960.

[853] Predigt (Act.2, 41–47) - 1970.

[854] »Andersdenkender« wird insbesondere in den späteren Jahren der DDR zu einer Art Terminus technicus für Nicht-Christen.

also außerhalb der Kirchenmauern *tätig* zu werden. Dieses implizit geförderte progressive Verhalten der Welt gegenüber steht dabei eigentlich im Gegensatz zu dem, was diese Welt von den Christen erwartet. Auch als Minderheit hat die Kirche etwas anzubieten, nämlich etwas *ganz Anderes*, das nicht gleich für jedermann erkennbar und das Neue ist. Kirche nimmt zwar in der Gesellschaft keine »Machtstellung« im Gegenüber zum Staat ein, aber:

> »Die Kirche hat immer wieder lernen müssen, dass sie nur das Wort von der Liebe Christi für jedermann hat, dass sie keine Macht in unserer Gesellschaft zu beanspruchen hat, es sei denn, dass Christus in ›Erweisung des Geistes und der Kraft‹ seinem Wort Macht und Einfluss verleiht. Wir Christen haben als ohnmächtige Diener nur das Wort. So will es Gottes Weisheit. Und er will, dass seine Diener mit diesem Wort aus dem Schutz ihrer Kirchenmauern ausziehen und einwandern in die Welt, in den Alltag, in die ganz anders gearteten Gruppen. So wie Jesus zu den ganz Anderen gegangen ist, ihnen seine Liebe geschenkt hat, darunter Nachteile erlitten und doch durchgehalten hat.«[855]

Innerhalb dieser Beschreibung können die *ganz Anderen* auch kircheninterne Gruppen, aber auch die ganz alltäglich sich begegnenden Menschen sein, die kirchlich weniger oder gar nicht sozialisiert sind.

Darüber hinaus gab es ganz konkrete Themen, zu denen ein Prediger klare Stellung einnehmen, konkrete Handlungsanweisungen geben und eine zielgerichtete Aufgabe für Christen formulieren konnten. Der folgende Predigtausschnitt bezieht sich beispielsweise auf das Thema des *Ausbürgerungsbegehrens*[856] aus der DDR. Auch hier ist die konkrete Situation der *homiletische* und

---

[855] Predigt C9 - 1988.

[856] Ausbürgerungsbegehren bezeichnete offiziell den Antrag auf Ausreise aus der DDR und die Übersiedlung in die BRD. Zum kirchlichen Umgang mit der Problematik des Ausbürgerungsbegehrens seien an dieser Stelle zwei Verlautbarungen der Kirchenleitung zitiert: 1.) aus der Ansprache des Landesbischofs Leich bei der Begegnung mit Erich Honecker am 3. März 1988 und 2.) aus der Stellungnahme der Konferenz der Evangelischen Kirchen in der DDR zur Situation der Kirchen in der Gesellschaft: »Uns begegnen Menschen, die sich wund gerieben haben und Veränderungen innerhalb der sozialistischen Gesellschaft suchen. Uns begegnen Staatsbürger, die in der Ausbürgerung für das eigene Leben den einzigen Ausweg sehen. In allen Fällen haben wir als Kirche zum Bleiben in unserer Gesellschaft gemahnt. In besonderen Härtefällen und bei offensichtlicher Vergeblichkeit jedes Bemühens um Wiedereingliederung haben wir um rasche Erledigung der Ausbürgerung gebeten [...] Die Zahl der Menschen, die unser Land verlassen wollen und dies beantragt haben, hat erheblich zugenommen. Wir sind darüber betroffen. Wir sehen eine Entwicklung, für die wir als Kirche keinerlei Impulse gegeben, der wir – im Gegenteil – öffentlich und

hermeneutische Schlüssel, der die Anwendung eines scheinbar einfachen biblischen Modells zulässt.

> »Wenn Christen im Widerspruch zu unserer Gesellschaft an einigen Stellen leben, dann sollten sie ihren Widerspruch so in die Tat umsetzten, dass sie dieser Gesellschaft dienen, kritisch dienen. Paulus sagt im 1.Kor. 7,20: ›Ein jeglicher bleibe in dem, darin er berufen ist.‹ Er bleibe im Lande und tue dort seinen Dienst für den anderen, auch seinen kritischen Dienst. Ein Christ hätte die Freiheit zur Ausreise. Aber dringlicher als sein Recht auf Freiheit ist seine Aufgabe zum ›Dienet einander‹, damit das Böse in unserer Gesellschaft gemindert wird. Ob ein Christ so seinen Beitrag zur Veränderung der Welt leisten könnte? Ich denke, ja – mehr als durch fromme Reden.«[857]

Bei allem Aufrufen zum eigenen Bekenntnis und zu eigenem Handeln, bleibt doch die Gemeinschaft um Christus, die unmittelbare Gemeinde vor Ort der entscheidende Ausgangspunkt für die Aufgabe des Christen. Sie ist es, nämlich die Gemeinde bzw. Kirche Jesu Christi, die es letztendlich zu bauen gilt. In Anbetracht der Minderheitssituation und der kleiner werdenden Gemeinden, gewinnt diese Gemeinschaft immer stärker an Bedeutung.

---

eindeutig widersprochen haben [...]« – zitiert nach: M. FALKENAU (Hg.): Kundgebungen, Bd. 2, Hannover 1996, 287f.
»Die Konferenz beschäftigte auch die Situation der Menschen, die Anträge auf Entlassung aus der Staatsbürgerschaft der DDR gestellt haben und oft jahrelang auf die Bearbeitung und Entscheidung ihres Antrags warten. Um den Auftrag unserer Kirche erfüllen zu können, so wurde in den Beratungen erneut betont, brauchen wir jedes Gemeindeglied. Darum bitten wir, in der Gemeinschaft zu bleiben und die DDR nicht zu verlassen. Unsere Gesellschaft braucht jeden Menschen mit seinen Gaben und Fähigkeiten. Sie verliert an Vielfalt und unser Land wird ärmer, wenn Menschen sich zurückziehen und ausreisen. Jeder, der geht, lässt andere einsamer zurück. Jeder, der ihm Anvertraute verlässt, schafft eine nur schwer schließbare Lücke. Schmerz und Zorn über solchen Verlust dürfen aber nicht zu moralischer Verurteilung und Ausgrenzung führen. Die Kirche sieht ihre Aufgabe darin, zu Verhältnissen in der Gesellschaft beizutragen, unter denen Menschen gerne leben können und Anträge auf Entlassung aus der Staatsbürgerschaft nicht mehr stellen wollen. Dazu wird die Mitarbeit gerade auch derer gebraucht, die unter Defiziten unserer Gesellschaft leiden und Veränderungen anstreben.« – zitiert nach: M. FALKENAU (Hg.): Kundgebungen, Hannover 1996, Bd. 2, 294. Beide Texte machen deutlich, mit welchen Schwierigkeiten das Problem der Ausreise aus der DDR die Kirchenleitung konfrontiert. Der nachfolgend zitierte Ausschnitt aus einer Predigt (1984) zeigt den Umgang mit dieser Problematik an der Basisgemeinde. Die Grundaussagen sind sehr ähnlich.

[857] Predigt C6 - 1984.

Der Gottesdienst stellt sich dabei in zweifacher Weise dar: Zum einen ist er das repräsentative Gegenüber *zur* Welt und damit ein deutliches Signal *für* die Welt, zum anderen schöpft die Gemeinde ihre Kraft aus ihm. Bereits 1956 bemerkt Erich Hertzsch:

> »Das ganze kirchliche Leben nimmt seine Kraft aus dem Gottesdienst der Gemeinde.«[858]

Werner Krusche drückt sein Verständnis für die Bedeutung des Gottesdienstes fast 20 Jahre später in einem Referat im Juli 1974 in Sagorsk folgendermaßen aus:

> »Im Gottesdienst kommen die Glieder der Kirche, die in die Welt hineinverstreut sind und sich in dieser Zerstreuung (Diaspora) nicht als Gemeinschaft der Glaubenden, als Gottes Volk erfahren können, zusammen, um sich miteinander auf das zu besinnen und sich um das zu sammeln und für das zu danken, was sie zum Volk Gottes macht und als Volk Gottes zusammenhält, wozu sie als Volk Gottes gesandt sind und woraus sie Wegzehrung und Wegweisung empfangen für die Wegstrecke, auf der sie wieder einzeln als in ihre Welt hineinverstreute Diener Christi leben müssen.«[859]

Die von Werner Krusche so beschriebene Bedeutung des Gottesdienstes lässt sich zusammenfassen als: Sammlung und Gemeinschaft, Besinnung und Dank, Sendung und Verheißung und macht damit eine Grundstruktur des Gottesdienstes deutlich. Diese zentrale Stellung verliert der Gottesdienst der Gemeinde über die Jahre nicht.

> »›Christus umfasst das Weltall‹. Wenn du daran zweifeln solltest, komm bitte einmal mit! Unsere Welt entwickelt sich. Sie ändert sich heute sehr schnell. Mit den immer neuen Problemen und Aufgaben müssen auch wir Christen fertig werden. Denn der christliche Glaube ist nicht eine für alle Zeit starr formulierte Lehre. Komm darum bitte mit in den Gottesdienst, wäre dem Zweifler zu sagen. Wenn einer tief in seinen Nöten drinne steckt, dann braucht er die Hilfe anderer zur Begegnung mit Christus. Dazu ist der Gottesdienst da.«[860]

> »Hörgemeinschaft, Fürsorgegemeinschaft, Hoffnungsgemeinschaft, Lobgemeinschaft – eine Konzentration, ein Zusammenrücken der Gemeindeglieder in dieser

[858] E. Hertzsch: Die Wirklichkeit der Kirche, Halle 1956, 19.
[859] W. Krusche: Die Predigt im Gottesdienst der Gemeinde heute, in: Verheißung und Verantwortung, Berlin 1990, 12.
[860] Predigt (Act.2, 41-47) - 1987.

vierfachen Weise, das sieht Lukas als Aufgabe, die auch von uns in Zukunft zu lösen ist. Wir können und dürfen nicht mehr Christen in der Vereinzelung bleiben. Wir müssen unseren christlichen Lokalpatriotismus endlich überwinden und von Haus zu Haus, von Dorf zu Dorf, von Gemeinde zu Gemeinde näher zusammenrücken: gemeinsam hören, einander die Sorgen mittragen, gemeinsam hoffen, gemeinsam loben, und darin beständig bleiben [...] Aber bevor wir Christen jeweils anfangen zu planen und zu besprechen, was im einzelnen getan werden sollte und könnte, wird immer wieder die Konzentration, das Zusammenrücken in der Gemeinde um das Wort der Apostel, um die Fürsorge am christlichen Bruder, um die Hoffnung auf die Vollendung und um das Gebet nötig sein.«[861]

»So ist es Aufgabe der Christen auch heute – also unsere Aufgabe –, getrost und im Vertrauen auf die Zusagen unseres Herrn für Gerechtigkeit, Freiheit, Wahrheit und Frieden in der Welt einzutreten [...] Im kleinen, alltäglichen Leben steht ein jeder von uns immer wieder in Entscheidungen zwischen Wahrheit und Lüge, zwischen Entgegenkommen oder Unfreundlichkeit, zwischen Gerechtigkeit und Selbstsucht [...] Noch können wir den Sieg Gottes nicht sichtbar machen oder beweisen. Noch gibt es nicht auf jede Frage eine Antwort. Noch leben wir nicht im Reiche Gottes, sondern in der Welt der Menschen. Aber gerade deswegen müssen die Glaubenden als Gemeinde zusammenstehen. Gerade deswegen ist uns das Wort unseres Herrn als Quelle für Trost und Stärkung so not. Wir haben es uns gegenseitig immer wieder zuzusprechen [...] Eine durch Gottes Wort gewiss gemachte Gemeinde ist wie ein Schiff im Sturm, das wohl durch Wind und Wellen getrieben wird, aber mit Gottes Hilfe in allen Gefahren standhält und den Hafen findet.«[862]

Die missionarische Zielrichtung[863] *aus* Christus ist auch in den späteren Jahren zunächst erst einmal nach innen gerichtet, an die eigenen Reihen, näm-

---

[861] Predigt C11 - 1970.

[862] Predigt C12 - 1972.

[863] Giancarlo Collet beschreibt in seinem Beitrag zum Verständnis von Mission heute verschiedene historische Modelle der Missio. Unter dem Stichwort »Die vertagte Mission« bemerkt er: »Die Parusieverzögerung und die Verfolgungssituation der ersten christlichen Gemeinden haben ein eigenes missionstheologisches Modell hervorgebracht. Es werden bessere Tage kommen, in denen der Herr selbst wiederkommt, und das verheißene Reich – ›ein neuer Himmel und eine neue Erde‹ (Offb 21,1) – aufgebaut sein wird.« (44) Alle Kraft wurde darauf verwandt, auszuhalten und standhaft zu bleiben. Dazu gehörte, auf bessere Tage zu hoffen. Diese »Hoffnung auf glücklichere Tage« half, »die gegenwärtige Situation zu bewältigen« (45). »Die Identifikation mit dem Gekreuzigten übersteigert den Sinn der Gegensetzung von Evangelium und der Welt, zu ihren sozialen Strukturen, zur Herrschaftspolitik und schließlich

lich als »Erinnerung«. Dabei tragen die Predigten starke anamnetische und konsolidierende Züge, denn die Gemeinde ist die wissende Gemeinschaft um ihren Herrn, die um ihren Auftrags willen nur noch einmal erinnert werden muss, den wir haben, wir sind, wir wollen, wir müssen, wir werden und wir können als Christen handeln, weil Christus auf unserer Seite ist.

Überdies wird sie, die sich im geschützten Raum aufhaltende Gemeinde, beauftragt, in die Welt zu gehen nach dem Vorbild von Mt 10, 16ff. und dort erkennbar und aktiv zu werden. Sie lebt als gesellschaftliche Wirklichkeit in mitten dieser Welt. Eberhard Winkler und Gottfried Kretzschmar schreiben dazu im *Handbuch der Praktischen Theologie*:

> »Die Gemeinden in der DDR erkennen in zunehmendem Maß, dass ihr Standort innerhalb der sozialistischen Gesellschaft zu suchen und zu finden ist und dass die Kirche weder eine Nachhut der Reaktion noch die Avantgarde einer anderen Gesellschaftsordnung zu sein hat, sondern die Gemeinschaft derer, die in dieser Gesellschaft als Christen leben und wirken möchten.«[864]

Die hier beschriebene Situation ist nicht als Reaktion auf gesellschaftliche Erscheinungen zu verstehen, sondern als konkrete Aufforderung zu einem präsenten

---

direkt zu allen, was materiell, irdisch und vergänglich ist [...] Was vorher äußeres Leiden, Kreuztragen, Feinschaft der Welt ertragen u.ä. hieß, ist nun Teil der Nachfolge Christi als innerer Kampf gegen die Mächte des Bösen [...] Die Welt mit ihren Problemen und Herausforderungen wird kaum beachtet und ernst genommen, eher gemieden, jedenfalls sind sie außerhalb des christlichen Horizontes.« (45) aus: G. Collet: Historische Modelle der Mission, in: Plädoyer für Mission. Weltmission heute Nr. 35, Hamburg ^{2}1999, 43–55. Dieses Modell beschreibt die Situation der ersten christlichen Generation, die in starkem Maße von der Verfolgung bedroht war. Es ist mit Sicherheit nicht auf die Situation der Christen in der DDR und ihren Kirchen übertragbar. Jedoch lassen sich bis etwa Anfang der 70er Jahre an vielen Stellen Parallelen finden, die die nach innen gerichtete bewusste oder unbewusste Zielbestimmung der Mission begründen. Wenn die Prediger bei der unmittelbaren Situationsbestimmung der Lage der Gemeinden auf die Erfahrungen der ersten christlichen Generation zurückgreifen konnten, warum sollte es bei der Thematik der Mission anders sein?
Mit den 70er/80er Jahren fällt eine stärkere Aufforderung zur Außenwirkung der Gemeinden und des einzelnen Christen in der Gesellschaft auf, welche die Anklänge des beschriebenen Modells zumindest ansatzweise überwinden.

[864] E. Winkler/G. Kretzschmar: Der Aufbau der Kirche zum Dienst, in: Handbuch der Praktischen Theologie, Bd. 1, Berlin 1975, 182.

Handeln.[865] Die Autoren des Handbuches verstehen unter dieser Kontextbeschreibung sogar eine Tendenz des (situationsbedingten) Gemeindeaufbaus.

> »Wenn ich treu bei meinem Herrn bleibe, wenn er allein mich motiviert und anleitet, dann muss das mir abzuspüren sein.«[866]

Scheinbar gibt es eine Wechselwirkung im Beziehungsgeflecht von Situation, Hörer, Prediger und Text, von Kontext und Predigt mit einem konkret motivierten Inhalt, nämlich die Botschaft des Evangeliums. Dieser Vorgang von Wechselwirkungen ist nicht statisch zu verstehen, sondern eher als ein geschichtlicher Prozess von Aktion und Reaktion.

---

[865] Vgl. dazu auch: W. KRUSCHE: Missio-Präsenz oder Bekehrung?, in: Schritte und Markierungen, Berlin 1972, 176ff.
[866] Predigt C5 - 1983.

V Zusammenfassung und Ergebnis (Rekonstruktionsversuch)

Am Beginn der Arbeit zum Thema *Evangelische Predigt in der DDR* stand zunächst die Suche nach einer solchen Predigt als besondere Form und Lebensäußerung innerhalb der DDR. Im Laufe der Untersuchung wurde aus dieser Suche immer stärker die konkrete Frage nach dem Signifikanten einer Predigtpraxis im Kontext der DDR. Nun scheint dieser Paradigmenwechsel nicht sonderlich spektakulär zu sein, aber er trifft genau den Kern dieser Arbeit, nämlich die Konzentration auf das, was ich mit »Pragmatismus« beschreibe: Aus der abstrakten Suche nach einer homiletischen Erscheinung wurde die explizite Frage nach ihrer praktischen Umsetzung. Konkret äußerte sich dieser zunächst nur vermutete Pragmatismus in der homiletischen Reflektion der Praxis bzw. der Lebenswirklichkeit, die sich an die gegebene Situation und einem konkreten Kontext orientiert und im Laufe ihrer Entwicklung flexibel ist, d.h., in ständiger Korrelation zur gegeben Situation steht und versucht, die gesamte Lebenswirklichkeit innerhalb eines abgrenzbaren Systems im Blick zu haben. Dieser Pragmatismus, so meine ich, wird an vielen Stellen als notwendig vorausgesetzt und in einer Art Ursache-Wirkung-Beziehung (bewusst und unbewusst) zur erforderlichen Absicht erklärt. Als *Postulierter Pragmatismus* zeigt sich diese Form der Wirklichkeitsreflektion in verschiedenen Bereichen des Gesamtsystems DDR. Die Konzentration und Beschränkung auf das Gebiet und den Lebensraum innerhalb des Staates der Deutschen Demokratischen Republik als geschlossenes Gesellschaftssystem erklärt sich dabei von selbst. Die vorliegende Untersuchung möchte nicht vergleichen, sondern nachspüren und innerhalb bestimmter Parameter betrachten und anhand konkreter Beispiele beobachten. Als Ergebnis der Beobachtung liegt nun diese Arbeit vor.

Der *historische Kontext* bildet dabei zunächst die Grundlage und den Deutungshorizont sowie die Rahmung in einem realen, überschaubaren und eingegrenzten Raum (temporär und territorial).

Vor der Untersuchung der Predigtpraxis wird nach den theoretischen Ansätzen und den Äußerungen zur *Predigtlehre* gefragt. Hierbei geht es um die Suche nach theoriebildenden Grundlagen, homiletischen Ansätzen und Fragestellungen.

Die Erfahrungen und Ergebnisse der Grundlagenerörterung aus den Kapiteln zwei bis drei bilden ein Analyseraster, mit dem dann ausgewählte Predigtbeispiele untersucht und als signifikante und repräsentative Beispiele in einen größeren Kontext einer *Predigtpaxis* eingebunden werden und als Referenzträger für das Gesamtprojekt zur Geltung kommen.

Die Beobachtungen und knappen Darstellungen zum *historischen Kontext* verstehen sich als notwendiger Hintergrund und unverzichtbare Deutungsfolie. Bei der Nachzeichnung der historisch-politischen und geschichtlichen Entwicklung in der DDR lassen sich drei Phasen in groben Zügen voneinander unterscheiden. Diese einzelnen Phasen werden von zeitgeschichtlichen oder ausschlaggebenden Eckdaten bestimmt:

1) Kriegsende und die Konsolidierung der Gesellschaft und des Staates der Deutschen Demokratischen Republik (DDR) und die damit grundsätzlich einhergehende ideologische Ausrichtung und Orientierung als atheistisches Staatsgebilde, das ideologisch nur einen Glauben, nämlich den an sich selbst proklamierte und akzeptierte. Diese erste Phase innerhalb der Kontextbetrachtung ist maßgeblich von der aktiven Konfrontation zwischen Staat, Gesellschaft und den Kirchen bzw. Fragen des Glaubens bestimmt. Mittel und Ausdrucksform dieser Auseinandersetzungen bilden Agitation und Propaganda in filigraner Form, die Suche nach einer entsprechenden und angemessenen gesellschaftlichen Rolle, das Aufeinandertreffen beider (Lebens-) Systeme und das Ausloten gegenseitiger Grenzen. Charakteristisch für diese frühe Phase ist das oftmals relativ durchgängige retardierend-reagierende Verhalten seitens der Kirchen.

2) Spätestens mit der Befestigung der innerdeutschen Grenze und der Gründung des *Bundes der Evangelischen Kirchen in der DDR* und der damit einhergehenden Schaffung einer organisatorischen und autonom leitenden Struktur, entwickelt sich eine veränderte Wahrnehmung der Lebenswirklichkeit. Die Evangelischen Kirchen in der DDR gehen ihren eigenen Weg, suchen und finden ihren Ort in der Gesellschaft, ihre Rolle und Aufgabe. Als Kirche im Sozialismus wird sie zur konkret reflektierten Reaktion auf die vorfindliche und als unabänderlich eingestufte Situation. Gleichzeitig wird seitens der Kirchen nach Möglichkeiten gesucht, in diesem Kontext und unter den Bedingungen der gesellschaftlichen Wirklichkeit der DDR zu existieren und als relevante Größe wahrgenommen zu werden. Die Kirchenleitung in der DDR verstand sich dabei nicht als Gegenorganisation oder als reaktionärer Beobachter im Staat, sondern wollte als gleichberechtigter Partner an der Gestaltung der Gesellschaft opportun und aktiv teilnehmen. Das historisch und grundlegend wichtige Gespräch zwischen Vertretern der Kirchenleitung des Bundes der Evangelischen Kirchen und offiziellen Vertretern der Regierung

der DDR vom 06. März 1978 gehört abschließend zu dieser Suche nach zitierbaren Möglichkeiten beim Ringen um eine gesellschaftliche und rechtliche Relevanz der Kirchen in einem sozialistisch-atheistischen Staatsgebilde. Das erste in dieser Form stattfindende Staat-Kirchen-Gespräch wird zumindest auf kirchenleitender Seite als *Status quo* verstanden.

3) Ohne dies tatsächlich fokussieren zu wollen, werden in der folgenden dritten Phase die Kirchen und Gemeinden zu Orten, an denen Themen aufkommen und diskutiert werden, die dem Staat und der repräsentierten sozialistischen Gesellschaft zunehmend Probleme bereiten (Frieden, Erziehung, Umwelt, Moral, alternative Lebensentwürfe). Gleichzeitig ist von Seiten des Staates eine scheinbare Öffnung zu religiösen Fragen und kirchenhistorischen Themen zu vernehmen (z.B. anlässlich des Lutherjahres 1983), die allerdings politisch motiviert und argumentativ umgedeutet und für eigene staatliche Propaganda ausgedeutet werden. Andererseits verhalten sich die Kirchen unter der Prämisse der Fürsorgepflicht offiziell bewusst nicht subversiv. Diese Fürsorgepflicht gegenüber den Gemeinden und den einzelnen Christen bzw. der einzelnen Christin verstand sich gleichzeitig als postuliert-pragmatisch. Man ging mit offener oder versteckter Kritik an den bestehenden Verhältnissen nur so weit war, nur so konträr, wie man es gegenüber der Gemeinde verantworten zu können meinte. Die sich entwickelte Diaspora- und Minderheitssituation wird bewusst wahrgenommen und als Grundlage zur Schaffung bestimmter Freiheiten bzw. Freiräume genutzt, die wiederum selbst nicht immer kirchenkonform genutzt, aber biblisch-theologisch ausgedeutet werden konnten (z.B. für gesellschaftskritische Friedens- und Umweltgruppen). So kann eine gewisse und begrenzte, opportune Loyalität gegenüber der bestehenden Gesellschaftsnorm innerhalb der Kirchen in der DDR beobachtet werden. Gleichzeitig konnte dieselbe Kirche freilich als moralische Instanz auftreten, die auf der Ebene einer christlich gestützten Ethik und Moral pragmatisch in gesellschaftliche Äußerungen und Aktivitäten eingreifen und darauf durchaus kritisch reagieren konnte.

Die Besonderheit des historischen Kontextes in der DDR ist die erlebte Situation bzw. die tatsächliche Lebenswirklichkeit, die auf einem relativ engen Raum eine entsprechend große Konnexität auf sozialer bzw. soziologischer Ebene hervorbrachte. Relevante Themen, aktuelle Probleme, emotionale Empfindungen, erlebte Einschränkungen, normale Alltagserscheinungen usw. wurden in gleichem Maße von einer großen Gemeinschaft *mit*-getragen und *mit*-erlebt. Die homiletische Gesamtsituation stellt sich als relativ homogen dar.

Die Basis bei der Betrachtung der *Evangelischen Predigtlehre* bildet die Suche nach einer homiletischen Tradition im Kontext der DDR. Da Druckerzeugnisse in der DDR generell reglementiert wurden, waren gedruckte Arbeiten zu Fragen der Homiletik und innerhalb der Theologie grundsätzlich schwer zu verlegen. Ausdrücklich aufschlussreich sind m.E. die kleineren Arbeiten, kurzen Aufsätze und Vorträge, die nicht immer in gedruckter und verlegter, oftmals lediglich in hektographierter Form und mit »Nur für den innerkirchlichen Dienstgebrauch« bezeichnet, veröffentlicht werden konnten. Sie zeigen in besonderer Weise, dass intensiv, fundiert und praxisorientiert homiletisch nachgedacht und gearbeitet wurde. Die großen Entwürfe innerhalb der Praktischen Theologie sind in den Anfangsjahren das Ergebnis wichtigen homiletischen Arbeitens an den Lehrstühlen der Universitäten und als Fortsetzung einer traditionsverwurzelten Homiletik zu verstehen. Diese grundlegenden Arbeiten bilden das Fundament und gleichzeitig die Voraussetzung für das weitere homiletische Nachdenken innerhalb der Praktischen Theologie in der DDR. Der Ruf nach brauchbarem und nutzbarem (praktikablem) Material wurde durch eine praxisorientierte Aufarbeitung homiletischer und pastoraler Fragen und Beobachtungen mit den möglichen Mitteln beantwortet. Weniger spezifisch theoriebildende Absichten stehen dabei im Mittelpunkt als vielmehr pragmatisch orientierte Fragestellungen und das Bemühen um eine Sprachfähigkeit der Predigt, bezogen auf die Lebenswirklichkeit der Gemeinden. Dabei liegt das Hauptinteresse weniger in der konzeptionellen Entwicklung einer eigenen oder gar spezifischen »DDR«-Homiletik. In erster Linie geht es um die Wirkung und Absicht der Predigt, um die konkrete Hörerschaft und schließlich um die Person des Predigers bzw. der Predigerin. Kurz: Grundsätzlich zielt die Gesamtheit dieser Arbeiten auf die konkrete Predigtpraxis. Die beiden bestimmenden Parameter homiletischen Nachdenkens sind in starkem Maße durch die Wechselwirkung von a) Text und Situation und b) Prediger bzw. die Predigerin und Hörer bzw. die Hörerin in einer gegebenen und konkreten Situation und Lebenswirklichkeit gekennzeichnet. Die Relevanz der Predigt und der homiletische Ansatz werden prinzipiell an ihrem praktischen und praktikablen Vollzug deutlich. Es gibt freilich theoriebildende und sehr bewusste Reflektionen, die jedoch weniger in groß angelegten Konzeptionen, sondern viel stärker in jenen kleinen Einzeldarstellungen und Fragestellungen herausgearbeitet werden.

Die zum Ende der DDR entstandenen Handbücher zu Fragen des Gesamtgebietes der Praktischen Theologie bleiben trotz ihrer Kompaktheit letztendlich auch (nur) Einzelaufsätze zu speziellen Problemkreisen und Fragestellungen. Sie verstehen sich selbst als Lehrbücher zum praktischen Gebrauch und zielen auf eine gelingende Predigtpraxis ab.

Die in dieser historischen Rahmung der DDR untersuchte *Predigtpraxis* lässt sich wiederum in ihrer Gesamtheit in drei ganz unterschiedliche, aber nicht unabhängige Phasen einteilen, was die Konnexität von Predigtpraxis und Kontext bzw. die Beziehung zur Lebenswirklichkeit noch einmal auf ganz praktische Weise deutlich macht. Aus dem betrachteten Predigtmaterial, den Predigtbeispielen und den entsprechenden Beobachtungen lässt sich eine eigene Praxis der Predigt vermuten und rekonstruieren, welche die konkreten Predigten im Kontext der DDR an vielen Stellen als konsequent ethische Predigt charakterisieren, die in einem starken Maße handlungsorientiert, d.h. pragmatisch wirken will. Dieses geschieht beispielsweise durch die Beantwortung der Fragen: Wie komme ich mit der mich umgebenden Situation, meiner Lebenswirklichkeit und mit dem Alltag als ChristIn in einer sich säkular und antichristlich/antireligiös zeigenden Gesellschaft zurecht? Hierbei ist »ethische Predigt« in klassischer bzw. konkreter Form gemeint: Was muss ich tun, um in das Himmelreich einzugehen? Als solche ethisch gekennzeichnete Kanzelrede stellt sich die Predigt gesellschaftspolitisch, sozialdifferenziert und kirchenkritisch dar und ist in ihren Variationen und innerhalb der benannten drei Phasen (unterschiedlich stark) auch zugleich prophetische Predigt. In ihrem praktischen Vollzug scheint diese Predigt in ihrer Form und Ausdrucksweise immer wieder zwischen narrativer und argumentativ-thematischer Ausprägung zu schwanken. Wohl als »typisch« bzw. signifikant sind ihre apologetischen und rechtfertigenden Züge, die durch kontextuelle Argumentationslinien gestützt werden. Nicht selten kommt es vor, dass eine Predigt, die auf den ersten Blick wie eine Homilie wirkt, innerhalb ihres Vollzuges eigentlich zu einer argumentativen Auseinandersetzung zu aktuell-politischen und damit brisanten Themen und Kontexterscheinungen wird, wobei der biblische Text den sprachlichen Rahmen und die grundsätzliche argumentative Basis gibt.

Es kann festgehalten werden, dass die Predigtpraxis im Kontext der DDR einen eigenen, situationsgeprägten Duktus hat, der sehr häufig eine Nützlichkeit, d.h., einen *Postulierten Pragmatismus* in den Vordergrund stellt und darauf abzielt. Hinzu tritt, dass der biblische Text aus der Sicht der Prediger bzw. der Predigerinnen auf die konkrete, reale Situation und Lebenswirklichkeit der Gemeinden direkt transformiert werden konnte.

Bereits in einem frühen Stadium der Untersuchung fiel ein weiterer charakteristischer Zug innerhalb der Kontextbetrachtung als auch der Materialsondierung sowie bei der Betrachtung der Predigtpraxis auf. Immer wieder scheint es so, dass individuelles und kollektives Handeln und Reagieren auf bestimmte und allgemeine Erscheinungen des Alltags im Kontext der DDR in konkreten Situationen verankert sind und zu einer allgemeinen Betroffenheit führen. Ein Prediger bzw. eine Predigerin hatte die Gesamtsituation der gesellschaftlichen Wirklichkeit der DDR und einzelne Situationserscheinungen als unmittelbare homiletische Bezugsgröße und damit im homiletischen Prozess ein klares Gegenüber, dem die biblische Botschaft entgegengesetzt wurde und womit gleichzeitig auf die allgemeine Betroffenheit reagiert werden konnte. Weiterhin scheint es so, als ob in den Äußerungen der Landeskirchen und innerhalb der Predigtbeispiele diese Kontextbezüge und Rückbindungen dazu führen, dass bestimmte Überzeugungen benannt und konkrete Handlungsregeln aufgestellt werden. Dabei werden die konkrete Situation und unmittelbare Themen des Kontextes (Grenze, vormilitärische Ausbildung, Reisefreiheit, Glaubensfreiheit, Ressourcenknappheit, LPG-Gründung, Junge Gemeinde, Jugendweihe, Unzufriedenheit, Desinteresse an innenpolitischen Verläufen, Begehrlichkeiten usw.) zur allgemeinen Betroffenheit und zum Ausgangspunkt für das Reflektieren, Überlegen, Analysieren, Predigen usw. Die biblischen Texte, wie auch die gesamte biblische Tradition sowie die Erfahrungen der frühen Christenheit werden zum Fundort für ein Handlungsrepertoire. Dieses Handlungsrepertoire wird dann auch einer breiten Mehrheit als Alternative und als Möglichkeit zur Verarbeitung bzw. als konkrete Hilfe für den Umgang mit und in der eigenen und erlebten Wirklichkeit angeboten. Der so reflektierten homiletischen Situation wird die Frage nach dem konkreten und normativen Gebrauchswert biblischer und pastoraler Äußerungen zur Seite gestellt. Der sich so darstellende Pragmatismus zielt nicht auf ein abstraktes, allgemein-christliches Leben, sondern versucht die tatsächliche und konkrete Situation der Hörerschaft auszuloten und darauf zu reagieren. Dabei bilden der historische Kontext und die konkrete Lebenswirklichkeit zwar die Interpretationsgrundlage für diesen Pragmatismus, jedoch sind die »praktikablen« Handlungsanweisungen mehr als (allein) die Folge von kontextgebundenen Einzelerfahrungen und einer gewissen »Ergehens-Reaktion«. Sie sind aus pragmatischer Sicht notwendig, um zu einem bestimmten Verhalten, einer deutlichen Glaubensüberzeugung oder einer konkreten Handlungsanregung als Resultat einer bewussten Reflektion der Lebenswirklichkeit und deren Auswirkung unter biblisch-christlicher Prämisse zu gelangen. Die Erlebenswirklichkeit, das konkrete Handeln und die abgeleiteten Handlungs- und Glaubensanweisungen sind wechselseitig aufeinander bezogen. Den klassischen Dualismus von Geschichte und Gegenwart, von Glaubenswahrheiten und Lebenswirklichkeiten versucht man scheinbar zu überwinden. Die biblischen Texte und die Erfahrungen der ersten Generation der Christenheit (Verfolgungssituation, Diaspora, Minderheitssituation) werden konkret für die eigene Kontextbewältigung in Anspruch genommen, instrumentalisiert und in praktikabler Weise auf die konkrete Situation angewendet. Der daraus resultierende, nicht näher begründete, als gegebene und allgemeine Tatsächlichkeit verstandene und damit *Postulierte Pragmatismus* stellt sich als signifikante Erscheinung sowohl in der theoriebildenden

Reflektion als auch in der vollzogenen Predigtpraxis dar. Aufgrund der relativen Allgemeingültigkeit und Gewohnheit der häufig gemeinsamen Erfahrungen mit dem und im Kontext der DDR versteht sich die Struktur der Situation eben nicht allein als erlebte Einzelerfahrung, sondern zu einem großen Teil als Gemeinschaftsproblem. Die betrachteten Predigtbeispiele vermitteln den Eindruck eines Zusammengehörigkeitsgefühls und einer Atmosphäre der Leidens-*Gemeinschaft* und der *Gemeinschafts*identität. Das Nützlichkeitskriterium dient dabei sowohl als Hilfsmittel für die Erklärung und Entstehung bestimmter Phänomene (wie Diaspora-Situation, Minderheitserfahrungen, Verfolgung, Diskreditierung, Randexistenz usw.), als auch als Utensil für die entsprechende Reaktion auf diese Phänomene des Kontextes, d.h. für eben konkrete Glaubens- und Handlungsanweisungen. Gleichzeitig schafft der so *Postulierte Pragmatismus* Freiräume für konkretes und individuelles Handeln und will im zu bewältigenden Alltag helfen (Alltagstauglichkeit). Er ruft gleichzeitig, unter Auslotung vielfältiger Möglichkeiten, zur aktiven Auseinandersetzung *in* und *mit* diesem bestimmenden Kontext auf: Der Christ als Wächter und Mitgestalter.

Als *Ergebnis* der Untersuchung kann festgehalten werden, dass es durchaus einen eigenen Duktus, eine eigene Sprache bzw. Verwendung von Sprachmaterial und einen eigenen Umgang mit biblischen Texten (Gebrauchsspurensuche) in der Predigtpraxis der DDR gegeben hat. Die Absicht dieser spezifischen Form der Predigt zielt auf die konkrete Wirklichkeit der Hörergemeinde. Getragen wurde diese Predigtpraxis als Ganzes von einem Pragmatismus, der immer wieder nach der Utilitarität fragt und diese gleichzeitig voraussetzt oder in weiten Bereichen davon motiviert ist. Die Summe der Beweggründe für die so beobachtete und untersuchte Predigtpraxis liegt in ihrer tatsächlichen Nützlichkeit begründet, im pragmatischen Sein, im konkreten Wunsch helfen zu können, helfen zu wollen, auch im Reagieren auf eine bestimmte (gegebene) Situation, und zwar innerhalb dieser Umstände. Diese Nützlichkeit wiederum legitimiert die Wahrheit einer biblisch-theologischen Aussage. Der *Postulierte Pragmatismus* versteht sich als seelsorgerlich-pastorales Hilfsangebot für einen christlichen Alltag in der DDR und wollte dabei alltagstaugliche Predigt sein (Alltagshomiletik).

Die Prediger bzw. Predigerinnen haben unter umfangreicher und konkreter Kenntnis der Lebenswirklichkeit, weil sie in dieser Lebenswirklichkeit eben selbst auch betroffen waren, praxisnah und konkret gepredigt. Biblische Texte und theologische Wahrheiten wurden auf die konkrete Situation der Gemeinden transferiert. Predigtperikopen wurden auf die Tauglichkeit und Aussagestärke zum gegebenen Kontext geprüft und ins Verhältnis gesetzt. Durch die allgemeine Betroffenheit der Prediger selbst konnten die Umgangssprache und kommunikative Gewohnheiten (Alltagssprache, sprachliche Abstraktionen, Argumentationsformen usw.) in die Predigtsprache ohne Mühe einfließen und teilweise sogar den Aufbau und die Form von Predigt bestimmen (Argumentationslinien, Zitate usw.).

Der umgebende historische Kontext bildet darin eine unmittelbare und notwendige Bezugsgröße. Ohne diesen Kontext sind die Predigten und ist die Predigtpraxis in der DDR eigentlich nicht zu verstehen (Kontextrückbindung, Konnektivität). Die Predigtpraxis in der DDR bildet einen biblisch-theologisch reflektierten Realitätsausschnitt mit seelsorgerlich-praktischen Glaubenshilfen. Die Prediger sind Betroffene in einer säkularen Welt und haben dieser säkularen Welt gleichzeitig etwas entgegenzusetzten.

Soll am Ende dieser Untersuchung die Frage nach der besonderen oder eigenen bzw. signifikanten Predigtpraxis in der DDR beantwortet werden, so muss gesagt werden: Es gab weitläufig eine eigene Predigtform, eine signifikante Predigtpraxis in einem eigenen sprachlichen Duktus, geprägt von einem *Postulierten Pragmatismus* und einer stetigen Kontextrückbindung als konkret seelsorgerliche Predigt für die Menschen und Gemeinden in einer fatalen Situation, die im Laufe der Zeit weniger nach der theologischen oder politischen oder demokratischen Unwiderlegbarkeit fragte, sondern vielmehr nach der seelsorgerlichen Notwendigkeit und Nützlichkeit. Der historische Kontext als Deutungsfilter der Predigtperikopen konnte innerhalb der eigenen Überlegungen durchaus zu einem exegetischen Methodenwerkzeug werden, auch wenn die Situation selbst nicht zum bestimmenden Faktor erhoben wird, sondern stets in der Korrelation zum biblischen Bezug gesehen werden soll. Dabei scheint diese Form der Predigt, auch wenn sie es selbst nicht sein wollte, generell politisch suggeriert, weil sie grundsätzlich als Gegenprogramm bzw. als Alternative zum realen System gesehen wurde, unvereinbar mit den bestehenden politischen, gesellschaftlichen und geisteswissenschaftlichen Werten der oktroyierten Gesellschaft und doch (verfassungsmäßig) geduldet. Die oftmals opportune Tendenz innerhalb offizieller Verlautbarungen der Kirchenleitung wurde nicht immer stringent in der Predigtpraxis durchgehalten. Die Predigerinnen und Prediger in diesem geschlossenen System von Werten und Unwerten bewiesen an vielen Stellen Glaubensmut, sprachliches Geschick und seelsorgerliche Verantwortung an der Basis der Gemeinden auf der Suche nach Wegen, das Evangelium zwischen biblischer Wahrheit und seelsorgerlicher Lebensbewältigung lauter zu verkündigen. Und doch blieben sie in diesem geschlossenen System gefangen. Dass sich gewisse Spuren dieser Predigtpraxis bis heute in einigen Gemeinden und Gebieten gehalten haben, ist m.E. der Grund für manche Predigtmentalität und Predigtkrise insbesondere in ländlichen Gebieten, weil diese Predigtpraxis aufgrund der gegebenen modernen Struktur in einer pluralen und offen strukturierten Gesellschaft eben nicht mehr praktikabel ist. Nicht immer waren die Prediger und Predigerinnen Helden, aber stets auf ganz eigene Weise *Zeugen des Evangeliums*.

ANHANG

Literatur- und Quellenverzeichnis

ALBRECHT, CHRISTOPH: Einführung in die Liturgik, Berlin: EVA, 1983.

ALDEBERT, HEINER: Christenlehre in der DDR: Evangelische Arbeit mit Kindern in einer säkularen Gesellschaft: Eine Standortbestimmung nach 20 Jahren Kirche im Sozialismus und 40 Jahren DDR, Hamburg: E.B.-Verlag Rissen, 1990.
Als Boten des gekreuzigten Herrn: Festgabe für Bischof Dr. Dr. Werner Krusche zum 65. Geburtstag, Berlin: EVA, 1982.

ALTMANN, ECKHARD: Die Predigt als Kontaktgeschehen, Berlin: EVA, 1963.
Amtsblatt der Evangelischen Kirche in Deutschland (ab Jahrgang 1947).
Angst um die Kirche?Weimar und Jena: Wartburg Verlag, 1994.
Anruf und Aufbruch: Zur Gestalt der Kirche in Gegenwart und Zukunft, Berlin: EVA, 1965.

ARBEITSGESETZBUCH DER DDR, Berlin: Verlag Tribüne, 161988.
Architekturführer Thüringen, Red. Schirmer, Heidemarie, Weimar: Bauhaus-Universität, 2000.
Aufschlüsse: Ein Glaubensbuch, Berlin: EVA, 1977.

BAHR, HANS-ECKEHARD: Verkündigung als Information – zur öffentlichen Kommunikation in der demokratischen Gesellschaft, Furche-Verlag Hamburg, 1968. Barmen 1934–1984: Beiträge zur Diskussion um die Theologische Erklärung von Barmen, Berlin: EVA, 1983.

BASSARAK, GERHARD: Vor allen Dingen die Liebe: Predigten, Berlin: EVA, 1985.

BASTIAN, HANS-DIETER: Theologie der Frage: Ideen zur Grundlegung einer theologischen Didaktik und zur Kommunikation der Kirche in der Gegenwart, München: Chr. Kaiser Verlag, ²1970.

BECKER, INGEBORG: Zur Geschichte der Jugendarbeit der evangelischen Kirche in der DDR (hektographiertes Material), o.O. 1975 (?).

BECKMANN, JOACHIM: Ruf zum Gehorsam, Gütersloh: Bertelsmann, 1940.
Bericht von der Theologie: Resultate, Probleme, Konzepte, Berlin: EVA, 1971.

Bernet, Walter: Verkündigung und Wirklichkeit: Eine Problemskizze, Tübingen: J.C.B.Mohr (Paul Siebeck), 1961.

Besier, Gerhard/Lessing, Eckhard (Hg.): Die Geschichte der Evangelischen Kirche der Union. Trennung von Staat und Kirche, kirchlich-politische Krisen, Erneuerung kirchlicher Gemeinschaft (1918-1992), Bd. 3, Leipzig: EVA, 1999.

Besier, Gerhard: Der SED-Staat und die Kirchen 1969-1990, Berlin: Propyläen, 1995.

Besier, Gerhard/Wolf, Stefan: Pfarrer, Christen und Katholiken, Neukirchen-Vluyn: Neukirchener Verlag, 1991.

Beyer, Franz-Heinrich: Theologiestudium und Gemeinde, Göttingen: Vandenhoeck und Ruprecht, 1994.

Bieritz, Karl-Heinrich: Im Blickpunkt: Gottesdienst: Theologische Information für Nichttheologen, Berlin: EVA, 1983.

Björkman, Thomas: Ein Lebensraum für die Kirche. Die Rundbriefe von Landesbischof D.Mitzenheim, Lund: University Press, 1991.

Blauert, Heinz: Der Auftrag bleibt. Kirche für andere, in: ZdZ 11/1972.

Borchert, Hans-Jochen: Wir Menschen nach der Wende. Erfahrungen nicht nur im Kreis Haldensleben, Haldensleben, 1993.

Born, Joachim/Stickel, Gerhard (Hrsg.): Deutsch als Verkehrssprache in Europa, Berlin: de Gruyter, 1993.

Borowsky, Peter: Die DDR in den sechziger Jahren, in: Informationen zur politischen Bildung, Heft 258, 1.Quartal 1998.

Boy, Bärbel: Die politische Bedeutung der Dorfkirche in der ehemaligen DDR: Eine Case-Study an einem Dorf in Mecklenburg-Vorpommern, Kiel: 1993.

Bräuer, Siegfried/Vollnhals, Clemens: »In der DDR gibt es keine Zensur«: die Evangelische Verlagsanstalt und die Praxis der Druckgenehmigung 1954 – 1989, Leipzig: EVA, 1995.

Bräuer, Siegfried: Martin Luther in marxistischer Sicht von 1945 bis zum Beginn der achtziger Jahre, Berlin: EVA, 1983.

Bröking-Bortfeldt, Martin: Kreuz der Wirklichkeit und Horizonte der Hoffnung. Ernst Langes Predigten und seine homiletische Entwicklung, Stuttgart: Kohlhammer, 2004.

Brunotte, Heinz: Die Evangelische Kirche in Deutschland: Geschichte, Organisation und Gestalt der EKD, Gütersloh: Gütersloher Verlagshaus Gerd Mohn, 1964.

Bruns, Hans: Unsere Verkündigung heute, Wuppertal: R. Brockhaus, 1951.

Butzmann, Gerhard (Hg.): Meyers Jugendlexikon A-Z, Leipzig: Bibliographisches Institut, 1974.
Christen, Staat und Gesellschaft der DDR: Vorträge, Diskussionen und Bibliographie 1994/95, Düsseldorf: Wissenschaftszentrum Nordrhein-Westfalen, 1995.
Christen, Staat und Gesellschaft in der DDR, Frankfurt a.M./ New York: Campus Verlag, 1996.
Christen, Staat und Gesellschaft in der DDR: Berichtszeitraum 1993 - (Bibliographie und Erläuterungen), Düsseldorf: Wissenschaftszentrum Nordrhein-Westfalen, o.A.
Christliche Unterweisung und Gemeinde: Aufsätze zur kirchlichen Arbeit mit Kindern und Konfirmanden, Berlin: EVA, 1978.

Collet, Giancarlo: Historische Modelle der Mission, in: Plädoyer für Mission, Weltmission heute Nr. 35, Hamburg 21999.

Dähn, Horst/Heise, Joachim: Luther und die DDR. Der Reformator und das DDR-Fernsehen 1983, Berlin: Ed. Ost, 1996.

Daiber, Karl-Fritz: Religion in Kirche und Gesellschaft: Theologische und soziologische Studien zur Präsenz von Religion in der gegenwärtigen Kultur, Stuttgart: Kohlhammer, 1997.
Das Problem der Sprache in Theologie und Kirche: Referate vom Deutschen Evangelischen Theologentag Mai 1958 (Berlin), Berlin: Verlag Alfred Töpelmann, 1959.
Das Signal von Zeitz: Reaktion der Kirche, des Staates und der Medien auf die Selbstverbrennung von Oskar Brüsewitz 1976, Berlin: EVA, 1993.

Das sozialistische Menschenbild: Weg und Wirklichkeit, Leipzig: VEB Bibliographisches Institut Leipzig, 1967.
Das Wort der Hoffnung: Beispiele für Seelsorge und Predigt bei Todesfällen, Berlin: EVA, 1983.
DDR-Geschichte in Dokumenten: Beschlüsse, Berichte, intere Materialien und Alltagszeugnisse, Berlin: Ch.Links, 1997.

DE HAAS, RENATE: Erfahrungen in Landgemeinden, in: ZdZ 9-1988.

DEMKE, CHRISTOPH/FALKENAU, MANFRED/ZEDDIES, HELMUT (HG.): Zwischen Anpassung und Verweigerung: Dokumente aus der Arbeit des BEK in der DDR, Leipzig: EVA, 1994.

Der Bund der Evangelischen Kirchen in der DDR. Eine kritische Rückbesinnung dreißig Jahre nach seiner Gründung, 8. Werkstattgespräch vom 10. Juni 1999 (Schriftenreihe des Instituts für vergleichende Staat-Kirche-Forschung, Heft 9), Berlin 1999.
Der Laie in Gemeinde und Kirche: Materialien der Bundessynode vom 13. bis 17. Mai 1977 in Görlitz, Berlin: EVA, 1979.
Deutsches Wörterbuch: Ein umfassendes Nachschlagewerk des deutschen und eingedeutschten Sprachschatzes, München: Reichenbach Verlag, o.J.
Deutschland Archiv: Zeitschrift für Fragen der DDR und der Deutschlandpolitik. Sozialstruktur und sozialer Wandel in der DDR,. Saarbrücken-Scheidt: Verlag Rita Dadder, 1989.
Dialektischer und historischer Materialismus. Lehrbuch für das marxistisch-leninistische Grundlagenstudium, Berlin: Dietz Verlag, 1980.

DIBELIUS, OTTO: Die Predigt des Bischofs Dibelius, o.O.: o.V. – private Sammlung, 1956-1965.
Die DDR stellt sich vor, Berlin/Dresden: PANORAMA DDR/ Verlag Zeit im Bild, 1981.
Die Geschichte der Evangelischen Kirche der Union: Trennung von Staat und Kirche, Kirchenpolitische Krisen, Erneuerung kirchlicher Gemeinschaft (1918-1992), Leipzig: EVA, 1999.
Die Kirchenpolitik von SED und Staatssicherheit: Eine Zwischenbilanz, Berlin: Ch. Links Verlag, 1997.
Die Predigtanalyse als Weg zur Predigt, Tübingen: Francke Verlag, 1989.
Die Religion in Geschichte und Gegenwart (RGG), Kurt Galling (Hrsg.). Tübingen: Mohr Verlag, ^{3}1986.
Die SED und das kulturelle Erbe: Orientierungen, Errungenschaften, Probleme, Berlin: Dietz Verlag, 1986.

Die Solidarische Kirche in der DDR: Erfahrungen, Erinnerungen, Erkenntnisse, Berlin: Basisdruck, 1999.
Die Tür des Wortes: Evangelischer Almanach auf das Jahr 1953, Berlin: EVA, 1952.
Die Zeichen der Zeit. Evangelische Monatszeitschrift. Leipzig: EVA, 1947-1989.

DOERNE, MARTIN: Er kommt auch noch heute, Berlin, EVA, 31948.

DOERNE, MARTIN: Furcht ist nicht in der Liebe, Berlin: EVA, 1947.
Dokumente der Sozialistischen Einheitspartei Deutschlands. Beschlüsse und Erklärungen des Parteivorstandes, des Zentralkomitees sowie seines Politbüros und seines Sekretariats, Bde. 1-21, Berlin: Dietz Verlag, 1948-1987.

DONA NOBIS PACEM: Fürbitten und Friedensgebete Herbst ›89 in Leipzig, Berlin: EVA, 1990.

DORGERLOH, FRITZ: Geschichte der evangelischen Jugendarbeit: Teil 1: Junge Gemeinde in der DDR, Hannover: edition aej, 1999.

EBELING, GERHARD: Die Geschichtlichkeit der Kirche und ihrer Verkündigung als theologisches Problem: Drei Vorlesungen, Tübingen: J.C.B.Mohr (Paul Siebeck), 1954.
Ein Volk am Pranger? Die Deutschen auf der Suche nach einer neuen politischen Kultur, Berlin: Aufbau Taschenbuch Verlag, o.A.
Einheit und Frieden: Ökumenische Predigten, Berlin: EVA, 1978.
Einheitlichkeit und Differenzierung im Bildungswesen: Ein internationaler Vergleich von einem Autorenkollektiv, Köln: Pahl-Rubenstein, 1973.
Ende der Selbstverständlichkeit. Die Abschaffung des § 218 in der DDR – Dokumente, Berlin: BasisDruck, 1992.

ENGEMANN, WILFRIED: Persönlichkeitsstruktur und Predigt. Homiletik aus transaktionsanalytischer Sicht, Berlin: EVA, 1989.

ENGEMANN, WILFRIED: Semiotische Homiletik: Prämissen – Analysen – Konsequenzen, Tübingen und Basel: A.Francke Verlag, 1993.

ENGEMANN, WILFRIED: Wie kommt ein Prediger auf die Kanzel? Elemente zu einer Theologie der Predigt im Kontext des Weimarer Predigtstreits. 21 Thesen, Waltrop: Verlag Hartmut Spenner, 1999.

ENGEMANN, WILFRIED (HRSG.): Theologie der Predigt. Grundlagen – Modelle – Konsequenzen, Leipzig: EVA, 2001.

ERNST, WILHELM U.A. (HRSG.):Gerechtigkeit, Frieden und Bewahrung der Schöpfung, Leipzig, 1990.

ERNST-LANGE-LESEBUCH: Von der Utopie einer verbesserlichen Welt, Berlin: Wichern-Verlag, 1999.
Erzähl mir deine Geschichte: Neunzehn narrative Predigten, Berlin: EVA, 1989.
Evangelium und mündige Welt: Beiträge zur Verkündigung des Wortes Gottes in der modernen Welt, Berlin: EVA, 1962.

FABER, ELMAR/JOHN, ERHARD: Das sozialistische Menschenbild. Wege und Wirklichkeit, Leipzig: Karl-Marx-Universität, 1967.

FALCKE, HEINO: Mit Gott Schritt halten: Reden und Aufsätze eines Theologen in der DDR aus zwanzig Jahren, Berlin: Wichern-Verlag, 1986.

FENDT, LEONHARD: Grundriss der Praktischen Theologie, Tübingen: Mohr, ^{2}1949.
Findeis, Hagen/ Pollack, Detlef (Hg.): Selbstbewahrung oder Selbstverlust, Berlin: Links Verlag, 1999.

FISCHER, PETER: Kirche und Christen in de DDR, Berlin: Verlag Gebr. Holzapfel, 1978.

FLEISCHER, WOLFGANG (HG.): Wortschatz der deutschen Sprache in der DDR, Leipzig: Bibliographisches Institut, ^{2}1988.
Gemeinde-Amt-Ordination: Votum des Ausschusses der Evangelischen Kirche der Union, Gütersloh: Gütersloher Verlagshaus Gerd Mohn, 1970.
Gemeinsam auf dem Weg: Bischof Dr. Gottfried Forck zum 60.Geburtstag am 6.10.1983, Berlin 1983.
Gemeinsam Unterwegs: Dokumente aus der Arbeit des BEK in der DDR 1980-1987, Berlin: EVA, 1989.

GENTHE, HANS JOCHEN: Mit den Augen der Forschung: Kleine Geschichte der neutestamentlichen Wissenschaft, Berlin: EVA, 1986.
Gerechtigkeit – Frieden – Bewahrung der Schöpfung: Die Ergebnisse der Ökumenischen Versammlungen von Dresden-Magdeburg und Basel, Leipzig: St. Benno-Verlag, 1990.

Geschichte der DDR. Frankfurt a.M.: Suhrkamp, 1996.
Geschichtswirklichkeit und Glaubensbewährung: Festschrift für Bischof D. Dr. h.c. Friedrich Müller, Stuttgart: Evangelisches Verlagswerk, 1967.
Glaubenskrieg: Kirche im Sozialismus. Zeugnisse und Zeugen eines Kulturkampfes, Berlin: edition ost, 1995.

Goeckel, Robert F.: Die evangelische Kirche und die DDR: Konflikte, Gespräche, Vereinbarungen unter Ulbricht und Honecker, Leipzig: EVA, 1995.
Göttinger Predigtmeditation, Göttingen: Vandenhoeck und Ruprecht (ab 1947).

Grethlein, Christian (Hg.): Geschichte der Praktischen Theologie: Dargestellt anhand ihrer Klassiker, Leipzig: EVA, 2000.

Gröpler, Helmut (Hg.): Erzähl mir deine Geschichte: neunzehn narrative Predigten, Berlin: EVA, 1989.

Grotewohl, Otto: Die Rolle der Arbeiter- und Bauern-Macht in der Deutschen Demokratischen Republik, Berlin: Dietz Verlag, 1956.

Grüber, Heinrich: Bevollmächtigt zum Brückenbau. Erinnerungen, Predigten, Berichte, Briefe, Leipzig: EVA, 1991.
Grundordnung der Evangelischen Kirche der Kirchenprovinz Sachsen: (unter Berücksichtigung der seit Erlaß ergangenen Abänderungs- u. Ausführungsbestimmungen), Berlin: EVA, 1959.

Gurjew, G.A.: Wissenschaftliche Voraussicht – religiöses Vorurteil, Berlin: Dietz Verlag, 1958.

Gurjew, G.A.: Wissenschaftliche Voraussicht – religiöses Vorurteil, Berlin: Verlag des Ministeriums für nationale Verteidigung, 1956.

Gyula Groó: Handbuch der Praktischen Theologie (Rezension), in: ThLZ 1/1977.

Haendler, Otto: Die Predigt. Tiefenpsychologische Grundlagen und Grundfragen, Berlin: Verlag Alfred Töpelmann, ²1949.

Haendler, Otto: Grundriss der Praktischen Theologie, Berlin: Alfred Töpelmann, 1957.

Hager, Kurt: Die ideologische Aufgabe der Partei: Referat Kurt Hagers auf der Konferenz der Kreissekretäre der Partei (SED), o.O.: Beilage zu »Neue Wege« Nr. 23/24/1951, 1951.
Hager, Kurt: Ein aktuelles Handbuch für klassenbewußte Arbeiter: 100 Jahre »Anti-Dühring« von Friedrich Engels, Berlin: Dietz Verlag, 1978.
Handbuch der Praktischen Theologie, Bde. 1-3, Berlin: EVA, 1974-79.
Handbuch der Seelsorge, Berlin: EVA, 1983.

Hanft, Walter: Kleiner liturgischer Katechismus, Berlin: Verlag Merseburger, 1957.

Heidtmann, Günter (Hg.): Kirche im Kampf der Zeiten, Berlin: Lettner Verlag, ²1954.

Heinze, Hans-Jörg: Die kirchliche Situation im Evangelischen Kirchenkreis Erfurt (Kirchenprovinz Sachsen) vor und nach 1990, Diplomarbeit an der FSU Jena, Erfurt 1998.

Heitzer, Heinz: DDR – Geschichtlicher Überblick, Berlin: Dietz Verlag, 1979.

Hellmann, Gunther: Pragmatismus, in: C.Masula u.a. (Hg.): Handbuch der Internationalen Politik, Verlag für Sozialwissenschaften, Wiesbaden 2012, S. 148-181.

Hempel, Johannes: Die Relevanz der Situation für die Frage der kirchlichen Ämter, in: ZdZ 7-8/ 1972.

Hempel, Johannes: Die Vergegenwärtigung des Wortes: Zur Frage der Konkretisierung christlicher Verkündigung, Berlin: EVA, 1973.

Hempel, Johannes: Elementare Verkündigung, in: ZdZ 1/1970.

Hempel, Johannes: Kirche wird auch in Zukunft sein: Vorträge und Predigten, Leipzig: EVA, 1994.

Hempel, Johannes: Über Kirche, über uns: Fragen und Antworten eines Bischofs, Leipzig: EVA, 1992.

Henkys, Jürgen/Weyel, Birgit (Hg.): Einheit und Kontext: Praktisch-theologische Theoriebildung und Lehre im gesellschaftlichen Umfeld, Würzburg: Stephans-Buchhandlung M.Mittelstädt, 1996.

Herberge der Christenheit 1996. Jahrbuch für deutsche Kirchengeschichte, Berlin: EVA, 1996.

Herbergen der Christenheit. Jahrbuch für deutsche Kirchengeschichte: Evangelische Kirche nach 1945 in der SBZ/DDR, Leipzig: EVA, 1997.

Herbert, Karl: Kirche zwischen Aufbruch und Tradition: Entscheidungsjahre nach 1945, Stuttgart: Radius-Verlag, 1989.

Heretsch, Erwin: Gegen den Strom: Notizen eines DDR-Christen, Leipzig: Benno-Verlag, 1998.

Herfurth, Holger: Kirchliche Mitarbeiter auf dem Land, in: ZdZ 9-1988.

Hermann, Friedrich-Georg: Der Kampf gegen Religion und Kirche in der Sowjetischen Besatzungszone Deutschlands, Stuttgart: Quell-Verlag, 1966.

Hermelink, Jan: Die homiletische Situation: Zur jüngeren Geschichte eines Predigtproblems, Göttingen: Vandenhoeck und Ruprecht, 1992.

Hermelink, Jan: Pfarrer als Manager: Gewinn und Grenzen einer betriebswirtschaftlichen Perspektive auf das Pfarramt, Tübingen : Mohr und Siebeck, 12/1998.

Hertzsch, Erich: Die Wirklichkeit der Kirche: Kompendium der Praktischen Theologie – Erster Teil: Liturgie, Halle (Saale): VEB Max Niemeyer Verlag, 1956.

Hettwer, Hubert: Das Bildungswesen in der DDR: Strukturelle und inhaltliche Entwicklung seit 1945, Köln: Kiepenheuer & Witsch, 1976.

Heyden, Günter/Ullrich, Horst: Heiliger Himmel – Unheilige Raketen Leipzig/ Jena: Urania-Verlag, 1958.

Hoffmann, Heinrich: Der Weg zum Sozialismus. Vortrag auf dem Vereinigungs-Parteitag der Thüringer Landesverbände der SPD und KPD am 7. April 1946 in Gotha, Weimar: Thüringer Volksverlag, 1946.

Hoffmann, Ursula: Die Veränderungen in der Sozialstruktur des Ministerrats der DDR 1949-1969, Düsseldorf : Droste Verlag, 1971.

Homiletisches Lesebuch: Texte zur heutigen Predigtlehre, Tübingen: Katzmann, 1989.

HONECKER, ERICH: Aus meinem Leben, Berlin: Dietz Verlag, 141989.
HUTTEN, KURT: Christen hinter dem Eisernen Vorhang: Die christliche Gemeinde in der kommunistischen Welt, Stuttgart: Quell-Verlag, 1963.
»In der DDR gibt es keine Zensur«: Die Evangelische Verlagsanstalt und die Praxis der Druckgenehmigung 1954-1989, Leipzig: EVA, 1995.

JACOB, GÜNTER: Christliche Existenz in der veränderten Welt, Stuttgart: Kreuz-Verlag, 1961.

JACOB, GÜNTER: Himmel ohne Gott? Drei Vorträge, Berlin: Kreuz-Verlag, 1959.

JACOB, GÜNTER: Kirche auf Wegen der Erneuerung. Gesammelte Aufsätze aus drei Jahrzehnten, EVA, Berlin 1966.

JACOB, GÜNTER: Predigten in den Kirchen der DDR, Hamburg: Reich, 1973.

JÄNICKE, JOHANNES: Ich konnte dabeisein: Der Lebensweg des Johannes Jänicke (1900-1979), Berlin: Wichern-Verlag, 1986.

JASPERS, KARL: Die geistige Situation der Zeit, Berlin: de Gruyter, 1999.

JOAS, HANS/KOHLI, Martin (Hg.): Der Zusammenbruch der DDR, Frankfurt a.M.: Suhrkamp, 1993.

JOAS, HANS: Pragmatismus und Gesellschaftstheorie, Frankfurt a.M.: Suhrkamp, 1992.

JOSUTTIS, MANFRED: Praxis des Evangeliums zwischen Politik und Religion: Grundprobleme der Praktischen Theologie, München: Chr. Kaiser Verlag, 1974.

JUDT, MATTHIAS (HG.): DDR-Geschichte in Dokumenten, Berlin: Links Verlag, 1997.

KANDLER, KARL-HERMANN: Situationsbezogene Verkündigung, Leipzig: EVA, 1996.

KAUFMANN, CHRISTOPH: Agenten mit dem Kugelkreuz: Leipziger Junge Gemeinden zwischen Aufbruch und Verfolgung 1945-1953, Leipzig: EVA, 1995.

Kehrer, Günter: Religionssoziologie, Berlin: de Gruyter, 1968.

Kelle, Udo/Kluge, Susann: Vom Einzelfall zum Typus, Fallvergleich und Fallkontrasrierung in der qualitativen Sozialforschung, Opladen: Leske und Budrich, 1999.

Kiesow, Ernst-Rüdiger: Bericht über das Studium der Praktischen Theologie, in: ZdZ 11/1967.

Kirche als Lerngemeinschaft: Dokumente aus der Arbeit des BEK in der DDR, Berlin: EVA, 1981.

Kirche im Kampf der Zeit: Die Botschaften, Worte und Erklärungen der EKD und ihrer östlichen Gliedkirchen, Berlin: Lettner-Verlag, o.A. .

Kirche im Sozialismus: Kirche im pluralen Staat, Mülheim: Evangelische Akademie, 1989.

Kirche in Gesellschaft: Texte aus der Evangelischen Akademie Meißen, Leipzig: EVA, 1997.

Kirche in Sachsen: Wirkung des Evangeliums zwischen Elster und Neiße, Berlin: EVA, 1990.

Kleines politisches Wörterbuch, Berlin: Dietz Verlag, ^{3}1983.

Klessmann, Christoph: Zur Sozialgeschichte des protestantischen Milieus in der DDR. Göttingen: Vandenhoeck und Ruprecht, 1993.

Knieling, Reiner: Predigtpraxis zwischen Credo und Erfahrung: Homiletische Untersuchungen zu Oster-, Passions- und Weihnachtspredigten, Stuttgart: Calwer-Verlag, 1999.

Koch, Hans-Gerhard: Neue Erde ohne Himmel, Stuttgart: Quell-Verlag, 1963.

Koenig, Robert: Deutsche Literaturgeschichte, Bielefeld: Verhagen & Klasing, 1879.

Kommunikationsbedingungen und Alltagssprache in der ehemaligen DDR: Ergebnisse einer interdisziplinären Tagung, Frankfurt a.M.: Buske Verlag, 1991.

Konkret-Verbindlich: Notizen aus der DDR, Hamburg: Herbert Reich – Evangelischer Verlag, 1971.

Körner, Christoph: Not und Notwendigkeit der politischen Predigt, Diss. theol. Karl-Marx-Universität Leipzig 1989.

KRAUSE, GUDRUN: Parusiepredigt aus dem Bereich der Evangelischen Landeskirche der DDR. Eine homiletische Untersuchung zu Mt 24 mit qualitativen Fallbeispielen, Master of Theology at the University of South Africa, Januar 2007.

KRETSCHMAR, GOTTFRIED: Die Unterschiedlichkeit der Gemeindesituation in der DDR, 1988.
KRETZSCHMAR, GOTTFRIED: Volkskirche im Umbruch: Eine praktisch-theologische Arbeit auf kirchgemeindesoziologischer Grundlage, Berlin: Union Verlag, 1967.

KRUMMACHER, FRIEDRICH WILHELM: Gott sucht Menschen, Berlin: EVA, 1955.

KRUMMACHER, FRIEDRICH WILHELM: Zum Verhältnis von Staat und Kirche in der DDR, in: ZdZ 1953.

KRUSCHE, GÜNTHER: Die theologische Relevanz der Situation für die Verkündigung des Evangeliums, in: ZdZ 5/ 1972.

KRUSCHE, WERNER: Schritte und Markierungen, Berlin: EVA, 1972.

KRUSCHE, WERNER: Und Gott redete mit seinem Volk: Predigten aus den achtziger Jahren, Stuttgart: Calwer Verlag, 1990.

KRUSCHE, WERNER: Verheißung und Verantwortung: Orientierung auf dem Weg der Kirche, Berlin: EVA, 1990.

KUHRT, EBERHARD: Wider die Militarisierung der Gesellschaft. Friedensbewegung und Kirche in der DDR (Konrad-Adenauer-Stiftung; Forschungsbericht 35), Melle: Knoth Verlag, 1984.
Kultur und Freizeit: Zu Tendenzen und Erfordernissen eines kulturvollen Freizeitverhaltens, Berlin: Dietz Verlag, 1971.
Kundgebungen. Worte, Erklärungen und Dokumente des Bundes der Evangelischen Kirchen in der DDR, Bde. 1-2, Hannover: Verlag des Amtsblattes der EKD, 1995.

LANGE, ERNST: Predigen als Beruf: Aufsätze zu Homiletik, Liturgie und Pfarramt. München: Chr. Kaiser Verlag, 1987.
Lehrbuch für den Literaturunterricht in den Klassen 8-10: Zur Entwicklung der Literatur und bedeutender Dichterpersönlichkeiten, Berlin: Volk und Wissen, 1977.

Leich, Werner: Wechselnde Horizonte, Wuppertal/ Zürich: Brockhaus, 1992.
Leiturgia. Bd. 2 – Gestalt und Formen des evangelischen Gottesdienstes, Kassel: Stauda, 1955.

Lerle, Ernst: Das große Versagen in Theologie und Kirche, in Kultur und Gesellschaft, Uhldingen/ Bodensee: Stephanus Edition, 1997.
Linke, Dietmar: »Streicheln, bis der Maulkorb fertig ist«: Die DDR-Kirche zwischen Kanzel und Konspiration, Berlin: Basisdruck, 1993.

Lischke, Andreas: Leistungsstreben und Rechtfertigungsglaube. Eine Untersuchung über die Situationsbezogenheit der Predigt in der DDR, Halle (unveröffentlicht), 1979.

Luft, Hans: Agrargenossenschaften gestern, heute und morgen. Zur Geschichte der Landwirtschaft der DDR und ihre Perspektive im vereinten Deutschland, Berlin: Gesellschaftswissenschaftliches Forum, 1998.
Luther und die DDR: Der Reformator und das DDR-Fernsehen 1983, Berlin: edition ost, 1996.

Maaz, Hans-Joachim: Das gestürzte Volk oder die unglückliche Einheit, Berlin: Argon Verlag, 1991.

Maleck, Bernhard: Heinrich Fink: »Sich der Verantwortung stellen«, Berlin: Dietz Verlag , 1992.
Martin Luther und unsere Zeit. Konstituierung des Martin-Luther-Komitees der DDR am 13. Juni 1980 in Berlin, Berlin/Weimar: Aufbau-Verlag, 1980.

Maser, Peter: Kirchen und Religionsgemeinschaften in der DDR: 1949-1989: ein Rückblick auf vierzig Jahre in Daten, Fakten und Meinungen – Bibel-Kirche-Gemeinde, Bd. 41, Konstanz: Christliche Verlagsanstalt Konstanz, 1992.

Mau, Rudolf: Eingebunden in den Realsozialismus? Die Evangelische Kirche als Problem der SED, Göttingen: Vandenhoeck & Ruprecht, 1994.

Mehring, Franz: Deutsche Geschichte vom Ausgange des Mittelalters, Berlin: Verlag JHW Dietz Nachf., 1947.

Meinecke, Werner: Die Kirche in der volksdemokratischen Ordnung der Deutschen Demokratischen Republik. Ein Beitrag zur Klärung einiger Grundfragen des Verhältnisses von Staat und Kirche in der DDR, Berlin: Union Verlag, 1962.

MERKEL, GERHARD/WÜNSCH, WOLFGANG: Die Nationale Volksarmee der DDR. Legitimation und Auftrag, Berlin: Gesellschaftswissenschaftliches Forum, 1996.
Mittelpunkt Bibel: Ulrich Fick zum 60. Geburtstag, Stuttgart: Deutsche Bibelgesellschaft, 1983.

MÜCKENBERGER, ERICH: Macht Schluß mit der Unterschätzung des Dorfes und der Landwirtschaft! Diskussionsrede auf dem IV.Parteitag der SED – Berlin, 30. März bis 6. April 1954, Berlin: Dietz Verlag, 1954.

MÜLLER, ALFRED DEDO: Grundriss der Praktischen Theologie, Gütersloh: C.Bertelsmann, 1950.

MÜLLER, ALFRED DEDO: Prometheus oder Christus: Die Krisis in Menschenbild und Kulturethos des Abendlandes, Leipzig: Felix Meiner Verlag, 1948.

MÜLLER, JOACHIM: Unser Gotteshaus, Berlin: EVA, 1960.

MÜLLER, NORBERT: Evangelium und politische Existenz: Die lutherische Zwei-Reiche-Lehre und die Forderungen der Gegenwart, Berlin: Union Verlag, 1983.

MÜLLER-SCHWEFE/HANS-RUDOLF: Homiletik, Hamburg: Furche-Verlag, 1961-1973.
Nach-Denken, Frankfurt a. M. und Hannover: Gemeinschaftswerk der Evangelischen Publizistik, 1995.

NEUBERT, EHRHART: Christenverfolgung in der DDR, http://www.humanismus.de/hvd/diesseits/artikel/120/neubert.htm (14.08.2000, 17.34 Uhr).

NEUBERT, EHRHART: Die Einrichtung Pfarrer wird bleiben: Die Situation des Pfarrers in der sozialistischen Gesellschaft der DDR, in: DtPfrBl 78, 9. 1978, S. 258-264.

NEUBERT, EHRHART: Geschichte der Opposition in der DDR 1949–1989, Berlin: Ch.Links, 1998.

NEUBERT, EHRHART: Megapolis DDR und die Religion, in: PTh 76, 1987, S. 222-245.

NEUNER, PETER: Der Laie und das Gottesvolk, Leipzig: St. Benno-Verlag GmbH, 1988.

Niemann, Heinz: Meinungsforschung in der DDR: die geheimen Berichte des Instituts für Meinungsforschung an das Politbüro der SED, Köln: Bund-Verlag, 1993.
Ordnung der Predigttexte, Berlin: Lutherisches Verlagshaus, 1958.
Parteiensystem zwischen Demokratie und Volksdemokratie: Dokumente und Materialien zum Funktionswandel der Parteien und Massenorganisationen in der SBZ/DDR, Köln: Verlag Wissenschaft und Politik, 1982.
Pohl, Adolf: Anleitung zum Predigen: Ein Arbeitsheft für Predigthelfer, Berlin: Union Verlag, 1965.

Pollack, Detlef: Kirche in der Organisationsgesellschaft: Zum Wandel der gesellschaftlichen Lage der evangelischen Kirchen in der DDR, Stuttgart, Berlin, Köln: Kohlhammer, 1994.
Praktisch-theologische Hermeneutik: Ansätze-Anregungen-Aufgaben, Rheinbach-Merzbach: CMZ-Verlag, 1991.

Pressestelle d. Evang.-luther. Kirche in Thüringen (Hg.) im Auftr. d. Landeskirchenrates: Domine, dirige me in verbo tuo! Herr, leite mich nach Deinem Wort! Festschrift zum 70. Geburtstag von Landesbischof D. Moritz Mitzenheim, Berlin: EVA, 1961.

Preuss, Horst Dietrich: Das Alte Testament in christlicher Predigt, Berlin: EVA, 1988.

Prolingheuer, Hans: Wir sind in die Irre gegangen: die Schuld der Kirche unterm Hakenkreuz, nach das Bekenntnis des »Darmstädter Wortes« von 1947, Köln : Pahl-Rugenstein, 1987.

Raschzok, Klaus: Schriftauslegung bei Dietrich Bonhoeffer: Ein Beitrag zur Pratischen Theologie als Gestaltlehre des Glaubens, Waltrop: Verlag Hartmut Spenner, 1995.

Rendtorf, Trutz: Gesellschaft ohne Religion? Theologische Aspekte einer sozialtheoretischen Kontroverse (Luhmann/ Habermas), München: R.Piper & Co. Verlag, 1975.
Ristow, Helmut/Burgert, Helmuth: Evangelium und mündige Welt. Beiträge zur Verkündigung des Wortes Gottes in der modernen Welt, Berlin: EVA, 1962.

Roethe, Thomas: Arbeiten wie bei Honecker, leben wie bei Kohl: Ein Plädoyer für das Ende der Schonfrist, Frankfurt a.M.: Eichborn, 1999.

RÖHRIG, HERMANN-JOSEF: Diaspora-Kirche in der Minderheit: Eine Untersuchung zum Wandel des Diasporaproblems in der evangelischen Theologie, Leipzig: Benno-Verlag, 1991.

ROSSBERG, KLAUS/RICHTER, PETER: Das Kreuz mit dem Kreuz: Ein Leben zwischen Staatssicherheit und Kirche, Berlin: edition ost, 1996.

RUNNWERTH, ERHARD: Entwicklung der bäuerlichen Landwirtschaft in der DDR bis zur Vollkollektivierung im sozialistischen Frühling 1960, Norderstedt: Books on Demand, 2010.

SACHWÖRTERBUCH FÜR DEN LITERATURUNTERRICHT, BERLIN: Volk und Wissen, 1983.

Sammlung und Sendung: Vom Auftrag der Kirche in der Welt. Festschrift für H.Rendtorff, Berlin: Christlicher Zeitschriftenverlag, o.A.

SCHÄFGEN, KATRIN: Die Verdopplung der Ungleichheit. Sozialstruktur und Geschlechterverhältnisse in der Bundesrepublik und in der DDR, Diss. Humbolt-Universität Berlin, Berlin 1998.

SCHARF, KURT: Für ein politisches Gewissen der Kirche: Aus Reden und Schriften 1932 bis 1972 von Kurt Scharf, Stuttgart: J.F.Steinkopf Verlag, 1972.

SCHARF, KURT: Widerstehen und Versöhnen: Rückblicke und Ausblicke, Stuttgart: Radius-Verlag, 1988.

SCHEIDACKER, WERNER: Zur Aufgabe der Predigt, in: ZdZ 6/1975.

SEITERICH-KREUZKAMP, THOMAS: Helden oder Schurken? »Richtig« im »Falschen« gelebt? Kirche in der DDR, Oberursel: Publik-Forum Verlagsgesellschaft mbH., Juli 1992.

SCHELER, HERMANN: Die Stellung des Marxismus-Leninismus zur Religion, Berlin: Dietz Verlag, 1957.

SCHIAN, MARTIN: Grundriss der Praktischen Theologie, Gießen: Töpelmann, 1922.

SCHLOSSER, HERTA: Marxismus und Religion: Die politische Interpretation des Religiösen in der DDR, unter besonderer Berücksichtigung der Auseinandersetzung mit der Schönstattbewegung, Meisenheim am Glan: Verlag Anton Hain, 1970.

Schlosser, Horst D. (Hg.): Kommunikationsbedingungen und Alltagssprache in der ehemaligen DDR : Ergebnisse einer interdisziplinären Tagung, Hamburg: Buske, 1991.

Schlosser, Horst D.: Die deutsche Sprache in der DDR zwischen Stalinismus und Demokratie. Köln: Verlag Wissenschaft und Politik, 1998.

Schön, Otto: Der demokratische Zentralismus – das leitende Prinzip des Parteiaufbaus, Berlin: Dietz Verlag, 1956.

Schönfelder, Jan: Mit Gott gegen Gülle: Die Umweltgruppe Knau/Dittersdorf 1986 bis 1991. Eine regionale Protestbewegung in der DDR, Rudolstadt/ Jena: Hain Verlag, 2000.

Schönherr, Albrecht: [...] aber die Zeit war nicht verloren: Erinnerungen eines Altbischofs, Berlin: Aufbau-Verlag, 1993.

Schönherr, Albrecht: Gesprochen zur Zeit und zur Unzeit: Reden, Aufsätze, Predigten 1937-1994, Berlin: Aufbau Taschenbuch Verlag, 1995.

Schönherr, Albrecht: Gratwanderung: Gedanken über den Weg des BEK in der DDR, Leipzig: EVA, 1992.

Schönherr, Albrecht: Kleine Predigtlehre, Berlin: EVA, 1954.

Schorlemmer, Friedrich: Versöhnung in der Wahrheit: Nachschläge und Vorschläge eines Ostdeutschen, München: Droemersche Verlagsanstalt Knauer, 1992.

Schorlemmer, Friedrich: Worte öffnen Fäuste: Die Rückkehr in ein schwieriges Vaterland, München: Kindler Verlag, 1992.

Schreiner, Helmuth: Die Verkündigung des Wortes Gottes, Schwerin: Bahn Verlag, 1936.

Schröder, Richard: Denken im Zwielicht: Vorträge und Aufsätze aus der Alten DDR, Tübingen: J.C.B.Mohr (Paul Siebeck), 1990.

Schroeder, Klaus: Der SED-Staat, München: Econ-Ullstein-Verlag, 2000.

Schroeder, Klaus: Der SED-Staat: Partei, Staat und Gesellschaft 1949-1990, München: Propyläen Taschenbuch, 2000.

Schultze, Harald/Kurschat, Andreas (Hg.): »Ihr Ende schaut an[...]«. Evangelische Märtyrer des 20. Jahrhunderts, Leipzig: Evangelische Verlagsanstalt, 2006.

Schütz, Werner: Geschichte der christlichen Predigt, Berlin, New York: de Gruyter, 1972.

Schwerin, Eckart: Das konfirmierende Handeln in den Gemeinden, in: Die Christenlehre 6/1973.

SED und Stalinismus: Dokumente aus dem Jahre 1959, Berlin: Dietz Verlag, 1990.

Seidel, Werner: Kirchliche Arbeit auf dem Lande, in: ZdZ 9/ 1988.

Selbstbewahrung oder Selbstverlust: Bischöfe und Repräsentanten der evangelischen Kirchen in der DDR über ihr Leben – 17 Interviews, Berlin: Ch.Links Verlag, 1999.

Sie haben das Recht zur Revolution bejaht: Christen in der DDR. Ein Beitrag zu 50 Jahre »Darmstädter Wort«, Bonn: Pahl-Rugenstein, 1997.

Smolik, Josef: Erbe im Heute: Gesammelte Aufsätze zur Kirchengeschichte Praktische Theologie und Ökumenik, Berlin: EVA, 1982.

Sorget nicht, was ihr reden werdet: Kirche und Staat in Leipzig im Spiegel kirchlicher Gesprächsprotokolle (1977-89) – Dokumentation, Leipzig: EVA, 1993.

Spielhagen, Edith (Hg.): So durften wir glauben zu kämpfen [...] Erfahrungen mit DDR-Medien, Berlin: Vistas Verlag, 1993.

Sprache und Praxis: Lehrbuch für die Ausbildung an den Ingenieur- und Fachschulen der DDR, Leipzig: VEB Verlag Enzyklopädie, 1985.

Staatliche Zentralverwaltung für Statistik (Hg.): Statistisches Jahrbuch der Deutschen Demokratischen Republik, Berlin: Staatsverlag, 1968.

Standop, Ewald/Meyer, Matthias: Die Form der wissenschaftlichen Arbeit, Wiebelsheim: Verlag Quelle & Meyer, 182008.

Statistisches Taschenbuch der Deutschen Demokratischen Republik 1989, Berlin: Staatsverlag der DDR, 1989.

Steck, Wolfgang: Das homiletische Verfahren: Zur modernen Predigttheorie, Göttingen: Vandenhoeck und Ruprecht, 1974.

Steinlein, Reinhard: Die gottlosen Jahre, Berlin: Rowohlt, 1993.

Stengel, Friedemann: Die Theologischen Fakultäten in der DDR: als Problem der Kirchen- und Hochschulpolitik des SED-Staates bis zu ihrer Umwandlung in Sektionen, Leipzig: EVA, 1998.

Studientexte zum Lehrgebiet »Geschichte der DDR«: für die Ausbildung an IfL und Pädag. Schulen für Kindergärtnerinnen der DDR, Berlin: Volk und Wissen Volkseigener Verlag, 1988.
Sunnus, Siegfried: Nähe zu den Kirchenfernen: Gemeindeleitung, pastoraler Auftrag und Konfirmandenarbeit zwischen Getto und Volkskirche, Gütersloh: Gütersloher, 1994.

Thieme, Frank: Die Sozialstruktur der DDR zwischen Wirklichkeit und Ideologie: Eine Analyse geheimgehaltener Dissertationen, Frankfurt a.M. : Peter Lang Europäischer Verlag, 1996.

Thumser, Wolfgang: Kirche im Sozialismus, Diss., Frankfurt a.M., 1994.

Thumser, Wolfgang: Kirche im Sozialismus: Geschichte, Bedeutung und Funktion einer ekklesiologischen Formel, Tübingen: Mohr Siebeck, 1996.

Timmermann, Heiner (Hg.): Sozialstruktur und sozialer Wandel in der DDR, Saarbrücken-Scheidt: Dadder Verlag, ^{2}1989.
Tradition und Verpflichtung: Zum Profil des sozialistischen Staatsbürgers christlichen Glaubens, Berlin: Union Verlag, 1973.

Trillhaas, Wolfgang: Evangelische Predigtlehre, Berlin: EVA, 31948.

Trillhaas, Wolfgang: Evangelische Predigtlehre, Berlin: EVA, 1954.

Tschiche, Hans-Jochen: »Nun machen Sie man, Pastorche!« Erinnerungen, Halle: Mitteldeutscher Verlag, 1999.
Türklinken zum Leben: Vorstellungen, Leipzig: St. Benno, 1990.
Ulbricht, Walter: Die gegenwärtige Lage und die neuen Aufgaben der Sozialistischen Einheitspartei Deutschlands, Berlin: Dietz Verlag, 1952.
Unser Glaube mischt sich ein. Evangelische Kirche in der DDR 1989 – Berichte, Fragen, Verdeutlichungen, Berlin: EVA, 1990.

Urner, Hans: Gottes Wort und unsere Predigt, Göttingen: Vandenhoeck und Ruprecht, 1961.

Verfassung der Deutschen Demokratischen Republik: 7. Oktober 1949, Berlin: VEB Deutscher Zentralverlag, 1949.

Verfassung der Deutschen Demokratischen Republik und Jugendgesetz, Berlin: Staatsverlag der DDR, 71981.
Verfassung der Deutschen Demokratischen Republik, o.O., o.J.: o.V., (1949).
Verfassung der Deutschen Demokratischen Republik: vom 6.April 1968, Berlin: Staatsverlag der DDR, 1968.

Verner, Paul/Götting, Gerald: Christen und Marxisten in gemeinsamer Verantwortung, Berlin: Union Verlag, 1971.

Vertrauen wagen: Kirchentage in der DDR im Lutherjahr 1983, o.O.: o.V., 1984.

Veser, Reinhard: Der Prager Frühling 1968, Erfurt: o.V., 1998.
Vier Jahrhunderte kirchlich-theologische Ausbildung in Leipzig: Das Theologische Seminar/ Die Kirchliche Hochschule in Leipzig, Leipzig: EVA, 1993.

Voigt, Dieter: Sozialstruktur der DDR, Darmstadt: Wissenschaftliche Buchgesellschaft, 1987.

Voigt, Gottfried: Botschafter des Christus: Beiträge zur Predigtlehre, Berlin: EVA, 1962.

Vollnhals, Clemens: Evangelische Kirche und Entnazifizierung 1945-1949: die Last der nationalsozialistischen Vergangenheit, München: Oldenbourg, 1989.

von Buhr, Manfred (Hrg.): Kleines Wörterbuch der marxistisch-leninistischen Philosophie, Berlin: Dietz Verlag, ^{2}1974.

Wagner, Hermann: Der Mythos und das Wort: Ein Beitrag zur Frage der Verkündigung für den gegenwärtigen Menschen, Leipzig: Koehler und Amelang, 1957.
Walter-Sollich, Tilman: Festpraxis und Alltagserfahrung: Sozialpsychologische Predigtanalysen zum Bedeutungswandel des Osterfestes im 20.Jh., Stuttgart: Kohlhammer, 1997.
Was der VIII. Parteitag beschloß, wird sein! Neue sozialpolitische Maßnahmen, Berlin: Tribüne Berlin, 1972.

Watzlawick, Paul/Beavin, Janet H./Jackson, Don D.: Menschliche Kommunikation. Formen, Störungen, Paradoxien, Bern/ Stuttgart: Huber, ^{2}1972.

WEBER, HERMANN (HG.): Parteiensystem zwischen Demokratie und Volksdemokratie: Dokumente u. Materialien zum Funktionswandel d. Parteien u. Massenorganisationen in d. SBZ/DDR 1945-1950, Köln: Verlag Wissenschaft und Politik, 1982.

WEBER, HERMANN: Geschichte der DDR, München: Deutscher Taschenbuch Verlag, 1999.
WEBER, WOLFGANG: DDR - 40 Jahre Stalinismus: Ein Beitrag zur Geschichte der DDR, Essen: Arbeiterpresse Verlag, 1992.
Wege und Grenzen der Toleranz: Edikt von Potsdam 1685-1985, Berlin: EVA, 1987.

WELKE, KLAUS (HG.): Die deutsche Sprache nach der Wende, Hildesheim: Olms Verlag, 1992.
Wer war Wer in der DDR: Ein biographisches Handbuch, Frankfurt a.M.: Fischer Taschenbuch Verlag, 1995.

WEYEL, BIRGIT: Ostern als Thema der Göttinger Predigtmeditationen: Eine homiletische Analyse zu Text und Wirklichkeit in der Predigtarbeit, Göttingen: Vandenhoeck und Ruprecht, 1999.

WEYER, ADAM/WIPPERMANN-LINS, STEPHAN/LINS, MONIKA: »Ordentlich und fleißig arbeiten!«. Die evangelischen Kirchen und die Arbeitswelt in der SBZ/DDR, Duisburg: Gilles und Francke, 1994.

WINGREN, GUSTAF: Die Predigt, Berlin: EVA, 1956.

WINKLER, EBERHARD: Gemeinde zwischen Volkskirche und Diaspora: Eine Einführung in die praktisch-theologische Kybernetik, Neukirchen-Vluyn: Neukirchner Verlag, 1998.

WINKLER, EBERHARD: Kommunikation und Verkündigung, Berlin: EVA, 1977.
WINKLER, EBERHARD: Praktische Theologie elementar: Ein Lehr- und Arbeitsbuch, Neukirchen-Vluyn: Neukirchner Verlag, 1997.

WIRTH, GÜNTER: »Die Zeichen der Zeit« 1947 bis 1979. Vorläufiger Versuch der Wertung und Würdigung in der Sicht eines Publizisten, EVA, Berlin 1981.
Wissensspeicher Wehrausbildung: Das Wichtigste in Stichworten und Übersichten, Berlin: Volk und Wissen VE Verlag, 1979.

Wöhrle, Stefanie: Predigtanalyse. Methodische Ansätze-homiletische Prämissen-didaktische Konsequenzen, Berlin: LIT Verlag, 2006.

Wolf, Birgit: Sprache in der DDR: Ein Wörterbuch, Berlin: de Gruyter, 2000.

Wolle, Stefan: Die heile Welt der Diktatur: Alltag und Herrschaft in der DDR 1971–1989, Bonn: Bildungszentrale für politische Bildung, 1998.

Wortschatz der deutschen Sprache in der DDR: Fragen seines Aufbaus und seiner Verwendungsweise, Leipzig: VEB Bibliographisches Institut, 1988.

Zeugnis und Dienst im Spannungsfeld der Zeit: Beiträge aus der Evgl. Kirche der Union zum 60. Geburtstag von F.-R. Hildebrandt, Düsseldorf: Presseverband der Evgl. Kirche Rheinland, 1966.

Ziegler, Martin: Partnerschaftliche Leitung, in: ZdZ 1/1973.

Ziemer, Jürgen: Gottfried Voigt, in: ZdZ 6/1989.

Zur Sozialstruktur der sozialistischen Gesellschaft, Berlin: Dietz, 1974.

Zur Theorie und Methodik der kommunistischen Erziehung, Berlin: Volk und Wissen, ^{2}1982.

Zur Theorie und Praxis der Predigtarbeit: Bericht von einer homiletischen Arbeitstagung September 1967 – Esslingen, Stuttgart/Berlin: Kreuz Verlag, 1968.

Zwischen »Mosaik« und »Einheit«: Zeitschriften in der DDR, Berlin: Chr. Links Verlag, 1999.

Zwischen Sozialismus und Kapitalismus? Die Verantwortung der Kirche Jesu Christi für eine neue Weltordnung, Mülheim: Evangelische Akademie , 1992.

Liste der zitierten Predigten

Kürzel	Text	Jahrgang
A1	Rö 8, 24-32	1954
A2	Gal 2, 16-21	1954
A3	1.Joh 5, 9-13	1957
A4	Mal 3,13-20	1959
A5	2.Kor 5, 7	1961
A6	Off 19, 11-16	1960
A7	Mt 24, 15-28	1957
A8	Eph 5, 15-21	1956
A9	o.A.	1957
A10	Mt 16, 13-20	1959
B1	1.Tim 3,16	1963
B2	2.Thess 1,3-10(11-12)	1974
B3	Off 5, 1-4	1972
B4	Lk 12,32	1968
B5	1.Kor 1, 4-9	1968
-	Eph. 5	1968
-	Act.2, 41-47	1970
C 1	Joh 16, 32b-33	1973
C 2	Rö. 5, 1-11	1974
C 3	1.Tim 3,16	1975
	Lk 24, 36-49	1975
	Act 9, 36-42	1976
C 4	Lk 10,17-20	1977
	1.Kor. 4, 1-5	1979
C 5	Lk 16, 10-13	1983
C 6	Rö 12, 16b-21	1984
C 7	Rö 12, 17-25	1984
C 8	Mt 5, 38-48	1985
	5.Mo 7, 6-12	1987
C $9^{original}$	1.Kor 2,1-10	1988 (Manuskript)
C 9	1.Kor 2,1-10	1988
C 10	Joh 4, 19-26	1989
C11	Act. 2,41-47	1970
C12	2.Thess 2,1-12	1972

Archivalien

a) Landeskirchenarchiv Eisenach (ELKTh)

A 866/Bände 1-6

A 796/Bände 1-2

b) Landeskirchenarchiv Magdeburg (KPS)

Rep. A^{Gen}/2187

Rep. A^{Gen}/1051

c) Privatarchiv

Jacob, Günter: Wider eine falsche Zweireichelehre. Vortrag – Fürstenwalde/Spree, 1976 (Privatarchiv).

Kiesow, Ernst-Rüdiger: Zwischen Text und Situation: Zur Entwicklung der homiletischen Krise. Vortragsmanuskript/Pastoralkolleg, o.J.(Privatarchiv).

Krusche, Werner: Thesen zur politischen Predigt (Vortragsmanuskript), o.J. (Privatarchiv).

Urmoneit, Hanns: »Das dialogische Bezugsfeld der Predigt«: Homiletik nach Ernst Lange. Vortrag / Pastoralkolleg, o.J. (Privatarchiv).

Hirtenbrief an die Gemeinde zum Osterfest 1949, o. O.u.J. (Privatarchiv).

Bericht über die erste und zweite Tagung der dritten Synode der Kirchenprovinz Sachsen vom 19. bis 22. März 1960 in Halle und vom 25. bis 29. Juni 1960 in Magdeburg (Privatarchiv).

Material XXV »Sozialistische Feiern« des Landeskirchenrates der Evangelisch-Lutherischen Kirche in Thüringen 1959 (Privatarchiv).

Wort der Synode der Evangelischen Kirche der Union vom November 1960 an die Gemeinden in der DDR (Privatarchiv).

Lebenserinnerungen Dr. W.-D. Heinemann, Pfarrer i.R (Privatarchiv).

Vorschlag des Berichtsausschusses zum Rechenschaftsbericht der Kirchenleitung, Drucksache 32/71 – Magdeburg 23.12.71 (Privatarchiv).

Greim, Horst: Die Predigt. Nach den Erfahrungen der Werbepsychologen (hektographiertes Material), o.J. (Privatarchiv).

Quellen (Predigtbeispiele)
Im Folgenden werden die in dieser Arbeit zitierten und verwendeten Predigtbeispiele (A1 bis C12) komplett wiedergegeben.

Predigt A1 – 1954
Lesepredigt
Text: Rö 8, 24-32

Zuerst tritt uns in diesem Text ein Wort entgegen, das in diesen Tagen nicht ungewöhnlich klingt: Hoffnung! Denn wiewohl die ersten Tage eines neuen Kalenderjahres von denen des alten Jahres nicht durch einen großen, fühlbaren Strich getrennt sind [...], zieht doch zu Beginn eines neuen Jahres neue Hoffnung in die Menschenherzen ein. Freilich eine sehr unterschiedliche Hoffnung: Da ist die rosarote Hoffnung der unverwüstlichen Optimisten: nun wird alles besser, glücklicher, lebenswerter! Die zaghafte der Hoffnung der vielfach Enttäuschten: vielleicht kommt doch eine Wende in meinem Leben! Die Hoffnung der sachlichen Leute: irgendein Ausweg muß ja nun gefunden werden! Und die Spötter und Zyniker fehlen auch nicht: ihr werdet euer blaues Wunder schon erleben! Wie eine Fanfare übertönt das Pauluswort sie alle: «Denn wir sind wohl selig, doch in der Hoffnung." Das paßt nicht in das übliche Neujahrs-Hoffnungsorchester. Und erst recht paßt das nicht, was da noch folgt: Warten in Geduld!

Soweit geht Gott mit dir, um dir in deiner Schwachheit zu helfen. Aber er geht noch weiter. Nicht nur von innen heraus hilft er durch seinen Geist, sondern auch von außen her durch seine Mächtige Hand. Alles, was geschieht, geschieht dir zum Guten. Was immer sich da in der Weltgeschichte zuträgt oder in deiner Familie, in der Dorfgemeinde oder am Arbeitsplatz, in der Stadt: wir wissen, daß denen, die Gott lieben, alle Dinge zum besten dienen.

Vielleicht muß unsere gottferne Welt ganz empfindliche Schläge seiner Zuchtrute einstecken.

Wer Gott liebt, weiß von Jesus, daß er unser Vater ist. Man kann das ja auch nur von Jesus lernen, anders nicht. Aber da weiß man denn: nie gibt ein Vater seinem Kind einen Stein, wenn es ihn um ein Stück Brot bittet, nie eine Schlange statt eines Fisches.

Denen, die Gott lieben – wer kann das anders sein, als wir? Die Christen, die Gemeinde des Herrn! So sind wir schnell geneigt, zu sagen und uns zu freuen. Freuen sollen wir uns auch, aber nicht ohne zuvor uns von Paulus in aller Klarheit sagen zu lassen, daß wir uns solche Freude nicht durch unsere Glaubensanstrengung, durch Mühe und Treue verschaffen. Nein, Gott ist vor uns da. Sein Schenken steht vor unserem Tun. »Lang ehe wir geboren, hast du uns angesehen: Sie sinds, die vor den Toren des Lebens wartend stehn. Gebt ihnen Raum, bringt, Geister, sie her vor meinen Tag, daß des Geschöpfs der Meister sich billig freuen mag.« So darf ein Dichter unserer Tage über das Geheimnis der Erwählung predigen.

Darum gehen wir durch die Pforte des neuen Jahres auf das Kreuz zu. Es soll uns vor Augen stehen, wohl als ein erschreckendes Mahnmal, zugleich aber als Zeichen und Unterpfand einer beglückenden Wahrheit: Gott ist mit uns! Trotz unserer Sünde und Schuld. Der Schuldschein ist ans Holz geheftet. Christus ist unser Erlöser geworden.

Predigt A2 – 1954
Magdeburger Lesepredigt
Text: Gal 2, 16 – 21

Liebe Brüder und Schwestern!
Auf unserem Wege durchs Kirchenjahr sind wir jetzt an einer neuen Station angekommen. Stationen sind für den Reisenden dazu da, ihm Gelegenheit zu geben zum Halt machen, zum Aussteigen, Innehalten und Überdenken dessen, was hinter ihm liegt, und wie es weitergeht.

Also lasst uns innehalten! Hinter uns liegt die Weihnachtszeit. Wir hätten sie wohl schon längst wieder vergessen, wenn unser Kirchenjahr uns nicht noch darin festgehalten hätte: in dieser Epiphaniaszeit, die nun zu Ende ist. Epiphanias ist ja die unmittelbare Fortsetzung von Weihnachten. Der Weg geht weiter. Und er wird zum Weg der Passion. Er führt von der Krippe weiter zum Kreuz.

Lasst uns innehalten! Der Weg ist es, den wir mit ihm gehen wollen durch die Wochen des Kirchenjahres! Wir haben es nötig, diesen seinen Weg mitzugehen, nötig, wie das Allernötigste, was es in unserem Leben nur gibt, nötig, wie Essen und Trinken. Wer nicht ißt und trinkt, kann nicht leben, »er verhungert in der Fülle« wie ein trotziges Kind. Es geht um unser Leben! Denn er, sein Weg, sein Leben, sein Sterben, ist unser Leben.

Das ist keine fromme Redensart. Das ist ein Tatbestand, an dem es nichts zu rütteln gibt. Man kann ihn nicht ableugnen, so wenig wie den Mittagstisch, den einem seine Frau gedeckt hat. Nur dies kann man: sich nicht daran setzen und weggehen und die Tür hinter sich zuschlagen.

Das wäre dumm und trotzig, und so dumm so trotzig sind wir immer wieder!

Wir alle! Wir wollen nicht das Brot von dem Tisch essen, den Gott uns gedeckt hat. Wir wollen uns nichts schenken lassen. Was wir sind und haben, wollen wir uns selbst verdanken. Ein Geschenk annehmen, das macht uns verlegen. Im letzten Kriege begann ein Pfarrer eine Weihnachtspredigt vor Soldaten mit dem Satz: » Zu Weihnachten wissen die meisten Männer nicht recht, was sie für ein Gesicht machen sollen!« Aber nicht nur die Männer sind so verkrampft. Das Ideal von Karl Marx war, wie er sagte, der Mensch, der Gott nichts und alles sich selbst zu verdanken habe. In der Nazizeit erklärte der Dichter Rudolf G. Binding: »So ganz frei und ohne Gott zu leben, das ist das Wagnis und das eigentliche Geheimnis unserer Zeit«. Es ist immer dieselbe Platte. Es ist immer die Melodie, nach der wir alle marschieren, die Melodie, die den verlorenen Sohn von Hause weglockte. Und das Ende von diesem Lied ist immer die zufallende Tür und davor das »bloße hauende Schwert«, die Vergeblichkeit alles Arbeitens, der Fluch der Vergänglichkeit und die des Todes und die harte Wahrheit: » Wer sein Leben behalten will, der wird es verlieren«.

Wie leben wir eigentlich? Ist nicht jeder unserer Tage von Anfang bis Ende angefüllt mit unserem Werk, und ist nicht der flüchtige Gedanke, den wir hier und da Gott schenken, nur Bei-Werk? Ist nicht oft genug unser Abendgebet so, daß wir Gott alle unsere Werke am zu Ende gegangenen Tage, unser Leben an diesem unseren Tage vorweisen, als führte ein Künstler einen Ausstellungsbesucher an seinen Werken vorüber und erwartete von ihm Lobes- und Beifallsbezeugungen; und sprechen wir jenes »Was ich Unrecht hab getan, sieh es, lieber Gott, nicht an«, nicht so, wie man den Beschauer nur schnell an den kleinen Fehlern vorbeiführt – ohne das recht zu bedenken, was dahinter kommt: das »deine Gnad und Christi Blut?«

Aber eine Ware mit kleinen Fehlern kauft man nicht, man gibt sie zurück, wie der Fehler auch noch so klein. Man hat keine weiße Weste mehr an, wenn ein Fleckchen auf ihr ist. An einem Tage, an dem ich vor Gottes und der Welt Augen etwa das 7. Gebot ganz gewiß nicht übertreten habe, mir dagegen ein nur kleiner Verstoß gegen das 8. unterlaufen ist, habe ich damit eben doch als Sünder gelebt. Unser Leben Tag für Tag auf eigene Faust ist vor Gott nichts wert, und wäre es auch das »beste Leben«. Es ist kein Leben. Gott erkennt es nicht als Leben an.

Wie muß man denn leben, um von Gott anerkannt zu werden? Gott erkennt nur sein eigenes Werk an. Und nur der gilt etwas vor Gott, in dessen Leben alles, all das Viele, was er von früh bis spät zu tun hat, immer nur das Bei-Werk zu dem ist, was Gott getan hat und tut. Führwahr, damit Ernst machen, das stellt unser Leben auf den Kopf. Und unser Gotteswort heute ist darum wie eine Mauer, an die wir mit unserem vor wohlanständigen und selbstgefälligen Leben anprallen und zurückgeschleudert werden, wie einer der ein entlaufenes Kind abfängt und nach Hause zurückschickt.

Seht das Leben, das vor Gott gilt! Seht den Weg, auf dem er selbst sein Werk tut, das allein vor ihm gilt: den Weg von der Krippe ans Kreuz! Und auf diesem Wege dürfen wir dabei sein. Auf diesem Wege hat er uns bereits mitgenommen. Wir sind getauft! Das ruft unser Text heute in fast jedem Verse hinter uns her. Mit seinem festen, bestimmten Griff will uns dieses Gotteswort herumholen von den Wegen unserer Flucht hinweg von unserer Taufe. Aber sehr freundlich redet es uns auch zu und weist uns mit einem beinahe strahlenden Lächeln auf das hin, was wir haben – haben könnten, wenn wir nur daran festhalten wollten.

Bedenkt es doch nur, vergeßt es doch nicht, wir alle wissen es doch, »daß der Mensch durch des Gesetzes Werke, d.h. durch seine eigene Leistung nicht gerecht wird« (d.h.: vor Gott nicht Aner-kennung findet). Wir wissen es doch, wie es nun einmal die Gemeinde Jesu Christi, zu der wir seit unserer Taufe gehören, weiß: Wir sind doch zum Glauben an Jesus Christus gekommen (so geht es, wörtlich übersetzt, in unserem Wort jetzt weiter). Freilich: ich selbst bin damals ja nicht mit meinen eigenen schwachen Füßen, mit denen ich noch gar nicht Stehen konnte, in die Kirche hineinmarschiert, als ich getauft wurde. Meine Eltern und Paten sind »gekommen« und haben mich gebracht, und so bin ich hineingekommen in den Glauben, so bin ich hineingeführt worden in das Reich, in dem alles Christus tut, und in dem die Mensch nur auf ihn sehen. Denn das heißt: »Glauben«. Nichts weiter als vor dem Bild des Gekreuzigten stehen und stehenbleiben und ihn nicht aus den Augen verlieren. Unser Wochenlied sagt es ganz schlicht, was Glauben ist: »Der Glaub sieht Jesum Christum an, der hat gnug für uns all getan.« So wenig ist verlangt mit dem »Glauben«. Glauben, das ist so wenig ein Akrobatenkunststück unserer Seele, wie das Andere: Mit Christus gekreuzigt werden. Es tut gar nicht weh! Es ist schon geschehen! Als wir getauft wurden, ist es gesehehen. Er litt die Schmerzen, er ist gestorben, sein Werk war es. Und seine Wunden, sein Sterben –: unsere Angst und Pein und unsere Sünde war es, die er da trug. Wir sind dabei gewesen! Wir wurden hinzugetragen. Als Sünder sind wir gekommen, ja, als Sünder sind wir gestorben. Sein Tod hat es alles von uns weg und auf sich gezogen wie ein Magnet.

Wie leben wir nun eigentlich? Wir leben nach wie vor dieses unser hartes Leben in dieser unserer harten Welt, arbeiten uns müde und kaputt und quälen uns mit den hunderterlei Widerwärtigkeiten eines jeden Tages herum. Unser Schriftwort sagt: Wir leben »im Fleisch«. Aber diese Schlußfolgerung zieht der Apostel Paulus, dabei dürfen wir doch leben: »in dem Glauben des Sohnes Gottes«. Ist das auch unsere Schlußfolgerung?

Ein junges Mädchen, so erzählt ein zeitgenössischer Dichter in einem Theaterstück, geht, da sie mit dem Leben in dieser Welt und mit ihrer Angst nicht fertig wird, ins Kloster und wählt sich, als sie eingekleidet wird, den Namen: »Schwester Blanche von der Todesangst Christi«. Sie wollte damit ihr ganzes durchängstetes Leben hineintun in die Ängste, die Christus für uns ins Grab genommen hat.

Schlußfolgerung: Ich lebe, aber ich kann und will nimmer anders leben, als daß ich das jeden Tag und jede Nacht und auch in der Nacht meines Todes für mich wahr sein lasse: Nicht mehr ich lebe, Christus lebt in mir.

Heute wollen wir wieder anfangen, das nachzusprechen, damit unser Leben wieder ins rechte Geleise kommt, auf den Weg, auf den wir mit unserer Taufe gesetzt wurden -, und wir wissen doch, wie dieser Weg endet! Ganz ernsthaft und entschlossen finden sich die Christen heute auf diesen Weg zurück, und indem sie so sich der Fastenzeit nähern, lesen sie heute bereits die fröhliche Aufschrift des Wegweisers: Septuagesimae – 70 Tage bis Ostern! Darauf, auf dieses Ende sehen sie, nicht auf sich. Er lebt! Nicht ich lebe, Christus lebt – in mir. Amen.

Predigt A3 – 1957
Magdeburger Lesepredigt
Text: 1. Joh 5, 9 – 13

Liebe Gemeinde!
Wir sind zum Glauben gerufen; zum Glauben an Jesus Christus! Wir sind zum Glauben gerufen an ihn, von dem Gott uns Zeugnis gibt! Und dabei geht es um unser Leben! Das wird uns in diesen fünf Versen gesagt. Das ist es, was wir lebensnotwendig wissen müssen!

Wir sind zum Glauben gerufen an Jesus Christus! Ach ja, da gehen bei vielen die Türen zu. Glaubensnot, das ist die Not unserer Zeit. Wir alle wissen wie schwach und unsicher, wie angefochten unser Glaube ist durch das, was Menschen sagen und durch das, was im eigenen Herzen sich immer wieder an Zweifeln regt. Jesus Christus? Wer ist das? War das nicht der Sohn des Zimmermanns aus Nazareth, der vor fast zweitaustausend Jahren in dem unbedeutenden jüdischen Land lebte? Was hat er denn getan? Er hat gepredigt, hat ein paar Menschen aus den untersten Schichten des Volkes um sich gesammelt und hat behauptet, er sei Gottes Sohn, er sei der ersehnte Retter, er werde Gottes Reich aufrichten. Und sein Ende? Von der regierenden Schicht seines Volkes der Gotteslästerung und des Hochverrats angeklagt, ward er vom Vertreter des römischen Staates zum Tode verurteilt. Gescheitert ist dieser Mann. Und da soll ich glauben an ihn, soll glauben, daß er der Sohn Gottes war, für den er sich ausgab? Wer bürgt mir für die Wahrheit seiner Worte? Wer tritt für ihn ein?

Gott zeugt für ihn, der als Gotteslästerer verurteilt ward! Gott tritt für den ein, der als Verbrecher starb. Gott gibt Zeugnis dafür, daß sein Wort wahr gewesen ist. Gott tut es, er, der allein weiß woher Jesus Christus kam und wohin er ging! Gott tut es, der ihn auferweckt hat am dritten Tage! Und du kannst sein Zeugnis hören, Er läßt es nämlich durch Menschenmund gehen.

Durch die ersten Jünger hat er uns gezeugt von der Herrlichkeit seines Sohnes, durch sie, die doch selbst irre geworden waren in der Nacht zum Karfreitag. Auf ihrer Verkündigung ruht die Schrift des Neuen Testamentes und die Predigt der Kirche. Durch Menschen hat Gott von seinem Sohn gezeugt nun fast zweitausend Jahres lang. Er zeugt für ihn Sonntag für Sonntag durch den, der auf der Kanzel oder am Lesepult steht.

Ist es denn so schwer, dies Zeugnis anzunehmen und zu glauben? Sind wir nicht schon im Leben der Menschen miteinander auf Vertrauen angewiesen? Kann ich etwa nachprüfen was im 14. oder 15. Jahrhundert geschehen ist? Muß ich nicht denen vertrauen, die mir als Augenzeugen davon berichten? Müssen wir nicht, immer wieder glauben, was andere uns sagen, manchmal aus dritter und vierter Hand? Wäre nicht jedes menschliche Zusammenleben und -arbeiten unmöglich, wollten wir nicht Zeugnis von einander annehmen, auch ohne nachprüfen zu können? Jedes menschliche Verhältnis ist auf Glauben und Vertrauen gegründet. Und Gott wollten wir dies weigern? Für jeden Menschen bedeutet es eine schwere Beleidigung, wenn ihm jemand sagt: Ich glaube deinen Worten nicht. Ich will das erst selbst untersuchen. Gott aber muten wir diese Beleidigung zu. Und wissen wir nicht alle aus Erfahrung, wie leicht ein Mensch irrt, wie er bewußt oder unbewußt das Falsche sagt? Trotzdem glauben wir einander immer wieder. Und Gott wollen wir nicht glauben? Gerade dem wollen wir den Glauben verweigern, der doch niemals irrt, niemals lügt?

Ja, Gott, sagt vielleicht mancher. Das ist es ja gerade, war mir alles so schwer macht. Ich kann mit diesem Gott nichts anfangen. Wie soll ich mit seinem Zeugnis etwas anfangen können? Aber da kann man nur fragen: Sag, hast du überhaupt schon mal mit Gott angefangen? Seht, wenn sich einer in die dunkle Stube verkriecht, kann er mit der Sonne draußen auch nichts anfangen. Erst wenn er sich in ihren Schein hineinstellt, weiß er, daß sie hell ist und warm. Das weiß er dann aber auch wirklich. Denn sie wirkt an ihm. Nun weiß er das, was er im Dunkeln nie hat ergrübeln können, und womit er nichts anfangen konnte. So können wir auch Gott nicht ergrübeln und nicht die Wahrheit des Zeugnisses von seinem Sohn. Es gibt da nur eine Möglichkeit, und die heißt: Laß doch mal alle Bedenken beiseite und stell dich mit offenem Herzen unter sein Wort so, wie du es vernimmst in der Verkündigung der Kirche. Diese Verkündigung wirkt Glauben in dir, denn Gott steht dahinter. Und dieser von ihm gewirkte Glauben macht es möglich, daß du mit Gott und seinem Zeugnis etwas anfangen kannst. Er hat immer wieder das Wunder getan und tut es noch heute, daß wir kritischen, zweifelnden Menschen überführt werden von der Wahrheit seines Zeugnisses, daß unsere vielen, vielen Bedenken einfach unwichtig werden. Dann brauchen wir keine Beweise mehr. Dann haben wir einfach das Zeugnis von der Herrlichkeit Jesu Christi in uns!

Was aber das Zeugnis Gottes von seinem Sohn für uns bedeutet, das wird uns mit den Worten gesagt: Wer den Sohn Gottes hat, der hat das Leben. Leben, Lebenssicherung, Lebensglück, Unsterblichkeit, das ist es, wonach jeder Mensch sich drängt. Nur nicht das Leben verlieren! Wer den Sohn Gottes hat, wer an ihn glaubt, von dem Gott selbst uns zeugt, der hat das Leben, der hat ewiges Leben. Ewiges Leben aber ist nicht nur ein Leben von unendlicher Dauer. Das würde bald langweilig werden. Ewiges Leben, das heißt ein Leben mit dem Ewigen. Und ewig ist nur einer, ist nur Gott. Alles, was wir kennen, ist an die Zeit gebunden und damit der Zerstörung und dem Verfall preisgegeben. Alles was ein Menschensinn zu fassen vermag innerhalb und außerhalb unserer Erde, und mag es noch so groß und herrlich sein, mag es noch so sehr als unsterblich gepriesen werden, es wir doch einmal versunken und vergessen sein und im besten Fall nur noch Museumswert haben. Ewiges Leben ist der Gegensatz von irdischem Leben. Ewiges Leben ist göttliches Leben. Und wie Gott frei ist von all den Hemmungen, die unser irdisches Leben belasten und es manchmal schier unerträglich machen, so heißt göttliches Leben Freisein von Langweile und Begierde, von Unzufriedenheit und Angst, von Unruhe und Zweifel, von Sünde, Tod und Teufel. Ewiges Leben, das heißt: zu Gott zurückkönnen, wieder zu dem kommen können, von dem wir uns durch eigene Schuld entfernt haben.

Und nun hat Gott Jesus Christus gesandt und läßt uns bezeugen in der Verkündigung der Kirche, die Christi Namen trägt: Er ist mein Sohn. Er ist die Brücke für euch zu mir zurück. Er ist der Weg für euch dahin, wo alle Sehnsucht still wird. Aber er ist wirklich der einzige Weg dorthin. Wer Jesus Christus hat, der hat das ewige Leben. Wer ihn nicht hat, der hat das ewige Leben nicht. Unser menschliches Sinnen und Trachten ist immer und immer dahin gerichtet, aus unserem Leben etwas zu machen. Ein glücklicheres besseres Leben wollen wir. Dafür arbeiten, dafür schinden und quälen wir uns. Und doch steht auch über den glücklichsten Stunden, auch über den erfolgreichsten Jahren das Wort: vergänglich. Wir gleichen so oft Menschen, die mit unzulänglichen Mitteln eine Brücke bauen, die im Ernstfall doch nie tragen wird. Und von diesem Werk sind wir so besessen und verblendet, daß wir keinen Blick haben für die feste Brücke, die da neben uns schon gebaut ist.

Das ewige Leben aber, das Gott uns durch Jesus Christus anbietet, fängt nun nicht erst nach unserem Tode an. Wer den Sohn Gottes hat, der hat das Leben. Es ist nichts Jenseitiges, ist nicht ein fernes, unklares Zukunftsgut, sondern dieses Leben beginnt bereits hier. Es ist Gegenwart. Schon unser irdisches Leben wird dadurch umgestaltet. Es liegt in unserer Hand, schon jetzt etwas von der tiefen Geborgenheit spüren zu können, die allein ein Leben mit Gott zu geben vermag, von dem inneren Frieden und der Furchtlosigkeit, die sich durch keinen Sturm beeinträchtigen läßt.

Gott bietet uns eine Möglichkeit an, durch die wir herauskommen können aus der Gehetztheit. Gott bietet uns das ewige Leben an, dessen Reichtum wir schon jetzt spüren dürfen und das einst in Herrlichkeit vollendet wird. Er bietet es uns an durch seinen Sohn Jesus Christus. Und den Glauben an ihn will Gott selbst in uns wecken durch sein Zeugnis, das er uns immer wieder und wieder durch Menschenmund anbietet. Indem wir uns diesem Zeugnis öffnen oder verschließen, entscheiden wir über Leben und Tod. Gott schenke uns und all denen, die mit uns verbunden sind, die rechte Entscheidung! Amen.

Predigt A4 – 1959
Lesepredigt
Text: Maleachi 3, 13-20

Liebe Gemeinde!
Hat es noch einen Sinn, Gott ernst zu nehmen? Hat es noch einen Sinn, Seine Gebote zu halten, besonders das erste? Was habe ich denn davon, wenn ich Ihm mehr gehorche als den Menschen? –nichts als Unannehmlichkeiten! Von einem Konflikt gerate ich in den anderen! Als rückständig muß ich mich verhöhnen, als Feind des Fortschritts anprangern lassen. Haben die es nicht leichter, die Gott und alles, was dazu gehört über Bord werfen? Wer sich kein Gewissen draus macht, aus der Kirche auszutreten, hat der nicht die beste Garantie, seine Stelle zu behalten? Wer sein Kind zur Namensweihe bringt, wer es zur Jugendweihe läßt, wer es nicht zum kirchlichen Unterricht schickt, bahnt der ihm nicht den Weg ins Leben und sichert ihm die Lehrstelle oder den Platz auf der Oberschule?

Und Gott schweigt dazu! Gott läßt das alles geschehen! Er läßt es tatsächlich geschehen, daß der Gottlose weiterkommt! Er greift nicht ein! Jedenfalls tut. Es ist nicht so, daß man sich darauf verlassen kann. Und auch was Krankheit und Tod anbelangt, merkt man nicht, daß Gott einen Unterschied macht. Oft ist es geradezu so, daß auch in dieser Hinsicht die Gottlosen weniger zu leiden haben.

Wie sehr diese Erkenntnis in den Herzen der Menschen Wurzeln geschlagen hat, zeigen die leeren Bänke vor und hinter uns. Wozu soll man noch von Gott hören, wenn man sich doch allein durchs Leben bringen muß? Wozu soll man noch auf Gott hören, wenn das Befolgen Seiner Gebote uns keinerlei Vor-, sondern nur Nachteile bringt? wenn Gott doch nichts für uns tut, wozu sollen wir Ihn noch ernst nehmen? Ob dieser Gedanke nicht auch schon in uns sitzt? Wir scheuen uns vielleicht, ihn so auszusprechen. wir versuchen, Ihn zu verdrängen. Aber zeugt nicht auch unser Handeln bereits, daß das

Ernst-nehmen Gottes seine Grenzen hat? Wir kennen alle die Strophe des Lutherliedes, in der es heißt: »Nehmen sie den Leib. Gut Ehr, Kind und Weib, laß fahren dahin, sie habens kein‹ Gewinn, das Reich muß uns doch bleiben.« Wer aber lebt wirklich danach? »Ich will nicht von Gott lassen, ganz gewiß nicht«, so sagt mancher, »aber [...]«, und dann kommen eine Reihe Einschränkungen. Hinter jeder dieser Kompromißlösungen, deren es so viele in unserem Leben gibt, steht der Gedanke: Es ist umsonst, daß man Gott dient. Was nützt es, daß ich Seine Gebote halte und ein hartes Leben führe vor dem Herrn Zebaoth? Und von da bis zu dem völligen Fortbleiben ist es dann gar nicht mehr so weit.

Das alles weiß Gott. Er kennt unsere Herzen. er kennt unsere geheimsten Gedanken besser als wir selbst. All diese scharfen Worte: daß es umsonst sein, Gott zu dienen, daß man die Verächter preisen soll, da ihnen alles wohl ausgeht, spricht Gott selbst aus. Und damit beginnt, recht besehen schon die Hilfe. Gott schweigt nicht zu dieser unserer Not. Er läßt uns nicht allein mit diesem inneren Gehren, das zum Ausbrechen drängt. Er spricht es aus und zeigt uns dadurch: ich weiß um eure Anfechtung. Ich weiß, woher es kommt, daß ihr müde werdet, daß ihr an meiner Gerechtigkeit zu zweifeln beginnt, daß ihr euch auflehnt, daß ihr Kompromisse schließt. Ich wende mich nicht ab, weil ihr so wider mich redet. Aber nun denkt ihr doch auch die meinen nach. Hört einmal zu, was ich euch zu sagen habe, zu eurem Trost, zu eurer Hilfe, wenn die Dinge, die ihr erlebt, euch bang und irre machen wollen an mir.

So gewiß Gott unser Zweifeln und Aufbegehren sieht, so gewiß sieht er auch unser mühen, Ihm zu gehorchen. Es kann geschehen, daß das Kind die gewünschte Lehrstelle nicht bekommt, weil es die Jugendweihe ablehnte. Aber es kann gewiß nicht geschehen, daß Gott diese Treue vergißt. Es kann geschehen, daß der Mann seine Stelle verliert, weil er sich weigert, aus der Kirche auszutreten oder seine Kinder vom Christenlehreunterricht fortzunehmen. Aber niemals kann es geschehen, daß Gott diesen Gehorsam unbeachtet läßt. Im Augenblick ist das alles bitterschwer und manchmal mag es scheinen, als sei das Leben verpfuscht, als hätte man eine Torheit begangen. Irgendwie jedoch geht es weiter für das Kind und den Mann. Irgendwelche Wege tun sich auf. Es kommt der Tag, da die Wunde geheilt ist und man selbst das einst geschehene gar nicht mehr so schwer nimmt. Bei Gott aber bleibt die Erinnerung an jenes Kämpfen und Siegen so frisch wie in der ersten Stunde. Und das Opfer um Seines Gebotes willen behält bei Gott das Gewicht, das es bei uns im Anfang hatte, in Ewigkeit. Er zeichnet es auf in jenem Buch, das wichtiger ist, als alle Zeugnisse und Urkunden – im Buch des Lebens.
Rührt nicht all unser Zweifeln an Gottes Gerechtigkeit, all unser Irrewerden, weil es den Gottlosen oft so viel besser geht als uns, daher, daß wir dem

Irrtum verfallen, die Zeit zwischen Geburt und Tod sei alles? Dann freilich wäre es besser, zu handeln wie die Gottlosen. Nein, sagt Gott. Die Auswertung eures Lebens geschieht nicht schon hier in der Zeit. Ich bin kein Mensch. Mein Handeln beschränkt sich drum auch nicht auf diese Zeit und auf diese Erde. Es geht weiter, viel weiter. Ob es einen Sinn hat, mich ernst zu nehmen, wird nicht an dem offenbar, was ich jetzt mit euch tue, sondern was ich am Tage des Gerichts mit euch tun werde. Ja, Gott hat einen Tag gesetzt, an dem unser ganzes Leben aufgedeckt wird und an dem die Entscheidung fällt über unser Sein und Nichtsein. Da wird dann freilich der Unterschied offenbar werden zwischen denen, die Gott dienten und denen, die Ihm nicht dienten. Über die geschrieben ist im Buch Gottes, die sollen Sein Eigentum sein. Die will Er schonen wie ein Mann seines Sohnes schont. Hier müssen wir noch einmal innehalten. Vorhin habe ich gesagt: unser Zweifeln an Gottes Gerechtigkeit rührt daher, daß wir nur auf das Geschehen innerhalb unseres Erdenlebens schauen. Nun möchte ich noch hinzufügen: ein zweiter Grund dafür ist, daß wir meinen, vor Gott mit Ansprüchen aufwarten zu können: Wir wollen jetzt nicht auf die anderen schauen und uns mit ihnen vergleichen. Wir wollen nur einmal überlegen was alles offenbar wird, wenn am Tage des Gerichts unser ganzes Leben mit allem Denken, Reden und Tun ausgebreitet wird. Wäre Gott der gerechte Richter, nach dem wir schreien, dann würden auch wir nicht vor Ihm bestehen können, trotz aller Opfer um des Glaubens willen. Dann hätte nicht einer von Ihm etwas zu erwarte, nicht in der Zeit und nicht in der Ewigkeit. »Wir sind Bettler, das ist wahr«, so hat Dr.Martin Luther einmal gesagt. Und nun sagt uns Gott: Ich will euch schonen. Ich will nicht ansehen, was Unrecht in eurem Leben war. Ich will nur ansehen, was ihr es euch habt kosten lassen, mich ernst zu nehmen und an mir festzuhalten in unerschütterlichem Vertrauen. Ihr sollt mein Eigentum sein, ihr, die ihr euch zu mir bekannt habt mit euren Worten und mit eurem Tun.

Das alles hat sich kein Mensch ausgedacht. Das ist nicht die Phantasie und Spekulation eines Maleachi. Wir kommen von Weihnachten her, gehen in die Passionszeit hinein und Ostern entgegen. In dem, der in der Krippe von Bethlehem gelegen hat, der am Kreuz von Golgatha starb, der am dritten Tage auferweckt wurde vom Tode, hat Gott uns das sicht- und greifbar besiegelt, was Er einst durch den Mund des Propheten kundgetan hat. Wie ernst Gott unsere Schuld nimmt, wie wenig Anspruch wir auf Lohn haben, das wird in der Todesstunde Christi offenbar. So sieht Gottes gerechtes Gericht aus. Aber weil Er dieses Gericht an Seinem Sohn vollzog und weil Er ihn am dritten Tage auferweckte, dürfen wir gewiß sein, daß Er uns annehmen wird, daß einmal alles gut wird.

So ist Gott! So ist der Gott, gegen den wir uns oft auflehnen, an dem wir immer wieder irre werden und zweifeln wollen. Ob es nicht doch einen Sinn hat, diesen

Gott ernst zu nehmen, ernster als alles andere? Ob nicht doch ein zeitweiliger Nachteil um Gottes willen weit aufgewogen wird durch Sein ewiges Erbarmen an dem Tage, da die letzte und eigentliche Entscheidung fällt? Amen.

Predigt A5 – 1961
Lesepredigt
Text: 2.Kor 5, 7

Liebe Brüder und Schwestern!
Wir sind irdische Menschen. Der irdische Mensch schaut auf das Sichtbare, - das ist selbstverständlich. Das Sichtbare ergreift uns, nach dem Sichtbaren richten wir uns, zum Sichtbaren werden wir gedrängt, das Sichtbare hilft uns, durch das Sichtbare werden die Entscheidungen gefällt. Das heisst also: Was vor uns liegt, was klar ist, was logisch ist, das gilt für uns zuerst. Weil wir Menschen sind mit Augen und Ohren, mit den fünf Sinnen, sind wir auf diese Art des Lebens ausgerichtet.

Das sichtbare Leben hat nun einen Höhepunkt gefunden, es steigert sich ja auch im Laufe der Geschichte. Dies nennen wir heute mit dem philosophischen Ausdruck: Materialismus. Aber wir dürfen es gar nicht kritisieren, dass wir im Materialismus stehen, das ist einfach die Folge des Menschseins, wie es uns in dieser Zeit gegeben ist. Wir sind nur für die Materie, für das, was sichtbar ist. Das muss ja enden in einem äusseren Glücksstreben. Wir richten uns auf dieser Erde so gut ein wie nur möglich. Als Christen können wir über diese Entwicklung nicht Kritik üben und dürfen auch nicht als Pharisäer darüber stehen, weil wir ja in Wirklichkeit alle Menschen sind, die auf das Irdische sehen. Und wie sind die christlichen Kreise in die irdische Art des Lebens hineingeraten! Wie leben sich danach! Wie entscheiden sie danach! Wie spielt das Geld und Gut eine grosse Rolle. Auch wenn einer gläubig ist, hat er weithin die Art dieser Welt. Das wollen wir zuerst feststellen.

Nun kommt das andere, aber das kann keiner von uns aus sich heraus erreichen. Das andere, wovon wir hier reden, was im Lehrtext steht, das macht Gott. Und das ist nun das Merkwürdige: Gott will jetzt nicht die ganze Welt – sie muss materialistisch sein, es geht gar nicht anders – Gott holt sich einige Leute heraus. Diese Menschen gehören zur Gemeinde, sie sind wie in eine Arche aufgenommen. Wir wissen, dass zur Zeit der Sintflut längst nicht alle Menschen in der Arche waren, die auf der Erde lebten. Nur eine Familie wurde gerettet. So ist es auch heute. In der Gemeinde sind längst nicht alle Menschen. Aber die echte Gemeinde Jesu, also alle, die sich retten lassen, die begnadet sind – es ist wirklich nur Gnade – die haben ein ganz neues Leben.

Und das ist das neue Leben im Glauben. Dieses Leben ist nicht sichtbar, dieses Leben ist auch noch nicht vollendet, - wir stehen im Glauben.

Was ist das Wesen dieses Glaubenslebens, wenn wir es uns genauer betrachten? Ich rechne nun nicht mit dem Sichtbaren, sondern mit dem Zukünftigen. Das bedeutet, ich rechne mit Jesus. Jesus lebt schon im Zukünftigen, er ist schon vollendet, er ist schon herrlich gemacht. Im Glauben leben heisst also, mit Jesus, mit dem zukünftigen Herrn leben. Wir haben durch den Glauben teil an dem Göttlichen und Ewigen. Wir sind also nicht abhängig von dem Sichtbaren, von der Materie, sondern wir sind im Glauben abhängig von dem Herrn, der schon die zukünftige Welt in sich trägt. Es geschieht das Allergrösste , was sich überhaupt niemand vorstellen kann, dass es Menschen gibt, die über das Sichtbare herrschen. Die wahren Christen sind das.

Ich kann mir gut denken, dass wir dies erst wieder einmal lernen müssen. Doch das ist die Gnade: Menschen werden nicht mehr geplagt vom Alltag, von der Materie, vom Sichtbaren, Menschen werden getrieben von Gott, leben in Jesus und sind darum Menschen, die wirklich Ruhe haben.

Liebe Brüder und Schwestern, dieses Glaubensleben drückt sich dann so aus, dass ich keine Sorgen mehr habe; denn ich glaube ja nun, dass Jesus Christus für mich da ist. Und die zukünftige, die vollendete Welt, die ich schon im Glauben annehmen kann, ist immer wunderbarer und herrlicher und mächtiger als die sichtbare Welt. Ich brauche mich nicht mehr um mein Ich zu kümmern und aus dieser Sorge heraus sagen: Wie komme ich durch? Denn ich weiss ja, ich gehöre der zukünftigen Welt, ich gehöre Jesus Christus an. Die Heiden, wie Jesus sagt, oder wie wir heute sagen würden, die Menschen, die noch nicht an Gott glauben können, die müssen ja sorgen, aber wir brauchen es nicht mehr, weil Jesus uns regiert. Im Glauben heisst tatsächlich. unabhängig werden von den Dingen dieser Zeit und dieser Welt und nur noch abhängig sein von der zukünftigen Welt, die jetzt schon in uns hineinragt, weil wir glauben. Das hat uns Jesus gelehrt. Er lebte ein Leben mit dem Vater, er vertraute ganz dem Vater. Dass es als irdischer Mensch das in vollem Masse tun durfte, das ist für uns das Geschenk. Jetzt dürfen wir auch durch ihn, durch Jesus, so im Glauben leben und so mit dem Vater verbunden sein. Auch wir dürfen es erleben: Das Sichtbare hat keine Macht mehr, das Unsichtbare ist für uns allein gültig und massgebend.

Wenn wir in dieser Welt nach oben, nach vorn blicken, Vorwärtsschreitende sind, wie es uns der Wochenspruch dieser Woche ans Herz legt, dann sind wir die Menschen der Zukunft. Denn das ist nicht die Zukunft, die Materie nur einseitig ernst zu nehmen und von ihr erfasst zu werden, sondern die Zukunft ist, dass die Materie in vollem Masse beherrscht wird. Nicht, dass das Geld und Gut uns hat, sondern wir diese Dinge in der Hand haben und frei darüber verfügen können, ob arm oder reich. Das ist die Gnade. – Dabei wissen wir auch, dass uns alles gegeben wird, was wir brauchen. Weil wir Kinder Gottes sind, weil wir im Glauben leben, dürfen wir damit rechnen, dass er uns in jeder Weise zur rechten Zeit alles Nötige gibt. Es ist wunderbar, dass wir eben den grossen, ewigen Bankier haben, der nicht abhängig ist von den Banknoten dieser Welt, sondern der den Menschen geben kann aus der Fülle dessen, was er hat. Das ist eine ganz neue Lebenseinrichtung und Lebensart.

Im Glauben leben bedeutet nun auch – weil wir unabhängig sind von dem Irdischen – dass wir auch unabhängig sind von unserem Leib. Nicht der Leib beherrscht uns, sondern wir beherrschen den Leib. Im Glauben leben heisst darum, nicht schicksalsmässig die Krankheiten sehen und meinen, das muss alles so über uns kommen, sondern wir dürfen nun sogar Stellung nehmen gegenüber der Krankheit und im Namen Jesu erfahren, dass die Krankheit keine Macht mehr hat.

Das gilt ganz besonders für das Seelenleben, das ja in dieser Zeit in einer unerhörten Weise angeschlagen ist. Im Glauben leben heisst nun, dass meine kranke Seele, die so verwundet ist, in Ordnung kommt. Amen.

Predigt A6 – 1960
Magdeburger Lesepredigt
Text: Off 19, 11 – 16

Es ist nicht leicht für die Christen, wenn sie immer wieder erleben müssen, daß ihre Umwelt ihnen und ihrem Glauben feindlich ist. Sie werden überall zurückgedrängt. Man lauert ihnen auf. Sie müssen schweigen, wo sie reden möchten. Einige sind verhaftet worden. Einige haben um ihres Glaubens willen das Leben lassen müssen. Sie sind machtlos und wehrlos. Die Feinde dagegen haben alle Macht und sind entschlossen, den Glauben an Christus auszurotten. Natürlich geht die Sache der Gemeinde an manchen Orten zurück. Viele sind nicht so fest im Glauben, daß sie den Druck und die Unsicherheit ertragen können. Viele haben Angst. Und dann taucht im Herzen der Zweifel auf oder gar die Verzweiflung. Man weiß nicht, wie es weitergehen soll. Schließlich löst man sich von der Gemeinde, um seine Ruhe zu haben. Das heißt aber, man löst sich von Christus. – Und was soll denn aus den Kindern werden? Es sieht so aus, als ob das Heidentum schließlich siegen würde, und die Gemeinde Jesu Christi müsse aussterben, wenn das so weitergeht. Es sieht so aus, als wäre der Himmel verschlossen, und es wäre nicht wahr, daß Jesus Christus alle Gewalt gegeben ist im Himmel und auf Erden, als lasse er seine Gemeinde im Stich, und als könne er nichts ausrichten gegen die Übermacht. So war es, als Johannes, der Gefangene, auf der Insel Pathmos dies niederschrieb. So war es danach noch oft, und so wird es noch oft sein, solange diese Erde steht. Die Verfolgung der Gemeinde hatte begonnen, und es war kein Zweifel, es würde noch schlimmer werden.

Aber Christus hat seine Gemeinde nicht im Stich gelassen. Auf der kleinen, verlassenen Insel Pathmos hat er den Johannes sehen lassen, wer er ist, und was er tut, und wie alles ausgehen wird. Damit ist allen Gemeinden zu allen Zeiten wirklich geholfen. Das konnte Johannes nun ein für allemal sagen. Zweifeln und verzweifeln kann man nur, wenn man Christus nicht mehr sieht, nicht mehr versteht und ihm nicht mehr alles zutraut. Ist aber der Blick auf Christus klar, dann kann man auch mitten in der Verfolgung, Angst und Verzweiflung dennoch getrost und zuversichtlich sein.

Johannes sieht den Himmel offen. Und wenn den Christen alle Türen verschlossen wären, der Himmel ist offen. Und das ist viel mehr. Aus dem Himmel geht Christus hervor auf einem weißen Pferd, mit Augen wie Feuerflammen und mit vielen Kronen auf dem Haupt. So wird Christus wiederkommen: Als Sieger! Er hat schon gesiegt. Der Kampf ist schon entschieden. Das zeigt das Blut auf seinem Kleide. Er siegte als er am Kreuz starb und sein Blut vergoß. Damals mußte man ja auch denken es sei alles aus. Selbst die Jünger waren ohne Hoffnung. Aber er ist auferstanden. Wer den Tod überwindet, dem gehört der Sieg. Auch die mächtigsten und schrecklichsten Menschen werden sterben. Die Großmächte gehen unter. Die Ideen und Programme, die sie verfechten veralten. Wer aber Christus die Treue hält im Glauben, der wird mit ihm siegen, denn dem gibt Christus das Leben.

Der Sieger trägt einen Namen, den niemand weiß als er selbst. Niemand kann nämlich das Wesen dessen begreifen, der wahrhaftiger Gott ist und wahrhaftiger Mensch zugleich, der zur Rechten Gottes erhoben ist und alles in seinen Händen trägt. Aber auch das ist ein Trost: Er ist größer als wir begreifen! Sei nur getrost und zuversichtlich!

Er hat auch andere Namen. Das sind nicht solche Namen, mit denen man ihn anredet, sondern Namen, die zeigen, was er tut.

Er heißt »treu und wahrhaftig«. Er hat seinen Jüngern von vorneherein die Wahrheit gesagt, daß er sie wie die Schafe mitten unter die Wölfe sendet, daß sie gehaßt werden müssen von jedermann um seines Namens willen. Manchmal muß man sehr deutlich fühlen, wie das ist, und dann soll man sich darüber nicht zu sehr wundern. Aber das hat er seinen Jüngern auch gesagt, daß sie sich nicht fürchten sollen. Er ist bei ihnen alle Tage bis an der Welt Ende. Wer sich fürchtet, der vergißt, daß Er bei ihm ist. Wer von Angst getrieben handelt und entscheidet, wird es hinterher allzuoft bereuen müssen. Wer sich aber auf ihn verläßt und feststeht im Glauben, der kann die Erfahrung machen, wie er die Treue hält, wie er stärkt und durchhilft, so wie wir es gar nicht ahnten. Man kann es mit ihm wagen, kann sich auf ihn verlassen. Er heißt treu und wahrhaftig, und was er zusagt, das hält er gewiß. »Er richtet und streitet mit Gerechtigkeit«, das soll heißen: Er rettet die Seinen. Mag also kommen, was will, das Ende wird Rettung sein.

Der zweite Name ist: »Das Wort Gottes«. So wird Christus am Anfang des Johannesevangeliums genannt. Es ist nämlich nicht wahr, daß Gott schweigt. Gott selbst hat geredet durch Christus, und er redet noch heute. Und weil es eben Gottes Wort ist, hat es eine große Macht. Die Welt kann mit einzelnen Christen fertig werden, sogar ganze Gemeinden niederhalten, aber mit dem Wort Gottes wird sie nicht fertig. Manchmal muß man sich wundern, was für Leute das Wort Gottes überwindet, überwältigt, daß sie ihm nicht widerstehen können. Aber eigentlich muß man besser sagen, was für Leute das Wort Gottes selig macht. Gottes Wort wirkt eben wann und wo und wie »Er« will, und keine Welt kann das hindern. Das Wort Gottes siegt heute, und es wird noch vielmehr siegen. Es darf nur nicht verschwiegen werden. Es muß an den Tag kommen. Nicht nur in der Kirche muß es gesagt werden, sondern draußen von Mensch zu Mensch. Als es gefährlich wurde, da beteten die Christen: »Herr siehe an ihr Drohen, und gib deinen Knechten mit aller Freudigkeit zu reden Dein Wort«.

Der letzte Name ist: »König aller Könige und Herr aller Herrn«. Der Name muß ja zuletzt genannt werden, denn das wird das Letzte sein. Jetzt herrschen noch viele Herren und Könige. Aber das hört auf. Und dann wird er allein regieren mit eisernem Stabe. Das heißt, keiner kann seine Macht zerbrechen. Aber vorher muß das Gericht sein. Und das Gericht hält Er, der Sieger, der König aller Könige und Herr aller Herrn. Eigentlich hat sein Gericht schon angefangen, denn Christus richtet ja mit dem Schwert, das aus seinem Munde geht, und das ist eben sein Wort. Sein Wort ist scharf und dringt durch bis es scheidet Seele und Leib, auch Mark und Bein und ist ein Richter der Gedanken und Sinne des Herzens. Wenn man es richtig hört, dann tut es sehr weh, denn es verurteilt Leib und Seele, Herz und Gedanken. Da bleibt nichts übrig als »ein sündiger Mensch«. Aber es tut auch sehr wohl, denn es rettet den Sünder und macht aus ihm einen anderen, so daß Paulus sagt: Das Alte ist vergangen, siehe, es ist alles neu geworden. Wo das Wort uns richtet und rettet, wo man es hört und ihm nachfolgt, da ist schon eine Entscheidung gefallen, da ist schon das Leben. Wo man sich aber gegen das Wort verschließt und es ablehnt, da ist kein Leben, da ist nur Tod. Wenn Christus wiederkommt, dann wird er auch richten mit dem Schwert, das aus seinem Munde geht, eben mit dem Wort. Sein Urteilsspruch entscheidet über Leben oder Verderben. Das dürfen Christen auch nie vergessen, daß das letzte Urteil über sie erst noch ausgesprochen wird, und sie wissen nicht, wie es ausfallen wird. Natürlich wird Christus Gericht halten über alle Heiden und Völker, aber wir müssen auch alle offenbar werden vor dem Richterstuhl Christi.

Wenn Christen unter ihren Feinden und den Feinden des Glaubens leben, dann sollten sie eigentlich nicht sorgen und klagen, nicht zweifeln und verzagen, denn Christus heißt treu und wahrhaftig, das Wort Gottes hat sehr große Kraft, und am Ende wird es vor aller Welt offenbar, daß er allein Sieger ist. Wo Unrecht und Gewalttat ist, da wird er auch der Richter sein. Aber darum sollten sie Sorge tragen, mit Wachen und Beten, daß sie bereit sind, vor dem Richterstuhl Christi offenbar zu werden. Gewiß werden wir vor dem Richter schwer bestehen, wenn wir nicht treu bei ihm beharren, wo es schwer fällt. Zu seinen Jüngern sagt Jesus einmal: »Ihr seid's, die ihr bei mir beharrt habt in meinen Anfechtungen. Und ich will euch das Reich bescheiden, wie mir's mein Vater beschieden hat.« Amen.

Predigt A 7 – 1957
Magdeburger Lesepredigt
Text: Matt 25, 15 – 28

Liebe Gemeinde!
»Von dannen er kommen wird, zu richten die Lebendigen und die Toten«, so haben wir es soeben miteinander bekannt und ein Großer unserer Kirche hat einmal gesagt: »Wir wissen nicht, was kommt, wir wissen aber wer kommt, ER kommt«.

Kann man aber dem modernen Menschen des 20. Jahrhunderts in allem Ernst noch zumuten, an die Wiederkunft Christi zu glauben? Ist es nicht vielmehr so, daß ein Jahrtausend menschlicher Geschichte sich an das andere reiht, die Erfindungen menschlichen Geistes immer gewaltiger werden, der Mensch mehr und mehr der Herr des gesamten Weltalls wird? Eine neue Gesellschaftsordnung ist im Entstehen, auf Grund derer das Leben immer schöner und das Zusammenleben immer friedlicher werden soll?

Brüder und Schwestern, als Christen glauben wir nicht an den Kulturfortschritt, sondern an den der da war, der da ist und der da kommen wird und bekennen mit der gesamten Christenheit auf Erden die Wiederkunft Christi. Keiner Macht der Welt wird es jemals gelingen, sein Kommen zu verhindern.

Der Welt mag das eine verrückte, überspannte und lächerliche Sache sein, die sie verspotten, aber auch bekämpfen kann: die Gemeinde aber weiß: Alle Weltgeschichte eilt dem Tage seiner Wiederkunft entgegen. Sie selbst aber ist zwischen der Himmelfahrt und Wiederkunft ihres Herrn die wartende Gemeinde. Das Warten auf ihn gibt der Gemeinde Trost in allem Leid bis dahin und Zuversicht bei allen Scheinsiegen und Augenblickserfolgen des alt bösen Feindes.

Freilich, der Weg der wartenden Gemeinde ist der Weg des Leidens. Nichts anderes ist ihr verheißen. Je mehr aber die Weltenuhr sich der Stunde seiner Wiederkunft nähert, umso schwerer und dunkler wird der Weg der wartenden Gemeinde auf Erden. Davon spricht Christus heute in unserm Evangelium. Nicht nur, daß in den letzten Zeiten ein Volk sich wieder das andere erhebt, Krieg und Kriegsgeschrei die ganze Welt erfüllt und die Völker in ein Chaos stürzen, - in alledem leidet die Gemeinde mit allen andern mit -, sondern auf sie wartet auch noch ein besonderes Leiden. Christus spricht: »Wenn ihr nun sehen werdet den Greuel der Verwüstung...«.

Eine Zeit größter Bedrängnis, die in der Menschheitsgeschichte keine Parallelen hat, eine Flutwelle ärgster Christusfeindschaft wird sich über die Gemeinde auf Erden ergießen. Die widergöttlichen Mächte werden in einer bisher unbekannten und ungeahnten Weise auf den Plan treten und ihre brutale Macht und Gewalt an der Gemeinde ausüben, die Lästerung des heiligen Gottes wird furchtbar sein. Der Gemeinde wird keine Möglichkeit zum Zeugnis mehr gegeben sein, es bleibt ihr nur noch die Flucht, aber – wo soll sie fliehen hin? Wo gibt es für sie Rettung? Wo findet sie Schutz? Das bist du Herr Christ alleine »Du ewiger Gott, laß uns nicht entfallen von des rechten Glaubens Trost!«

Denn der Herr läßt seine Gemeinde nicht ohne Trost.

1. Sie darf in all ihrer Trübsal und Leidensnot wissen: Das Toben der widergöttliche Mächte, die Bedrängnisse, denen sie ausgesetzt ist, sind die unträglichen Zeichen und Vorboten seines Kommens in Macht und Herrlichkeit. Sein erstes Kommen in diese Welt geschah in völliger Verborgenheit, die Welt nahm davon keine Notiz, sein 2. Kommen aber wird aller Welt sichtbar sein. Denn seine Wiederkunft ist keine verborgene Winkelsache, sondern sie wird sich so offenkundig vollziehen wie der Blitz, den man vom Aufgang bis zum Niedergang beobachten kann, und beugen werden sich vor ihm »aller derer Kniee, die im Himmel und auf Erden und unter der Erde sind und alle Zungen werden bekennen, daß Christus der Herr sei zur Ehre Gottes, des Vaters!«

2. darf seine Gemeinde wissen: der Herr hält seiner Gemeinde die Treue. »Es kennt der Herr die Seinen und hat sie stets gekannt«. Er kennt sie auch in ihrer Schwachheit, in ihrem Unvermögen, in ihrem Kleinglauben und in ihrer Angst. Er weiß, daß niemand von den Seinen in diesen Trübsalszeiten bestehen könnte, wenn er nicht eingriffe. Er wird den widergöttlichen Mächten zu der Zeit, die er für richtig hält, ein Halt »Bis hierher und nicht weiter« gebieten. Das ist der Trost für seine wartende und doch so verzagte Gemeinde »Du weißt, woher der Wind so stürmisch weht, und du gebietest ihm, kommst nie zu spät!« aber zugleich eine ernste Warnung an alle Sicherheit und allen Bekennerhochmut in unsern eigenen Reihen.

Die wartende Gemeinde, die da weiß »Mit unsrer Macht ist nichts getan wir sind gar bald verloren«, folgt darum dem Ruf und Befehl ihres Herrn, der da spricht »Bittet«, »Betet«. »Daß wir in der Stunde der Anfechtung Glauben haben und beharren bis ans Ende, lasset uns zum Herrn beten«. Betend klammern wir uns an seine starke Hand und dürfen uns gehalten und getragen wissen von ihm.

Wenn Menschen nervös und kopflos werden, fallen sie leicht jedem Betrüger in die Hände. Betrüger, falsche Propheten aber werden in den letzten Tagen auftreten. Menschen, die den Anspruch erheben, der Welt das eigentliche Heil zu bringen, sie werden sich durch Taten, die ans Wunderbare grenzen, Achtung zu verschaffen versuchen. Das aber wird für viele zu einer ernsten Anfechtung werden. Darum warnt der HERR die Seinen. »Siehe, ich habe es euch zuvor gesagt«. »Gehet nicht hinaus« »Glaubet nicht«.

Bewahrung davor, Unterscheidung zwischen Wahrheit und Lüge wird nur dem möglich sein, der sich betend mit der wartenden Gemeinde unter das Wort des Herrn sammeln läßt.

Vielleicht erscheint dir, lieber Bruder, liebe Schwester, all das, was du bisher gehört hast, so völlig fremd und fern, daß du nichts damit anzufangen weißt. Darum laß dir das eine sagen: Der Herr will nie und nimmer seiner Gemeinde Angst und Schrecken einjagen und sie mit finsteren Drohungen erschrecken; aber eins will er: Er will, daß niemand verloren geht, daß auch du heute und einst bei seiner Wiederkunft zu seiner Gemeinde gehörst. Darum will er uns aus aller falschen Sicherheit herausreißen durch dieses sein Wort, damit wir uns freuen können auf den Tag seiner Wiederkunft. Wann der sein wird? Alle neugierigen Berechnungen seines Tages haben sich als falsch erwiesen und sind uns vom Herrn selber untersagt. Aber das ist Wahrheit: Seit der Stunde, da über Bethlehems Fluren aus Engelsmund die frohe Botschaft verkündet wurde »Euch ist heute der Heiland geboren«, ist die Endzeit angebrochen. Nun gilt es für die wartende Gemeinde, acht zu haben auf die Zeichen der Zeit und zu bitten und zu beten »Ja, komm Herr Jesu«. Amen.

Predigt A 8 – 1956
Magdeburger Lesepredigt
Text: Eph 5, 15 – 21

Unser Text sagt als Erstes: »So seht nun genau darauf, wie ihr wandelt«. Und wir möchten wohl sagen, daß in diesem ersten Vers gleich das Thema des ganzen Textes gesagt wird. Dieser Ruf zum Achtgeben auf den Wandel kommt im Zusammenhang des Briefes nicht unvermittelt. Paulus hat seiner Gemeinde geschrieben von dem Heil, das Gott uns in Christus gibt, und von dem neuen Leben, das aus dieser Gabe Gottes erwächst; würdig zu wandeln der Berufung, mit der wir berufen sind, das ist das Anliegen dieses Briefes. Wir wollen es in unsere Sprache übertragen und uns zurufen lassen: Christen leben anders!

Wir wissen aus eigener Erfahrung und Versuchung, wie die Menschen in dieser Welt nach dem Leben jagen. Sie suchen das Vergnügen; sie wollen sich ausleben; man will doch etwas erleben. Christen leben anders!, so ruft uns unser Text zu; ruft es hinein mitten in diese Welt, mitten in unser Leben, und fügt hinzu: Christen leben als Weise und nicht als Unweise.
Worin besteht die Andersartigkeit christlichen Lebens?
Unser Text will uns auf diese Frage Antwort geben. Er antwortet, indem er 3 Wegweisungen gibt.
Die erste Wegweisung lautet: Kaufet die Zeit aus!

Vielleicht sagst du jetzt: und das soll eine christliche Wegweisung sein, ein Ruf dazu, anders zu leben als diese Welt? Ist das nicht gerade das Programm dieser Welt: Nutze deinen Lebenstag! Sieh nur ja darauf, daß du nicht zu kurz kommst. Genieße deine Freizeit, da kannst du tun, was dir Freude macht. Wir brauchen da gar nichts aufzuzählen, das kennt und weiß jeder. – Christen leben anders! So hieß doch unser Thema; es ruft uns zu: kaufet die Zeit aus, denn es ist Endzeit! Vielleicht sagst du jetzt: so steht es ja gar nicht da. Und du hast dem Wortlaut nach recht, denn da steht: kaufet die Zeit aus, denn es ist böse Zeit – oder wörtlich: denn die Tage sind böse. Aber überall dort, wo die Bibel von solch böser Zeit spricht, da redet sie von dem Lauf dieser Welt bis an ihr Ende und stellt um dieses Ende willen den an Christus Gebundenen in die Verantwortung vor Gott. Und daher sagt sie: Die Zeit gehört nicht dir; du kannst nicht machen mit ihr, was du willst. Wenn du sie gebrauchst nach deinem Dünken, so bist du nicht ein Weiser, sondern ein Unweiser, denn du bedenkst nicht, daß die Zeit geschenkte Zeit ist, von Gott geschenkte Zeit. Nutze die von Gott geschenkte Zeit, dann wird auch deine Zeit gesegnete Zeit! Da geht wohl ein Sehnen durch unser Herz, daß auch unser Tag, unsere Lebenszeit gesegnet sei. Und dies Sehnen wird wohl zum Aufseufzen, wenn wir an unsern Alltag denken: wie vollgefüllt ist er mit den täglichen Dingen in Beruf und Haus. Bleibt uns denn überhaupt noch Zeit, die wir nutzen können?, so fragen wir wohl. Ist nicht alles vorgeschrieben, vorgezeichnet, bis in die einzelnen Stunden des Tages hinein? Aber hier heißt es gar nicht, daß wir außerhalb unseres Tages Zeit haben müßten. Wir sollen die Stunden unseres Tages nutzen. Unser Text gibt einen schlichten Hinweis: um deswillen achtet darauf, was des Herrn Wille ist. Diesen Willen des Herrn dürfen wir mit den Worten aus dem 9. Vers kennzeichnen: Gütigkeit, Gerechtigkeit und Wahrheit. Kaufe die Stunden des Tages aus, sodaß in eurem Tun und Handeln die Gütigkeit, Gerechtigkeit und Wahrheit Gottes und Christi, die Liebe zu dem andern sichtbar und fühlbar wird mitten im Alltag, dann lebt ihr ein anderes Leben. Dann ist Christus der Herr deines Lebens geworden. Christen leben anders, indem sie ihre Lebenszeit heben unter dem Willen des Herrn.

Und nun die zweite Wegweisung: Euer Wandel sei nicht im Rausch der Welt, sondern erfüllt durch Gottes Geist. Christen leben anders! Der Apostel greift hier in die Praxis menschlichen Lebens hinein. Wer seine Lebenszeit nur nutzen will zum eigenen Genuß, der findet kein Maß und Ziel. Daher die Mahnung: und saufet euch nicht voll Weins, daraus ein unordentlich Wesen folgt. Wer sich dem Trunk ergibt, lebt nicht mehr in der Gütigkeit, Gerechtigkeit und Wahrheit, sieht nicht mehr den andern als einen Bruder in Christo, wandelt nicht mehr im Licht, sondern in der Finsternis. Das gilt aber nicht nur für den, der dem Trunk verfallen ist, sondern für alle, die im Rausch der Welt leben, die unter dem Rausch des Nikotins, der Geschlechtlichkeit, des Kapitalismus oder des Materialismus stehen. Sie alle leben materiellen oder geistigen Zielen dieser Welt. Christen leben anders!, so ruft uns Paulus zu, weil sie erfüllt sind vom Geiste Gottes. Die Frucht aber dieses Geistes ist Liebe, Freude, Friede, Geduld, Freundlichkeit, Gütigkeit, Glaube, Sanftmut, Keuschheit. Laßt es mich noch in einem Bilde sagen: da zeichnet uns das Neue Testament einen Menschen, der ganz der Gier nach Reichtum lebt, und wenn er ihn auf unrechtmäßige Weise erwerben müßte. Zu diesem kommt Jesus und bringt ihm das Heil. Da wird er ein anderer Mensch. Dieser habsüchtige Betrüger handelt nun ganz anders: die Hälfte meiner Güter gebe ich den Armen, und so ich jemand betrogen habe, gebe ich es vierfältig zurück. Christen leben anders; auch der Oberzöllner Zachäus wurde einer, der anders leben durfte.

Aber nun wird die Frage kommen: wie geschieht das? Gibt es einen Weg zum Anderswerden? Und nun achtet genau auf den Text. Da steht: sondern werdet voll Geistes – und dann kommt ein Doppelpunkt und nach diesem geht es weiter: »redet untereinander in Psalmen und Lobgesängen und geistlichen Liedern und spielt dem Herrn in euren Herzen und saget Dank alle Zeit für alles Gott und dem Vater in dem Namen unseres Herrn Jesu Christi.«

Das ist eigentlich kein Weg des Menschen, sondern der Weg Gottes zu uns, wie es in seinem Wort zu uns kommt. In dem Wort und durch das Wort kommt der Geist zu uns; darum stellt euch unter das Wort Gottes hier im Gottesdienst

[und dab im in der Bibellese.] Singet und spielet dem Herrn, lobt und dankt ihm für die Führung eures ganzen Lebens, dann werden auch mehr und mehr die Augen aufgehen für seine Liebe und für seine Wunder. Werdet voll Heiligen Geistes durch das Hören seines Wortes, durch Bitten und Beten, durch Leben und Danken. Das ist der Weg Gottes mit dem, der unter seiner Hand, unter seinem Wort, unter seiner Ewigkeit lebt. Christen leben anders. Die Kraft dieses Lebens haben sie nicht aus sich selbst und nicht aus der Weisheit dieser Welt, sondern die Kraft dazu haben wir aus Gottes Geist und Gottes Wort. Darum sagt Paulus: welche der Geist Gottes treibt, die sind Gottes Kinder!«

Und die dritte Wegweisung: Christen leben anders, sie sind einander untertan. Dies Wort werden wir nicht so leicht verstehen. Aber gehen wir wieder von dem Gegensatz aus, von den Menschen dieser Zeit: sie sind nicht einander untertan, sondern jeder möchte für sich ein Herr sein, jeder sucht in eigensüchtiger Weise nur seinen Vorteil – und so geht ein Mensch am andern vorbei, ja vielleicht nutzt er den andern für seine Lust und seinen Vorteil aus. Christen leben anders: seit untereinander untertan. Was heißt das nun? D.h.: ein jeder diene dem andern mit der Gabe, die er empfangen hat. So soll es im ganzen Leib Christi, in der ganzen Gemeinde sein: ein jeder diene mit der Gabe, die er empfangen hat.

Christen leben anders! Wenn wir auf all das zurückschauen, was uns unter diesem Wort gesagt wurde, nein, was uns geschenkt wird von Christus in seiner Gemeinde, dann müssen wir Gott loben und preisen, daß er uns berufen hat zu Gliedern am Leibe Christi und zum Erbteil der Heiligen im Licht! Amen.

Predigt A 9 – 1957
Magdeburger Lesepredigt
Text: o.A.

Auf einem seiner letzen Wege erfährt Jesus zwei grundverschiedene Erschütterungen seines Herzens!

Und als er nahe an die Stadt hinzukam! Jetzt wird etwas geschehen von dem kein Mensch in Jerusalem wissen wird, ein stilles Tun Jesu. Der Sohn Gottes, des Gottes, dem in der Stadt der Tempel steht, weint im Angesichts der heiligen Stadt. Er ist todtraurig über den Unglauben der Menschen, die er lieb hat. Und er ging in den Tempel. Jetzt wird etwas geschehen, das werden sich die Leute in der Stadt noch lange erzählen. Der Sohn Gottes, der sein muß in dem, das seines Vaters ist, räumt im Tempel auf. Jetzt gibt er ein heftiges Zeichen!

Was geht das uns an? Es geschah vor langen, langen Zeiten. Es geschah im heiligen Lande. Es geschah unter Menschen, von denen nichts mehr da ist als diese Geschichte! Eine Geschichte, so weit weg von uns! Aber ihr kennt das aus der Welt des Films. Da seht ihr zuerst ein fernes Bild. Dann wechselt die Blende. Und das Bild ist ganz nahe! Da seht ihr eine fremde Umwelt. Und wieder wechselt die Blende. Jetzt sind wir bei uns! Da wird euch ein fremder Vorgang gezeigt. Noch einmal wechselt die Blende. Und jetzt geschieht es bei uns!

Indem wir Jesus hören und im Evangelium handeln sehen, ist er gleichzeitig mit uns! Indem wir vor Jesus versammelt sind, steht er mitten unter uns! Wir hören und sehen ja immer den auferstandenen Herrn, den gegenwärtigen Jesus, den Jesus mitten unter uns! Und deshalb sagt Jesus heute zu uns:

Wenn doch auch du erkenntest, was zu deinem Frieden dient: und: wo ich bin, da geht es um das Beten!

Gemeinde Jesu, heute bist du von deinem Jesus angeredet! Wir sehen die Gemeinde Jesu doch wohl richtig, wenn wir meinen, sie trage Verantwortung für das Zeugnis Jesu unter uns, wenn wir sagen, jeder Christ soll ein Botschafter Jesu sein. Ob mit dem Wort, ob mit einer Liebe, ob mit einer Hilfe, ob mit einer Vergebung, ob mit einem Opfer, ob mit einer Tat; der Christ hat Jesus auf irgendeine Weise unter uns sichtbar zu machen!

Die Zeichen der Zeit stehen doch so, daß wir Christen zum Zeugendienst gerufen sind. Es kommt auf unser Jesuszeugnis an. Ein unbeteiligtes Christsein, ein Kirchensteuerchristsein, ein Christsein nur als Predigthörer – das will nicht ausreichen! Wenn nicht schon die jungen Christenmenschen, die eben aus der Konfirmation gekommen sind, eine klare Entscheidung für Jesus Christus fällen, was soll dann heute aus der Gemeinde Jesu werden? Es geht ja um den Menschen! Ob Mensch Gottes oder Mensch aus anderem Herkommen. Ob Mensch in der Liebe des Ewigen oder Mensch im Dünkel seiner wissenschaftlichen Erkenntnis. Ob Mensch durch die Vergebung des himmlischen Vaters oder Mensch durch Überhebung gegen Gott. Ob Mensch aus Glauben oder Mensch aus Fortschritt.

Und wir sehen mit Schrecken: der Mensch schafft den Tod! Letzte Offenbarung menschlichen Schaffens ist die Angst des Menschen vor dem selbstverschuldetem Untergang. Aus dem Sein-Wollen-wie Gott dämmert die Vernichtung des Menschen durch den Menschen!

Darüber weint Jesus! – Dein Friede bin ich. Deine Erlösung aus der Angst. Deine Rettung aus dem Tode. Dein Leben. Darum möchten wir Christen, daß Jesus von uns allen gehört und gesehen wird. Darum soll das Evangelium stärker sein als die Weltanschauungslehren. Darum soll das neue Leben in unserer bedrohten Welt sichtbar sein, das Leben der Gemeinde Jesu, der Erlösten, der Geretteten.

Aber die Christen sind nicht in hellen lichten Haufen versammelt. Aber die Gemeinde Jesu ist nicht sichtbar genug in unserer Welt. Die Christen sind nicht genug entschiedene Christen. Das nur zur Hälfte Christsein ist viel zu sehr verbreitet. Aber die Christen sind selber ihres Jesus nicht froh genug.

Da muß Jesus heute über seine Christen ja traurig sein. Da muß uns unser Jesus heute anrufen: Meine Christen! Seht den Bruder in Not, in Gefahr, in der Bedrohung durch den Tod! Sammelt euch um mich! Kommt her zu mir alle! Seid endlich ganz die Meinen! Ich habe die Menschen aus der Angst erlöst, den Tod überwunden. Bringt sie alle her zu mir, ihr werdet leben!
Wo aber nicht – wo ihr nicht kommt! – wo ihr sie nicht versammelt! – eure Welt geht zur Grunde!

Was sollen wir tun? Wie sollen wir den Angriff gegen den Tod vollziehen? Jesus sagt heut zu uns: wo ich bin, da geht es um das Beten! Wir trauen dem Beten nichts zu. Deshalb üben wir es nicht. Deshalb üben wir es zu wenig. Deshalb üben wir es ohne Gewißheit. Der Beter Jesus steht im Tempel seines himmlichen Vaters. Jesus betet – und was kommt dabei heraus?

Sein Zeugnis, das die Welt verwandelt. Die Heilung kranken, die Rettung verlorenen, die Erweckung gestorbenen Lebens. Golgatha und Ostern – Tod und Auferstehung. Das Beten ist unerhörte Hilfeleistung, ist überwältigende Rettungstat. Es hält den Karren auf, der in den Abgrund fährt. Es verändert die falsche Richtung, in die ein Mensch mit seinem Leben läuft. Es ruft die Macht Gottes herbei und stellt sie in den Dienst der Menschen. Beten ist Gottes Dienst. Dienst Gottes an uns, in dem Gott sich zum Helfer unseres Lebens macht, in dem Gott den Sieg des Lebens über den Tod schenkt.

Dieses Beten ist der Welt ärgerlich. Weil es den Menschen mit seinem Wollen außer Kurs setzt. Es erwartet und schafft durch Gott. Die Träger von Ideen, die Vertreter von Weltanschauungen, die Diener der Menschheitsprogramme wollen, wir sollen ihnen das Leben danken. Damit ist es dann aus.

Das macht das Beten gefährlich. Es ist große Gefahr beim Beten. Die Welt nimmt es uns übel, daß wir uns ihrer Macht entziehen. Jesus brachte sein Beten den Tod. Aber dennoch! Der betende Jesus ist stärker als seine Gegner, und das Volk hört ihn. Die betende Gemeinde wird bei Gott und dem Volke gehört.

Was fangen wir nun mit dem zweifachen Anruf Jesu an uns an? Hörten wir und vergessen dann alles wieder? War es uns unbehaglich und finden wir, es wird zuviel von uns verlangt?

Wir hörten und es war uns unbehaglich, aber uns sucht die Liebe Jesu, und alle anderen sucht sie auch. Darum, so hängen wir uns mit unserem Herzen und mit unserem Tun an Jesus Christus an. Amen.

Predigt B1 – 1963
Gemeindepredigt
Text: 1.Tim 3,16

Liebe Gemeinde!
Ein grundlegender Satz der bei uns propagierten materialistischen Weltanschauung lautet: »Die Welt ist erkennbar.« Wir kommen hinter alles. Wir entreißen der Natur ein Geheimnis nach dem anderen. Wo die Generation unserer Väter noch vor unerklärbaren Rätseln zu stehen schien, da haben wir längst Zusammenhänge entdeckt, Gesetzmäßigkeiten festgestellt. Wofür sie nur ein Fragezeichen hatten, dafür haben wir physikalische, chemische, astronomische Formeln. Wir sind den Bewegungsgesetzen des Geschichtsgeschehens auf die Spur gekommen; wir können vorhersagen, wie sich bestimmte wirtschaftliche oder politische Entwicklungen vollziehen und worauf sie hinauslaufen werden. Alles läßt sich analysieren, testen, berechnen, planen, organisieren. Alle Rätsel werden gelöst, wenn nicht heute, so doch morgen. Zuletzt wird alles, was noch wie ein Geheimnis aussieht, enthüllt, aufgedeckt, erklärt sein. Die Welt wird ohne Geheimnisse sein, durchsichtig wie eine Glaskonstruktion.

Aber diese geheimnislose Welt gibt es nicht und wird es nie geben, ganz abgesehen davon, daß man sie sich auch gar nicht wünschen möchte; denn es könnte nur eine armselige, kalte, uninteressante Welt sein, in der Herzen nicht mehr gefragt sind. Aber keine Angst – es wird sie nie geben. Denn wenn wir alles erforscht, erkannt, auf Formeln gebracht und in Gesetzen ausgedrückt hätten, - wir hätten damit doch nicht etwa das Geheimnis der Welt und unseres Lebens gelöst. Das eigentliche Geheimnis ihres Woher und Wohin und Wozu ist vom Menschen nicht zu lösen, und zwar nicht nur vorläufig nicht, sondern grundsätzlich nicht. Das kommt daher, weil dieses Geheimnis Gottes mit seiner Welt ist, Sein Herrengeheimnis, in das er den Menschen nicht hineinsehen läßt, das dem menschlichen Denken grundsätzlich verschlossen bleibt, zu dem nur der Glaube Zugang hat. Und auch der Glaube kommt nie hinter das Geheimnis, sondern je tiefer er in es eindringt, desto größer wird es ihm. Er kann es nie ausdenken oder ausmessen, er kommt ihm nie auf den Grund, denn es ist das Geheimnis der grund-losen Liebe Gottes. Man ist nie damit fertig, sondern je länger es einer kennt, desto wunderbarer wird es ihm. »Kündlich groß ist das gottselige Geheimnis«. Es ist nicht für laute Leute; wer zu Weihnachten nicht einmal innehält und stille wird, dem bleibt es verschlossen. Aber in der Andacht und in der Anbetung, da erschliesst es sich uns. Ob wir vorhin in der Stille um ein bereites Herz gebeten haben mögen? Liebe Brüder und Schwestern: wenn uns auch nur etwas aufgeht von dem gottseligen Geheimnis, dann haben sich uns Einblicke eröffnet, Tiefen aufgetan, Horizonte gelichtet, dann haben wir von der Welt mehr erfaßt, als alles, was sich in Formeln und Gesetzen einfangen läßt.

Gottes Geheimnis mit der Welt heißt Jesus Christus.

Mit diesem Namen ist alles gesagt. Wer von diesem Namen nichts weiß oder nichts wissen will, der weiß nichts von der Welt, auch wenn er selber einen großen Namen hat. Und wer mit diesem Namen vertraut ist, dem ist das Entscheidende vertraut, so unbekannt er auch selber sein mag. Dem geht nämlich auf, daß diese Welt geliebt ist, daß diese Welt von Gott her Gutes zu erwarten hat, daß alles in die Wege geleitet ist, was zu ihrem Heile dient, in dem Mann, der Jesus Christus heißt. Das Christfest möchte dazu helfen, daß uns die Augen und die Herzen aufgehen für ihn, für das große gottselige Geheimnis.

Gottes Geheimnis mit der Welt heißt Jesus Christus.
Er übernimmt das Leiden der Welt
Er ruft seinen Sieg durch die Welt
Er schafft sich ein Volk in der Welt

I

Es ist Gottes großes, wunderbares, nie zu begreifendes, nur in Staunen und Verwundern anzubetendes Geheimnis, daß er diese Welt, die nichts von ihm wissen will, sich nicht selber überläßt, daß er sie nicht dahingibt, sie nicht dem Chaos zutreiben läßt, sie nicht der Selbstzerstörung preisgibt. Es ist sein Geheimnis, daß er sich nicht aus der Welt heraushält, nicht zusieht, wie sie in den Abgrund rollt, sondern daß er sich in sie hineinbegibt. Nötig hätte er es wahrhaftig nicht, aber er kann ihre Not nicht mit ansehen. Und darum geht er in sie hinein, wird er in ihr anwesend in dem Menschen Jesus Christus. »Er ist offenbart im Fleisch.« Fleisch- das ist die Welt, wie wir sie kennen, unsere Welt, die Welt, zu der wir gehören, die Welt, in der der Tod herrscht und darum die Lebensgier regiert, in der man weiß, daß der Tod das Leben kostet und man darum das Leben auskosten muß, koste es, was es wolle, in der darum Menschen andere Menschen unterdrücken, einsperren, niederschießen, ausbeuten, in der man Krankenhäuser und Munitionsfabriken, Universitäten und Zuchthäuser, Paläste der Vereinten Nationen und Stacheldrahtzäune durch die getrennte Nation baut. In dieser vom Tod regierten und darum von der Lebensgier beherrschten Welt, in der einer auf Kosten des anderen leben will, in der wir einander ums Leben bringen, in der wir einander so viel antun, in der einer am andern leidet, - in dieser Welt ist Gott anwesend geworden. »Er ist offenbart im Fleisch.« In dem Menschen Jesus Christus ist Gott in diese brüchige, morbide Welt eingetreten, und zwar nicht als strahlende Göttergestalt, den andern himmelhoch überlegen, sozusagen !jeder Zoll ein Gott«, sondern er wurde selber »Fleisch«, einer wie ihr und ich, einer, dem's nicht anders geht als euch und mir, einer, der's kein bißchen besser hat als ihr und ich. »Gott ist im Fleische, wer kann dies Geheimnis verstehen?« Dieses gottselige Geheimnis anbeten wir zu Weihnachten: Gott hält sich nicht aus dieser Welt heraus, er geht in sie hinein, wird ihr ganz solidarisch, wird einer wie wir. Gott teilt das Leiden der Welt. Ihm ist wirklich nichts erspart geblieben: das Erlebnis des ersten Lebenstages: in der Welt hat keiner für den andern Platz, in der Welt macht keiner dem andern Platz. – Und wenig später ist er schon mit auf der Flucht: in dieser Welt sind sie hinter einem her. Wenn die Machthaber Angst haben, haben die Machtlosen nichts zu lachen. Wenn Herodes Angst hat um seine Stellung, läßt er glatt einen Jahrgang liquidieren. – Und dann als Mann: mißverstanden, für verrückt erklärt von der eigenen Familie, gehaßt von seinen Feinden, beargwöhnt, aufgelauert, auf der schwarzen Liste, Mordversuch, von den besten Freunden in Stich gelassen, als es brenzlich wurde, verhaftet, unter Anklage gestellt, von bestochenen Zeugen belastet, von der Propaganda als hundsgemeiner Verbrecher hingestellt, von einem politisch unter Druck gesetzten Richter verurteilt, von den Wachsoldaten angespuckt und verhauen, mit zwei anderen zusammen aufgehängt, unter Qualen gestorben. Das sind die Stadien auf dem Lebenswege des Stallgeborenen, des Krippenkindes. Das ist das Geheimnis, das wir zu Weihnachten anbeten: Gott hält sich nicht heraus aus der Welt, sondern geht in sie ein mit allen Konsequenzen. Er teilt unser Los. Er leidet mit am Leiden der Welt. Nur in einem ist er ganz anders als wir: er trägt das Leiden der Welt mit, aber er vermehrt es nicht mit. Wir alle leiden ja nicht nur, sondern wir geben auch anderen zu leiden. Wir haben nicht nur zu tragen, sondern wir geben auch anderen zu tragen. Uns bleiben nicht nur die anderen die Liebe schuldig, sondern wir bleiben sie auch den andern schuldig. – Und hierin ist Jesus Christus ganz von uns verschieden. Er opfert nicht andere, sondern er übernimmt es, indem er liebt, denn alles Leiden in der Welt kommt aus versagter Liebe. Und er versagt sei keinem. In der Christusgeburtsnacht ist Gott in diese Welt gekommen, in der man einander die Liebe verweigert, er hat die ganze Lieblosigkeit dieser Welt getragen und hat nicht aus enttäuschter Liebe aufgehört zu lieben, sondern hat weiter geliebt, er hat sich totgeliebt für die Welt. »Er ist offenbart im Fleisch«, geboren in der Christnacht in dieser liebearmen Welt als die Person gewordene Liebe.

Man hat ihn diese Liebe übel vergolten. Weil er sich zu denen an den Tisch setzte, mit denen keiner im Dorfe etwas zu tun haben wollte, um die man einen Bogen machte, weil er denen, die keiner liebte und die doch auch nach Liebe hungerten, seine Liebe zuwandte, haben sie ihn als Zöllner und Sündergeselle verschrieen, und weil er den Moralischen, den sittlich Tipp-Toppen, denen keiner etwas nachsagen konnte, weil er denen ihre ganze lieblose Selbstgerechtigkeit vorhielt, haben sie ihn aus dem Wege geräumt.

– Aber Gott hat ihm recht gegeben. »Er ist gerechtfertigt im Geist.« Als Gottes Geist, der Lebendigmacher, ihn am Ostermorgen auferweckte, da wurde er ins Recht gesetzt. Er ist der Rechte. Nicht der Haß, nicht der Tod, sondern die Liebe ist im Recht und behält recht. Seitdem in der Christgeburt die Liebe in diese Welt eingezogen ist, diese Liebe, die nicht das ihre sucht, die Liebe, die sich nicht erbittern läßt, die Liebe, die alles duldet, und seitdem am Ostermorgen diese Liebe ins Recht gesetzt worden ist, ist die wehrlose Liebe Jesu Christi an dieser Welt am Werk, wandelt Menschenherzen und wird am Ende recht behalten. Alles, was nicht aus der Liebe Jesu Christi ist, stirbt. Aber diese Liebe höret nimmer auf. Ja, Jesu Liebe siegt.

II
Gottes Geheimnis mit der Welt heißt Jesus Christus
Er ruft seinen Sieg durch die Welt
Die Geschichte, in der Gottes Liebe in dieser Welt Gestalt annahm in dem Sohn der Maria, diese Geschichte, die in der Krippe begann und am Kreuze endete mit all den Zwischenstadien, die ich vorhin nannte, diese Geschichte, die am Ostermorgen ins Recht gesetzt wurde, - sie ist zwar in einem unbedeutenden Winkel der Welt geschehen, aber sie ist alles andere als eine Winkelgeschichte. Er ist »gepredigt den Heiden«. Die Geschichte von Jesus Christus, in dem Gottes Liebe zu uns gekommen ist, fand ihre Boten, die sie bis in die entlegensten Winkel der Welt trugen. Und sie findet sie noch heute, Menschen, die sie über den Ozean oder über den Hausflur bringen. Die Botschaft vom Sieg Jesu Christi, von der Macht der ohnmächtigen Liebe, läuft. Unentwegt. Er wird »gepredigt den Heiden«, verkündigt in jedem Volk. Und das ist erstaunlich. Erstaunlich einmal, weil sie überall auf Widerstand stößt. Die Machthaber setzen immer wieder alle Mittel gegen sie ein. Denn wo Menschen von Jesus Christus und seiner Liebe reden, da wird ja ihre Politik als nackte Machtpolitik entlavt und gestört. Sie wollen ihre Machtpositionen halten, festigen, durchsetzten, erweitern. Sie wollen nicht sich für die anderen, sondern die anderen für sich opfern. Und da kommt die Predigt von Jesus Christus, der es genau umgekehrt machte, der nicht die anderen, sondern sich opferte, natürlich ungelegen. Da, wo man die Macht behaupten und durchsetzen will, ist die Predigt von Jesus Christus, der auf alle Macht verzichtete, der den Weg der wehrlosen Liebe ging, der nicht widerschallt, da er gescholten ward, nicht drohte, da er litt, der sich nicht zur Wehr setzte, sondern sich seinen Feinden überließ, der seine Henker und Schinder vom Kreuze herab nicht verfluchte, sondern für sie betete, - da ist diese Predigt natürlich unerwünscht und unerträglich. Da muß die unterbunden werden. Aber der Widerstand gegen die Predigt von Jesus Christus kommt ja nicht nur von den Gewalthabern, sondern der Widerspruch kommt von unserer natürlichen Art. Wir wollen unter

allen Umständen recht behalten. Und darum der Widerstand gegen die Predigt von Jesus Christus, der uns den Verzicht auf unser vermeintlich gutes Recht zumutet. Und trotzdem läuft die Botschaft. Was haben Menschen in den 2000 Jahren nicht unternommen, um sie zum Schweigen zu bringen! Sie haben die Boten umgebracht, sie haben Kirchen in die Luft gesprengt (und das passiert auch bei uns noch!), haben aus den Gotteshäusern Gottlosenmuseen gemacht, haben aus den Schulen die Christusbilder entfernt, haben Kirchentage verboten – was haben sie sich nicht alles ausgedacht! – aber Jesus Christus wird weiter verkündigt, »Gepredigt den Heiden«. Er hat bisher noch alle Widersacher überlebt.

Aber nicht nur das ist verwunderlich, daß die Botschaft von Jesus Christus läuft trotz allen Widerstandes, der ihr von der Welt her entgegengesetzt wird, sondern daß sie läuft, wiewohl sie doch nur in den armseligen Worten armseliger Menschen ergeht. Da steht hier nun so ein armseliger Kerl wie ich, nicht wahr, und er predigt. Aber er predigt von Jesus Christus, der wird »gepredigt den Heiden«. Er wird gepredigt, verkündigt, bezeugt, gelehrt in menschlichen Worten. Und was sind schon Menschenworte, zumal in einer Zeit wie der unseren, die voll ist von Parolen, in der es eine Inflation des Wortes gibt – wir brauchen nur einmal einen Moment daran zu denken, wieviele Milliarden Worte an einem Tage durch die Radiosender und die Zeitungen in die Welt hineingerufen werden -; daß inmitten der Überschwemmung der Welt mit Worten das Wort von Jesus Christus sich in der Welt überhaupt noch Gehör verschaffen kann, noch dazu, wo dieses Wort gar nichts Attraktives an sich hat – es verzichtet auf alles Sensationelle, Reißerische, die Ohren Kitzelnde -, und wo dieses Wort nicht durch Druck- und Lockmittel wirksam unterstützt wird! Es ist erstaunlich.

Von den Engeln heißt es anders in unserem alten Christuslied. Da heißt es nicht: gepredigt den Engeln, sondern erschienen den Engeln. Und wo Jesus Christus, der Ostersieger, erscheint, wo er sich sichtbar zeigt, da wird freilich aller Widerstand gebrochen, da gibt es nur noch Anerkennung: als der Auferstandene den Jüngern erschien, da war es aus mit allem Unglauben, als er dem Saulus vor Damaskus erschien, da war Schluß mit dem Widerstand, da sackte er in die Knie und anerkannte Jesus als den Herrn, und wenn er den Engelmächten erscheint, dann gibt es auch da nur sofortige Anerkennung seines Herrseins. Das fing an im Lobpreis der himmlischen Heerscharen in der Nacht von Bethlehem und das geht weiter in der himmlischen Liturgie, in der die Chöre der Engel dem Sohn Mariens, das erwürgte Lamm, den Sieger von Ostern lobpreisen und anbeten.

Aber uns ist er nicht erschienen, uns wird er nur gepredigt, gepredigt in den armseligen Worten armseliger Menschen inmitten der Überflutung der Welt mit Worten, inmitten des Stimmengewirrs der Zeitungen und des

Radios. Was für ein Wunder, daß sich das Zeugnis von ihm trotz alledem in der Welt Gehör verschafft. Woher kommt das? Weil es das Zeugnis von dem ist, dessen Liebe Recht bekommen hat, der mit seiner Liebe gesiegt hat, das Wort von Jesus Christus und der Macht seiner ohnmächtigen Liebe.

III
Gottes Geheimnis mit der Welt heißt Jesus Christus
Er schafft sich ein Volk in der Welt
Noch wunderbarer als die Tatsache, daß das Wort von Jesus Christus die Welt durchläuft, ist dies, daß diese Botschaft immer neue Menschen findet, die ihr glauben und deren Leben von ihr erfüllt wird. »Geglaubt in der Welt.« Nicht: geglaubt von der Welt. Dazu wird es nie kommen, daß die Welt ihm glaubt. Aber in der Welt – allem Widerstand und allem Unglauben zum Trotz – findet er Menschen, die ihm glauben. Mitten in der Welt schafft er sich seine Gemeinde, sein Volk, die Gemeinschaft derer, die ihm glauben: die Christenheit. In allen Erdteilen, in allen Staaten der Welt lebt das Volk der Glaubenden. Überall auf dem ganzen Erdenrund sind die Leute beieinander, die zum Glauben an ihn gekommen sind, und feiern in Freude und Dankbarkeit den Tag, an dem er offenbart ward im Fleisch, an dem mit dem Stallgeborenen Gottes Liebe Einzug hielt in diese vom Tod regierte und darum vom Haß zerfressene Welt. Und wir gehören dazu. Wir haben doch vor der Predigt bekannt: wir glauben an den Einen Herren Jesum Christum, Gottes einigen Sohn, »welcher um uns Menschen und um unserer Seligkeit willen vom Himmel kommt, und ist leibhaft worden durch den Heiligen Geist von der Jungfrau Maria, und Mensch worden.« Wir wissen, daß wir nicht aus eigner Vernunft noch Kraft an Jesum Christum, unsern Herren, glauben oder zu ihm kommen können, sondern der Heilige Geist hat uns durch das Evangelium berufen. Weil wir das wissen, können wir uns darauf nichts einbilden. Aber wir können uns freuen und danken und danken, daß wir nicht mehr den trügerischen Worten der Menschen Glauben zu schenken brauchen, sondern daß wir zum Glauben an ihn gekommen sind und darum Gemeinschaft mit ihm haben und darum teilhaben an der Herrlichkeit, in die er aufgenommen ist, jetzt im Glauben und Hoffen und dann im Schauen. Ich freue mich und freue mich, daß ich an Jesus Christus, meinen Herren, glauben kann. Ich weiß nichts Herrlicheres als dies. Laßt uns anbeten und lobpreisen des gottselige Geheimnis: Jesus Christus, Gottes und Marien Sohn.

Predigt B2 - 1974
Lesepredigt
Text: 2.Thess 1,3-10 (11-12)

Liebe Gemeinde!
Wir haben Grund zum Danken!
Wir haben Grund, Gott immerzu dafür zu danken, daß sich überall in unserem Land Menschen zu Jesus als ihrem Herrn bekennen. Wir haben Grund, Gott zu danken, daß sein Wort verkündigt wird, daß sein Wort Hilfe bei der Bewältigung vieler Probleme bringt. Wir haben Grund, Gott zu danken, weil sein Wort ein vielfältiges Echo erfährt, wenn Männer und Frauen, Junge und Alte diesem Wort vertrauen. Dieses Vertrauen führt dann dazu, daß Menschen sich um die Probleme anderer kümmern. Wenn Kinder und Jugendliche Wochenenden, Ferien und Urlaub opfern, um in Krankenhäusern und Pflegeheime hilfsbedürftige Menschen zu betreuen, zeigt dies, daß die Liebe für einander auch in unseren Gemeinden, Wohnbezirken und Betrieben freiwillige Aufgaben übernehmen, so tun sie das oft bewußt gerade vom christlichen Liebesgebot her. Dafür sei Gott immerzu und von Herzen Dank gesagt, denn der Glaube und die tätige Liebe als Antwort auf das Evangelium ist nicht selbstverständlich. Das sagt uns die tägliche Erfahrung.

So ist es eigentlich ein Wunder,. wenn gerade widrige Umstände Christen in ihrem Glauben bestärken. Dies geschah auch vor fast 2000 Jahren in den Gemeinden, an die der 2.Thessalonicherbrief geschrieben wurde. Der Schreiber des Briefes ist stolz auf diese Schwestern und Brüder. Gleichzeitig mahnt er sie, weiterhin standhaft zu bleiben.

Schnell schleichen siich Zweifel ein, wenn Bedrängnis, Spott, Ablehnung, vielleicht gar Verfolgung übermächtig zu werden drohen. Das war damals so, das ist heute so. »Lohnt es sich denn, bei der Gemeinde zu bleiben?« »Was habe ich denn davon?« »Ich muß nmich eben zurückhalten.« »Ich kann meinen Glauben auch im Herzen haben.« Das sind so einige Fragen und Gedanken, die den Christen langsam, aber sicher in der Versenkung verschwinden lassen. Das ist der Weg, auf dem langsam das Vertrauen zu Jesus und die große und fröhliche Hoffnung auf Jesu Friedensreich abgetötet wird. Darum mahnt der Apostel: widrige Umstände können zum Christsein gehören. Den Christen muß es nicht immer gut gehen. Christen, die es mit ihrem Glauben ernst genommen [haben], erfuhren dies zu allen Zeiten. Wer aber trotz allem am Glauben an Gottes Wort festhält, wird Jesu Friedensreich erleben.

Dieses Friedensreich wird durch die Gerechtigkeit gekennzeichnet, nach der wir uns alle sehnen, die keinerlei Unterschiede mehr kennt. Dieses Friedensreich wird durch den Frieden bestimmt, den wir erhoffen, der keinerlei Einschränkungen mehr kennt, den Menschen aus eigener Kraft nie schaffen werden. In diesem Friedensreich werden wir in völliger Gemeinschaft mit unserem Herrn Jesus Christus leben. Unser Predigtwort will uns Mut machen, trotz aller Schwierigkeiten an der Hoffnung auf Jesu Friedensreich festzuhalten.

Hier und heute entscheidet es sich, wer von Jesus angenommen und wer durch Jesu Urteilsspruch Ablehnung erfahren wird. Wer das Evangelium von Jesus Christus hört und sich davon einfangen läßt, wird auf die Gemeinschaft mit Jesus fest hoffen dürfen. Wer das Evangelium hört, es aber ablehnt oder gar zerstört, wird keinen Anteil an dem Friedensreich unseres Herrn haben. Allerdings sollte uns dieser klare Sachverhalt nicht dazu verleiten, jetzt schon bestimmen zu wollen, wer die »Auserwählten« und wer die »Verstoßenen« sein werden. Verständlich wäre es, wenn das, was man uns antut, Rachegedanken in uns aufkommen läßt. Rache für Bedrängnis und Spott jeder Art steht uns aber nicht zu. Das Urteil darüber, wer Gemeinschaft mit Jesus haben wird und wer nicht, ist nicht unsere Sache. Dieses totale Gericht bleibt allein Jesus vorbehalten. Nur eines wird man sagen können: wir und alle Menschen werden nicht nach menschlichen Maßstäben beurteilt und gerichtet werden. Würden wir nach menschlichen Maßstäben beurteilt und gerichtet werden, wäre dies nichts neues, denn das erfahren wir alle Tage, und wir sind nicht sehr glücklich dabei. Jesu Urteil wird eine Scheidung und Entscheidung bringen, aber es wird ein Urteil sein, durch das der Friede im umfassenden Sinne wieder hergestellt wird. So sind wir frei, die Aufgaben zu sehen, die vor unseren Füßen liegen. Wenn wir Jesus allein das Gericht überlassen, brauchen wir nicht zu versuchen, unbedingt unser Recht durchzusetzen. Wir werden frei, Probleme zu sehen, mit denen sich z.B. unser Nachbar oder Arbeitskollege herumschlägt. Wir werden frei, Hunger und Leid, Not und Krieg zu sehen, unter denen ganze Völker und Erdteile leiden. Das ermöglicht uns Gott durch das Evangelium und die Hoffnung, daß Jesu Friedensreich auf uns zukommt und wir bei seinem Bau nötig sind. Wir haben die Freiheit, von uns weg auf andere zu sehen und mit Hand anzulegen. Gott sei dafür Dank! Unsere Bitte an den Herrn sei, uns die Kraft und die Mittel zu geben, in unserer Zeit und Gesellschaft sein Werk zu tun, damit der Name Jesu Christi verherrlicht werde.

Predigt B3 - 1972
Magdeburger Lesepredigt
Text: Off 5, 1–4

Liebe Gemeinde!
In der »Prawda« vom 14.01.72 stand ein Artikel mit der Überschrift: »Atheistische Erziehung«. Ich zitiere einige Ausschnitte aus diesem Artikel:
»Die mehr als 50-jährige Geschichte der sowjetischen Gesellschaft bestätigte den marxistischen Leitsatz, daß sich das Aussterben der Religion als Resultat des sozialen Fortschritts darstellt und daß die Religionen in dem Maße verschwinden wird, in welchem sich der Sozialismus entwickelt« (13).

Aber: Die religiösen Anschauungen haben »sich noch im Bewußtsein eines teils der Bevölkerung erhalten [...] (16) Insofern unter den Gläubigen die Frauen die absolute Mehrheit darstellen, so gewinnt eine geschickte, einfühlende atheistische Arbeit unter ihnen eine besonders wichtige Bedeutung. der größte Effekt der atheistischen Erziehung wird im Resultat einer differenzierten individuellen Arbeit mit den Gläubigen erreicht«. (18)

In der Zukunft wird das Neuentstehen von Religiosität in den neuen Generationen völlig aufhören. »Die Jugendlichen sind in ihrer absoluten Mehrheit Atheisten. Allein dies darf nicht die Tatsache verschleiern, daß einige junge Leute geneigt sind, in der Religion keinen ernsten Gegner zu sehen. Es liegen Tatsachen vor, daß die ungläubige Jugend an der Ausübung des religiösen Zeremoniells teilgenommen hat. An solchen Ereignissen dürfen die gesellschaftlichen Organisationen nicht vorbeigehen, und vor allem nicht der Komsomol« (29).

»Die am weitesten verbreitete Erscheinung der religiösen Vorurteile ist die Beachtung der kirchlichen Riten,[...]: Eheschließung, Geburt der Kinder usw. Die Kirche macht sich die moralischen und psychologischen Bedürfnisse des Menschen zunutze. Und da solche Bedürfnisse vorhanden sind, so nehmen zu ihrer Befriedigung beim Fehlen treffendere emotional-gehaltvoller moderner Formen zuweilen sogar Ungläubige zu den Diensten der Kirche Zuflucht.« (28).

Nötig ist eine zielstrebige antireligiöse Arbeit.

Es sollen keine bürokratischen Anordnungen im Verhalten gegenüber den Gläubigen zugelassen werden. Es soll aber eine strenge Kontrolle in der Einhaltung der sowj. Gesetze über die religiösen Kulte verwirklicht werden. (26) »Der Kampf mit den Überresten der Vergangenheit und die atheistische Erziehung sind eine Sache, die beständige Aufmerksamkeit erfordert und die keinen Formalismus und keine schlecht organisierte Arbeitsweise duldet. Die breite Entfaltung der antireligiösen Tätigkeit setzt aktive Teilnahme der

Behörden für Kultur und Wissenschaft, der schöpferischen Organisationen, Presse, Radio und fernsehen an ihr voraus« (31).

Soweit die »Prawda« vom 14. Januar 1972.

Viele von Ihnen kennen das Buch »Der Wettlauf zum Jahre 2000« von Fritz Baade, Prof. für Volkswirtschaft in Kiel. Im Schlußteil seines Buches schreibt er: »Die Wahrheit über das Christentum ist, daß es noch niemals so aktuell, nämlich so lebensnotwendig für alle Menschen gewesen ist wie heute. Wenn wir überhaupt Hoffnung haben, daß unsere und die nächste Generation die ungeheure Aufgabe lösen werden, die vor uns steht, so können wir diese Hoffnung praktisch nur daraus schöpfen, daß das Christentum gerade erst in den Anfängen seiner wirklichen Weltmission steht« (S. 354).

[»Gereinigt von dem Konflikt des Mordens auf Staatsbefehl und des Waffensegnens, gereinigt von der Politik des Kolonialismus [...] gereinigt von dem Konflikt einer den Obrigkeitsstaat und die Herrschaft der besitzenden Klassen verteidigenden Abirrung, die die Armen auf das Jenseits vertröstet, wird den Christen jetzt das Christentum in einer völlig neuen Form geschenkt:]

Vor uns steht eine Zeit, in der es endlich eine Freude ist, Christ sein zu dürfen«.

»Unsere Hoffnung, daß der Wettkampf zwischen Vernunft und Wahnsinn entscheiden wird, stünde auf sehr schwachen Füßen, wenn nicht die Kräfte des Glaubens mit denen des Verstandes verbündet wären. So wie der Christ als Christ sich darüber freuen darf, daß er die Lehren Christi so, wie sie in der Bergpredigt verkündet sind, nun endlich ernst nehmen und befolgen darf, so bedeuten diese Lehren für die gesamte Menschheit eine entscheidende Hilfe bei dieser Wahl zwischen Selbstvernichtung und der Hoffnung auf eine Welt, die fast ein Paradies auf Erden werden könnte« (S. 359).

Soweit Prof. Baade, geschrieben 1960, von mir zitiert aus der in der DDR erschienenen Auflage von 1968.

Liebe Gemeinde!
Wir fragen alle nach der Zukunft: nach der politischen, wirtschaftlichen, persönlichen und eben auch kirchlichen Zukunft. wir fragen um so stärker nach dem, was kommen wird, je unklarer oder bedrängter die Gegenwart ist.

Günter Pilz (ZdZ 1971, 12, S. 30): »Die Geschichte unseres eigenen kleinen Lebens und unserer ganzen Welt ist voller Rätsel und ein Buch mit 7 Siegeln. das erfährt jeder auf seine Weise in persönlicher Last und persönlichem leid (Krankheit, Unfall, Unrecht, Nichtverstehen) und im Mitleiden an der Welt (Krieg, Rassismus, Hunger). warum? Wozu? Wohinaus soll das führen?[...] Sind wir Spielball des Schicksals, sinnlos hin- und hergeworfen?« Sollen wir uns abfinden? Sollen wir möglichst das Beste daraus machen? Oder sollen wir alles seinem Lauf überlassen? Das sind existentielle Fragen, die wache

Menschen zu allen Zeiten stellten. Das sind Fragen, die Christen insbesondere stellten und stellen, vor allem angesichts einer bedrohlichen Gegenwart.

So fragte damals (um 100) die Christenheit nach der Zukunft. So fragte der Seher Johannes, der einsam auf der Insel Patmos lebte. Er fragte nicht für sich, er fragte für die ganze Christenheit - angesichts der Bedrohung durch Verfolgung.

(Lesen: Off. 5, 1-5)

Der Blick des Sehers Johannes ist leidenschaftlich in die Zukunft gerichtet.

Er weiß um den Sinn der Geschichte.

Er weiß um Gottes Bund mit deinem Volk.

Er weiß um Golgatha und Ostern.

Für ihn ist also die Geschichte nicht verworren und dunkel oder gar sinnlos. Nicht deswegen bricht er in Tränen aus. Aber dies macht ihm Kummer: daß der Fortgang der Geschichte ins Stocken kommt, daß das Ende auf sich warten läßt, daß alles gleichsam auf der stelle tritt. das ist seine Not.

Sein Interesse ist konzentriert auf die Zukunft Gottes: darauf, daß Gott kommt. darauf, daß Christus kommt. Darauf, daß alle Geschichte zu ihrem Ziel und Ende kommt. Darauf, daß Gott siegt.

Wer ist würdig, die Siegel zu lösen, das Buch der Welt- und Kirchengeschichte zu öffnen, die Geschichte zu ihrem Ziel zu führen?

Niemand, jedenfalls kein Mensch und kein Wesen in der Höhe wie in der Tiefe. - So hört er.

Nur einer hat die Vollmacht. dieser Eine, der von Gott selbst bevollmächtigt worden ist. Er ist der Herr der Geschichte, er ist der Herr der Zukunft. Dieser Eine ist der gekreuzigte und erhöhte Christus. Er wird genannt: der Löwe aus Judas Stamm, die Wurzel Davids, das Lamm, das geschlachtet ist.

Lese: V. 6ff

Gerade so, als das geschlachtete Lamm, als der Knecht Gottes, der sich zum Opfer für alle Menschen dahingegeben hat, ist er der Sieger. das Lamm ist der Löwe. Seine Macht und königliche Würde wird sichtbar in den 7 Hörnern, seine Allsichtigkeit in den 7 Augen.

Aber: Allmacht und Hoheit bleiben eingehüllt in die Gestalt der Ohnmacht und Niedrigkeit.

Karl Barth: »In dieser seiner Leidensgestalt - als der ganz und gar Verworfene, Gerichtete, verachtete, gefangene, Ohnmächtige, Getötete - als der Gekreuzigte und so als der Sieger geht er [...] lebendig durch die Zeiten, mit uns, uns entgegen«.

Jesus ist Sieger - das ist ein Satz des Glaubens. Der Glaube hängt am Wort vom Kreuz. er schaut nicht über das Kreuz hinaus nach weiteren Beweisen des Siegers Gottes.

Nach einmal Karl Barth: »Gott siegt in der Niederlage seines Sohnes. Der Siegesweg der gehorsamen Gemeinde Jesu Christi ist darum der Weg der Ohnmächtigen, Niedrigen, besiegten, alle Zeit Versuchten und gegen den Unglauben nach innen und außen Streitenden, der einzigen Macht und Gewalt Wort und Glauben sind.«

Das Wort vom Kreuz ist immer beides: sich genügen lassen am Wort vom Kreuz - und bereit sein zur Kreuzesnachfolge. Es liegt uns in Fleisch und Blut, daß wir uns vor dieser Existenz sträuben und dem Herrn und seiner Gemeinde entfliehen wollen. Vor all diesen Fluchtversuch bewahrt uns allein die Erinnerung an den Herrn, der für uns ans Kreuz ging. er hat es uns ermöglicht, ihm zu folgen. er zeigt uns, daß er das Buch der Welt- und Kirchengeschichte in Händen hält und die Siegel lösen wird.

Weil wir der Zukunft unseres Herrn gewiß sind, können wir in der Gegenwart das Notwendige tun. Wir brauchen nicht zu erschrecken vor dem, was in der Prawda ausgeführt ist, weil wir wissen, daß es das Normale ist, wenn der Gekreuzigte und die ihm folgende Gemeinde mißtrauisch beobachtet werden. Wir brauchen uns aber auch nicht bestätigen zu lassen durch einen Mann wie Prof. Baade, der da meint, daß die Wahrheit des Christentums noch niemals so aktuell, nämlich so lebensnotwendig für alle Menschen gewesen ist wie heute.

Weil Jesus der Sieger ist, der Herr der Geschichte, darum ertönt schon jetzt im Himmel der Lobgesang zum Preise des Lammes. Und dieser Lobgesang brandet über und zieht alle Kreatur mit hinein in seine mächtige Strömung:

V. 9. 12. 13.

Gottes Volk steht unter Gottes Zusage:

teuer erkauft mit des Lammes Blut,
Jesus Christi Eigentum,
ein Volk von Priestern und Königen.

Wir sind hineingenommen in den Sieg Jesu Christi, eben weil wir die Ohnmächtigen, Besiegten, mißtrauisch Beobachteten sind.

Es fehlt nur noch die Enthüllung dessen, der jetzt als der verborgene Herr seine Gemeinde und das All regiert. darum verbindet sich mit dem Bekenntnis: Gott sei dank, der uns den Sieg gegeben hat!, die Bitte: Amen, ja komm, Herr Jesu!

Die Gemeinde Jesu Christi aber ist keine exklusive Schar, keine geschlossene Gesellschaft. Sie ist geöffnet zur Welt hin, in der Hoffnung und Erwartung, daß einmal alle Geschöpfe einstimmen in die Rühmung Gottes, daß einmal alle Knie sich beugen und alle Zungen bekennen: Der Herr ist Jesus Christus (Phil 2, 11). Die Lobgesänge der johanneischen Offenbarung klingen weiter in der Liturgie der Kirche. Sie wollen uns hineinnehmen in das Lob

Gottes. Lob und Anbetung halten die Zukunft Gottes fest. Sie verhindern, daß Christus uns aus den Augen kommt. Sie bringen Zukunft in die Gegenwart, die sich damit nach vorn hin öffnet. Amen

Predigt B4 – 1968
Lesepredigt
Text: Lk 12, 32

Vor Jahren besuchte eine bekannte christliche Inderin unseren Erdteil. Bei ihrer Abreise wurde sie nach ihren Eindrücken gefragt. Sie sagte nur zwei Worte: »Überall Furcht!«

Sie werden von der Furcht regiert: die Völker, die Kirchen, Mächtige und Ohnmächtige, Alte wie Junge. Gerade im vergangenen Jahr hat sich dies Gefühl über die ganze Welt ausgebreitet. Uns alle ergreift die Furcht vor unvorhersehbaren Entwicklungen. Da gibt es den beängstigenden Rüstungswettlauf, von dem noch keiner weiß, wo und wie er endet. Da ist die »Bevölkerungsexplosion« mit der Möglichkeit einer Welthungerkatastrophe. Überall Revolution, Unruhe, auch Feindschaft zwischen den Menschen. Wie sollte man sich nicht fürchten? Haben wir Christen etwa keine Furcht?

»In der Welt von morgen wird die Christenheit eine verhältnismäßig ständig abnehmende Minderheit bilden«, so urteilt ein bekannter Missionswissenschaftler. Hier die Entwicklung: im Jahr 1900 sind 34% der Weltbevölkerung »Christen«, 1955 sind es 31%, im Jahr 200 wahrscheinlich nur 16%. Kennen wir das nicht im eigenen Land? Wie sieht es in vielen Dorfgemeinden aus, in den Großstädten, in den Betrieben und Schulen, in der Öffentlichkeit wie im Gottesdienst, in diesem Gottesdienst? Sind wir nicht wirklich nur eine »kleine Herde«? Ja, aber wie verstehen wir das? Wie sollen wir uns in der neuen Lage verhalten, überall in der Welt? Stellen wir uns den Aufgaben oder reagieren wir nur müde und traurig auf die Wandlungen der Zeit?

Jesu Wort stellt die Gemeinde in den Schnittpunkt weltweiter Entwicklung. Leider haben wir lange Zeit solche Worte nicht ernst genommen. Wir waren Jahrhunderte hindurch Mehrheitskirche. Wir lebten zu lange in einer Welt, wo alles »christlich« zu sein schien. Alle wurden getauft, alle oder fast alle konfirmiert. Wir vergaßen fast, daß Glaube nach dem Wort der Bibel die wunderbare Ausnahme, das Geschenk Gottes ist.

»Fürchte dich nicht, du kleine Herde« – so kann nur der sprechen, der die Zeit, auch unsere Zeit, fest in seiner Hand hält. Die Welt an diesem Altjahresabend, die schwache Kirch, wir kleinlauten Christen, das alles steht unter Seinem Wort und Willen! Schon im Alten Testament wird die Gemeinde – in Gottes Plan – so angeredet: »Fürchte dich nicht, du Würmlein [...] Ich helfe dir« (Jesaja 41,1)! Gefragt – und »gegeben« – wird hier also die Zuversicht, die in der Wende der Zeit Gott zutraut, daß Er zu Seinem Wort steht. So wird es uns auch morgen die neue Jahreslosung zusprechen. Lukas tröstet nicht einen christlichen »Rest« nach der Melodie: »Es wird immer weniger Christen geben«, sondern er orientiert die Kirche seiner Zeit, die Kirche in der Diaspora und Mission, auf Gottes Zukunft hin. Das Wort ist der Kompaß in den Stürmen der Zeit!

»Kleine Herde« – das bedeutet: Kirche als gewollte und bewußte Minderheit, eine Kirche unter dem Kreuz, eine Kirche, die kleinere Zahlen nicht zu fürchten braucht, weil sie ihrer Sendung gewiß wird. »Kleine Herde« – das kann eine neue Qualität der Gemeinde bedeuten, daß in ihr einer den andern kennt und mit ihm leben will in wirklicher Bruderschaft. »Kleine Herde« – das verlangt Glaubensmut, Auftragsgewißheit und Wissen um die Perspektive des Reiches. Es waren oft »große« Zeiten der Kirche als sie »klein« war und wurde. Beispielsweise im Römischen Reich der ersten Jahrhunderte oder im 3.Reich Adolf Hitlers als »Bekennende Kirche«. Was heißt hier überhaupt »groß« oder »klein«? Klein bedeutet nicht unwichtig. Kleine Ursachen haben oft große Wirkungen! Daß wir Christen doch auch bedenken, was die Dichterin in dem Vers zusammenfaßt:

»Ewigkeit, in die Zeit leuchte hell herein, daß uns werde klein das Kleine und das Große groß erscheine [...]« Die Kleinheit und Geringfügigkeit der Kirche wie der Gemeinde läßt sie ganz auf Gott angewiesen sein. Sie darf sich als Instrument in der Hand Gottes verstehen. Gerade als schöpferische, bewußte Minderheit haben wir einen Weltauftrag!

Wir dürfen keinen Augenblick die Zusammenhänge außer Acht lassen, in denen das Wort von der kleinen Herde und dem ihr zugedachten Reich steht! Dem Evangelium des Lukas folgt seine Apostelgeschichte, das Buch von der »Landnahme Gottes«. Das Reich verwirklicht sich schon – im Tun und Leiden der Christen, im Weitersagen der Guten Nachricht – im Alltag, an der Arbeitsstätte, in der Welt – , im Eintreten für das Recht des Menschen. So ist es der »gute Wille« Gottes, seine endgültige Entscheidung, von der das Wort spricht. Das ist gewiß in aller Ungewißheit, an der Wende von 1968 zu 1969.

Gottes Reich bleibt nicht in den Wolken hängen. Es kommt unwiderstehlich und unaufhaltsam auf der Erde, auf dieser Erde, voran. Es nimmt uns in tätige Teilhabe und stellt uns in die Teilnahme, auch die Teilnahme an den Leiden der Welt. Martin Luther King wurde es »gegeben«, 5% seiner schwarzen Mitchristen zu mobilisieren – und damit seinem Land und der Welt eine neue Hoffnung zu geben.

So werden wir als Christen durch das Predigtwort zur Nachfolge gerufen in einer Welt und Zeit, in der Gott bereits mächtig am Werke ist. Auch unser Versagen im zu Ende gehenden Jahr, auch unsere Ohnmacht steht unter dem

»Fürchte dich nicht«, das Gemeinde und Welt Zukunft eröffnet. So sind wir alle in Seiner Hand.

Predigt B 5 – 1968
Magdeburger Lesepredigt
Text: 1. Kor 1, 4–9

Liebe Gemeinde,
Wer sich von uns ein wenig in den Briefen des Paulus auskennt, wird gemerkt haben, daß der Apostel oft seine Briefe mit einem Dank beginnt. So häufig, wie solcher Satz am Anfang steht: »Ich danke Gott allezeit eurethalben« oder ähnlich, könnte man direkt den Verdacht haben, es handele sich hier um eine Formel oder eine Sitte im Briefschreiben, die der Apostel eben übernommen hat. Wer Briefe schreibt, will ja doch mit etwas Freundlichem beginnen. Beginnen! – nachher wird es anders werden, auch bei Paulus! Sein Brief an die Korinther zeigt schon auf den nächsten Seiten, wieviele Dinge der Apostel gegenüber dieser Gemeinde auf dem Herzen hat und beklagen muß. »Spaltungen in der Gemeinde« – so heißt die Überschrift schon über dem nächsten Abschnitt. Und was er dann an Hochmut, Zuchtlosigkeit und Unordnung bis in die Gottesdienste hinein kritisieren muß! – wie kann da noch am Anfang stehen: »Ich danke Gott allezeit eurethalben?« Sollte es nicht eher heißen: »Was euch betrifft – nein, danke, ich verzichte!« Ein Apostel und eine Gemeinde - eine Gemeinde und ihr Pfarrer – Gemeindeglieder untereinander: wir kennen wohl alle das heimliche oder offene Seufzen und Klagen aneinander. Daß die Gemeinde« ein Herz und eine Seele« sei, wie es in der Apostelgeschichte einmal heißt, erscheint uns bei der Gemeinde, in der wir zum Gottesdienst gehen, doch als ein ferner Idealzustand, der vielleicht einmal gewesen ist. Aber was sollen wir zu all den Dingen sagen, die in unserer Gemeinde »unmöglich« sind? Vielleicht so: »Na ja, sie sind eben auch Menschen, der Herr Pfarrer, die Frau Schulz, der Herr Meier.« Aber auf diese Melodie, die ja todtraurig klingt, ist Paulus in seinen Briefen nie verfallen, nicht am Anfang, nicht am Ende, sondern: »Ich danke Gott allezeit eurethalben.« Daß Paulus dankt, und daß die Gemeinde in Korinth es von Paulus schriftlich mitgeteilt bekommt, gibt allem Folgenden einen anderen Klang. Alles, was an Unerfreulichem und Unmöglichem noch zur Sprache gebracht werden wird und muß, wird nun nie den Ton des Zersetzenden und Giftigen bekommen können. Zwischen dem Apostel und dieser Gemeinde kann es nie »aus sein«, wenn das Band des Dankens »eurethalben« noch da ist. Dieser Christenmensch neben mir, so »unmöglich« er mir ist, bietet immer noch einen Grund zum Danken und zwar sogar »allezeit«. Noch! – findet ihr nicht auch: dies

Wörtchen trat hier schon zu oft auf. Es sieht so aus, als ob ich mich nun mit einer Laterne auf die Suche begeben müßte, um bei diesem »unmöglichem« Mitmenschen nun »noch« ein Stückchen Dankenswertes zu entdecken. Aber von solch krampfhafter Suche ist nun in diesen Dankensworten des Apostels wirklich keine Spur zu finden. Er kennt diese Gemeinde gut, besser als es ihr lieb sein kann-, aber dennoch tritt er ihr mit größter Ehrfurcht gegenüber. Diese Ehrfurcht hat einen sehr bestimmten Grund, den der Apostel dieser Gemeinde auch nennt: »Ihr seid von Gott hineingerufen in die Gemeinschaft seines Sohnes Jesus Christus, unseres Herren.« Das verlangt Ehrfurcht! Diese 20 oder 100 Menschen, die sich da sonntags in der Kirche treffen, sind eben nicht eine Art Verein, der sich einmal zur Pflege von religiösen Bedürfnissen gegründet hat, sondern von vornherein »berufen« in die Gemeinschaft mit Jesus Christus. Paulus kann also niemals die Gemeinde oder einzelne aus ihr »für sich nehmen«, um ihnen die Meinung zu sagen; er hat sie nie und nirgends »allein«, sondern nur in der Gemeinschaft Jesu Christi. Er ist dabei. Das legt allen kritischen Gedanken und Worten Zügel an. Diese Gemeinschaft mit Jesus Christus kann von uns nicht zerstört werden, denn »Gott ist treu.« Er bleibt der einmal von ihm ausgesprochenen Berufung treu. Er wird sie nie »zu den Akten legen.« So dankt der Apostel am Anfang seines Briefes nicht für irgendwelche Leistungen, Erfolge und Taten, die er bei den Korinthern nun doch noch mit Müh‹ und Not gefunden hat, sondern für die Treue, mit der Gott seit der Berufung an dieser Gemeinde drangeblieben ist.

Das hat damit begonnen, daß «bei-euch das Zeugnis von Christus festgemacht wurde.« Korinth war Hafenstadt. Am Hafen konnte man ständig beobachten, wie Schiffe dort mit ihren reichen Handelsgütern festmachten. Wieviele mögen dabei immer zugesehen haben! Die Botschaft von Jesus Christus ist bei euch angekommen, als Paulus das erste Mal predigte, als bei euch der Name »Jesus Christus« erklang, als ihr das erste Mal von der unwandelbaren Liebe Gottes hörtet, die in Jesus Christus den Menschen im fernen Israel trotz Krippe und Kreuz treu blieb. Die Korinther haben zugehört, so wie man wohl gerne von fremden Ländern und Menschen hört. Gewöhnlich verließen die Handelsschiffe nach einigen Tagen den Hafen wieder – mit all ihren Reichtümern an Bord, Korinth war ja nur Umschlaghafen. Mit der Botschaft von Gottes Liebe unter Israel war das anders. Paulus kann Gott nur allezeit dafür danken, daß diese Reichtümer, die mit Jesus Christus verbunden sind, nicht wieder abfuhren, sondern ausgeladen wurden. Er beschreibt es: Euch hat sich Gott ganz zugewendet, ihr seid in Jesus Christus reich geworden, euch fehlt es an nichts mehr – ihr habt alles. Mit diesen Reichtürmern aus Gottes Gnaden könnt ihr in dieser Welt durchkommen, mehr noch: ihr könnt nun selber handeln! Was sind das für Reichtürmer? Eine Gemeinde ist reich, wo es in ihr Menschen gibt, die erkannt haben: Gottes Liebe in Jesus wendet sich nicht nur dem fernen Israel zu, sondern mir – nicht nur mir, sondern denen, die neben mir leben in ihrer Arbeit und ihrer Freizeit, den Großen und den Kleinen mit ihren Lasten und Schulden. Eine Gemeinde ist reich, die unter sich Menschen hat, die diese Erkenntnis nicht für sich behalten, sondern sie in das freundliche tröstende und helfende Wort umsetzen, so wie Jesus die Liebe Gottes unter Zöllnern, Sündern und Kranken umsetzte. Solche Reichtümer gibt es unter uns, sagt die Bibel! Sie sagt es nicht nach einer mühseligen Inventur unter allen Gemeindegliedern, sondern weil Gott treu ist. Ob wir diese Gaben in der Welt, die uns umgibt, auch in Umlauf setzen, die Gaben solcher Erkenntnis und solchen Wortes? Die heimlichen Zweifel, ob solche Erkenntnis auch »stimmt«, ob solch Wort auch für die Welt neben uns »gilt«, sind grundlos, weil Jesus Christus von Gott eben zum Herrn dieser Welt um uns herum eingesetzt ist. Die Enthüllung und Offenbarung dieser Herrschaft Jesu sind das einzige, was wir nicht haben, worauf wir noch warten. Nur darauf! Dies Warten allein darauf bewahrt uns mit unsern Erkenntnissen und Worten davor, in den Strudel anderer Hoffnungen oder Befürchtungen zu geraten. Unsere Tage werden durch das Warten auf den Tag Jesu Christi davor bewahrt, von den Anfechtungen der Verzagtheit oder des Leichtsinnes zernagt zu werden, so daß wir die Erkenntnis und Verkündigung von Gottes unwandelbarer Treue und Liebe »unsträflich« in diese Welt tragen können – bis zu seinem Tage.

»Ich danke Gott allezeit eurethalben.« Paulus meint das ernst und wir sollen es ernsthaft tun. Seht euch um, wer da jetzt neben euch sitzt. Seinetwegen ist Gott allezeit zu danken wegen solchen Reichtums, den er dort niedergelegt hat. Amen.

Predigt C 1 – 1973
Magdeburger Lesepredigt
Text: Joh 16 32b–33

Liebe Gemeinde!
»Gestern ist vorüber, morgen ist noch nicht da, heute hilft der Herr«. Es wäre ein glückliches Neues Jahr, wenn wir vom ersten Tage an so leben könnten. Aber wer kann so leben? Alles, was das Jahr 1973 bringen wird, ist eingeplant im Staat, in der Wirtschaft, auch in der Familie, auch in der Kirche. Die Termine liegen fest. Auf den Menschen kommt es an. Mit seiner Kraft wird er die geplanten Aufgaben bewältigen. Dabei machen wir eine Beobachtung an uns selbst und an Menschen in unserer Umgebung. Die Absicherung durch eine einkalkulierte Zukunft, das Wissen, es kommt alles auf mich an, gibt dem Menschen keine Sicherheit. Sondern er hat Angst vor Anforderungen oder

Menschen. Zumeist aber ist es eine namenlose, undefinierbare Angst, Angst vor dem Leben überhaupt.

Wir Christen unterscheiden uns kaum von solcher Lebenspraxis und solchem Lebensgefühl. Das zu meinen, wäre fromme Selbsttäuschung. Gott hat uns auch nicht in diese seine Zeit, in diese seine Welt hineingestellt, daß wir unberührt von ihr Leben sollen. Es ist kaum ein Unterschied. Und es ist doch ein gewaltiger Unterschied. Die Verse aus dem Johannesevangelium sagen uns: Erkennt doch, daß alles anders ist für euch, weil ihr zu Jesus Christus gehört!

Es kommt auf euch an. Aber – ihr seid nicht allein. Jesus kommt hinzu. Jesus nimmt euch hinein in die Gemeinschaft mit dem Vater. Ihr habt Angst in der Welt. Aber – das ist nicht das Letzte. Jesus hat die Welt überwunden. Ihr seid in eurer Angst getragen von seiner Kraft, umfangen von seinem Frieden. Jesus ist bei euch, ihr seid stark! Jesus ist bei euch, ihr könnt getrost in der Welt leben! Jesus ist bei euch, ihr könnt Frieden haben und Frieden weitergeben.

Diese Gewißheit bewahrt uns vor falscher Glaubenssicherheit. »Aber ich bin nicht allein, denn der Vater ist bei mir«. Herausgelöst aus dem Zusammenhang scheint der erste Vers nur das Verhältnis Jesu zum Vater zu erhellen. Wie in den vorausgehenden Versen redet Jesus aber hier vom Glauben der Jünger. Worauf gründet sich der Glauben?

Wir haben unsere persönliche Entscheidung getroffen für den Glauben an Jesus Christus. Auch Petrus fühlte sich sicher und versagte, verleugnete. Die Stunden werden uns im neuen Jahr nicht erspart bleiben, in denen wir merken, daß wir mit unserer Glaubenssicherheit auf schwankenden Beinen stehen. Hier fehlt der Mut, im Alleingang die Füße auf den Weg des Glaubens zu setzen. Dort fehlt der Mut zum Wagnis, notwendige Schritte im Glauben zu verantworten.

Wir sind verbunden in der Gemeinschaft mit anderen Gläubigen. Als Petrus in der Entscheidung steht, ist er allein. Als Jesus am Ende ist, haben ihn alle Jünger verlassen. Wenn die Stunde der Entscheidung kommt, werden wir auch allein sein. Die persönliche Entscheidung, die Verbundenheit in der Gemeinde geben unserem Glauben keine Sicherheit.

Die Gewißheit unseres Glaubens ist allein die Gewißheit Jesu. »Aber ich bin nicht allein, denn der Vater ist bei mir«. Diese Gewißheit hat er uns vorgelebt und vorgestorben. Und durch seine Auferweckung können auch wir das so gewiß sagen: »Aber ich bin nicht allein, denn der Herr ist bei mir«. Deshalb haben wir Mut! Deshalb sind wir stark, trotz der Angst! Nicht wir werden oder müssen die Welt überwinden. Aber Jesus hat die Welt überwunden. Das ist die Gewißheit unseres Glaubens.

Solche Gewißheit bewahrt uns vor falscher Welteinschätzung. Unsere Welt ist Gottes Welt. Wir tragen für sie Verantwortung. Was in unseren Kräften steht, wollen wir für sie tun. Wir werden für sie beten. Wir wollen handeln, wo wir gebraucht werden. Wir müssen – erwünscht oder unerwünscht – für sie denken, uneigennützig, verantwortlich und kritisch.

Unsere Welt ist von Gott geliebt. Es ist unsere vordringlichste Aufgabe, Zeichen der Liebe Gottes zu entzünden, wo es in der Welt dunkel ist.

Wir werden dabei unerwünschte Helfer bleiben. Denn die Welt hat auch ihre andere, von Gott gelöste Seite. Sie will uns absolut vereinnahmen. Menschen wollen unsere letzte Instanz sein. Unsere letzte Instanz ist und bleibt aber allein der Herr. Damit werden wir bei unserem guten Willen in der Welt nicht anerkannt sein und in Bedrängnis geraten. Und trotz aller Bedrängnis werden wir weiter so denken und handeln. Denn wir sehen den Menschen heute gefährdet durch Terror und Diskriminierung bis hin zur Bedrohung des Lebens der ganzen Menschheit.

Und trotz aller Bedrängnis können wir weiter so denken und handeln. Jesus ist bei uns. Jesus sagt zu uns: »Seid getrost, ich habe die Welt überwunden!«

Unsere Glaubensgewißheit bewahrt uns vor falscher Friedenserwartung. Das Wort Frieden ist heute mißbraucht und geknechtet wie kein anderes. Menschen operieren damit nach eigenem Willen. Wir wollen uns an unseren Text klammern. Er sagt: die Verbindung mit Jesus schafft Frieden! Frieden haben wir nicht in uns selbst. Da sind Unruhe und Selbstbehauptung die stärkeren Machtfaktoren. Frieden haben wir in Jesus. Ich von von Jesus angenommen, so, wie ich bin; das ist Frieden. Mit Jesus kann ich sagen: Ich bin nicht allein, der Vater ist bei mir, das ist Frieden.

Diese Gewißheit macht uns fähig zu neuem Denken und Handeln. Jesus hat es uns vorgelebt. Seine Worte, seine Taten, sein Umgang mit den Menschen sind ganz von der Gemeinschaft mit dem Vater bestimmt. Er hat Frieden und er stiftet Frieden. Uns hat er mit hineingenommen in die Gemeinschaft mit dem Vater. Wir haben Frieden und wir können und sollen Frieden stiften. Wir wollen versuchen, seinen Fußspuren zu folgen. Nicht für sich selbst da sein, sondern für andere – gibt Frieden. Nicht der bequeme Weg, sondern Hingabe, Aufopferung – gibt Frieden. Nicht Verurteilung oder Verteufelung des anderen, sondern Vergebung und Versöhnung – gibt Frieden. Nicht Sorgen, sondern Beten – gibt Frieden. Das Gebet, nun eben doch, aus der Gewißheit: »Gestern ist vorüber, morgen ist noch nicht da, heute hilft der Herr«.

So werden wir in ihm Frieden haben. Amen.

Predigt C 2 – 1974
Magdeburger Lesepredigt
Text: Rö 5, 1–11

Liebe Gemeinde!
1930 schrieb Erich Kästner am Schluß seines Gedichts »Dem Revolutionär Jesus zum Geburtstag«: »Die Menschen wurden nicht gescheit.

Am wenigsten die Christenheit,
trotz allem Händefalten.
Du hattest sie vergeblich lieb,
Du starbst umsonst. Und alles blieb
beim Alten.«

Paulus schlägt im 5. Kapitel seines Briefes an die Römer ganz andere Töne an. Wer hat denn nun recht? Paulus? Erich Kästner? Paulus blickt in eine andere Richtung. Paulus sieht nicht auf das, was Menschen immer wieder nicht zustandebringen, sondern auf das, was Gott zustande gebracht hat. Gott hat sich auf unsere Seite gestellt. Gott hat ja zu uns gesagt. Gott hat sich für uns ausgesprochen, obwohl so vieles gegen uns spricht. Gott hat gutgesagt über uns, obwohl andere an uns so vieles nicht gutheißen. Dadurch ist eine völlig neue Lage für uns entstanden. Weil Gott Frieden mit uns gemacht hat, müssen wir uns nicht länger durchboxen. Weil Gott uns anerkannt hat, brauchen wir nicht länger mit allen Mitteln bei anderen um unsere Anerkennung zu kämpfen. Gott hat ja zu uns gesagt, darum gehören uns die Zukunft und das Leben.

Aber nehmen wir den Mund nicht zu voll? Sieht die Wirklichkeit nicht anders aus? Gibt es nicht genug, was uns noch immer zu schaffen macht, stöhnen und mutlos werden läßt? Wie oft geraten auch Christen unter Druck! Wie oft sind wir bedrückt und niedergedrückt! Manchmal bringt uns schon die Frage: Warum glaubst du noch an Gott? in Bedrängnis und Verlegenheit. Doch Paulus schreibt: Wir rühmen uns auch in den Trübsalen. In jeder Bedrängnis steckt nicht nur Gefahr, sondern, wenn sie angenommen wird, auch Gewinn. Man sagt: Der Mensch wächst mit seinen Aufgaben. Paulus hat erfahren: Der Christ wächst mit dem, was ihm auferlegt wird. Schon die gar nicht böse gemeinte Frage: Warum glaubst du noch an Gott? nötigt mich, über mich und meinen Glauben nachzudenken und mir Klarheit zu verschaffen. Dann kommt heraus, wo ich mit leeren Worten und hohlen Phrasen mich bisher selbst getäuscht habe, wo ich weiterdenken und weiter an mir arbeiten muß. Solange wir den Fragen ausweichen, werden wir keine Antworten finden. Solange wir jedem Druck immer nur aus dem Weg gehen, werden wir mit uns selbst nicht vorankommen. Wen Gott in eine Lebensprüfung nimmt, den will er weiterbringen. Lebensprüfungen sind die nötigen Qualifikationen des

Christen. Wenn Christen unter Druck geraten, dann sind sie ganz bestimmt nicht von Gott verlassen, dann hat Gott mit ihnen noch Großes vor.

Leiden muß nicht sinnlos sein. Das ist in einer noch viel tieferen Weise im Lebensweg Jesu Christi Wahrheit geworden. Sein Leidensweg bedeutet Hoffnung, sein Tod Leben für die Welt. Ein Bild kann uns das verdeutlichen. Ein unüberbrückbarer Graben hat die Welt Gottes und die Welt der Menschen auseinandergerissen. Der Graben ist da, weil die Menschen Gott los sein wollten, in ihrem Leben, in ihren täglichen Entscheidungen: Gott, du störst uns, wir lassen uns von dir nicht hereinreden. Wir brauchen dich nicht. Wir kommen normalerweise genz gut ohne dich aus. Gott aber will diese Menschen nicht loslassen. Er hat eine Brücke über den Graben geschlagen. Das aber war nur dadurch möglich, daß ein Baum gefällt wurde. Der Baum wurde abgeschlagen, aber die Verbindung über den Graben hinweg ist wieder hergestellt. Christus mußte für Gottlose sterben, weil Gott uns nicht loslassen wollte. Er starb, damit es mit uns nicht zu Ende geht. Er lieferte sich seinen Feinden aus, um der Feindschaft ein Ende zu machen. Nun gilt: So gottlos ist keiner, daß Gott ihn losgelassen hat. So fertig ist keiner, daß Gott mit ihm fertig ist. Nun zählt nicht länger, was wir einander und was wir uns selbst angetan haben. Nun gilt nicht länger, was wir selbst oder andere über uns denken und sagen. Gott hat sich auf unsere Seite gestellt. Das allein ist nun entscheidend.

Und der Apostel Paulus läßt das gelten. Er gibt Gott recht. Zu Beginn unserer Predigt hatten wir uns gefragt: Wer hat recht, Paulus oder Erich Kästner mit seiner Meinung, daß seit dem Sterben Jesu in der Welt doch alles beim Alten blieb? Wer hat recht? Diese Frage ist nicht zu entscheiden, solange wir neutrale Beobachter und distanzierte Beurteiler bleiben. Aber diese Frage ist gelöst, wenn ich mit Paulus und den anderen anfange, Gottes Tun und Gottes Nähe zu rühmen. Dann wird sich zeigen, daß ich selbst nicht mehr der Alte bleibe. Dann werde ich merken, daß ich aufhöre, mich selbst zu rühmen, mir selbst und anderen etwas vorzumachen. Dann brauche ich mich meiner Schwächen nicht mehr zu schämen und kann meine Grenzen eingestehen. Dann werde ich aber auch erfahren, daß gerade die schweren Tage des Lebens keine verlorenen, sondern die entscheidenden Tage des Lebens sind. Die durchgehaltenen Leiden bringen uns oft mehr voran, als das eigene Tun. Manche Hoffnungen, die wir uns machen, werden zerbrechen. Aber die eine Hoffnung hält uns immer fester, die Hoffnung, daß uns nichts von Gottes Liebe scheiden kann. Amen.

Predigt C 3 = B 1 – 1975
Gemeindepredigt
Text: 1. Tim 3, 16

Liebe Gemeinde!
Die Welt sei erkennbar, wird heute mit viel Pathos verkündet. Wir kommen hinter alles. Wir entreißen der Natur ein Geheimnis nach dem anderen. Wir sind auch den Gesetzen der gesellschaftlichen Entwicklung auf die Spur gekommen. Alles läßt sich analysieren, cuantifizieren, prognostizieren, organisieren. Alle Rätsel werden gelöst werden, wenn nicht heute, so doch morgen. Zuletzt wird alles, was noch wie ein Geheimnis aussieht, enthüllt, aufgedeckt, rational erklärt sein. Die Welt wird ohne Geheimnisse sein, durchsichtig wie eine Glaskonstruktion.

Diese geheimnislose Welt wird es – man muß schon sagen: Gott sei Dank! – nicht geben. Denn wenn wir alles erforscht, erkannt, auf Formeln gebracht und in Gesetzen ausgedrückt hätten, so hätten wir damit doch nicht etwa das Geheimnis der Welt und unseres eigenen Lebens gelöst. Das eigentliche Geheimnis, das Geheimnis ihres und unseres Woher und Wozu und Wohin ist vom Menschen nicht zu lösen, und zwar nicht nur vorläufig nicht, sondern grundsätzlich nicht. Das kommt daher, weil dies das Geheimnis Gottes mit dieser Welt ist sein Herrengeheimnis, zu dem nur der Glaube Zugang bekommt. Und auch der Glaube kommt nie hinter dieses Geheimnis, sondern je tiefer er in es eindringt, desto größer wird es ihm.

»Anerkannt groß ist das Geheimnis des Glaubens.« Es ist nichts für laute Leute. Aber in der Andacht und in der Anbetung erschließt es sich uns. Es will nicht erklärt, sondern besungen, es will nicht mit dem Kopf begriffen, sondern im Herzen bewegt sein. Es ist immer größer, als einer von ihm singen und sagen kann. Wenn uns in diesem Gottesdienst ein wenig davon aufgeht, sind wir selige Leute.
Das ist das Geheimnis der Welt:
Gott ist in ihr drin in dem Menschen Jesus.

Er teilt unser Los
Er wird ins Recht gesetzt
Er wird bekannt gemacht
Er findet Glauben

I

Es ist Gottes großes, nie zu begreifendes, nur im Staunen und Verwundern anzubetendes Geheimnis, daß er diese Welt, die nichts von ihm wissen will, sich nicht sich selbst überläßt, daß er uns nicht mit uns allein läßt. Wir unter uns – das wäre hoffnungslos. Es ist Gottes Geheimnis, daß er sich nicht aus der Welt heraushält, sondern in sie hineingeht. Er wird in ihr anwesend, er ist in ihr drin in dem Menschen Jesus. »Es ist offenbar geworden im Fleisch«. »Im Fleisch« – das ist die Menschenwelt, wie wir sie kennen, die Welt, in der geküßt und gefoltert, gestillt und gekillt, gefuttert und verhungert wird, in der Schulen und Kasernen, Schwimmbäder und Zuchthäuser gebaut werden, in der Menschen einander helfen und einander so Entsetzliches antun. In dieser Welt ist Gott drin. Er bleibt nicht abseits oder jenseits dessen, was wir in ihr tun und erleiden, aufbauen und kaputt machen. Gott teilt in Jesus unser menschliches Leben. Und ihm ist da nichts erspart geblieben. Das Erlebnis des ersten Lebenstages: in dieser Welt macht keiner freiwillig dem andern Platz. Und wenig später ist er schon auf der Flucht: in dieser Welt sind sie hinter einem her. Wenn die Machthaber Angst haben, haben die Machtlosen nichts zu lachen. Und dann als Mann: von der eigenen Familie nicht verstanden, von den besten Freunden im Stich gelassen, als es brennzlich wurde, verhaftet, von bestochenen Zeugen belastet, von einem unter Druck gesetzten Richter verurteilt, von den Wachsoldaten angespuckt und ausgefeixt, mit zwei Terroristen aufgehängt und unter Qualen gestorben. Das sind die Stationen auf dem Lebensweg des Stallgeborenen. Das ist das Geheimnis, das wir zu Weihnachten anbeten: Gott hält sich nicht heraus aus der Welt, sondern geht in sie ein mit allen Konsequenzen. Er teilt unser Leben. Er leidet das Leiden der Welt mit. Nur in einem ist er ganz anders als wir: er trägt das Leiden dieser Welt mit, aber er trägt zum Leiden der Welt nichts bei. Wir dagegen haben nicht nur zu tragen, sondern wir geben auch zu tragen. Das ist das Wunderbare an dem Christnachtgeborenen, das, was mit ihm in unsere Welt gekommen ist und seitdem in ihr drin ist: Er hat nicht aus versagter Liebe angefangen zu hassen, er hat die Enttäuschungserfahrungen nicht über sie Herr werden und sein Handeln bestimmen lassen. Er hat nicht aufgehört zu lieben. Mochten sie ihm den Dank schuldig bleiben, mochten sie ihn als Sündergesellen und Zechkumpan beschimpfen, weil er auf die zuging, zu denen sich sonst keiner von den anständigen Leuten an den Tisch setzte, er blieb bei den Menschen, die ihn besonders brauchten weil sie von den anderen übersehen oder übergangen wurden. Mochten sie Spitzel auf ihn ansetzen, die auf jedes Wort aufpaßten, - er wurde kein Diplomat, sondern er sagte weiter unverklausuliert die befreiende Wahrheit. Er ertrug es, wenn man ihm Unrecht tat. Er schlug nicht zurück. Er betete für seine Feinde. Und: er gab für keinen die Hoffnung auf. Später sagte man von ihm: Er war ohne Sünde. Denn Sünde besteht darin, für den anderen keine Hoffnung mehr zu haben, zu erklären, bei dem lohne es sich nicht mehr, hier sei Liebe sinnlos und Herzensmühe Kraftverschwendung. - Jesus ist dabei zerbrochen worden. So, wie es aussieht, ist er gescheitert. Gott hat sich erfahrbar gemacht im Stückwerk eines zerbrochenen Menschenlebens. »Er ist offenbar geworden im Fleisch.«

II

Gott ist in unserer Welt drin in dem Menschen Jesus. Das ist ihr Geheimnis. Er teilt unser Leben. Er wird ins Recht gesetzt.

Das Leben des stallgeborenen Kreuzesmannes scheint gescheitert. Es scheint nicht zu gehen mit der Liebe. Die harte Wirklichkeit ist offenbar stärker. Da kommt keiner gegen an. Es wird dann also so bleiben mit der Welt. Es spricht nichts dafür, daß in dem Menschen Jesus Gott unser Leben geteilt haben soll. Nichts als der Geist Gottes, der von Anfang an in diesem Lebensgeschehen wirksam gewesen ist – »empfangen durch den Heiligen Geist« hat dafür gesorgt, daß der in den Augen der Menschen Gescheiterte ins Recht gesetzt wurde. »Er ist offenbar geworden im Fleisch. Sein Recht ward ihm im Geist.« Zu Ostern. Da hat Gott erklärt: Dieses Leben in der Liebe war richtig. Der hier ist der Rechte. Der soll leben. Nicht der Haß, nicht die Gleichgültigkeit, nicht die Menschenverachtung, nicht dieses ganze Todeswesen, sondern die Liebe ist im Recht und behält Recht. Seitdem in der Christgeburt die Liebe in diese Welt eingezogen ist, die Liebe, die nicht das ihre sucht, die sich nicht erbittern läßt, die alles duldet, und seitdem diese Liebe durch Gottes Geist ins Recht gesetzt worden ist als das, was allein Zukunft hat, ist diese wehrlose Liebe am Werk in dieser Welt. Seitdem geschieht es, daß die harten Ränder des Lebens sich immer wieder öffnen für kleine, erstaunlich neue Gedanken, für Einfälle der Liebe. Seitdem geschieht es unter uns, daß wir Türen öffnen können für Unwillkommene und Herzen für Leute, zu denen uns menschlich nichts hinzieht.

Ich will da nur ein einziges Beispiel erzählen, das ich vor kurzem gehört habe und das auf eine ebenso schlichte wie eindrückliche Weise zeigt, wie Jesus Recht bekommt durch den Geist. Die Geschichte ist in unserer Kirchenprovinz passiert. Eine Katechetin lernt in einem Bezirkskrankenhaus für Psychiatrie ein zwölfjähriges Mädchen kennen, das als bildungsunfähig gilt. Es kann weder lesen noch schreiben. Die Katechetin fragt, ob sie ein Patenverhältnis zu diesem Mädchen aufnehmen dürfe. Man rät zunächst ab. Sie – die Katechetin – werde es nach einiger Zeit satt bekommen, und dann sei das für das Mädchen schlimmer, als wenn es nie solche Zuwendung erfahren hätte. Schließlich wird es gestattet. Die Katechetin schreibt dem Mädchen regelmäßig. Es bekommt die Briefe vorgelesen. Die so erfahrene Liebe weckt in dem Mädchen das Interesse, die Briefe selber lesen und auf sie selber antworten zu können. Und schafft es. Sie lernt lesen und schreiben – dieses bildungsunfähige Mädchen – und übt jetzt einen Beruf aus. Durch die Liebe eines von Jesus ergriffenen Menschen werden in einem anderen Menschen Kräfte geweckt, die niemand vermutet hätte. Die Liebe ist schöpferisch. Nur sie. Durch sie wird es neu. Jesus bekommt Recht darin, daß er nie aufhörte zu lieben, daß er keinen Menschen aufgab. Er, dessen Leben von der Krippe zum Kreuz ein Bruchstück blieb, hat Recht. Er ist der Rechte. »Er ist offenbar geworden im Fleisch, sein Recht ward ihm im Gebet.«

III

Das Geheimnis der Welt: Gott ist in ihr drin in dem Menschen Jesus. Er teilt unser Leben. Er wird ins Recht gesetzt. Er wird bekannt gemacht.

»Erschienen ist er den Engeln, verkündigt unter den Heiden.« Die Geschichte von Jesus Christus, in dem Gott unser Menschenleben geteilt und uns mit seiner Liebe beschenkt hat, fand ihre Boten, die sie bis in die entlegensten Winkel der Welt trugen. Und sie findet sie noch heute, - Menschen, die sie über den Ozean und über den Hausflur bringen. Die Botschaft von der wehrlosen Liebe Jesus Christi läuft durch die Welt. Unentwegt. »Verkündigt unter den Völkern.« In Domen und Dorfkirchen, auf öffentlichen Plätzen und in Verstecken. Bei den Eskimos und in den Slums von Kalkutta. Im Gespräch eines Gefreiten mit seinem Vorgesetzten. In der Diskussion einer Brigade oder einer Schulklasse, am Sterbebett der Mutter, beim Trampen im Wartburg. »Verkündigt unter den Völkern.« Seit fast 2000 Jahren. Trotz Widerstand und blutiger Verfolgung. Trotz der immensen Schuld der Kirche. Es ist nicht zu fassen. Da haben sich junge Leute eine schmale Plakette angesteckt mit der Aufschrift »Jesus lebt«. »Verkündigt unter den Helden.« – Da will der Lehrer die Christenlehrekinder vor der Klasse bloßstellen: »Wer von euch kann den lieben Gott an die Tafel malen?«, fragt er. Im 2. Schuljahr. Ein kleines Mädchen meldet sich. Sie geht nach vorn. Sie nimmt die Kreide. Sie überlegt und legt die Kreide wieder weg. Der Lehrer triumphiert: »Geht wohl nicht, was?« Die Kleine: »Ich brauchte dazu goldne Kreide.« »Verkündigt unter den Heiden.« – Sie gaben beim »Neuen Weg« eine Todesanzeige auf. Sie schreiben nicht darüber: »Ein treues Mutterherz hat aufgehört zu schlagen«, sondern: »Ich weiß, daß mein Erlöser lebt.« »Verkündigt unter den Heiden.« – Sie singen in ihrer neuen Wohnung im hellhörigen Neubaublock. »Ich steh an deiner Krippen hier..«. »Verkündigt unter den Heiden.« - Er hat in seinem Wartezimmer neben dem »Eulenspiegel«, der »Volksstimme« und der »NiB« und »Für Dich« auch die »Frohe Botschaft« und »dir kirche« ausliegen, »Verkündigt unter den Heiden.« Da erzählt ein Siebzehnjähriger auf einem Jugendsonntag vor ein paar hundert jungen Leuten, wie Jesus es in seinem Leben neu gemacht hat. Ich hab es selbst gehört. Es ging unter die Haut. »Verkündigt unter den Hei8den.«

So wird er bekannt gemacht. Ohne Scheu oder mit rotem Kopf, ganz selbstverständlich oder mit Herzklopfen, öffentlich oder von Mann zu Mann, mit Bibelworten oder mit Sätzen der eigenen Erfahrung. Wehrlos gegenüber Gelächter und Gespött und Bezweiflung, in Konkurrenz mit anderer Rede und gefährdet durch die Inflation der Worte, unter Verzicht auf Attraktion und Sensation, und immer gefährdet dadurch, daß das eigene Leben dem Gesagten widerspricht. Was für ein Wunder, daß es sich trotz allem Gehör verschafft in unserer Welt!

Aber der zur Christnacht Geborene wird nicht nur bekannt gemacht in unserer Welt, sondern er wird auch bekannt im Bereich der unsichtbaren Mächte –»erschienen den Engeln«. Die Folgen: sie helfen entweder dem weiteren Bekanntwerden Jesu Christ und seiner gnädigen Herrschaft (»Ehre sei Gott in der Höhe und Friede auf Erden..«) oder sie müssen widerständig und gegenwirksam werden gegen die Mächte der Lüge und der Verblendung, bis er ihnen das Ende bereitet. In alle Räume und Dimensionen der Wirklichkeit reicht seine Präsenz. Die Welt kann nicht mehr gott-los, sie kann Gott nicht mehr los werden, seit er in ihr drin ist in Jesus Crist.

IV

Das ist das Geheimnis der Welt: Gott ist in ihr drin in dem Menschen Jesus. Er teilt unser Leben. Er wird ins Recht gesetzt. Er wird bekannt gemacht. Und: er findet Glauben. »Glauben fand er in der Welt und Aufnahme in die Herrlichkeit.«

Er fand Glauben. Es gab und gibt Menschen, die ihm ihr Leben übergeben haben. »Hier hast du mich.« Die nicht mehr ohne ihn leben möchten. Die immer neue lebendige Erfahrungen mit ihm machen. Ganz schlichte Gemüter und ganz große Geister. Menschen in fünf Kontinenten. Seine Gemeinde. Er wird weiter Glauben finden. Auch in unserem Land. Wir erleben da ja immer wieder die erstaunlichsten Dinge. Ich könnte erzählen und erzählen, wie Menschen bei uns zum Glauben an Jesus, zur lebendigen Gemeinschaft mit ihm kommen. Auf die unterschiedlichste Weise. Diese Tage bekam ich einen Brief von einem ehemaligen Konfirmanden. Ich hatte nichts mehr von ihm gehört, nur daß er aus der Kirche ausgetreten sei. Das hatte mich sehr betrübt; denn er war ein so hochbegabter und anständiger Kerl. In dem Brief stand: »Da ich die Verbindung zur Kirche verloren hatte, habe ich sozusagen die Welt umsegelt. Nachdem ich erfahren habe, daß ich nichts vermag ohne Christus, lerne ich nun das Wort: ich vermag alles durch den, der mich mächtig macht, Christus in seiner ganzen Tiefe zu erkennen. Sie hatten es mir als Konfirmationsspruch gegeben.« Ein einst gehörtes Wort wird lebendig, wird erprobt und in seiner Wahrheit erfahren. »Glauben fand er in der Welt.« So entsteht die Gemeinschaft der Glaubenden. Seine Gemeinde. Auch bei uns. Sie hat in all ihrer Armseligkeit und Brüchigkeit teil an der Herrlichkeit, in die er aufgenommen wurde, als Anfang der neuen Schöpfung, die in seiner armen Geburt begann. Seine Gemeinde wird teilhaben an seiner Herrlichkeit. Sie, die Gemeinschaft der bruchstückhaften Glaubenden und bruchstückhaft Liebenden geht dem großen Freudentag entgegen, an dem die Liebe des in der

Christnacht Geborenen alles beglänzen und durchstrahlen wird. »Wenn ich dies Wunder fassen will, so steht mein Geist vor Ehrfurcht still, er betet an und er ermißt, daß Gottes Lieb unendlich ist.«

Predigt C 4 – 1977
Gemeindepredigt
Text: Lk 10, 17–20

Liebe Gemeine!
Da kommen Leute zu Jesus zurück und berichten ihm, was sie erlebt haben. Sie hatten sich nicht von sich aus auf den Weg gemacht, nicht aus irgendeinem Sendungsbewußtsein heraus, sondern sie waren gesandt worden. Auf Jesu Wort hin waren sie aufgebrochen. »Geht hin«, hatte er ihnen gesagt, »siehe, ich sende euch wie Lämmer mitten unter die Wölfe«. Ich sehe euch als Boten meines Friedens. Ihr habt keine Macht. Ihr könnt den Leuten nicht die Zähne zeigen, ihr könnt ihnen keine Angst machen – und ihr sollt ihnen keine machen (Zähne, mit denen man Angst machen kann, haben die Wölfe, aber nicht die Lämmer). Ihr geht als Boten meiner wehrlosen, verwundbaren Liebe. Nur durch sie ist der Welt zu helfen, nicht durch Drohung und Machtgebrauch. »Wenn ihr in eine Stadt kommt und sie euch aufnehmen« – weist Jesus seine Boten an - , »da heilt die Kranken, die dort sind, und sagt den Leuten: Das Reich Gottes ist nahe zu euch gekommen«, das Reich, in dem nicht mehr Haß gepredigt, nicht mehr aufeinander geschossen, in dem keiner mehr gedemütigt und gequält, in dem nicht mehr geweint wird, in dem die Liebe regiert, das Reich, »da Fried und Freude lacht«. Sagt den Leuten, daß Gott dabei ist, diese Herrschaft aufzurichten, und daß sie bestimmt kommt.

Und nun kehren also die Ausgesandten zurück zu Jesus, um zu berichten, wie es ihnen in den Städten und Dörfern, in den Häusern der Menschen ergangen ist. Wie wird es wohl Lämmern unter Wölfen ergangen sein? Das kann man sich doch beinahe ausrechnen. Aber nichts da von Mutlosigkeit oder Niedergeschlagenheit. Nein: »Sie kamen zurück«, heißt es, und sagten voll Freude: »Herr, auch die bösen Geister sind uns in deinem Namen untertan.« Sie haben höchst ermutigende Erfahrungen gemacht mit der Macht des Namens Jesu – sie, diese wehrlosen Leute. Ich denke mir, sie werden nicht nur solch eine kurze Erfolgsmeldung gemacht, sondern auch ausführlich erzählt haben, was da vor sich gegangen ist, als sie den Leuten bekanntgemacht haben, daß Gottes Herrschaft im Kommen ist und was sie davon schon bei Jesus erlebt haben. Heute würden die Berichte vielleicht so gelautet haben: Als wir bei einer Versammlung deinen Namen nannten, Herr, da wich dort geradezu spürbar der Geist der Furcht, dem die Leute so verfallen waren, daß sie schon ihren Kindern einschärften: »Sagt ja nicht, was ihr denkt!« Die Leute fingen an, frei zu reden. Nicht, daß sie auf einmal nur herumgeschimpft hätten, sie sagten einfach die Wahrheit, so, wie es wirklich ist. Und sie redeten nicht mehr in den vorgeformten Formeln, sie beachteten die Sprachregulierungen nicht mehr, sondern sie fanden ihre eigene Sprache. Als sie deinen Namen über die Lippen kriegten – »Jesus« -, da war einfach der Bann ihrer Sprachlosigkeit gebrochen. Der böse Geist der Angst hatte keine Macht mehr über sie. – Im Bericht eines anderen würde es vielleicht heißen: Der böse Geist der Selbstsucht wich. Als wir von dir erzählten, von deiner Liebe zu den Schwachen, den Übersehenen, den Schuldiggewordenen, da bekamen sich die Leute erstmalig richtig zu Gesicht. Sie nahmen wahr, was der andere brauchte, was ihm zu schaffen machte, worunter er litt. Sie fingen an, füreinander einzustehen. Sie fingen an zu teilen. Keiner wollte mehr auf Kosten des anderen Leben oder Karriere machen. Sie erkannten auch, daß die Selbstsucht gesellschaftliche Strukturen entwickelt. Sie wurden selber bereit herzugeben, Opfer zu bringen und setzten sich dafür ein, daß die Schwachen zu ihrem Recht kommen. Es weht da jetzt ein ganz anderer Geist. Das hat dein Name bewirkt, Herr. – Oder ein Dritter hätte zu berichten: Wo ich hinkam traf ich viele, die resigniert waren. Eine lähmende Hoffnungslosigkeit hat sich ihrer Herzen bemächtigt, wiewohl sie eigentlich alles hatten. Sie lebten sicher und verdienten gut. Es war für alles gesorgt. Aber sie sagten: Wozu das eigentlich alles? Immer mehr produzieren, immer höhere Lebensansprüche, immer schnellere Flugzeuge, immer tödlichere Waffen, immer weniger geistige Bewegungsfreiheit, der ständige Fortschritt ohne einen erkennbaren Schritt nach vorn, wozu das alles? – Als wir ihnen von der Gottesherrschaft erzählten, die im Kommen ist, hörten sie lange zu, bis sie begriffen: es bleibt also nicht einfach alles, wie es ist. Gott hat mit dieser Welt Zukunft im Sinn. Es kommt sein Reich, es kommt der neue Himmel und die neue Erde, in denen Gerechtigkeit wohnt, es kommt sein Reich, in dem der Tod ausgespielt hat, in dem nicht mehr geweint wird, in dem die Freude Gottes alles erfüllt und keiner mehr Lust hat, gottlos zu sein, in dem darum alle voll und ganz Menschen sein können. Als wir von dieser Zukunft sprachen, Herr, die du bringst, da wich die Lähmung und es wurde wieder Sinn sichtbar.

»Herr, auch die bösen Geister sind uns in deinem Namen untertan.« Sie können nichts mehr ausrichten. Wir haben bei denen, zu denen du uns gesandt hast, solche Befreiungen aus Angst, aus Selbstsucht, aus Resignation erlebt, und das macht uns froh. Wir sind den Dämonen über.

Und nun die merkwürdige Zurückhaltung Jesu. Nicht: »Na, seht ihr!«, sondern: »Darüber freut euch nicht, daß euch die Geister untertan sind.« Warum sollen wir uns nicht darüber freuen dürfen, daß durch den Einsatz von Christen Lähmung und Angst überwunden, Vorurteile abgebaut, Mißtrauen beseitigt, Unwissenheit aufgehoben, Friedenshindernisse beräumt, Machtmißbrauch und Unterdrückung bloßgestellt und also die bösen menschenfeindlichen Geister vertrieben werden? Vielleicht deswegen, weil die Freude darüber so leicht in Selbstgefälligkeit umschlägt. – Das haben wir erlebt; wer sich dem Herrn ganz zur Verfügung stellt, der erlebt eben so etwas; wir sind die Bevollmächtigten des Christus. Vielleicht sieht Jesus, daß man da, wo man sich solcher Erfahrungen freut und rühmt, nur allzu leicht in Gefahr ist, sich selber einen Namen machen zu wollen.

Ich könnte mir noch einen anderen Grund denken, warum Jesus die so verständliche Freude seiner Boten so gedämpft hat. Wenn die Freude so auf gemachte Erfahrungen gegründet ist – was wird dann wohl, wenn solche Erfahrungen einmal ausbleiben? Wenn die Mißerfolge kommen und durchgestanden sein wollen? Wenn einer erlebt, daß trotz treuer und hingebender Arbeit nur ein paar Leute zum Gottesdienst kommen, wenn die Kinder wegbleiben, wenn durch die Predigt vom Reich Gottes der Geist der Angst eben nicht weicht, sondern offenbar die Herzen weiter beherrscht und knechtet, so daß sie sich nicht einmal mehr getrauen, zur Kirche zu gehen. Was dann, wenn nichts zu spüren ist von der Macht des Namens Jesu? Wird es dann nicht zu inneren Zusammenbrüchen kommen?

Ich denke da an den Propheten Jeremia, der mit seiner Predigt nichts ausrichtete und dann verzweifelt rief: »Herr, du hast mich überredet und ich habe mich überreden lassen. Du bist mir zu stark geworden und hast mich überwältigt. Aber ich bin darüber zum Gespött geworden täglich, und jedermann verlacht mich. – Des Herrn Wort ist mir zu Schmach und zum Spott geworden den ganzen Tag. Da dachte ich: Ich will nicht mehr an ihn denken und nicht mehr in seinem Namen predigen... Verflucht der Tag, an dem ich geboren wurde!« – Oder ich denke an den Propheten Elia, der so tapfer für Gott gegen die Wiedersacher Gottes eingetreten war, dem die Gemeinde Gottes so begeistert zugestimmt hatte und den dann doch die Drohung der Königin zur Flucht trieb, so daß es von ihm heißt: »Da wünschte er sich den Tod und sprach: Es ist genug! So nimm nun, Herr, mein Leben hin; denn ich bin nicht besser als meine Väter!« – Oder ich denke an den Propheten Jona, der nicht mehr weiterleben wollte, weil Gott das von ihm angekündigte Gericht nicht vollstreckte und nicht das erwartete Exempel an den Gottlosen statuierte und also den Erweis seiner Macht schuldig blieb, so daß der Prophet sich blamiert vorkam: »So nimm nun, Herr, meine Seele von mir; denn ich möchte lieber tot sein als leben.« Mancher von uns weiß, wie das an den Lebensnerv geht, wenn das Wort Gottes, wenn der Name Jesu absolut nichts auszurichten scheinen.

Ob der Herr seinen Leuten nicht darum dieses auf den ersten Blick so schwer verständliche Warnzeichen gibt – »darüber freut euch nicht, daß euch die Geister untertan sind« - damit es nicht zu solchen inneren Zusammenbrüchen, zu solchen verzweifelten Lähmungen kommt, wenn die Erfahrungen mit der Macht des Namens Jesu einmal ausbleiben und nur noch die Ohnmacht des Gekreuzigten erfahren wird? Oder – und das ist die andere Möglichkeit – damit es nicht zu eigenmächtigen Aktionen kommt wie bei Petrus, der die Ohnmacht seines Herrn nicht ertragen konnte und darum blank zog und losschlug, als sich die Bewaffneten an dem wehrlosen Jesus vergriffen? Oder wie bei den Jüngern, die Feuer vom Himmel auf das Dorf der Samaritaner regnen lassen wollten, als man dort ihren Herrn abwies? Ob Jesus es nicht hat kommen sehen, daß entweder die lähmende Verzweiflung oder die verzweifelte Aktion die Folge sein würden, wenn sich die Freude seiner Leute auf die Erfahrungen mit der Macht seines Namens gründet und diese Erfahrungen einmal ausbleiben würden? »Darüber freut euch nicht, daß euch die Geister untertan sind. Freut euch aber, daß eure Namen im Himmel geschrieben sind.« Daß unsere Namen im Himmel geschrieben sind, heißt doch: Gott hat uns – jeden einzelnen von uns – erwählt in den Bund seiner Gnade; er hat an uns gedacht, ehe an uns zu denken war. Ehe wir etwas für ihn tun konnten, hat er alles für uns getan. Wir gehören ihm, in unserer Taufe hat er uns zu seinem Eigentum erklärt. Wir sind sein. Unsere Namen – und also wir selbst mit unserer ganzen Lebensgeschichte - sind ihm gegenwärtig, aufgehoben in seinem Eingedenken. Mit unserem Namen Gott gegenwärtig sein, das heißt leben. Unsere Namen gehen in Gottes Gedenken nie mehr verloren. Sie bleiben auch dann noch unvergessen, wenn wir ihn immer wieder vergessen und unsere Namen höchst fragwürdig werden. Unsere Namen bleiben unvergessen, auch wenn auf Erden keiner mehr unser gedenkt. Für unsere Namen ist aufs beste gesorgt. Sie sind bei Gott zu gut aufgehoben, als daß Menschen sie vergessen machen oder schänden könnten. Wer in Gottes ewigem Gedenken ist, um dessen Andenken brauchen Menschen sich keine Sorgen zu machen.

Vor einem Jahr ging der Name des Pfarrers dieser Gemeinde, der Name unseres Bruders Oskar Brüsewitz, durch die Zeitungen und über die Ätherwellen. Ich hörte von ihm in Afrika, südlich des Äquators. Wir gedenken in diesem Gottesdienst seines Namens vor Gott, der ihn liebt, der ihn in seinen Dienst gerufen hat und in dessen barmherzige Hände wir ihn vor einem Jahr befohlen haben. Im Verlaufe dieses Jahres haben bestimmte Gruppen in der Bundesrepublik sich des Namens unseres Bruders bemächtigt und ihn für ihre durchsichtigen Ziele benutzt. Am vergangen Donnerstag mußte auf einer Veranstaltung in Westberlin sein Name dazu herhalten, daß gegen die Kirchenleitungen in der DDR gehetzt werden konnte. Morgen wird in Wiesbaden eine ähnliche Veranstaltung laufen. Ein Gemälde von seinem Flammentod soll enthüllt werden, ein Theaterstück über ihn ist geplant. So wollen Menschen seinen Namen dem Vergessenwerden entreißen und dabei zugleich ihren Namen kräftig in Erinnerung bringen. Es wäre um unseren Bruder schlecht bestellt, wenn er darauf angewiesen wäre, daß seinem Namen auf diese Weise Ehre und Dauer verschafft werden müßte. Aber er bedarf dessen nicht. Sein Name ist im Himmel geschrieben, und da ist für ihn unvergleichlich besser gesorgt, als wenn er nur in unseren Herzen aufbewahrt wäre, oder wenn ein paar kalte Krieger ihn auf ihre Feldstandarten schreiben.

»Freut euch, daß eure Namen im Himmel geschrieben sind!« Freut euch, daß ihr aufbewahrt seid im Gedenken Gottes, eingeschrieben in das Lebensbuch des Lammes, in das sich keiner selbst eintragen kann und aus dem euch auch kein Teufel wieder streichen kann, so belastet eure Namen auch sein mögen. »Ich sah den Satan vom Himmel fallen wie einen Blitz«, sagt Jesus. Die Macht des Verklägers der Brüder ist gebrochen: er ist aus dem Himmel vertrieben. Es ist keiner mehr da, der euch eure fragwürdigen Namen vorhält. Es tritt keiner mehr gegen euch auf, sondern ich trete für euch ein. Es steht gut um eure belasteten Namen, es steht gut um eure geschmähten Namen, um eure mißbrauchten Namen, um eure dem Vergessen anheimfallenden Namen. Es steht gut um sie, weil sie mit dem Blut Jesu Christi geschireben sind, weil sie in Gottes Gedenken aufgehoben sind. Jetzt ruft er uns mit unseren Namen an seinen Tisch. Da wollen wir seinen Namen rühmen, in dem wir miteinander verbunden sind in Zeit und Ewigkeit.

Predigt C 5 – 1983
Gemeindepredigt
Text: Lk 16, 10–13

Liebe Gemeinde!
Es ist ein scheinbar harmloser Text, wenn man ihn nur einmal gehört hat. Setzen wir aber bei den Worten »im Geringsten treu« anstelle von »treu«: bei seinem Herrn bleiben: und anstelle von »im Geringsten« :in der Nutzung seines Besitzes.

Im Umgang mit seinem Besitz

Dann heiß der ganze Satz:

Wer im Umgang mit seinem Besitz bei seinem Herrn Crhistus bleibt, der wird auch in Glaubensdingen bei Christus bleiben. Und wer im Umgang mit seinem Besitz Christus verleugnet, der wird auch in Glaubensdingen Christus verleugnen.
Also hängt die Art und Weise, wie ich mit meinem Geld und Besitz umgehe, sehr direkt mit meinem Glauben zusammen. Und ich habe das vielleicht peinliche Gefühl:
Christus, der Herr, legt seine Hand auf meinen Besitz!

Genau das ist das Thema unseres Textes: Christus, der Herr, legt seine Hand auf meinen Besitz. Und nun wird es für mich ein ganz und gar nicht mehr harmloser Text.

Ich habe fast das Empfinden, als ob man sich für solch ein Thema vor der Gemeinde entschuldigen müsse. Es ist aus mehreren Gründen vielleicht peinlich, wenn man in der Kirche über das Geld und den Besitz redet. – Versuchen wir aber, zunächst den Text als eine Hilfe für mein persönliches Verhalten zu hören. Denn wenn Christus wirklich mein Herr ist, dann ist er in allen Dingen mein Herr. Dann hat er auch das Recht, seine Hand auf meinen Besitz zu legen und ihn als sein Eigentum anzusehen.

I

Dieses Thema: `Christus, der Herr, - und mein Besitz` ist in heutiger Zeit ein erregendes Thema!

Nur ein Paar Andeutungen machen uns das bewußt. Stichwort »mehr Besitz«! Wer läuft und rennt heut nicht, um dies und das auch noch zubekommen, nicht nur das alltäglich Notwendige, sondern auch zum besseren Lebensstandard! – »Mehr Besitz!« – oder »mehr produzieren!«, dieser gleiche Ruf steht hinter der Wirtschaftspolitik der DDR. Der Ostblock muß doch seine wirtschaftliche Überlegenheit über den Westen beweisen. Was ist das für ein Leistungsdruck in allen Bereichen des Lebens! – »Mehr Besitz, besserer Lebensstandard« ist das Ziel im Kampf der unterentwickelten Völker. Sie sehen den Egoismus der reichen Industrienationen und kämpfen mit Gewalt um ihr Recht. – die größte Gefährdung des Friedens kommt von wirtschaftlicher Seite. Je mehr wir reichen Völker haben wollen, um so mehr gefährden wir den Frieden. Das möchten wir uns und unseren Kindern recht deutlich machen. – Und zuweilen sind die Lebensansprüche der jungen Generation noch höher als die ihrer Eltern. Und wir erleben, wie der praktische Materialismus der jungen Generation in die Sackgasse der Sinnlosigkeit führt. Denn viel zu besitzen und zu genießen gibt dem Leben noch keinen Sinn.

Was für weltweite Probleme hängen mit der Frage des Besitzens zusammen! Es gibt Lösungsversuche für diese Probleme. Man spricht vom alternativen Lebensstil und meint damit: Wir müssen bewußt einfacher Leben. – Oder: Man verzichtet ganz auf Privateigentum. Die Brüder von Taize haben gelobt, kein Privateigentum zu besitzen. Der Bruderschaft gehört alles. Es gibt Kommunen, die ähnlich leben wollen. – Bei dem marxistischen Lösungsversuch werden alle Produktionsmittel volkseigen. Manche ungerechte Fehlentwicklungen im wirtschaftlichen Bereich sind dadurch korrigiert worden. Aber ein neues, verantwortliches Denken des Menschen gegenüber Arbeit, Geld, Besitz hat der Marxismus nicht erreichen können. Das zunehmende Locken mit dem materiellen Anreiz (Prämien) macht das Fehlen einer verantwortlichen Grundhaltung noch deutlicher.

Wir sehen aber heute mit Schrecken, wie trotz dieser Lösungsversuche die Weltwirtschaftsstrukturen sich nicht geändert haben, wie die Armen immer ärmer werden, wie in den reichen Ländern die Hochkonjunktur in die Sackgasse geführt hat. Obwohl wir unser Fehlverhalten immer wieder vor Augen gestellt bekommen, ändert sich das allgemeine Denken nicht. Da hilft kein Fernsehen und keine Aufklärung und kein Humanismus. Das Ergebnis aller Bemühungen: Der Mensch ändert sich nicht!

Das wußte übrigens schon die Bibel. Darum hat Gott sein hartes Nein gegen das alte Ich des Menschen gesagt, ein ganzes Verdammungsurteil über das Ich des Menschen gesprochen. – Die Taufe, das Eintauchen in das Wasser, bedeutet: Ersäufen des alten Menschen. – Nachfolge im NT d.h. sich selber verleugnen, mit Gott Nein zu seinem Ich zu sagen, sich selber hassen können, das Kreuz auf sich zu nehmen und mit Christus abzusterben; um dann mit Christus neu anfangen zu können. Das sind radikale Urteile über den Menschen, der sich selber nicht ändern kann. – Dieses harte Gericht über unser altes, egoistisches Denken nennt das NT: Anbruch der neuen Welt Gottes, Beginn der Endzeit, der Herrschaft Christi. In den Seligpreisungen hat Christus uns seine neue Lebensart dargelegt.

Genau das ist unsere heutige Situation:

Der Mensch ändert sich nicht. Wissend, sehend geht er den falschen Weg. Darum läßt Gott den Anbruch seiner neuen Welt verkündigen. In diesem Gottesdienst möchte es geschehen, daß wir Altes hinter uns lassen und mit Christus das Neue, seine neue Welt wagen.

II

Wie werden wir reagieren?

Wir können das eben Gehörte abtun als fromme Rederei. Dann bleibt alles Beim Alten. – Wir können aber auch reagieren wie der kluge Haushalten. Dieses Gleichnis vom klugen Haushalter steht direkt vor unserem Text. Als er nämlich merkt, daß sein Herr zu ihm kommt und Rechenschaft von ihm fordert und daß er vieles falsch gemacht hat, da weiß er in seiner Situation sofort zu reagieren. Er verheimlicht sich nichts, er täuscht sich nicht selber, sondern sehr sachlich und sehr zielbewußt reagiert er auf seine neue Situation. Ob wir Christen noch die Kraft haben werden, auf die neue Situation zu reagieren?

Lassen Sie mich drei Dinge nennen und sie zusammen bedenken.

Erstens:

Allein Christus, der Herr, hat mir zu sagen, was ich mit meinem Besitz anfangen soll.

Ich weiß, daß uns das bisher Gesagte ziemlich gegen den Strich gehen wird. Meinen eigenen Willen zurückzustellen und Christus den Herrn sein zu lassen über meinen Besitz, das ist ungewohnt. Trotzdem versuchen Sie bitte mitzudenken.

Allein Christus, der Herr, hat mir zu sagen, was ich mit meinem Besitz anfangen soll. Ich werde also die Entscheidungen über Geld und Besitz im Gebet mit Christus besprechen. Dabei könnte dann so etwas herauskommen wie in der Urgemeinde von Jerusalem: Manche verkauften Grundstücke, um die Witwen und Waisen in der Gemeinde zu unterstützen. – Es gibt keine christliche Wirtschaftslehre. Man kann nicht sagen, daß die sozialistische oder die kapitalistische Wirtschaftsform christlicher sei. Sondern in der jeweiligen Wirtschaftsform sollte das eben Notwendige verantwortlich vor Christus bedacht werden.

Dadurch würden die vielen Augenblicksmotive für mein Handeln ausgeschaltet. Wie oft lasse ich mich von irgendwelchen anderen Gesichtspunkten leiten. Wir saßen neulich in einem Kreis von jungen Eltern zusammen und sprachen von der Beteiligung unserer Kinder an sozialistischen Veranstaltungen. Man meinte: Wir müssen Rücksicht nehmen auf die Nerven unserer Kinder, auf ihre Selbstsicherheit, auf die Berufsangst, auf das Gerede der Leute usw. Anstelle der vielen Gesichtspunkte möchte für uns das erste und entsprechende Motiv sein: Allein Christus, der Herr, weist mich ein!

Es möchte mir hier bewußt werden: In dem gleichen Ernst weiß ich mich vor Christus verantwortlich für den Glauben, für den Besitz, für meinen Mitmenschen. Da ist nicht etwas mehr oder weniger wert. Es ist die eine Welt und die eine Schöpfung und die eine Zeit und Ewigkeit, über die Christus der Herr ist. Und vor dem einen Herrn Christus muß ich einst Rechenschaft ablegen für mein ganzes Handeln.

Allein Christus, der Herr, hat mir zu sagen, was ich mit meinem Besitz anfangen soll.

Dostojewski hat in den »Brüdern Karamasow« folgende Geschichte vom letzten Gericht erzählt. (s. beiliegendes Blatt)

Christus wird mich einst nicht fragen, ob meine Wohnung immer schön sauber war und ob ich mich auch ordentlich gekleidet und frisiert habe. Sondern er wird fragen, ob ich treu geblieben bin, ob ich auch mit meinem Besitz bei ihm geblieben bin.

Nun die zweite Folgerung aus der neuen Situation, die Christus mir deutlich gemacht hat:

Den anderen Umgang mit meinem Besitz müßte man mir anmerken.

Eigentlich ist das selbstverständlich. Wenn ich treu bei meinem Herrn bleibe, wenn er allein mich motiviert und anleitet, dann muß das mir abzuspüren sein.

Z.B. müßte man mir anmerken:

Ich stecke nicht im Sog der Dinge. Es ist ja heute weithin so, daß die Dinge den Menschen beherrschen. Natürlich würde ich mir das auch gerne kaufen wie die anderen. Aber vorher überlege ich: Brauche ich es wirklich? Die Dinge haben die Neigung in sich, an die erste Stelle in meinem Leben treten zu wollen, mein Denken zu beherrschen. Oder besser: Der Mensch hat die Neigung, immer mehr besitzen zu wollen, obwohl ich so viel gar nicht gebrauchen kann. – Nein, der Besitz sollte nicht so groß werden in mir, daß ich dabei das Vertrauen auf Christus aufgebe und im stillen zu mir sage: Nun, meine leibe Seele, iß und trink und sei sorglos! – Das möchte man mir abspüren, daß ich in diesem Sog nicht drinne stecke, daß ich die Dinge frei benütze; daß ich habe, als hätte ich nicht; daß ich loslassen kann, ohne zu sorgen.
Auch etwas anderes möchte man mir abspüren:

Man kann auch mit weniger leben! Das sage ich im Blick auf unsere Situation in Europa. Man kann auch wieder einfacher leben, wie unsere Großeltern. Sie waren gesünder und zufriedener als wir. Christus gibt mir die Freiheit, loszulassen und mit weniger zu leben.

Man möchte mir abspüren:

Ich tue das auch, was ich durch Christus als richtig erkannt habe. Man möchte mir abspüren, daß ich konsequent bin. – Es ist auffallend, daß viele Nichtchristen heute genau so denken wie wir Christen: nicht im Sog der Dinge stecken zu bleiben, auch mit weniger leben zu können. Was Christus uns heut in unserer Situation deutlich macht, ist allgemein logisch und einleuchtend, das einzig Vernünftige. Ebenso wie in der Friedensfrage der Atompazifismus das einzig Mögliche und logisch Einleuchtende ist. Nur: Wer tut es denn konsequent! – Diesen Mut, mit Christus das eben noch Ungewohnte doch zu tun, den sollte man uns abspüren. Ein Stück Ehrlichkeit, Vertrauenswürdigkeit!
Schließlich die dritte Folgerung aus der neuen Situation, die Christus mir deutliche gemacht hat:
Christen könnten heute die revolutionärste Kraft sein.

Mich läßt ein Wort von Weizsäcker nicht los: Den Christen sei ein besonderes Wissen um den Menschen anvertraut, das tiefer reicht als die Fundamente des Atomzeitalters. Uns Christen ist ein tieferes Wissen um unsere heutige menschliche Situation gegeben. Wir könnten genauer unsere heutige Krise erkennen und entsprechende Konsequenzen ziehen.

Ich zitiere aus dem Buch von Fritz Baade »Der Wettlauf zum Jahre 2000« (Union-Verlag 1968 S. 354): »Die Wahrheit über das Christentum ist, daß es noch niemals so aktuell, nämlich so lebensnotwendig für alle Menschen gewesen ist wie heute. Wenn wir überhaupt Hoffnung haben, daß unsere und die nächste Generation die ungeheure Aufgabe lösen werden, die vor uns steht, so können wir diese Hoffnung praktisch nur daraus schöpfen, daß das Christentum erst an den Anfängen seiner wirklichen Weltmission steht.« Und Baade

ist Wirtschaftswissenschaftler, kein Theologe. Das also erwartet man von uns Christen.
Christen könnten heute die revolutionärste Kraft sein.

Wir sollten doch genau beobachten, warum die revolutionäre Kraft des Marxismus unter uns heute so schwach geworden ist. Angesichts der neuen Aufgaben unserer Zeit (Ökologie, neue Lebensqualität) kommt der Marxismus als revolutionäre Kraft kaum vorwärts. Solange eine Bewegung in der Opposition steht, sich also durchkämpfen muß, ist man bereit, für seine Ideale auch Opfer zu bringen. Sobald man aber an der Macht ist, wird die Sorge um die Erhaltung der Macht immer größer und die revolutionäre Kraft für die Weiterentwicklung immer kleiner. – Jetzt sind wohl die Christen an der Reihe, die dämonische Kraft des Mehrhabenwollens zu erkennen, zur gerechten Verteilung der Güter in der Welt sich unter Opfern einzusetzen.
Christen sollten heute die revolutionärste Kraft sein.
Warum sind wir es nicht?

Es ist immer wieder die gleiche Antwort: die Gemeinde hört wohl, wie heute. Aber zu einem ersten praktischen Schritt in diese Richtung fehlt der Mut. Denn es wäre ein Wagnis mit Christus. – Außerdem gehört dazu ein gemeinsames Handeln, viel Zeit, viele Gespräche, wahrscheinlich auch eine feste Gemeinschaft, wie eine Bruderschaft, eine Kommunität mit fester Ordnung, als Hilfe für den einzelnen.
Wir Christen haben heute diesen Auftrag für unsere Welt. Ich habe Angst daß wir versagen und schuldig werden an unserer Welt!

Es war ein Text aus dem Lukas-Evangelium, der beim ersten Lesen so harmlos erschien. In diesem Text wollte Christus zu uns kommen als der Herr auch über unseren Besitz. Meine Umwelt möchte es mir morgen anmerken. Amen.

(Die Erzählung)
Dostojewski erzählt in den »Brüdern Karamasow« eine Geschichte, die von dem Weiterwirken unserer Taten bis in die Ewigkeit berichtet.
»Es war einmal eine Frau, die war böse, sehr böse und starb. Sie hinterließ nicht eine einzige Spur einer guten Tat. Sie wurde von den Teufeln ergriffen und in den Feuersee geworfen. Aber ihr Schutzengel stand da und dachte darüber nach: Könnte ich mich nur dessen erinnern, daß sie irgendetwas Gutes getan hat, so daß ich es Gott sagen könnte. Es fiel ihm etwas ein, und er sprach zu Gott: »Sie hat in ihrem Gemüsegarten eine kleine Zwiebelpflanze ausgerissen und sie einer kleinen Bettlerin geschenkt.« Und Gott antwortete ihm: »Nimm diese kleine Zwiebelpflanze und reiche sie ihr zum See hinab, die mag sie anpacken und sich daran herausziehen. Und wenn du sie aus dem See herauszuziehen vermagst, so mag sie ins Paradies eingehen, wenn

aber das Zwiebelkraut abreißt, so soll die Frau dableiben, wo sie sich jetzt befindet.«

Der Engel lief zu der Frau, reichte ihr die kleine Zwiebelpflanze hin und sagte: »Da, Frau, faß an und zieh dich daran heraus.« Und er fing an, sie vorsichtig an sich heranzuziehen, und beinahe hatte er sie herausgezogen. Aber als die übrigen Sünder in dem See sahen, daß man jene herauszog, da hängten sie sich alle an sie, damit sie zugleich mit ihr herausgezogen würden. Die Frau aber wurde böse und begann mit den Füßen nach ihnen zu schlagen. »Ich soll herausgezogen werden und nicht ihr, es ist mein Zwiebelchen und nicht eures.« Sowie sie das ausgesprochen hatte, riß das Zwiebelchen ab. Und die Frau fiel in den See zurück, und da brennt sie bis auf den heutigen Tag.«

Predigt C6 - 1984
Gemeindepredigt
Text: Rö 12, 16b–21

Wie werde ich mit der Bosheit des anderen Menschen fertig?
Dazu will der Text uns einiges sagen.

Bei Paulus fällt uns ein wohltuender Realismus auf. Er verschönert nichts. Er rechnet damit: Das Böse ist da, steckt in uns allen. Und wenn ich hundertmal zum Gottesdienst gegangen bin, es bleibt doch in mir.

Der Erziehungsoptimismus unserer sozialistischen Schulen verdeckt diesen Ernst. Das Böse ist auch in unserer Gesellschaft, es steckt auch in unserer Gemeinde. Da hilft kein noch so frommer Selbstanstrich.
Drei Hinweise aus unserem Text wollen wir bedenken:

Haltet euch nicht selbst für klug.
Gebt Gott Raum!
Dient einander!

Paulus will uns kritisch machen gegenüber unsrer eigenen Klugheit.
Haben Sie einmal beobachtet, wie widersprüchlich mancher in seinem Verhalten zum Thema »Frieden« ist. Natürlich wollen wir alle den Wunschtraum des Friedens erfüllt sehen. Aber: Da ist ein komischer Mensch. Mit dem kann man keinen Frieden halten, sagt man. Wenn der Frieden konkret werden soll, denkt schon mancher anders. Und erst recht im politischen Raum kann man nicht letztlich Frieden schaffen, sagt man dann. – Und da ist ein Widerspruch zwischen unserer Einsicht und unserem Tun. Eine widersprüchliche Klugheit!
Haltet euch nicht selbst für klug!
Ich kann mich nicht nach meiner Meinung richten und die Bosheit des anderen verurteilen.

Wenn ich mich nicht mehr nach meinem ICH richten würde, wäre der Grund für die meisten Spaltungen zwischen uns Menschen abgeschafft. Ich würde mich nicht mehr so viel aufregen und würde gesunder leben. Mein aufgeblähtes ICH ist mein großer Feind.

II. Gebt Gott Raum!
Paulus sagt das im Blick auf den Zorn des Menschen. Er rechnet damit, daß der Mensch zornig wird. Das muß so sein. Denn der Mensch ist kein Waschlappen, den man nach allen Seiten hin ausdrücken kann. Und außerdem ist es nicht gut, allen Ärger in sich hineinzufressen. Ich habe ein Recht auf Zornigwerden.

Gebt Gott Raum! Gebt seinem Zorn Raum. Denn in Gottes Zorn ist seine Liebe mit dabei. – Gebt Gott Raum, d.h. stelle deinen Zorn auf die ganz andere Ebene, wo der Zorn in der Liebe aufgenommen ist. Wo dein ICH zurücktreten kann. Wo du also Abstand von dem Grund deines Ärgers nehmen kannst. Also: Mit deinem Zorn hinein in Gottes Liebe und Zorn, Abstand nehmen, sich wieder abregen, Gott handeln lassen. Er macht es besser als ich.

Ich kann an der Bosheit des anderen vorbeigehen und Gott Raum dabei geben. Wird das Böse auf diese Weise nicht langsam aus der Welt abgedrängt?

Wir denken kurz zurück. Wie kann ich mit der Botschaft des anderen fertig werden? Der erst Rat: Halte dich nicht selbst für klug. Dann kann man Gott mehr Raum geben. Und er will immer mehr Raum in seiner eigenen Schöpfung gewinnen. Dann aber wird es für mich auch zu einem neuen Handeln kommen müssen. Vielleicht haben wir gemerkt, wie sich eins aus dem anderen folgert.
Darum der dritte Rat des Paulus:

III. Dient einander!
Diese beiden Worte stellen mein positives Verhältnis zu dem anderen dar, über den ich mich so geärgert habe. Diene ihm! – Ich weiß, daß mancher an der Stelle meine Worte nicht mehr ernst nimmt. Ich soll dem, der mir Böses getan hat, dienen? Ja, ihm dienen und mit meinen Gaben für ihn da sein.

M.L.King hat uns das vorgelebt. Als auf sein Wohnhaus ein Bombenanschlag verübt war und als die verfeindeten Gruppen sich gegenüberstanden, schießbereit, trat er vor sein Haus – mit den Worten Jesu: Liebet eure Feinde, segnet [...] Und die Messe Antwortete »Amen« und ging auseinander, ohne zu schießen.

Dazu gehört allerdings dann die Bereitschaft zur Unterordnung. Wer nachgibt, liebt, dient, ordnet sich zuerst dem anderen unter, weil er sich Jesus untergeordnet hat. Das ist wieder die Grundeinstellung des Christen. Das heißt nicht, daß wir kriechen sollen. Dienen mit meinen Gaben ist sehr zielbewußter und alles andere als ein Kriechen vor dem anderen. Wenn wir Christen in unserem Land das inzwischen gewohnt sind, daß wir es nicht leicht haben und daß uns mehr die untergeordneten Berufe zugewiesen werden, so ist das heute also nicht anders als in der ersten Christenheit. – Möchten wir das in der großen inneren Freiheit tun, die zu jedem Dienen gehört, und nicht mit Murren.

Dienet einander!

So also kann man nicht nur die Bosheit eines anderen Menschen überwinden, sondern auch die Bosheit einer Gesellschaft! Sind diese beiden Worte »Dienet einander« nicht dann auch die Antwort auf die ganze Ausreiseproblematik der vergangenen Monate? Wenn Christen im Widerspruch zu unserer Gesellschaft an einigen Stellen leben, dann sollten sie ihren Widerspruch so in die Tat umsetzen, daß sie dieser Gesellschaft dienen, kritisch dienen. Paulus sagt im 1.Kor. 7,20: »Ein jeglicher bleibe in dem, darin er berufen ist.« Er bleibe im Lande und tue dort seinen Dienst für den anderen, auch seinen kritischen Dienst. Ein Christ hätte die Freiheit zur Ausreise. Aber dringlicher als sein Recht auf Freiheit ist seine Aufgab zum »Dienet einander«, damit das Böse in unserer Gesellschaft gemindert werde.

Ob ein Christ so seinen Beitrag zur Veränderung der Welt leisten könnte? Ich denke, ja – mehr als durch fromme Reden.

Es waren drei Schritte, die zueinander gehören und am Ende zu einem neuen Tun führen:

Haltet euch selbst nicht für klug!

Gebt Gott Raum!

Dienet einander!

Und Paulus meint am Anfang unseres Kapitels: Das zu tun sei euer vernünftiger Gottesdienst, ein Gottesdienst, der die ganze Woche heiligt. Amen.

Predigt C7 – 1984
Magdeburger Lesepredigt
Text: Rö 12, 17–21

Der Apostel Paulus schreibt: »Vergeltet niemand Böses mit Bösem, befleißigt euch der Ehrbarkeit gegen jedermann. Ist es möglich, so viel an euch ist, so habt mit allen Menschen Frieden. Rächet euch selber nicht, meine Lieben, sondern gebet Raum dem Zorn Gottes. Denn es steht geschrieben: ›Die Rache ist mein. Ich will vergelten, spricht der Herr.‹ Vielmehr: Wenn deinen Feind hungert, so speise ihn. Dürstet ihn, so tränke ihn. Wenn du das tust, so wirst du feurige Kohlen auf sein Haupt sammeln. Laß dich nicht vom Bösen überwinden, sondern überwinde das Böse mit Gutem.«

Soweit der Bibelabschnitt. Gott segne unser Nachdenken darüber.

Liebe Freunde und Gäste des Meißner Doms, liebe Schwestern und Brüder der Gemeinde! Unsere Kirche gibt uns an diesem Sonntag ein Stichwort zum Nachdenken, das einige von uns wohl nur sehr zögernd aufnehmen werden. »Ist es möglich, so viel an euch ist, so habt mit allen Menschen Frieden.« Einige werden dieses Stichwort ›Frieden‹ nicht deswegen zögernd aufnehmen, weil es uns nichts bedeutet, im Gegenteil, sondern wir haben Hemmungen, heute darüber wieder schon zu reden, weil wir fürchten, daß dieses für uns so wichtige Wort erhebliche Abnutzungserscheinungen aufweist. Wir lesen, wir reden, wir singen, wir beten, wir predigen so oft über Frieden, daß zu befürchten ist, daß dieser Begriff, der hoffentlich nicht nur Begriff ist und bleibt, daß dieser Begriff sich zu einer toten blutleeren Formel entwickeln könnte.

Und wir nehmen das Stichwort auch deswegen zögernd auf, weil einige Nachdenkliche unter uns längst bemerkt haben, daß dieser Begriff auf der Welt keineswegs eindeutig ist. Wir haben es erlebt, daß Menschen meinten, etwas für den Frieden zu tun, und sie haben dadurch Unfrieden verstärkt. Wir haben erlebt, daß Leute das Wort »Frieden« im Munde führen und dabei Unfriedliches tun können. Wir sind ein wenig ängstlich geworden gegenüber diesem Begriff. Und besonders deswegen, weil es sicher auch jetzt hier Menschen gibt, die darüber erschrocken sind, wie wenig wir alle für Frieden tun können. Es hat auch in den Gemeinden unserer Landeskirche wie in den Gemeinden anderer Kirchen diesseits und jenseits unserer Grenzen in den letzten Jahren viele Menschen gegeben, die mit großem persönlichem Engagement und Mut und Einsatz sich dafür eingesetzt haben, daß es in Ost und West nicht zu den angekündigten Raketenstationierungen kommen sollte, aber was hat das alles schließlich und endlich genützt? Wir sind müde geworden, weil wir Erfolglosigkeit spüren. Aber zu uns, die wir ein wenig ein distanziertes Gefühl dem Wort Frieden gegenüber haben, uns gegenüber möchte die Bibel dieses Wort heute wieder ins Spiel bringen. Und sie tut es ganz behutsam und damit ganz hilfreich. Sie sagt: Heute laßt uns einmal nicht über den großen Frieden reden, (wir werden das nicht immer ausklammern können, dafür ist die Lage zu ernst.) Aber heute laßt uns über den Frieden in einer doppelten Eingrenzung reden, nämlich über den Frieden innerhalb eures eigenen Einflußbereiches, nicht über Weltpolitik und Rüstungsspirale, sondern über den Frieden in dem Bereich, in dem ihr lebt und zwar auch dort nur über Fälle von Konflikten, bei denen es euch möglich ist, Frieden zu halten. »Ist es möglich, so viel an euch ist, so habt mit allen Menschen Frieden.« In dieser doppelten Einengung wollen wir uns diesem Wort stellen, und wir werden erstaunt feststellen, welchen großen Denk- und Handlungsraum uns die Bibel damit zumutet. »Ist es möglich, so viel an euch ist, so habt mit allen

Menschen Frieden.« Dieser alte Gemeindebrief redet unter dieser Überschrift zuerst über Friedensprophylaxe, über vorbeugende Maßnahmen zum Frieden, und unter diesem Gedanken wird uns ein Rat gegeben, nämlich: Gebt keinen Anstoß. Liebe Freunde, dieser Brief redet riskant und provozierend mit uns, ein Stück aggressiv. Er sagt uns, wenn ihr auf der Suche nach friedensgefährdenden Faktoren und nach friedensgefährdenden Personen seid, und wenn ihr mit eurer Lupe diesen und jenen jetzt genau betrachtet, dann laßt das zunächst erst einmal sein und seht auf euch selber. Es ist nämlich möglich, daß ihr selber ein friedensgefährdender Faktor seid. Darum, so heißt es gleich am Anfang, »befleißigt euch der Ehrbarkeit gegen jedermann.« Eine altertümliche Redeweise. Wörtlich übersetzt, aber das hilft uns auch noch nicht viel weiter, heißt es: Allen Menschen gegenüber bedenkt im Voraus das Gute. Wenn ich es mir übersetzen sollte, dann würde ich so versuchen: Ihr Leute, die ihr etwas Gutes wollt, und wer von euch will denn nicht eigentlich doch immer etwas Gutes, ihr Leute, die ihr etwas Gutes wollt, bedenkt vorneweg nicht nur, was ihr wollt, sondern bedenkt auch, wie ihr wirkt. Denn das ist ja eine Erfahrung, die man im Laufe seines Lebens machen kann, daß ein Mensch, auch wenn er Gutes will, auf einen anderen sehr provozierend oder sehr beschämend oder in seinem Edelmut tiefe Klüfte aufreißend wirken kann. Deswegen sagt dieser Mann der Christenheit, Paulus: Bedenke zuvor nicht nur das, was du willst, sondern immer zugleich auch mit, wie du wirkst. Das sei Prophylaxe für den Frieden. Vorbeugende Maßnahmen. »Ist es möglich, so viel an euch ist, so habt mit allen Menschen Frieden.«

Ein zweiter Hinweis zur Friedenserhaltung. Der Rat, den der Text gibt, heißt: Setze den Frieden fort. Wenn einer mit dir den Frieden bricht im Streit, dann übersieh das, soweit es möglich ist, und setze einfach den Frieden zwischen ihm und dir fort. Was heißt das? Eine der vielen Geschichten, der schönen Geschichten des Alten Testamentes, macht das sehr anschaulich. Da wird uns erzählt von Joseph und seinen Brüdern. Und es wird berichtet, daß zwischen dieser Gruppe von Menschen sehr spannungsreiche Verhältnisse herrschten, die schließlich zu einer Katastrophe führten. Die erregten Brüder verkaufen den Josef an vorüberziehende Händler als Sklaven. Der Friede ist gebrochen. Es ist Zwist. Und nun erzählt das Alte Testament weiter, daß mit diesem Sklaven Joseph in Ägypten etwas erstaunliches passiert. Er erlebt eine Steilkarriere. Aus dem Sklaven wird im Laufe der Zeit ein geachteter königlicher Beamter, dem man im Augenblick einer drohenden Hungersnot einen Auftrag zur staatlichen Verwaltung der Lebensmittelrationen überträgt. In diesem Augenblick machen sich die Brüder aus der Ferne auf. In ihrem Land ist bereits Hungersnot, und sie suchen, wo sie Lebensmittel gewinnen können. Und so kommen sie auch nach Ägypten. Und unvorbereitet und unerwartet stehen sich plötzlich die Kontrahenten gegenüber: der Hochkommissar für Lebensmittelversorgung, Joseph, und die Brüder, die einmal die Großen, Starken waren und jetzt plötzlich die Schwachen sind – eine brisante Situation, eine Versuchung für Joseph. Soll er jetzt den Zwist fortsetzen, den die Brüder begonnen haben? Joseph tut das, was unser Text rät. Er setzt nicht den Zwist fort, sondern er setzt den vorangegangenen Frieden fort. »Wenn deinen Feind hungert, so speise ihn, dürstet ihn, so tränke ihn.« Soviel dir möglich ist und soweit es an dir liegt, setze den Frieden fort. Das ist die beste Friedenserhaltung.

Und ein Drittes sagt uns dieser Abschnitt aus dem Neuen Testament, einen Ratschlag zur Friedenssicherung. Er sagt: Schiebe doch die Vergeltung Gott zu. »Rächet euch selber nicht, meine Lieben, sondern gebet Raum dem Zorn Gottes, denn es steht geschrieben: ›Die Rache ist mein. Ich will vergelten, spricht der Herr.‹« Liebe Schwestern und Brüder, ihr werdet verstehen, daß mir dieser Satz erheblich zu schaffen macht. Ich bin es aus dem Neuen Testament eigentlich nicht gewöhnt, daß da so brutal von Vergeltung und Rache, und nicht nur im negativen Sinn, geredet wird. Aber ich bin auf der anderen Seite erstaunlicherweise gleichzeitig befriedigt, daß dieser Satz im Neuen Testament steht. Denn ich erlebe auf dieser Welt so viel Gemeines, so viel Ungerechtigkeit, so viel Machtmißbrauch, so viel Böses, daß ich dies alles nicht mit ein paar frommen Worten unter den Teppich gekehrt haben möchte. Mein Herz schreit oft danach, daß doch auch einmal Vergeltung geübt werden möchte. Erschrocken über dieses Wort, befriedigt über dieses Wort und schließlich ratlos gegenüber diesem Wort, denn ich muß gestehen, wenn ich es mit Vergeltung versucht habe, da habe ich zweierlei erlebt. Ich habe erstens erlebt, daß mich das Nachsinnen über Rache und Vergeltung über die Maßen und über die Gebühr beschäftigt. Wer von uns hatte nicht schon einmal Streit gehabt und dann hinterher stundenlang überlegt, wie er es dem andern am besten heimzahlen könnte, mit Worten oder mit Taten, mit Briefen oder mit Unterlassungen. Wir entwerfen immer neue Pläne und beschäftigen uns damit und kommen nicht zum Eigentlichen unseres Lebens. Das ist die eine Entdeckung, und die andere ist: ich hab in meinem Leben mit Vergeltung bisher noch nie Glück gehabt. Ich hab` hinterher, wenn ich's versucht habe, immer gedacht: entweder sie war zu radikal, daß ich mich hinterher schämen mußte, oder sie war zu harmlos, daß der andere es gar nicht merkte, oder ich habe denjenigen, an dem ich mich rächen wollte, überhaupt nie vor meinen Mund, vor meine Augen, vor meine Hände bekommen. Bibel hält Vergeltung offenbar nicht für etwas absolut Unmoralisches, aber die Bibel weiß, daß wir damit nicht zurechtkommen. Und da macht sie uns, die wir manchmal enttäuscht und verbittert sind, einen überraschenden Vorschlag. Laß sich doch Gott den Kopf zerbrechen über Vergeltung und spare du deine schöne Zeit. »Rächet euch selber nicht, meine Lieben, sondern gebt Raum dem Zorn Gottes, denn es steht geschrieben: Die Rache ist mein, ich will vergelten, spricht der Herr.« Gott hat eine umfassende Skala. Sie reicht von dem Schrecklichsten, was ich im Neuen Testament entdecke, von dem mehrfach wiederholten Satz, daß einer hinausgestoßen werden soll, dorthin, wo Heulen und Zähneklappern ist, daß heißt einer soll verstoßen sein von der Gemeinschaft mit Gott und Menschen, soll in einem Raum sein, wo es so kalt ist bis ins Herz hinein, daß es nur noch es ein Zähneklappern gibt, und wo es nicht mehr Freude, sondern wo es nur noch Tränen gibt, ein überzeugendes Bild von Vergeltung. Die Skala reicht von diesem schrecklichen Wort hin bis zu einer überraschenden Vergeltung, die Gott erfunden hat. Er hat das, was hier der Apostel dann später der Gemeinde vorschlägt, nämlich einmal Feinde zu beschämen, das hat Gott als Vergeltung in Jesus Christus und seinem Kreuz erfunden. Das Kreuz Jesu Christi ist eine Vergeltung Gottes, die mich tief schmerzt, weil sie mir klar macht, wie sehr ich Gott verletzt haben muß, daß er diesen Weg zu gehen Anlaß hatte – einen Anderen zu opfern für mich. Aber es ist gleichzeitig eine Vergeltung, die mich tröstet, weil ich unter der Berufung auf dieses Kreuz mit Gott und Menschen wieder neu anfangen kann. Laß sich Gott den Kopf zerbrechen über Vergeltung. Er hat ganz andere Maße, Phantasien, Möglichkeiten als du, und nutze du lieber deine Zeit zu dem, was uns aufgetragen ist: »Ist es möglich, soviel an euch ist, so habt mit allen Menschen Frieden.«

Liebe Freunde, ist es möglich? Es ist oft möglich. Soviel an euch ist? Es ist viel an uns. So habt mit allen Menschen Frieden. Und damit niemand meint, daß es ihn nicht angeht, verläßt der Apostel am Schluß das »ihr« und »euch« – soviel an euch ist, habt ihr Frieden – und redet am Schluß nur noch mit dem »du«. »Laß dich nicht vom Bösen überwinden, sondern überwinde das Böse mit Gutem.« Wollen wir es uns gefallen lassen, daß wir so angeredet werden? Amen.

Predigt C8 – 1985
Magdeburger Lesepredigt
Text: Mt 5, 38–48

Liebe Gemeinde!
Das Thema dieses Gottesdienstes heißt: Ich kann meinen Feind lieben. Dazu eine kleine alltägliche Begebenheit: Frau Schulze hat gesagt, daß Frau Meier eine Schlampe ist, um ihr mal richtig zu geben. Andere Frauen erzählen das weiter. Und als letzter im Dorf wird es der Frau Meier selbst zugetragen. Was wird sie tun, die man eine Schlampe geschimpft hat? – Sie kann sich jetzt aufregen, kann einen Herzanfall bekommen. Sie könnte nun auch selber anfangen, Schlimmes über Frau Schulze zu erzählen. Aber sie könnte sich auch an

Jesu Worte erinnern: »Widerstrebet nicht dem Bösen«. Laßt Das Böse ruhig links liegen. Beschäftige dich nicht mit den bösen Worten. Das Böse läuft sich dann von allein tot. Aber laß nicht den Menschen, der das Böse getan hat, links liegen! Von einer Verachtung der Frau Schulze hat Jesus nichts gesagt. Im Gegenteil! Jesus wird es der Frau Meier jetzt deutlich machen: Liebet eure Feinde!

Was wird Frau Meier tun? Wenn sich die erste Erregung gelegt hat, setzt sie sich hin und denkt nach. Von ihr hängt es ja nun ab, wie es weitergehen soll. Ein Stück Friede im Dorf hängt von ihr ab. Erstaunlich, daß ihr das bewußt wird. Diese beiden Sätze Jesu gehen ihr nicht aus dem Sinn: Widerstrebe nicht dem Bösen. Liebet eure Feinde! – Eigentlich ist das ein bißchen viel verlangt, denkt sie. Ich soll die Frau Schulze, die Schwätzerin lieb haben? Wie kann man mir Liebe befehlen? Die muß aus dem Herzen kommen. Aus meinem Herzen? Da ist eben Ärger drin, beleidigter Stolz, Aggressionslust und auch ein bißchen Erinnerung an Jesu Worte. Ein solches Durcheinander! Und Frau Meier hat eine wichtige Erkenntnis: Sich nur nicht nach den eigenen Gefühlen und Gedanken richten! Ich bleibe lieber in Jesu Wort: Widerstrebe nicht dem Bösen, liebet eure Feinde! – Und sie beschließt etwas Außergewöhnliches: Sie geht hin zu Frau Schulze und nimmt die Liebe Gottes mit als Schutzschild gegen das Böse in ihr selber und im anderen. Zuerst mit ein bißchen Herzklopfen, dann aber kann sie in aller Offenheit und Ruhe sprechen.

Was nun Frau Schulze antworten wird, steht auf einem anderen Blatt. Was aus unserer Feindesliebe herauskommt, das lassen wir Gottes Sorge sein. Wichtig für uns ist nur, daß wir in solchem Konfliktfall wie bei Frau Meier nicht gleich hochgehen, sondern uns zuerst hinsetzen und nachdenken; und daß es dann wirklich zu einem Tun aus Liebe kommt.

Ich möchte Ihnen zwei einfache Vorschläge für ihren nächsten Konfliktfall machen:

Sich hinsetzen und nachdenken.

Mit Jesus in der Gemeinde das bessere Verhalten einüben.

Also erstens: Sich zuerst hinsetzen und nachdenken.

Leiden wir nicht alle unter der Kettenreaktion des Bösen? Wie sinnlos ist heute der Schrei nach vielfacher Vergeltung. Und wenn im jüdischen Gesetz die begrenzte Vergeltung gefordert wird: »Nur Auge um Auge und Zahn um Zahn«, so ist das auch solch ein Zurückschlagen. Nein! Das kann ich nicht so weitermachen. – Ich denke weiter nach. – Wenn Jesus sagt: Liebet eure Feinde, dann hat er doch diesen Teufelskreis durchbrochen. Jesus meint also für mich: Suche dir deinen Nächsten nicht aus, den du lieb haben willst. Wen

Gott dir vor die Füße legt, auch den Unsympatischen, nimm ihn an. Liebe hat keine Grenzen und macht keine Unterschiede.

Und im Blick auf meinen Konflikt denke ich weiter nach. Wie kann wirkliche Liebe zum Feind in mir wachsen? Jetzt möchten drei Erkenntnisse ganz deutlich vor mir stehen. – Ich kann meinen Feind lieben, weil Jesus so gelebt hat. Er weint um die Stadt, in der man ihn kreuzigen wird. Er betet für seine Feinde am Kreuz. Und ich will doch Christ sein, d.h. Christi Nachfolger! – Die zweite Erkenntnis: Ich kann meinen Feind lieben, weil ich selber von Gottes unverdienter Liebe lebe. Wie oft enttäusche ich Gott. Aber er läßt seine Sonne scheinen über Gute und Böse und nimmt mich im Abendmahl immer wieder an. Wie Gott mir begegnet, sollte ich so nicht auch dem anderen begegnen, der mich enttäuscht? – Die dritte Erkenntnis: Ich kann meinen Feind lieben, weil nur Liebe Zukunft hat. Vergeltung und Gewalttat und Raketen werden nicht die letzte Zukunft haben. Die Sanftmütigen, die Liebe wird am Ende das Erdreich besitzen. Jesus sagt: »Wenn ihr die liebt, die euch lieben, was werdet ihr für Lohn haben?« Der bleibende Lohn gehört dem, der so lebt, wie Gott will.

Ich werde lange nachdenken müssen über diese drei Tatsachen: Jesus hat seinen Feind geliebt, ich selber lebe von Gottes unverdienter Liebe, nur Liebe hat Zukunft. Ich werde länger als einen Gottesdienst lang darüber nachdenken, bis diese drei Tatsachen zu Schubkräften in meinem Leben werden, Motive für mein Handeln, bis Liebe zu jedem Menschen wie eine schützende, dicke Haut um mich wächst. Ich meine nicht die dicke Haut der Sturheit, sondern, daß die Liebe stark und fest in mir werde, meine neue Natur, eine »geistliche Waffenrüstung«, damit ich durch böse Erfahrungen nicht so leicht erschüttert werden kann.

Das war also der erste Vorschlag: Sich im Konfliktfall hinsetzen und nachdenken, bis der Teufelskreis des Bösen durch diese Liebe in mir durchbrochen ist.

Der andere Vorschlag: Mit Jesus in der Gemeinde das bessere Verhalten einüben. Es fällt uns Christen oft schwer, das als richtig Erkannte auch in die Tat umzusetzen. Es gibt Vorbilder für Feindesliebe: Gandhi und Martin Niemöller und Martin Luther King. Letzterer hat zum Beispiel mit seinen Gemeindegliedern im Gottesdienst eingeübt, wie sie sich verhalten, wenn sie geschlagen, verschleppt, beschimpft werden. Müßte man heute nicht gemeinsam mit der Gemeinde bedenken: Wie kann ich Konflikte lösen: wie kann ich meine Kinder gewaltfrei erziehen; wie stelle ich mir Zivilverteidigung ohne militärische Erziehung vor; wie kann ich einen persönlichen Friedensvertrag mit Christen in anderen Ländern schließen? Allein komme ich in solchen Fragen nicht weiter. – Und ein Blick auf Jesus macht uns dabei deutlich: Er wollte kein Paradies auf Erden schaffen. (Gott sei Dank, Jesu Paradies liegt immer in der Zukunft). Jesu wollte kein Welterneuerungsprogramm liefern, sondern Mut machen zu den kleinen Schritten der Liebe; Mut machen, es allein auf das kommende Reich Gottes hin zu wagen.

Wir haben heute auf Jesu Worte aus der Bergpredigt gehört: Widerstrebt nicht dem Bösen, liebet eure Feinde. Wir dürfen die Gewißheit mit nach Hause nehmen: Es gibt einen Ausweg aus dem Teufelskreis der Vergeltung. Ich kann wirklich meinen Feind lieben: Wenn ich mich hinsetze und nachdenke; wenn ich mit Jesus in der Gemeinde das bessere Verhalten einübe. – es lohnt sich! Amen.

Predigt C 9 – 1988
Magdeburger Lesepredigt
Text: 1. Kor 2, 1–10

Liebe Gemeinde!
Liebe Gemeinde! Der wichtige Vers unseres Textes: »Wovon wir aber reden, das ist dennoch Weisheit.« Unser Text ist die fröhliche Einladung, die eigene Weisheit aufzugeben und sich fortan auf diese ganz andere Weisheit Gottes zu verlassen. Loslassen, um Besseres zu empfangen, so ist es immer wieder beim Glaubenden

Die eigene Weisheit loslassen, leicht gesagt! Meine Lebenserfahrung loslassen, meine gewohnte Art zu reagieren; meine eigene Schläue, die doch immer ein bißchen den eigenen Vorteil bedenkt, und dann dem Vorschlag der Bibel folgen, leicht gesagt! Manch Jugendlicher schwört auf seine harte Rock-Musik. Und manch Erwachsener blickt stolz auf seine Leistung. – Und nun wird ihnen allen zugemutet: Seht auf diesen Jesus Christus, den Gekreuzigten und Auferstandenen, dort auf dem Altar. Nicht gleich für jedermann erkennbar, was da eigentlich für mich geschehen ist. Eine verborgene, heimliche Weißheit. Nur wer sich vor seinem Gott beugt, der empfängt das Neue, in dem erweist sich die ganz andere Kraft. Etwas ganz anderes als unsere menschliche Klugheit.
»Wovon wir aber reden, das ist dennoch Weisheit.«
Wir könnten uns jetzt von unserem Text Mut machen lassen, uns der Weisheit Gottes anzuvertrauen, in der Erwartung, dort mehr zu entdecken, als wir mit unserer Klugheit haben. Solches Umlernen setzt für uns bei Jesus ein.

Sieh dir diesen Jesus an! So ist Gottes Weisheit!
Beobachte, wie dieser Jesus sich um die unbedeutenden, gefährdeten Menschen kümmert und ihnen seine Liebe schenkt. Beobachte, wie Gott sich in die Not der Leute begibt und sich dafür selbst Schläge einhandelt. – Das ist

Gottes Weg, seine Weisheit: nicht für sich zu bleiben, sondern in die Not des anderen einzugehen, mitzuleiden, bei dem anderen durchzuhalten, bis ans Kreuz, bis in die Auferstehung.

Eine eigentlich unbegreifbare Weisheit: ein leibhaftig gewordener Gott, dazu noch ein leidender Gott, der auf Macht und Gerechtigkeit und Strafe verzichtet. Der uns nicht Entwicklungshelfer schickt oder Moralisten oder Ideologen. Der mit Liebe die Welt ändern will! Solchen Gott kann man sich nicht ausdenken. Das ist Gottes Weisheit!

»Wovon wir reden, das ist dennoch Weisheit,« sagt Paulus. Erstaunlich, wie gerade in den letzten Jahren Politiker von dieser Weisheit Gottes gelernt haben. Ohne Jesu Gebot der Feindesliebe, der Anerkennung des Andersdenkenden, gibt es keinen Frieden. Das hat man bei Jesus lernen können. Und mancher muß rückschauend bekennen: Hätte ich am Sonntag doch mal Pause gemacht, ich wäre gesund geblieben! Hätte ich doch von Jesu vergebender Liebe für meine Ehe gelernt! Hätte ich doch meinen Kindern diesen Lebenssinn vorgelebt!

»Wovon wir reden, das ist dennoch Weisheit!« Sieh dir diesen Jesus an, meint unser Text: Dann hast du den Weg der göttlichen Weisheit vor Augen und kannst auf deine Weisheit verzichten.

Mut will uns der Text machen, uns der Weisheit Gottes anzuvertrauen. Hören wir noch mal die Verse 1–5.

Sieh dir deine Kirche an! So ist Gottes Weisheit!
Hoffentlich habe ich jetzt nicht den Mund zu voll genommen, wenn ich an unserer Kirche, an unserer Gemeinde den Weg der Weisheit Gottes zeigen will. Paulus, ein Mann der Kirche, wagt schon auf sich hinzuweisen. Da steht er, der Paulus, ohne Talar, ohne Bischofskreuz. Nur ein Diener, in Schwachheit, sagt er, in Furcht, mit großem Zittern. Gut, wenn ein Prediger vor seinem Herrn zittert. Denn er selber ist nichts, nur Sprachrohr seines Herrn. Wenn der Herr nicht seinen Segen gibt, strampelt sich der Prediger für umsonst ab. Gott kann keine selbstbewußten Diener gebrauchen. In unserer Schwachheit will er stark werden. Das ist Gottes Weisheit.

Sieh dir deine Kirche an, wenn du Gottes Weisheit besser erkennen willst. Du wirst dort erkennen, daß unsere Kirche in unserer Gesellschaft ohne Macht sein muß. Sie hat nur das Wort Christi. Aber wenn sie mit diesem Wort auswandert aus dem Schutz ihrer Kirchenmauern und einwandert in die Welt, in die ganz anderen Gruppen, dann kann unser Herr dieser machtlosen Kirche in »Erweisung des Geistes und der Kraft« gewaltigen Einfluß verleihen. Wenn wir ausziehen würden aus unserer kirchlichen Sicherheit und teilnehmen würden an den immer größer werdenden Nöten in Ehe und Familie, teilnehmen würden am Friedensdienst unserer Zeit, im Gespräch mit Andersdenkenden wie etwa beim Olaf-Palme-Marsch im vorigen Jahr: dann würde die Weisheit Gottes in unserer Kirche zum Zuge kommen und uns allen seine Herrlichkeit zeigen. – Annette, heißt sie, ist MS-krank. Mit 27 Jahren ließ sie sich im Krankenhaus konfirmieren. Der Glaube wurde ihr zu solch tragender Kraft, daß sie in den schwersten Tagen den holzgeschnitzten Körper ihres Kruzifixes in den Händen behielt: für mich gelitten und gestorben, und auferstanden. Und dann hat sie so manchem im Krankenhaus bezeugt, wie das Gebet sie trägt. – Das ist der Weg göttlicher Weisheit in seiner Kirche: in eigener Schwachheit das Wort Jesu erfahren und weitergeben. Eigentlich könnte jeder von uns das Gleiche tun: hingehen und Gottes Liebe weitertragen und beim Anderen bleiben, wie Jesus.

Und die Herrlichkeit Gottes wird nicht nur in einer Kirche zur Epiphaniaszeit aufstrahlen, sondern draußen in der Welt Finsternis vertreiben. Sieh dir deine Kirche an! So geht Gottes Weisheit mit uns. Und das ist so viel mehr, so daß ich auf meine Weisheit gerne verzichten kann.

Wir möchten uns von unserem Text Mut machen lassen, uns der weisen Führung Gottes ganz anzuvertrauen. Ob wir sie nur bei Jesus finden und in seiner Kirche? Oder vielleicht auch in unserem eigenen Leben? Ich wage, Sie zu bitten:

Sieh dir dein eigenes Leben an! So ist Gottes Weisheit!
Haben Sie nicht in Stunden der eigenen Ohnmacht Gottes Nähe am stärksten gespürt? Es können Segensstunden werden. – Da liegt einer im Sterben. Man hat ehrlich über das Ende gesprochen, etwas Befreiendes. Nun feiert die ganze Familie das Abendmahl am Sterbebett. Jesu Leib, für dich gegeben... Der Pfarrer geht wieder. Ein starker Trost ist im Sterbezimmer zurückgeblieben. Da war kein Platz mehr für eine Angst vor dem Sterben. – So ist Gottes Weisheit: In meiner schwachen Stunde sagt er mir sein Wort, hält meine Hand fest, bis wir zusammen durch sind. Sieh dir dein eigenes Leben an! So ist Gottes Weisheit.

Haben Sie einmal erlebt, wie Sie in einer Umgebung von ganz andersdenkenden Leuten doch mal ein Wort zur Richtigstellung sagen mußten? Sie konnten nicht schweigen. Und Sie haben es mit Zittern herausgebracht. Und später erfahren Sie: Gott hatte einem das Ohr geöffnet. In meiner Schwachheit ist seine Kraft nächtig. – Sind das nicht Sternstunden in meinem Leben, solche Erfahrungen: Es lohnt sich, hinzugehen zum anderen und Jesu Liebe weiterzugeben, vielleicht unter Nachteilen, aber durchzuhalten in der Kraft Jesu. Was für ein Reichtum an Erfahrungen! Es lohnt sich, die eigene Klugheit, den eigenen Weg fallen zulassen und die Weisheit Gottes zu erfahren.

Ob wir nun eben diesen Jesus angeschaut haben oder den Weg der Kirche oder auch bestimmt Stunden im eigenen Leben, immer war es dasselbe:

Es sollte mir Mut gemacht werden, mich der Weisheit Gottes anzuvertrauen, mich von ihr führen zu lassen zu einer unvorstellbaren Herrlichkeit. Denn die jetzige Epiphaniaszeit möchte solch froh machende Zeit sein. Deswegen gibt unser Text den Rat: Verzichte getrost auf deine eigene Weisheit. Laß dich führen nach der Weisheit Gottes. Schaue dabei auf Jesus und seine Kirche. Und dann scheue dich nicht vor dem unteren Weg, vor schwachen Stunden. Dieser Weg führt sicher zur Herrlichkeit, zur Erfahrung des Geistes und der Kraft.
Ich wünsche gute Erfahrungen auf diesem Weg! Amen.

Predigt C 9[Original]
Manuskript zur Lesepredigt C 9
Text: 1. Kor 2, 1–10

Liebe Gemeinde!
Der wichtige Vers unseres Textes: »Wovon wir aber reden, das ist dennoch Weisheit.«
Unser Text ist eine fröhliche Einladung, die eigene Weisheit aufzugeben und sich auf diese ganz andere Weisheit Gottes zu verlassen fortan. Loslassen und neu empfangen, so ist es immer wieder beim Glauben.

Die eigene Weisheit loslassen, leicht gesagt! Meine Lebenserfahrung loslassen, meine gewohnte Art zu reagieren, meine Klugheitsregeln; meine Schläue, die doch immer ein bißchen den eigenen Vorteil bedenkt. – Wenn es draußen um Produktionssteigerung geht, um Einfluß, Macht; wenn die Reichen immer reicher werden; wenn der Egoismus von einzelnen Menschen und Gruppen ein friedliches Miteinander der Menschheit unmöglich macht; wenn wir also nach unserer Weisheit handeln – dann sind wir manchmal am Ende mit unserer Weisheit und Klugheit. Dringend werden wir heute eingeladen, unsere eigene Weisheit aufzugeben und dem Vorschlag der Bibel zu folgen: Wir reden von der ganz anderen Weisheit Gottes!

Für manche Jugendliche ist die harte Rock-Musik der Weisheit letzter Schluß. Sie fühlen sich durch diese Musik angefeuert, erhoben. Von drüben her macht sich die new-Age-Bewegung breit, »das neue Zeitalter« der Besinnlichkeit. Man hört auf die Botschaft der Sterne und auf die Tiefen der Seele und auf die fernöstlichen Religionen. Die Weisheit der Leute ist vielfältig, heute so und morgen so. – Wir aber sollen heute eingeladen werden, auf die eine bleibende Weisheit Gottes zu achten, die seit jeher vor der Zeit (V. 7) gilt.

Seht auf diesen Jesus Christus, den Gekreuzigten und Auferstandenen, dort auf dem Altar. Nicht gleich für jedermann erkennbar, was da eigentlich für uns geschehen ist; eine verborgene, heimliche Weisheit. Nur wer sich

vor seinem Gott beugt, der empfängt das Neue, in dem erweist sich die ganz andere Kraft. Etwas ganz anderes als menschliche Klugheit.
»Wovon wir aber reden, das ist dennoch Weisheit!«
Wir möchten uns Mut machen lassen von unserem Text, uns der Weisheit Gottes anzuvertrauen, auch wenn sie ganz anders ist, uns fremd ist. Wir müssen zulernen, umlernen. Das Umlernen setzt für uns bei Jesus ein.

Sieh dir diesen Jesus an. – So ist Gottes Weisheit!
Beobachte, wie dieser Jesus sich um die unbedeutenden, gefährdeten Leute kümmert und ihnen seine Liebe schenkt. Beobachte, wie Gott sich dort hineingibt in die Not der Leute, ihnen dort das weiterhelfende Wort sagen läßt. Und wenn er dabei selbst Schläge einsteckt. – Das ist Gottes Weg, seine Weisheit: nicht für sich zu bleiben, sondern in die Not des anderen einzugehen, zu leiden, bei dem anderen durchzuhalten, bis aufs Letzte, bis ans Kreuz, bis in die Auferstehung.

Das wissen wir ja alles. Aber wir begreifen das so schwer: das Eingehen in die Not des anderen, in Liebe bei ihm zu bleiben, mitzuteilen, durchzuhalten und zu überwinden. Wir begreifen es so schwer, daß der andere auf diese Weise entlastet wird, daß so Versöhnung geschieht und Hoffnung über den Tod hinaus gegeben wird. Auf diese Weise die Welt zu erneuern, das ist der Weg göttlicher Weisheit.

Eine eigentlich unbegreifbare Weisheit! Ein leibhaftig gewordener Gott, an nur der einen Stelle der Geschichte, dazu noch ein leidender Gott, der auf Macht und Gerechtigkeit und Strafe verzichtet. Durch Liebe die Welt ändern wollen! Der uns nicht Entwicklungshelfer geschickt hat, nicht Ideologen oder Moralisten oder Philosophen. Sondern nur mitleidende Liebe. V9 lesen. Solchen Gott kann man sich nicht ausdenken.
Ob dies in mein Bewußtsein eindringen könnte, in guten und in schweren Tagen? Gottes Weisheit sollte mein Denken korrigieren!
»Wovon wir reden, das ist dennoch Weisheit.«
Erstaunlich, wie gerade in den letzten Jahren Politiker von dieser Weisheit Gottes gelernt haben. Ohne Jesu Gebot der Feindesliebe, der Anerkennung des Andersdenkenden gibt es heute keinen Frieden. Und mancher muß rückschauend bekennen: Hätte ich doch am Sonntag mal Pause gemacht, ich wäre gesund geblieben! Hätte ich doch von Jesu vergebender Liebe für meine Ehe gelernt! Hätte ich doch meinen Kindern diesen Lebenssinn vorgelebt!
»Wovon wir reden, das ist dennoch Weisheit!«
Ob wir mit der Zeit aus dem Staunen über diesen Weg Gottes mit uns zum Danken und zur fröhlichen Anbetung finden? Dann hätte mein Leben dieses Fundament gefunden, das mich tiefer und fester verankert als alle Wissenschaft und Leistung.

Wir wollen uns ja von unserem Text Mut machen lassen, uns der Weisheit Gottes anzuvertrauen. Hören wir noch mal die Verse 1–5.

Sie dir (den Paulus an,) deine Kirche, deine Gemeinde! So ist Gottes Weisheit.

Gottes Weisheit muß ja nun weitergehen, in seiner Gemeinde. Paulus weist auf sich selber hin. Paulus ein Vertreter der Kirche, ohne Talar, ohne Bischofskreuz. Nur Diener. Er dient in persönlicher Schwachheit, in Furcht, mit großem Zittern. Er weiß, daß er selber nichts ist, wenn er vor fremden Leuten seinen Mund auftut. Er will nicht mit klugen Worten überreden. Er will sich nicht selber in den Vordergrund spielen. Er will nur Diener sein, Sprachrohr seines Herrn. In dessen Hand allein liegt, ob das gepredigte Wort das Herz des Hörers anrührt. Keine Selbstsicherheit des Predigers, auch wenn er sich noch so gut vorbereitet hat.
Sie dir den Paulus an, deine Kirche, deine Gemeinde! So ist Gottes Weisheit unter uns. In unserer Schwachheit will er stark werden.

Unsere Kirche ist eine Minderheit in unserem Land geworden. Stellt sie trotzdem eine Macht in unserer Gesellschaft dar? Die Kirche hat immer wieder lernen müssen, daß sie nur das Wort von der Liebe Christi für jedermann hat, daß sie keine Macht in unserer Gesellschaft zu beanspruchen hat, es sei denn, daß Christus in »Erweisung des Geistes und der Kraft« seinem Wort Macht und Einfluß verleiht. Wir Christen haben als ohnmächtige Diener nur das Wort. So will es Gottes Weisheit.

Und er will, daß seine Diener mit diesem Wort aus dem Schutz ihrer Kirchenmauern ausziehen und einwandern in die Welt, in den Alltag, in die ganz anders gearteten Gruppen. So wie Jesus zu den ganz Anderen gegangen ist, ihnen seine Liebe geschenkt hat, darunter Nachteile erlitt und doch durchgehalten hat. – Was wissen die Älteren aus unserer Gemeinde von den Jugendgruppen – und umgekehrt! Wer sich nicht selber drangibt, wird nicht auf dem Weg der Weisheit Gottes sein. – Ob wir einwandern wollen mit dem uns anvertrauten Wort Christi in den Friedensdienst? Ob der Olaf-Palme-Marsch des letzten Jahres uns Mut gemacht hat zum Gespräch mit Andersdenkenden? Ob wir die erheblich ansteigenden Nöte in Ehe und Familie erkennen und uns Gedanken über eine Familienberatung machen? Würden wir weiter nur in den 4 Wänden unserer Kirche bleiben, würden wir aus unseren Fragen und Minderwertigkeitskomplexen nicht herausfinden zur Freiheit in Christus.

Annette heißt sie, ist MS-krank. Als ein anderer in ihrem Krankenzimmer besucht wurde, äußerte sie den Wunsch, mehr von Christus zu hören. Nach mehreren Gesprächen wurde die 27-jährige im Krankenhaus konfirmiert. Der Glaube wurde zu solch tragender Kraft, daß sie in den schwersten Tagen das Kruzifix, den holzgeschnitzten Körper Jesu, in den Händen behielt:

für mich gestorben und Auferstanden. Und dann hat sie manchen anderen im Krankenhaus bezeugt, wie das Gebet sie trägt. – Das ist der Weg göttlicher Weisheit: in eigener Schwachheit das Wort erfahren und weitergeben. Und Jesus selber wird dem anderen das Herz öffnen. Eigentlich könnte jeder von uns das Gleiche tun: hingehen zum anderen, Gottes Liebe weitersagen und beim anderen bleiben – wie Jesus.

Wir möchten uns von unserem Text Mut machen lassen, uns der Weisheit Gottes anzuvertrauen. Ob wir sie nur bei Jesus und in seiner Kirche finden? Vielleicht auch in unserem eigenen Leben? Ich wage, Sie zu bitten:
Sie dir dein eigenes Leben an! So ist Gottes Weisheit!
Wann waren es die wichtigsten Stunden Ihres Lebens gewesen? Wann haben Sie Gottes Nähe überwältigend gespürt, seine Kraft, seine Durchhilfe? Doch in Stunden eigener Ohnmacht. Es sind Segensstunden geworden. – Da liegt einer im Sterben. Die ganze Familie ist um ihn versammelt. Sie feiern das Abendmahl. Vorher hat man ehrlich über das nahe Lebensende gesprochen. Solche Ehrlichkeit im Angesicht des Todes tat allen wohl. Und dann: Jesu Leib für dich gegeben, Jesu Blut für dich vergossen. Der Pfarrer ging wieder. Aber ein stiller Trost ist im Sterbezimmer zurückgeblieben. Es war kein Platz mehr da für eine Angst vor dem Sterben.

Das ist Gottes Weisheit: daß er mitten in unserer Schwachheit uns das Wort sagt, uns lieb hat, unsere Hand fest hält, bis wir zusammen hindurch sind. Vielleicht haben Sie Ähnliches erlebt.

Oder es kann auch mal gewesen sein, daß wir in einer Gruppe ganz anders denkender Leute uns getrieben fühlten, ein weiterhelfendes Wort von Christus zu sagen. Nur mit Zittern haben wir es herausgebracht. Und stellten später fest: Gott hat doch dabei etwas wachsen lassen. In der Schwachheit ist seine Kraft mächtig! Das ist die Erfahrung von Gottes Weisheit im eigenen Leben. Das sind Sternstunden in meinem Leben.
»In Schwachheit u. in Furcht u. mit großem Zittern ... aber in Erweisung des Geistes und der Kraft.«
H. Zarndt, ein bekannter christl. Schriftsteller unserer Zeit, erzählt aus seinem Leben...

Unser Text sollte dir frohmachende Einladung sein, die eigene Weisheit aufzugeben und sich auf die größere Wirklichkeit einzulassen, auf die ganz andere Weisheit Gottes. Und das nicht nur dann, wenn ich mit meiner Weisheit am Ende bin, sondern als Grundeinstellung für mein Leben. Und dann wünsche ich Ihnen diese wunderbare Gewißheit, die fester macht als alle menschliche Weisheit, die erlösender ist, die zum Ziel führt. Amen.

Predigt C 10 – 1989
Magdeburger Lesepredigt
Text: Joh 4, 19–26

Liebe Gemeinde!
Am Pfingstmontag wurden früher gerne Berichte gegeben vom Werden und Wachsen der Missionskirchen. Das war manchmal spannend zu hören. Inzwischen ist unser eigenes Land Missionsgebiet geworden. Da ist um uns her so viel menschliches Suchen und Fragen aufgebrochen, das Verlangen nach Einzelgesprächen und Seelsorge. Auf diese Spur setzt uns unser Text. Pfingsten will uns mit der Gewißheit erfüllen, daß Christus unter uns lebt und sich seine Gemeinde zu sammeln weiß, heute wie damals.

Unser Text berichtet von einem Gespräch, das sich lohn, das den anderen weiterführt, ihm weiterhilft.

Wie das so bei Gesprächen ist: Man begegnet sich zufällig, Jesus und die samaritanische Frau am Jacobsbrunnen. So wie man sich auf der Straße trifft oder in der Kaufhalle. Zufällige Begegnung? Es ist Mittagszeit, brütende Hitze. Jesus ist müde und durstig. Die Samariterin kommt um diese Zeit zum Brunnen, um keiner anderen Frau zu begegnen. Denn sie ist eine Dirne. Lies V. 27-19. – Jesus enthüllt ihre Schuld, ihre Not, um sie mit seiner Liebe zuzudecken und ihr nun mehr im Gespräch zu zeigen. – Wie das Gespräch weitergeht?

Jesus kann genau hinhören. Die Frau zeigt mit der Hand hoch zum Berge Garizim: V. 20 lesen. Wo soll ich denn anbeten, hier bei uns auf dem Berg Garizim oder bei euch Juden in Jerusalem? Will die Frau mit dieser religiösen oder nationalen Frage ablenken? Denn wer hat es schon gerne, wenn ein anderer über die Schwachstelle meines Lebens sprechen will! – Nein, keine Ablenkung! Jesus kann genau hinhören. Er spürt der Frau die tiefe Sehnsucht ab: Wo kann ich denn mit meinem Leben wieder in Ordnung kommen? Wer hilft mir denn dabei? – Oft werden die leisen Signale des anderen um Hilfe überhört. Wie das Gespräch weitergeht?

Liebe versteht den anderen. Noch nie hat sich Jesus mit erhobenem Zeigefinger auf die Kanzel gestellt und über den Sünder das Urteil gesprochen. Er ist nicht in seiner heimatlichen Synagoge geblieben, sondern ist den Sündern nachgelaufen, hat sich hinein in die Liebe seines Vaters geholt. Liebe stellt sich neben den anderen und versteht ihn – und kann ihn weiterführen. Dorthin weiterführen, wo sein Leben wieder in Ordnung kommt. Es ist viel Liebe, wenn er der Frau nun sagt: Das ist alles so unwichtig, ob du auf dem Garizim oder in Jerusalem arbeitest, ob du eine samaritanische Frau bist oder ich ein jüdischer Mann. Wie unwichtig sind diese konfessionellen Probleme oder die nationalen Streitigkeiten oder eure wirtschaftlichen Sorgen.

Wie unwichtig ist deine Schuld, Frau, oder deine Angst, deine Krankheit, den Ärger! Wenn du nur erkennen würdest, wer vor dir steht! Wenn du nur den erkennen möchtest, der mit dir zusammen anbeten und in Gottes Liebe glücklich, zusammen mit dir glücklich sein will. Dann würde alles in deinem Leben wieder in Ordnung kommen. – Wenn doch unsere Gespräche heute in solcher Liebe den anderen verstehen würden und ihn zu Jesus führten!

Das Verlangen nach Einzelgesprächen, nach Seelsorge, nach Lebenshilfe ist heute groß. Pfingsten – das ist die Gewißheit, daß solche weiterführenden Gespräche um Christi willen immer wieder möglich sein werden!

Unser Text berichtet nun weiter von der Anbetung im Geist und in der Wahrheit.

Wir wissen nicht, ob die Frau aus Samarien zu solcher Anbetung gefunden hat. Das liegt letztlich in Gottes Hand. Wenn es aber dazu kommt, dann ist das ein ganz großes Geschenk Gottes. Und Pfingsten will uns versprechen: Auch ihr dürft anbeten im Geist und in der Wahrheit!

Wir dürfen anbeten! Zu dem ewigen Gott kommen, uns selber loslassen, das Alte hinter uns lassen und neu anfangen. Jede Anbetung Gottes ist die Chance des Neuanfangs. »Anbeten im Geist«, das meint im Geist Jesu. Da dürfen wir uns füllen lassen; mit seiner Liebe, mit der Gewißheit: hier bin ich angenommen, hier bin ich zu Hause. Anbetung schenkt eine unerschütterliche Geborgenheit. – Noch mehr geschieht bei solcher Anbetung im Geist Christi. Jesus nimmt mich mit auf seinen Weg zu den Menschen, denen er helfen will. Er macht mir die Augen auf für den Jugendlichen, dem Liebe und Sinnerfüllung fehlen. Er nimmt mich mit zu dem einsamen Alten, öffnet mir das Gespräch mit dem Andersdenkenden. Anbetung im Geist Christi erfüllt mich mit brennender Liebe, treibt mich und weckt mich auf zum Dienst an der Welt. – Was ist das für ein ungeheures Erleben, wenn ich zu Jesus geführt werde und mit ihm zusammen Gott anbeten darf! »Anbeten im Geist und in der Wahrheit«. Das Wort »Wahrheit« meint in der griechischen Ursprache das Enthülltsein Gottes. Das wird in deiner Anbetung geschehen, daß Gott nicht mehr der verborgene Gott für dich bleiben wird. Manchmal begreife ich Gottes Handeln in meinem Leben nicht. Dann darf ich mit Christus niederknien, Gott anbeten. Und er wird sich mir enthüllen als mein Vater, der es gut mit mir meint. Der Irrtum fällt ab. Mein Leben kommt wieder in Ordnung – wie bei der Samariterin.

Pfingsten – das ist die wunderbare Gewißheit, daß Anbetung immer wieder möglich sein wird, dieses Heimkommen in Gottes Liebe und das Wiedererkennen Gottes.

Von dem sich lohnenden Gespräch haben wir gehört und von der Anbetung. Noch einen dritten Schritt weiter zu unserem Herrn möchten wir geführt werden. Wir sprechen von der persönlichen Erneuerung.

Mit der Anbetung wird schlagartig mein Leben anders. Es wächst eine Durchsicht. Mancher Christ klagt heute: Unsere Gemeinden haben zu wenig Perspektive, zu wenig Durchsicht. Sie können zu wenig hindurchsehen durch den engen Horizont ihres Kleinglaubens und der Erfolglosigkeit und des Sterbens. Man wartet auf Anordnung einer Kirchenleitung, statt aus der Anbetung die Liebe und den Mut zu empfangen, selber das Notwendige zu tun. Pfingsten hat etwas an sich von dem leidenschaftlichen Drängen der Liebe und vom Protest gegen das Müde und Altgewohnte. –

Mit der Anbetung wird schlagartig mein Leben anders. Es wächst eine Verbindlichkeit. Wenn ich mich an Christus gebunden weiß, dann kann ich nicht vorbeigehen an dem Menschen, dem eben Unrecht geschieht und der der Machtwillkür ausgeliefert ist. Wenn ich mich an Christus gebunden weiß, dann muß ich einfach am Sonntag in die Kirche und nicht an meine Arbeit. Und die eine Stunde vor meinem Gott macht mich fröhlich und frei. Ein verbindlich gewordener Glaube läßt mich gewiß und getrost den einmal eingeschlagenen Weg gehen. – Ich erbitte zu Pfingsten, daß Jesus den Seinen Stetigkeit ins Herz gibt, daß man jubeln wird: Herr, du stellst meine Füße auf einen Felsen!

Mit der Anbetung wird schlagartig mein Leben anders. Es wächst Gottes Kraft in mir. Das alles ist nicht gleich heute da. Gottes Gabe wächst in einer langen Zeit der Anbetung und des Gehorsams. – Corry ten Boom eine Holländerin, berichtet: »Ich wollte 13 Bibeln unerlaubt über die Grenze bringen. Da haben wir die Dämonen, die gegen Gottes Wort sind, gebunden, ehe wir in den Zollraum gingen. Als wir sahen, wie gründlich die Beamten die Koffer auspackten, wurde uns bange. Und ich betete: Gott, du wachst über dein Wort, um es zu tun. Dann hat der Herr für einen Moment mir gezeigt: Um diesen Koffer stand ein Ring von lichten Engeln. Die Angst war weg. »Sind das ihre Koffer«, fragte man mich?« »Dann nimm sie mit!« – Ich erbitte zu Pfingsten, daß Jesus uns den Langzeit-Gehorsam schenkt und die Kraft zum fröhlichen Durchhalten.

Liebe Gemeinde! Pfingsten, das ist ja viel mehr als ein Familienausflug! Das ist die wunderbare Gewißheit: Es wir immer wieder geschehen, der Weg vom Gespräch zur Anbetung und zur persönlichen Erneuerung. Denn Jesus Christus lebt ja mitten unter uns! Amen.

Predigt C 11 – 1970
Magdeburger Lesepredigt
Text: Apg 2, 41–47

Liebe Gemeinde!
1a) Unser Bibelabschnitt über das Leben der Urgemeinde könnte uns veranlassen, mit Bedauern in die Vergangenheit der Kirche Christi zu sehen und zu sagen: »Ja damals! Das waren Glanzzeiten der Gemeinde, als nach der ersten Predigt des Apostels Petrus an die 3000 Menschen hinzugetan wurden, und als diese Gemeinde beständig in der Apostel Lehre, in der Gemeinschaft, im Brotbrechen und im Gebet blieb! An heute darf man dabei gar nicht denken!«

b) Aber genau so sollen wir auf Grund unseres Bibelabschnittes gerade nicht reden. Genau so hätten wir die Meinung des Lukas mißverstanden. Vielmehr will Lukas, obwohl er von der Vergangenheit der Kirche erzählt, unsere Blicke in die Zukunft richten, um uns zu zeigen, welche Hoffnung und welche Aufgabe dort auf uns warten. Und diese Hoffnung und diese Aufgabe wollen wir uns jetzt ansehen.

2a) Zuerst die Hoffnung:
Da muß zunächst festgestellt werden: Nüchtern, sozusagen geschäftlich betrachtet, müßten wir alle Hoffnung für die Zukunft der Kirche schleunigst aufgeben. Denn alle Zahlen, die uns genannt werden, sind in den letzten Jahrzehnten zurückgegangen. Und kleiner werdende Zahlen mahnen immer an den Nullpunkt, der einmal erreicht sein könnte: Null Gemeindeglieder! Das wäre, das Ende. – Darum geht oftmals eine lähmende Wirkung von Zahlen und Statistiken aus. Die Alten fragen: »Was soll einmal aus der Kirche werden, wenn wir Alten wegsterben?« Und jedes Gemeindeglied mit nüchternem Verstand rechnet nach: »Wie groß dürfte die Gemeinde von morgen sein, wenn es dabei bleibt, daß z.B. heute 150 Eltern von Schulanfängern besucht und eingeladen werden, aber nur knapp 7 %, nämlich 10 Kinder kommen zum Schulanfängergottesdienst?« – Wie gesagt: Nüchtern und geschäftlich betrachtet müßten wir Christen Pessimisten werden, wenn die Zahlen und Statistiken der vergangen Jahre die Grundlage unserer Zukunftserwartung sein sollten.
b) Aber Lukas wehr mit aller Eindeutigkeit solchen Pessimismus ab. Es gibt nämlich neben dem nüchternen Geschäftssinn der Zahlen und Statistiken auch einen nüchternen Wirklichkeitssinn des Glaubens. Und dieser Wirklichkeitssinn des Glaubens weiß: Es ist Gottes eigene Sache, Menschen hinzuzutun oder nicht! – Lukas schreibt am Ende unseres Bibelabschnittes: »Der Herr aber tat hinzu täglich, die gerettet wurden, zu der Gemeinde«. Und auch von den Dreitausend sagt er: »Sie wurden hinzugetan«, nämlich von Gott. – Noch

einmal: Es ist Gottes eigene Sache, Menschen hinzuzutun oder nicht (auch wenn Petrus dabei gepredigt hat). Und es ist demnach auch Gottes eigene Sache, die Zahl derer zu bestimmen, die er hinzutun will (auch wenn die Gemeinde durch ihr Leben gewissermaßen geworben hat): damals Tausende; heute einzelne; und morgen...? Ja, morgen eben auch eine bestimmte Zahl. Groß oder klein, wer kann das von uns wissen. – Aber daß Gott in seiner ureigensten Sache nicht müde und matt wird, sondern seine Kirche bauen und Menschen retten wird, das wird uns angeboten, fest zu glauben. Ob Kirche und Gemeinde bleiben oder in Zukunft vergehen werden, steht deshalb überhaupt nicht im Urteil dessen, was wir nüchtern einschätzen.

Und ob uns Christen nicht die Verzweiflung näher liegen müßte als die frohe Hoffnung, steht deshalb ebenfalls nicht im Urteil dessen, was wir nüchtern aus allem schlußfolgern. Sondern das Vertrauen auf Gottes treues Handeln bis ans Ende gibt uns die Hoffnung, auch für die Zukunft »Kirche zu planen«. – Wenn aber Hoffnung besteht, dann hat die Zukunft auch eine Aufgabe für uns.

3a) So sehen wir uns als Zweites die Aufgabe an:
Lukas zeigt sie uns mit der Schilderung des Lebens der Urgemeinde. Was damals geschah, faßt er in die Worte: »Sie blieben aber beständig in der Apostel Lehre und in der Gemeinschaft und im Bortbrechen und im Gebet« – »Sie blieben aber beständig«, darauf liegt zunächst der Nachdruck. Und wir können es modern so ausdrücken: Es geschah damals ein Zusammenrücken der Gemeindeglieder zu einer ständigen Gemeinschaft; und zwar zu einer ständigen Gemeinschaft in vierfacher Hinsicht. Sie waren eine Hörgemeinschaft, eine Fürsorgegemeinschaft, eine Hoffnungsgemeinschaft und eine Lobgemeinschaft.
b) Als Hörgemeinschaft konzentrierzr sich die Gemeinde um das Wort der Apostel von Jesus Christus. Hier war sie sozusagen an der Quelle. Und hier mußte sie trinken, immer wieder. Niemals konnte sie sagen: »Jetzt kann ich aufhören!« Denn der Tod durch Verdursten wäre bestimmt für ihren Glauben gekommen.
Als Fürsorgegemeinschaft erfand die Gemeinde ständig Mittel und Wege, um jedem Gemeindeglied das Notwendige zum Leben zu verschaffen. Die Reichen teilten mit den Ärmeren, je wie die Lage es erforderte. »Auch verkauften sie Güter und Habe und teilten sie aus unter alle, je nachdem einer in Not war« (45). Es war ihnen einfach nicht mehr möglich, gemeinsam unter dem Wort der Apostel zu sitzen und die soziale Not des Bruders zu mißachten.

Als Hoffnungsgemeinschaft feierte die Gemeinde das Heilige Abendmahl im Gedenken daran, daß Christus das kommende Reich Gottes in seiner Vollendung beschrieben hat mit dem Bild des großen Abendmahls. Und darum war das Abendmahl für sie immer Anlaß zu freudigem Ausblick auf das Ziel, dem die Gemeinde entgegenwartet. »Sie nahmen die Speise mit Freunde und mit lauterem Herzen« (47).

Als Lobgemeinschaft endlich vereinigte sich die Gemeinde zu immer erneuter Anbetung Gottes. Denn wie ein beschenktes Kind, gegenüber den Eltern nicht schweigen kann, so kann auch eine Gemeinde gegenüber Gott nicht stumm bleiben. Sondern sie muß Dank sagen für das Heil und die Hoffnung und das Leben, das er ihr geschenkt hat.
c) Hörgemeinschaft, Fürsorgegemeinschaft, Hoffnungsgemeinschaft, Lobgemeinschaft – eine Konzentration, ein Zusammenrücken der Gemeindeglieder in dieser vierfachen Weise, das sieht Lukas als Aufgabe, die auch von uns in Zukunft zu lösen ist. Wir können und dürfen nicht mehr Christen in der Vereinzelung bleiben. Wir müssen unseren christlichen Lokalpatriotismus endlich überwinden und von Haus zu Haus, von Dorf zu Dorf, von Gemeinde zu Gemeinde näher zusammenrücken; gemeinsam hören, einander die Sorgen mittragen, gemeinsam hoffen, gemeinsam loben, und darin beständig bleiben.

4) Damit wird nicht der Rückzug der Christen aus der Welt gefordert. So will Lukas nicht verstanden werden, daß wir uns hinter die schützenden Kirchenmauern zurückziehen und uns einigen sollen. Sondern weil Gott auch in Zukunft Menschen retten will (wie wir im ersten Teil hörten), braucht er auch in Zukunft den Dienst seiner Christen durch Predigt und Zeugnis und sozialer Tat an allen Menschen. Aber bevor wir Christen jeweils anfangen zu planen und zu besprechen, was im einzelnen getan werden sollte und könnte, wird immer wieder die Konzentration, das Zusammenrücken in der Gemeinde

um das Wort der Apostel,
um die Fürsorge am christlichen Bruder,
um die Hoffnung auf die Vollendung,
und um das Gebet nötig sein.

Predigt C 12 – 1972
Magdeburger Lesepredigt
Text: 2. Thess 2, 1–12

Bosheit, Haß, Unrecht, Krieg sind für viele Menschen Anlaß zu Zweifel und Fragen. Wie kann Gott das zulassen? Warum greift er nicht ein? Schnell heißt es dann: es kann keinen Gott geben, ich kann nicht glauben. Es spricht zu viel dagegen! Dies alles sind freilich keine neuen Einwände. Sie begegnen uns in der Bibel immer wieder. Trotzdem hält die Gemeinde an ihrem Glauben fest. Trotzdem bekennt sie sich zur Botschaft von einem freundlichen und gütigen Gott.

Allerdings ist auch sie nicht vor der Gefährdung ihres Glaubens geschützt. Weil auch gläubige Menschen die Bosheit in der Welt nicht verhindern können, verschließen sie nicht selten ihre Augen vor so viel Schrecklichem, wollen es nicht wahrhaben, ziehen sich zurück. Sie nennen die Welt als ganze »böse« und »sündig«, wollen mit ihr nichts zu tun haben und betrachten die Kirche als ein Schneckenhaus, in dem man nichts hört und nichts sieht. Das aber ist eine ernste Gefahr. Denn christlicher Glaube führt nicht zu Tatenlosigkeit oder Weltflucht, sondern mitten in die Auseinandersetzung mit dem Bösen in der Welt. Das Leben Jesu zeigt dies eindeutig. Jesus tritt immer wieder entschlossen all dem entgegen, was Menschen Leid und Not verursacht. Er bringt Kranken Genesung, Hungrigen Brot, Fragenden und Suchenden Antwort. Er macht traurige froh und sogar Tote lebendig. Seine Jünger ruft er nicht aus der Welt heraus in die Einsamkeit eines Mönchslebens, vielmehr sendet er sie als Zeugen und Boten für die Macht der Liebe Gottes hinein in die Welt, gerade auch an die Orte des Leides und der Not. Sie sollen wie er Gutes tun, helfen, heilen und in seinem Namen Schuld vergeben.

Auch diese Sätze, die heute zu predigen sind, wollen klar bezeugen: den letzten Sieg behält nicht das Böse in der Welt, sondern der Herr. Die Bosheit ist kein Beweis gegen das Dasein Gottes. Denn das Ende steht noch aus, und erst am Ende wird die Herrlichkeit Gottes offenbar. Es gab wohl schon damals in der Urchristenheit, als dieser Brief geschrieben wurde, Menschen, die das Ende aller Zeit für gekommen hielten, weil wie nur noch die Übermacht des Bösen im Blick hatten. – Nein, noch ist der »Fürst dieser Welt« – wie Luther sich ausdrückte – am Werk. Aber das Wort, das ihn fällen kann, ist schon gesprochen: Jesus. Am Ende steht nicht der Sieg der Bosheit, sondern die Vollendung unseres Gottes. Auf diese hoffen wir, und solche Hoffnung gibt uns Mut und Kraft zum Weiterleben – trotz so vieler Ängste, Sorgen und Schrecken, die unsere Herzen plagen.

So ist es Aufgabe der Christen auch heute – also unsere Aufgabe – getrost und im Vertrauen auf die Zusagen unseres Herrn für Gerechtigkeit, Freiheit, Wahrheit und Frieden in der Welt einzutreten. Dies tun die Kirchen der Welt etwa mit ihrem »Antirassismusprogramm«, in dem sie für das Ende aller Bedrückung und Benachteiligung farbiger Menschen durch weiße eintreten. Im kleinen, alltäglichen Leben steht ein jeder von uns immer wieder in Entscheidungen zwischen Wahrheit und Lüge, zwischen Entgegenkommen oder Unfreundlichkeit, zwischen Gerechtigkeit und Selbstsucht. Es ist doch gar nicht so einfach, den anderen Menschen gelten zu lassen, ernst zu nehmen, anzuerkennen. Wir sind schnell dabei unsere Meinung lautstark zu vertreten, unsere Rechte zu fordern, unseren Willen durchzusetzen. So geht es vom Kindergarten bis zum Altersheim. So ist es in der Familie, im öffentlichen Leben und am Arbeitsplatz. In jedem Lebensalter gibt es Eigenbrötler und Käuze, die mit niemand auskommen können oder wollen, weil eben nicht jeder bereit ist, sich von ihnen Vorschriften machen zu lassen. Und das nehmen sie dann übel.

Dieses sind Beispiele für das Dasein von Bosheit in der Welt. Christen werden nicht verwundert sein, solche Entdeckungen zu machen. Sie werden weder leichtfertig lächeln und sagen: die Menschen sind eben schlecht, da kann man nichts machen; denn die Opfer der menschlichen Schlechtigkeit (oder biblisch gesprochen: der Sünde der Menschen) sind ungeheuer. Andererseits wird man aber die Macht der Bosheit auch nicht überschätzen dürfen. Gott ist und bleibt der Herr der Welt. Er überwindet Böses durch Gutes. Seine Macht ist stärker auch als der Tod. Am Kreuz endet alle Schuld der Menschen. Hier ist auch der Gewalt des Bösen die Grenze gesetzt.

Noch können wir den Sieg Gottes nicht sichtbar machen oder beweisen. Noch gibt es nicht auf jede Frage eine Antwort. Noch leben wir nicht im Reiche Gottes, sondern in der Welt der Menschen. Aber gerade deswegen müssen die Glaubenden als Gemeinde zusammenstehen. Gerade deswegen ist uns das Wort unseres Herrn als Quelle für Trost und Stärkung so not. Wir haben es uns gegenseitig immer wieder zuzusprechen. Aus ihm dürfen wir neue Kraft schöpfen. Unser Gott ist stärker und mächtiger als alles Böse in uns und um uns her. Darauf vertrauen wir. Eine durch Gottes Wort gewiß gemachte Gemeinde ist wie ein Schiff im Sturm, das wohl durch Wind und Wellen getrieben wird, aber mit Gottes Hilfe in allen Gefahren standhält und den Hafen findet.

Gott schenke uns ein getrostes, gewisses Herz. Er mache uns bereit, nach seinem Wort zu leben und seinem Willen gehorsam zu sein.

Seine Kraft ist in den Schwachen mächtig. So vertrauen wir auf ihn – durch Jesus Christus, seinen lieben Sohn unseren Herren.